新闻传播专业“十四五”规划教材

新闻采访写作实务

皮传荣◎著

News Interviewing and Writing: A Practical Approach

中国传媒大学出版社
·北京·

图书在版编目(CIP)数据

新闻采访写作实务 / 皮传荣著. -- 北京：中国传媒大学出版社，2023.6(2024.9 重印)
ISBN 978-7-5657-3372-7

Ⅰ.①新… Ⅱ.①皮… Ⅲ.①新闻采访 ②新闻写作 Ⅳ.①G212

中国国家版本馆 CIP 数据核字(2023)第 007481 号

新闻采访写作实务
XINWEN CAIFANG XIEZUO SHIWU

著　　者	皮传荣
策划编辑	蒋　倩
责任编辑	蒋　倩
封面设计	拓美设计
责任印制	李志鹏

出版发行	中国传媒大学出版社		
社　　址	北京市朝阳区定福庄东街 1 号	**邮　　编**	100024
电　　话	86-10-65450528　65450532	**传　　真**	65779405
网　　址	http://cucp.cuc.edu.cn		
经　　销	全国新华书店		

印　　刷	北京中科印刷有限公司
开　　本	787mm×1092mm　1/16
印　　张	31
字　　数	833 千字
版　　次	2023 年 6 月第 1 版
印　　次	2024 年 9 月第 2 次印刷

书　　号	ISBN 978-7-5657-3372-7/G・3372	**定　　价**	78.00 元

本社法律顾问：北京嘉润律师事务所　郭建平

前 言

新闻采访与写作的核心和关键内容是什么？初学者应该怎样学习新闻采访与写作？这是每一个从事新闻采访与写作教学的教师一直都在苦苦思索的问题。笔者从事新闻采访与写作教学已有近30年，通过这些年的教学实践，加上笔者自身的10年新闻从业经历，笔者发现，新闻院系的学生要学好新闻采访与写作这门课程，需要深刻理解和熟练运用以下三个关键词：现场、事实和颠覆。

第一个关键词：现场

新闻学的第一大特点，就是真实，新闻采访与写作中的多数活动，都是在为了真实而努力。真实如何获得？主要是从现场获得。

记者现场得到的材料，才是第一手材料，也才是最真实的材料。什么是第一手材料？就是记者不经过任何中转环节直接从他要报道的事实那里得来的材料，包括记者的直接观察和物证材料、书证材料。而第二手材料，则是在记者和事实之间存在着一个中转环节的材料。

这里有一个误区：很多人都以为，记者在现场搜集的材料，都是第一手材料。这是一种片面的认知。如果记者到了新闻现场，但是没有亲自搜集材料，没有亲自用眼睛观察，没有亲自用五官和身体感知现场信息，比如用手触摸、用鼻子嗅、用舌头尝，而是找一些当事人和目击者、知情者了解情况，然后就“打道回府”“得胜回朝”。记者这样获得的材料，不是第一手材料，只能算作第二手材料。根据第二手材料写作的新闻，如果记者不进行核实，不补充采访，有可能就会成为假新闻。

因此，记者要想获得真实的第一手材料，即使是到了现场，也还要满足一个条件：必须亲自搜集材料。如果记者仅仅只是到了现场，但是没有亲自搜集材料，没有用五官感知现场的事实和信息，这样得来的材料不是第一手材料，很难保证事实和材料的真实性。

遑论有的记者根本就不到现场去采访，而是在现场之外的其他场域采访当事人和目击者、知情者，这样得来的材料，其真实性就不如记者在现场亲自搜集的第一手材料。更有甚者，有的记者根据一些道听途说的消息就开始胡编乱造，这样写出来的新闻，离假新闻就可能只有咫尺之遥。

一般而言，有意制造假新闻的记者还是很少的，大多数假新闻都是记者无意造成的，往往都是记者没有出现场而造成的。《新闻记者》杂志每年评选出的全国十大假新闻，其中的很多假新闻，主要原因就是记者没有出现场，或者即使是到了现场，却没有亲自搜集材料；或者是深入现场不够，仅仅走马观花，浅尝辄止，主要事实和关键的核心信息都是从当事人和目击者、知情者那里得来的。

记者如此，少数从事新闻教学的教师也对现场的重视不够。笔者从事新闻采访与写作教学多年，常常发现在这门课程的考试题中，有要求学生闭门造车进行新闻写作的考试题。比如，西部某大城市有一年出的一道新闻采访与写作自考题，就要求学生将一条简短的特写改写成消息。坐在考场上的学生没有出现场，要将这区区几百字的特写改写成消息，只能坐在考场上虚构事实。类似的考试题目，甚至出现在研究生考试题中。比如，近年某高校有一道考研试题，要求考生写一则大学生考试后向老师“要分”现象的消息，却不给考生任何材料。显然，考生只能坐在考场上瞎编。

因此，“现场”是新闻学子学习新闻采访与写作的第一关键词。

对于初学者——新闻学子来说，准确理解、把握和运用“现场”这个关键词，首先要具备现场意识。没有现场意识，初学者就不会将现场当一回事。笔者积累多年的海量的新闻采访与写作的学生习作表明，相当多的学生都对新闻现场没有清醒的认识和足够的重视。在相当多的习作中都看不出学生出了现场，皆是在现场之外获得的材料。

其次，要具备出现场的能力。仅有现场意识，不能保证记者现场采访得到的事实都是真实的，更不能保证记者能得到所需的重要信息和关键信息。要想采访到真实的事实，需要记者有现场捕捉信息的能力。要想抓到更有价值的信息，还需要记者具备深挖信息的能力。这种能力不是一朝一夕就能形成的，需要长期的培养和历练。很多记者到了现场，结果两手空空而归。这就是记者深挖信息的能力不够，没有一双锐利的火眼金睛，没有多方面的知识积累，没有深入的思考和精深的思想，即使到了现场，也可能两眼一抹黑，最多也可能只是抓到一点皮毛。因此，出现场的能力是需要长期努力培养和锻造的。

第二个关键词：事实

有人说，文学是人学，新闻是事学，这种说法不无道理。新闻是关于事实的学问，新闻采访与写作是基于事实的采访与写作。

首先，在采访层面，事实的意义主要是要避免新闻失实。很多假新闻，往往是记者在采访中就没有搞清楚事实的真相，或者抓到手的是虚假的信息。一般而言，由新闻采访导致的新闻失实远远超过由新闻写作造成的新闻失实。由新闻采访导致的新闻失实，从宏观层面来看，主要是两个方面：一是态度与精神层面，唯有敬业、爱业，才能更大限度地减少和杜绝新闻失实；二是技术层面，良好的采访技术（也包括写作技术）也是保证新闻真实的一个非常重要的维度。这个技术维度，很多人没有引起高度重视。

其次，在写作层面，尤其是新闻消息的写作，只能写事实，以事实为依规。

只写事实。记者在新闻写作中应该只写事实，除了交代必要的新闻背景以外，不是事实或与事实无关的内容要舍弃和删除。初学新闻写作的学生，其新闻稿中往往有大量的文字不是事实，或与事实无关。按照中国传统的写作方法，这些文字可以出现在文章中，但是写在新闻中就是废话、空话，没有意义。

只写动态的事实。所谓动态的事实，主要是指正在发生、刚刚发生的事实。新闻虽然是关于事实的学问，但是新闻姓“新”，只能写动态的事实，不能写静态的事实——过去了的事实。如果过去了的事实非常有价值，则可以作为新闻背景出现在新闻报道中。但新闻背景只是对新闻事实进行解释、补充、烘托的材料，一般不能成为一条新闻的主要内容。新闻的主要内容必须是动态的事实。

只写有价值的动态事实。生活中每天发生的事实数以亿计,这些事实都是动态的、鲜活的,但这些事实不可能也没有必要全部呈现给受众,即使呈现给了受众,受众也不会感兴趣。只有那些有价值的动态事实才会引起受众的兴趣,这种价值不是政治价值,不是商业价值,而是新闻价值,只有具备新闻价值的动态事实,才能吸引受众。新闻写作就只写这种有新闻价值的动态的事实。

只写有价值的动态的核心事实。有价值的动态事实往往是一个事实链,这个事实链中有很多个事实,新闻写作应该抓住这个事实链中最核心的事实,就像花中选花一样,选取其中最艳丽的一朵花,这朵花被称为新闻点或新闻眼,这是最能吸引受众的事实。此其一;其二,一般的文章往往强调信息的完整性、全面性、系统性,而新闻写作,特别是消息写作则尤其强调"点","点"大于"面",记者要学会抓住最有新闻价值的某个片段、某个横截面,抓住某个最核心的"点",并写好这个"点"。

只写有价值的动态的具体的核心事实。有价值的动态的核心事实必须是具体的事实,空洞、抽象、模糊的事实,会让受众产生接受障碍。初学新闻写作者笔下的事实往往宏观、笼统、含糊,要学会将事实具体、细致地展开,让受众看得见、摸得着、接受得了,让受众高效、清晰而又愉快地接受。而具体、细致地展开事实,又会使新闻报道显得冗长臃肿,因此,记者必须善于把握和驾驭核心事实,简洁地表述核心事实,才能使新闻报道既具体清晰又言简意赅。

总结起来,新闻写作对于事实的表述,其关键技术是:只写事实→只写动态的事实→只写有价值的动态事实→只写有价值的动态的核心事实→只写有价值的动态的具体的核心事实。

第三个关键词:颠覆

从高中进入大学,学习新闻写作,有很多学生在相当长的时间内都很难区分作文和新闻。有些新闻院系的学生都大学毕业了,还是没有能够正确区分作文和新闻,往往将新闻写成了作文。

新闻写作,特别是消息写作,几乎完全颠覆了学子们从小学到中学学习到的写作方法,中国传统的写作方法在新闻写作的很多个维度被翻了个底朝天。

在结构安排上,传统写作讲究起承转合,特别注重过渡和照应,文字之间必须非常连贯,文意必须十分通畅。但是,新闻写作却可以而且必须"跳跃"地写事实,可以不必过分注意文字上的连贯和上下文的衔接,在句子和句子之间,在段落和段落之间可以有甚至必须有较大的跳跃。这样写作可以更直接、更快速地陈述事实,更简练、更明快地报道新闻事实。受众接受信息会更快捷、更有效率。但在传统写作中,这种写作方法会使文章显得杂乱无章,像一堆乱麻,这种写法是受到老师们严厉批评和指责的写法。当然,新闻写作的"跳跃",也必须遵循一定的内在逻辑,不能无原则地乱"跳",其基本原则是以让受众能够明确、清晰、高效地接受信息为宜。

传统写作为了吸引读者,往往将精彩的内容放在结尾。按照客观事物运行和发展的规律,事物都有一个发生、发展到高潮的过程,最精彩的内容也往往在结尾,传统写作将最精彩的内容放在结尾处,反映和遵循了客观事物的规律。而新闻写作则要求开头就将最吸引受众的事实和盘托出,要求采用倒金字塔结构,按照事实的重要程度和受众关心程度,先主后次地展开事实,这恰好与传统的写作方法相反。

传统的写作讲究凤头、猪肚、豹尾,结尾一定要有力,要余音绕梁,三日不绝,要言有尽而意无穷。而很多消息写作往往都不重视结尾,当新闻的基本内容和最主要的新闻事实已经陈述得清楚明白,不需要再交代其他事实,新闻也就结尾了。记者不必刻意为了深化新闻的主题、挖掘新闻的意义或强化新闻价值,来一个狗尾续貂。甚至可以这样说,有部分消息,特别是以倒金字塔结构全文的消息,结尾是最不重要的,没有什么力度,更无高度和深度可言。

在主题的提炼上,传统写作的主题往往都是要表达一种观点,其主题是观念形态的,而新闻的主题有时是事实形态的,没有观点,只有事实。这在消息写作中更为明显。一些经济类的信息报道、气象新闻报道、趣闻报道等都不一定有观点,只传递信息。不过,即使是没有观点的新闻稿件,也都要表现记者写作的一种主观意图,不存在没有任何主观意图的新闻报道。一般而言,这种没有观点的新闻报道往往表现的都是记者服务大众、为公共利益传播信息的意图。

在表达方式的运用上,传统的写作可以运用描写、议论、抒情等表达方式,而新闻写作要求客观地写事实,一般不描写,即使描写,也最好以白描为主。新闻写作要求事实与意见分开,在新闻报道中,特别是在消息写作中严禁议论,不能表达观点和看法,只能陈述事实。新闻写作尤其是消息写作,更不能运用抒情这种表达方式,因为这种表达方式的倾向性非常明显,而新闻报道不能表现出明显的倾向性,必须客观公正地报道新闻。

在对事实的陈述上,传统的写作可以运用大量的比喻、拟人、夸张等修辞手法,而新闻写作只能少量地运用比喻,一般不能采用拟人的方法。新闻写作严禁夸张,其所陈述的事实,无论是宏观的事实,还是微观的事实,都必须是真实的,既不能夸大事实,也不能缩小事实,不能有一丝一毫的偏差。一些修辞手法往往会造成事实或多或少地走样,不能忠实于事实的原貌,更何况夸张这种修辞手法是赤裸裸地夸大事实,违背事实的真相,是绝对不能在新闻中出现的。

在语言运用与受众接受上,传统的写作,特别是诗歌创作,讲究言外之意,象外之象,羚羊挂角,无迹可求。讲究言近旨远,要让受众玩味再三,咀嚼再三。学术写作则通过艰深的概念、复杂的理论体系,冗长的文字乃至鸿篇巨著,蕴含深刻的思想,让受众去掩卷沉思,并在当下及未来的学习、生活和工作中去进一步琢磨、领会、体悟。新闻写作既不能像文学那样运用意象表达,也不能像学术那样抽象思维。新闻写作的表达必须明晰,必须让受众以最快的时间获取最明确的信息,不能让受众去猜测、去品味其中的意义与深度。

凡此种种,皆颠覆了中国传统的写作方法,从中学进入大学学习新闻写作的学子,必须经历一个痛苦的适应过程,才能将作文写成新闻,否则,写出来的新闻报道仍然会是一篇作文。

本书将对上述的三个关键词进行多维度、深入的阐释,配合大量的案例,以期让有志于学习新闻采访与写作的学生和读者有所收益。如果学生和读者能够深入理解和熟练运用上述三个关键词,则新闻采访与写作水平将有一个明显的提升。

皮传荣

2023 年 2 月 12 日于重庆歌乐山

目 录

第一章　什么是新闻

▶**本章要点：**

和学院派相比，实务派对新闻的理解更能启发、帮助记者采写新闻。

新鲜性、接近性、显著性、显赫性、影响性、冲突性、人情味、趣味性是最基本的新闻价值要素。

从20世纪末开始，有用、有效、有益的新闻更受公众欢迎；娱乐新闻在媒体的报道中所占比例越来越大。

新闻是变化的、历史的、相对的。

记者的责任感主要包括：揭露事实真相、守卫公平正义、具备敬业精神。

记者应具备的基本品质和素养包括：努力、坚韧、勇敢和知识渊博。

第一节　理解新闻

什么是新闻？学术界对新闻的理解五花八门，一直没有一个统一的定论，各种观点形形色色，莫衷一是。童兵先生说："国人有好事者，曾经收集到三百多个新闻定义，国外更有人扬言，新闻定义在千种之上。"①综合国内外专家学者对新闻的定义，一般我们可以把它分为两大类：一类是学院派下的定义，一类是实务派下的定义。

一、学院派对新闻的理解

学院派的定义比较理性，相对来说要严谨、科学一些。以下两种类型的定义可以给我们一些启发。

（一）事实说

这一类定义认为，新闻就是新的事实或事物。按照中国人民大学郑保卫教授的理解，这种观点"将新闻看作一种事实、事物、现象，而且是指事实、事物、现象本身"②。这一类的定义还有：

- 新闻就是广大群众欲知、应知而未知的重要事实。（中国，范长江）

---

① 童兵．理论新闻传播学导论［M］．北京：中国人民大学出版社，2000：24．转引自杨保军．新闻理论教程［M］．2版．北京：中国人民大学出版社，2010：80．

② 郑保卫．新闻理论新编［M］．北京：中国人民大学出版社，2007：37．

- 新闻是新近发生的,能引人兴味的事实。(美国,布莱尔)
- 新闻者,最近时间内所发生、认识一切关系人生兴味、实益之事物现象也。(中国,邵飘萍)
- 新闻者,乃多数阅者所注意之最近事实也。(中国,徐宝璜)
- 新闻是最近报道的事情。(美国,莫特)
- 新闻即刚发生和刚发现的事物。(法国,贝尔纳·瓦耶纳)
- 新闻是值得社会重视的新的事实。(俄国,科尔尼洛夫)①

"事实说"强调新闻是一种事实,而这个事实是新鲜的、公众感兴趣的和重要的事实。在这一类说法中,范长江的定义有一定的代表性。

(二)报道说

这一类定义认为,新闻是对事实或信息的报道、传播、记录、介绍。陆定一是这样定义新闻的:"新闻是新近发生的事实的报道。"陆定一给新闻下的定义,在我国学术界乃至新闻实务界影响较大,得到相当多的人的认可,较有代表性。

这一类的定义还有:②

- 新闻是新近变动的事实的传布。(中国,王中)
- 新闻是已经发生和正在发生的事情的报道。(美国,约斯特)
- 新闻是报道或评述最新的重要事实的影响舆论的特殊手段。(中国,甘惜分)

这类定义"将新闻视为一种报道或传播活动。这种传播或报道活动的行为主体既可以是新闻机构,也可以是其他机构或个人,当然,主要是前者"③。

还有很多关于新闻的定义,比如"信息说"将新闻看作一种信息。宁树藩说:"新闻是经报道(或传播)的新近事实的信息。"宁树藩的定义影响比较大,得到了较为广泛的认同,成为我国新闻界普遍接受的定义之一。项德生认为:"新闻是及时公开传播的非指令性信息。"项德生的这一定义也有一定的代表性。此外,梁衡认为:"新闻是广大受众所关心的新近发生的事实的信息传递。"

众多的定义,反映出人们对于新闻的内涵和外延的认识并不一致,对新闻定义的逻辑起点认识存在争议。这些定义均是一家之言,各有其存在的根据。但无论是范长江、陆定一,还是其他专家学者,其定义都有局限性。

新闻应该是对有意义的事实的报道,这是陆定一没有谈到的,如果一条新闻没有意义,或者说一个事实没有意义,公众不想知悉,也不必知悉,那么,这条新闻就没有任何意义。这一点是非常重要的。

范长江倒是提到了这一点。他说:"新闻就是广大群众欲知、应知而未知的重要事实。"但是,范长江却有点顾此失彼。这种公众"欲知、应知而未知的重要事实",必须经过传播或报道,才能成为新闻,否则,只能是事实。范长江忽略了"报道"这个关键词。

清华大学刘建明教授的定义是:"新闻是新近或正在发生的,对公众有知悉意义的事实的

---

① 郑保卫.新闻理论新编[M].北京:中国人民大学出版社,2007:36-37.
② 郑保卫.新闻理论新编[M].北京:中国人民大学出版社,2007:36-38.
③ 郑保卫.新闻理论新编[M].北京:中国人民大学出版社,2007:37.

陈述。"①这个定义应该说是非常准确的,但是,这个定义的最后两个字是"陈述"而非"报道",这就和范长江的概念比较相近了。如上所述,新闻必须经过传播或报道,才能成为新闻,否则,只能是事实。

综合上面各家之言,我们可以这样理解新闻:"新闻是新近发生的有意义的事实的报道。"

这个定义有四个关键词:新近发生、事实、有意义、报道。

首先,新闻必须是对新近发生的事实的报道,如果不是新近发生,而是以前发生的事实,公众对这个事实的兴趣就降低了;其次,必须是事实,而且是真实的事实,如果不是真实的事实,而是虚构的事实,就不能进行报道,如果报道出来,就是对公众的欺骗;再次,事实必须有意义,公众如果认为事实没有价值,没有意义,公众就没有兴趣、不想知道;最后,必须经过媒体报道出来。产品生产出来,放在仓库里,永远只能是产品,而一旦进入流通渠道,买卖双方进行交易,消费者将产品买回去使用,才能成为商品。新闻报道也是一样,如果记者不将通过采访写作出来的新闻放入传播渠道、刊播出来,仅将新闻放在抽屉和自己的电脑里,那它们就是一般的文章;如果记者和编辑将采集、写作和编辑的事实制作成照片、录音带、录像带后,放在抽屉和自己的电脑里,那它们也只是一般的照片、录音带、录像带,也不是新闻。

还有一点也很重要。新闻报道经过媒体刊播出来后,受众必须接受,新闻的价值才能真正体现出来,新闻也才是真正意义上的新闻。就好比一个商品,如果消费者购买之后没有使用,这个商品的价值就没有得到体现,其商品价值基本为零,和产品没有什么区别,只是从生产厂家的仓库转移到了用户的仓库,它实质上还是产品而非严格意义上的商品。新闻传播亦然,读者买了报刊而没有阅读新闻,将买来的报刊束之高阁;观众打开广播和电视后却去做别的事情而没有收听收看新闻;受众打开网络和新媒体而没有视听新闻,去和别人谈话或玩游戏,出现上述这些情况,新闻传播实际上没有最终实现,新闻报道的价值就没有体现出来。因此,新闻报道必须被受众真正接受才有价值,也才是真正意义上的新闻。

二、实务派对新闻的理解

学院派关于新闻的定义如童兵所言,有千种以上。实务派关于新闻的定义也多如牛毛。什么是新闻?在新闻实务界,不同的人有不同的理解。"事实上,几乎有多少编辑记者,就有多少关于新闻的定义。"②甚至受众对什么是新闻,也有自己不同的理解。"多数读者也对什么是新闻有自己的理解,而且他们经常用惊人之语让编辑知道。"②为什么会有如此多的关于新闻的定义?为什么没有一条能够涵盖全部的关于新闻的定义?美国几位新闻学教师的解释是:"因为构成新闻的元素一直在不断变化,从事采集新闻并将其出版、播出或在互联网等渠道传播的人员也在不断变化。"③新闻实务界最有名的新闻定义,当属19世纪80年代美国《纽约太阳报》编辑室主编约翰·B.博加特(John B. Bogart)提出的新闻的经典定义:"狗咬人不是新闻,因为这太平常了。但是人咬狗是新闻。"④20世纪30年代美国《纽约先驱论坛报》本市新闻主编斯坦利·沃克(Stanley Walker)提出:"新闻以3个'W',即'女人(women)、金钱(wampum)和坏事(wrongdoing)'为基础,意指新闻与性、金钱、犯罪这些人们渴望知道的话题

---

① 刘建明.当代新闻学原理[M].北京:清华大学出版社,2003:54.

②②③ 莱特尔,哈里斯,约翰逊.全能记者必备[M].宋铁军,译.7版.北京:中国人民大学出版社,2005:31.

④ 门彻.新闻报道与写作[M].展江,主译.9版.北京:华夏出版社,2003:77.

有关。"[①]中国将这种说法简明地翻译为:"新闻就是女人、金钱、罪恶。"

美国堪萨斯州阿契生市《环球报》主编爱德华·贺说:"凡是能让女人喊一声'哎呀,我的天呀'的东西,就是新闻。"

"新闻就是能让公众谈论的任何事情。"这是《纽约太阳报》(*New York Sun*)前总编辑查尔斯·丹纳(Charles A. Dana)给新闻下的定义。丹纳曾于1868年至1897年在被称为传奇般的"报纸人的报纸"担任总编辑。[②] "新闻是一个凡事并不特别关心的家伙想要阅读的东西。而且,在他阅读之前,它是新闻。之后,它就不再是新闻了。"——伊夫林·沃(Evelyn Waugh):《独家新闻》(*Scoop*,1982)[③]。

实务派下的定义虽然难以从理性上把握,但感性很强,容易理解一些。

三、实务派对新闻的理解对做新闻更有启发

古今中外,理论界和实务界并不总是观点一致,看法并不完全相同,往往有意见相左的时候,有时候甚至互不相容,互相看不起对方,指责对方的观点和思想是谬论。理论界指责实务界的观点没有任何学理价值,没有基本的逻辑思维,而实务界则批评理论界的概念经不起实践的检验,是闭门造车。产生这种割裂的原因之一,往往是各执一端。

其实,从事理论研究的人,采用理论界的定义,其研究成果会更严谨、科学,更有学术价值,而实务界的定义可以作为学术研究时的参考和启发;从事新闻实务工作的人,可以采用实务界的定义,而将理论界的定义作为新闻操作时的参考和启发。这样做,既简单方便,又各得其所,相得益彰。

中国多年来的新闻实践启示我们:如果按照新闻理论中关于新闻的定义来僵化地理解新闻,特别是按照新闻理论中的定义生搬硬套地去从事新闻实务,去判断新闻、选择新闻、采访报道新闻,要么难以抓到好的新闻、写出好的报道,要么做出来的新闻往往没有什么新闻价值,受众不爱看、不喜欢。而如果按照新闻实务界人士下的定义去理解新闻,去判断新闻、选择新闻、采访报道新闻,往往能够赢得受众的青睐。

新闻是什么?杰克·海敦说得好:"新闻就是报上发表的东西。这话听起来是不是有点轻率?但这句话的本意可不是轻率的。只要你经常注意报上刊登的内容,就能比死记教科书上的定义,更好地懂得什么是新闻。"[④]虽然杰克·海敦没有直接指出学习新闻采写必须多学习新闻实务派给新闻下的定义,少借鉴学院派给新闻下的定义,但是杰克·海敦明确反对"死记教科书上的定义",这也是在间接告诫新闻采写的初学者,新闻实务派给新闻下的定义对从事新闻实务帮助更大。

要想深刻理解什么是新闻,判断和鉴别新闻,需要记者学会理解什么样的事实有新闻价值,只有深入理解什么样的事实有新闻价值,才能更准确地把握什么是新闻。

---

① 门彻.新闻报道与写作[M].展江,主译.9版.北京:华夏出版社,2003:77.

② 莱特尔,哈里斯,约翰逊.全能记者必备[M].宋铁军,译.7版.北京:中国人民大学出版社,2005:31.

③ 佩普,费瑟斯通.报纸新闻:从入门到精通[M].周黎明,译.北京:中国人民大学出版社,2010:17.

④ 海敦.怎样当好新闻记者[M].伍任,译.北京:新华出版社,1980:11.

第二节 理解新闻价值

理解新闻,主要是要理解新闻价值。在本章第一节中,有很多对新闻的理解和解释,这些对新闻的解释实际上是解释什么样的事实具有新闻价值。

何谓新闻价值?美国学者凯利·莱特尔等人认为,“被编辑记者们普遍认同的新闻的特性和特征被称为‘新闻价值’”①。笔者认为,新闻价值是指事实具有值得被报道的属性。

一、传统新闻价值观

这里说的传统新闻价值观,是指中外新闻学界、新闻实务界对新闻价值要素比较一致的观点,特别是20世纪以前,中外新闻学界、新闻实务界普遍认同的新闻价值观。具体如下:

(一)新鲜性

所谓新鲜性,是指事实或信息具有新鲜的特质。新鲜性包含两层意思:一是指时间及时,二是指内容新鲜。内容第一,时间第二,内容在前,时间在后。如果内容不新鲜,无论时间多么及时,新闻都没有任何价值,所以,时间及时是建立在内容新鲜基础之上的。

新近发生的新闻事件才有新闻价值,新闻的发生与报道之间的时间差越小,新闻价值就越大。刚刚发生和正在发生的新闻事件最具有新闻价值。报纸一般都只能报道刚刚发生的新闻事件,而电视可以报道正在发生的新闻事件,因此,电视比报纸更具有竞争力。以互联网为代表的新媒体不仅可以报道正在发生的新闻事件,而且还可以随时更新,比电视报道更及时。虽然在物理性能上电视随时更新没有任何问题,但是在实际运行中却不可能对每一条新闻都随时更新,一般只是偶尔对重大新闻进行随时更新,因此,电视在及时性上不如以互联网为代表的新媒体。

《纽约时报》前副主编罗伯特·赖斯特说:“如果说第二次世界大战之前,新闻界普遍认为最没有生命的事物莫过于昨天的报纸的话,那么,今天的看法就是:最没有生命的事物莫过于几小时以前发生的新闻。”②现在,西方通讯社发稿,都尽可能使其接近本身的发生时间,在导语中尽可能避免“昨天”这两个字。

综上所述,新闻报道必须及时快速,不过,时间新不如内容新,新闻报道的事实必须有新的内容和新的意义,否则,即使报道速度非常快,由于事实陈旧不新鲜,受众也不会感兴趣。

对于绝大多数新闻事件来说,新闻报道越及时越好。西方新闻界流传着一句话:今天的新闻是金子,昨天的新闻是银子,前天的新闻是垃圾。延迟的事件一般不能再被报道了。但是,对于少数重大事件,尤其是受众特别关心的事件、信息等,如果有很大的报道价值但尚未被媒体报道,即使被发现的时间较晚,延迟了几个月、几年,甚至更长的时间,也具有一定的新闻价值,值得记者报道。

---

① 莱特尔,哈里斯,约翰逊. 全能记者必备[M]. 宋铁军,译. 7版. 北京:中国人民大学出版社,2005:32.

② 刘保全. 新闻精品是这样采写成的[M]. 北京:新华出版社,2009:202.

看下面这条新闻：

【新华社大连11月22日电】 在1976年7月28日发生的唐山大地震中，总共死亡24.2万多人，重伤16.4万多人。这两个数字是唐山、天津、北京地区在那次地震中死伤人数的累计。这是今年11月17日至22日在这里举行的中国地震学会成立大会上宣布的。

唐山地震的震级为7.8级，震中烈度为11度。地震发生的地点是人口密集的工业区，发生的时间是3点42分56秒（北京时间），正当人们沉睡的时候。地震部门事先未能发出预报。由于这些原因，它所造成的损失是很严重的。

1976年7月28日，河北省唐山市城区发生了大地震，由于种种原因，死伤人数及许多内情当时未予公布，时隔三年，1979年11月下旬，在大连举行的中国地震学会成立大会上，那次地震死亡24.2万余人，重伤16.4万余人首次被公布，这些见报的数字都是鲜为人知的，虽然事件发生时间距离报道时间有3年之久，但由于事实新鲜、事件重大，仍然值得记者报道，这条新闻见报后，中外读者争相阅读。

（二）接近性

所谓接近性，是指事实或信息具有接近受众的特质。与受众接近的事实或信息，受众会对它们感兴趣。这种接近主要包含三个方面的内容：一是地理上的接近，二是心理上的接近，三是利益上的接近。

1. 地理上的接近

一般情况下，地域上离受众越近，关系越密切的事，就越为他们所关注，新闻价值也就越大。

美国学者乔治·穆托说："人都是自私的。只有他本人及与他直接有关的东西最受他注意。"

威廉·梅茨说："越是'本地新闻'，人们就越感兴趣。在你的城市里一个行人被杀，比起千里之外六个人死于撞车，更能引起本市居民的关注。"①

美国记者杰克·海敦说："如果在智利发生的飞机失事中死了三个人，那就不是新闻。但是，如果在你居住的区里发生了飞机失事，死了三个人的话，那就是新闻了。或者说，如果在智利的飞机失事中丧生的三个人中有一个是本市人的话，那也可能成为新闻。"②

2008年北京奥运会，重庆籍选手张亚雯与魏轶力获得了羽毛球女子双打第三名，重庆本地的报纸连续几天不惜版面、大篇幅地报道，重庆本地的电视台也是不惜时段、"浪费"大量时间来报道张亚雯获奖的信息。女子双打冠军杜婧和于洋虽然也是中国人，但不是重庆人，重庆本地媒体的报道量很小，女子单打冠军张宁、亚军谢杏芳都是中国人，但也不是重庆人，重庆本地媒体的报道量同样很小，远没有对张亚雯的报道多，重庆本地媒体对这几个体育选手报道量的大小，取决于他们是不是重庆籍贯。同理，女子单打冠军张宁是辽宁籍，辽宁本地的媒体会对她进行大篇幅报道，而对女双第三名的重庆籍选手张亚雯当然就可能只进行简单报

① 梅茨. 怎样写新闻——从导语到结尾[M]. 苏金琥，阮宁，洪天国，选译. 北京：新华出版社，1983：4-5.

② 海敦. 怎样当好新闻记者[M]. 伍任，译. 北京：新华出版社，1980：11.

道,或者根本不予报道。

成都新闻界有一个笑话:成都某地死了15头猪,却去了16个记者采访报道。成都新闻界讲这个笑话是为了论证新闻竞争激烈,其实,这也可以用来说明新闻的地理接近性。试想,如果是重庆或者离成都更远的地方死了15头猪,成都媒体会去16个记者吗?显然是一个记者也不会去。

美国有一位新闻学家提出了一个新闻价值接近性的换算公式。他说,遥远的非洲发生了一场大洪水,死亡1,000人,美国面向全国的媒体判断这个事件的报道价值,只相当于美国死亡100人的价值;如果美国某个州的媒体判断这个事件的报道价值,只相当于该州死亡10人的价值,如果该州的一个小城市判断这个事件的报道价值,只相当于该城市死亡1人的价值。非洲死亡1,000人,轮到美国一个小城市来报道时,却只相当于这个小城市死亡1人的价值。这样一个奇妙的换算公式,从新闻价值的角度来理解,是对接近性的经典诠释。

将地理的接近性发挥到极致,是20世纪90年代中期以来中国都市类报纸成功的最大的秘密。1995年,《华西都市报》率先在全国转变新闻理念,将其读者对象锁定都市读者,《华西都市报》这种新闻理念使其一炮走红。《成都商报》刚开始只是一家不起眼的小报,但是,它学习《华西都市报》锁定都市读者的新闻操作理念,且青出于蓝而胜于蓝,其报道内容主要聚焦成都市区,在20世纪末和21世纪初,其报纸发行范围甚至主要锁定在成都市二环路以内,对于二环路以外的读者,这家报纸不重点、刻意地追求。《成都商报》的这种新闻理念,使其获得了巨大的成功,其发行量后来超过了《华西都市报》,成为深受成都市民喜爱的报纸。

新闻本地化现在已经成为中国地方媒体记者报道新闻的一个最主要的判断标准。杰克·海敦给这种本地化的新闻按照兴趣大小排序,依次是“本地,本州,本地区,本国,外国。当然,战争和灾祸新闻例外”①。对于发生在外地或外国的重大新闻,地方媒体记者的操作方法是“落地”,将这个新闻尽可能和本地挂钩。例如,对于发生在外地或外国的一场空难,记者前往采访报道,在调查空难的事实时,会调查有无本地人在这次空难中丧生,如果有,在报道空难的同时,将重点报道这个本地人。又如,对于一次全国性比赛颁奖,记者也会了解有无本地人获奖,如果有,也将大篇幅报道这个本地获奖人。

2. 心理上的接近

心理上的接近主要是指情感上的接近,是指新闻所报道的事实或信息能够引起受众心理上的反应,能够同受众的喜怒哀乐共鸣,能够满足受众的需求和兴趣。

看下面两条简讯:

> (2015年)3月15日中午,在2015年全国两会刚刚落幕的时刻,中纪委网站发出消息称,云南省委副书记仇和涉嫌严重违纪违法,目前正接受组织调查。据称,15日上午10点,第十二届全国人大会议第三次会议结束后,仇和还坐车回到了云南代表团驻地——职工之家。(新浪网)
>
> 中纪委网站(2015年3月15日)消息:中国第一汽车集团公司董事长、党委书记徐建一涉嫌严重违纪违法,目前正接受组织调查。(新浪网)

① 海敦.怎样当好新闻记者[M].伍任,译.北京:新华出版社,1980:100.

上面这两条消息和受众基本上没有直接利益关系，但是，受众喜欢看这类新闻，因为受众痛恨贪官污吏，看了这类新闻，受众心理上有一种舒畅感和满足感。坏人受到严惩，好人得到好报，这是受众的普遍心理诉求，也是受众对公平正义、廉洁奉公的向往和追求。这类新闻正可以满足受众的这种心理需求。

3. 利益上的接近

它主要是指事实或信息有可能给受众带来直接或间接的实际利益。首先是经济利益。现代社会是经济社会，人类对经济方面的信息非常关注。美国前总统克林顿的竞选名言"一切都是经济，笨蛋"得到全世界各国公众的普遍认同。除了经济利益的接近外，还有其他利益的接近，诸如安全、审美等方面的利益等，只要是与人们的生活、学习、工作相关的各种各样的信息及这些信息的变动，都会受到公众强烈的关注。（本节第二部分"新时代新闻价值观"对"有用性"的讨论，与"利益上的接近"在内容和观点上基本一致，详见第二部分"新时代新闻价值观"。）

（三）显著性

所谓显著性，是指事实或信息具有超出常规、与众不同、引人注目的特质。也就是说，事实或信息，人物或事件有非同寻常之处。非同寻常，表现为三种形式：一是超常，这是正向的显著，对应的就是优异性；二是异常，这是中性的显著，对应的就是特殊性；三是反常，这是反向的显著，对应的就是反常性。显著性的这三种表现形式，都是明显偏离常规、日常经验和想象的事实或信息。

曾在西方流行一时的"新闻数学公式"颇能解释显著性这一特质。公式一：平常人 + 平常事 = 零，以唱歌为例，张三、李四，都是平常人，唱歌也是平常事，加在一起等于零，不能成为有价值的新闻。公式二：不平常人 + 平常事 = 新闻，同样是唱歌，毛泽东与周恩来唱歌，就成了新闻，因为毛泽东与周恩来都不是平常人。公式三：平常人 + 不平常事 = 新闻。张三、李四虽是平常人，但在唱歌时打架斗殴，杀死了人，就构成了新闻，因为事件非同寻常。公式四：不平常人 + 不平常事 = 新闻。大人物发生了不寻常的事，就成了大新闻。比如，2021 年 7 月 7 日，一条突发新闻迅速登上头条。当天凌晨 1 时，海地总统夫妇在家中遇刺，总统莫伊兹不幸身亡。受伤的妻子已被送往美国救治，其伤势严重但情况稳定。政治人物遇刺总是震惊世界，更何况是一国元首。所以，海地总统被刺杀，就成了轰动、影响全世界的重大新闻。

1. 超常性

前文指出，超常是一种正向的显著，对应的是优异性。超常，就是指人物或事件超越正常的人物或事件，其显著性甚至数倍、数十倍、数百倍、数千万倍于正常的人物或事件。一般而言，体育界的人物突破了某些纪录，比如刘翔突破了跨栏的纪录，等等，这些事实或信息，就是典型的超常性事实或信息。再如，科学界的重大发明、创造，某人获得了重大的荣誉，比如，屠呦呦获得了诺贝尔奖，这就是非常重大的、具有显著性中的超常性特征的事实，值得记者重点报道。

2. 异常性

前文指出，异常是一种中性的显著，对应的是特殊性。人类社会、自然界都会出现一些异常性的事实或信息，一般而言，异常性的事实或信息在自然界中较多。比如，雨后一条彩虹出现;天上的乌云像一条龙一样,还摆动着尾巴,活灵活现;一个人一只手有8个手指头,一头牛长了4只耳朵,等等。这些异于正常的人、动物、天象的事实或信息,有强烈的特殊性,受众非常喜欢接受这些异常性的事实或信息。

追求离奇是人类的天性。出乎意料的事情往往能够抓住人们的眼球。“奇异的人和事是生活的一部分”,“几乎每件有新闻价值的事件都包含有不寻常的因素”。①

3. 反常性

前文指出,反常是一种反向的显著,对应的是反常性。任何事件、事物只要包含了反常的因素,就能成为新闻。狗咬人不是新闻,因为这是正常的,人们习以为常,见惯不惊。反之,人咬狗就有新闻价值了,值得报道。因为人咬狗是反常的行为,正常的人是不会轻易去咬狗的。

西方新闻界有一句名言:“坏消息就是好消息。”“有人曾经问法国短篇小说作家莫泊桑,为什么他的小说里有那么多的坏女人。他答道:‘清白的女人成不了故事。’”“新闻报纸同样遵循这条基本原理。……‘好消息’往往不成为新闻。一架飞机在本市正点降落算不得新闻。但如果一架飞机在降落时出了事,那就是新闻了,尽管它是个坏消息。”②近年来,一些人和机构充分利用人类的这种好奇心,利用公众喜欢围观反常、离奇事件的心理,“策划”了一些比较“成功”的事件,在公众中引起持续的关注。

重庆教育学院的学生“凤姐”长相普通,学历低,家境较差,无真才实学,但她却对未来的“夫君”要求奇高,先是爆料“非名校博士不嫁”,而后又升级为“非海归博士不嫁”,一时间引来黑压压一大片围观者。早年的芙蓉姐姐身形很胖,却在网络上翩翩起舞,认为自己是世界上最美的人,也同样引来无数好奇的围观者,掀起了一股热潮。这两个人物正是利用了公众追求反常性的新闻事件的心理,制造出了一系列的新闻事件,引起公众围观。

反常性现在在很多时候表现为趣味性,公众围观那些反常的人和事、反常现象,是带着看热闹、好玩、戏谑的心态。特别是那些刻意炒作的远离正常状态的事件,公众基本上明知这些事件可能是别有用心,甚至是纯粹炒作的,但是也会跟风围观,因为他们需要通过获知一场事件来寻求刺激、消遣无聊、娱乐身心、减轻压力。

对于为了获取经济利益人为策划的,或者为了出名而刻意制造的“反常”的引起受众注意的人物和事件,记者不要把它们当作有重大新闻价值的事件进行报道,媒体不应该跟风炒作,受众也要警惕,不要过分围观、起哄,应该保持适当的距离,以免上当受骗。

(四)显赫性

所谓显赫性,是指人物、机构、事件甚至包括物体,其名望、地位或身份具有显要、突出的特质。这种显要、突出就是显赫,显赫会对受众产生强烈的吸引力。

“新闻界流传一句话:姓名能产生新闻,显赫的姓名能产生重大新闻。这个‘姓名’的拥有者正在做或已经做的某些事情,都具有新闻价值。”③“越是著名的人物,作为新闻来源就越有新闻价值。”美国总统“一感冒,证券市场跟着颤抖;他去钓鱼,他用的鱼饵也被细加描写;他玩高尔夫球,整个过程和最后的比分被仔细地记录;他卧病在床,他的膳食、体温、睡眠和治疗

① 密苏里新闻学院写作组. 新闻写作教程[M]. 褚高德,译. 北京:新华出版社,1986:10.
② 海敦. 怎样当好新闻记者[M]. 伍任,译. 北京:新华出版社,1980:12.
③ 莱特尔,哈里斯,约翰逊. 全能记者必备[M]. 宋铁军,译. 7版. 北京:中国人民大学出版社,2005:36.

过程成为头版新闻”①。有名望、有成就的名人，其好事能吸引公众的注意，不好不坏、中性的事情也能吸引公众的注意，丑事、坏事更能引起公众的兴趣。

2013年，著名导演张艺谋因为计划外生育被媒体曝光后，江苏省无锡市滨湖区人口和计划生育局对其征收748.7854万元人民币的计划外生育费和社会抚养费。公众理解，这是一种特殊的罚款，是对计划外生育的严厉处罚。2013年11月3日，游泳奥运冠军、世界冠军孙杨在杭州涉嫌无证驾驶豪车出交通事故，被警方依法罚款2,000元，并行政拘留7天。张艺谋是影视界名人、孙杨是体育界名人，张艺谋超生被罚款和孙杨无证驾驶被拘留这些事件，受到公众的持续关注。

“大名鼎鼎的人，声名狼藉的人，还有古怪的人，都会引起公众特殊的兴趣。”②在重庆轰动一时、在全国臭名远扬的大抢劫犯张君、周克华曾先后吸引了广大受众的眼球，尤其是受到了重庆受众的普遍关注。

闻名的机构也具有报道价值。北京大学和清华大学是中国最有名望的学府，发生在这两个学校的新闻事件往往能够引起受众的兴趣。北京大学毕业的陆步轩大学毕业后卖猪肉、清华大学的学生刘海洋硫酸泼熊、北京大学的梦桃源事件（北京大学前教授邹恒甫在微博上爆料北京大学梦桃源餐厅有桃色事件，并称“北大淫棍太多”，北京大学和梦桃源公司将其告上法庭）、清华大学的铊中毒事件（从1994年11月24日起，清华大学学生朱令开始出现奇怪的中毒症状，后怀疑是铊中毒，且怀疑有人投毒，但至今未查出凶手。朱令现在全身瘫痪、双目近乎失明、大脑萎缩、基本语言能力丧失，生活不能自理，由年迈的父母照顾），都能引起受众的广泛兴趣。如果是国内一般的大学发生此类事件，公众对这些事件的兴趣会小得多，且其兴趣不会持续很长时间。

（五）影响性

所谓影响性，是指一个事实或信息能在一定程度和范围内产生较大影响的特质，也有人称为冲击性。影响的程度包括深度和广度。影响范围越大，影响程度越深越广，新闻价值越大。“一条新闻的重要性取决于它所报道的事情能影响多少人以及影响的程度。”③密苏里新闻学院写作组的老师们认为，关于事件影响的大小取决于下列三个因素：对多少读者有影响、对读者有多少直接影响、是否立即产生影响。④ 事件影响的人越多，新闻价值越大。党和国家有关政策、新的立法往往是影响许多人的重要事件。

2021年5月31日，中共中央政治局召开会议，听取“十四五”时期积极应对人口老龄化重大政策举措汇报，审议《关于优化生育政策促进人口长期均衡发展的决定》。中央决定，进一步优化生育政策，实施一对夫妻可以生育三个子女政策及配套支持措施，改善我国人口结构、落实积极应对人口老龄化国家战略、保持我国人力资源禀赋优势。中央的“三孩”政策，在社会上产生了强烈的反响，受到公众的热切关注。

一些重要的社会、政治问题也是影响广大公众的事件，会受到公众的强烈关注。如党的

① 梅茨．怎样写新闻——从导语到结尾[M]．苏金琥，阮宁，洪天国，选译．北京：新华出版社，1983：6.
② 梅茨．怎样写新闻——从导语到结尾[M]．苏金琥，阮宁，洪天国，选译．北京：新华出版社，1983：6.
③ 密苏里新闻学院写作组．新闻写作教程[M]．褚高德，译．北京：新华出版社，1986：3.
④ 密苏里新闻学院写作组．新闻写作教程[M]．褚高德，译．北京：新华出版社，1986：6.

十八大以来,党和政府加强了反腐败的力度,受到广大民众的普遍关注。

对于多数具备重大影响的新闻事件,记者都能比较准确地判断,并及时地加以报道。但是,“一些事件的重要性需要时间才能被认识”,“只有博识之士有能力就新闻价值做出决定”。① 对于有些事件的影响的判断,既需要相关的知识,还要有足够的新闻经验和阅历,否则,记者会对一些能产生重大影响的事件视而不见,充耳不闻,最后与好新闻失之交臂。

对社会产生重大影响的正面、中性事件,新闻价值大,会受到受众的关注。对社会产生重大影响的负面、灾难性事件,同样会受到受众的强烈关注。如飞机失事事件、矿难、地震、水灾、火灾等事件,会给相当大范围内的民众带来巨大的痛苦,产生巨大的影响,会受到受众强烈的关注。

2021 年 7 月下旬,河南遭遇强降雨,截至 7 月 23 日,已造成 56 人遇难、5 人失踪,新华社报道称:“此次暴雨中被淹没的郑州京广路隧道备受关注,上百辆汽车横七竖八地堆在该隧道南出口,目前救援队正对该隧道进行抽排水,但隧道内仍有大量积水,已确认有人员遇难,具体人数还在核实中。”这次特大灾害,媒体持续报道,公众强烈关注。

(六)冲突性

所谓冲突,是指人物、事物之间产生了尖锐的对立,对立的双方或多方已经实施了剧烈的打击、破坏等行为,且造成了较为突出、严重的不良后果,由此产生的事件可以称为冲突事件。人与人、人与社会、人与自然之间的冲突事件,是新闻媒体竞相报道的重要事件。大多数冲突都具有大小不同的新闻价值,有些冲突事件往往会在报纸、广播电视和网络的头版头条位置刊登或播出。

“战争是最典型的冲突,也是最重要的新闻。”“战争、谋杀、暴力袭击,这些反常性的冲突充斥着报纸头版。”②巴以冲突及双方经常发生的战争,美国对伊拉克的战争,叙利亚国内政府军与反对派的战争,是各种类型媒体最重要的报道内容,占据大量的版面位置和播出时间。罢工、警民对峙,都是媒体报道的最具新闻价值的事件,如果在罢工和警民对峙中出现了肢体冲突,出现了流血和人员伤亡,则新闻价值更大。一场不太重要的体育比赛中,足球流氓掀起了骚乱,媒体的报道重点马上会聚焦到这场骚乱,而正常的体育比赛在记者眼中反而变得新闻价值不大,记者会将其作为次要的报道内容简单地进行报道。

“冲突性也可以理解为破坏性。人的心理中有两面性,一方面是建设性,另一方面是破坏性。这是人的天性。人对于破坏有着天生的兴趣。记者的素质中有一条应该是:幸灾乐祸。当然,这‘幸灾乐祸’应该是打上引号的。比如,灾难事件。”③现代社会,和平与发展已经成为世界普遍接受和认同的主题,但这并不等于没有冲突,不能报道冲突。客观事物在其发展过程中始终存在着矛盾,有矛盾就会有冲突。现在,文明的冲突,即没有血腥、没有剧烈的肢体冲突仍然很多,媒体对这些文明的冲突的报道也越来越多。“一些引人注目的争论,如核反应堆的安全、全球气候变暖、环境保护,以及没有暴力色彩的冲突等,也都出现在报纸头版。”④

---

① 门彻.新闻报道与写作[M].展江,主译.9 版.北京:华夏出版社,2003:80.

② 莱特尔,哈里斯,约翰逊.全能记者必备[M].宋铁军,译.7 版.北京:中国人民大学出版社,2005:32.

③ 刘建明.当代新闻学原理[M].北京:清华大学出版社,2003:188-189.

④ 莱特尔,哈里斯,约翰逊.全能记者必备[M].宋铁军,译.7 版.北京:中国人民大学出版社,2005:32.

媒体对冲突性新闻的报道应适量适度，如果过分地追求冲突性，会使新闻媒体充斥血腥和暴力、充满恐怖，这将使公众受到惊吓和刺激，影响公众的身心健康，更会使少年儿童稚嫩的身心受到伤害，甚至诱发少年儿童模仿和学习，不利于其健康成长。

（七）人情味

所谓人情味，是指人物之间、动物之间产生的比较浓郁的情感元素、人性元素、人情元素。各种富有人情味和生活情趣的人物、动物与事件能够赢得受众的青睐。“人非草木，孰能无情”，人是有感情的动物，受众对那些触动他们的同情心、调动起他们心中情感的事件，有着浓厚的兴趣。

人与人之间的亲情、友情、爱情；人世间的悲欢离合、人生道路上的曲折坎坷、进取拼搏；人们的各种生活方式、休闲娱乐、子女教育；人们的婚丧嫁娶、生老病死，等等，都是人情味的主要内容。

我们来看下面这条新闻：

女孩坚持4年每天给已故男友留言

2014年1月20日 09:34 来源：星岛环球网

【星岛环球网消息】《人民日报》官方微博消息称，她叫张希，面对意外去世的男友（秦川，2009年12月19日于温哥华去世），她开始感到无尽悲痛，后来在男孩人人网留言板留言成了她生活的一部分：表达思念、分享快乐、吐槽考试、偶尔卖萌……这样的日子一晃过了4年，她每天至少去写一条，直到现在，留言仍在继续。①

这是一个令人唏嘘嗟叹的爱情故事，读者看了这些留言，会禁不住泪眼婆娑。

人们遭遇的突如其来的巨大不幸、大悲大痛，会使受众产生怜悯、同情；人生历程中的坎坷、磨难，能够深深打动受众的心，让受众产生热切的关注。

（八）趣味性

所谓趣味性，是指新闻事实具有某种情趣，具有让受众喜闻乐见的特质。20世纪的西方新闻学，一般把受众兴趣作为新闻的基础和试金石，在他们看来，衡量新闻价值的真正要素是趣味性。

各种奇异有趣的民风民俗、风土人情，是受众非常关心的内容。举凡非洲有的地方以胖为美，女孩小时候就用药物把自己催胖；南亚有个国家的男人竟然喜欢戴绿帽子，以此向外人表明自己家庭兴旺，多子多孙，甚至有钱有势多妻；印度个别偏远地方的人在集体用餐时，使用的饭盆常常是树叶做成的。这种盆由几片很大的整片树叶拼叠而成，有内外两层……这些奇风异俗，能够引起受众的兴趣。

---

① 女孩坚持4年每天给已故男友留言[EB/OL].(2014-01-02)[2016-05-07]. http://society.stnn.cc/qiwen/2014/0120/44403.shtml.

此外，人与动物之间的情感故事、动物与动物之间的情感故事，既有浓浓的人情味，又具有特殊的情趣，这类故事容易打动受众的心。

印尼：鸡和猴子每日“深情相拥”走红网络

2014年1月27日　08:23　来源：人民网

【星岛环球网消息】　印度尼西亚爪哇岛，一只猴子和一只鸡双双“坠入情网”，彼此亲密相依、温柔相拥的画面，令众多网友觉得温馨感人。

人民网报道，这段跨越种族且“不畏世俗”的“爱情”发生在印度尼西亚爪哇岛最东部的外南梦市场。在该市场，每天都上演着这对“恋人”深情相拥的温馨画面。外南梦市场的老板和顾客们都已经司空见惯。

这对“恋人”系一只银毛猴和一只花羽鸡，是“一见钟情”，立即“深陷爱河”。虽然这只猴子被主人用链子锁住了，但这并不影响其对花羽鸡的“深情款款”，还“大秀恩爱”，时而双“爪”交握，情意绵绵。

图1-1　猴鸡相拥

猴子和鸡的爱情故事也感动了人类，成为读者争相阅读的新闻。

记者在报道趣味性的信息时，必须报道健康、高尚的趣味信息，不能选取那些污染社会及人的灵魂的庸俗、低级的趣味信息，要做到趣而不俗，有益无害，雅俗共赏，老少咸宜。

上述传统的新闻价值观在今天的新闻媒体中仍然适用，根据这种理念报道的新闻占据着新闻媒体的重要位置，受众也非常关注和喜爱这类新闻。

二、新时代新闻价值观

新闻价值观从20世纪中后期到现在出现了一些变化，一方面，原有的新闻价值观在继续发挥作用；另一方面，新的新闻价值观开始产生，这其中最引人注目的变化是如下两个方面的新闻价值观：

（一）有用性

从20世纪末期以来，尤其是进入21世纪后，人们对无关紧要、没有实际功效的事情已经不太关心，而对于有益、有效、有用的事情产生了强烈的兴趣。

清华大学刘建明教授等人认为，有用性是一种现代新闻价值观。“现代新闻价值是指新闻在受众接受过程中满足其认识需要表现出的效用，包括受众对新闻的精神享用和由此导致的获取物质利益，包括有用、有益、有效三个要素。”现代新闻价值观与传统新闻价值观的区别主要在于：前者把对受众的效益作为新闻报道的出发点，关注受众的现实需求，以新闻对受众的“效用”为核心；后者把记者鉴别新闻事实作为报道的出发点，关注的是记者对事实是否适合报道的感受，考虑的是什么样的事实能够成为新闻，以识别事实的特性为核心。① 在现代社会，受众的兴趣往往能够决定记者编辑对事实与信息的判断与选择，如前文所述，受众对能够给他们带来实际效用的信息更为关注，这就驱使记者编辑越来越关注新闻价值的有用性。以下两种类型的事实与信息越来越受读者的欢迎，从而成为记者编辑判断某个事实是否具有新闻价值的主要依据。

1. 经济新闻与信息

经济新闻是由经济信息采集制作而成的，经济新闻正成为深受欢迎的新闻类型。阅读或收听收看经济新闻，或者可以给受众带来直接或间接的实际利益，或者可以让受众规避风险，减少损失。“这样的事实尽管有时和人们的观点、立场、态度毫不相干，但它能满足受众获取具体利益的需要。”②现代社会已经是一个经济社会，人们对经济信息、经济新闻的关注和喜爱已经达到了前所未有的高度。

《重庆商报》于 1997 年 1 月 1 日创刊，创刊伊始发行量很小。当时正值中国股市火爆的时候，《重庆商报》总编辑邱远勋决定，每天拿出三个专版来刊登股市新闻和信息，一个版专门刊登股市行情(上市公司少，一个版能够刊登全部上市公司)，一个版报道股市信息、股市分析等，一个版刊登与股市相关的信息。当年，重庆的另外两家都市报《重庆晨报》《重庆晚报》没有专版刊登与股市相关的信息，更不会用专版来刊登股市行情。成都的《华西都市报》(当时在重庆市区有售卖，《华西都市报》还专门开辟了重庆专版)在当时是全国锐意改革、大胆开拓的都市报，也只是在报纸版面的中缝刊登股市行情。由于中缝面积小，字号也很小，股民看得不太清楚。而《重庆商报》的股市行情刊登在正版上，字体字号非常清晰，加上又有股市新闻、股市信息、股市分析三个专版的股市新闻和信息的报道，使《重庆商报》在短短的几个月内就一飞冲天，发行量猛增至 10 多万份，和重庆另外两家都市报的发行量不相上下。《重庆商报》的崛起从事实上验证了经济新闻和经济信息深受读者欢迎这一理念。

2. 生活和消费新闻与信息

很难设想，在 20 世纪中期以前，一个城市片区的停电停水信息能够作为新闻报道，而且能够占据报纸的重要版面位置。但是，在 20 世纪末期和 21 世纪初期，这些与民众特别是与都市市民生活密切相关的信息具有非常重要的报道价值，广受市民的关注和喜爱。

其中最引人注目的是天气预报。中央电视台的天气预报在黄金时间播出，被认为是收视率极高的节目之一。对天气预报的报道已经成为各大都市的电视台、都市类报纸的重要报道内容。《重庆时报》一度开辟专版报道气象新闻。

城市新开辟一条公交线路，这在传统的新闻报道中，可能就是 100 字左右的简讯，但现在，新闻媒体不仅要做大篇幅的报道，还要画上线路图，标示出沿途站点。

消费类新闻与信息是大受读者欢迎的又一种新闻与信息类型。在 20 世纪末和 21 世纪初的全国各大报纸媒体中，消费类专刊占据了报纸版面的半壁江山甚至绝大部分版面，特别是都市类报纸，从周一到周五分别开辟有教育、购物、旅游、房地产、汽车等专刊，每天的专刊版面少则几个版，多则十几个、几十个版，厚厚一叠。近年来，随着报纸媒体的衰落、网络媒体

---

① 刘建明，等. 新闻学概论[M]. 北京：中国传媒大学出版社，2007：206.

② 刘建明，等. 新闻学概论[M]. 北京：中国传媒大学出版社，2007：215-216.

的兴盛，消费类专刊在报纸版面中的比例在减少，但在网络媒体中的比例则大幅度增长。

与公众的生活和消费息息相关的信息与事件成为媒体报道的重点，这是与以往新闻报道的一个重要区别。

1977 年，美国新闻报纸广告局对美国读者进行过关于新闻重要性的调查，被调查者按照重要性大小给出如下排序：首先是有关消费的报道，包括怎样可以买到价廉物美的食物，保健与营养、医疗卫生，接着是关于“人物”的报道，随后是环境、社会政治、公共事务、体育运动。调查表明，美国的新闻工作者和公众对各类新闻重要性的看法大致相同。“这些报道包括有用处的新闻，尤其是怎么办的稿件和其他有关消费的新闻，包括教育新闻在内的公共事业新闻，地方性和全国性的大事、环境保护问题和关于普通人的报道。”①这些报道都是“以对受众‘有用处’为核心的，传播学的‘使用满足论’正是对现代新闻价值目标的简要概括”②。与安全有关的新闻也是有用性的重要体现。受众对地震、水灾、火灾以及其他灾害事件的关注度明显高于其他类型的新闻，特别是当这些信息与受众在地域上比较接近时，受众的关注度更高，因为这直接关系到受众的身心健康。比如沙尘暴、水质污染、空气污染，等等，这类新闻非常吸引受众的眼球。

（二）娱乐性

现在，无论是中国还是西方国家乃至全世界任何国家，娱乐性已经成为具有重要新闻价值的要素。在 20 世纪，娱乐性是包含在趣味性之中的，但是，由于受众越来越关心娱乐新闻，娱乐性要素已经从趣味性中独立出来，成为新闻媒体判断新闻的一个重要价值要素。从某种意义上说，娱乐性在内涵和外延上都已经超越了趣味性，具有更广泛的意义。

发生在演艺界的新闻是最典型的娱乐新闻。现在，体育界的新闻也被纳入娱乐新闻中。

记者将演艺界、体育界的新闻事件、新闻人物作为娱乐新闻报道无可厚非，但是，很多重大新闻、严肃新闻也被娱乐化了，记者常常尽其所能在这些重大新闻、严肃新闻中寻找娱乐要素，而且对娱乐要素的寻找与报道有时甚至超过了对重大新闻、严肃新闻的报道。

2006 年，时任美国总统布什访华，这是一个十分重要的新闻事件，但重庆一家都市类报纸却将布什在中国骑车的事件加以大篇幅的报道，不仅在一版将布什骑车的图片作为主图推出，而且在二版又将这张照片作为主图报道，该图片占据二版四栏的位置。在放大图片的同时，还配以大量的文字进行组合报道。而这次有重大意义的新闻信息，比如，时任中共中央总书记、国家主席、中央军委主席的胡锦涛提出的关于中美贸易、反恐合作、人民币汇率、朝核问题和台海问题的五点建议，却被放在左边边栏不显眼的位置。重庆另外几家都市类报纸也都把布什“秀车技”作为一版主图，不仅如此，还将布什“秀车技”等方面“好看”“好玩”的信息作为主要报道题材。其中一家报纸甚至在两个版的报道中，把布什“秀车技”、劳拉（布什夫人）“品水饺”等娱乐性强的内容做了一个专版。

布什此次访华，并不是来中国“秀车技”的，而是具有很深远的意义。它标志着美国对华政策将进入“调整期”，美国未来将更多强调中国的积极作用和合作可能；两国关系比以往任何时候都要平等；中美关系已远远超出双边范畴，越来越具有全球意义，美国方面已经从全球

---

① 密苏里新闻学院写作组. 新闻写作教程[M]. 褚高德，译. 北京：新华出版社，1986：17.

② 刘建明，等. 新闻学概论[M]. 北京：中国传媒大学出版社，2007：209.

的战略高度来考虑美中关系,等等。对于这些重要迹象和信息,我们的媒体没有给予过多的关注和报道,却将布什"秀车技"、劳拉"品水饺"等做了大篇幅的报道。重大新闻反而成了花絮,成了娱乐化信息的点缀,两者之间的关系颠倒了。

时下,新闻娱乐化已经成为一种不可阻挡的潮流,汹涌澎湃却又鱼龙混杂,泥沙俱下,其负面元素受到社会各界诟病。其实,新闻娱乐化可以分为三个层次:健康的新闻娱乐化、庸俗的新闻娱乐化和恶俗的新闻娱乐化。健康的新闻娱乐化,是指新闻文本和新闻信息能够给受众带来健康的享受,使受众精神上产生愉悦,心灵上得到慰藉。对于这种健康的新闻娱乐化,特别是那种雅俗共赏、老少咸宜的新闻娱乐化,我们应该大力提倡和推广。庸俗的新闻娱乐化,是指媒体提供的新闻文本和新闻信息相对比较庸俗、无聊、浅薄、低级,介于健康的新闻娱乐化与恶俗的新闻娱乐化之间,既不十分健康,但也不是非常恶俗的,属于可以"争取"和"团结"的对象。这类娱乐化的新闻和信息对社会正面的影响要少一些,负面的影响要多一些,但其对社会的负面作用不是太大,影响也不是很恶劣,这类新闻应被适当地限制和抑制。恶俗的新闻娱乐化是指媒体提供的新闻文本和新闻信息容易煽动和挑逗起人的野性、邪恶、破坏的欲望。恶俗的新闻娱乐化主要表现为两点:一是渲染暴力和血腥,二是渲染色情。恶俗的新闻娱乐化对社会的负面影响和对社会的破坏作用非常大,尤其是对于正在成长过程中的青少年负面影响更大,因为青少年辨别能力差、自我控制能力弱,恶俗的新闻娱乐化对他们的影响更具腐蚀性和摧残性。

对待新闻娱乐化,我们应该区分不同性质的情况,对其采取不同的措施:提倡、鼓励和支持健康的新闻娱乐化;抑制、减少庸俗的新闻娱乐化;而对恶俗的新闻娱乐化,我们应该予以毫不留情的打击,直至彻底消灭。

三、影响新闻价值判断的因素

记者对新闻价值的判断会受到各种各样的因素的影响,这些因素对决定新闻价值的大小、有无都有重要的作用。

(一)新闻是变化的

"新闻的一个重要特点是它总是在不断地变化。""而且新闻的变化就和你读这个句子的速度一样快。"①事物总是处在变动中。运动是绝对的,静止是相对的。新陈代谢是宇宙间不可抗拒的规律。

我们所处的时代正在剧烈地变化着。在短短的三十多年的时间里,中国发生的变化令世界瞩目,在经济大发展的同时,社会文化也产生了巨大的变化,体制机制、思想观念、价值观、审美取向等都在发生变化,这将影响记者对新闻价值的判断。记者应该适应时代的变化,对事件的新闻价值作出与时代同步的判断与选择。

在20世纪六七十年代,中国粮食紧张、物质紧缺,关于烟酒糖盐等食物、日常用品方面的信息,是受众最感兴趣的内容,记者报道这些事实和信息,会受到受众的广泛欢迎。但是,今天的中国已经成为世界第二大经济体,绝大多数人的温饱问题已经解决,中国市场上物质丰

---

① 伊图尔,安德森.当代媒体新闻写作与报道[M].贾陆依,华建昌,译.6版.北京:中国人民大学出版社,2009:12-13.

富、货源充足，公众对粮食、日常用品的兴趣就不如以前浓烈了。以前被认为有价值的新闻，现在就没有多大新闻价值了。而以前被认为没有价值的新闻，现在可能具有很高的新闻价值。比如，旅游、汽车、房地产、股市，甚至伪娘、派对，等等，对于这些内容，20 世纪 80 年代以前的受众是不可能感兴趣的，而现在的受众却对这些信息兴趣浓厚。

在剧烈的变化中，新闻记者要有敏锐的嗅觉，具备捕捉新闻的能力，灵活地把握受众随时处在变化之中的新闻需求，从而采访报道出受众满意的新闻。

（二）新闻是历史的

记者判断新闻价值，必须对历史有一定的了解。这个历史不是人们理解的世界历史、中国历史之类的历史，虽然这些历史知识记者也必须具备。这里所说的历史，是指记者必须了解其所在地区的历史。更确切地说，记者要了解本地此前曾经报道过的新闻，必须对这个地区曾经报道过的新闻有所了解。记者在入职前，先要花一些时间浏览近两年本地新闻媒体曾经报道过的新闻。

在实习生中经常有这样的教训：一个实习生花了大量时间——有可能是一个月的时间，采访报道了一条新闻，自己感到非常得意，当呈送给指导老师过目的时候，指导老师瞥了一眼——只是几秒钟的工夫，就轻描淡写地说了一句话：这类新闻已经报道过了，然后头也不抬地继续写作自己今天刚采访的一条新闻。指导老师简单的一句话，就将实习生耗费了大量精力完成的新闻报道给枪毙了，虽然很无情，但非常正确。媒体不可能将一条已经报道过的类似新闻重新报道。

因此，记者要从历史的角度来看待新闻事实和新闻价值，如果记者不知道自己所要报道的信息的历史知识，就无法确定这条信息的新闻价值。当记者知道这条新闻信息或这类新闻信息已经被报道过后，最明智的做法是果断放弃报道。如果坚持要报道，就只能考虑从其他的角度去做，或者在报道方法上区别于以往，或者在报道形式上另有新意，总之，必须出新。

（三）新闻是相对的

“新闻价值观并非存在于真空中”，“它们的应用有赖于决定什么是新闻的人、事件与新闻媒介位于何处、报纸或广播电视台的传统、它的受众以及大量其他因素”。① 新闻总是相对的，从时间上来说，昨天是新闻，今天就不一定是新闻了。曾经是重要的新闻，现在就不是有价值的新闻了。

从空间上来说，在此地是新闻，在彼地就不一定是新闻了。

冬天的气温降到零下 8 度，这在重庆市会成为比较大的新闻，成为报纸的头版头条，因为重庆市区每年冬天的气温出现在零下的时间不长，零下 8 度更是极其罕见的。而在东北的哈尔滨，零下 8 度的气温根本就不值得报道。如果重庆人吃上了自己种植的香蕉与荔枝，这将成为重庆市各大媒体的重要新闻，而在广东和海南，这根本就不成为新闻，没有任何新闻价值。

在比较偏远的小县城，谁家孩子考上了北京大学、清华大学，会成为当地电视台和报纸的重大新闻，但在省城的电视、报纸上，这种新闻最多也就是一条简讯，只有本省的高考状元才

---

① 门彻. 新闻报道与写作[M]. 展江，主译. 9 版. 北京：华夏出版社，2003：87.

会占据报纸的重要版面。

新闻的相对性还体现在其他一些方面。比如,对新闻价值的判断会因人而异。记者觉得很有价值的新闻,编辑可能觉得一文不值;这位记者认为有价值的新闻,那位记者可能认为没有多大的价值;王编辑认为有价值的新闻,李编辑却认为没有价值。不同新闻媒体对新闻价值的判断也会有很大的差异。此新闻机构将某条新闻作为头版头条重磅推出,而彼新闻机构却只将这条新闻发一条100字的简讯。受众之间对新闻价值的认识也不同。张三认为时政新闻是最有价值的新闻,而李四觉得教育新闻才是最有价值的新闻。

新闻价值判断虽然具有相对性,但多数也具有一致性。因人、因地域、因媒体机构等不同,对某些新闻价值可能会有不同的判断,但多数人、多数地域、多数媒体机构会不约而同地对一些新闻作出比较一致的判断,在版面位置、字数多少、播出时间上表现出趋同的现象。

第三节　理解记者职业

怎样理解新闻记者?所谓新闻记者,是指在新闻媒体专职从事新闻采访报道的专业人员。

新闻记者职业是什么性质的职业?美国著名新闻人普利策有一句名言:“倘若一个国家是一条航行在大海上的船,新闻记者就是船头的瞭望者。他要在一望无际的海面上观察一切,审视海上的不测风云和浅滩暗礁,及时发出警告。”

新闻记者是航行在大海的船上的瞭望者,是公众的哨兵,也是“看门人”,为公众看门。

新闻记者不仅要有强烈的事业心和责任感、使命感,还要具备从事这个职业最基本的素质和修养。

一、记者的责任感

新闻记者的责任感没有写进具体的法律条文中,但是写在记者的心上,写在记者每日的奔波中。责任感就是记者对社会、对公众的责任和义务,对新闻事业、新闻报道的责任和义务。

责任感是整个新闻采访写作的灵魂,是整个新闻工作的灵魂,不仅包含在本书的各个章节中,也包含在记者、编辑和所有新闻人的每一个工作环节、细节中。

责任感是记者完成工作的一种态度。著名记者艾丰认为,记者应该具备的第一个心理素质就是社会责任感强。他说,记者要乐于“管闲事”。虽然“从对实际工作的直接责任看,记者可以是最不负具体责任的。农业减产了,要找农业部负责;工业滑坡了,要找国家计委、经委负责;市场出现了问题,要找商业部解决……没有一件事是可以找到新闻界头上的”,但是,记者不能就这样“悠哉悠哉地生活和工作”,这是“没有责任心的记者”。“要想做一个好记者,他必须有极强的社会责任感,他应该处处感到自己的责任。一旦他发现了社会上的任何一个角落有问题,他的责任感就支使他去采访、去研究、去写作。因此,记者的心理必须是爱管闲事的心理状态。”①

---

① 艾丰. 新闻写作方法论[M]. 北京:人民日报出版社,1993:255-256.

看下面这条新闻：

中国人首次进入自己的空间站

2021 年 6 月 18 日　来源：《人民日报》

【本报酒泉 6 月 17 日电】（记者：余建斌、吴月辉、刘诗瑶）　记者从中国载人航天工程办公室获悉，北京时间 2021 年 6 月 17 日 9 时 22 分，搭载神舟十二号载人飞船的长征二号 F 遥十二运载火箭，在酒泉卫星发射中心准时点火发射，约 573 秒后，神舟十二号载人飞船与火箭成功分离，进入预定轨道，顺利将聂海胜、刘伯明、汤洪波 3 名航天员送入太空，飞行乘组状态良好，发射取得圆满成功。

这是我国载人航天工程立项实施以来的第 19 次飞行任务，也是空间站阶段的首次载人飞行任务。

神舟十二号载人飞船入轨后顺利完成入轨状态设置，于北京时间 6 月 17 日 15 时 54 分，采用自主快速交会对接模式成功对接于天和核心舱前向端口，与此前已对接的天舟二号货运飞船一起构成三舱（船）组合体，整个交会对接过程历时约 6.5 小时。这是天和核心舱发射入轨后，首次与载人飞船进行的交会对接。

随后，航天员乘组从返回舱进入轨道舱。按程序完成各项准备后，先后开启节点舱舱门、核心舱舱门，北京时间 17 日 18 时 48 分，航天员聂海胜、刘伯明、汤洪波先后进入天和核心舱，标志着中国人首次进入自己的空间站。

后续，航天员乘组将按计划开展相关工作，完成为期 3 个月的在轨驻留，开展机械臂操作、出舱活动等工作，验证航天员长期在轨驻留、再生生保等一系列关键技术。

这条新闻荣获 2022 年第三十二届中国新闻奖消息类一等奖。新闻刊登于《人民日报》2021 年 6 月 18 日头版头条，呈现的是中国航天发展历史上的一个里程碑事件，是一则具有重大新闻价值和历史意义的新闻。3 名记者组成航天报道一线团队，克服疫情影响，在酒泉卫星发射中心、北京航天飞行控制中心两地进行了多天前期采访，通宵达旦值守，见证和记录中国航天大事件，并第一时间精心撰写稿件，展现了新时代新闻工作者的使命担当。新闻标题“中国人首次进入自己的空间站”聚焦新闻点，极其醒目，不仅将新闻价值体现得淋漓尽致，也突出了该条新闻所蕴含的历史意义，彰显了新闻报道书写时代、记录历史的功能。

这条新闻是对记者责任感的完美体现，彰显了记者对国家的使命感、责任感。

记者的责任感表现为以下具体的内容：

（一）揭露事实真相

美国著名新闻学者、新闻教育家梅尔文·门彻说：“新闻记者的任务是告诉我们发生了什么。有人说，新闻是瞬间的历史。新闻记者的责任是在人力所及的范围之内准确而完整地记录事件，这是公众的期许。”[①]真实和准确，是记者首先必须遵守的，也是最起码的要求。但

① 门彻. 新闻报道与写作[M]. 展江，主译. 9 版. 北京：华夏出版社，2003：16.

是,在这个世界上,一旦一个事实涉及利益,事实的真相就会变得扑朔迷离。在这个时候,揭露事实的真相就变得非常艰难。而记者的天职,就是要努力寻求事实真相,排除任何自然和人为的阻碍,将事实真相呈现给公众。

美国著名新闻人沃尔特·李普曼(Walter Lippman)说:“新闻事业的最高准则莫过于阐明真理而使魔鬼感到羞愧。”①新闻记者不仅要阐明真理,更重要的是要揭露事实真相。

2001 年 7 月 17 日,广西南丹矿发生透水事故,81 名矿工遇难,但该矿相关负责人与南丹县领导却将此重大事故隐瞒了 17 天。当这个事故被隐瞒到第 10 天时,《人民日报》记者通过多方渠道,了解到其中可能存在瞒报的问题。于是,记者迅速展开调查。隐瞒得像铁桶一般的层层黑幕在记者的调查下终于被层层揭开。

当时记者面对的,既有南丹矿难责任矿主及其黑恶势力的威胁,也有与此有着“一损俱损”利害关系的数十个矿老板结成的同盟力量的障碍;既有当地(包括县、地两级)参与合力隐瞒的一批官员的故意作对,也有远在南宁和北京的一些关联力量施加的巨大压力!在南丹,曾有人扬言要炸掉《人民日报》记者站办公楼!在南宁,曾有人在自治区最重要也最庄重的会议上对《人民日报》记者拍案破口大骂,公开放声说要把《人民日报》记者站站长调离广西。这些公开咒骂《人民日报》记者的人,包括当地某些当时身居高位的人。

这是一起“官、矿、黑、恶”相互勾结,有组织、有预谋地进行隐瞒的特大矿难。《人民日报》记者首批 4 人深入南宁 500 公里外的南丹矿区调查时,记者的行动被盯梢,有人来到记者所住的旅馆打听有无《人民日报》记者来住宿。就在记者入住的一家私人旅店中,他们的眼前发生了血淋淋的凶杀案。记者不得不约请 3 名便衣警察随行暗中保护,晚上三名警察分别与记者同住。这种以“武装保驾护航”的方式进行调查采访,在《人民日报》和平时期的国内采访史上,仅此一次。文字记者被地方官员拒于门外,摄影记者的胶卷被强行曝光,这在《人民日报》和平时期的采访中也成了“零的突破”。当然,他们没有被吓住,他们的调查采访继续进行。《人民日报》记者先后三次到南丹,累计投入 20 多人次,耗费 100 多个工作日。这当中的每一次调查采访,都是正义与邪恶的较量,对记者来说,都是对其良知、责任和意志的检验。面对大是大非、巨大的压力和风险,记者展示出忠于真理、忠于事实的勇往直前的正气、勇气和骨气!这起被瞒矿难,由于《人民日报》的揭露而大白于天下,并被党中央、国务院严肃查处。据国务院安全生产委员会负责人介绍,新中国成立以来,首先由新闻记者揭露出来的重大安全事故,南丹矿难尚属首例。

这次舆论监督促进了中国的立法特别是国家安全生产法的立法进程,半年之后颁布的《中华人民共和国安全生产法》中很多条款吸取了南丹矿难的教训。

国内一家媒体在评选“中国在进步:2001 年影响民生的十大新闻”中,南丹矿难的揭露位列第二,紧随中国加入世贸之后;另一家媒体在评选“2001 年十大传播突破奖”时,南丹事件的揭露和报道位列第六。②

(二)守卫公平正义

新闻学者、新闻翻译家展江在梅尔文·门彻的《新闻报道与写作》译者前言中说:“正如

---

① 海敦. 怎样当好新闻记者[M]. 伍任,译. 北京:新华出版社,1980:3.

② 郑盛丰,罗昌爱,庞革平,古亦忠. 不忘党报记者的职责和使命——报道南丹“7·17”特大矿难的经过和感受[J]. 新闻战线,2002(3);郑盛丰. 南丹矿难的成功揭露留给人们的启示[J]. 新闻战线,2003(9);王艾生. 记者的可贵品格[J]. 记者观察(上),2003(5).

美国哥伦比亚大学新闻学院另一位名誉教授詹姆斯·凯里(James W. Carey)和澳大利亚政治学者约翰·基恩(John Keene,著有《媒介与民主》)所言,大众传媒和新闻事业的本质作用在于促进社会的民主和法治,新闻学所重点探究的是新闻事业与民主的关系,因此对政治权力与公民权利、对民主与法治的关注,就成了新闻学的核心。"①民主与法治的核心是维护公平正义。英国知名记者、曾担任伦敦《泰晤士报》主编的威克姆·斯蒂德(Wickham Steed)曾说:"严格意义上的新闻记者乃是非官方的公仆,其宗旨是服务社会。"②意大利著名女记者奥莉娅娜·法拉奇(Oriana Fallaci)写过一本记述越南战争所见所闻的书《不用祈祷》。她在这本书中说:"生命的意义在于做一个人而不是树或鱼,在于寻求正义。因为天地间有正义存在;如果没有,你应该设法使它存在。死不足道,重要的是死在正义一方。"③

1937年12月13日,侵华日军攻占南京。日军进城后疯狂屠杀中国军民,遇难者达30万之众。可是,日本当局战后极力否认、淡化这一历史事件,千方百计为自己辩解和开脱。日本记者本多胜一决心还历史以本来面目。1971年6月,他第一次只身来到中国,全面采访和了解了当年日军犯下的种种罪行,回去后写出长篇连载《中国之行》,他是日本第一个站出来揭露当年日军的侵华罪行的记者。本多胜一的这种正义行为,大大激怒了日本的右翼势力,他不断地收到声称要把他一家"斩尽杀绝"的恐吓信和电话。本多胜一坚定不屈,他表示,要"将反动政府不想让民众知道的事情挖掘出来,公之于众。"1983年、1984年,本多胜一第二次、第三次来中国采访报道。以生命为代价,为正义而呐喊,是本多胜一终生不渝的追求。在长达30多年的新闻生涯中,在侵略与被侵略,杀戮与被杀戮,压迫与被压迫,损害与被损害的大是大非中,他始终坚定地站在被侵略、被杀戮、被压迫、被损害的一边,一次又一次越过死亡的警戒线,向"黑暗部分,历史欺骗部分"挑战,写出了一部又一部引起轰动的新闻作品。日本传媒评价他的作品是"对不正、邪恶、伪善、作假的彻底憎恶、无情斗争的宣言书"④。

1992年1月9日,海南省琼山县东山镇郊区居民林先安伙同另外两人,对自己的妻子邢月欧施用暴行,之后,林先安把一瓶硫酸倒在邢月欧的脸上,造成邢月欧的双眼被烧烂,鼻子、耳朵被烧掉,嘴巴被烧歪,牙床全部裸露在外。然而,由于罪犯家庭势力的干扰和影响,案发5个多月,罪犯却依然逍遥法外。

《海南晚报》女记者寒冰知道后,立即前往医院看望受害人并投入紧张的采访。犯罪分子扬言要将"管闲事"的记者碎尸万段,犯罪分子的帮凶也对寒冰进行威胁、恐吓;政府部门也有官员对犯罪分子暗中包庇作假;甚至寒冰自己的亲属也劝阻她,还对她采取"措施"。

寒冰没有被邪恶的嚣张气焰所吓倒,而是不畏艰险,坚持调查报道。经过3个多月艰难的采访,寒冰写出了《惨案本不该发生》等28篇揭露性的连续报道。在寒冰报道的巨大压力下,在强大的舆论监督面前,"禽兽不如"的犯罪分子林先安终于被绳之以法,被判处死刑,邢月欧也得到应有的治疗和安置。

正义终于战胜了邪恶!有位画家听到了寒冰的事迹,深为感动,挥笔写下了一帧条幅:"无冕之王"愤不平,悲歌一曲世人惊,良知热血催椽笔,我谓寒冰最有情。⑤

---

① 门彻. 新闻报道与写作[M]. 展江,主译. 9版. 北京:华夏出版社,2003:2.

② 门彻. 新闻报道与写作[M]. 展江,主译. 9版. 北京:华夏出版社,2003:8.

③ 周克冰. 中外经典采访个案解读[M]. 北京:北京广播学院出版社,2003:20.

④ 周克冰. 中外经典采访个案解读[M]. 北京:北京广播学院出版社,2003:21-22.

⑤ 白庆祥,刘乃仲,郑保章. 新闻采访写作编辑案例教程[M]. 北京:新华出版社,2003:110.

（三）具备敬业精神

美国新闻教育家梅尔文·门彻说，他“早年就明白”：“负责任的新闻记者不能在价值无涉的真空中从业，我在作品和教学中一直致力于表现的是：最好的新闻学、新闻记者的最高成就是由那些其热情在于向人民揭示他们生活其间的世界的基本真相的人达成的。”①

2001 年 9 月 11 日，恐怖分子劫持民航客机撞击美国纽约世界贸易中心，当时，美国《每日新闻》（*Daily News*）摄影记者戴维·汉舒（David Handschuh）正在附近。爆炸的气浪把他掀到了 30 米开外。他丢失了眼镜、手机和笔记本，但是他的数码相机完好无损。忍受着骨折和丢失眼镜的痛苦，他留下来记录了接下来的恐怖场面。他挣扎着穿过废墟，一次又一次摔倒在地，迷失了方向。当天，救援人员 3 次从碎石中将他救出。④记者戴维·汉舒这种为了新闻报道而置生命于生死之外的敬业精神令人肃然起敬。

记者选择了新闻职业，就是选择了一种使命，就要把生命的激情注入这个职业之中。记者的神圣使命就是忠于事实、报道事实的真相。

英国《泰晤士报》记者威廉·拉塞尔（William Russell）被认为是世界上第一个职业战地记者。1854 年 2 月，报社派他随英国远征军去马耳他，采访克里米亚战争。当时，英国上下都认为英国军队是世界上最强大、最精锐的部队，无敌于天下。新闻媒体则迎合政府的口味进行报道。拉塞尔在战场上发现，事情的真相却并非如此。拉塞尔在战场上受到了英国官兵们的怀疑、刁难。他的帐篷被扔出营地，他申请给养，得到的却是嘲笑；他想采访，却受到了将军的严厉责问，而且拒绝向其提供任何情况。虽然困难重重，但拉塞尔毫不气馁。他历尽艰险，深入前线，报道战争。他在报道中写道：“拥挤不堪的小巷，散发着恶臭的棚屋，令人厌恶的贫民区，衰微破败的景象，这一切都无法诉诸笔墨。死者毫无遮掩地被扔在那里，紧挨着活人躺着。而活人在呈现一种令人无法想象的情形。医院缺少最普通的辅助设备，恶臭几乎毫不费力地穿过墙壁和屋脊上的裂缝钻出来污染周围的空气。我所看到的一切是，这些人未曾接受一点抢救就死了。”他的报道打动了一个与他同龄的女护士南丁格尔，她组织了一支有 38 名护士的队伍加入了英国远征军，在前线战地医院里，南丁格尔建立起一套科学的护理制度，使当时的伤员死亡率由 50% 下降到 2.2%，南丁格尔因此成为欧美近代护理学的创始人。

拉塞尔连续写下了几篇著名的战地通讯，他报道说，气候把英军逼入绝境，英军正在濒临死亡。拉塞尔的报道传回国内，英国上下掀起了一场拯救英军的运动。政府班子被迫辞职，陆军大臣被撤职。拉塞尔真实的报道为《泰晤士报》也为他自己争得了巨大的荣誉。他被称为“远征军的救星”，他的报道“唤醒了英国人的良心，使他们同情英军所受的苦难，从而拯救了我们在 9 月间送去的那些伟大部队的残余”。拉塞尔一生共报道了 10 场战争，他的名字总是同硝烟和灾难联系在一起。他死后被葬在伦敦著名的圣保罗大教堂。人们厚葬他，是因为他从不辜负读者的期待，不辱使命，总是忠实地报道他所见到的新闻事实。②

刚进入新闻行业的记者都怀揣着新闻理想，立志为新闻而生，为了新闻报道甚至不惜牺牲自己的生命。但是，三五年后，有很多新闻记者感到自己的新闻理想在残酷的现实面前被碰得粉碎，于是开始消极应对、敷衍塞责，浑浑噩噩，做一天和尚撞一天钟。在这种时候，记者

---

①④　门彻. 新闻报道与写作[M]. 展江，主译. 9 版. 北京：华夏出版社，2003：4.

②　周克冰. 中外经典采访个案解读[M]. 北京：北京广播学院出版社，2003：8-10.

要学习拉塞尔，要学习中外那些在新闻行业执着追求、不畏艰险，不惧各种压力和威胁的记者，要学习那些在困难和障碍面前矢志不渝、奋力前行的记者，敬业、爱业，为受众奉献真实的社会图景，做历史的记录者和见证人。

二、记者的品质和素养

（一）努力

记者需要具备的品质的第一点，就是要努力工作，辛勤耕耘。宝剑锋从磨砺出，梅花香自苦寒来。鲁迅曾经说过，我哪有什么天才，我是把别人喝咖啡的时间都拿来读书写作了。爱因斯坦也说过，成功就是 99 分汗水加 1 分天才。

新闻行业是一个辛苦的行业，这是任何准备投身其中的人必须明确的，唯有努力工作，才能成为一名优秀的记者。

美国著名记者、作家杰克·海敦因顽强的意志和杰出的成就被人们誉为“世界不同凡响的新闻记者”。1904 年年初，日俄即将开战，杰克·海敦决定到日军前线实地采访。在船上，他不慎摔伤了左脚踝骨，一连仰卧了 3 天不能起床。但一到码头，他就不顾伤痛搭火车到东京。当时世界各国记者云集东京，等候日本当局许可到前线采访的通知。因尚未正式开战，当局迟迟不理他们的采访要求，反而频频组织游览、宴请及娱乐活动。杰克·海敦看出当局的意图，决定自己设法去前线。他悄悄从东京来到长崎，打听去仁川的船。这时大船已全被军队征用，这更暗示了战争即将爆发。于是他搭上开往釜山的小火轮。时值隆冬，风雪交加，他只能睡在露天的甲板上。到釜山后，他还是找不到去仁川的船，干脆租了一条只有 3 名船工的小船去仁川。小船在风浪中随时都有沉没的危险。经过 6 天 6 夜的航行到达仁川时，他的耳朵、手、脚都冻坏了。那时日军正向北方急行军，杰克·海敦便买了匹马跟着前进。几个星期后他到达平壤，不久又赶到鸭绿江边。战争爆发后，他连续发回 19 篇特写和数百张图片，对这场战争进行了及时、充分的报道。当他完成任务回到 4 个月前离开的东京时，那一大批各国记者还在“耐心”等待日本官方的随军许可呢！杰克·海敦后来说：“顽强是个妙不可言的东西，它可以把山移动，使你不敢相信和想象。”①

2000 年 1 月 31 日下午，阿拉斯加航空公司一架由墨西哥飞往旧金山的 MD－83 型、载有 88 人的客机在洛杉矶西北部的太平洋海域坠毁，现场打捞时，船员们从水中捞出失事飞机的一些碎物，有人的脚、人的躯干等，空气中弥漫着飞机燃料难闻的味道，刺痛了美联社记者杰夫·威尔森（Jelf Wilson）的双眼。

电视台的记者因为感觉太难受，不敢走到船尾看打捞上来的东西，而美联社记者威尔森却一直留在那里。他所受的特殊训练帮了忙：在做记者前，他曾在洛杉矶干过 4 年的验尸官助理，曾一夜之间处理过 13 具车祸和火灾受害者的尸体。

威尔森这样解释他那天在船上的感受：“那一刻你完全被吸引住了。你劝告自己要离远一点，拍个远景，可你就是情不自禁地往前挪，寻找你想要的东西。”②

记者到了现场，要像美联社记者威尔森一样，不怕苦，不怕脏，才能找到自己需要的东西。

---

① 林如鹏. 新闻采访学[M]. 广州：暨南大学出版社，1998：374-375.

② 施瓦茨. 如何成为顶级记者：美联社新闻报道手册[M]. 曹俊，王蕊，译. 北京：中央编译出版社，2003：8-9.

有人提倡新闻记者做新闻要“无球跑动”,这是比较贴切的一个比喻。就像打篮球一样,运动员在球场上,没有球来时也要跑动,因为球随时会来。球来了更要跑动。中国新闻界有一句名言:“脚板底下出新闻。”新闻首先是跑出来的。跑是基础,勤于奔跑,才有可能抓到有价值的新闻。一分耕耘一分收获,好新闻需要付出,需要不停地跑动、不停地思考。新闻之花靠汗水浇灌。

(二)坚韧

记者在追求事实真相的过程中,需要具备坚持不懈的品质。只有坚韧不拔,不屈不挠,才能挖掘出事实真相。

美联社记者乔治·艾斯珀(George Espos)在四十多年的采访报道生涯中,总是能够得到他想要的内容,他的秘诀是什么?他的秘诀就是坚持不懈。

一个年轻人在缅因州自杀,艾斯珀连续7天给这个年轻人的父亲打电话,要追踪采访。艾斯珀说:“我不想令人反感,也不想偷偷跟踪别人,但我知道坚持不懈就会有收获。”

在采访战争时,艾斯珀顽强而执着。艾斯珀说:“如果我得不到答案,我就会不停地追问:‘你什么时候会知道?为什么你不知道?’”……当他意识到对方试图掩盖某件事时,他会不断地追问他们:“为什么你们不知道?你们应该知道的,我知道你们知道。”其他记者认为别人不会对他说什么,或认为无法从军队中获得任何消息。艾斯珀却认为:“他们放弃得太早了。我的想法是,绝不要放弃。”[①]对线索穷追不舍,直至敲开拒绝之门,是韧性和毅力的充分体现。新闻记者要想采访到独家新闻,必须具备这种韧性和毅力。

我国著名记者彭子冈在抗战时期任《大公报》记者时住在重庆。一天早上醒来,她在床上听到广播——孙夫人宋庆龄将于今晨抵渝。子冈知道,自抗战开始以来,宋庆龄是首次来渝。她估计宋氏三姐妹中的另外两位——宋蔼龄、宋美龄以及冯(玉祥)夫人(李德全)等,都会到机场去迎接宋庆龄。子冈看了一下手表,到机场已经来不及了,同时机场记者云集,很难捞到单独采访的机会。她灵机一动,便跑到冯公馆去等候。

在冯公馆门口,子冈巧遇《新民报》女记者浦熙修。了解到冯夫人已去机场,将送宋庆龄去某处下榻后,她俩急忙赶到下榻之处,到达后得知冯夫人已陪宋庆龄进去了,但不许记者入内。她俩在门口苦守了三四个小时,冯夫人和其他几位夫人才告辞出来。她们上前求助,冯夫人说,次日下午两点,宋庆龄将抵冯公馆与其单独谈话,她们可在那里等候。

可到了次日,冯公馆门口卫兵重重,几名新换的副官都不认识她们,硬是不许她们在那里停留。后来经过许多周折,她们才见到冯夫人,子冈终于采访到一些实质性的东西,为《大公报》写了一则独家性质的报道。

功夫不负苦心人,坚持到底,不松懈、不放弃,就会有所收获。

(三)勇敢

从事过27年职业新闻工作,曾执教于中国人民大学新闻学院的高钢教授说:“新闻工作是勇敢者从事的职业,而不是怯懦者从事的职业。记者需要具有采访消息的不可动摇的信心!随时准备遭遇拒绝、遭遇冷遇、遭遇嘲弄、遭遇无礼、遭遇恫吓、遭遇威胁。记者要随时准

---

① 施瓦茨.如何成为顶级记者:美联社新闻报道手册[M].曹俊,王蕊,译.北京:中央编译出版社,2003:4-5.

备牺牲自己的时间、自己的财富，包括自己的自尊心和生命。”①记者首先需要具有面对事实的勇气，尤其是当事实与他的价值观、信仰发生矛盾，存在不一致的时候，记者能否在铁的事实面前改变自己的成见和刻板印象，是记者必须面对的考验。

在揭露丑闻和黑幕时，在贪官、奸商和黑恶势力面前，记者需要具备一往无前的勇气和信心。

当年，塞拉利昂的弗里敦发生流血冲突，叛军洗劫了全国，甚至砍下了许多村民的手脚。美联社摄影记者艾兰・斯图尔特（Iran Stewart）和电视摄像记者迈尔斯・蒂尔尼（Myles Tierney）认为：“我们必须向人们传达塞拉利昂的声音，讲述他们的故事。”这是记者的职责。他们勇敢面对血腥，到战火纷飞、有着生命危险的地方去采访。结果，迈尔斯・蒂尔尼被杀害，艾兰・斯图尔特头部中弹，一只手臂残废。

面对这种灾难性后果，记者没有后悔、没有退缩，觉得这是明智的选择。“良知告诉我，不能漠视无辜者的困境”，斯图尔特说，“不去？那不是我进入新闻界的原因，我接受的教育也不让我这样做。”②斯图尔特面对危险迎难而上。

记者在采访报道时，常常会遇到威胁、压力，遇到这种情况，记者要勇敢坚强地面对；在采访报道后，有时还会受到打击报复，被秋后算账，这个时候，记者更要表现出足够的勇敢与坚强。

2013年5月8日，海南万宁市第二小学校长及一名政府职员带小学女生去开房，海南省《南岛晚报》记者杨琼文最先报道了此事。5月13日，《万宁某小学校长给钱让幼女陪睡》稿件见报当天，杨琼文就接到了万宁市有关部门人员的电话，对方指责其不该报道这种“敏感”事件。5月14日中午，万宁市有关部门人员再次给杨琼文打电话，声称“无论如何也要把你从《南岛晚报》搞走”。时隔3个月后，在海南万宁有关部门给报社施加的压力和威胁下，报社被迫让杨琼文离职。

记者杨琼文在压力和威胁面前表现出的坚强和勇敢，令人敬佩。虽然被迫离职，但是他认为自己的报道对于中国妇女儿童的保护能够起到推动作用。所以他表态说：“即使他们开除我，我也绝不后悔，而且我也绝不会屈服。”虽然这名记者最终被迫离职了，但是他面对压力和威胁没有屈服，为了大众的利益勇于揭露黑幕、为了弱势群体敢于伸张正义，值得后来者学习。记者要像鲁迅所写的一样：“我以我血荐轩辕”，哪怕流血牺牲，也要“敢于面对淋漓的鲜血”，坚定不移地为公平正义、为国家民族的进步和发展奋不顾身，死而后已。

（四）知识渊博

记者的采访报道活动涉及面相当广泛，各行各业、各个地方、各色人等，只要发生了有价值的新闻，记者都要去采访报道。如此广的接触面，需要记者具备多方面丰富的知识，才能在采访报道中运用自如。

首先是理论知识。记者平时要多花一点时间学习哲学、经济学、社会学、法学、文学艺术等人文社会科学理论，学习能够指导记者认识、把握客观事物的基本原理、基础理论。钻研哲学等人文社会科学理论，能够培养思维能力，培养分析新闻事件的能力，使记者常常能从较高的高度看问题，能够抓住事件的实质。

---

① 高钢. 新闻写作精要[M]. 北京：首都经济贸易大学出版社，2005：12.

② 门彻. 新闻报道与写作[M]. 展江，主译. 9版. 北京：华夏出版社，2003：37.

其次是文化知识。社会科学知识,如文史哲、经管法等;自然科学知识,如理工农医等,各门学科的一些基本知识,记者都要有一定的了解,只有这样,在采访报道时,才不至于犯错。如果记者是某一个领域的专业记者,则必须对这一领域的知识进行系统、深入的学习。比如证券媒体机构的记者,必须具备证券、货币银行、经济学等方面的知识,否则无法进行采访报道。

最后是生活常识。基本的生活常识也是记者必须熟悉的,否则会导致采访报道出错。社会知识诸如各国各地的民风民俗、习惯等,是记者接到具体的采访报道任务后必须迅速熟悉和掌握的知识之一。中国有句俗话,叫入乡随俗,记者如果不熟悉这个"俗",就会闹出笑话,进而影响采访报道。

曾担任美国《纽约时报》总编辑的安德(Ander),其广博精深的知识修养,令许多报纸同行自叹不如,他被公认为是一位集数学家、文学家、史学家、物理学家、地理学家于一身的编辑。1922 年,安德根据埃及古墓上的象形文字考证出4,000年前埃及发生过一起弑君事件,这件事使不少考古学家汗颜。有一次,安德发现爱因斯坦的讲稿上有一个公式有错误,他打电话去询问,对方回答说:"没错,爱因斯坦就是这么讲的。"安德说:"那么,一定是爱因斯坦讲错了。"最后,对方去问爱因斯坦,爱因斯坦回答说:"安德是对的,我在黑板上抄写时,把公式抄错了。"这则奇闻在美国报界传为佳话。① 像安德这样知识渊博的编辑和记者当然不多,我们也不能强求所有的记者都必须具备这样渊博的知识,但掌握必要的社会科学和自然科学知识及一些基本的生活常识,以便能够胜任日常的采访报道、不出现常识性错误,这应该是每一个记者都必须做到的,这是对一个记者最基本的要求。

知识链接

国外新闻学者关于新闻价值观的论述

新闻价值的本质特征有:

(1)冲突(紧张、惊奇)

(2)进步(胜利、成就)

(3)灾难(挫折、毁灭)

(4)结果(对个人或社会产生影响)

(5)显著(知名或著名)

(6)新奇(与众不同,甚至怪异)

(7)人情味(不同寻常、富有情感)

吸引人的特征有:

(8)及时(新鲜并有新意)

(9)接近(当地人关注)

普遍感兴趣的特征有:

① 李良荣. 新闻学导论[M]. 北京:高等教育出版社,1999:315-316.

(10)性

(11)动物①

国外新闻学者关于"影响新闻处理的其他要素"的论述

除了上述这些决定新闻价值的典型标准之外，其他一些因素也会影响到新闻的处理。这些因素包括：

- 编辑和记者的直觉。当他们看到一件事、一个人时，他们就知道那是否能成为新闻。
- 接受对象(读者、观众、听众)。比如，洛杉矶市中心的居民会对北卡罗来纳州前州长的死讯感兴趣吗？
- 新闻版面。根据所能提供的空间，有的新闻可能某一天能上报，而另外一天就不行。
- 可提供的新闻。根据本地区和全世界发生的新闻数量，某些天会比其他时候有更多的选择。新闻少的日子里，编辑和记者到处寻找新闻价值并不高的新闻；新闻多的时候，有些好的新闻都无法播发。
- 新闻媒体奉行的宗旨。例如，以商业报道为导向的《华尔街日报》选择新闻报道的标准与那些大都市的艺术和娱乐类的出版物的标准不同。
- 来自出版商的压力。大部分出版商尽量不公开干涉新闻选发的过程，但大多数编辑和记者都了解出版商的政治和社会倾向。
- 广告客户的影响。编辑们通常不会对此给予太细致的考虑。但有的编辑会三思而行。比如，当本地剧院是报纸的主要广告客户时，他们会慎重考虑是否将有关成立"电影高雅艺术委员会"的新闻报道放在显要位置。
- 新闻混合。新闻媒体通常会努力在硬新闻和软新闻之间达成一种平衡，并尽力提供本地、国内和国际新闻。
- 媒体之间的竞争。在一定程度上，社区报和大都市报是互补的，平面媒体和电子媒体也是如此。每一个媒体在新闻报道方面都有各自的优缺点，但是大部分媒体都想方设法在竞争中更胜一筹，而这种做法有时会影响对新闻的处理。
- 不断变化的人口统计数据。人口统计数据——美国人口的分布、密度、数量和构成——在不断地变化，媒体需要相应地调整其新闻报道的范围。②

(下面)一些品质对于所有记者来说，都是有用处的：

玩世不恭 新闻记者对于大多数人的动机应该抱怀疑的态度，更不消说对政府官员了。从白宫到法庭，官员们往往把自己的利益放在第一位而把公众的利益放在第二位。作为一名记者，你就是报纸和公众的代表。

大胆泼辣 新闻事业不是怯懦者们干的行业。记者应该顽强而自信。当然你应该讲究礼貌。但是记者需要一种有权采访消息的坚定而高昂的信心。

好奇心强 用新闻界的陈词滥调来说，就是要有新闻嗅觉。这就是说要随时保持警觉，以便发现好的报道题材。

仔细观察 好的记者就像侦探一样留心细节。……比方说，一个小女孩拖着一个洋娃娃穿过被龙卷风摧毁了的她家房屋的瓦砾堆。又比方说，一些教授身上挂着用拉丁文写的标语牌促成罢课纠察线。要把读者引入现场的景象中去，给他们以身临其境的感受。

勤于挖掘 记者应当把所有事实都收集起来。也许你记的笔记连一半都用不上，但是你在写稿的时候有更多的材料可供选择。要提出一切可以想象得到的问题。不要在稿件中留下漏洞。

坚持到底 在一个有坚持到底精神的足球队里，后卫队员摔倒了仍然爬起来奋力争球。新闻记者就需要这种顽强的品质。要接连不断地提出问题，不要给提供消息的人以躲闪的机会。③

---

① 莱特尔，哈里斯，约翰逊．全能记者必备[M]．宋铁军，译.7 版．北京：中国人民大学出版社，2005：40.

② 伊图尔，安德森．当代媒体新闻写作与报道[M]．贾陆依，华建昌，译.6 版．北京：中国人民大学出版社，2009：17-18.

③ 海敦．怎样当好新闻记者[M]．伍任，译．北京：新华出版社，1980：23-24.

思考与练习题

一、思考题

1. 将学院派对新闻概念的解释与新闻实务派对新闻概念的解释进行比较，说说两种派别对记者从事新闻实务的帮助，哪一种更直接一些，哪一种更间接一些，并分析其中的原因。

2. 传统新闻价值观包含哪些要素？请阐述这些要素。

3. 新时代的新闻价值观有哪些新的变化？

4. 谈谈影响新闻价值判断的因素。

5. 结合当前的新闻现象，认真思考记者的责任和使命。

6. 一个合格的记者需要具备什么样的素质？

二、练习题

1. 请指出下面这个材料包含了哪些新闻价值要素。

2012 年 11 月 19 日，手持小刀的女童站在街头，举着“你打我爷爷，我要和你决斗”的牌子。女童叫刘敏婷，10 岁，刘敏婷称其爷爷刘春林于 2010 年 8 月 17 日被（湖南）涟源市六亩塘工商所副所长严怀忠殴打致伤，没有得到任何赔偿，于是发生了这场令人啼笑皆非的最牛约架！

2. 阅读下面这段材料，谈谈你会如何报道这个材料，重点报道什么内容？为什么？

近期，湖北全省各地各部门按照省纪委中秋、国庆节前开展第三轮明察暗访的工作部署，查处了一批违反中央八项规定精神和省委六条意见的问题。同时，湖北省纪委协调相关部门对党政机关、国有企业、高等院校食堂、培训中心违规使用公款消费问题进行了重点检查，发现了一批违规问题，已责成相关部门进行严肃处理或者正在进行处理。

10 月 3 日，相关部门发布了十堰市茅箭区委办公室、武汉大学同城吃请、工作日午餐饮酒问题：

（1）2014 年 9 月 28 日，十堰市茅箭区委办公室公务接待工作日午餐饮酒。

（2）2015 年 7 月，武汉大学同城接待武汉理工大学一行 7 人，花费 1394 元；接待湖北大学一行 6 人，花费 545 元。

湖北省纪委指出，上述问题严重违反中央八项规定精神，属于顶风违纪问题。省纪委将责成相关地方和单位严肃查处，并点名道姓通报曝光。

3. 试将同一天的报纸、电视、广播和网络新闻进行比较，看其选择新闻的价值标准有何不同。

4. 请选取本地城市影响力最大的一份报纸，任意选择某一个月（比如 5 月），比较其在今年 5 月、10 年前的 5 月、20 年前的 5 月的新闻报道内容有什么不同。从这些报道内容中能否看出新闻价值观的变化？如果有变化，请指出是什么样的变化。

第二章　新闻报道基础

▶**本章要点：**

新闻六要素：何人（Who）、何事（What）、何时（When）、何地（Where）、为何（Why）、如何（How）必须表述清楚；“何事”是新闻最核心的要素，无事不成新闻。

新近发生的事件是最大的新闻由头。

对于过时的旧闻，必须跟踪事件的最新进展，通过新近发生的事实引出旧事；或者通过披露新闻来源的方法引出旧事，展开报道。

新闻报道既有单一主题，也有多个主题。一个主题报道完毕后再报道下一个主题，新闻会显得有条不紊，脉络清晰，便于受众快速、高效地接收信息。

第一节　新闻要素

新闻要素，是指新闻事实的主要构成元素。撰写新闻，必须要把新闻要素写清楚，缺乏新闻要素的新闻，难以满足受众的新闻需求，不是一条成功的新闻。

一、六个 W

写新闻一般都要交代清楚六个基本要素：何事（What）、何人（Who）、何时（When）、何地（Where）、为何（Why）、如何（How）。中国人将其称为“六何”，西方则将前面五个要素称为“五个 W”，——因为前面五个要素中的英文字母都是以 W 开头，故称为“五个 W”，而将“如何（How）”称为“一个 H”。为了便于理解和记忆，也为了论述的方便、简洁，我们将这个“如何（How）”也称为“一个 W”，因为这个“How”的英文字母中也有一个“W”。这样，新闻的六要素可以称为“六个 W”。

英国诗人拉迪亚德·吉卜林（Rudyard Kipling）曾写过下面的诗句：

> 我雇用了六个忠实的仆人，
> （他们教会我知道全部事情）；
> 他们的名字是何事、何故和何时，
> 还有如何、何处和何人。

英国诗人吉卜林把新闻六要素比作“六个忠实的仆人”，形象生动，准确贴切，可以帮助我们理解新闻六要素。

> 今天上午7:30，本市市中区向阳路与光明路交叉路口发生一起车祸。张姓司机驾驶的一辆满载煤炭的东风大卡车在超车时侧翻，将一辆比亚迪轿车整体压住，当场压死轿车司机和副驾位置的一位女士。轿车内另外二人重伤，正送医院抢救。

上面这条新闻包含了新闻最基本的六个要素。

何时：今天上午7:30。

何地：本市市中区向阳路与光明路交叉路口。

何人：张姓司机、死者和伤者。

何事：车祸。

为何：满载煤炭的东风大卡车在超车时侧翻。

如何：当场压死轿车司机和一位女士，另有二人重伤。

一般来说，一条新闻必须交代清楚新闻六要素。但由于新闻报道讲究时效，记者不一定都能在匆忙的采访过程中了解到每条新闻的六要素，比如火灾和空难等事故及一些复杂的新闻事件，记者一下子很难了解到事件发生的原因，“为何”要素就难以交代。但是，对于绝大多数新闻报道来说，记者都要尽可能地了解新闻的六要素，要尽量交代清楚六个要素。

一般来说，具备了上述六个要素，一条新闻就相对比较完整了，也基本上能满足受众对事件的知悉。

一些新闻写作的初学者往往忽略交代新闻要素，这种忽略首先表现在采访的过程中，记者可能压根儿就没有想到某个新闻要素还需要调查清楚，记者只是很简单、很草率地调查了一下基本事实，就打道回府。采访完毕后，记者回到新闻机构，匆忙写完新闻就交给了新闻部门的负责人或者编辑。

不仅是新闻写作的初学者容易犯这样的低级错误，新闻媒体上的报道也偶尔会出现这样的低级错误。下面是两篇同样报道陈毅故居陈列馆在故乡落成开馆的消息，其中一篇就存在这种毛病，而另一篇则报道得比较清楚。

先看第一篇报道：

> 今天，陈毅故居陈列馆，在他诞辰86周年之际落成开馆。陈列馆门上悬挂着军委主席邓小平亲笔题写的“陈毅故居”四个金匾大字。新修建的陈列馆分为18个部分，共展出各种图片和文物史料960件。

这则报道没有报道陈毅故居在什么地方，而这个要素是非常重要的，必须报道出来，而且应该在导语中就交代。我们不能以任何理由和借口不交代新闻要素，不能因为陈毅元帅威名远扬就可以不交代其故居的地址，不管多么伟大、著名的人物，如果我们报道其故居的陈列馆开馆，就应该交代其故居的具体地址，因为有相当多的人不知道这些人物的具体出生地。

另一篇报道就比较清楚：

在陈毅元帅的故乡——四川乐至县劳动乡，昨天有一万多名群众欢庆陈毅故居陈列馆落成开馆。陈毅同志1901年8月26日诞生于乐至县复兴乡正沟湾。1959年10月，他回故乡视察时，家乡人民准备将场口新修的一座石桥取名“将军桥”。陈毅不同意，提议定名为“劳动桥”。从此复兴乡便更名“劳动乡”。

这篇报道在导语最前面的位置就向读者交代了陈毅元帅的故乡在哪里——四川省乐至县劳动乡，而且还交代了陈毅元帅的生日——1901年8月26日；交代了陈毅元帅故乡——“劳动乡”名字的由来，比起前一篇来说，报道水平的确存在高低之别。不过，关于生日和故乡的改名，可以放在导语之后再介绍。

不交代基本的新闻要素的新闻报道并不少见，下面这条新闻同样存在新闻要素不全的问题：

男子因女儿太丑状告整容妻子获赔75万

2012年11月5日　09:41　来源:人民网

男子冯健以妻子太丑为由将其告上法庭申请离婚，更离奇的是他还打赢了官司，并获赔75万多元。冯先生表示他是在女儿出生后才对妻子的长相产生了质疑——女儿丑得不可思议。面对指控，冯妻承认自己曾花费约62万元整容。

冯健被孩子的相貌震惊了，而且孩子和父母长得也不像。起初他是指控妻子不忠。面对指控，冯先生的妻子承认自己曾经花费大约62万元人民币进行整容手术，所以才使得自己的容貌发生了巨大变化。她表示整容手术都是在她与丈夫认识之前做的，而在两人结识后她也从未向丈夫坦白整容事宜。冯先生向法院申请离婚，认为妻子用虚假的容貌骗其与之结婚。法院同意了他的诉求并准予了他的赔偿要求。

在上面这条新闻中，事件究竟发生在什么时间、什么地方、由什么地方的法院判决的，都没有交代。由于缺乏时间、地点这两个最基本的要素，受众就会对这条新闻产生怀疑，怀疑记者编造了这条新闻。后经查实，该新闻实为一条子虚乌有的假新闻。

二、“何事”要素最重要

新闻六要素在新闻报道中的地位与作用并不完全相等，而是有主次之分。一般而言，“何事”是新闻的核心要素，无事不成新闻。

日本东京两列车相撞 10 余人受伤、列车脱轨

2014 年 2 月 15 日 08:40 来源:中国新闻网

【中新网 2 月 15 日电】 据日本新闻网报道,当地时间 15 日凌晨 0 时 30 分许,连接日本东京与神奈川县的东急东横线列车在元住吉车站相撞,已经造成十余人受伤,列车脱轨。

来自川崎市消防局的消息说,消防等救急队员正在现场抢救伤员,目前还没有发现有人遇难。事故现场位于川崎市内,当地积雪已有 20 厘米。

这条新闻的主要内容就是"何事":日本东京两列列车相撞,10 余人受伤,列车脱轨。没有这个事件,就没有这条新闻。这条新闻没有报道原因。

男子因迷恋女同事对其强吻 赔 12 万并获刑

2014 年 2 月 15 日 07:20 来源:大洋网—广州日报

【本报珠海讯】 (记者:陈治家,通讯员:曹大起、李华) 因为迷恋女同事,一时冲动强行又抱又吻,要求与自己谈恋爱,结果付出惨痛的代价,在赔偿对方 12 万元后还获刑!

昨日,记者从珠海市金湾区法院获悉,该院以强制猥亵妇女罪判处被告有期徒刑八个月,缓刑一年。

珠海市金湾区人民检察院指控,2013 年 9 月 22 日 14 时许,被告人冯某在珠海阳某儿童用品有限公司加班期间,尾随同事被害人黄某兰进入其所在的办公室,趁周围无人之机,强行抱住被害人黄某兰,不顾被害人黄某兰的激烈反抗,强吻被害人黄某兰的脖子和脸部,用手乱摸被害人黄某兰大腿内侧、胸部等部位,并要求被害人黄某兰与其谈恋爱。该过程持续约半个小时,后被告人冯某在被害人黄某兰的劝说下才离开被害人黄某兰的办公室。

2013 年 9 月 23 日被告人冯某主动到公安机关投案。据了解,被告人冯某案发后赔偿了被害人黄某兰精神损失共计人民币 12 万元,并取得了被害人黄某兰的谅解。

公诉机关认为,被告人冯某违背妇女意志,以暴力方式强制猥亵妇女,其行为触犯了《中华人民共和国刑法》第二百三十七条第一款的规定,构成强制猥亵妇女罪。被告人冯某自动投案,如实供述自己的犯罪事实,系自首,根据《中华人民共和国刑法》相关规定,可以从轻或者减轻处罚。同时其已赔偿被害人精神损失,取得被害人的谅解,可以酌情从轻处罚。

辩护人对公诉机关指控的犯罪事实及罪名均无异议,但认为被告人冯某是因酒后一时冲动才会对被害人实施猥亵行为。

近日,该院一审判处被告人冯某犯强制猥亵妇女罪,判处有期徒刑八个月,缓刑一年。

在上面这条新闻中,导语着重强调"何事"和"如何",其时间要素出现在正文第二段中。由于导语省略了时间要素,事件要素就显得更加吸引受众,使事件更具冲击力。

三、“何时”要素常出现在导语中

要显示新闻的时效性，就必须将时间要素在新闻的第一段中显示出来，一般而言，记者在新闻的第一段中往往都要写上“昨日”“今天”等字样，以表明新闻事件是新近发生的，不是过时的旧闻。

无党派人士、党外知识分子、新的社会阶层人士学习贯彻党的二十大精神座谈会在京召开

2022 年 11 月 25 日　来源：《人民日报》

【新华社北京 11 月 24 日电】　无党派人士、党外知识分子、新的社会阶层人士学习贯彻党的二十大精神座谈会 24 日在京召开。中共中央政治局委员、中央统战部部长石泰峰出席并讲话。

在听取代表发言后，石泰峰指出，党的二十大是一次高举旗帜、凝聚力量、团结奋进的大会，会议取得的一系列重大政治成果、理论成果、实践成果，对于我们党团结带领全国各族人民全面建设社会主义现代化国家、全面推进中华民族伟大复兴，具有重大现实意义和深远历史意义。统一战线要自觉把思想和行动统一到党的二十大精神上来，深刻领悟“两个确立”的决定性意义，增强“四个意识”、坚定“四个自信”、做到“两个维护”，不断夯实共同思想政治基础，把各方面力量团结凝聚在党的周围，形成众星拱月的良好局面。

石泰峰强调，全面建设社会主义现代化国家新征程，为统一战线广大成员发挥优势作用提供了广阔平台，提出了更高要求。希望大家带头宣传阐释党的二十大精神，牢牢把握团结奋斗的时代要求，充分发挥人才智力优势，增强服务国家发展的本领，踊跃投身改革创新一线施展才华和抱负，为落实党的二十大作出的重大决策部署积极献计出力，为全面建设社会主义现代化国家、全面推进中华民族伟大复兴作出更大贡献。

在上面这条新闻中，导语里的“24 日”将时间要素明确告知了读者，显示出新闻的时效性。

一般说来，“何时”要素应出现在第一段中，以显示新闻的时效性。但也有一些新闻报道突破固化的新闻思维模式和僵化的新闻理念，将时间要素延后陈述。如果记者认为新闻事件的时间要素不是最重要的元素，其他要素远比时间要素重要，为了突出其他要素，就会将时间要素放在第二段甚至放在新闻主体中进行交代。时间要素不出现在新闻的第一段中，这在西方的新闻报道中更为常见。

奥斯卡金像悉数被盗

【路透社洛杉矶（2000 年）3 月 17 日电】　就连好莱坞也编造不出这样的故事：为了侦破一起神秘的盗窃案，一个联合特别行动组成立了；联邦调查局也被请来了；一条特殊的电话热线开通了，悬赏破案的赏金是 5 万美元。

什么被偷了？英王皇冠上的珠宝？比尔·盖茨的财产？都不是。被盗的东西是对洛杉矶市来说重要得多的东西：奥斯卡金像不见了！

美国电影艺术和科学学院的官员们今天证实，今年奥斯卡的总共55座金像在一家运输公司于洛杉矶以南的工业城市贝尔装货时全部被盗。

……

这条新闻的导语采用的是软导语的写法，开头设置悬念，引起受众的兴趣，第二段才说出新闻的核心内容：奥斯卡金像被盗。而时间要素更为滞后，一直到第三段才告诉受众：官员"今天"证实了奥斯卡金像被盗的事实。记者认为时间要素在这个新闻事件中不是最重要的要素，因此将其放在第三段。

四、受众更关注"如何"要素

"如何"要素从20世纪中后期开始受到新闻界和受众重视，这可能与人类特别注重结果有关。现在，人类比起以往任何时期都更加务实，对于结果非常在意。一次车祸，受众最关注的第一要素可能是结果怎么样，有无人员伤亡，如果有，伤亡有多大，多少人死亡，多少人重伤；一次火灾，受众首先也是关注是否有人被烧死或烧伤，然后就是关注财产损失。

四川商城爆炸事故已致4人死亡35人入院治疗

2013年12月27日　06:45　来源：四川在线

记者从泸州市江阳区政府新闻办获悉，2013年12月26日22时40分左右，泸州市江阳区摩尔玛商场发生天然气爆燃事故，导致商场负一楼和一、二楼起火。据初步统计，截至27日凌晨6时，事故造成4人死亡，35人被送往医院留院观察治疗。受伤人员正在全力救治中。

事故发生后，当地立即启动应急预案，市区两级领导和当地公安、消防、卫生、安监、住建、商务等部门赶赴现场开展应急救援工作。目前，当地社会秩序正常，灭火及人员搜救工作仍在进行中，事故调查及善后处理等各项工作已全面展开。

对于上面这条简短的新闻，受众最关注的首先是事故造成的人员伤亡，其次是财产损失。由于时间紧迫，这条新闻还没有将具体的财产损失调查出来，但一定要调查出伤亡人数，即使不准确，也要先报道出一个大致的数字，如果后面的人员伤亡还在增加，可以进一步再继续告知受众。特别是对于灾难性新闻报道，受众非常关注结果。上面这条新闻有一个小瑕疵："2013年"这个时间不必写在新闻中，甚至"12月"也可以省略不写。

五、根据新闻价值大小决定突出要素

记者写作新闻，必须交代新闻要素。新闻要素的交代不能平均使用笔墨，必须详略得当。在新闻导语中，重点报道哪个要素，先报道哪个要素，其判断依据是新闻要素的新闻价值的大小。记者必须精心选择，将最具有新闻价值的新闻要素重点报道、优先表现出来。

印度饭馆煤气罐爆炸引爆两层楼 致90人死亡

2015年9月12日　19:06　来源：新华社

【新华社新德里9月12日电】（记者：吴强）　印度医疗部门官员12日说，当天发生在印度中央邦恰布瓦市的一起煤气罐爆炸事故造成的死亡人数已升至90人。

印度中央邦首席主任医师夏马对当地媒体表示，已经证实90人死亡、上百人受伤，而且死伤人数可能会继续上升，救援人员仍在房屋废墟中寻找可能的生还者。

警方说，目前对爆炸事故原因的调查结果显示，发生爆炸的两层楼房的房主在楼内非法储存大量的鞭炮火药，并将煤气罐与火药放置在一起。这栋楼房的门面房是一家低档饭馆，饭馆的煤气罐爆炸后引发火灾，造成这一事故。

从电视画面看，爆炸将楼房夷为平地，周围许多建筑物也严重受损。由于楼房地处一个人员密集的路口，而且饭馆正在营业，造成人员伤亡严重。

当地政府已要求对事故进行彻底调查，对肇事者追究刑事责任，并对死者家属和伤者提供抚恤金。

印度城市经常发生煤气罐爆炸和房屋倒塌事故。缺乏安全监督和没有安全观念被认为是造成这类事故的主要原因。

上面这条新闻主要突出"何事"要素，是以事件为核心来展开报道的。这是大多数新闻报道通常采用的方法。就这条新闻来说，突出报道"何事"，是非常正确的选择。

如果要更加突出"何时"要素，我们可以尝试这样写：

12日上午，印度中央邦恰布瓦市发生了一起煤气罐爆炸事故，当场造成90人死亡、上百人受伤。

如果要突出"何人"要素，可以这样写：

印度中央邦首席主任医师夏马对当地媒体表示，12日发生在该邦恰布瓦市的一起煤气罐爆炸事故，已经证实90人死亡、上百人受伤，而且死伤人数可能会继续上升。

如果要突出"何地"要素，可以这样写：

印度中央邦恰布瓦市12日上午发生了一起煤气罐爆炸事故，已造成90人死亡、上百人受伤。

如果要突出"为何"要素，可以这样写：

房主在楼内非法储存大量鞭炮火药，并将火药与饭馆的煤气罐放置在一起。煤气罐爆炸引发火灾，造成90人死亡、上百人受伤。这是12日上午发生在印度中央邦恰布瓦市的惨剧。

如果要突出“如何”要素，可以这样写：

90人死亡，上百人受伤。12日上午，印度中央邦恰布瓦市发生了一起煤气罐爆炸事故。

什么要素必须突出报道、优先报道，什么要素可以放在新闻主体中简要报道，记者必须根据事实的新闻价值仔细斟酌、认真选择和判断，否则，就会本末倒置、喧宾夺主，降低焦点信息和核心要素的重要性，影响受众对新闻的接受度。

第二节　新闻由头

所谓新闻由头，是指事实作为新闻报道的依据或契机，成为新闻的根据。所以，新闻由头又称为新闻根据。

新闻由头一般着眼于新闻事件发生的时间，必须报道最新动态的事实，因此，一条新闻最主要的新闻由头就是事实发生的时间。

一、新闻必须有由头

一般来说，消息都要有新闻由头，没有新闻由头的事实不是新闻，不能作为新闻来报道。我们来看下面这段材料：

中国农业在取得巨大成就的同时付出了很大的代价：一方面，农业资源长期透支、过度开发，复种指数高、四海无闲田，资源利用的弦绷得越来越紧；另一方面，农业面源污染加重，农业生态系统退化，生态环境的承载能力越来越接近极限。

这段文字只是事实，或者是一个观点，但不是新闻，因为它没有新闻由头。如果要把它写成一条新闻，就必须通过新闻由头引出来。下面来看看经过改动的材料：

农业部长韩长赋今天说，中国农业资源长期透支、过度开发，复种指数高、四海无闲田。农业面源污染加重，农业生态系统退化，生态环境的承载能力越来越接近极限。因此，必须坚定不移推进农业可持续发展。①

① 农业部长：农业资源长期透支过度开发 四海无闲田[EB/OL].(2015-09-14)[2021-09-08]. http://www.chinanews.com/gn/2015/09-14/7522628.shtml.

改动后有了新闻由头，这段文字就成了新闻。“农业部长韩长赋今天说”，这就是新闻由头，有了这个新闻由头，它才能成为一条新闻。如果没有这个新闻由头，它就只能是新闻背景，而不是新闻事实，也就不能成为一条新闻。

下面这条新华社报道的新闻，发表在 1981 年，这条新闻没有新闻由头。

李万铭改造成新人

50 年代轰动全国的政治诈骗犯李万铭，已经改造成了新人。现在他是陕西新安机械厂的工人。他表示，要在自己的有生之年，为祖国的四化建设贡献力量，做一个有益于人民的公民。

李万铭是陕西省安康县人，现年 56 岁，解放前他是国民党的下级军官（准尉），1949 年，他冒充中央大学学生，混进我二野军政大学学习。……从此，他趁人民政权初建，人事组织制度不够健全之机，以不断地伪造证件、编造谎言、捏造履历、冒充共产党员、冒充战斗英雄和领导干部等手段进行诈骗……担任过一些重要职务，还曾作为中国农民代表团的成员出国访问。……1956 年，李万铭被判有期徒刑 15 年，刑满后再剥夺政治权利 5 年。服刑期间，表现良好。但“十年动乱”中，又被加刑 10 年，1979 年 5 月，西安市政法部门撤销了对他加刑的判决，安排他在新安机械厂就业。他完成任务好，受到了工人和干部的好评。当记者采访他时，他说：“过去我是一个有害于人民的人，现在我要做一个有益于人民的人，要在我的有生之年为祖国的四化建设贡献力量。”

这条新闻中所写的事实，并不是发生在新华社报道的当天或与当天比较靠近的几天内，而是发生在 1979 年 5 月，但却延迟到 1981 年才发表。时隔两年，记者没有采访到新的事实，尤其是离报道时间最近的事实，这样，这条新闻就不能成为严格意义上的新闻。因为过去的事实已经不是新闻事实，只能作为新闻的背景出现在新闻报道中，把新闻背景作为新闻事实来报道，违背了新闻的基本原则。①

这里所说的新闻由头，是指一条新闻的导语必须写新近的事实，从最新近的事实引出报道，这样，新闻才能成立。否则，导语如果报道过去很久的事实，新闻难以成立。至于新闻主体，既可以报道新近发生的事实，也可以写过去发生的事实，当然，一般来说，新闻报道应该以新近发生的事实为主，过去发生的事实只能作为新闻背景贯穿在新闻报道中。

二、时效性是最大的新闻由头

一些突发事件，各种各样的重大活动以及受众关心的事件，其新近发生的时间，就是最大的新闻由头，是最有力的新闻根据。只要记者注意快速捕捉，立即采写，媒体及时报道，就可以产生一条具备充分由头的新闻。各种类型的新闻媒体上报道的大多数新闻，都是新近发生的事实，都是有由头的新闻。

---

① 成美，童兵. 新闻理论教程[M]. 北京：中国人民大学出版社，1993：39-40.

看下面这两条新闻：

泰国国王出现肺炎及血液感染情况 已接受治疗

2015 年 9 月 14 日 08:32 来源：中国新闻网

【中新网 9 月 14 日电】 据“中央社”报道，泰国王室 13 日表示，泰国国王普密蓬因血液感染和肺炎接受治疗。泰国国王是世上在位最久的君主。

据报道，87 岁高龄的泰王住进曼谷诗丽拉医院已超过 3 个月，泰王 5 月接受身体检查，发现脑水肿后，已接受治疗。他在本月 7 日时因胸腔感染而接受治疗。

报道称，普密蓬的健康状况引发各界密切关注。泰王在位 69 年间，泰国政局动荡频繁，普密蓬总会适时出面扮演道德仲裁者角色，并被视为泰国团结的象征。

泰国王室在声明中说，泰王 12 日发高烧，血氧含量浓度低于正常标准。

声明中说：“血液检查发现感染，胸部 X 光检查结果则发现左肺下部发炎。”声明表示，泰王血压正常，但仍有发烧情形。

据悉，普密蓬体弱多病，过去 6 年多次进出医院。

叙利亚东北部发生汽车炸弹爆炸 至少 20 人死亡

2015 年 9 月 14 日 20:46 来源：中国新闻网

【中新网 9 月 14 日电】 据法新社报道，14 日，叙利亚东北部城市发生汽车炸弹爆炸事件，造成至少 20 人丧生。

报道称，救援人员已经抵达现场，他们在倒塌的建筑中寻找失踪者。

上面这两条新闻，报道的事实都是新近发生的事实，其新近发生的时间就是最好的新闻由头，不需要再去刻意寻找新闻由头。

三、如何为旧闻寻找新闻由头

在新闻报道中，一些有新闻价值的事实，由于种种主客观原因，记者没有及时知悉，更没有及时捕捉，媒体也就没有及时报道。当记者后来从各种渠道知悉时，已经过去很久了，失去了最佳报道时间。但记者判断这些信息仍然很有报道价值，受众也很想知悉。对此类过时的“旧闻”，记者应该如何将其报道出来？这就必须寻找新闻由头。

（一）采访方法

寻找新闻由头，首先要求记者在采访的过程中就要开始判断事实、选择事实。如果等到新闻写作时才开始寻找新闻由头，可能为时已晚。

当记者在采访的过程中捕捉到了一个有报道价值的事实，却发现这个事实已经过去了很久时，记者就要注意跟踪这个事件的进展，捕捉与这个事件相关的新近变动。

书记取消厂长预备党员资格　厂长又将书记夫妇辞退出厂

【本报讯】（记者:李蓬、王志杰）　自今年2月下旬以来,许昌市第二内燃机配件厂厂长与党委书记之间“内战”激烈。书记主持党委会,取消了厂长的预备党员资格;厂长召开厂务委员会,以辞退职工的名义辞退了书记。

许昌市二内燃厂是一家拥有近千名职工的中型企业,建厂多年来由于经营管理不善,经济效益一直不景气。1985年11月,管技术的副厂长李振炎与市里签了承包合同,成为企业法人代表,党委书记宋海亮虽然也在承包合同上签了字,但很不情愿,认为与李振炎无法共事,因而一再向上级要求调出该厂。此后,双方互相指责,矛盾日趋激烈。

今年1月15日,李振炎所在党支部通过了同意李振炎预备党员转正的决议。2月23日,宋海亮等人召开党委会审批时,以李“收受贿赂,以权谋私,唯我独尊,不讲原则,目无组织”为由,取消了李的预备党员资格。李振炎对此毫不示弱,从2月27日至3月10日7次召开厂务委员会,对党委成员及其家属作出一连串的处理决定,其中包括:免去宋的厂务委员会副主任职务,下浮两级工资一年;下浮屈德山(党委副书记)的三级工资两年;取消宋、屈在70%面调资中的升级资格;辞退了宋的妻子(本厂职工);最后以“对改革持抵制态度,不能以实际行动支持厂长工作”为由,辞退了党委书记宋海亮,并给党委副书记屈德山及其妻子“放长假”让回家“休息”。

李、宋等人的“争斗”,在群众中造成恶劣影响。企业危机四伏,职工忧心忡忡。市有关部门组成联合调查组进驻该厂。经过一个多月的调查,目前向厂领导通报了初步调查结果:企业管理混乱,经营亏损,1987年上报盈利1.01万元,实为亏损3.02万元;领导班子严重不团结,党、政、工各方面不能配合工作;厂领导成员组织观念淡薄,政策水平差;企业连续发生重大事故,已死亡2人,重伤1人。调查组进行的职工民意测验表明,李、宋及其他领导成员均已失去了大多数干部和工人的信任。

据悉,二内燃厂领导班子的问题已引起市委、市政府的高度重视,有关部门目前正在加紧着手解决该厂的问题。(原载于《河南日报》,1988年5月9日)

这条新闻是一条好新闻,被评为1988年度全国好新闻二等奖。这条新闻报道的内容很有新闻价值,从这个意义上来说,这条新闻被评为全国好新闻当之无愧。但美中不足的是,这条新闻没有新闻由头。新闻的发布时间与主要新闻事实的发生相隔两个多月,记者也没有找到报道这条新闻的由头。

这条新闻的现存由头是市有关部门组成的联合调查组目前向厂领导通报初步调查结果,记者可以通过这个最新的事实引出要报道的新闻背景——“书记取消厂长预备党员资格,厂长又将书记夫妇辞退出厂”。

如果记者不想用这个通报结果作为新闻由头,就必须采取跟踪的方法,继续寻找其他新闻由头。厂长和厂党委书记有矛盾,记者可以随时跟踪事件的最新进展。比如,两人“今天”又在办公室吵架、打架;两人原先的部下“今天”发生了矛盾;两人的支持者“今天”发生了矛盾;甚至两人的妻子、儿女“今天”发生了矛盾,等等,都可以作为新闻由头,引出曾经发生过的“书记取消厂长预备党员资格,厂长又将书记夫妇辞退出厂”事件。

1980 年 8 月 6 日,《北京日报》一版报道了古燕阁书画社 7 名待业青年承办国内旅游服务的新闻。古燕阁书画社成立于当年 5 月,当记者知悉这一新生事物时,古燕阁书画社已经承办了 24 批国内旅游服务。记者是这样处理这条“旧闻”的:

> 今天清晨,古燕阁书画社待业青年组织的第 25 批国内旅游者愉快地踏上旅途,前往避暑胜地——北戴河旅游消夏。

虽然错过了前面 24 批国内旅游服务,但是记者跟踪到了第 25 批国内旅游服务,并对“今天清晨”发生的事件进行了及时报道。《北京日报》关于古燕阁书画社待业青年承办国内旅游业务的新闻,其报道时间虽然离此事发生的时间已经过去了三个月,但由于抓住了最新的事件进展,读者仍然觉得有新意。

如果记者跟踪的新闻事件、新闻信息一直没有新的进展,无法获得新闻由头,记者可以采取“新闻策划”的方法来寻找新闻由头。比如,可以找到新闻事件的当事人及熟悉内幕的相关人士,请他们出面向社会公众、向记者谈及此事及相关进展情况;可以组织一个新闻发布会向社会公布该事件过去及近期的情况;可以组织与事件及信息相关的活动……记者在进行新闻策划时,要确保新闻事件的公正、客观,记者本人要秉持中立、客观的立场,不能有任何倾向性。

(二)写作方法

对于一些过去了的“旧闻”,要显示新闻中新近的时间要素,就要从新闻事件的进展中挖掘出与新闻事件密切相关的新近的事实,突出“最新近时间点”。

1. 以新带旧

把记者挖掘、捕捉到的与“旧闻”息息相关的最新事实作为“由头”,将其写在新闻导语中,通过最新事实引出过去的事实,引出“旧闻”,这就是“以新带旧”。

《湖南日报》老记者熊先志报道过这样一条新闻:岳阳县一位通讯员曾向他反映一件事,一对青年办结婚登记手续,男的骑自行车,女的坐在自行车后头,下坡时,不慎将一个老太太当场撞死。周围农民把这对青年捆绑起来,要打他们。这对青年家里人知道后,调集了 10 多位强壮农民准备抢人。一场很可能面临更大悲剧的械斗即将发生。在这关键时刻,那位被撞死的老太太的儿子站了出来,他是一名中学校长,知书达理又懂法,尽管母亲被撞死了,很悲痛,但他还是控制住自己的情绪,主动为两位被捆绑的小青年松绑,劝大家不要动手打人,一场将要发生的恶斗就这样被平息下来。经过多方协商,后事处理得很好。这件事在当地传遍,大家都很佩服这位校长。记者要就此事写一条新闻报道,但事情已经过去了一年,该如何报道这件事?正好此时,这对小青年刚生了一个小孩。记者熊先志认为,小孩的出生是最新的事件,可以由小孩的出生展开报道,引出“旧闻”。

再看下面这条新闻:

1937年日本报纸上的一段新闻 日本侵略军在南京进行杀人比赛

【本报讯】 日本政府文部省在修改中小学教科书时，把日本军国主义者对中国的侵略篡改为“进入”。他们甚至想掩盖日本侵略军在南京杀害中国几十万人的大血案，把南京大屠杀改为“占领南京”。

但是，历史是不能更改的。这里，我们把1937年12月日本《东京日日新闻》登载的一段新闻抄录下来，用以示众：

题目：《紫金山下》

内容：准尉野田与宫冈曾约定做一个砍杀100个敌人的比赛，12月10日，二人在紫金山下相见，彼此手中都拿着砍缺了口的军刀。

野田道：“我杀了105名，你的成绩呢？”

宫冈答：“我杀了106名。”

于是两人同时狂笑：“哈哈，宫冈先生多杀了一个！”

可是很不幸，确定不了是谁先达到100之数。因此，他俩决定这次是不分胜负，重新再赌谁先杀满150名中国人。

12月11日起，比赛又在进行。①

日本侵略者在中国南京大肆屠杀中国平民，这已经是40多年前的旧闻了，40多年前的旧闻不能作为新闻直接报道。如果要报道，只能通过新的新闻由头引出旧闻。这篇报道通过近日日本文部省篡改历史教科书这一新发生的事实，引出40多年前的旧闻，使过去多年的历史事实，又重新具有了极高的新闻价值。

一些非事件性新闻、人物新闻也可以用这种以新带旧的方法体现其新闻根据，抓住人物或事物最新发生的事件，由点到面。比如，老教授从教40年，桃李满天下，记者可以从他的一个学生最近获得了一个大奖开始写起；一个资深工程师30多年来有多项发明，记者可以从其中一项成果最近投产写起。还可以从人物或事物的最新变动着墨。

人物新闻，可以从任命新职务、晋升新职称等新的变动事实落笔；事件新闻，可以从事件的最新变化展开。

2. 披露新闻来源

这里有两种类型：一是某个时间点上的旧闻，可通过披露新闻来源的方法引出来。一些重大新闻事件、重要新闻事实，发生的当时由于种种原因没能被及时披露，后来被有关机构或有关人士公开披露。记者应该紧紧抓住这个新的信息，通过交代新闻来源，体现时效性。

我们来看下面的新闻导语：

【法新社雅加达12月4日电】 印度尼西亚国家安全首脑×××上将今天说，上个月中旬在爪哇几个城镇发生的骚乱中，有8个人被打死。（《参考消息》，1990年12月9日）

① 原载于《人民日报》，1982年8月5日，转载于黄炜. 新闻采访写作[M]. 上海：上海大学出版社，2005：63.

印度尼西亚爪哇的几个城镇发生骚乱，有8个人被打死。时间已经过去了约20天，新闻已经没有了时效性，但记者通过一个权威人士今天披露事件的进展，引出旧闻，这就使新闻有了新鲜的信息，因而具有很强的时效性。

二是持续时间较长的新闻，可通过披露新闻来源的方法引出来。有些事件所包含的时间是一段持续性较长的时间，对于这种新闻事件，记者可以采用披露新闻来源的方法来寻找新闻由头，体现出新闻的时效性。

看下面这段新闻导语：

【本报讯】 邓小平同志南巡讲话（南方谈话）以来，广东省经济持续、稳定地发展……（1998年1月14日，南方某报）

邓小平南方谈话是在1992年，新闻报道的时间是在1998年，新闻事件的持续时间有6年之久，显然，这条新闻没有任何时效性可言。

我们试着将这条新闻的导语改一下，新闻的时效性马上就体现出来了：

【本报讯】 广东省省长×××今天说，自邓小平同志南方谈话以来，广东省经济持续、稳定地发展……

这个新闻来源有可能是省政府新闻发言人，也有可能是分管经济的副省长，还可能是省经济部门的官员，只要这个人是比较权威的人士，只要“今天”或“昨天”有权威人士说了与“自邓小平同志南方谈话以来，广东省经济持续、稳定地发展”相关的信息，都可以作为新闻来源，体现出新闻的时效性，引出记者要报道的内容。

有些持续时间较长的时间段中发生的新闻事件，既可以通过披露新闻来源的方法体现新闻的时效性，也可以通过其他与报道内容紧密相关的事件引出要报道的内容来体现新闻的时效性。

浚县少年怀揣“两证”出学堂

【本报讯】（记者：王泽农） 果树结果不多怎么办？猪养不肥怎么办？这些在外行人看来很难办的问题到了浚县少年手里就不算什么了——少年技校的课堂上早就讲过其中奥秘。在河南省浚县，有80%以上的中小学校同时也是少年技校，孩子们在学习文化知识的同时还学到了一些劳动技能，大部分学生在走上社会时都拿到了技校合格证和学历毕业证。

长期以来，我国基础教育中课堂教育同经济建设脱节问题一直存在，除少数“尖子”之外的学生不能学有所长，不能在社会实践中发挥应有的作用，这一现象在农村尤为突出，以至于有的农民认为毕业回来既不会干农活，又瞧不上干农活的人，全无用处，不如辍学。因此，改应试教育为素质教育的呼声日高。在此背景之下，少年技校应运而生。

浚县的少年技校是从1991年开始办起来的。为了达到实施素质教育的目的,他们采取一个学校两块牌子、一个讲台两块基地的形式,从小学三年级开始设置劳动技术教育课程,小学每周两课时,初中每周三课时,由专兼职教师根据当地实际,有组织有计划地加强劳动教育、职业教育,逐步培养有知识、有技能的新型劳动者。目前该县少年技校总数已达205所,学员总数达42,000人。

浚县少年技校7年来的实践证明,它不仅沟通了教育与经济、学校和社会的关系,同时还取得了良好的育人效益、经济效益和社会效益,不少学生成了农村科技致富的领路人。像该县小河镇小河村少年技校先后培育出的“中华一号”“红世界”等四个冬桃和“中华巨梨”等三个冬梨新品种已推广到全国十多个地市;新镇镇胡岸少年技校试验大棚韭菜成功后,很快带出了一个蔬菜种植基地,该村村民人均纯收入迅速提高400多元;城关乡后嘴头村技校学员回家后指导家长饲养从国外引进的优良种鱼,全村当年净增收入50多万元;善堂镇利用少年技校的人才优势,结合本地资源优势,形成了苹果、大枣、蔬菜、西瓜、红薯、花生六大支柱产业,成为全国首批“明星镇”等事例都是成功进行素质教育的印证。原国家教委领导视察了浚县少年技校后盛赞其为农村基础教育改革摸索出了一条有效的途径。

据有关人士介绍,尤其令人兴奋的是,由于少年技校重视对学生全面素质的提高,有效地帮助了学生智力的发展,全县设有少年技校的学校文化课教育质量都有不同程度的提高。(原载于《农民日报》,1998年6月1日)

这条新闻报道的内容具有很高的报道价值,但是,这条新闻的导语无新闻由头,新闻报道的基本上是过去很久的事情,没有什么新鲜的事情。类似这种新闻,既可以通过披露新闻来源的方法引出发生的事件,也可以找到与新闻内容相关的新近发生的事件,引出记者要报道的内容。比如,报道浚县少年技校培育出的某个新品种受到市场欢迎,或者某个新产品今天获得了什么大奖等,由此引出对“旧闻”的报道。

第三节　报道单元

报道单元,简单地说,是指新闻报道主题,也就是我们平时所称的“新闻点”“新闻眼”“焦点信息”“核心信息”等。

在各种类型的文章中,主题往往是观念形态的东西,是作者通过所写内容表达出来的中心思想和基本观点。主题往往都要表达一种态度和倾向,抒发一种感情,阐述一种看法。而新闻报道特别是消息要强调客观公正,不能表达观点和意见,事实和意见必须分开。

因此,这里所指的主题,主要是指新闻报道的重点和核心内容,一般来说都是事实形态的,而不是观念形态的。这在消息类的新闻报道中表现得更为普遍。换句话说,消息类的新闻报道的主题往往以事实形态呈现在受众面前。

报道单元也可以理解为报道元素,一个报道元素就是一个报道单元,两个报道元素就是两个报道单元,多个报道元素就是多个报道单元。

一、单一元素报道

单一元素报道是指仅具有一个报道主题的新闻。事件性新闻往往都是单一元素报道。单一元素报道的事件,情节简单明确,事件单一,人物与人物之间、事实与事实之间没有复杂的内容,事实关系清楚。

根据美国著名新闻教育家梅尔文·门彻的观点,我们可以将单一元素报道的基本结构解剖如下:

- 导语
- 解释性和详述性材料
- 背景
- 次要材料
- 次要新闻点

导语报道本条新闻的主题,即新闻的核心内容和焦点信息。在导语之后,新闻主体紧接着对导语进行解释,并详细展开导语提及的事实内容。然后介绍相关背景,背景介绍不能延迟得太久,否则,受众无法透彻理解新闻报道的内容。简要介绍背景之后,再补充支撑导语的材料。当然,这只是就一般而言,不是固定的模式。有些新闻报道在解释导语之后没有马上介绍背景,而是对导语进行补充,介绍新的信息,补充完导语之后才开始介绍背景。有些新闻报道则将背景穿插在整个报道中,其结构顺序不完全遵循上述顺序。也有一些报道不介绍背景,尤其是情节简单明确、事实关系清楚的单一元素的报道。次要材料是对新闻的核心内容的进一步补充和解释,使新闻更完备、更详细、更清楚。

看下面这条新闻:

习近平向全球人权治理高端论坛致贺信

2023 年 6 月 14 日　10:06　来源:新华网

(1)**【新华社北京 6 月 14 日电】** 6 月 14 日,国家主席习近平向全球人权治理高端论坛致贺信。

(2)习近平指出,当前,人类又一次站在历史的十字路口,全球人权治理面临严峻挑战。我们主张以安全守护人权,尊重各国主权和领土完整,同走和平发展道路,践行全球安全倡议,为实现人权创造安宁的环境;以发展促进人权,践行全球发展倡议,提高发展的包容性、普惠性和可持续性,以各具特色的现代化之路保障各国人民公平享有人权;以合作推进人权,相互尊重,平等相待,践行全球文明倡议,加强文明交流互鉴,通过对话凝聚共识,共同推动人权文明发展进步。

(3)习近平强调,中国坚持人民至上,坚持走顺应时代潮流、适合本国国情的人权发展道路,在推进中国式现代化的进程中不断提升人权保障水平,促进人的自由全面发展。中国愿同国际社会一道,践行《维也纳宣言和行动纲领》精神,推动全球人权治理朝着更加公平公正合理包容的方向发展,推动构建人类命运共同体,共建更加美好的世界。

（4）全球人权治理高端论坛由国务院新闻办公室、外交部和国家国际发展合作署共同主办，主题为“平等、合作、发展：《维也纳宣言和行动纲领》通过30周年与全球人权治理”，14日在北京开幕。

这条新闻的报道主题是我国国家主席习近平向全球人权治理高端论坛致贺信及其贺信的主要内容，是单一元素报道。导语字数非常少，包括标点符号在内（除去电头）也仅有27个字，简洁明快。第二、三自然段解释导语，报道贺信的主要内容——中国的全球人权治理核心主张。第四自然段补充导语，报道次要信息，即本次全球人权治理高端论坛的主办者、论坛主题以及论坛开幕的时间、地点。这条新闻报道主次分明，重点突出，言简意赅。

正式揭牌！“国字号”博物馆+1

2023年6月5日　13:30　来源：央视新闻客户端　记者：王胜东、尹一男

（1）2023年6月5日，国家自然博物馆在北京正式揭牌，标志着我国自然博物馆发展历程翻开崭新一页。

（2）国家自然博物馆是中国唯一的国家级、综合性自然博物馆，代表国家保护、研究、收藏、阐释和展示自然物以及人类社会发展过程中具有历史、科学和艺术价值的自然遗产。建设好国家自然博物馆是宣传贯彻党的二十大精神和习近平生态文明思想的生动实践，对提升全民科学素养和推动科普工作发展具有重要意义。

（3）建设一座国家级自然博物馆，在新中国诞生伊始便得到了社会的热切关注和政府的积极支持。1951年3月经中央宣传部文教委员会批准，文化部与中国科学院共同成立中央自然博物馆筹备委员会；4月，中央自然博物馆筹备处成立，地点位于故宫文华殿、传心殿和清史馆等处。1958年5月主体建筑落成，由时任中国科学院院长郭沫若题写馆名，1959年1月开馆，1962年1月定名为北京自然博物馆。2023年1月按照中央编办批复，北京市委编委正式批准同意“北京自然博物馆”更名为“国家自然博物馆”。

（4）经过几十年的建设发展，国家自然博物馆在古生物、动物、植物和人类学等地球科学、生命科学领域的标本收藏、科学研究和科学普及工作取得了丰硕成果。现馆藏藏品37万余件，珍稀标本数量在国内自然博物馆居首位。近年来在国际学术期刊*Nature*和*Science*累计发表论文十余篇，荣获北京市科学技术奖一等奖等重要奖项十余项。基本陈列持续改陈，每年推出不同主题的临时展览和巡回展览。在国内率先策划推出的“博物馆之夜”“小小讲解员”等众多科普教育活动已经形成特色品牌。

（5）自然博物馆作为连接人类社会与自然世界的桥梁，人与自然“对话”的平台，在应对地球生态危机挑战中，愈来愈发挥着举足轻重的作用，并开始担纲起守护地球的倡导者、传播者的重要角色。

（6）国家自然博物馆将立足国家馆的使命定位，整体提升能力，同时高质量推进新馆建设，让这座面积约20万平方米、占地面积约5.77公顷的新馆成为大红门地区博物馆群的一颗璀璨明珠，引领首都南部城市更新，成为未来南中轴线上的标志性建筑。

(7)国家自然博物馆将以揭牌为新起点,立足世界,努力成为世界自然文化遗产保护的新典范、培育地球家园守护者的新平台、践行生态文明建设的主地标、展示中国国际交流与大国担当形象的大窗口。同时也将引领全国,成为连接中国自然博物馆行业与世界自然历史博物馆界的新桥梁,自然科学教育、全民终身学习的大课堂,中国自然类博物馆规范化建设的新标杆,文化和旅游融合发展的引领者。

这条新闻也是单一元素报道,新闻主题是国家自然博物馆在北京正式揭牌。导语非常简洁,第二自然段阐释了揭牌的意义,第三、四自然段介绍新闻背景,第五、六、七自然段进一步补充报道揭牌的意义。整条新闻紧紧围绕国家自然博物馆揭牌及其意义展开报道,是典型的单一元素报道。

二、多元素报道

多元素报道是指一条新闻中有两个及两个以上的新闻点。新闻对这两个及两个以上的新闻点基本上是平均使用笔墨进行报道的。

多元素报道有两种报道方法:一是记者在新闻的主体部分依次展开多方面的主题和核心内容,即一个元素的核心内容报道完毕后,再报道下一个元素的核心内容。二是记者在新闻的主体部分交替展开多方面的主题和核心内容,不过,这种写法会使新闻报道的明晰性受到影响,使受众难以快速、有效地接受信息,因此尽量少采用为宜。

多元素报道可以分为二元素报道、三元素报道……N 元素报道,一般情况下,多元素报道以二元素报道和三元素报道居多。因此,下面仅对二元素报道和三元素报道进行简单介绍。

(一)二元素报道

二元素报道,是指一条新闻报道有两个核心内容,往往是在一个总主题下,分成两个分主题即两个核心内容来展开对新闻事件的报道。有的二元素报道没有总主题,两个主题并列成立。

落马官员百字交代材料含数十错别字 求他人代笔

2010 年 12 月 21 日　11:30　来源:《都市时报》

(1)**【本报讯】** 12 月 16 日,玉溪市委召开专门会议,对去年以来全市查办的党员干部违纪违法案件主要情况和部分严重违纪违法案件进行通报。玉溪市委常委、市纪委书记李文斌在会上讲话时指出,要吸取深刻教训,切实增强从政为官的风险意识。

(2)据通报,玉溪市原运政系统官员陈有云,在失去监督的情况下,一步步走向了违法犯罪道路。他牢牢把持全市运政系统的人事权和财权,市运政处和县区运政所要进人,县区所要拨工作经费,都是他一个人说了算。他还抽调运政处的 7 名职工管理交通行业技能培训站,通过所谓的“市场运作”,收取培训费用 1,700 多万元,在上级不知情的情况下,将其中的近 500 万元集体私分,自己个人分得 17.8 万元。

(3)陈有云通过弄虚作假,将妻子刘某某超龄招收为江川县运政所职工,且在清理超龄招收人员期间又将刘某某调到峨山县运政所,一年后办理了提前退休手续。陈有云还动用关系网将仅15岁的儿子年龄改大后参军,为其转业后分到交通运政管理系统铺平道路。

(4)在市纪委对陈有云采取"双规"措施期间,他所写的交代材料,一百个字内就有数十个错别字。更让人啼笑皆非的是,专案组要求其写对错误行为的认识,有大学文凭的陈有云久久不能落笔,后来苦苦要求办案人员代笔,并大言不惭地说:"我是能说不能写,如果我真有文化,早就当副省长了。"

(5)陈有云在市纪委调查谈话中曾说,他在市交通运政管理处身兼几职,不但担任运政处处长,而且还兼任海事局局长、航务处处长、党支部书记,谁也不敢监督他。

(6)据通报,玉溪市委组织部原副部长过国庆,平时交往的多是一些投其所好的企业老板、国企职工、自由职业者和少数领导干部,经常聚在一起吃饭、唱歌、跳舞、打麻将赌博。这些"朋友"用逐步渗透的办法接近他们,利用他们,抓牢他们,并最终通过他们为自己捞取好处。

(7)一些党员干部千方百计讨好迎合过国庆,送钱送物甚至送"色",希望政治上能有更快更好的"进步",他们盘算的不过是市委组织部副部长手中的权力。

(8)过国庆在悔过书中曾反思:"家庭破裂尤其到玉溪工作后,没有正确处理好恋爱、交友关系,心存空虚,生活作风放纵,与多名女人发生不正当性关系,使自己的道德标准大大降低。""本应把更多的时间用在学习工作上,但却与爱好赌博的人混在一起,用打麻将赌钱消磨时光,这种不健康的生活方式导致自己意志减退。"

这条新闻是一个二元素报道。新闻的总主题是:玉溪市委通报违纪违法案件,要求吸取教训,增强为官风险意识。在总主题下有两个分主题分别说明总主题。第一个报道元素即第一个分主题是"陈有云违纪违法案件",从第二自然段到第五自然段,新闻对陈有云违纪违法的行为进行了详细的陈述。第二个报道元素即第二个分主题是"过国庆违纪违法案件",从第六自然段到第八自然段,新闻对过国庆违纪违法的行为也进行了清晰的介绍。相比之下,第一个报道元素着墨较多,第二个较为简略。两个报道元素依次展开,叙述事实有条不紊、井然有序,读者接受起来也十分清晰、明白,无任何阅读障碍。这条新闻的标题采用的是第一个分主题的核心内容,但是这并不妨碍受众对整条新闻的接受。

中国政府恢复对香港行使主权

(1)**【新华社北京7月1日电】**(记者:戴威国) 1997年7月1日零时,在香港会议展览中心新翼举行的中英香港政权交接仪式上,英国米字旗刚刚落下,中国的五星红旗徐徐升起。中国政府向全世界宣布恢复对香港行使主权。

(2)仪式上易旗的过程不到两分钟,它标志着英国在香港实行了一个半世纪的殖民统治的终结。

(3)中国国家主席江泽民、国务院总理李鹏,英国王储查尔斯王子、首相布莱尔,同中英两国政府代表团其他成员一起参加了这一历史盛典。

(4)江泽民主席在交接仪式上讲话时说:香港回归祖国标志着“香港的发展从此进入一个崭新的时代”,“香港回归后,中国政府将坚定不移地推行‘一国两制’、‘港人治港’、高度自治的基本方针,保持香港原有的社会、经济制度和生活方式不变,法律基本不变”。

(5)40 多个国家和地区、30 多个国际组织和地区性组织的代表,各国驻港总领事,海外华侨及华人代表,以及香港社会各界人士应邀出席了通过电视向全球直播的仪式。

(6)在仪式举行的同时,中国人民解放军驻港部队先头部队同英国驻港部队在军营里举行防务交接仪式;中华人民共和国外交部驻香港特别行政区特派员公署大厦升起了五星红旗;海关职员和警察等纪律部队成员的领章、肩章图案上的英国皇家标志,立即被香港特别行政区的象征——紫荆花所取代。

(7)香港自古就是中国的领土。英国强迫中国清朝政府分别于 1842 年、1860 年和 1898 年签订了 3 个不平等条约,侵占了整个香港地区。1984 年,中英两国政府签署了关于香港问题的联合声明,宣布中国政府将于 1997 年 7 月 1 日恢复对香港行使主权。

(8)整个中国为百年国耻得以洗雪而沸腾,各地张灯结彩举行各种庆祝活动成了中国人民自信心和自豪感的大展示。男女老幼都以各自喜欢的方式庆祝中华民族这一世纪盛事。许多人彻夜不眠收看电视直播节目。

(9)在首都北京,10 万群众的联欢活动把天安门广场变成了一片欢腾的海洋。当距 7 月 1 日零时还有 10 秒钟时,人们面对倒计时牌,有节奏地齐声高喊:“10,9,8,……”当倒计时牌上的显示锁定在“0”时,鼓乐喧天,欢声雷动,10 里以外都能听到。

(10)在“割让香港”的不平等条约《南京条约》的议约地南京静海寺,7 月 1 日零时,人们撞响了“警世钟”155 响的最后一响,象征着 155 年的国耻的终结,告诫人们永远不要忘记落后挨打的历史教训。

(11)在东莞市虎门镇,人们用五彩缤纷的焰火告慰民族英雄林则徐和在鸦片战争中牺牲的先烈们。林则徐在中国是一位家喻户晓的民族英雄,他因主持了 1839 年虎门销烟奋起抗英而受到敬仰。

(12)林则徐的五世孙凌青在接受记者采访时说:“香港回归这一历史性事件无疑将大大激发我们这一代的爱国主义热情,而当今爱国主义的最好体现就是在共产党的领导下推进中国的改革开放和现代化建设。”

(13)这一盛事受到国际社会的普遍赞扬。联合国秘书长安南早些时候曾说:“所有的人都会从(这一事件)中获益,不论是香港人,还是中国内地人,或是世界其他国家和地区的人。”

(14)多次民意测验表明,香港 600 多万同胞对未来充满信心。香港特别行政区首任行政长官董建华说:“7 月 1 日,与其说是香港一个历史的终结,不如说是一个新纪元的开始。香港将以骄人的成绩跨入 21 世纪。”

这条新闻是一个二元素报道,共有两个主题即两个核心内容:中国政府恢复对香港行使主权和“香港回归”后各界的反应。从第一自然段到第六自然段,展开对第一个报道元素即第一个新闻主题“中国政府恢复对香港行使主权”的报道。第一自然段报道恢复行使主权的最重要的标志:两国易旗,英国米字旗落下,中国五星红旗升起。第二自然段是对易旗的评价,指出易旗的意义。第三自然段介绍参加政权交接仪式的两国主要领导人。第四自然段报道时任中国国家主席江泽民宣布政权交接后中国政府对于香港治理的基本原则与方针。第五自然段报道世界各国代表参加仪式。第六自然段介绍标志政权更替的其他交接与更替:军事防务交接,领章、肩章等标志主权的服饰更换,等等。第七自然段是一个背景段落,也是一个过渡段,将报道单元过渡到第二个报道元素。从第八自然段一直到新闻结尾,展开对第二个报道元素即第二个新闻分主题"香港回归后各界的反应"的报道。第八自然段是一个概括性的段落,概述祖国各地隆重庆祝"香港回归"这一中华民族的世纪盛事。第九、十、十一自然段分别选择报道具有标志性意义的三个城市北京、南京、东莞的民众庆祝"香港回归"。第十二自然段到第十四自然段同样是报道"香港回归"后的反应,主要报道权威人士和香港同胞对"中国政府恢复对香港行使主权"的看法,林则徐的五世孙凌青、联合国秘书长安南、香港特别行政区首任行政长官董建华都对香港回归后的未来充满信心。两个报道元素衔接过渡巧妙、自然,报道清晰明确。

(二)三元素报道

三元素报道,是指一条新闻报道有三个核心内容。有时候是在一个总主题下分成三个分主题即三个核心内容来展开对新闻事件的报道;有时候没有总主题,三个主题各自独立呈现。

研究将三个因素与心脏病相联系

(1)大纽约健康保险计划的一项新研究再次证明,抽烟、超重和缺乏锻炼与大大增加的心脏病所导致的死亡和残障有关联。这项研究是在该计划的11万成人成员中展开的。

(2)这项研究发表在昨天出版的《美国公众健康杂志》6月号上。研究指出,男女烟民面临的首次心脏病发作的危险是非烟民的2倍。

(3)该研究还发现,在抽烟斗和雪茄的烟民中,一年里首次心脏病发病率高于非烟民,但是不如吸卷烟的烟民高。

(4)"活动最少"的人,无论有无工作,首次心脏病发作的可能性是"适度活动"的人的2倍,而且患致命性心脏病的可能性是后者的4倍。

(5)在心脏病发病率方面,被归入"最爱活动"一类的男性并不比那些被认为"适度活动"的男性具有优势。研究指出,活动和不活动男性之间的其他差异,例如他们的吸烟量,不能解释他们不同的心脏病发病率。

(6)在该项研究中,与较小体重的男性相比,较大体重的男性首次心脏病发作的概率高出50%。该研究还发现,自25岁起体重大量增加的女性面临的危险加大了。

(7)作者称,吸烟和运动习惯上的差异解释不了与体重相关的风险的差异。

(8)这项研究还发现,在心脏病发病率方面,男性白人要高于非白人,男性犹太人要高于白人新教徒和天主教徒,但是女性犹太人与女性非犹太人并没有显著差别。(简·E. 布罗迪,《纽约时报》)

这条新闻有一个总主题:吸烟、超重和缺乏锻炼会增加患心脏病的风险,在这个总主题下有三个分主题。在新闻主体段落中,第二自然段和第三自然段报道第一个分主题:吸烟导致心脏病发病率高;第四自然段和第五自然段报道第二个分主题:缺乏锻炼比适度锻炼的人要容易患心脏病;第六自然段和第七自然段报道第三个分主题:超重增加患心脏病的概率。最后一个自然段介绍与主题相关的次要信息。

在中国近年的新闻报道中,有一种比较常见的写法:当一条新闻在500字以上时,记者往往都要在新闻报道中加小标题,这种加小标题的写法,在目前的网络新闻报道中比较多见。在这种文中加小标题的新闻报道中,每一个小标题可以理解为一个报道元素,新闻中有两个小标题,就是二元素报道;新闻中有三个小标题,就是三元素报道,依此类推,有几个小标题,就是几个元素的报道。

孤寡老人捡到11万现金　雨中等候失主

2015年9月18日　03:09　来源:《现代快报》　记者:姜振军

盐城东台66岁的孤寡老人王高云下夜班回家,在路上看到一堆衣服,结果打开一看,里面有两大捆现金,大概有10万多元,于是老人冒雨在路边寻找,并等候失主。半个多小时后,一位心急如焚的妇女找来了,说是救命钱,老人当面清点11万元一分不少,并主动将现金还给对方。作为感谢,失主硬塞给老人1,000元。《现代快报》的记者了解到,老人一直想还掉这1,000元,可是却找不到失主。如果您是这位失主或有她的线索,请拨打快报热线96060,圆王大爷一个心愿吧!

【意外发现】下班途中捡到11万元现金,雨中等候

9月初的一天,东台市溱东镇青一村的孤寡老人王高云下夜班,此时是凌晨4点多钟,外面下着小雨,路上没有人,他独自一人沿着229省道往家走,快要到青蒲路口时,看到马路的中间有一堆衣服,一向热心的他觉得这些衣服影响交通,就上前动手想把衣服捡进垃圾桶。"可是刚抱起那堆衣服时,感觉有件衣服很重,然后就摸到了一个硬硬的东西,发现两只口袋鼓鼓的,仔细一看鼓鼓囊囊的都是钱。"王高云吓得赶紧把那件衣服卷了起来,夹到了腋下。

"这么多钱,丢钱的人该多着急啊。"王高云的第一反应就是找失主,可是凌晨4点多去哪里找人呢,于是他沿着公路来回找了10多分钟都没有发现一个人,"相信失主会回来找的"。于是他撑着伞站在发现衣服的地方等。

【完璧归赵】失主称是救命钱,硬塞千元酬谢金

大约半个小时后,王高云看到一位妇女电瓶车骑得非常慢,慌慌张张地似乎在寻找着什么,看到王高云后带着哭腔说:"爹爹,您刚刚看到这路上有掉了的衣服吗?"王高云故作淡定地说:"刚刚是看到了七八件衣服堆在路中间的,可都被车弄脏了。""衣服脏了没关系,我要找的是那衣服里的钱。"说着那妇女哭了起来。

见此情景,王高云认定此人就是失主,于是他说自己捡到了一些钱,那女人听完这话连忙说自己一共丢了11万元,钱全部放在一件褐色的外套里,一个口袋里装了5万元,另一个口袋里装了6万元。这时王高云把衣服从腋下拿了出来,当着对方的面数了起来,11万元一分不少,于是王高云把钱连同衣服还给了对方。"她说自己是泰州溱潼人,奔波了一宿,直到凌晨4点多钟才从亲戚朋友那里凑齐了11万元救命钱,赶着回家急用的,将装衣服的纸袋子挂在了车把手上，没想到小雨把纸袋子淋烂了，衣服从袋子底部漏掉了，到家后才发现。”王高云告诉《现代快报》记者，东台市溱东镇和泰州的溱潼离得不远，女子的话不会假。“临走时她抽出1,000元塞给我，说这钱如果不收下她这辈子都不会安生，说着骑着车飞快地走了。”

【他的心愿】老人家想找到失主还掉千元酬金

说起这1,000元钱，王高云懊恼地说，“我希望能够把钱还给她，可是我追不上啊，又不知道她叫啥名字住在哪里。”此事过去了10多天，老人一直没有说出去，直到有一天镇宣传委员一行人去村里办事，老人请他们帮忙寻找失主，要还掉1,000元，事情才被大家知晓。

这几天青一村的街头巷尾都在谈论着王高云老人拾金不昧的事儿。“上个月我们晚上在桥上乘凉，不知谁掉了5元钱，老王看到了立马捡了起来寻找失主。”说起王高云拾金不昧的事情，村民们纷纷表示，这事发生在他身上一点都不奇怪。王高云憨厚地笑着说：“将心比心，这么一大笔救命钱谁丢了不着急啊！”

“老人拾金不昧的精神值得所有人学习，满满的正能量。”溱东镇宣传委员吴超兰告诉《现代快报》记者，老人一直没有成家，孤身一人，是村里的孤寡老人，为了生计，他在一家企业当门卫，一个月收入1,000多元，“11万元相当于他10年的工资”。

他无依无靠，一个月工资才1,000多元，面对捡来的11万元巨款，他的选择是苦寻失主，让我们为他点个赞。

上面这条新闻是一个三元素报道。导语陈述了新闻的三个基本主题：孤寡老人王高云下夜班途中捡到11万元巨款，于是冒雨等候失主；失主找来，说是救命钱，老人将钱交给失主，失主硬塞给老人千元酬谢金；老人想找到失主，还掉千元酬金。导语之后，在新闻主体部分，作者将这三个主题有条不紊地依次陈述出来，每一个主题层次加上一个小标题，三个主题有三个小标题，新闻事件报道得非常清楚，读者接受起来方便、清晰。

这种写法的好处非常明显，读者不用花大量的时间、精力来分析和研究所阅读的新闻，不用费尽心思琢磨这条新闻表达了几个层面的意思。读者只要看到新闻中的小标题，一切就显而易见，便可以快速、高效地接受新闻的核心内容。

明晰是新闻报道的基本理念之一，新闻报道明晰，可以使读者方便、清楚、毫无障碍地接受信息。如果将几个新闻元素交替进行报道，可能会让读者产生接受困难，甚至找不着北。因此，把相关的材料组合起来，将关于同一主题的所有内容放在一处，这是一种比较好的新闻写作方法。显然，当一条新闻报道存在两个或两个以上的报道元素时，将新闻的各个报道元素依次展开，一个报道元素即核心内容陈述完毕，再进入下一个报道元素即核心内容的陈述，这样比将新闻的各个报道元素交替展开更能让读者方便、快捷地接受。

有的新闻是四元素或四元素以上的报道，这种新闻报道中有四个或四个以上的核心内容。和上述三元素报道一样，四元素或四元素以上的报道，有时候是在一个总主题下分成四个或四个以上的分主题即四个或四个以上的核心内容来展开对新闻事件的报道；有时候没有总主题，四个或四个以上的主题各自独立呈现。

一般来说，四元素及四元素以上的报道比较少见，新闻报道以一、二、三元素报道为主。四元素及四元素以上的报道的报道原理与方法同三元素报道基本相同，在此不再赘述。

知识链接

艾丰提出新闻七要素

我在《新闻采访方法论》专著和《论宣传性现象》专论中，曾提出在"五个W"的基础上再加上两个字："H"和"M"。"H"是"HOW"的字头，表示"怎样"的意思：怎样的过程和怎样的方式。"M"是"MEANING"的字头，表示"意义"的意思：事实的含义、意义、本质。

这样，我就认为，完整意义上的事实应该是包括七个要素了。①

（记者）布罗迪的报道也揭示了建构一篇报道时的另一条基本准则：把相关的材料组合起来。②

报道单元

在组织报道时，新闻撰稿人按照重要程度从一个主题转到另一个主题。首先展开导语，然后陈述次重要的主题，接下来加以展开和解释。经验法则是：将关于同一主题的所有内容放在一处。

当主编向记者德怀特·麦克唐纳（Dwight Macdonald）解释"同类的东西放在一起"这一规则时，他的第一反应是"当然"。他说，他的第二反应是："但是为什么我没有想到这一点呢？"他的第三反应是："它是'众人皆知的'陈词滥调之一——在它们被讲出来之后。它是我接受的最佳新闻教育。"③

思考与练习题

一、思考题

1. 在新闻网站或报纸上找出几篇新闻稿，看看这些新闻报道是如何交代新闻要素的。

2. 什么是新闻由头？如何寻找新闻由头？

3. 认真领会单一元素报道和多元素报道。

二、练习题

1. 请指出下面这个材料中，新闻导语中最应该突出的新闻要素是什么？

沈阳夏女士的儿子丁某因故意伤害罪在沈阳市第一看守所服刑。今年（2015年）2月末，夏女士接到一自称儿子管教的电话，称丁某得了阑尾炎，病得很严重，要马上手术，让夏女士拿4,600元医疗费。

随即，夏女士赶到沈阳市第四人民医院门前把钱送给了对方。两天后，对方身着"警服"来到夏女士位于于洪区北李官的家中，又索要了4,000元"医疗费"。

3月3日，对方再次打来电话说，可以帮助丁某办理保外就医，要走了1万元。事后，丁某并没能出来，夏女士找不到对方，遂向公安机关报了警。

3月5日，警方在和平区一酒吧将犯罪嫌疑人孔某抓捕归案。经审，孔某2月末那天，上午刚从沈阳市第一看守所刑满释放出来，下午就开始着手实施诈骗了。

别看孔某只有17岁，但已是诈骗老手。曾做过辅警的孔某，第一次因在山东冒充民警，以帮人"捞人"骗取钱财，被判拘役4个月。

出来后，孔某来到了沈阳，通过网络与女大学生王某相识。孔某伪造了任职审批表和相关证件，化身为"省检察院犯罪科科长李波"，赢得王某的芳心，并住进王某家中，与之过起了同居生活。

---

① 艾丰. 新闻写作方法论[M]. 北京：人民日报出版社，1993：74.

② 门彻. 新闻报道与写作[M]. 展江，主译. 9版. 北京：华夏出版社，2003：161.

③ 门彻. 新闻报道与写作[M]. 展江，主译. 9版. 北京：华夏出版社，2003：161.

2014 年 1 月，孔某以单位给自己招秘书、给相关领导好处费、随礼、家人生病、酒驾肇事平事等为由，从王某女同学李某手中骗取 47,700 元。

此外，于洪区造化的陈某因琐事与村干部发生了肢体冲突，当地警方介入调查。为了摆脱罪责，陈某通过熟人找到了化身“省检察院犯罪科科长李波”的孔某。孔某以带其到医院做司法鉴定、帮忙摆平事为由，两次共索要 6,850 元。

陈某的姐夫发现有些不对劲，将孔某控制并移交警方。孔某被判处有期徒刑十个月，羁押在沈阳市第一看守所服刑。孔某和丁某服刑同住一室。本来丁某委托孔某给家人报平安，没想到孔某上午刚被刑满释放出来，下午就去骗夏女士的钱财。

于洪区人民法院审理认为，孔某冒充人民警察招摇撞骗，其行为已构成招摇撞骗罪。因孔某能如实供述自己的犯罪事实，且犯罪时不满十八周岁，应该从轻或者减轻处罚。

最终，法院以犯招摇撞骗罪判处孔某有期徒刑一年零六个月，责令被告人退赔给被害人经济损失 18,600 元。（资料来源：中国新闻网，2015 年 10 月 23 日，http://legal. people. com. cn/n/2015/1023/c188502 - 27733971. html）

2. 下面这则材料是一个持续 10 年的故事，记者如何为这个故事寻找新闻由头？

金志一明年就要过 90 大寿了，可 50 年前因一场意外导致全身瘫痪的爱女李华却让老人忙碌到现在仍不能安享晚年。

金志一老人大女儿早年婚嫁在闵行，如今已年过七旬，现处于老年痴呆症（阿尔茨海默病）状态；二女儿远嫁宁波，小女儿李华自幼跟着金志一夫妇生活。20 年前，金志一的丈夫突然去世，老人只能独自照料起瘫痪的女儿。

金志一说，她从未想过放弃，女儿李华 50 多年都未能和她说上一句正常的话，丈夫离开后，她只能对着老屋的四壁说话。

金志一住在黄浦区药局弄，这里是典型的老城厢，老式建筑修修补补，仍是雨天漏、晴天闷，母女俩在这里过着极其简朴的生活，几十年如一日。

心态再好，也顶不住日益加重的负担。70 多岁时金志一还能把女儿从轮椅抱到床上，再从床上抱到轮椅上，然而一过八十岁，不仅浑身使不出一点劲，而且老眼昏花，一日三餐自己都不能对付。老式住宅里三层外三层的高高门槛，已多次把老人绊倒，每一次都磕绊得鼻青脸肿，老人的泪流干了，习惯了，但看着浑身神经抽搐的女儿，老人手足无措，幸好嫁到宁波的女儿还会时常过来照顾。

李华常年坐卧，缺乏运动，神志不清，疾病不断，为她看病是最让金志一头疼的事。老人每天会硬撑着给女儿擦身、翻身，尽量保持年轻时的照料习惯，如此细心，50 多年来，李华浑身竟没有一处褥疮。但作为女性，生理病却无法抑制，李华无法用言语表达痛苦，日积月累，妇科病加重，这让金志一老人无奈到极点。

一位快 90 岁的老人推着快 60 岁的残疾女儿去医院，可以想象那个场景会是怎样令人心酸。金志一老人曾多次找到离家最近的医院，希望医生能上门为女儿看病，但每一次都是扫兴而归，直到外孙女几天前告诉她，可以试试拨打“宅医送热线”。

金志一告诉记者：“小女儿今年 57 岁，瘫在床上已有 51 年，最近总是用手挠下身，我以为是连日来阴雨天造成的皮肤瘙痒，但从女儿叽里呱啦的表达中，我觉得有问题。阿拉外孙女从网上查到了一个电话，我请邻居打过去，医生马上就上门来了。”

记者了解到，金志一的外孙女从网上查到的是今年 3 月开通的“宅医送热线”。也就是这次通话，揭开了这段感人的母女情故事。

接线员张倩表示，拨打热线求助的几乎都是残疾人家庭，接到金志一的电话很意外，没想到竟是一位快 90 岁的老人来电为自己 57 岁的女儿求医。主治医师黄玲一行根据电话记录判断，立即带了些药具出发了。金志一老人的故事也因此被医院发布到了微博上，受到志愿者的关注。

李华得的是常见妇科炎症，治疗难度不大，但因患者一直患有脑膜炎，伴随性的抽搐让她无法顺利完成输液等治疗。

不过，令金阿婆欣慰的是，终于有人可以陪她说话了，一直以来，除了远嫁宁波的二女儿偶尔来一趟，其他再无人登门，医护人员和志愿者的相继到来，让一直沉闷的屋子里有了温暖的声音。

志愿者杨梅说："金志一老人让我们看到了暖暖的亲情，最爱莫过母爱。除了医治李华的疾病，我们不得不面对金阿婆年迈的事实，金阿婆自己也患有房颤、视弱等老年病症，马上90岁的老人了，的确没有力气给女儿翻身、擦拭了。"

金阿婆说，现在为女儿翻身擦洗的是从街道请来的钟点工，洗衣做饭都是二女儿来完成。"但二女儿终究会回到宁波，等我百年以后，谁替我照顾小女儿？"提起今后的日子，金阿婆忧心忡忡。她说，年轻时也有很多亲戚劝她放弃对女儿的抚养，老伴去世后，也有邻居劝她送女儿去福利机构，给自己晚年留一点快乐的空间。"但我没有放弃对瘫痪女儿的照料，我愿用一生的时间对女儿倾注亲情。"（资料来源：东方网，2014年7月6日，http://news.xinhuanet.com/politics/2014-07/06/c_126715650.htm）

3. 阅读下面这条新闻，请指出它是几元素报道，并对其中的报道元素进行分析。

中山大学获校友捐赠2.8亿 将用于建设珠海校区

2015年9月18日　05:40　来源：《南方日报》　记者：吴少敏

中山大学接到校史上获赠金额最大的捐款！17日晚，中山大学与珠海市新型战略合作启动项目——中山大学珠海校区（以下简称"珠海校区"）捐建项目签约仪式在珠海举行，校友和企业共捐赠2.8亿元。省委常委、珠海市委书记李嘉，中山大学党委书记郑德涛、校长罗俊参加了捐赠活动。

这笔捐款将用于支持珠海校区基础设施建设、面向全球引进高水平人才，着力把珠海校区建成亚太地区具有重要国际影响力的创新基地，具有一流办学水平和广泛国际声誉的现代化滨海校区。中大在保证总体招生规模不变的前提下，将逐步减少广州校区的招生规模。

珠海校区将拥多个"唯一"

在珠海唐家湾畔的捐赠现场，碧桂园集团董事局主席杨国强、副主席杨惠妍父女以个人名义完成了向中大捐赠1亿元的仪式。随后，加多宝集团、汇辉置业有限公司、禾田投资集团、广东方圆集团公司、广州佳都集团，以及中大校友陈光明，分别捐赠3,000万元。据统计，此次企业家、中大校友累计捐赠人民币2.8亿元，其中碧桂园捐款最多。这成为中大历史上获赠金额最大的捐款，也是国内高校获赠金额最大的捐款之一。

罗俊透露，新获赠的2.8亿元善款将全部用于支持珠海校区基础设施建设，以及面向全球引进高层次人才。

罗俊说，接下来，珠海校区将迎来发展的"第二春"，将建成多个国内高校的"唯一"。譬如，珠海将在凤凰山建设天文台、天文馆，而中大将成为全国唯一有自己天文台的高校；珠海还将修"一洞一路"，即面积1万平方米的引力物理实验山洞和到天文台馆的上山公路；珠海还将改造海湾大道为景观绿化带，修建3.2公里的人工沙滩，而中大将成为全国唯一拥有沙滩的高校。

珠海校区将构建起覆盖人文学科、社会科学、理学、工学和医学的完整学科体系，并围绕珠海市产业发展需求和学校发展战略布局，建设"天琴计划"国家级重大科学研究平台，万吨级海洋科考船（全国高校中最大的科考船）以及核工程与技术和食品安全领域国家级科学研究平台。

将新建12个完整建制学院

根据计划，未来的珠海校区将成为亚太地区具有重要国际影响力的创新基地。

其中，珠海校区将全部采取整建制学院建设。届时，珠海校区的常驻教师和科研人员将超过2,000人，其中包括两院院士、长江学者等高层次人才；在校生人数达到15,000人，其中全日制本科生10,000至12,000人，研究生3,000至5,000人。

珠海校区的学生数量增加了，是否意味着扩大招生规模呢？中大党委常务副书记、副校长陈春声解释说，中大学生总规模不会增加，不会因为珠海校区要发展就增加招生人数。珠海校区现有7个完整建制的学院，到2018年要新建12个，还要把国际关系学院从广州搬迁过来。

他说，预计明年珠海校区将有新增的6个整建制学院开始招生，而广州校区招生人数比较多的专业可能会减少招生。（有删节）

第三章　导语

▶本章要点：

对于与公众切身利益相关的事件、突发事件、重大事件、时效性强的事件，一般都采用硬导语的方式报道。

软导语通常适用于故事性、戏剧性、趣味性强的新闻、新闻特稿和各类软新闻的写作。

写作导语前要先构思。比大小是找出最佳报道角度的切实有效的方法，要学会设身处地从读者维度思考报道角度。

寻找焦点从采访时即开始。把自己当成一个普通人，一个非新闻专业人士，换位思考，更能找到焦点。当焦点不能很快被判断出来时，采用层层推进、步步深入的方法，可以找到最有价值的信息。

有些新闻事件的焦点信息不止一个，两个信息都很重要，而且不能拆分成两条新闻报道，谓之双焦点信息。

导语写作要抓实质性信息。

新闻导语要简洁明快，生动吸引人。

第一节　什么是导语

一、导语的定义

什么是导语？简单的解释，即导语就是新闻的开头；准确的解释，即导语是以简明扼要的文字，突出最新鲜、受众最关心和最想知悉的核心事实，揭示新闻主题，吸引受众阅读全文的新闻开头部分。中国古人所谓“立片言以居要，乃一篇之警策”，可以帮助我们更进一步地理解导语这个概念。

一般来说，导语是新闻开头的第一段。有的短新闻不分段，其导语就是开头的第一句话。导语是新闻的重要组成部分。对于消息写作来说，不存在没有导语的新闻。

有的新闻的导语有两个或两个以上的段落，这种导语被称为“复合导语”。

爱德华兹创造跨世纪纪录

【新华社哥德堡(1995年)8月7日电】 (记者:杨明、马小林) 爱德华兹大笑,爱德华兹大叫,爱德华兹兴奋得乱喊乱跳。

这位大器晚成的英国选手今天在第五届世界田径锦标赛男子三级跳远决赛中,以18米29的辉煌腾越创造了一项属于21世纪的纪录。

……

上面的新闻导语就是一个复合导语。导语的第一段再现了运动员爱德华兹的兴奋状态,对他的动作进行了描写,使受众仿佛看见了这位运动员的欣喜之情。导语的第二段才告诉受众这条新闻的核心内容即报道主题:爱德华兹以18米29的成绩创造了三级跳远的跨世纪纪录。两个自然段组成一个复合导语。

有些复合导语的报道主题往往会延迟到新闻的第三段、第四段乃至第五段,前面几段都只是铺垫。

唐·克拉克的猫小心地走过草坪,然后突然停下来,看上去进退两难。

小猫试验性地嗅了嗅,然后迅速逃离草地并在接下来的几分钟舔着爪子——试图把爪子上的涂料斑点清理掉。

草坪最近被修剪过,绿得像一张台球桌,因为它刚刚被一种植物染料漆了一遍。

圣芭芭拉的居民已经想出了新办法来保持他们院子的常绿状态,由于今年面临着预期的50%的淡水短缺,该城市二月下旬宣布"干旱危机"并禁止草坪灌溉。

克拉克的猫刚刚经历了一次:几家园艺公司现在提供油漆,而本地苗圃正在把绿色涂料和抽水喷雾器摆上货架。(迈尔斯·科温,《洛杉矶时报》)

在上面这条新闻中,前面三段都是描写,其目的是为了引出后面的核心信息。第四段才开始出现核心信息:圣芭芭拉面临淡水短缺,因此禁止草坪灌溉。第五段进一步延伸核心内容:由于禁止草坪灌溉,居民们想出了新办法,用植物涂料油漆染绿草坪。第四、五两段组成导语的核心信息段。由此观之,这条新闻的导语由五个段落组成一个复合导语。

中西方对于复合导语的运用有所不同。中国的新闻报道,一般要求在第一段就将核心信息告知受众,复合导语的运用相当少。即使是复合导语,一般也要求在第二段将核心信息告知受众。如果在第二段以后才告知受众核心信息的话,记者可能会受到编辑和更高层业务领导的批评,且其业务能力会被质疑。而西方的新闻报道,可以在第五段才写出新闻的核心信息。

必须明确的是,无论东西方,复合导语一般只适用于软新闻,硬新闻一般不采用复合导语的形式。

二、导语的产生

导语形成今天这样一个固定的、特殊的风格,经历了一个从无到有的发展过程。

从技术方面来说，19世纪50年代，电报的发明使新闻事业在技术上有了一个比较大的飞跃，记者可以借助电子技术快速地传递新闻。但是，早期的电讯技术不太完善，在收发电报时常常会出现故障。往往是电讯稿发到一半，或者仅发出几句话甚至几个字时，便难以收发。为了把重要的、受众关心的信息迅速及时地报道出去，记者便将受众最关心、最新鲜、最重要的事实写在新闻的第一段，即使是发生电讯故障，报社编辑部或受众也能够了解到最新鲜、最重要、最精彩的内容。从此以后，这种方法便成为一种固定的风格和格式。

从新闻传播规律来说，这样一种结构形式暗合新闻传播规律。从人们的接受心理来说，受众接受新闻信息，主要是为了获悉新近发生的最重要的、他们最关心的和最想知悉的信息，如果新闻不能在开头就将受众最想了解的信息告诉受众，那么，受众就会失去耐心和兴趣，不愿意继续往下阅读。而当记者将实质性的内容在导语中表达之后，可能还会引起受众进一步阅读的兴趣，因为这些精彩的内容刺激了他们，诱惑着他们继续往下阅读。

三、导语的沿革

导语产生之后，经历了第一代导语、第二代导语，现在已经有第三代导语了。

（一）第一代导语

新闻五要素或六要素齐全的导语称为第一代导语，又叫全要素导语。

如前所述，从技术方面来说，当时的电讯技术不完善，常常在收发稿件时突然出现电讯中断的情况。为了让报社编辑部即使只能收到电讯稿的第一段，也能作为一条完整的新闻及时地传播出去，记者便将新闻事实的时间、地点、人物、事件的主要内容、原因、结果等全部在第一段里交代完全，这样，新闻的五要素或六要素全部在第一段里呈现出来了。

美联社记者约翰·唐宁于1889年发的一条新闻，其导语被西方新闻学著作奉为“第一代导语”的楷模：

> **【萨莫亚·阿庇亚3月30日电】** 南太平洋沿岸有史以来最猛烈、破坏性最大的风暴，于3月16日、17日横扫萨莫亚群岛，结果有6条战舰和10条其他船只要么被掀到港口附近的珊瑚礁上摔得粉身碎骨；要么被掀到阿庇亚小城的海滩上搁了浅。与此同时，美国和德国的143名海军官兵有的葬身珊瑚礁上，有的则在远离家乡万里之外的无名墓地上为自己找到了永远安息的场所。

这条导语后来被许多新闻学著作认为是新闻六要素齐全的经典之作。这条新闻有“何时”（3月16日、17日）、“何地”（萨莫亚群岛）、“何人”（美国和德国的143名海军官兵）、“何事”（风暴使海军官兵遇难、战舰和船只受损）、“何因”（遇上最猛烈的海上风暴）、“如何”（舰船受损、官兵死亡）六要素。

时任美联社总编辑、总经理的维尔·E.斯通将这条新闻导语树为写作典范。他明确指出，美联社记者所发出的每一条新闻报道必须具备这六要素。

此后，第一代导语风靡于世界各国，直至20世纪20年代均得到了广泛应用。这种导语被称为“晒衣绳式导语”，意思是指将所有新闻要素不分主次地一个个都挂在一条“晒衣绳”——导语上。

第一代导语的优点是:具体、完整、信息量大。但不足之处也很明显:冗长、重点不突出、主次不分,受众难以快速地接受实质性信息。

(二)第二代导语

侧重交代部分要素的导语称为第二代导语,又称部分要素导语或微型导语。

如上所述,新闻五要素或六要素俱全的第一代导语虽然详细、完整,但是,内容太庞杂、主次不分、重点不突出,难以给受众留下深刻的印象。第二次世界大战以来,这种导语越来越显示出其弊端。

时代在向前发展,社会生活节奏日益加快,受众对新闻信息及其传递形式有了新的要求,受众希望更简洁、更快速地知悉信息。同时,广播电视新闻给报纸新闻带来了挑战。报纸新闻的导语写得简明扼要,新闻传递的速度会更快,既方便受众快捷地接收信息,又能够和广播电视展开竞争。而且,科学技术的巨大进步也使报纸新闻快捷地传递信息成为可能。随着电子技术的发展,电讯中断的问题已经不复存在,记者不必在第一段将新闻的所有要素和所有重要信息都披露无遗。

从20世纪30年代开始,一些新闻工作者提出,新闻导语不必非得包含五要素或六要素,可以根据每条新闻的特点,从六要素中选取一两个最能吸引受众兴趣的要素写入导语中,其余的要素可以放在新闻主体中。这样,可以突出重点,达到先声夺人的效果。第二次世界大战后,这种“部分要素”的导语形式开始在大小报刊上风行。

我们来比较一下第一代导语和第二代导语:

今晚大约9时半,在福特剧场,当总统正同林肯夫人、哈里斯夫人和罗斯本少校同在私人包厢中看戏的时候,有个凶手突然闯进包厢,向总统开了一枪。(《纽约先驱报》,1865年4月15日)

这是一条第一代导语。但从新闻要素来看,这并不是典型的第一代导语,只有时间、地点、人物、事件四要素,还有两个要素没有交代。

总统同谁一起看戏,不是非常重要的信息,不必在导语中表达出来,用16个字(含标点)来报道这一信息,显得比较啰唆;这样重大的事件,叙述了一些不十分重要的细节,使导语显得迟缓,影响了新闻的快速传递。而且,一个非常重要的要素没有交代:结果如何?总统被枪击,是死是活,受众不得而知。

对于这种总统遇刺事件,第二代导语只用一句话就表达完毕:

肯尼迪总统今天遭枪击身亡。(《纽约时报》,1963年11月22日)

该导语总字数虽然只有13个字(含标点),但最重要的信息已经陈述清楚,四个要素——时间:今天;人物:肯尼迪总统;事件:遭到枪击;结果:总统身亡。

我们可以用这种写法来试着将上面的第一代导语改写为第二代导语:

林肯总统今晚9时半在福特剧场遇刺。

改后的导语也有四个新闻要素——时间：今晚9时半；地点：福特剧场；人物：林肯总统；事件：遇刺。改后的导语省略了人物：凶手；事件也写得非常简单，省略了总统在私人包厢中与夫人和友人看戏，也省略了凶手闯进包厢（向总统开枪）这一细节。改后的导语虽然省略了一些细节，但重点突出，信息传递快捷。

（三）第三代导语

第三代导语始于20世纪70年代。它没有特点，亦没有固定的写法，往往是根据具体情况相应处理。

第三代导语的表现手法和报道角度自由灵活、形式不拘一格。它包括各种软导语、延迟性导语以及各种新奇独特的导语形式。

第三代导语是对第二代导语的补充和扩展。它适应当代新闻报道内容和传播意图的丰富性要求，追求特定新闻内容的最佳表现角度和表现手法，以求达到最佳报道效果。所以，它又被称为当代丰富型导语。

我们将上面第一代导语的典范——美联社记者约翰·唐宁发的一条新闻略作改动，对一些不十分重要的新闻要素进行适当浓缩，可以改为下面的第三代导语：

【萨莫亚·阿庇亚3月30日电】 3月16、17日，萨莫亚群岛遭受有史以来最大风暴袭击，6条战舰和10条船只被毁，143名美德海军官兵丧生。

相比第一代导语，这条导语比较简略，但是，新闻六要素俱全。时间：3月16、17日；地点：萨莫亚群岛；人物：143名美德官兵；事件：风暴使战舰和船只被毁，海军官兵遇难；原因：遇上风暴袭击；结果：舰船被毁、官兵丧生。改后的导语六个要素齐全，和第一代导语相比，文字简练，包括标点符号在内只有48个字，而第一代导语包括标点符号在内有150个字。简洁的导语能够适应现代受众的接受习惯，满足现代受众的接受需要。

四、好导语的标准

什么样的导语可以称得上好导语？好导语有什么标准？笔者认为，好导语一般都具有以下特征，这些特征可以衡量一条导语是否是好导语。

（一）测试“哇”效果

美国著名刑侦记者、《迈阿密先驱报》记者埃德娜·布坎南（Edna Buchanan）曾经说：“对我而言，感觉最好的一天就是我能写出这样的导语的一天：我的导语让读者喷出了早餐咖啡，抓住胸口嚷道：‘天啊！马莎，你看这个了吗？’”[①]显然，布坎南认为，如果导语能够写成这样，

① 里奇. 新闻写作与报道训练教程[M]. 钟新，主译. 3版. 北京：中国人民大学出版社，2004：155.

那就可以说是一条好导语。

美国新闻采访写作指导教师卡罗尔·里奇(Carole Rich)把衡量导语是否能够引起受众惊讶的方法称为“测试‘哇’效果”。他说:“‘哇’测试是一种办法。当你用一句话向朋友讲述报道内容时,假如报道主题非常重要、感人或紧急,足以引起一声‘哇’或者其他惊叫声,考虑采用硬新闻导语。”①

《全能记者必备》的作者凯利·莱特尔等人对此也有同感,莱特尔引用美国某著名杂志编辑部成员詹姆斯·雷诺兹(James Reynolds)的话说:“你的导语要让读者大叫一声‘哇’——导语要让读者眼前一亮,这样才能吸引他的注意力,让他迫不及待地读完报道的其余部分。”该书作者认为这是“经典的教诲”。②

判断一条新闻的导语是否是一条好导语,可以根据这条新闻的导语是否触动了受众的兴奋点,是否能够引起受众惊讶、引发受众本能地尖叫,如果做到了这些,这条新闻就是一条好导语。不过,刻意地哗众取宠,故作惊人之语,甚至挑战社会的主流价值观,突破社会基本的道德底线的新闻导语不是好新闻导语,这种新闻导语是应该受到批评和禁止的。

昨日,南京耗资5,000万元新建一年的汉中门大桥,被市民发现有30多根栏杆裂开了口子。据当地媒体报道,这个月,有市民发现,横跨秦淮河的汉中门大桥“有点不对劲”:南侧的几十根栏杆都出现裂纹,并且裂得很规则。市民担心桥梁受力的结构出现问题,于是向媒体报料,希望相关部门立即调查。据了解,这项工程属于改造项目。由于施工的难度较大,工程从2007年开始,一直到2008年6月才竣工。工程负责人称,整个项目总投资大约5,000万元。但今年12月,陆续有附近市民发现,桥上很多栏杆出现裂痕,而且裂缝的走向有规则,与拱桥桥面的“八”字形相符合。有退休工程师看了之后担心:“这不是普通的热胀冷缩,而是结构上出现问题。桥面受力出现问题,那后果可能非常严重啊!”南京某媒体记者来到现场查看发现,大桥南侧人行道的花岗岩栏杆都出现了裂纹,裂纹在栏杆的根部,约有30多根栏杆都出现了这样的裂纹。有的裂口缝隙宽到足以塞进成年男子的手掌。在接到投诉后,施工单位连夜用胶水将裂口糊上了。记者联系了南京市政设施养护管理处,工作人员表示会与桥梁维护单位联系,并称:“在没调查清楚原因前,不敢武断下结论就是质量问题,导致结构损坏,也有可能是热胀冷缩等原因造成的。”据了解,南京市建委目前已紧急出台汉中门大桥整改意见,并对施工单位擅自采用胶结材料封闭裂缝,在社会造成不良影响表示道歉。南京市建委表示将追究相关人员责任,绝不护短。但不少网民还是斥责这种豆腐渣工程太“雷人”。(资料来源:http://www.cqwb.com.cn/cqwb/html/2009-12/13/content_187807.htm)

阅读完上面这则材料,最让受众感到惊讶的是什么?不是“耗资5,000万元新建一年的汉中门大桥,被市民发现有30多根栏杆裂开了口子”,而是大桥“裂口缝隙宽到足以塞进成年男子的手掌。在接到投诉后,施工单位连夜用胶水将裂口糊上了”。大桥裂口,怎么可能用胶水糊上呢?胶水能糊得住吗?读者读到这里的时候,会张大嘴巴大吃一惊:天下竟然还有这

① 里奇.新闻写作与报道训练教程[M].钟新,主译.3版.北京:中国人民大学出版社,2004:159.

② 莱特尔,哈里斯,约翰逊.全能记者必备[M].宋铁军,译.7版.北京:中国人民大学出版社,2005:130.

样的施工单位?!

上面这个材料的新闻导语可以尝试这样写：

【本报讯】 昨日，南京耗资5,000万元新建一年的汉中门大桥，被市民发现有30多根栏杆裂开了口子，有的裂口缝隙宽到足以塞进成年男子的手掌。在接到投诉后，施工单位连夜用胶水将裂口糊上了。

新闻导语要想产生“哇”效果，触动受众的兴奋点，引发受众惊讶尖叫，就要找准报道焦点，即最吸引受众的信息。

(二)吸引读者往下阅读

导语非常重要。读者会在三秒钟内决定是否阅读这条新闻。新闻报道必须在三秒钟内抓住读者的眼球并留住读者的视线，否则，读者的视线就会离开这条报道，要么转到下一条报道，要么去看别的什么信息。记者撰写的新闻报道要想在三秒钟内抓住读者，就必须有一条吸引读者阅读的好导语。

好的导语要善于引发受众的兴趣和注意力。怎样引发受众的注意力？国外一位讲授小说写作的老师讲解的小说开篇的方法可以给我们一些启迪。

一位新闻界人士说，要想引起读者和编辑的注意，就要像他的老师多年前做的那样，大声说：

“喂，你！听见了吗？我有话要跟你说。”

这位新闻界人士回忆说，20年前，我选修的小说课老师走进教室为我们上第一节课，他翻弄了几分钟报纸，然后突然走到前排一名男生跟前，用手指着他，说：

“喂，你！”

那年轻人站起来，吓得呆住了。

“听到我讲话了吗?”老师问。

“听到了。”学生迅速回答。

“好，”老师说，走回他的办公桌，“这就是一篇文章应采用的开篇方式：抓住读者的注意力，用最简短的话使他用心听，趁此机会你将文章的主旨介绍给他。”

小说写作尚且应该如此重视开头，刻意吸引读者，新闻写作就更应该重视导语的写作，在开头就要抓住读者的心。

导语事实上面临着双重任务：既要将新闻中最新鲜、最重要、受众最关心的信息呈现给读者，还要告诉读者一些其他信息，要想方设法紧紧抓住读者，使读者看完开头后还想继续读下去。梅尔文·门彻认为:“有效的导语满足两个要求:它抓住了事件的实质;它吸引读者或听众为该报道停留。”①

记者面临的两难是:一方面,记者如果不在导语中将受众最感兴趣的焦点信息告诉受众,而是将其放在新闻主体中以吸引受众阅读完整条新闻,受众可能在一开始就不会阅读这条新闻;另一方面,如果受众在导语中阅读了整个新闻最核心、最实质性的信息,可能会失去继续阅读的兴趣,因为新闻主体中的信息已经不太重要了,受众可能会觉得可以不必往下看了。记者面临的这种两难的局面,对记者的导语写作提出了很高的要求,既要将最有新闻价值的信息在导语中呈现出来,又要绞尽脑汁、挖空心思地遣词造句,吸引读者继续往下阅读。

我们来看下面的导语:

昨晚我们睡在了敌人的营地里。

这是美国南北战争时期一位美国记者写的导语。记者既写出了整条新闻的实质性内容,又能够吸引读者往下阅读:我方为什么会睡在敌人的营地里?敌人会把我方人士杀掉吗?读者会带着这样的疑问往下阅读。

光荣的代价是什么?两只眼睛、两条腿、一只胳膊——每月12美元。

这是美国《华盛顿先驱报》记者写的关于“一战”后一名残废老兵一贫如洗的报道。两只眼睛、两条腿、一只胳膊,每月就只值12美元?这究竟是怎么回事?读者会带着满腹的疑问和强烈的好奇心,迫不及待地阅读下面的新闻主体部分。

任何文章体裁的写作,都非常重视吸引读者往下阅读。他们会精心设置文章的开头部分,无数次地思考和修改开头。梅尔文·门彻引用多产作家安德鲁·E.斯文森的话说,写作的诀窍就是在第一页中设置惊险、神秘和刺激,以确保孩子们从这一页往下翻。他提到自己曾经20多次重写一部作品的第一页。②

新闻写作也是如此,精心撰写导语,吸引读者往下阅读,是新闻记者重要的工作之一。

(三)规范与创新并进

1.标准规范

各行各业都有自己的标准和规范,否则就不专业、不地道。新闻导语的标准和规范,就是要准确、清晰、简洁、明快。

“好的导语要求语言清晰、明快、丰富、准确。这样的语言与简短的句子和段落组合在一起,就能创作出一篇优秀的新闻报道。但是,句子、段落要长短不一,句型结构也要富于变化。”③

---

① 门彻.新闻报道与写作[M].展江,主译.9版.北京:华夏出版社,2003:126.
② 门彻.新闻报道与写作[M].展江,主译.9版.北京:华夏出版社,2003:128.
③ 莱特尔,哈里斯,约翰逊.全能记者必备[M].宋铁军,译.7版.北京:中国人民大学出版社,2005:132.

首先是事实要准确。事实不准确、信息不真实,导语写得再好也无用。这是导语写作最基本的要求,如果连这一点都做不到,其他规范要求则无从谈起。①

其次要清晰。新闻报道事实模糊,事实之间关系错乱,语言含混不清、艰深晦涩,这样的导语很难吸引读者。新闻导语必须事实清楚明白,事实之间的关系线索分明,语言平易晓畅,让读者能够轻松愉快地接收信息。这不仅是对导语的要求,也是对新闻各个组成部分的要求。

最后要简洁。简洁的导语言简意赅,对读者才有吸引力。冗长啰唆的导语会让读者兴趣索然。②

2. 出奇出新

记者在撰写导语时,有时候会出现这样的问题:一条导语遵循了标准和规范,它对新闻事件的新闻价值作出了准确的判断,抓住了新闻事件的焦点,但它还是难以吸引读者阅读。这样的导语吸引不了读者,是因为它虽然符合规范,但刻板呆滞、缺乏独创性、不生动、没有独特的风格。所以,一条好的导语不仅要符合规范,还要独特、生动、富有魅力,甚至哪怕偶尔违背标准和规范,只要能吸引读者的注意,就是一条好导语,甚至是一条绝好的导语。

标准、规范并不是绝对的,没有一成不变的标准,记者应该根据新闻导语的现实情况而适当变化。

人类在对自然界和社会进行认识、表达和改造的过程中,在进行思考和行动时,一般都是先摸索规律,然后遵守规律、运用规律,进而打破规律。也就是先求正,再求奇。

人文社会科学和自然科学不同,一般来说,人文社会科学没有唯一的标准和规范。当记者对标准和规范运用自如之后,就可以自由地运用标准和规范,甚至突破标准和规范。这样,记者撰写出来的导语就会给人以新奇之感,令人叹为观止。有人甚至认为:"撰写导语的唯一真正的规则是没有规则。"③这句话虽然比较极端,但表达的思想值得学习和借鉴。

1989 年 7 月 21 日,新华社在华盛顿发表了一条《泰森:85 秒卫冕成功》的电讯。我们来看这条电讯最初的导语:

> 世界重量级拳王迈克·泰森今晚以 85 秒钟的时间,击垮挑战者卡尔·威廉斯,创造了历时最短的一场拳王卫冕战。

这条新闻导语循规蹈矩,记者们一般都是这样写作新闻导语的,但是这条导语平淡无奇。编辑接到这条导语后,对这条导语进行了修改,修改后的导语如下:

> 85 秒!拳王泰森击败挑战者。85 秒!历史上最短的拳王卫冕战。85 秒!1,300 万美元尽入腰包。

---

① 本书第十七章"新闻报道原则"第一节"准确"将对这个问题进行比较深入的阐述,这里不再赘述。

② 本章第三节"导语的写作方法"将专门论述导语的简洁;本书第十七章"新闻报道原则"第四节"简洁"将专门论述新闻报道的简洁,这里不再赘述。

③ 伊图尔,安德森. 当代媒体新闻写作与报道[M]. 贾陆依,华建昌,译. 6 版. 北京:中国人民大学出版社,2009:62.

按照一般要求来说,新闻导语是寸土寸金之地,文字不能重复,而且重复作为一种修辞手法,一般不适用于新闻报道,尤其是不适用于导语写作。但是,这个导语中“85秒”重复了三次,且读者读过这条新闻导语后并没有觉得文字啰唆,也没有感到不客观、不公正。经过修改后的导语把这次比赛的主要内容和重要特色全部概括了出来。文字比先前的导语更简短,但包含的信息更多,除了前导语的所有信息都保留外,还增加了一个信息:拳王赢得了1,300万美元的奖金,信息量更很大。

我们再来看下面的新闻导语:

A. 百万富翁哈罗德·F. 麦考密克今天买下了一个穷人的青春。

19世纪20年代初,美国百万富翁麦考密克进行胸腺移植手术之后,合众社记者写下了这条导语。

B.“我感觉自己仿佛被肮脏的手抓了一下。”玛莎·格雷厄姆说。

此前,两名国会议员公然将格雷厄姆的舞蹈贬为“色情的”。

梅尔文·门彻认为,“这些导语几乎否定了被那些规定新闻写作标准的人奉为圭臬的每一条规则”。不过,“虽违反规则,但令人难忘”。A导语的品位有些问题,所以,合众社纽约总社迅速枪毙了这条导语,另拟了一条导语发稿。B导语是一条引语,导语写作规则要求,一般情况下,导语尽量少用引语开头。

虽然这里所引述的导语都违反了标准和规范,但却非常吸引读者。梅尔文·门彻分析说:“它们之所以有这样的效果,是因为它们适应了导语写作的要求:它们用白描的手法将事件核心形象化了,它们吸引读者继续阅读。”①

《美联社新闻写作指南》的作者杰克·卡彭(Jack Cappon)也说过类似的话:“一条好的导语应当清晰地阐述新闻的要点,如果有可能,还应包含区别于其他报道的细节。”②抓一些吸引人、能充分表现新闻主题和新闻价值的小细节、运用白描的手法写这些细节,是导语写作最重要的法则,甚至是至高无上的法则。

综上所述,新闻导语究竟应该遵守标准规范,还是应该打破标准规范出奇出新呢?一般而言,初学者应该多遵守标准规范,等到业务技巧圆熟之后,再追求出奇出新;多数导语应该遵守标准规范,少数可以考虑出奇出新;不能为出奇出新而出奇出新,如果过于刻意追求,可能会弄巧成拙,得不偿失。

---

① 门彻.新闻报道与写作[M].展江,主译.9版.北京:华夏出版社,2003:126-128.

② 莱特尔,哈里斯,约翰逊.全能记者必备[M].宋铁军,译.7版.北京:中国人民大学出版社,2005:131.

知识链接

导语的作用是什么？

（1）告诉读者这条消息的内容是什么。

（2）使读者愿意读下去。

（3）必要时制造适当的气氛。

导语是新闻报道中最重要的部分。抓住或者失去读者，取决于新闻稿的第一段、第一句，甚至是第一行。

导语是记者展示其杰作的橱窗。读者和编辑（以及新闻学讲师）都会自然地设想，如果记者未能在导语中表现出水平，那么，他就是没水平。①

优秀导语的标准

优秀的记者都使用尽可能少的文字告诉读者他们需要知道的事实。他们使用简洁的文字、有力的文字、生动的文字和独特的文字。他们选择读者能够看到的细节。优秀的记者在动笔之前思路清晰、目标明确。优秀的记者言之有物，作品自成一格、行文优雅、感人至深。

如果展开想象的翅膀、了解事实的与众不同之处，并用清晰、准确的文字强调独特的角度，那么大部分导语都能够修饰得尽善尽美。②

优秀导语的特点

参与编写《美联社写作手册》的该社写作和计划工作组成员霍华德·海恩列举了一条优秀导语的九个特点。他说，一条优秀导语应该是提供消息，简短，明晰，准确，简单，直截了当，生动，客观和富于色彩。……除了上述九点，海恩先生又加了第十个特点：格调高尚。③

第二节　导语的类型

导语的类型有很多，不同的新闻学者和新闻工作者有不同的划分方法。这里我们将导语划分为两大类：一类是硬导语，一类是软导语。

一、硬导语

硬新闻一般都采用硬导语形式。所谓硬新闻，就是指事件重大、与公众利益息息相关、时效性强的事件性新闻。政治、军事、经济、文化等领域的各种重大事件、突发事件，涉及公众的切身利益的事件等，都属于硬新闻报道范畴。

所谓硬导语，也称硬新闻导语、直接性导语，就是开门见山、简明扼要地概括陈述新闻内容要点的导语，比较适用于时效性强的事件性新闻。

---

① 梅茨. 怎样写新闻——从导语到结尾[M]. 苏金琥，阮宁，洪天国，选译. 北京：新华出版社，1983：21.

② 莱特尔，哈里斯，约翰逊. 全能记者必备[M]. 宋铁军，译. 7 版. 北京：中国人民大学出版社，2005：143-144.

③ 梅茨. 怎样写新闻——从导语到结尾[M]. 苏金琥，阮宁，洪天国，选译. 北京：新华出版社，1983：22-23.

硬导语是以凝练的文字，抓住新闻中受众最关注、最新鲜、最重要、最吸引人的核心事实，以言简意赅的方式直截了当地呈现给受众。这种导语适合快速报道新闻，适合快节奏的现代生活，在日常的新闻报道中，多数新闻都采用这种导语形式。与公众切身利益相关的事件、突发事件、重大事件，一般都采用硬导语的方式报道。对记者来说，这种导语形式比较容易掌握，运用起来也比较方便。

(1)**【新华社小浪底工地(1997 年)10 月 28 日电】** (记者:张宿堂，郭献文) 中华民族治黄史上带有里程碑意义的黄河小浪底工程，今天 10 时 28 分实现截流。

(2)**【路透社北京(1964 年)10 月 16 日电】** 今天格林尼治时间 7 时，中国爆炸了一枚原子弹，从而闯进了核俱乐部。

(3)**【美联社休斯敦(1969 年)7 月 20 日电】** 美国星际航行员阿姆施特朗今天晚上格林尼治时间 2 时 26 分成了第一个登上月球的人。

第一条新闻的核心信息是黄河小浪底工程成功实行截流，导语对此简要陈述，同时介绍了截流的时间，而地点已经在电头中出现，无须重复交代。导语只用一句话，就将最有价值的信息告诉了公众。第二条新闻的核心信息是中国爆炸了一枚原子弹，新闻交代了时间，地点不太重要，没有交代。中国“闯进了核俱乐部”，既是事实，也带有议论的成分。第三条新闻的核心信息是美国宇航员登上月球，同时简要介绍人物、时间，记者对这个信息也进行了简要评价:阿姆施特朗是世界上第一个登上月球的人。上述硬新闻导语皆文字简洁，核心信息交代明确，受众接受起来也快捷、高效、清晰。

写好硬导语的方法是:善于分析比较、鉴别判断，准确地抓住最具有新闻价值、受众最关心的事实。记者在写作硬导语之前，首先必须学会鉴别事实，在所要报道的事实内容中判断哪一个事实最有新闻价值，对受众最有吸引力，就应将这个事实写在导语中。

【本报讯】 (夜线报道组) 昨天下午 4 时许，海淀区永泰庄西路一网吧内，一名年轻男子小陈(化名)被发现死在座位上。

事发网吧位于永泰庄西路南侧一座四层楼的二层，此处不仅有一家网吧。

昨天下午 5 时许，记者赶到现场时看到，网吧依然在正常营业。警方只将男子倒下的那一排位置封锁，并勘查现场。

小陈死亡的座位在网吧的中间位置。他躺在椅子上面，身上还盖着自己的长袖衫，眼镜还丢在桌子上。

据了解，昨天下午，网吧内有人发现小陈一直仰面靠在座椅上一动不动，胳膊上还出现了红斑，已经没有呼吸，无法唤醒。

网管迅速拨打了 120，但下午 4 时许急救医生到达现场后就宣布小陈已经死亡，随后，警方也到达了现场。

据网吧一工作人员透露,小陈是前日晚上9时许独自一人到达网吧的,到了以后就开始玩游戏再未离开。昨天凌晨,小陈便靠在椅子上睡去,没人注意到他有什么异常,也没有听到什么响动,无人知道他具体何时死亡。

根据网吧的登记信息,小陈年仅23岁。

昨天下午5时40分,一辆黑色灵车到达网吧楼下,小陈的遗体被运走。他的家属也同时到达现场,其母亲泣不成声。

目前,此事警方尚在进一步调查中。

在那家网吧当中,像小陈这样玩游戏的人占多数,他们在游戏的世界中流连忘返,连周遭发生了什么都毫不理睬。昨天下午,哪怕小陈的尸体一直躺在椅子上,警察来回进出,勘查人员的相机闪光灯阵阵闪烁,大多数玩家还是眼睛死死盯着屏幕,并且用耳麦和同伴们相互沟通,说着各种游戏术语。

当记者问起和小陈坐前后排位置的多名玩家,他们当中有人同样通宵游戏,却没人注意到小陈的情况。"忙着呢忙着呢!"大多数人都这么回答。

直到小陈的尸体被抬出,才有人站起身来看看热闹,却也只是伸了个懒腰,随即又坐下。

"他还抽玉溪呢,可惜了。"有一名玩家说了这样一句话,随后,声音被淹没在网吧的嘈杂声中,再没人关注这件事,大家依然不停地玩着游戏。

此时,小陈的母亲正在楼下哭泣,直到在家人的劝慰之下,哽咽着离开现场。

小陈静静地躺在椅子上,好像睡着了一样。衣服一点都不凌乱,完全看不出他是通宵游戏之后死去的,安静得似乎和嘈杂的网吧毫无关系。

不过,他所用的那台电脑最后的画面,却定格在一场游戏结束的场景。

小陈人生当中的最后一场游戏,是一款名为DOTA的对战类游戏。这个游戏是一款节奏极快的团队对战游戏,风靡于学生群体当中,各大对战平台上,每天同时在线的人数就超过150万。

这个游戏的最终目的是和自己的队友配合,将对方的远古遗迹打爆。而小陈电脑的最后一个画面,正是他控制的人物站在对方阵地当中,横刀立马,摆出胜利的姿势。对方的远古遗迹已经爆炸,小陈在游戏中取得了胜利。

但他的人生却就此终结了。

根据游戏记录,这场对战持续了1小时50分钟,小陈曾经在游戏中穿着豪华的装备,所向披靡。根据网吧工作人员回忆,小陈大概是昨日凌晨打赢这场游戏之后,就靠着椅子睡着的,之后再没醒来。(记者:徐超,2013年6月6日,来源:《法制晚报》)

这条新闻有几个值得报道的新闻点:

A. 一名年轻男子小陈(化名)在海淀区永泰庄西路一网吧内,被发现死在座位上。

B. 一名年轻男子小陈(化名)在网吧内打游戏时死亡。

C. 一名年轻男子在网吧打DOTA获胜后身亡。

D. 一名年轻男子在网吧打DOTA,游戏胜利了,人生却结束了。

E. 一名年轻男子在网吧打DOTA获胜后身亡,现场的其他游戏玩家们对其毫不理睬,眼睛依然死死地盯着屏幕，在其尸体旁继续打游戏。

初学者往往会将 A 或者 B 作为新闻点，这是很多初学者在新闻现场采访后的第一反应。某个地方有人跳楼，某个地方有人死亡，这的确是新闻，但是，当这个新闻事件中还有更有价值的信息时，这种经常发生的跳楼、死亡等信息的新闻价值就显得较小了，而其他更有报道价值的信息就凸显出来，成为记者要报道的新闻点。做过二三年新闻报道的记者，会将 C 或者 D 作为新闻点，特别是 D，寓意深刻，耐人寻味，更发人深省。而当我们进一步研究这个材料时会发现，E 是最有新闻价值的点，有人打游戏死亡了，但其他玩家们根本不当一回事，继续打游戏，好像没有发生任何事情一样，这不仅是对他人生命的漠视，也是对自己生命的漠视，因为像这些游戏玩家们这样玩命地打游戏，没准下一个死亡的就是这些冷漠的玩家自己。所以，最有报道价值的焦点是：男子打游戏死亡了，众玩家毫不理睬，眼睛死死盯着屏幕，在其尸体旁继续打游戏。通过一番分析比较、鉴别和判断，我们就可以将这个材料作为最佳新闻点，写入导语中。我们可以尝试将上面这条新闻的导语做如下修改：

【本报讯】（夜线报道组） 昨天下午 4 时许，一名年轻男子在海淀区永泰庄西路一网吧打游戏时死亡。警察来回进出勘查现场，相机闪光灯阵阵闪烁，大多数玩家却视而不见，眼睛依然死死盯着屏幕，在其尸体旁继续打游戏。

从消息类体裁的新闻报道来看，对这条新闻的导语进行如此修改，报道效果可能更好一点。

写好硬导语的关键，首先不在于写作方法与技术如何，而在于记者对新闻的鉴别与判断能力。记者的新闻鉴别和判断能力强，才能够写好硬导语。硬导语的使用非常广泛，在写作方法上也比较容易掌握，这里就不进行重点介绍了。软导语虽然使用得相对较少，但是在写作方法上复杂多变、技巧较多，下面将重点对其进行介绍。

知识链接

导语要素

直接式导语通常包括：

- 关于何事发生或说了什么的具体信息
- 事件何时发生
- 事件地点
- 信息来源①

---

① 门彻. 新闻报道与写作[M]. 展江，主译. 9 版. 北京：华夏出版社，2003：135-136.

二、软导语

（一）软导语的定义

软导语又称延缓性导语、延迟性导语、间接性导语等，是相对于硬导语的一种常用的导语形式，是指在导语中曲折迂回地引出新闻的核心内容，间接地表达新闻主题。

软导语通常用于故事性、趣味性强的消息、新闻特稿和各类软新闻的写作。那些情节性、戏剧性、趣味性强的报道比较适合采用这种导语形式。一些后续报道、解释性报道、调查性报道也经常采用这种导语形式。但重大事件、突发事件等时效性强的事件一般不适合采用软导语报道。软导语通常"以一个事例、一则趣事或一个例子来设置某种情境或唤起某种情绪"①。

好的软导语具有较强的趣味性和可读性，能引起读者的强烈兴趣。这种导语形式也深受记者的欢迎，因为它能充分发挥和展示记者的写作才能。

（二）软导语的写作方式

软导语主要有两种写作方式：

第一种方式是，新闻中的焦点信息不在导语开头第一句话或前面几句话直接呈现出来，而是在导语开头第一段的中间或第一段的末尾呈现出来。

第二种方式是，新闻中的焦点信息不在导语第一段中呈现出来，而是在第五段之前的某一段落中呈现出来。

在我国的新闻报道中，大多数软导语的写作方式都采用第一种方式，即在新闻第一段的中间或末尾引出实质性信息或新闻主题。在西方国家，采用软导语形式写作的新闻，其实质性信息或新闻主题可以在前面五段的任何一段中表现出来。

相对来说，中国的新闻导语更直接一些，实质性信息延迟的时间不长，而西方新闻导语的实质性信息有时要延迟得久一点。

但不管是采用哪一种方式写作软导语，有一点是相同的：都用细节、情节、引语、故事的精彩片段激发读者的兴趣，或设置悬念引起读者的疑问和好奇心，引领读者往下阅读。

（三）软导语的类型

软导语可以分为叙述式导语、描写式导语、对比式导语、引语式导语、提问式导语等。下面我们来看看这几种软导语的写作方法。

1. 叙述式导语

叙述式导语与前面的硬导语不同，虽然两者都有相同的地方，即叙述事实，但是硬导语即直接性导语叙述的是核心新闻事实、焦点内容、新闻要素，而软导语中的叙述式导语叙述的并不是这些内容，而是有趣的新闻事实，有意义的情节、细节，以及生动的情景，往往以讲故事的方式陈述事实。

---

① 门彻. 新闻报道与写作[M]. 展江，主译. 9 版. 北京：华夏出版社，2003：138.

下面是选自美国西北大学校报《西北日报》的一个三段式导语群。这篇特稿是关于女生联谊会主办的每年一次的竞赛的报道：

> 彼得·斯皮尔斯随着歌曲 *Neutron Dance* 的节奏转动，背对着观众，迅速脱下夹克衫，露出一件解开到腰部的衬衣。
>
> 斯皮尔斯跟着节奏跳着花式慢步舞，慢慢地脱下衬衣和裤子。他系着一个黑色的蝶形领结，穿着一套黑色的比基尼泳衣，跳入了佩滕体育馆的游泳池里。
>
> 文学科学学院一年级学生，西格马·努男生联谊会成员斯皮尔斯周日荣获了由德尔塔伽玛女生联谊会主办的第四次年度竞赛的"花样入池先生"称号。①

这篇新闻报道的是女生联谊会主办的每年一次的竞赛。在开头第一段，作者叙述一个青年学生"背对着观众"，迅速脱下夹克衫，衬衣解开到腰部，表现了一个青年人的开放和活力。作者在想办法使读者喜欢上这个青年学生。第二段接着叙述。新闻描绘了一幅图画，将读者深深地吸引到了新闻报道中。一系列的动词如"转动"、迅速"脱下"、"露"出、"跳"花式慢步舞、慢慢地"脱"下、"跳入"游泳池，表现了青年学生的优美舞姿和青春活力。"黑色的蝶形领结""黑色的比基尼"和一系列动作组成了一幅"酷毙了"的画面。

当作者觉得读者已经被带到了竞赛的现场，对彼得·斯皮尔斯有了某种情感的牵连之后，在第三段才将本条新闻最核心的信息披露出来：斯皮尔斯周日荣获第四次年度竞赛的"花样入池先生"称号。第三段为"核心段落"，这个段落将本篇新闻报道最具新闻价值的信息呈现给读者，揭示了新闻报道的主题。

如果我们以硬导语来写作这条新闻，其新闻导语就可以直接以第三段为开头：

> 文学科学学院一年级学生，西格马·努男生联谊会成员斯皮尔斯周日荣获了由德尔塔伽玛女生联谊会主办的第四次年度竞赛的"花样入池先生"称号。

以这种硬导语的方式写作这条新闻的导语没有什么不妥当之处，但是不够生动，对受众缺乏吸引力，采用软导语的方式写作导语，受众会产生更大的阅读兴趣。上述信息不是非常重大的新闻事件，也不是公众"应知"的信息，所以适宜于采用软导语的方式写作。

西方新闻报道的叙述式导语，有时会在新闻的第三段、第四段或第五段才将核心事实和报道焦点展示出来。一般情况下，西方的新闻采访写作教科书和新闻机构的新闻报道手册都要求记者必须将核心段落放在新闻报道较前的位置，最迟也应在新闻的第五段将核心事实和报道焦点展示出来。

叙述式导语可以采用逸闻逸事式的方法写作，"用足够的生动情节讲述故事，以使读者能够有如同他们亲身目击事件一般的感觉"②。这种导语可以采用小说的技巧写作，包括运用对话、情景描写和悬念设置。但在这种类型的导语中，展示核心事实和报道焦点的核心段落

---

① 伊图尔，安德森. 当代媒体新闻写作与报道[M]. 贾陆依，华建昌，译. 6 版. 北京：中国人民大学出版社，2009：54.

② 里奇. 新闻写作与报道训练教程[M]. 钟新，主译. 3 版. 北京：中国人民大学出版社，2004：174-175.

往往会延迟得过久。

朱安·卡贝里拉警官感觉到有一支扣紧扳机的枪顶着他的头。

"我要杀了你。"身后一个声音说。

"我看不见是谁,我不知道发生了什么事情,"卡贝里拉说,"我只是想有人打算杀我。"

卡贝里拉本能地打掉了枪,把犯罪嫌疑人按倒在地上,给他上了手铐。

犯罪嫌疑人是一个12岁的男孩。

枪是一支玩具枪。

"它看上去像一支0.38口径的短筒左轮手枪,"卡贝里拉是有五年军龄的老兵,他说,"这是一支使用纸弹的玩具枪。"

这个事件对那个男孩来说可不是个玩笑。他被指控为袭击法律授权的警察而遭到逮捕。

这条新闻的核心事实和报道焦点在第五段、第六段才出来了一半:从背后袭击警官的只是一位12岁的小男孩,他使用的枪只是一支玩具枪。还有一半的核心信息却延迟到了整个新闻的末尾才显示出来:男孩可能是想开个玩笑,但是,他开玩笑开错了对象,结果被指控为袭击警察而被逮捕。

这条新闻只是一个特殊个例,软导语的焦点信息和新闻主题还应在前面五段内揭示出来,不能延迟得太久,否则,受众会失去耐心。

对于特稿、综合性新闻,西方记者喜欢采用一种被称为橱窗式导语的形式写作,这也是叙述式导语的一种写作形式。这种导语的写作方法是,在导语开头先用讲故事的方式讲述一个典型事例,这个故事是一个有代表性的故事,"有如一只小小的麻雀,五脏俱全,可供解剖。通过讲述这个典型事例,读者可以了解事物的细微部分,获得具体的印象,受到感染,为之感动,产生兴趣,进而由感性认识转入理性思考"①。刘明华等人将这种导语称为"橱窗式导语","有如橱窗展示样品"。这种导语在讲述一个故事后,往往在第二段或后面几段紧接着就转入要报道的焦点和主题。

美国的无家可归者

【本报讯】 在纽约的宾夕法尼亚车站拥挤的人群中,33岁的威廉·默塞尔正低着头,在人们的脚底下寻找一根香烟。6年前,默塞尔同他的妻子离婚之后就成为一个无家可归者。

他说:"我是一个胶印工人,我辞去了工作。开始生活在这个车站里,我不愿到那个拥挤的收容所里去。"

没有冲洗的地方,得不到干净的衣服,晚上也不能睡一个安稳觉,默塞尔不知道怎样才能再找到一个工作,离开这个地方。

---

① 刘明华,徐泓,张征.新闻写作教程[M].北京:中国人民大学出版社,2002:167.

他是纽约7万至9万个无家可归者中的一个。他并不仅仅是唯一的处境艰难者。……①

这条新闻的前三段写的是一个典型案例，一个33岁的男人在同他的妻子离婚之后成了一个无家可归者。第四段承接这个具体的案例，引入记者要报道的主题：纽约有7万至9万个无家可归者，他们处境凄凉，身心疲惫。这种状况在全美有扩大的势头，10年后，全美无家可归者将增长6倍以上。

知识链接

撰写记叙式导语

运用观察。撰写有效的记叙式导语的关键是通过观察来写下记者在新闻报道过程中所看到、听到、闻到、尝到和触摸到的一切。在采访人物时，必须记录：

- 他们怎样行动
- 采访时他们在做什么
- 他们穿着什么衣服以及衣服的颜色
- 他们说话大声还是小声
- 他们回答一个问题需要多长时间
- 周围的气味与场景
- 表现他们与众不同的任何材料

这些观察在新闻报道里极其重要，对记叙式导语来说更是如此。②

2. 描写式导语

描写式导语，又称描述式导语，是指通过对新闻事实的场景、情节或细节、画面进行描写或描述而写成的导语。有些新闻事件，其最主要的新闻事实具有形象性的元素，有画面感，或有情有景，记者必须抓住这难得的画面和情景，在导语中进行描写，把它生动地呈现在读者的眼前。

(1)描写宏观事实

宏观事实，是指大场景、大景物、总体事实、整体事实。记者一般通过鸟瞰式、扫描式的观察方法获得材料，其观察往往是粗略的、笼统的。描写宏观事实，就是要抓大景物，抓主要的场景，一般不写细节。

彩旗飘扬，人声鼎沸。昨天下午，大约三千人在市集广场上召开了和平集会。会上有50多人作了反对种族歧视、宣扬和平的发言。

---

① 熊昌义，余天恩. 国外现场短新闻选萃[M]. 北京：新华出版社，1992：195.

② 伊图尔，安德森. 当代媒体新闻写作与报道[M]. 贾陆依，华建昌，译. 6版. 北京：中国人民大学出版社，2009：55.

这里的宏观事实是“彩旗飘扬，人声鼎沸”“市集广场”，这些都是宏观的场景，“三千人”是粗略的估算，是一个总体数字。新闻通过对这些宏观场景和总体数字的描写，使读者感受到现场的气氛和情景，仿佛到了人山人海、群情激奋的现场，看到了人们在踊跃发表反对种族歧视、要求种族平等的言论。

(2)描写具体事实

这种写法与上面的写法刚好相反，上面的写法是抓大景物、抓主要场景和画面，这种写法是抓小景物，抓细节，但必须抓有意义的小景物、生动形象的细节。这个具体事实，或者其本身就是最佳新闻点，或者其能够充分表现和说明最佳新闻点。

记者在新闻写作过程中，要善于抓住新闻事件在发展过程中的一些具体的、形象化的事实，特别是那些生动的情景或场面等，对其进行描绘。

【本报讯】 多么威武神气的猫头鹰！一对大眼睛正在扫射着什么，翅膀微微耸起，看来它准备振翼飞扑过去，抓住那狡猾的大田鼠。这只用棕榈树桩因材施艺而雕琢成的猫头鹰，最近飞越太平洋，在美国旧金山的“中国上海民间艺术展览会”上栖息。

“中国上海民间艺术展览会”在美国旧金山举行，作者没有直接陈述这个信息，而是采用描写的方式，选取其中一件作品，抓住一个细节进行形象的描绘。这个细节形象生动，是对“中国上海民间艺术展览会今日在美国旧金山举行”这个焦点信息的最好说明，读者在接受这个信息时感到非常愉悦与舒畅。

对于这条描写式新闻导语，我们如果采用硬导语的写法，可以这样写作：

【本报讯】 “中国上海民间艺术展览会”今日在美国旧金山举行。

用这种叙述的方式写作，信息披露明确，也很简洁，但是不够形象生动，读者阅读起来会感到枯燥无味。而采用描写的方式写作，就使一条平淡无奇的新闻显得生动形象，可视可感。

(3)将抽象的事实形象化

事实有时候比较抽象，读者难以理解；有时候又比较枯燥，读者阅读起来会感到兴味索然。为了提高读者的阅读兴趣、方便读者阅读，记者可以在新闻导语中将抽象、枯燥的事实形象化。

两位经验丰富的电影业经理今天被沃尔特·迪士尼制片公司的董事会选中，他们将领导这家由一只老鼠起家、如今处境艰难的公司。①

在这里，作者将抽象的事实“几乎是白手起家”形象化了，而且非常准确地写成是“由一只老鼠起家”，这样写，使新闻导语一下子生动起来，能够吸引读者的注意力和阅读兴趣。

采用描写式导语进行写作时，要注意下面几点：

---

① 门彻.新闻报道与写作[M].展江，主译.9版.北京：华夏出版社，2003：136.

第一,不要为描写而描写。新闻本身必须有值得描绘的场景、情节、景物或画面,描写的内容要能够感动人或令人感兴趣。

第二,要运用白描的手法,抓住新闻事实中最有意义的细节、片段,寥寥几笔勾勒出事物的形象,少用和不用细描的手法描写事实。

第三,描写语言要质朴,不要堆砌形容词,语言不要过于华丽,更不能矫揉造作,不要铺张地进行描绘,不要用过多的修辞手法。

3. 对比式导语

在导语中将反差较大的两个或两个以上的信息进行对比,使之相互衬托的写法,就是对比式导语的写法。值得对比的信息非常多,今与昔、新与旧、正与反、得与失、彼与此、前与后……对比的信息反差越大,效果越好。

对比的方法主要有纵比和横比两种比较方法。纵比,是从历史的角度进行比较,比较事物前后之间的差别;横比,是比较该事物和别的事物之间或同一事物之间的差别。

(1)纵比

请看新华社《凤阳县推行生产责任制两年翻身 过去连年吃返销粮如今排队卖余粮》新闻的导语:

【新华社11月17日电】 历史上以讨饭出名,两年前还要吃国家供应粮的安徽省凤阳县,今年成了全省最早完成全年粮食征购、超购任务的一个县。

安徽省凤阳县历史上以讨饭出名,那首有名的凤阳花鼓是这样唱的:“说凤阳道凤阳,凤阳本是好地方,自从出了朱皇帝,十年就有九年荒。”新中国成立后,三年自然灾害,十年“文革”,凤阳人难以吃饱饭,只能靠国家的粮食供应解决温饱问题。但是,推行联产承包责任制后,这个县很快就成为全省最早完成国家粮食征购任务的一个县,而且还超额完成了任务。这样一对比,新闻事实就具有了非凡的意义。

(2)横比

我们来看下面这条导语:

正当鸟语花香的春天到来时,记者在河北山区,看到大约半数荒山都见不到新绿。

春天本该是苍翠欲滴,满目葱郁,但是却有半数荒山一片光秃秃。导语两相对比,形成悬念,吸引读者往下阅读。

需要注意的是,在运用对比式导语时,构成对比的两个信息要具有可比性,如果不具有可比性,就是拉郎配,强扭的瓜不甜。勉强将两个没有可比性的事实硬捏在一起,会非常别扭,不能说明任何问题,也没有多大意义。

4. 引语式导语

引语式导语,是指在导语中引述新闻人物非常重要、特色鲜明、富有情趣的语言。引语的内容一般都是新闻的核心事实或焦点信息,本身就是最具新闻价值的要素。引语有时也起引导作用,引出新闻的焦点信息或新闻主题。

引语式导语在广播电视新闻中运用较多,其声音和画面比较直观,效果很好,本身就是最具有新闻价值的事实,能够充分说明主题。近年来,在平面媒体和网络新闻报道中,引语式导语常常出现。引语式导语往往具有浓郁的生活气息,能激发读者的阅读兴趣。同时,由于新闻人物的语言本身就是最具有新闻价值的事实,其意义在导语中会得到充分的彰显。但如果在平面媒体中,引语不能充分说明主题,则不宜采用引语式导语。

引语式导语可以分为直接引语式导语和间接引语式导语两种形式。

(1)直接引语式导语

所谓直接引语,是指用双引号标示出来的新闻人物所讲的原话。在导语中引用新闻人物的原话,即直接引语式导语。

朱镕基总理谈百姓评价

【本报(《文汇报》)两会记者组北京(2000年)3月16日电】 中国总理朱镕基希望自己卸任后人们记得他什么?他今天说:"我只希望在卸任后,全国人民能说一句:他是一个清官,不是贪官。我就很满意了!"

朱镕基希望自己卸任后,人们说他是一个清官,不是贪官,这充分表现了他清正廉洁的品格,也间接表达了他对贪腐的痛恨。朱镕基这句话是最具新闻报道价值的信息,因而具有较高的引用价值,作为直接引语运用在导语中,能够彰显这条新闻的价值。

使用直接引语作为导语,新闻人物的原话一般都是比较重要的、非同寻常的,其本身就具有非常高的新闻价值。

(2)间接引语式导语

间接引语是指新闻人物讲话的主要意思,引文不用引号。在导语中使用间接引语,称为间接引语式导语。

国家邮政局官员:大学生寄脏衣成邮政新业务

【央视网消息】 (记者:郑根岭、苏龙、寇德印、沈玮) 在3月9日晚全国"两会"新闻中心举行的网络访谈中,国家邮政局市场监管司副司长刘良一爆料:由于快递业务的便捷,眼下,高校学生把积攒的脏衣服寄洗,再通过快递寄回来,成了邮政的一种新业务。(来源:中国网络电视台,2014年3月9日)

这条新闻导语没有采用直接引语,而是采用间接引语来报道新闻人物语言的主要意思:大学生把积攒的脏衣服寄回家洗,再通过快递寄回来,现在已经成了邮政的一种新业务。一种新的业务形态出现,显然具有较高的新闻价值。

使用间接引语作为导语,新闻人物所讲的话也应该是最有新闻价值的话,必须是非常重要、受众非常感兴趣的话。

在使用引语式导语时,要注意以下几点:第一,一定要注意区分直接引语和间接引语,直接引语一定要使用原话,不能引错一个字。第二,即使是间接引语,也必须忠实于人物的原话或原意,不能断章取义,更不能歪曲人物的原意。第三,引语不要太长,要简洁精辟。

5. 提问式导语

提问式导语是通过向受众提出问题开始一篇新闻报道。一般是正面提问,而不是反问。

提问式导语在新闻的开头就会引起受众的强烈关注,能集中受众的注意力,使受众努力在新闻中寻找问题的答案。因此,问题提出之后,必须尽快回答,最好是在第一段就回答,揭示新闻主题。如果不能在第一段回答,在第二段必须回答,不能过于吊受众的胃口。

"当受众的疑问和公众的关注点成为报道的中心时,提问式导语再适合不过了。"①当新闻报道的内容是公众高度关注的问题,或者是能够引起公众强烈的好奇心的人物和事物时,采用提问式导语,效果会比较好。

我们来看下面这篇新华社电讯《一些中央国家机关的情况表明需要加强劳动纪律》的导语:

【新华社北京(1987年)6月15日电】 (记者:邹爱国、张严平) 8点上班的钟声响过之后,中央国家机关多少人迟到?

6月9日到12日8时30分,记者到中央国家机关8个部委门前作了一番观察,发现各部委迟到人数最多的竟有371人,最少的也有124人。

在导语的第一段中,记者提出了问题。中央国家机关的公务员理应做全国行政事业单位乃至各行各业上班人士的表率,按时上班,这个表率做得如何? 这个问题是广大读者普遍关心、感兴趣的问题。导语的第一段没有作出回答,但在紧接着的第二段,马上就回答出来:记者观察到,中央国家机关8个部委的迟到人数最多的竟有371人,最少的也有124人。记者在新闻中回答得很快,受众立即获悉了问题的答案。

在提问式导语中,即使在导语开头记者提出的问题非常敏感、突出,一开始就抓住了读者的心,但如果记者不在导语中或第二段马上作答,受众就会失去阅读兴趣,很可能会跳转到下一条新闻。所以,必须马上回答,紧紧抓住受众。

再看下面这一条新闻的导语:

今年中国经济仍将保持良好的发展势头

【新华社北京(1993年)10月13日电】 中国政府对经济加强宏观调控后,经济界有人担心,中国经济会不会出现1988年那样的急剧滑坡?

国家权威部门认为……

"中国经济会不会出现1988年那样的急剧滑坡?"这个问题是全文的重点,也是新闻的核心。记者提出这个问题后,紧接着就在新闻主体中通过一系列的数据和分析回答问题,得出结论:中国经济不会急剧滑坡。

---

① 莱特尔,哈里斯,约翰逊. 全能记者必备[M]. 宋铁军,译. 7版. 北京:中国人民大学出版社,2005:136.

提问式导语所提出的问题必须是受众感兴趣的问题，或者是能发人深省、给人以启迪的问题。我们来看下面这两个提问式导语：

> 大使的狗是否也有外交豁免权？（美联社）
> 如果有人给了你生命，你将如何感谢他？（底特律新闻）

第一个问题提得很新奇，外交官都有一定的外交豁免权，但外交官的狗是否也有外交豁免权呢？新奇的提法能够引发读者的好奇心。第二个问题有比较浓厚的人情味，导语从人性的角度提出问题，能唤起读者的感恩之心，吸引读者往下阅读。

提问式导语的提问要集中，不能提出太多的问题；问题要提得具体明确，不要空洞模糊；要提出有价值的问题，不要为问而问，也不要勉强发问。

导语的类型非常多，上面列举的几种导语形式仅仅是无数导语形式中比较常见的类型。记者在写作新闻导语时，最好不要被框框套套所束缚，不必自己给自己提僵硬的要求，“我要给这篇报道写一个叙述式导语”，“我的这篇报道要写一个描写式导语”，等等。这些僵化的想法是错误的，事实上也没有谁要求记者一定要采用某种类型的导语。究竟应该采用什么样的导语形式，要根据新闻报道的内容来决定，也应根据记者在新闻写作过程中的发挥和表达来确定。记者大可不必在导语写作前、写作中思考导语的类型。导语写作完成以后，其究竟属于什么类型，记者也大可不必深究，只要觉得导语充分表达了新闻内容、焦点信息和核心信息，觉得导语非常吸引人阅读就足够了，这样的导语形式就是好的导语形式。

还需要说明的是，软导语中的这些导语类型，在硬导语中也可以采用。硬导语和软导语的形式不是一成不变的，是可以互相借鉴和交叉使用的。

知识链接

下面几点建议可以帮助撰稿者确定写何种类型的导语：

- 撰稿者的创造力。只要读者、观众、听众能理解完成的导语，与众不同永远是一件好事。
- 如实引用消息来源的话。撰稿者必须如实引用消息来源的话，不能编造引语或叙述以提高新闻或特稿的吸引力。
- 撰稿者的观察。撰稿者必须如实报道采访时所看到、听到、闻到和触摸到的一切，不可以对其进行渲染和混淆。
- 传统。记者们通常都知道什么时候采用概括式导语，什么时候不用。
- 撰稿者的编辑。直面这个事实。记者们都在为编辑们撰写导语。有的编辑只喜欢概括式导语，有的除概括式导语外只接受记叙式导语或对比式导语，有的认为引语式导语也不错。
- 版面空间。记者可能写出了一篇极其精彩的占据 2 英寸空间的三段式导语群。但如果编辑说“你只有 8 英寸的版面空间”，那么这篇精彩的导语可能将被弃用。①

---

① 伊图尔，安德森. 当代媒体新闻写作与报道[M]. 贾陆依，华建昌，译. 6 版. 北京：中国人民大学出版社，2009：62.

第三节 导语的写作方法

美国哥伦比亚大学新闻教育家梅尔文·门彻说:"新闻写作过程中的第一步也是最重要的一步,就是写作导语。写好导语相当于写好消息。"梅尔文·门彻把导语称为"伟大的开头"。美国《纽约人》杂志撰稿人约翰·麦克菲(John Mcphee)甚至说:"如果你已经写好了导语,那么你就已经完成了90%的报道内容。""确定导语是一场战斗。"《全能记者必备》一书的作者凯利·莱特尔也非常看重导语,他引述作家、自由撰稿人罗伯特·奈特的话说:"一个记者必须要用导语引起读者和编辑的注意……无论涉及哪种体裁,这一原则都是相同的。第一个字、第一个短语、第一个段落至关重要。"①

自从有新闻导语以来,几乎所有的新闻学者和新闻工作者都将导语看成新闻写作的重中之重。因此,导语的写作就显得至关重要。

一、构思先行

如何写好导语?经验丰富的记者们发现了一个写好导语的方法:"提前想好它们——在报道还未展开时就设计好导语。"②如果记者一打开电脑,就开始敲击键盘,写出来的新闻导语可能会比较平庸。记者在写作导语前先构思,无疑是一个非常好的方法,这会使将要写作出来的导语更加吸引读者。

(一)从记者角度思考:比大小法

记者在撰写导语之前,可以问自己以下几个问题:

· 最有价值的新闻点是什么?
· 读者最想要知悉的是什么?
· 最震撼、最有趣的是什么?

提炼导语最实际的方法:比大小

写导语时运用比较的方法可以帮助记者找到最佳新闻点即前面所说的焦点。十个指头有长短,新闻价值一般都有大小之分、高低之别,不可能十个指头一般齐,总有某个信息点是最有新闻价值的,这就是新闻的焦点。记者运用比较的方法,将其认为颇有价值的几个事实罗列出来,会一目了然,很容易就能分辨出新闻价值的大小来。

> 14日零时许,听到呼救的一位于姓巡警赶到沈阳市涟水街20-1号楼现场。
>
> 他告诉记者:"我赶来时看到男孩面朝外坐在窗台上,稍一使劲儿就会滑下楼,母亲站在屋里一直抱着男孩的腰。我们劝了几句看劝不下来,就赶紧报警。110的白警官和119都马上赶来了,又劝了20多分钟,也没劝动。"

---

① 莱特尔,哈里斯,约翰逊.全能记者必备[M].宋铁军,译.7版.北京:中国人民大学出版社,2005:99.
② 门彻.新闻报道与写作[M].展江,主译.9版.北京:华夏出版社,2003:129.

当晚出警的向工派出所白警官回放了强行解救的过程："我们苦劝了20多分钟，先稳定一下他的情绪。但是我们劝不下来，只好和119配合。119云梯升到七楼的同时，我们破门而入，把男孩儿从窗外拽了回来。"

最先赶到现场的于姓巡警感叹："也许只有母亲救儿子才会有这样超常的力量，半个多小时里，只要他妈手一松，他就掉下来了。"

小丁母亲哭着说："我也不知道怎么坚持这么长时间，我这脑袋已经什么都不能想了。"她说，她的大腿在救儿子时已经压得青了一大片，但救下儿子才知道疼。

被救下的小丁坐在床上。小丁身高1.85米，体重近200斤。他家40余平方米的单间里挂满了他的画。大多为人体水彩画和素描。一幅刚画好的少女肖像还在画架上，画架旁是肖像少女本人的照片，画得惟妙惟肖。

就在母亲和民警劝他不要再轻生时，小丁突然跃起身，再次冲向窗口。幸好几位民警反应迅速，将其摁在床上。

为保证小丁的安全，民警将其带到向工派出所，进行开导。

而小丁只说了一句"我没工作，上不了学，什么都没有，我不想活了。"就再也没说话，表情古怪地望着前方。

据母亲说，小丁24岁，在他八九岁时父母就离婚了。

"离婚后，孩子判给了他爸，5年前，他从美术学校毕业后，就跟我一起生活。"受惊的母亲有些语无伦次："小丁是个挺好的孩子，你们看他画得多好。就自从我跟他爸离婚后，他就像得了忧郁症一样。也不爱说话，这一年来还总幻听，总说有人在背后嘀咕他，看不起他。"

小丁母亲说："这十几天，小丁脾气特别不好，有时甚至掐我的脖子，用水果刀威胁我。他说我和他爸对不起他，不能让他上学。他说他现在没工作，没女朋友，别人都看不起他。其实他这几年也找了几个画动漫和摄影的工作，都没干长。他有时觉得我有钱不给他，其实，我哪有钱呀。"

"近三天，他的情绪特别不对，我几乎三天没睡，劝他。今天他没发脾气，我以为没事了，没想到，他会跳楼。"母亲不停擦眼泪。记者看见，这位母亲身体瘦弱。她告诉记者，她身高1.55米，体重不足90斤。

向工派出所民警表示，会尽快与街道联系，努力帮助小丁母子解决生活上的困难。"但是，最终还得靠男孩自己努力，不能再轻生。"白警官说。（资料来源：华商网—华商晨报，2005年10月15日；材料略有改动）

根据上面这段材料，记者可以提炼出以下多个值得报道的新闻点：

A. 男青年轻生跳楼。

B. 男青年轻生跳楼，被母亲拉住。

C. 男青年轻生跳楼，被母亲拉住，最后被警方解救下来。

D. 父母离异，导致男青年轻生跳楼。

E. 家庭生活贫困，导致男青年轻生跳楼。

F. 母爱的超常力量：母亲身高1.55米，体重不足90斤，却抱住身高1.85米、体重近200

斤的儿子半小时。

我们根据上述材料提炼出的6个比较好的新闻点，哪一个是最佳新闻点呢？这就需要比大小了。A、B、C三个角度，是新闻报道的惯常角度，这类新闻比较多，从新闻价值的角度来衡量，价值比较小。D、E角度，则更平常了，这种新闻的价值更小。只有F角度具备新闻价值要素中的显著性、人情味，因而最有新闻价值，是最佳报道点。

（二）从读者角度思考：设身处地法

记者在撰写导语前，要设身处地从读者的角度思考问题，思考自己将要撰写的导语是不是读者最感兴趣的信息，要把记者本人"我"想象成读者，仔细思考：这些信息"跟我有什么关系"？就好像记者要讲一个故事，换位思考，如果记者本人是听者，你自己是否喜欢听这个故事？

我们来看下面这段材料：

2011环球企业家高峰论坛（昨日）12月1日在北京举行，民生银行行长洪崎在论坛上说："以民营为主的银行，在法人治理结构上面，在所有体制中间应该是最完善的。我们现在开董事会，独立董事和执行董事在里头话语权是比较多的。对风险的把控，以及对市场的敏感度，作为一个经营者是有压力的。民生银行成立15年，换了我是第五任行长，这在国有银行是不可能的，国有银行可能15年两个行长，但我已经是第五位行长了。""在经济结构调整的大趋势下，银行业已经度过了最鼎盛的时期，现在工农中建交70%的股权都是国有，我认为国有控股的股权可以逐步地退出市场，让更多的社会资金进入银行。国有股从银行逐步撤出，让社会资本参与，既减少风险，又能够使需要的资金转换到更大的投入当中，以保证经济的合理的调整。""整个银行业这些年数字确实非常靓丽，尤其像今年，整个企业的资金需求，企业经营压力很大，中国银行业一枝独秀、利润很高，不良率很低，大家有一点为富不仁的感觉，企业利润那么低，银行利润那么高，所以我们有时候利润太高了，有时候自己都不好意思公布。但是，我想谈实体经济依然是银行的基础，银行如果健康发展，对经济结构的优化，资源的迅速优化，以及整个资源在社会中间的效益最大化，我想是有其促进作用的，但是一旦整体的经济系统性地出现风险以后，银行想独善其身也是不可能的。"（资料来源：星岛环球网，2011年12月2日，内容顺序有小幅调整）

根据上面这个材料，我们也可以提炼出下面这几个值得报道的新闻点：

A. 2011环球企业家高峰论坛（昨日）在北京举行。

B. 民生银行成立15年，换了五任行长。

C. 民生银行行长："国有股应从银行逐步撤出。"

D. 民生银行行长："银行业利润太高了，不好意思公布。""大家有一点为富不仁的感觉"。

新闻点A，是初学者常常采用的报道角度，这种角度几乎没有什么价值，除非这次会议对公众来说很有价值，公众非常想知悉这个高峰论坛，但是，大多数公众尤其是普通公众对这个论坛兴趣不大，它只不过是富人之间的游戏；新闻点B，讲的是民营银行的独立董事和执行董事有比较多的话语权，民营银行行长的压力很大，所以行长不断更换。民营银行虽然是民营，但其领导层的更换，哪怕是“城头变幻大王旗”，也和普通公众关系不大；新闻点C，讲的是国有股可以逐步退出市场，让社会资本参与，减少风险，保证经济结构的合理调整。这种信息，关心的公众也不多，普通公众根本就没有雄厚的资金参与银行业的经营；新闻点D，是银行业人士自揭内幕：在中国企业普遍经营压力很大的时候，银行业却一枝独秀、利润很高，大家有一点为富不仁的感觉，银行业利润太高了，都不好意思公布。这样的信息是公众最感兴趣的。一些公众认为银行业店大欺客，赚取高额利润，工资高，福利高，工作轻松压力小，对银行业有一股怨气。所以，记者设身处地从公众角度选取这样的信息，就会获得公众的欢迎和喜爱。

下面是这段材料的原新闻：

【本报讯】 2011环球企业家高峰论坛12月1日在北京举行，民生银行行长洪崎在论坛上发言：“企业利润那么低，银行利润那么高，所以我们有时候利润太高了，有时候自己都不好意思公布。”

“大家有一点为富不仁的感觉”

《成都晚报》报道：“整个银行业这些年数字确实非常靓丽，尤其像今年，整个企业的资金需求，企业经营压力很大，中国银行业一枝独秀、利润很高，不良率很低，大家有一点为富不仁的感觉，企业利润那么低，银行利润那么高，所以我们有时候利润太高了，有时候自己都不好意思公布。但是，我想谈实体经济依然是银行的基础，银行如果健康发展，对经济结构的优化，资源的迅速优化，以及整个资源在社会中间的效益最大化，我想是有其促进作用的，但是一旦整体的经济系统性地出现风险以后，银行想独善其身也是不可能的。”洪崎说。

“国有股应从银行逐步撤出”

“以民营为主的银行，在法人治理结构上面，在所有体制中间应该是最完善的。我们现在开董事会，独立董事和执行董事在里头话语权是比较多的。对风险的把控，以及对市场的敏感度，作为一个经营者是有压力的。民生银行成立15年，换了我是第五任行长，这在国有银行是不可能的，国有银行可能15年两个行长，但我已经是第五位行长了。”

洪崎认为，“在经济结构调整的大趋势下，银行业已经度过了最鼎盛的时期，现在工农中建交70%的股权都是国有，我认为国有控股的股权可以逐步地退出市场，让更多的社会资金进入银行。国有股从银行逐步撤出，让社会资本参与，又减少风险，又能够使需要的资金转换到更大的投入当中，以保证经济的合理的调整”。（资料来源：星岛环球网，2011年12月2日）

这条新闻报道后，各家媒体争相转载，在全国产生了很大的影响，公众纷纷批评银行业与民争利，批评银行业工资过高。一直到次年的全国“两会”，仍然有很多媒体的记者就这个问题采访银行业的代表和委员，银行业人士纷纷出来辩解、诉苦和叫屈。可见从读者的角度判断和选择最佳新闻点,能够引起读者的强烈共鸣。

很多作家,也包括一些学者,在没有写出书和文章之前,总是要先将自己的构思讲给自己的亲人,比如妻子、父母、子女听,先问一下这些人的直接感受,然后再判断这篇文章或这部著作究竟能不能为读者所接受,能不能在社会上产生影响。

新闻作品也一样,记者在写作新闻导语之前,也可以先问问朋友、周围的人,尤其是自己的亲人对这条新闻的感受,看看他们是否真的喜欢,共同探讨采用什么样的方法才能更吸引读者的注意,等等。这样写出来的新闻导语,才可能是读者喜欢阅读的新闻导语。

(三)从编辑角度思考:择善而从法

记者构思写作新闻导语,还可以先跟自己的新闻部门主任谈谈,先征求他们的意见,也可以先与编辑或主编聊上几句。

新闻部门主任对新闻的感觉和判断,很多时候会比普通记者强,这对提高记者的新闻导语写作水平有很大的帮助。

新闻主编和编辑每天接触到大量的新闻稿件,既可以使记者避免重复曾经有过的报道和报道角度,还可以减少一些不必要的修改。更重要的是,编辑对新闻价值的判断和对新闻导语的构思与写作,一般至少在理论和思维上要高于普通记者。因此,在写作新闻导语前,记者先与编辑沟通,征求编辑的意见,能够使新闻导语写得更好,更吸引读者。

知识链接

记者如何思考导语

记者在为他们的报道寻找合适的导语时问自己5个问题:

· 在发生的事实中,什么是独一无二的、最重要的或者是最不同寻常的?

· 该事件与谁有关——谁做的或谁说的?

在回答完这些问题之后,记者可以接下来问3个问题,从中寻找到使回答具体化的词语和格式。

· 最好用直接式导语,还是延迟式导语(报道的主题是放在了第一句还是放在前6段中的某一处)?

· 我是否有一个吸引人的词语或生动的短语可以放在导语中?

· 主语是什么? 什么动词最能吸引读者阅读报道?①

要找到一条能在报道中对你有帮助的导语,首先找到核心段。问问你自己报道的要点是什么,然后提出几个这样的问题来得出导语:

读者兴趣:你或者读者会对这个主题的哪个方面最感兴趣?

印象最深刻的事情:最令人难忘的印象或事实是什么?

以人为中心:有什么人可以用来形象地诠释矛盾或问题呢? 如果你讲述这个人的故事或者展现他的行为,你能否引出核心段中的报道要点?

描写手法:对场景的描写能建立与报道重点的关联吗?

神秘手法:你能用一件导出核心段的惊人之事吸引读者吗?

---

① 门彻.新闻报道与写作[M].展江,主译.9版.北京:华夏出版社,2003:133-134.

围绕引语：是否有可以支持导语的精彩引语？如果有这样的引语，导语应配合引语而不重复引语。

对比："过去—现在"方法管用吗？

问题/解决：你能设置一个问题让读者去寻找解决方案吗？

叙述故事：如果你有一个好故事要讲，你会怎样开头？你能重新解构故事把读者带入场景之中吗？①

· 确定五个"W"和一个"H"

· 评定"W"和"H"的重要程度

在确定五个"W"和一个"H"后，还必须按照重要程度对它们进行评定。这对于刚开始工作的记者来说并不是一件容易的事。这里有三条原则可以帮助他们：

◇进行调研。如果有可能的话，在对新闻事件及卷入该事件的人进行调查之后再报道该新闻事件，这样能更容易地找到最新的新闻、关键的问题、以前曾报道过的内容，以及一些修饰性的细节。

◇尽量在报道（这里指采访——引者注）过程中就确定五个"W"和一个"H"。六要素是新闻报道的基础，要在观察和倾听的过程中找到它们。在做笔记时，用一个星号突出它们，并用下划线或两个星号标示出最重要的因素。

◇与编辑交谈。他们经常会告诉你他们希望的新闻报道的导向是什么。②

有几个因素会影响记者对新闻报道的思考：

· 过去已经报道过的事实。记者们总是在寻找新的东西。（如果市长本周已就人行道工程做了6次演讲，而且每次讲的都是同样的内容，那么记者可能不会认为这是最好的导语。）

· 记者对新闻主题的感觉。记者在报道每一个新闻时都会带入自己的偏见和感情。

· 读者、观众、听众对新闻主题的感觉。如果该人行道工程是本市正在谈论的有争议的问题，记者应该知道这一点。他们希望让读者、观众、听众了解事态的最新进展情况。

· 来自编辑的指令意见。如果编辑说"就人行道工程写一个导语"，记者可能会集中精力关注此事。③

二、寻找焦点

寻找焦点的过程，本质上也还是一个构思的过程，是记者还没有动笔之前对导语的探究和思考的过程。

一位学习新闻写作的学生李·希尔（Lee Hill）冲进教室向她的新闻写作指导教授讲述前一天晚上她做的梦。

"我梦见我在篮球场上，你在边线上做指导，"她说道，"你大声地喊'焦点，焦点，焦点'，我绕着场地不停地奔跑，最后把焦点锁定在篮筐上。"

"你投篮了没有？"教授问道。

"我记不起来了，"她笑着说，"我只记得你大声地喊道：'焦点。'"④

在这里，焦点就是篮筐。美国新闻写作指导教师卡罗尔·里奇形象地将篮筐比作焦点，

---

① 里奇. 新闻写作与报道训练教程[M]. 钟新，主译. 3版. 北京：中国人民大学出版社，2004：184-185.

② 伊图尔，安德森. 当代媒体新闻写作与报道[M]. 贾陆依，华建昌，译. 6版. 北京：中国人民大学出版社，2009：41-42.

③ 伊图尔，安德森. 当代媒体新闻写作与报道[M]. 贾陆依，华建昌，译. 6版. 北京：中国人民大学出版社，2009：42.

④ 里奇. 新闻写作与报道训练教程[M]. 钟新，主译. 3版. 北京：中国人民大学出版社，2004：3-4.

记者写作新闻导语如同篮球运动员在篮球场上打球一样，一切的努力都是在寻找焦点，为焦点服务。所以，学习新闻写作，首先要学习写作导语，而写作导语的核心就是要寻找焦点。焦点就是新闻的主题，是新闻的新闻点、新闻眼。总之，它是整个新闻最核心的内容，是受众最想知道的内容。

就像篮球教练只能在边线上做指导，不能代替球员打球和投篮一样，新闻写作同样只能由学生自己来完成，新闻写作指导教师不能代替学生写作新闻报道，教师的作用是指导和帮助学生进行新闻写作、发现修改的方法，而不能代替学生写作新闻。

（一）采访时即开始寻找焦点

寻找焦点首先是从新闻采访开始的。

美国《萨凡纳新闻晨报》记者利奥诺拉·博恩·拉彼得被派去报道一场对一名杀害了一家四口的凶手的审判。这位记者事后说："在我走进审判室的那一刻，我便开始思考如何写作这篇报道。我想：'我的导语在哪里？我如何使用它？在休息时我要与谁交谈？'"

这里，记者拉彼得首先考虑的问题是：该如何写作导语。在导语写作中，最重要的是寻找焦点，一旦找到焦点，导语就能一挥而就。如何寻找焦点呢？记者拉彼得说："我寻找特殊的时刻，寻找用于报道开头的素材。我寻找细节，寻找可能成为报道细节的人们干的事。"

运用这样的方法，记者拉彼得找到了这条新闻的焦点。拉彼得说，当凶手低垂着头时，我想："就是它，就是它。"

下面是拉彼得根据她在审判室内观察到的细节写出的一条导语：

> 门罗（Monroe）电康妮·史密斯耷拉着头，一动不动。
>
> 星期二，坐在门罗审判室的前排——周围是亲朋好友——她没抬起头来看电视屏幕。
>
> 屏幕上显示的是，1997 年 12 月 4 日清晨，她的姐姐金·丹尼尔在圣克劳斯的家的内部场景。大约 7 小时后，33 岁的金、她的丈夫 47 岁的丹尼，以及他们的两个孩子——16 岁的杰西卡、8 岁的布赖恩特在床上睡觉时被枪杀。①

记者在这里没有写凶手的心理活动，但读者能够从这里看出杀人凶手内心的挣扎。反悔、内疚、悔罪等，全部都在这里面——"耷拉着头，一动不动"。这就是整个新闻的焦点。这是一篇延缓式新闻报道寻找焦点的做法。

如果记者在采访时没有注意寻找导语、寻找焦点，等到离开新闻事件现场回到自己的办公室才开始写作，可能就会茫然无措，为找不到最好的新闻报道焦点而烦恼不已。有经验的记者都善于在采访时就开始寻找新闻焦点和最佳新闻报道角度。

在采访时开始寻找焦点，报道效率更高，更能节省新闻写作时间，增强新闻的时效性，提高新闻报道的竞争力，新闻报道也更能吸引受众。

---

① 门彻. 新闻报道与写作[M]. 展江，主译. 9 版. 北京：华夏出版社，2003：138-139.

（二）普通人判断法

记者寻找焦点，有一个方法可以尝试，这就是普通人判断法。记者不要把自己当成一个记者，而是把自己当成一个普通人，一个非新闻专业人士。当记者面对一个事实时，可以这样思考：作为一个普通人，我最想告诉我身边的朋友的核心信息是什么？

著名记者艾丰讲过这样一个有趣的故事：

某中央报纸的一位驻地方记者，他给编辑部写了一条新闻，新闻写好之后，他还有些不放心，于是又写了一封短信，随稿件一起寄回编辑部。在家值班的编辑拿起这位记者写的新闻一看，行文太长，条理不清，读起来很吃力。于是把稿件交到记者部主任手里，并告之此稿难以采用。主任看过记者的稿件以后，认为编辑的意见是对的。可是，他猛然发现，记者的这封短信写得很好，把新闻中最主要的新闻事实点出来了，把这个新闻事实的意义也指出来了，而且所用的语言既简练又通俗，有亲切感和交流感。这位主任灵机一动：就用这封信作为稿件发表不是很好吗？于是出现了这样的结果：记者的稿件被“枪毙”了，记者的附信被当作稿件采用了。①

产生这种现象主要有两方面的原因：一是记者的刻板成见和僵化的思想影响了他对新闻的判断，长期以来，一些假大空、毫无新闻价值的新闻在媒体上被大量报道，而真正有价值的新闻却被记者们“忽略”了。二是记者判断新闻的能力不强，历练不够，新闻经验不丰富。因此，确立的报道焦点没有多大报道价值。产生这两个原因的实质，其实还是记者过于从新闻的角度考虑，过于僵化与刻板，因而没有寻找到最佳报道点。如果记者换位思考，将自己还原成一个普通人、一个非新闻人来思考自己所要报道的这个事件的价值，可能会找到最佳的报道焦点。其实，那封随稿件寄出的短信的内容，可能就是记者把自己还原成一个普通人后对自己所采访的事件的描述和看法，因此，这封信的内容更有新闻价值。

人类往往会犯下这样的错误：当人们过于从职业的角度思考问题、描述事件的时候，长期养成的职业习惯和职业行为往往会使人们离客观事物的本来面目越来越远，离客观事物的本质越来越远。在这种时候，撕开“伪装”，卸下“道具”，把自己改换为一个普通人、一个非专业人士，换位思考，往往更能接近事物的本真，更能抓住事物的本质。

笔者在报社做新闻部门负责人的时候，也有这样一个故事：一位记者交来一篇新闻稿，写得不理想。当笔者正看她写的稿件的时候，她笑着拉住笔者的衣服说今天某件事情太有趣了，并且描述起来眉飞色舞，笔者也听得津津有味。于是笔者提出：“你为什么不把你认为最有趣的这个事情写成新闻呢？这才是最佳的新闻点，比你写的这个新闻稿强多了。”

如何寻找报道焦点，如何鉴别出最佳新闻点，其实并不太难。当你觉得难以找到最佳新闻点的时候，不妨把自己当作一个普通人，从普通人的本能出发，如果本能地认为这个点是你最想告诉别人的，那么这个点往往就会是最佳新闻点。

---

① 艾丰．新闻写作方法论［M］．北京：人民日报出版社，1993：45-46.

（三）层层推进法

对于新闻报道焦点，有时候记者能够很快判断出来，但有的时候往往也需要认真思考才能判断出来。记者可以采用层层推进、步步深入的方法，逐步找到最有价值的信息。

【浙江在线4月15日讯】 两年来，杭州淳安屏门乡连续发生近20起入室盗窃案，让人想不到的是，行窃者竟是一位盲人。

4月12日凌晨，淳安屏门乡村民玉英（化名）家中被盗1,700元，报警。

民警发现失窃现场的门和防盗窗均没有被撬痕迹。通过走访调查，村里的盲人关某有作案嫌疑。

关某，淳安一普通农民，6岁时因高烧、荨麻疹导致双目失明，之后的30多年一直生活在黑暗中。他身高1米65，皮肤偏黄，额头很高，平时沉默寡言，喜欢穿布鞋，走路无声。虽然双目失明，但他听力敏锐，自学了一身修理自行车、电瓶车的本事，甚至还能靠听力骑电瓶车出行。

虽然母亲、妹妹和村里乡亲都挺关照他，但关某没有固定收入，生活一向拮据。可是最近，大家都发现他穿着光鲜、出手大方起来。经调查，关某交代了盗窃事实。眼睛看不见，他偷窃靠的是听。

关某经常到邻居家串门，由于双目失明，大家对他并不提防，存放钱也不避开他。于是关某靠敏锐的听觉，分辨出邻居们放钱的抽屉的位置。

4月11日，趁着玉英家无人，关某就带着工具，熟练地卸下窗外的防盗窗，跳进窗户，凭着记忆在一楼找到放钱的抽屉，拿走里面的钱。紧接着，他又上了二楼，虽然没有上去过，但关某曾“听”过玉英在二楼走动的路线，又顺利在房间床头柜的抽屉中偷到了钱。

从2010年至今，他趁着夜色，入室盗窃了近20起，共窃得1万余元。

目前犯罪嫌疑人关某已被刑事拘留。（资料来源：浙江在线，2012年4月15日）

对于上面这条新闻，记者在采访中没有找到焦点。这里，焦点显然不是20起盗窃案被破获，也不完全是盗窃者竟然是一个盲人，真正的焦点是：盲人盗窃时，能够靠耳朵分辨钱在哪里。记者在采访中没有将这一点作为最重要的新闻点即焦点进行思考，在写作时也就没有将这个焦点写在导语中。

对于这条新闻，我们可以采用层层推进的方法，逐步深入，直到最后找到最佳的报道点。首先，我们知道这是一个盗窃案，一般来说，盗窃数额的大小决定了案件报道价值的大小。这个盗窃案的数额不大，报道价值也不大。我们继续分析和挖掘，发现这是一起盲人盗窃案，由于盲人是残疾人，而且盗窃的难度大于其他的残疾人，因此新闻价值比较大，本条新闻的导语也是从这个角度进行报道的。但是，当我们再进一步深入探究时，发现盲人居然能够靠“听”准确地分辨钱的位置，从而顺利地偷走钱，从这个角度报道，新闻价值则更大。

我们找到最佳报道点的路径是：盗窃案→盲人盗窃案→盲人靠耳朵“听”，准确找到放钱的位置，顺利偷到钱（见图3-1）。

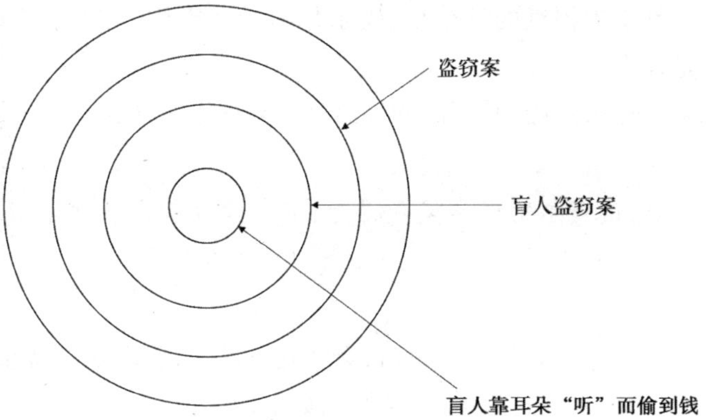

图 3-1 层层推进法寻找焦点

三、确立焦点

寻找焦点后要确立焦点。确立焦点一般在导语写作中完成。

美国一位新闻学教师提出，在写作导语之前，记者向自己提出的第一个问题应该是：报道的重点是什么？记者应该能够用一句话写出问题的答案，并且最好是在35个字以内。这就是记者对焦点的陈述。记者要把这句话置于报道的最上方，时刻提醒自己不要忘记焦点。如果记者决定采用开门见山的手法，这句陈述将成为记者报道的导语。如果记者希望用一个更有创意的导语，这句陈述将成为新闻的焦点段落——也称为“核心段落”。①

在这里，报道的重点就是指报道焦点，核心段落所要表达的内容就是焦点信息。

美国这位新闻学教师的方法很好。他的方法不仅适用于在导语写作之前，更适用于在导语写作之中，记者一边写作导语，一边思考：我的报道重点是什么？我抓住重点了吗？时下，民间常常有一句戏言：敲黑板，划重点。但是，黑板敲过之后，重点划出来了吗？重点划对了吗？因此，记者在写作导语时需要反复斟酌报道焦点，绞尽脑汁地分析、比较、鉴别与判断，这样才能抓住报道焦点。

诺贝尔物理学奖获得者丁肇中儿时在重庆市沙坪坝区磁器口生活了8年，2014年1月5日，他来到中国科学院重庆绿色智能技术研究院，为重庆科研人员做学术讲座，重庆媒体都对丁肇中的讲座进行了大篇幅报道。重庆都市类报纸主要以社会新闻、娱乐新闻吸引读者，其报道的新闻点也从这些角度挖掘。我们来看2014年1月6日第4版重庆某报的导语：

> **【本报讯】** 少小离家老大回，乡音无改鬓毛衰。昨日，诺贝尔物理学奖获得者、华裔国际著名物理学家丁肇中再回重庆，在中科院重庆绿色智能技术研究院向全市400多名科研人员做学术讲座，并被聘为该院首席科技顾问。昨日下午，他参观了中科院重庆研究院，并进行了交流。

如果我们从重庆都市类报纸的社会化、娱乐化的受众定位来看这条新闻的导语，导语显然没有抓住丁肇中这次讲座的焦点信息。

---

① 里奇. 新闻写作与报道训练教程[M]. 钟新，主译. 3版. 北京：中国人民大学出版社，2004：5.

下面我们从重庆都市类报纸的社会化、娱乐化的受众定位，一步一步地看丁肇中这次讲座的焦点信息应该是什么。

如果是初学者来写这条新闻，其新闻的导语可能是如下写法：

【本报讯】 昨日，诺贝尔物理学奖获得者、华裔国际著名物理学家丁肇中来到中科院重庆绿色智能技术研究院，向全市400多名科研人员做了一场学术讲座。

报社新闻部主任看了这条新闻的导语后，会感到不满意，要求初学者重写，尽力挖掘其中有报道价值的新闻点，初学者经过思考后，会写出如下的导语：

【本报讯】 诺贝尔物理学奖获得者、华裔国际著名物理学家丁肇中儿时在磁器口生活了8年。昨日，他来到中科院重庆绿色智能技术研究院，用重庆话向全市400多名科研人员做了一场学术讲座。

报社新闻部主任看了这条新闻的导语后，脸上会露出一丝微笑，但笑得还是很勉强，他要求初学者再重写，再进一步挖掘其中更有报道价值的新闻点。初学者的稿子再次被打回，未免有点不高兴，回到电脑前，一阵抓耳挠腮之后，再次写出如下的导语：

【本报讯】 诺贝尔物理学奖获得者、华裔国际著名物理学家丁肇中儿时在磁器口生活了8年。昨日，他来到中科院重庆绿色智能技术研究院，主动要求用重庆话向全市400多名科研人员做了一场学术讲座。

报社新闻部主任看了这条新闻的导语后，脸上的微笑消失了，他不再要求初学者重写，而是自己审阅整条新闻，在审阅的过程中，他发现了比记者挖掘的新闻点更有价值的新闻点，对这条新闻导语的最后一句话做了小小的改动，修改后的导语如下：

【本报讯】 诺贝尔物理学奖获得者、华裔国际著名物理学家丁肇中儿时在磁器口生活了8年。昨日，他来到中科院重庆绿色智能技术研究院，向全市400多名科研人员用地道的重庆话做完两小时整场学术报告。

经过这番修改后，导语的报道焦点更明晰、读者更有兴趣阅读了。阔别故乡数十年，而且还是在异国他乡，汉语都可能已经不会讲了，何况是家乡话。但这位诺贝尔物理学奖获得者、华裔国际著名物理学家丁肇中还能讲出如此地道的家乡话，而且一讲就是两个小时，这就不是作秀，不是做个样子了，难道不令人称奇吗？其中表现出来的浓厚的家乡情结难道不令重庆人感动、感兴趣吗？

上述新闻导语的修改过程是：诺贝尔物理学奖获得者、华裔国际著名物理学家丁肇中在重庆做学术报告——用重庆话做报告——主动要求用重庆话做报告——用地道的重庆话做完两小时整场报告。从新闻社会化、娱乐化的角度对诺贝尔物理学奖获得者丁肇中在重庆做学术报告的新闻点进行挖掘，是一个不断深入、不断明晰的过程，这些新闻点一个比一个更有报道价值。

双焦点信息

在新闻报道中，记者如果发现自己采访到的新闻事件的事实链中有两个以上值得报道的新闻点，按照一事一报的报道方法，记者应将这几个新闻点拆分开来，一事一报，即一条新闻只报道一个新闻点。因此，已经刊播的大多数新闻乃至绝大多数新闻（主要是消息），一般都只有一个焦点信息。但是，在有些新闻事件的事实链中，其焦点信息有两个，两个信息都很重要。更为关键的是，这两个焦点信息不能拆分开来，两者之间的逻辑关系非常紧密，这时，一些记者就将这两个焦点信息全部写在导语中，并将这两个焦点信息给予同等重要的地位，不仅在导语中而且在标题中也突出这两个焦点信息，以单行标题或者双行标题的形式呈现出来，而不是以主题和副题甚至虚题和副题的形式呈现出来。不过，相当多的初学者往往只看到一个焦点信息，或者即使看到了两个焦点信息，但在实际的导语写作中，只将一个焦点信息写进导语中，而另一个焦点信息则被弱化处理。

我们来看下面一条新闻：

昨天6时左右，位于河南禹州、隶属中平能化集团的平禹煤电公司四矿12190采面在施工防突钻孔时发生煤与瓦斯突出事故，井下当时共有276人作业，事故发生后239人安全撤至地面，初核工作面区域有37人被困。目前已有21人遇难，16人生死不明。

现场指挥救援组组长、中平能化集团安监局局长杨玉生表示，目前井下过高的瓦斯浓度，影响了救援进度。局部瓦斯浓度甚至超过60%。

国务院总理温家宝、副总理张德江为此专门作出批示，要求全力以赴做好救援工作。

昨天下午，河南省省长郭庚茂，国家安全监管总局局长骆琳，国家安全监管总局副局长、煤矿安监局局长赵铁锤等一行抵达矿难现场。

郭庚茂说，这个事故是一起重大、特重大事故，21人遇难、16人生死不明，尽管事故原因有待进一步调查，但造成的损失是惨重的、教训是深刻的，特别是发生在十七届五中全会期间。他表示，当务之急，是要把救人工作放到最优先的位置、最核心的目标。

2008年8月1日，该矿曾发生煤与瓦斯突出事故，当时造成23人死亡，直接经济损失830万元。本起事故与上次事故发生在同一矿井的同一个作业面。（材料综合了中新社、《联合早报》2010年10月17日的报道，内容有删节，材料顺序有调整）

从这个材料来看，其焦点信息不止一个，而是有两个。初学者一般都会选择将事故矿难的信息作为报道焦点：河南禹州一个矿场发生矿难，21人遇难，16人生死未卜。这个信息当然是一个不可否认也不能回避的焦点信息，是必须在导语中报道的信息。但是，这段材料除了这个信息以外，另外一个信息与这个信息有同等重要的报道价值甚至更有报道价值：在2008年8月1日，该矿曾发生过致命事故，当时造成23人死亡，昨天在同一矿井的同一个作业面再度发生矿难。很多在现场采访的记者可能不会挖掘出这个信息，或者即使挖掘出这个信息后，也有可能忽略这个信息的报道价值。实际上，这个信息和矿难一样有报道价值，甚至比矿难更有新闻价值。这个材料符合上述双焦点信息的特点，两个信息不能彼此拆分，不能一事一报，只能合在一起报道。由此，上述材料的新闻导语可以这样写：

河南禹州一个矿场在2008年发生23人的致命事故后,昨天在同一矿井的同一个作业面再度发生矿难,造成21人遇难,16人生死未卜。

我们再来看下面这个材料:

201314(2013年1月4日——引者注)是个神奇的数字,36岁的冬冬和30岁的七七要将特别的爱在特别的日子给特别的对方。昨晚,她们在深圳罗湖区某酒店大摆宴席16桌,用庄重和热闹告诉全世界:她们彼此相爱,至死不渝。她们也是深圳首对公开恋情并大摆婚宴的女同性恋者。这场婚姻虽历经曲折,但所幸得到双方父母的祝福。

结婚前一个晚上,在罗湖区百货大厦某酒吧,记者与冬冬、七七这对恋人深聊。七七说,之所以不用原名,是因为冬冬与七七在圈内更有名气,她们向更多人宣告:201314,"拉拉"的幸福正式开始。

2008年夏天,冬冬与七七在圈内的QQ群上相识。一次偶然,冬冬无意中进了七七的空间,"我们都比较喜欢文学,她的日志写得很凄婉。"冬冬说,从七七的字里行间,她看到这个女孩对生活有独特的领悟,"她就像沙漠里的一棵仙人球,在人群中独来独往"。

那时,冬冬在北京,七七在深圳。之后两人在交往中逐步了解对方。

冬冬说,去年1月份,自己查出乳腺癌早期需要动手术,七七请假3个月飞往大连去照顾她,"我170斤,她90多斤,搀着我跑上跑下,她每天端屎端尿照顾我生活的一切,这辈子我不选她还选谁?"

昨日下午,冬冬的母亲告诉南都记者,她尊重孩子的选择,她曾经反对过,跟孩子讲了很多,"但是我想,无论孩子是跟男人或者女人在一起,她(冬冬)始终是我的女儿,我就当家中多了一个女儿,这也是一件幸福的事情"。

"双方的结合不是炒作。"深圳首部女同性恋电影《她"他"》制片人郑亮亮说,冬冬和七七已经到成熟的年龄,双方事业相对稳定,也得到家人支持,经过三年的沉淀,不像闪婚的同性恋者,应该说感情基础较稳定,"对于这段婚姻,个人非常看好"。

冬冬和七七结束多年爱情长跑举行婚礼结为夫妻,圈中好友和家人到场见证。(资料来源:光明网,2013年1月5日)

上面这个材料,焦点信息是深圳首对女同性恋者公开恋情并大摆婚宴。细读材料后我们发现,另外一个信息也具有较大的价值:家长支持。一般而言,家长年龄比较大,和年轻人有代沟,作为家长这一代人来说,往往很难接受这样的事实,何况还要摆宴席邀请亲友出席,因此这个信息具有和上一个信息同等重要的报道价值。同时,这个信息不能作为可以一事一报的信息单独报道,只能和上一个信息合在一起报道,因为两个信息之间的关系非常紧密。由此,上述材料的导语可以尝试做如下处理:

昨晚,36岁的冬冬和30岁的七七成为深圳首对公开恋情并大摆婚宴的女同性恋者。这场婚姻得到双方父母的祝福。冬冬的母亲说:"我就当家中多了一个女儿,这也是一件幸福的事情。"

四、抓实质性信息

“不管你的导语是哪种类型，你必须用使之具体化的信息来支持它，假如你没有实质性的内容来支持导语，你的导语就写错了。”①

导语要突出的实质性内容主要是新闻六要素。在新闻六要素中，特别要注意交代何人、何时、何地、何事四个基本要素，要说明什么人、在什么时间、在什么地点、发生了什么重要事情，或什么人、在什么时间、在什么地点、讲了什么重要意见。在这四个要素中，还必须抓住其中最值得报道的要素。这些内容看起来简单，写作起来并不那么容易。特别是要抓住这四个基本要素中包含着的深层次的内容，抓住能够反映事物本质的信息、抓住一个事实或事件的核心事实。

实质性信息和上面的焦点信息意义基本相同，都是要求记者要善于抓住新闻点、新闻眼，善于揭示新闻主题。其不同之处是，除了包含焦点信息的内容外，相对于空洞的、假大空的内容和信息而言，实质性信息是实实在在的信息，有价值的内容。一些初学者、一些爱使用假大空语言写作新闻的记者往往会抓住那些无关痛痒的内容，将一些不着边际的信息写在新闻导语中，对于这些记者来说，强调实质性信息更为重要。

我们来看看下面这条新闻：

印尼总统表示将继续推进与中国的友好关系

【新华社雅加达(1998 年)4 月 18 日电】 印度尼西亚总统苏哈托希望他的国家将始终发展同中国的友好合作关系。

苏哈托是昨天在他的总统办公室会见正在印尼访问的中国外交部长唐家璇时作上述表示的。

苏哈托重申，印度尼西亚的“一个中国”政策将不会改变。

唐家璇表示，他欣赏印度尼西亚的这一政策。唐是应印尼外长阿里·阿拉塔斯的邀请访问印度尼西亚的。

唐说，在与印尼的关系中，中国政府将继续执行睦邻友好政策。

上星期天，唐与阿拉塔斯举行了 3 个小时会谈。他在会谈时表示，中国将尽一切可能帮助印尼克服金融危机。

唐说，中国将尽快向印尼提供 300 万美元的药品和食品援助。

阿拉塔斯说，印尼政府将得到中国提供的两年期的 2 亿美元的出口信贷设备。

苏哈托感谢中国的宝贵援助以及中国关于人民币不贬值的决定。

苏哈托说，这个决定将帮助东南亚国家稳定它们的经济和货币。

这是新华社播发的一条外事新闻，在这条新闻中，导语写得非常空洞，没有实质内容。显然，除非两国在访问前不友好、有矛盾，不然，这里记者报道“两国提出发展友好合作关系”肯

① 里奇. 新闻写作与报道训练教程[M]. 钟新，主译. 3 版. 北京：中国人民大学出版社，2004：156.

定就很有新闻报道价值。但是,如果两国一直以来都比较友好,这里再以两国将始终发展友好合作关系为核心事实,就没有多大的报道价值。所以,印尼总统苏哈托会见中国外长,其最主要的目的不可能就只是说些印尼要“始终发展同中国的友好合作关系”这类无关痛痒的话,同理,中国时任外交部长唐家璇也不可能为了听印尼总统这句话专程跑到印尼访问。两人之间肯定说了更具实质性的话语,究竟是什么话呢?当时,《中国日报》(香港版)的编辑收到新华社的这条新闻,感到非常头痛,觉得没有什么实质性的内容。有关编辑马上调出相关外电,对新华社的电讯做了一次改写。下面是改写之后的新闻:

中国提供4亿美元帮助印尼克服金融危机

【综合外电雅加达18日消息】 中国外长唐家璇昨天在此间说,中国已承诺通过国际货币组织向印度尼西亚提供4亿美元以帮助印尼克服经济危机。

唐家璇在会见印尼总统苏哈托后对记者说:“我们已同意通过国际货币组织向印尼提供4亿美元。”

上星期天,中国还宣布了一系列有关援助印尼的协议,其中包括2亿美元的贸易出口信贷和300万美元的药品援助。

唐家璇于星期天抵达雅加达,将对印尼作3天的工作访问。他说:“有关贸易将以双方的需要为基础进行安排。”

他说,印尼表示它有兴趣向中国出口橡胶、椰子油和木材。

“中国需要这些货物。我们将向印尼提供蔗糖、白糖、药品、医疗器材以及玉米、大米等谷物。”

唐还说,中国已经承诺向受到金融危机影响的亚洲国家提供40亿美元的援助来帮助它们。“尽管数量不大,但这是一种真诚的援助,不附带任何条件,”他说。

改写后的新闻与新华社的电讯差别很大。从报道的内容来看,这次会见的实质性信息是:中国承诺向印尼提供4亿美元的援助、2亿美元的贸易出口信贷和300万美元的药品援助帮助其克服经济危机,改写后的新闻将实质性的内容首先放在导语中进行报道,让受众获悉。同时,这条新闻的主体也比原新闻写得实在得多。①

知识链接

如果你的报道涉及下面所列要素的任何一项,就把那些信息写进导语:

- 有人丧生。
- 重大财产损失。
- 扰乱了很多人的正常生活。

① 刘其中.诤语良言——与青年记者谈新闻写作[M].北京:新华出版社,2003:90-92.

· 有着重大、深远影响的决策。
· 处于公众信任位置的人物的腐败或其他犯罪行为。①

五、简洁明快

简洁，是导语写作一个非常重要的要求，“立片言以居要”，要惜墨如金。《中国新闻实用大辞典》认为，导语的长度以5行（110字）为限，显然，这个要求已经不适应现代社会的要求，110字的导语太长。美联社20世纪70年代曾要求该社电讯导语的长度不超过35个字（英文单词），20世纪80年代又提出要进一步缩减到25个字（英文单词）以下。

“在硬新闻中，导语通常只有一句话，即报道的第一句话，但其中却涵盖了事件最为重要的信息。”②所以，导语非常珍贵，字字千金。

杰克·卡彭（Jack Cappon）在《美联社写作指南》中忠告记者：导语的“每个字都要花费你10美元，每个字都要刻在不锈钢板上，而你就是坐在燃烧的火炉旁操作的人”③。10美元在当时的美国是比较值钱的。在不锈钢板上刻字，也是一件非常艰难的事情，而坐在燃烧的火炉旁操作，炽热的火焰、滚烫的热浪，让人很不舒服，想马上离开。杰克·卡彭用这些形象的语言表达的意思是，记者要惜墨如金，不要浪费笔墨。

1945年8月14日，美国杜鲁门总统宣布：日本已无条件投降。美联社在抢发这条爆炸性的新闻时，导语干脆利落：

日本投降了！

这条短而有力的导语，当时被新闻界公认为“最佳导语”。因为电头已经有了时间和地点，导语只要点出人物/事物（日本）和事件（投降）就足够了。这条导语只有6个字（含标点），可谓简洁至极。

再看下面的例子：

【合众社（1940年）5月10日电】 德国于今日黎明时分对荷兰、比利时、卢森堡不宣而战。（《德国对荷兰、比利时、卢森堡不宣而战 欧洲大战全面展开》）

军情紧急，容不得说多余的话，因此，导语将核心信息用最精简的语言陈述得非常清楚，公众完全能够获悉最基本的事件信息。

---

① 吉布斯，瓦霍沃. 新闻采写教程——如何挖掘完整的故事[M]. 姚清江，刘肇熙，译. 北京：新华出版社，2004：133-134.

② 里奇. 新闻写作与报道训练教程[M]. 钟新，主译. 3版. 北京：中国人民大学出版社，2004：36.

③ 莱特尔，哈里斯，约翰逊. 全能记者必备[M]. 宋铁军，译. 7版. 北京：中国人民大学出版社，2005：109.

上面两个导语都是一句话导语，浓缩的都是精华，短短的一句话，将最重要、最新鲜、读者最想知悉的信息披露清楚了。

看下面两条新闻的导语：

【本报北京1月22日电】 今天从中科院获悉，将于23日出版的英国《自然》杂志以长文形式发表我国学者、中科院古脊椎动物与古人类研究所徐星、周忠和博士及其同事在鸟类飞行起源研究方面的最新成果。徐星等人通过研究我国辽西早白垩世的恐龙化石材料，发现鸟类的祖先恐龙长有四个翅膀，很可能具有滑翔能力。这一发现为鸟类飞行起源于树栖动物，经历了一个滑翔阶段的假说提供了关键性证据。同期配发的权威评论文章认为，徐星等人这一工作是有关鸟类起源研究有史以来最为重要的工作。（来源：《光明日报》，2003年1月23日，记者：王光荣）

【本报北京3月9日讯】 中组部、中央企业工委管理的国有大中型企业领导班子及成员"三讲"学习教育活动工作会议今天在京召开。中共中央政治局委员、国务院副总理、中央企业工委书记吴邦国在会上强调指出，在国有大中型企业中开展"三讲"学习教育活动，是党中央在新时期加强国有企业党的建设，提高国有企业领导班子及成员的整体素质特别是思想政治素质，加快国有企业改革与发展步伐的重大举措。要以邓小平理论和江泽民"三个代表"重要思想为指导，按照中央的要求，扎扎实实地开展"三讲"学习教育活动，切实解决企业领导班子及成员存在的影响企业改革与发展的突出问题，抓住重要环节，突出工作重点。加强组织领导，周密部署，做到学习教育活动与企业生产经营"两不误、两促进"。（来源：《人民日报》，2001年3月10日，记者：唐维红）

第一条新闻的导语有211个字（不算消息头），第二条新闻的导语更长，有305个字（不算消息头）。类似这种长导语，在今天的报纸新闻中并不少见，中国历年的全国好新闻的评奖作品中也不乏长导语。

【本报北京3月28日讯】 记者江世杰报道 "决战西南，强攻煤运，建设高速，扩展路网，突破七万"，这是新任铁道部部长傅志寰在今天召开的加快铁路建设动员大会上，提出的今后五年铁路建设总体部署和目标。他要求全路建设、设计、施工、监理单位，按照"快速度、有秩序、高效益"的原则，拿出比组织"八五"铁路建设会战还要大的气魄和决心，采取坚决有力的措施，夺取这场跨世纪铁路建设大会战的全胜。（来源：《人民日报》，1998年3月29日）

这是荣获第九届中国新闻奖二等奖的《我国铁路建设确定五年目标》新闻的导语。这个导语也比较长，包括消息头、记者署名和标点符号，共有183个字，除去消息头和记者署名，也还有167个字。这条导语完全可以切为两段，而不损害新闻的原意：

【本报北京3月28日讯】 记者江世杰报道 “决战西南,强攻煤运,建设高速,扩展路网,突破七万”,这是新任铁道部部长傅志寰在今天召开的加快铁路建设动员大会上,提出的今后五年铁路建设总体部署和目标。

傅志寰要求全路建设、设计、施工、监理单位,按照“快速度、有秩序、高效益”的原则,拿出比组织“八五”铁路建设会战还要大的气魄和决心,采取坚决有力的措施,夺取这场跨世纪铁路建设大会战的全胜。

导语被切成两段后,字数马上锐减至76个字(标点符号计算在内),重点更为突出,信息披露更加明晰。虽然离西方新闻导语30~35个字的要求还超出一倍多,但是,比起原新闻的导语,减少了一半还多。

新闻导语要求简洁,并不是要求一律都用最少的文字来表达,其长短可以根据新闻的内容和受众对新闻的期待来进行调整。不过,一般而言,导语还是应该以简短为宜。导语太长,会让受众失去阅读兴趣。

重大新闻出现时,也可以写长导语

要求新闻导语简洁,并不是绝对不允许记者偶尔用长导语,尤其是当重大新闻出现时。“当一个事件引人注目、极为重要时,所有的规则和指导方针都将被扔到一边,这种情况允许作者把所有事实都塞进第一个句子。”①

下面是2001年9月11日纽约与华盛顿遭受恐怖袭击之后,《纽约时报》刊登的导语:

昨天,在第三架喷气客机撞向弗吉尼亚的五角大楼时,劫机者操纵喷气式飞机撞塌了纽约世界贸易中心的两座塔楼,激起地狱般的灰尘、碎玻璃、浓烟,吞没了大量受害者。尽管没有官方统计的数据,但是布什总统说,数千人遇害,灾难爆发之后,它立即被列为美国历史上最惨重、最大胆的恐怖攻击。

这条新闻的导语有133个字,已经远远超过了《纽约时报》和欧美新闻机构对新闻导语字数的限制性要求,是这种限制性要求的4倍多。但是,当一个举世瞩目的事件出现时,只要对报道有利,所有的规则都可以被修改。既可以用三五个字的短语作为导语,也可以写100多字的长导语。其最重要的原则就是最大限度地满足受众对新闻的需求。

导语不仅要简洁,而且要清楚、明白地陈述信息。如果受众看不懂记者撰写的导语,或者导语中重要的、有价值的信息没有被呈现出来,无论导语多么简洁,都是没有意义的。

我们来看下面这些导语:

【路透社北京(1982年)7月10日电】 世界历史上规模空前的人口普查登记今日结束。

【路透社(1964年)10月16日电】 今天格林尼治时间7时中国爆炸了一枚原子弹,从而闯进了核俱乐部。

---

① 门彻.新闻报道与写作[M].展江,主译.9版.北京:华夏出版社,2003:150.

第一个导语短,包括标点符号在内只有 21 个字(不算电头);第二个导语略长一点,包括标点符号在内也只有 31 个字(不算电头)。虽然这两个导语都很简短,但是,导语都已经将核心新闻要素和最新鲜、最重要、受众最想知悉的信息表达了出来,而且语言通俗易懂、明白晓畅,信息陈述非常清晰。

知识链接

一般而言,一条导语的字数不宜超过 35 个字,不过这只是参考数字。作者自己需要决定哪些要素最重要,需要在第一句话里强调。①

读者调查一次又一次证明:较短的词汇、较短的句子、较短的段落更通俗易读。因此,记者们不再试图把传统的五个 W 都塞进报道的第一句话,甚至第一个段落。目前,报纸通常都努力把导语限制在 30 个字左右,当然也因报道而宜,有些导语甚至更短;但没有人能够忍受五六十个字,甚至 70 个字的导语。②

记者在写作导语时,常常像在背道而驰的两股涌流之间航行。一股涌流把他拉向冗长而平庸的句子,因为导语必须提供重要信息。另一股涌流则促使他转向短句子,因为短句比长句更可读。长句可能难以领会,短句可能因信息不足而误导读者。

为了既说清楚问题又具有可读性,导语的句子应该尽可能地限制在 35 个单词以内。冗长的导语会占用版面有限的报纸或在线专栏的过多空间,使人望而生畏。对广播新闻来说,所有的句子都应简短,以便听众能迅速理解。

美联社告诫记者:"当一条导语超出了 20 ~ 25 个单词,记者就要开始进行调整。"可以抛弃一些多余的东西:

· 不必要的消息来源。

· 有"但是""并且"之类词语的复合句。

· 确切的日期和时间,除非必不可少。③

六、生动吸引人

新闻写作要求在非常短的时间一挥而就,但是,这并不是说新闻就不能写得更优美一点,让读者读起来更有味道一点。在快的同时,如果能够写得更生动、更优美,这就会使新闻好上加好。

一身戎装,一部轮椅,一面国旗,一个军礼。叶乔波以这样庄严而悲壮的一幕,结束了今晚在首都体育馆为她隆重举行的"叶乔波冰坛生涯 20 年专题晚会",同时也结束了她拼搏冰坛 20 年的赛场生涯。

---

① 里奇.新闻写作与报道训练教程[M].钟新,主译.3 版.北京:中国人民大学出版社,2004:36.

② 莱特尔,哈里斯,约翰逊.全能记者必备[M].宋铁军,译.7 版.北京:中国人民大学出版社,2005:103.

③ 门彻.新闻报道与写作[M].展江,主译.9 版.北京:华夏出版社,2003:149-150.

这是1994年6月5日，新华社播发的体育新闻《叶乔波壮别体坛》。这条导语用白描的笔法，通过对四个具体的物象的简笔勾勒，使悲壮的场面、新闻人物的爱国情怀和对体育事业的依依难舍之情鲜明地呈现在读者面前。整个导语写得悲壮感人，令人肃然起敬。

我们来比较下面这两条对同一新闻事件所写的不同的新闻导语，看哪条更生动形象：

【格雷波凡，得克萨斯州（美联社）】 有关官员表示，三角洲航空公司一架大型飞机在接近达拉斯的福特沃思国际机场时坠毁，造成大约130人死亡。这架航班号为191的飞机上共有160人，至少有34人受伤。

【格雷波凡，得克萨斯州（合众国际社）】 三角洲航空公司一架载有161人的大型飞机星期五在达拉斯福特沃思国际机场降落时遇到恶劣风暴垂直俯冲坠落，并发生剧烈爆炸，导致至少122人死亡，在半英里范围内都可以看到散落的飞机残骸。

美联社的导语要简洁一些，包括标点符号在内共72个字。但是，美联社的导语比较生硬，不生动。合众国际社的导语要略长一些，包括标点符号在内共86个字。但是，合众国际社的报道在文字上比美联社的报道更生动、更丰富一些，用了动词“垂直俯冲”“坠落”“剧烈爆炸”，使新闻更具直观性。还用了“恶劣风暴”等较形象的词，使新闻显得更生动、更耐读。

知识链接

概括式导语应该做两方面的工作：

· 概括新闻报道。

· 吸引读者。

……

· 不要满足于第一稿导语。在写完一个可以接受的导语后，重写并改进它。要不断地对自己说“我可以写得更好”。

· 避免使用多余的词。

· 避免使用浮夸、冗长而令人费解的语言。

· 写得清晰、简洁。

· 使用生动的动词。

· 使用富于色彩的词。①

① 伊图尔，安德森．当代媒体新闻写作与报道[M]．贾陆依，华建昌，译．6版．北京：中国人民大学出版社，2009：50．

思考与练习题

一、思考题

1. 什么是导语？好导语有哪些标准？

2. 什么是硬导语？什么是软导语？

3. 简述软导语的几种类型与写作方法。

4. 简述导语出奇出新与遵守标准规范的辩证关系。

5. 记者在写作导语前如何构思导语？

6. 记者在写作导语前如何寻找焦点？

7. 记者在写作导语时如何确立焦点？

8. 如何理解抓实质性信息？怎样抓实质性信息？

二、练习题

1. 请根据下面这个材料，写作一条引语式导语。

昨天，市检察院一分院向媒体通报了此案。据市一检院承办检察官介绍，2006 年 1 月，重庆市沙坪坝区征地办工作人员丁某由沙区征地办安排到“西永微电园征地办公室”，负责西永镇征地拆迁工作。去年 6 月底，一养殖场法人代表刘某找到丁某，请求在拆迁时予以照顾，丁通过虚增养殖场鸭棚面积、虚列土地补偿款等方式，为刘谋取利益，3 个月后，刘送给丁存有 50 万元的银行卡，还给了 5 万现金。从 2006 年到 2007 年 1 年多时间里，丁收受财物 161.4，193 万元。今年 11 月 21 日，检方向市一中院提起公诉。此案 12 月初开庭时，丁在法庭上突然翻供，称自己只收了那张存有 50 万元的银行卡，至于受贿款项他也不记得了。检方当即在法庭上亮出包括丁自己书写的陈述在内的大量证据，对其予以驳斥。据了解，市一中院将在近期对此案宣判。女检察官提审丁某时，丁依然讲究穿着。丁：“你是女的，穿的皮鞋都没有我尖，皮鞋要经常保养，买支几百块的滋润霜擦下嘛。”检察官：“你的名牌货是在哪里买的？”丁：“我基本上不在重庆买，都是托人，一些特别的款式，我会直接上大牌的官网订购，绝对不是有些人穿的那些 A 货。”检察官：“现在后悔吗？”丁：“后悔也没有用了，其实我很享受穿名牌的过程。”“1，000 元以下的鞋我认为是垃圾，看都懒得看”，丁某落网后说。警方和检方发现其家里装修一般，但奢侈品倒是不少，比如 LV、GUCCI、CHANEL、DIOR 等国际知名品牌的鞋子。检方清理后发现，足足有 200 多双。随后，检方打开衣柜，10 多套笔挺的西装挂在里面，还有上百件各种名牌服饰。此外，检方还搜出了上百个各式各样的紫砂壶。“我的西装没有 1 万元以下的，比如说自己喜欢的是意大利的诺悠翩雅等牌子，像几千块的金利来、堡尼这些，我是不会去看的，最贵的一套是卡沃奇的，4 万多，穿这个东西，我很讲究的，衬衫领带的搭配，穿这些名牌我自己都感觉一身轻松，工作起来办事效率都要高些！”丁某在接受检方调查时称。收受贿赂后，丁购买了一辆凯美瑞豪华轿车。去年 6 月，沙区一机械厂老板胡某找到丁，请其给予照顾，丁大笔一挥，该厂提供的非原始发票等通通入账，办公区面积也“变大”了。拿到补偿款后，对方承诺给丁 50 万元感谢费，但是先拿 20 万元现金，丁立即跑到丰田 4S 店订了一台豪华锐志车，然后让对方开出支票来买单。丁表示这样做是怕对方赖账。目前，两车已被拍卖。据市一检院有关负责人称，今年以来，沙区征地办已有 5 名工作人员因受贿落马，检方发现，这些工作人员被指派到某一区域负责拆迁赔偿时，几乎没有人来进行监管，掌握的权力太大。检察院随后向沙区征地办发出了检察建议，检方认为应做好拆迁标的物原始数据的保存，建立档案，防止暗箱操作；对于涉及金额达到 10 万元以上的物品，应该采取复查，最好进行全程摄像取证。（资料来源：《重庆商报》，2008 年 12 月 16 日，记者：陈宇）

2. 请给下面这则材料写一条双焦点信息新闻导语。

前不久，湖北鄂州女孩小美因想买海外化妆品，在网上结识了一名海外代购，对方叫文斌，常住澳大利亚。从网上晒出的照片来看，文斌高大帅气、生活阔绰。此后，文斌经常给小美推销一些奢侈品，怂恿她购买。小美也经常照顾他的生意，这一来二往间，两人的聊天话题渐渐有了变化。文斌的幽默博学吸引了小美。

"他聊天很风趣,什么都可以跟你聊,生活、经济、法律相关问题说得头头是道。"小美这样形容对方。在随后的时间里,两人虽然没有见面,却很快发展成了男女朋友关系。

在3个月时间里,文斌先后以要投资做生意和货物被扣等理由找小美频繁要钱,每次小美都是尽全力帮助。

一段时间以后,文斌却突然玩起了失踪,小美这才意识到,自己可能受骗了。

"前前后后被骗了260余万。"小美称这笔钱还都没算利息。警方调查发现,这200多万元都转入了湖南一个姓杨的户主名下,但是该户主不是男性,而是一名90后的妙龄女子。

据警方介绍,该湖南女子是一名大学没读完的女孩,没有正当职业和正式工作,如今在家做网上代购的生意。6月底,警方在湖南邵阳将杨某抓获。据她交代,她在网上冒充高富帅原本是为了招揽生意,后来发现小美是富二代之后,就觉得骗她的钱来得比较快。

警方调查发现,该名湖南女子骗钱得手后,买了昂贵的名牌手镯、衣服、鞋子、包包等东西,还买了一辆价值90余万元的玛莎拉蒂轿车。目前,车辆已经被扣,案件仍在处理。(资料来源:搜狐网,2016年7月24日)

3. 请指出下面这则材料最有价值的信息。

今年9月11日,郑州110指挥中心接报警称,两名年轻人在陇海路一超市门口实施抢劫。被害人王先生称,两名年轻人趁自己上车之际,突然闯入车内,用刀抵住他的脖子要钱。王先生拼命反抗,将其中一名"壮实"的劫匪手中的匕首夺下,两人见情况不妙,各自逃窜。

警方调取现场监控录像,将两名犯罪嫌疑人锁定。9月12日,两人相继落网。家住河北的犯罪嫌疑人王某供述,8月底他在网上见一论坛有人发帖称:快速致富,有意者留QQ号。王某留下QQ号后,很快,一网名叫"相信一切"的人联系了他,告诉王某说自己姓张,"快速致富"就是结伙抢劫。王某考虑两天后,同意加入。

9月10日,张某从广州坐火车来到石家庄,王某到车站迎接。"见张某身材魁梧,我心里踏实多了。"王某说,当晚,两人在石家庄一家快捷酒店开房。经商量,将抢劫地点定在郑州。而后,两人同床酣睡。次日,两人坐车来到郑州,当天20时左右,两人实施抢劫。

经民警查证,看起来较"壮实"的张某,其实是名21岁的女性,现居广州。"我根本不知道她是女的!"王某说,"我视力不好,抢劫时还戴着眼镜。"

昨日,记者从郑州管城区检察院获悉,涉案两人已被批捕。(资料来源:《大河报》,2012年11月12日,见习记者:刘启路)

4. 下面这则材料,你需要抓的焦点信息是什么?

昨日,记者调查东北的一项铁路工程时发现,2010年7月,吕天博签订了一份"施工合同",带着几十名农民工开始修建一项重要铁路工程的一座特大桥。吕天博参与修建的铁路名为"靖宇至松江河线工程",位于吉林省白山市的靖宇县和抚松县境内,线路全长74.1公里,总投资23.11亿元,由铁道部批准建设,项目业主单位为沈阳铁路局。2009年6月,沈阳铁路局对该项目进行公开招标,中国中铁九局集团有限公司(以下简称中铁九局)中标。中铁九局中标后将这一工程分割为多个标段,分包给江西、湖南、河南、福建的多家建设公司,而其中的江西昌厦建设工程集团公司(以下简称江西昌厦)又将工程分包给几个并无资质的农民工队伍。吕天博是一位农民工,曾经做过厨师、开过饭店、修过路,他对建桥一窍不通。吕天博介绍,江西昌厦承包的工程内容包括头道松花江2号特大桥、3号特大桥与胜利村隧道等。吕天博自己负责2号特大桥的施工,而3号桥及隧道工程的施工负责人和他一样,都是没有建桥经验的农民工,签订施工合同前,没人对他们进行过任何的资质审查。更蹊跷的是,记者在调查此事时,又得到一个匪夷所思的消息:负责承包项目的江西昌厦在已经施工近两年之后突然于2011年9月发表声明,称该公司从未与中铁九局签订过靖宇至松江河的新建铁路项目的合同,并称被犯罪分子伪造该公司印章承接该项工程。江西昌厦一名姓黄的法律顾问向记者出示了由南昌市公安司法鉴定中心出具的几份公司印章鉴定文书,黄律师称,与中铁九局和施工队签合同的并非江西昌厦的工作人员,而是一伙诈骗分子。更为严重的是,在几座特大桥的修建过程中,还普遍存在偷工减料问题,由此带来的质量与安全隐患难以预测。据吕天博、郑伟等施工人员反映,几座特大桥在修建过程中,原本应全部由混凝土浇筑的桥墩基座,都被填放了大量碎石、砂石等混合物，给桥墩留下极大的安全隐患，而项目经理部却照样签字验收。通过多方取证和现场调查，记者找到了3号特大桥12、13号桥墩被投放石块的多份相关证据。一个名叫大伟的施工人员承认，今年6月份，他曾亲自向12号桥墩内扔过石块。

3号桥的另一名施工人员柴芳则在电话中回忆当时的情况："5、13、8、9、11号墩，都用翻斗车往里填石头，哪个都得一二百方的样子，石块不够用时，连废渣都往里推。"她还说："13号墩就在江心，你要往下钻，不到两米就都是石头……"记者搜集到了2号、3号桥的设计图纸，按照图纸，所有桥墩基座必须全部由混凝土浇筑。那么，在混凝土中掺杂石块，会有怎样的质量问题？记者就此采访了中铁大桥局桥梁科学研究院的一名赵姓研究员。他表示，这种偷工减料的行为会带来巨大隐患。"基座就好比是鞋，混凝土浇筑的桥墩是脚，鞋里如果有大量碎石子，能站得稳吗？"他介绍称，在桥墩底部投放石料会使桥墩底部出现斜坡或严重的受力不均。一旦铁路建成，长期遭受到各种力的作用，就可能出现桥墩倾斜甚至断裂的后果。对于这样的工程质量，一名叫丽明的施工人员更是直言："他们扔石头，我说千万别这么整。将来这趟火车通了，我可不敢坐。"在违规分包中，最令人不解的便是为何会出现"骗子承包、厨子施工"的荒诞场面。对此，记者先是从中铁九局2011年1月26日的一份文件中看到这样的说法："由于中铁九局宇松项目部在劳务分包资质审查时把关不严，导致江西昌厦建筑工程集团公司在无隧道施工资质的情况下，承揽了隧道施工任务。"而项目部的一名负责人聂喜峰称："负责资质审查的是公司的成本管理部，审查时只是直接看的原件，上面都盖了公章，并没有用别的方法进行审查，证件全了就行了。"而中铁九局三公司的一名王姓负责人则不经意透露了事情真相："江西昌厦是沈阳铁路局的一个高层领导介绍进来的，你说我们怎么审查？"（资料来源：新华社，2011年10月21日，有改动）

第四章 报道结构

▶**本章要点：**

新闻文体结构与文学文体结构截然相反：新闻文体结构在开头就“把警察打死”，文学文体结构在结尾才“把警察打死”。

倒金字塔结构，是指以事实的重要程度或受众关心程度依次递减的次序，先主后次地陈述事实的新闻报道结构。倒金字塔结构最大的优点是速度和效率。

在新闻报道中大量使用的是宽泛意义上的倒金字塔结构，即泛倒金字塔结构，而不是严格意义上的倒金字塔结构。

泛倒金字塔结构，是指导语按照倒金字塔结构的要求写作，新闻主体部分采用其他结构形式安排和组织新闻事实材料的新闻结构形式。

金字塔结构在硬新闻中使用较少，从某种意义上说，在硬新闻中，金字塔结构的理论意义大于实践意义。

沙漏型结构是由倒金字塔结构的导语与金字塔结构的主体和结尾结合组成的结构，也属于泛倒金字塔结构。

华尔街日报体采用的是从特殊到一般的报道方法，新闻开头使用软导语。常常用生动具体的材料来阐释抽象的主题，用看得见、摸得着的事实使枯燥乏味的问题、观点、趋势等变得可感、可触、有声有色。

新闻报道的结构，是指新闻内部的组织构造。安排新闻报道的结构，就是谋篇布局。

造一条船、建一座楼甚至缝制一件衣服，都要事先进行设计。新闻报道也一样，要写好一篇报道，必须预先谋划和安排，思考如何在新闻报道中组织事实材料、安排层次段落，从而更好地体现新闻眼、表现新闻主题，这就是对新闻结构的安排和思考。

新闻的结构必须符合客观事物发展的规律和内在逻辑联系，为充分表现新闻主题和新闻点服务，适应不同体裁、不同类型新闻的特点。所有的新闻都力求结构严谨、层次清晰、重点突出、简明扼要。

记者在写作新闻报道时，要思考读者想要知道什么，想要以什么样的次序来告诉他们，这是记者从受众层面考虑的问题。从新闻报道本身来思考，记者必须明白，所有的新闻报道都应该帮助读者理解新闻事件的焦点和关键性信息以及与焦点和关键性信息相关的事实内容。这就必须考虑采用什么样的结构形式来报道。

有两个问题需要厘清：

一是这里讲的报道结构，主要是从形式方面而言的，是指新闻报道的结构形式，这种结构形式一旦形成，就相对固定，成为一种模式、模板。从内容而言，新闻报道的结构是指新闻报道各部分的组成。新闻报道由标题、导语、主体、结尾组成，其间还穿插新闻背景的介绍。对于新闻报道各部分的组成及其写作方法,我们将在第五章"完整的报道"中详细讨论。

二是记者安排新闻的报道结构,有思维和行为、有形和无形之分。记者在组织和安排事实材料时的"思维"就是构思,这种构思,具有一种动态性,是一个复杂的创造性思维活动。这种构思是无形的,甚至是不可捉摸的。记者将构思时对新闻事实的"排序",即按照事实之间的关系对事实材料先后顺序的安排用书面语言表达出来形成文本的过程,是一个行为的过程,形成的文本即有形的文本。

新闻的结构形式比较多,这里主要介绍以下几种结构形式:倒金字塔结构、泛倒金字塔结构、金字塔结构、沙漏型结构、华尔街日报体。

第一节　倒金字塔结构

一、新闻结构与文学文体结构截然相反

新闻文体结构:在开头就"把警察打死"

文学文体结构:在结尾才"把警察打死"

新闻文体与文学文体的结构有着根本的不同。新闻文体结构的最大特点,就是将最核心的内容、焦点信息或新闻主题在开头就告诉读者,而文学文体的结构往往是在结尾才告诉读者。

美国新闻写作指导教师卡罗尔·里奇认为:"如果事件本身就是一个谜团,那么记者应该在第一段就告诉读者谜底,然后在接下来的段落中介绍事情的原委。"卡罗尔·里奇引述一位美国执行副总编丹·亨德森(Dan Henderson)的话说:"新闻报道的基本结构类似于(美国——引者注)西部传奇小说的写作模式:在第一段就把警察打死。"①美国新闻学教授威廉·梅茨(William Metz)也有类似的说法:"一条新闻的结构与一篇小说正好相反。作家把一本小说的绝大部分篇幅用于创造情节和表现人物,而把高潮放在结尾。直到那时读者才知道谁是凶手。而一篇倒金字塔形的消息,则立即写到了要害处,在第一段就告知读者这是'谁干的'。"②

看下面这篇新闻报道:

大叔假装富豪约女网友开房 见面发现是女儿

2014 年 3 月 18 日　11:54　来源:人民网

【人民网合肥 3 月 18 日电】（记者:李阔、韩畅）　日前,安徽省马鞍山市丹阳镇一名 40 岁男子张某通过微信与 20 岁女孩热聊。交谈中,张某自称约 30 岁,家财万贯,双方约定开房见面。张某兴冲冲去到宾馆,才发现那竟是自己亲生女!张某妻子尾随丈夫捉奸,惊呆,以为丈夫对女儿图谋不轨,冲上去就要拼命……

① 里奇. 新闻写作与报道训练教程[M]. 钟新,主译. 3 版. 北京:中国人民大学出版社,2004:33.

② 梅茨. 怎样写新闻——从导语到结尾[M]. 苏金琥,阮宁,洪天国,选译. 北京:新华出版社,1983:61.

今日，人民网安徽频道记者从马鞍山警方获悉，这一幕竟真实存在，三人笔录证明男子与女孩是父女关系。

据马鞍山警方介绍，3月13日晚19时许，该市丹阳派出所接到报警，当地一家宾馆服务员反映：一对夫妻模样的人在宾馆打架，女的把男的衣服都扯破了。

民警赶到现场，房间有2女1男，年纪大的女子把男子抵在墙角，“还有良心？你配做父亲吗？”女子破口大骂，男子一言不发。

听闻要到派出所做笔录，房间里的男女都不说话了。坐在床上的年轻女孩尤其不愿配合，始终不肯出门。

询问室里，踟蹰许久，打人女子才把话说开了：丈夫风流成性，异性朋友不止一个，她早起疑心，但是抓不到证据，也不好说什么。

3月13日晚上吃过晚饭以后，丈夫急匆匆出门，妻子也赶紧放下碗筷紧随其后。绕了半圈丈夫进了一间宾馆，妻子压不住怒火一把推开房门，朝坐在床上的年轻女孩破口大骂。让她傻眼的是，丈夫幽会的女子，正是自己的亲生女儿。

据丹阳派出所民警介绍，他们对这家3人都做了详细的询问笔录，对于“复杂”的父女关系，3人均表示属实。民警也查询了他们的身份证，证实男子和女孩确实是父女。

目前经过警方劝解工作，李某决定对张某既往不咎，而张某通过此事也表示要痛改前非，好好生活。

上面这篇新闻报道的主要内容是：安徽省马鞍山市丹阳镇一名40岁男子张某（父亲）想寻新欢，通过微信与20岁女孩热聊。张某不仅谎报年龄，将自己的年龄说小了10岁，而且骗对方说自己家财万贯。双方约定在宾馆开房见面时，张某妻子尾随丈夫到宾馆捉奸，结果发现丈夫的约会对象竟是自己的亲生女儿！这个最吸引读者、最具有看点的信息，作者将其放在新闻的开头，在第一段就告诉了读者，在新闻开头就“把警察打死”了。

如果是文学性的文章，一般会这样写作：父亲想另寻新欢，在网络上通过化名、更换用户头像等方式隐藏身份，以财务自由的人设进行网络交友；女儿亦化名、隐藏身份、包装自我。两人通过网络社交软件取得联系，通过多次聊天，彼此间愈加亲密并确认恋爱关系，最后在宾馆开房。但令人瞠目结舌的是，双方是一对亲生的父女关系！但这个最吸引读者、最具有看点的信息，作者一般会将其放在文章的结尾，在故事的高潮处才把谜底含蓄而又明确地告诉读者——“爸爸和女儿约会”，在文章最后才“把警察打死”。

由此可见，新闻文体结构和文学文体结构完全相反，新闻文体结构常常将最精彩、受众最关心的内容放在新闻的最前面，而文学文体结构则往往将读者最感兴趣的内容安排在文章的结尾处。

二、倒金字塔结构的定义及写作方法

倒金字塔结构，是指以事实的重要程度或受众关心程度依次递减的次序，先主后次地陈述事实的新闻报道结构。这种结构“头重脚轻”，如倒置的金字塔，所以称为倒金字塔结构。

在一篇新闻中，先把受众最关心、最重要、最新鲜、最吸引人的事实放在导语中；在导语中,也要尽量根据新闻价值的高低次序,由高到低地安排事实材料,将最有新闻价值的事实放在导语最前面的位置。在新闻的主体部分,各段的内容也是依照重要性或受众关心的程度依次递减的顺序来安排,重要的往前放,次要的往后放,不重要的安排在最后面。

倒金字塔结构大多用于对重大事件、突发事件、时效性强的事件以及与公众切身利益息息相关的事件的报道。

巴以冲突伤亡者突破万人 加沙流离失所者增至46万

2014年8月3日 06:05 来源:中国新闻网

(1)**【中新社联合国8月2日电】**(记者:李洋) 仍在持续的巴以冲突2日进入第26天,冲突造成的伤亡人数已经突破万人。联合国同日称,加沙人道局势继续恶化,当地流离失所者增至46万人。

(2)根据巴方目前统计,自上月初以色列对加沙发动大规模军事行动以来,已有至少1,675名巴勒斯坦人丧生,另有9,000人受伤。至少50多人据报死于2日的冲突。大部分死伤者皆为平民。以色列方面有63名以军士兵死亡,3名平民丧生。

(3)联合国近东巴勒斯坦难民救济和工程处(近东救济工程处)2日透露,目前加沙流离失所者已经增加到46万人,各种紧急救援物资特别是药品严重短缺,加沙卫生系统"处于崩溃边缘",医院人满为患,数千名伤者中有很多人伤势严重。

(4)近东救济工程处当天还修正了募款数额,提出短期筹款目标,呼吁国际社会能尽快帮助其获得1.8亿美元的紧急应对资金,以满足25万加沙难民未来8周的紧急人道物资供应。

(5)联合国此前透露在加沙的各援助机构呼吁紧急募捐3.69亿美元,以应对当地迫切的人道主义需求。但外界普遍认为该数额过于庞大,短时间内难以募集到位,因而包括近东救济工程处在内的一些救援机构提出了短期筹款目标。

(6)近东救济工程处同时哀悼该机构死于加沙的第9名工作人员。他为机构一所学校工作,本月1日死于空袭,年仅21岁。联合国机构和救援组织职员在当地的工作环境日趋严峻。

(7)停火斡旋工作目前仍在进行中。巴勒斯坦代表团2日赴埃及首都开罗,就加沙停火展开谈判,希望能够重启人道停火。哈马斯等派别成员也将参与。

(8)以色列方面态度依旧强硬,虽然目前有一些意图结束军事行动的迹象出现。以色列总理内塔尼亚胡警告,哈马斯如继续从加沙向以色列发射火箭弹将会付出沉重代价。以方还表示不会派代表团赴埃及。

(9)以色列民调显示,以民众对于以军在加沙的军事行动有不同看法。32%的受访者支持停火,另有31%的受访者支持单方面撤军,而还有超过三成的受访者支持继续扩大军事行动,彻底打垮哈马斯武装。

这条新闻采用的是倒金字塔结构。导语将最重要的核心信息告诉了读者："持续的巴以冲突造成的伤亡人数突破万人，加沙流离失所者增至46万人。"第二和第三两段解释导语。第二段解释导语中的"伤亡万人"，提供更详细、明确的信息，也是次重要的信息：至少1,675名巴勒斯坦人丧生，另有9,000人受伤；以色列方面有63名以军士兵死亡，3名平民丧生。对伤亡人数的报道应该放在主体的第一段，生命是最值得重视、值得珍惜的。第三段解释导语中的"流离失所者增至46万人"，药品严重短缺，医院人满为患。相比人员伤亡，这个事实相对次要一些，因此放在第三段。第四和第五两段是对救援工作的报道，筹集救援资金是继人员伤亡、民众流离失所之后最紧要的事情，因此安排在第四段报道；第五段是对第四段"呼吁国际社会能尽快帮助其获得1.8亿美元的紧急应对资金"的解释。第六段报道有救援人员遇袭身亡，凸显救援工作的严峻和险恶。最紧急、受众最欲知悉的信息报道完后，第七段开始报道停火斡旋的信息，第八段报道交战双方的说法，最后一段是以色列民间的态度。不过，新闻没有报道哈马斯方面的说法和信息，是白璧微瑕。这条新闻的基本顺序是：导语陈述焦点信息→解释导语，首先解释伤亡人数，然后解释流离失所者的情况→报道救援工作→报道停火斡旋工作→报道交战方的说法和态度。记者的思维脉络完全按照这样的逻辑展开：最重要的信息→次重要的信息→比较重要的信息→一般的信息，这是一条非常典型的倒金字塔结构的新闻报道，具体结构如图4－1所示。

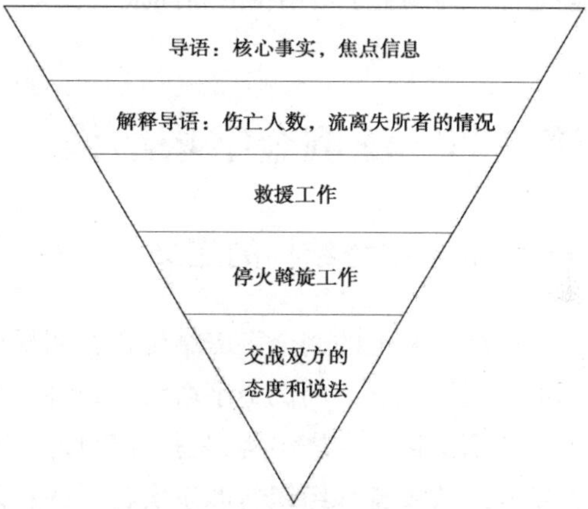

图4－1　巴以冲突报道结构图

三、倒金字塔结构的优点和不足

（一）优点

倒金字塔结构最大的优点体现在速度和效率上。

现代社会，各行各业都以服务为宗旨，以服务对象、满足对象、方便对象为目的。倒金字塔结构可以使受众快速、方便、高效率地接收信息，有利于受众在最短的时间内了解最重要、最想知道的信息。而且受众还可以根据自己的时间安排，确定是否继续阅读、继续阅读多少，不必担心由于时间不够没有阅读全文而遗漏掉最重要的信息。

倒金字塔结构也方便编辑删减稿件。编辑可以根据版面的需要，从新闻的最后一段开始删起，直到版面能够容纳为止，不必担心将重要的信息误删掉，也不会损害这条新闻的完整性。

速度和效率，使倒金字塔结构历久不衰。否则，"它就不可能持续存在这么多年了。这种形式之所以延续下来，是因为它满足了媒体用户的需求。人们通常想在报道一开始就知道发生了什么。如果它有趣，他们就会注意。否则，他们会转到其他版面。人们太忙了，不愿为毫无收获而耽误工夫”①。

（二）不足

倒金字塔结构最大的不足，是结构上的标准化、程式化，它像八股文一样，结构固定呆板、没有变化。这也是该结构受到诟病的最主要原因。为了改变这种僵化的结构样式，一代又一代的新闻人曾经试图采用灵活多样的结构样式来代替倒金字塔结构，但是，改革者只在软新闻上取得了些许成功，在硬新闻上毫无进展。

倒金字塔结构的另一个不足，是它难以自始至终吸引读者。如前所述，倒金字塔结构是以事实的重要程度或受众关心程度依次递减的次序，先主后次地陈述事实，受众的阅读兴趣也将会随着这种依次递减的次序而依次递减，直至毫无兴趣。因此，怎样才能使受众能够饶有兴趣地将一篇倒金字塔结构的新闻报道从头到尾阅读完，是摆在新闻记者面前的一道难题。

第二节　泛倒金字塔结构

一、泛倒金字塔结构的定义

严格意义上的倒金字塔结构在新闻报道中并没有得到广泛的运用，在新闻报道中大量使用的是宽泛意义上的倒金字塔结构，我们姑且将这种结构称为泛倒金字塔结构。

所谓泛倒金字塔结构，是指导语按照倒金字塔结构的要求写作，新闻主体部分采用其他的结构形式安排和组织新闻事实材料的新闻结构形式。

这种报道结构，要求在导语中必须将最具有新闻价值、受众最关心的事实告诉读者，即严格采用倒金字塔结构的要求写作导语。导语之后，新闻的主体部分可以不按照倒金字塔结构的要求安排和组织事实材料，不必根据事实的重要性程度或受众关心程度依次递减的次序展开报道，而是根据事实本身所固有的逻辑关系、根据事实材料自身的特点来安排和组织事实材料，也可以根据记者比较熟悉和擅长的结构形式来写作。

新闻事实（包括新闻背景）之间不是毫无关联、杂乱无序地随机混合在一起的，而是按照其内在的规律有机地组合在一起的。事实之间的有机联系即逻辑关系主要表现为主次关系、并列关系、对比关系、因果关系、递进关系等。

二、新闻主体结构的安排

（一）根据主次关系安排新闻主体结构

根据事实之间的主次关系安排新闻主体的结构，是指记者在展开主体部分时，要分清主次轻重，按照事实的重要性程度和受众关心程度依次递减的顺序先主后次地安排事实材料，先写最重要的事实，再写次重要的事实，将最不重要的事实放在新闻的最后面。这种结构形式，是典型的倒金字塔结构形式，我们在本章第一节已经进行了介绍，这里就不再赘述。

---

① 门彻.新闻报道与写作[M].展江，主译.9版.北京：华夏出版社，2003：161.

(二)根据并列关系安排新闻主体结构

根据事实之间的并列关系安排新闻主体的结构,是指新闻主体的各个事实之间呈现的是并列关系,各个事实材料之间没有主次轻重之别,各个段落层次之间相对独立、平等,可以不分先后顺序。

上级要求教师在成绩单上讲假话

【合众国际社怀俄明州(1987年)7月8日电】 此间学校即将发成绩册,各学校的教师都已领到上级发下来的一张通知,启发他们用圆滑、得体的话向家长们说明孩子们的品行。

对一个恃强欺弱的学生,上级建议教师这样写:"有领导才能,但需要指导他如何以更民主的方式发挥自己的才能。"

再比如给一个爱说谎的学生写评语,上级建议写成:"在区别事实和想象方面困难。"一个爱吵闹的学生则"应注意在与人接触时培养雍容娴静的气质"。

本州拉兰明县学区业务通讯第一期建议教师避免使用刺激性的措辞。比如,一个学生明明肮脏、身上有臭味,他的评语却应写成:"需要引导他培养良好的卫生习惯。"

如果一个学生自私自利,教师应当这样写他的评语:"有必要帮助他与别人共欢乐。"

这个学区的领导对教师说,如果一个学生与某个街头帮派有联系,教师应这样写他的评语:"该生只有处于集体中时才有安全之感,因而应当注意培养他的独立精神。"①

上面这条新闻的导语是一个概括性导语,将最有新闻价值、受众最关心的焦点信息用概括的语言告诉了读者:上级要求学校教师"用圆滑、得体的话向家长们说明孩子们的品行"。导语之后,在新闻的主体部分,各个段落之间的关系表现为并列关系。新闻从第二段开始分别陈述对有不良习惯、品行不好的学生应该如何措辞。对恃强欺弱、爱说谎、爱吵闹、不讲卫生、自私自利甚至涉黑的学生,上级都给出了标准措辞。各个事实之间没有主次之分,各个段落之间也可以变换先后顺序,其关系相对独立、平等,都为同一主题服务。

(三)根据对比关系安排新闻主体结构

根据事实之间的对比关系安排新闻主体的结构,是指新闻主体的事实(包括背景)之间存在反差,反差越大,对比的效果就越好。对比彰显新闻事实和背景的本质意义,突出新闻事实和背景的特征,也使新闻价值更加凸显。在这种对比关系中,既有新闻事实之间的对比,也有新闻事实与背景的对比,还有背景与背景的对比。

下面这条新闻,其主体部分就是根据事实之间的对比关系来组织事实材料的。

---

① 李大卫,石维,艾顿.百年好文章:合众社百年新闻佳作[M].西安:陕西师范大学出版社,2002:303.

从邮局看变化

【新华社乌鲁木齐(1980 年)1 月 17 日电】（记者:顾月忠） 春节将到,记者在新疆维吾尔自治区邮电管理局里,看到了跟一年前大不相同的情况:过去忙于分拣从内地寄来的大批副食品包裹,而今天却忙于收订大量报刊。

新疆维吾尔自治区邮电管理局副局长张勇在他的办公室对记者说:“往年这个时候,你在这间屋子里准找不到我。机关的全部人马都帮助分拣包裹去了。”

前几年,由于林彪、“四人帮”极“左”路线的干扰破坏,新疆副食品供应十分紧张。每年新年春节期间,人们只好把钱寄到关内,委托亲友帮助买吃的东西。于是,从关内邮寄香肠、猪肉、糖、花生米等的包裹猛增。单是花生米一项,最多的时候一天就寄来 16 吨。开往乌鲁木齐的列车不得不加挂车皮,邮局货场包裹堆积如山。邮局分拣的同志一天干十来个小时还分拣不完。邮电学校的 100 多名学生到邮局帮忙,还是忙不过来。这样,机关只好关门,从局领导到职工都去帮助分拣包裹。

今年,自治区邮电管理局接运包裹的“旺季”突然不旺了。据初步统计,去年 12 月和前年同期相比,寄往关内的汇款减少了 64,000 多元,即减少了 50% ,从关内邮来的包裹减少了 12,000 多件,即减少了三分之一。原来新疆的市场上,香肠、大肉等都可以买到,核桃、瓜子很多,食品商店里的砂糖、糖果和糕点也很丰富。过节需要的副食品,这里大体都有了。人们把这一变化同贯彻党的十一届三中全会精神和中央的两个农业文件联系起来,说:“政策开了花,经济结了果。”

尽管邮包减少了,但邮局里的干部和职工还是够忙的。几十名机关干部又开赴第一线,帮助办理订阅报刊业务。因为在各个营业门市部,经常有许多人排队,渴望订到自己喜爱的报纸、杂志。据统计,去年年底与前年同期相比,全疆的报刊订户增加了 20% 以上。现在,新疆平均每 4.7 人就有一份报刊。邮电局的同志说:“现在党的工作着重点已经转移到四化建设上来,各族人民学科学、学文化的劲头越来越足了。”

这条新闻的导语是一个概括式导语,对全文的内容进行简要的概述:春节期间,新疆邮局跟一年前大不相同:过去忙于分拣从内地寄来的大批副食品包裹,而今天却忙于收订大量报刊。该导语采用的是倒金字塔结构,新闻的关键性信息和核心内容已经表露无遗。

在新闻的主体部分,记者采用对比的写法,先写往年新疆邮局的情况:大量的副食品包裹从内地寄来,列车加挂车皮,邮局包裹堆积如山。邮局机关不得不关门分拣包裹。再写今年新疆邮局的情况:副食品包裹骤减,但收订书、报刊业务却大增,随着党的工作重点的转移,各族人民对科学、文化知识感兴趣了。通过对比,读者看到了新疆改革开放前后的巨大变化。改革开放前,各种生活物资短缺,因此内地寄往新疆的包裹以副食品为主;改革开放后,随着各种物资特别是生活物资的丰富以及人们生活水平的提高,民众对生活食粮的饥渴程度自然就降低了,对精神食粮产生了自发、自觉的追求。建设富强的中国需要科学文化,需要信息交流,所以报刊订阅业务大增。通过前后的对比,彰显出新疆改革开放后的发展与进步。

（四）根据因果关系安排新闻主体结构

根据事实之间的因果关系安排新闻主体的结构，是指新闻主体的事实、背景之间存在因果关系。有结果，必有原因；有原因，也会有结果。有什么样的结果，就会有什么样的原因；有什么样的原因，也会有什么样的结果。

妇人无钱读书愿代客生子赚学费

【合众国际社华盛顿州范库弗(1945年)9月21日电】 杰奎林·博加特愿向无子女父母“出租”她的子宫，租金是15,000美元。她说，她需要一笔钱入学攻读护理课程。

博加特今年27岁，已离婚，有两个孩子。她说：“我急需钱。”最近她在报上登了广告，内容是：“本人身体健康，愿为不育夫妇怀孕生子。”

她说：“我需要钱读书，但又没有时间工作。我有生育能力，所以我想用它来赚钱。”

她目前有一份兼差，工作是助下（产）护士。但她说这份收入不足开销，因为她既要支付学费，又要付房租和养活孩子。她想用3年时间当代理母亲赚取这15,000美元。

博加特17岁时结婚，生下第一个孩子海迪后不久与丈夫离婚。海迪今年9岁。

离婚后她想再要一个孩子，于是接受一个朋友捐赠的精液，进行人工授精，结果生下了杰弗里，现已2岁。

她已收到4个人对她广告的反应，但她表示怀疑他们是否有能力支付这笔费用以及医药费等其他开支。

博加特说，她曾向当局询问，确定“他们不会以出卖婴儿的罪名逮捕我，因为我这样做是合法的”。①

在这条新闻中，新闻人物杰奎林·博加特愿意向无子女父母“出租”她的子宫，代客生子，租金15,000美元，这是“果”，新闻在导语中对“果”进行了非常明确的陈述。这个“果”非常独特，新闻人物想法大胆，甚至离奇反常，具有很高的新闻价值。读者看到这个事实之后，非常急切地想看到新闻人物提出这种想法的原因。导语之后，新闻对杰奎林·博加特代客生子之“因”展开报道。博加特离了婚，有两个孩子，她既要支付攻读护理课程的学费，又要付房租和养活孩子，急需钱，这是“因”。对“果”和“因”的报道，将事实的原因和结果完整、清晰地呈现在读者面前，满足了读者的新闻欲。

这种根据因果关系安排新闻主体结构的新闻，主要表现为两种形式：一种是先写“果”，再写“因”；一种是先写“因”，再写“果”。一般情况下，先果后因的报道更多一些，因为一个离奇、反常、怪异的结果更能吸引读者的注意力。

（五）根据递进关系安排新闻主体结构

根据事实之间的递进关系安排新闻主体的结构，是指新闻主体的各个段落、层次之间表

---

① 李大卫，石维，艾顿. 百年好文章：合众社百年新闻佳作[M]. 西安：陕西师范大学出版社，2002：77.

现为递进关系。各个事实之间的关系步步向前、层层推进。

奥地利全国暴乱

【合众社维也纳(1927年)7月15日电】 今天晚上,奥地利的维也纳成了一个火药桶。大火已经烧毁了“司法官”。枪声在整个城市中回响,尸体堆满了街道。左派分子号召推翻伊格那兹·赛佩尔总理的政府。

“退伍军人运动”的3名成员被指控犯有藐视“共和国辩护团”罪之后又被宣布无罪释放,暴乱因此发生。这几名退伍军人被指控打了一名工人和一名儿童。无罪释放的裁决刚一宣布,工人们便举行罢工,涌上街道。其中一些人占领了维也纳大学,这里被认为是纳粹活动的一个中心。另一些人则占领了司法官,并将其付之一炬。

警察迅速行动,控制暴乱。他们向罢工者开枪射击,至少有89人中弹身亡,600多人受伤。

社会民主党领袖利用这种极为紧张的局势要求赛佩尔总理辞职。社会民主党人指控他容忍退伍军人的非法活动。赛佩尔阁下三年前曾遇刺但幸免于难,他是一位狂热的反社会主义者,这次没有让步的表示。

维也纳报纸指控莫斯科唆使这些暴乱分子暴乱。一篇社论说如果暴乱继续发生,奥地利将被德国吞并。①

这条新闻的导语采用的是倒金字塔结构,将新闻的关键性信息告诉了读者:奥地利发生了暴乱。在新闻的主体部分,第二段陈述暴乱发生的直接原因,并报道暴乱发生的基本事实;第三段紧接着写警察对暴乱的控制;第四段进了一步,报道政治家们利用暴乱展开博弈和斗争;最后一段揭示暴乱背后的深层原因,并指出暴乱的严重后果。暴乱发生→发生的直接原因→警察控制暴乱→政治家利用暴乱→暴乱的深层原因,新闻环环相扣、层层递进,在非常短的篇幅内,把暴乱的基本情况、前因后果及其深层原因报道得清楚、明晰。

泛倒金字塔结构在新闻报道中得到了广泛的运用,严格意义上的倒金字塔结构事实上并不多,大量的新闻报道都是以泛倒金字塔结构撰写的。如果把泛倒金字塔结构也划入倒金字塔结构的话,倒金字塔结构在新闻报道中占比相当高。

据密苏里新闻学院写作组的估计,“当今报纸上大概有百分之九十的消息是用倒金字塔形式写的”。他们认为,“只要报纸继续强调迅速、直接、简洁的表达方式,只要千百万读者继续接受它,倒金字塔将很好地为记者服务”。② 另一位美国学者的统计比密苏里新闻学院写作组估计的比例略低一点,据这位学者统计,“用倒金字塔结构写成的新闻约占美国新闻总量的80%”③。

前文指出,严格意义上的倒金字塔结构并不多,大量的新闻采用的都是泛倒金字塔结构。

---

① 李大卫,石维,艾顿. 百年好文章:合众社百年新闻佳作[M]. 西安:陕西师范大学出版社,2002:36.

② 密苏里新闻学院写作组. 新闻写作教程[M]. 褚高德,译. 北京:新华出版社,1986:43.

③ BROOKS B S et al. News reporting and writing[M]. Bedford:St. Martins,2005:145. 转引自李希光,孙静惟,王晶. 新闻采访写作教程[M]. 北京:清华大学出版社,2011:118.

因此,不论是密苏里新闻学院写作组的估计数字,还是美国学者的统计数字,他们所指的倒金字塔结构应该不完全是严格意义上的倒金字塔结构,而是包含泛倒金字塔结构在内的倒金字塔结构。

在西方,有些软新闻常常采用软导语形式,软导语一般不采用倒金字塔结构或泛倒金字塔结构。在中国,多数软新闻常常采用硬导语形式,硬导语一般都采用倒金字塔结构或泛倒金字塔结构。

那么,可以这样认为,在中国,用泛倒金字塔结构写成的新闻占中国新闻的总量至少不会少于美国。美国著名新闻记者杰克·海敦语气坚定地说,倒金字塔结构"永远不会过时"。①杰克·海敦所指的倒金字塔结构,也同样应包含泛倒金字塔结构。

总而言之,泛倒金字塔结构在新闻报道中占据着绝对的统治地位。

第三节　金字塔结构

一、金字塔结构的定义

金字塔结构,是指按照时间顺序安排事实材料的一种结构形式,即按照新闻事实的发生、发展、高潮、结局的顺序组织事实材料。一般来说,事件的开始和结束,就是新闻的开头和结尾。事件的高潮和结局往往融合在一起进行报道,事件的高潮就自然成为新闻报道的结尾。

如果新闻事件比较精彩、有趣,发展的节奏较快,前后时间跨度比较小,有比较完整、曲折的情节或生动的细节,比较适合采用金字塔结构方式。在简短的新闻报道中使用这种结构效果更好。

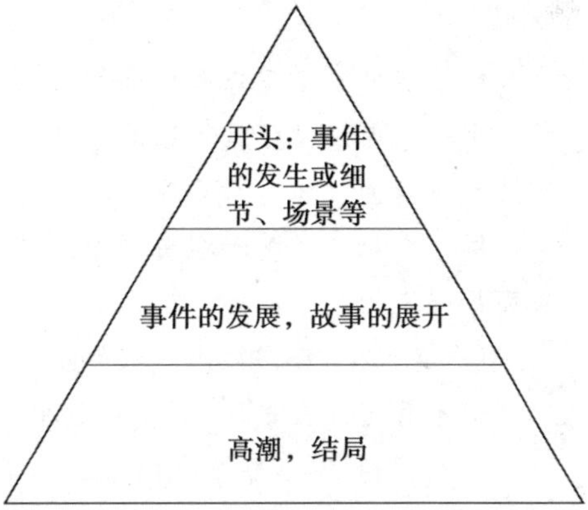

图 4-2　金字塔结构

昨天早晨,马夫弗兰克·庇隆在上班的路上拣到了一个他以为是公路照明弹的东西。由于星期五就是独立纪念日,他想这个照明弹可以放出一些五彩缤纷的烟火,就把这个圆筒状的东西插在裤子的臀部口袋里。

吃午饭时,他把它拿出来给另一个叫安迪·麦克弗森的工人看了。安迪后来回忆曾告诉弗兰克说:"嗨,你啊! 那是甘油炸弹,(多)加小心哪!"

庇隆点点头,仍把拣来的那个东西塞回臀部口袋里,吃完他的午饭。

两小时以后,这个马厩工人在驯一匹烈马时被马踢倒。甘油炸弹爆炸了,炸死了庇隆,并烧毁了马厩一侧。麦克弗森受轻伤,他目睹了这一不幸事件。

① 海敦.怎样当好新闻记者[M].伍任,译.北京:新华出版社,1980:67.

这条新闻篇幅较短，按照时间顺序组织事实材料，事件的开头和结尾，也是新闻的开头和结尾。记者在开头就设置了悬念，促使读者带着强烈的好奇心读完全文。

如果新闻事件的故事性较强、情节颇为曲折，比较适合采用金字塔结构形式来报道。记者报道这种类型的事件，往往在新闻导语中设置一个悬念，吸引读者往下阅读，然后在新闻的结尾处才解开悬念，写出事件的结果。

“纽约号”对谁开炮？

【合众国际社华盛顿电】 关于飞碟的传说，对国内一般人来说，也许只是茶余饭后的话题而已，可是对于参加过第二次世界大战的“纽约号”战舰的船员来说，却只能使他们勾起令人难堪的回忆。

事情发生在该舰前往参加硫磺岛战役的途中。

“纽约号”因接连出了不少倒霉的事故，一直没有机会参加太平洋的战斗。

尽管它的推进器掉了一个叶片，速度受到了影响，但它仍继续朝硫磺岛进发。

那天海上风平浪静，天空晴朗。猛然间，军官们在舰桥上看到上空有件奇怪的东西。

军官们进行了研究，但弄不清是什么东西。那是一个银白色的圆形物体，约有两层楼房那么大。

舰长肯普·克里斯蒂安海军少将被请了出来。

那个东西用肉眼就可以看清楚，但舰长叫人把他的望远镜拿来。他对准那个似乎跟定该舰飞行的物体进行观察。

军官们想起了关于在美国西北部发现日本气球的报道，那些气球是为了引起森林火灾而放出来的。

舰桥上的军官们得出一致的结论：那东西一定是敌人的气球。

但不管是什么东西，那物体与军舰互不干扰，于是军舰继续前进。

军官们相信，这艘军舰的推进器虽然少了一个叶片，但在速度上准可以超过气球。

然而，一个小时以后，那个巨大的银白色物体仍然在军舰上空盘旋，就在正上方约一英里的高空。

这时，舰长有些不耐烦了，也许有些担心了。

他命令道：“炮手给我测个距离！”

回答是：“1,700 码。”

他又给雷达下了同样的命令，得到了同样的回答。

最后，他发出了“开炮！”的命令。

于是 3 英寸口径的大炮开火了，但炮弹却碰不到那“银白色的气球”。

舰长又命令护航的驱逐舰用它们的五英寸口径大炮射击，也都没有打上。

这时，头天晚上值夜班的领航员来到甲板上。

他看了看空中的物体，看到炮弹打上去却碰不到目标。

他皱起了眉头,匆匆回到自己房间里,赶快进行了计算,又回来向舰长报告。

“长官,”他说,“如果白天这个时候能够看到金星的话,它正好在这个方位。”

舰长大吃一惊。他指示驱逐舰的领航员核实金星的方位。

回答证明“纽约号”领航员的计算是正确的。

原来“纽约号”战舰对着金星开了炮。①

这条新闻一开始就设置悬念,将飞碟的传说与参加过二战的“纽约号”战舰的船员们联系在一起,让读者的心悬起来:是不是这些船员遇到了飞碟?他们是如何应对飞碟的?是什么使船员们的回忆“令人难堪”?读者会带着强烈的好奇心迫不及待地往下阅读。在“纽约号”战舰前往参加硫磺岛战役的途中,军官们突然在舰桥上空发现了一个约有两层楼房那么大的银白色的圆形物体。读者会马上想到,那是不是新闻开头所说的飞碟?正当读者确信这可能就是飞碟时,新闻却报道说,军官们一致认为那一定是为了引起森林火灾而放出来的日本气球。这是新闻中的第一个转折。既然已经确定是日本气球,为何不向它开炮?新闻从一个悬念转向另一个悬念。读者正在疑惑之时,新闻报道说,那物体持续一个多小时与军舰互不干扰,而且军官们相信军舰在速度上准可以超过气球,也就是说,军舰可以摆脱敌人,没有什么危险,比较安全。读者的担心开始缓和下来。但很快,读者的心又揪紧了:那个巨大的银白色物体一小时后仍然在军舰上空盘旋,而且越离越近,就在“正上方约一英里的高空”,炮手测的距离“只有1,700码”。这是新闻中的第二个转折,即危险不仅没有解除,而且近在咫尺,于是舰长命令开炮。读者本以为这下可以解除危险了,但是,炮弹根本就碰不到那“银白色的气球”,读者的心又悬起来了,是不是遇到了强劲的敌人?“纽约号”会有危险吗?这是新闻中的第三个悬念。最后,军舰上两位领航员计算和核实的结果是,那个“银白色的气球”是金星,新闻中出现了第三个转折:不是日本气球,是金星。新闻的最后一句话才揭开谜底,明确告诉读者:原来“纽约号”战舰对着金星开了炮。这篇新闻是一个典型的金字塔结构,按照时间顺序展开报道,整个新闻情节一波三折,悬念丛生,故事性强,读者读来兴趣盎然。

如果新闻事件已经被媒体报道过了,读者早就知道了这个事件,但这个事件又具有较大的新闻价值,记者可以采用金字塔结构的形式写作,将跌宕起伏、惊心动魄的事件描述出来。最典型的案例是合众国际社记者梅里曼·史密斯1964年写的报道《我看见历史在爆炸》。

当时,刺客向肯尼迪开枪后,枪声一响,坐在新闻采访车前面位置的记者贝尔就抓起身旁的电话机,立即向自己的媒体报道新闻。坐在后排座位的其他记者包括史密斯也立即跑过来,为了争电话机而拳头相向。结果,贝尔抢先向全世界发出肯尼迪遇刺的第一条新闻。史密斯没有抢发到第一条新闻,他没有放弃,数小时后,他写出了这篇现场目击记。这篇报道获得了普利策国内报道奖。

金字塔结构也可以运用在长篇报道中,但故事必须能够吸引读者,必须有吸引读者的精彩情节或有趣、戏剧性的情节。金字塔结构比较适用于那些情节有趣、具有戏剧性、有某些悬念因素的新闻事件。

---

① 海敦.怎样当好新闻记者[M].伍任,译.北京:新华出版社,1980:111-113.

福特总统遇刺 幸而无恙

【合众国际社(1975年)9月6日电】 今天晴空万里,阳光明媚,一个娇小玲珑的红衣女郎同群众一道等待着福特总统从他们面前走过。

大多数前来欢迎总统的人们都希望同他握一握手。

这个身穿红衣服的女郎带着一支手枪。

勒奈特·阿丽丝·弗洛姆,二十七岁,属于查尔斯·曼森那个恐怖主义团体。在这个团体中她的代号是"雏鸽",据目击者说,她一声不响地站在欢迎人群的后排,站在州议会大厦前等待总统光临。

她对人群中一名叫凯伦·斯凯尔顿的十四岁的姑娘说:"啊,今天天气太好了!"

事件发生后,凯伦说:"她看上去像吉普赛人。"

"雏鸽"身穿红色长袍,头戴红色无檐帽,手中拿着一个很大的红色手提袋。这些东西与她的红头发十分相配。

她的前额上有一个红色的"X"记号,这是1971年曼松及其三名女追随者因谋杀罪名成立在洛杉矶受审时她自己刻上的。

"雏鸽"特地从北加利福尼亚赶到萨克拉门托,从而步正在服刑的41岁的曼松的后尘。现在,她正耐心地等待着总统的到来。

她的手提袋里藏着一支上满子弹的0.45厘米口径的自动手枪。

太阳热辣辣地直晒下来,气温是华氏九十多度,人们热得不耐烦,不由得走来走去。

突然,欢迎的人群振作起来了,原来福特出现在参议员大饭店门口,接着走上一条人行道,穿过州议会大厦前的停车场,朝着人群走了过来。他的前后左右都是特工人员。

福特止步,向欢迎的人群挥手致意。

欢迎的群众被绳子拦在后面,他们纷纷向前涌去,同总统打招呼。

总统向左转过身去,他伸出双臂,去握欢迎群众伸出来的手。

每同一个人握手,他就说一句"早晨好!"

"雏鸽"仍然没有采取行动。

突然,她从人群后面挤到前面来,边挤边用双臂拨开周围的人。

警察说,她挤到离总统只有两英尺的地方时,突然拔枪瞄准了总统。

凯伦·斯凯尔顿说,总统见到这支左轮手枪,"脸唰地吓白了"。

另一位名叫罗伊·米勒的五十岁的欢迎群众说,福特"大吃一惊,吓坏了,把脖子缩了起来"。

说时迟,那时快,特工人员莱瑞·布恩道夫立即采取措施保卫总统生命安全。他冒着生命危险,冲上前去,站在了"雏鸽"和福特中间。

接着他把"雏鸽"摔倒在地上,同警察一道缴了她的枪。

"雏鸽"尖声叫道:"他不是你们的公仆!"

她还对警察说:"别激动,伙计们,别打我,枪不是没响吗?"

四五名特工人员同时围了上来,把福特与群众隔开,旋即簇拥着他离开了人群。

福特的膝部一向有毛病，这次在惊吓中几乎支持不住自己，但他很快就站稳了。

当警察给“雏鸽”戴手铐时，她喊道：“美国乱透了！那家伙不是你们的总统！”

过了一小会儿，一辆警车把她送走，这时候，她脸上露出了一丝微笑，神情似乎很镇定。

这篇报道采用的是金字塔结构，按照时间顺序组织事实材料。新闻在开头就设置了一个悬念，埋下了一个伏笔：在晴空万里、阳光明媚的日子里，一个娇小玲珑的红衣女郎同人群一道等待着福特总统的到来，准备欢迎总统。这个娇小玲珑的红衣女郎究竟是什么人？记者为什么要单独写这个娇小玲珑的红衣女郎？读者会带着疑问往下阅读。随着新闻的展开，记者告诉读者，这个娇小玲珑的红衣女郎携带着一支枪，是恐怖主义团体成员。这就给读者又设置了一个悬念、埋下了又一个伏笔：她想干什么？读者会带着急切的心情往下阅读，神经也高度紧张起来。在新闻的结尾部分，读者担心的事情发生了：这个娇小玲珑的红衣女郎要刺杀总统，新闻在这里达到了高潮。这篇新闻的段落都非常短，短段落使报道的节奏加快，加上悬念和伏笔的运用，给读者以急迫感，对读者产生了情感上和心理上的强烈冲击。

一般来说，长篇报道不适宜采用金字塔结构，如果出现上述适合以金字塔结构报道的新闻事件，记者必须充分运用悬念、伏笔等叙述技巧和手法来报道这些新闻事件。否则，长篇报道就会又长又臭。

二、金字塔结构的优点和不足

（一）优点

第一，便于构思行文。金字塔结构按照时间顺序构思、安排和组织事实材料，记者不必花费太多的精力冥思苦想新闻的结构布局，可以循着事实发生、发展、高潮这样的自然顺序方便、快捷地行文，既不容易出差错，又可以加快记者的新闻写作速度。

第二，脉络清晰，故事完整。金字塔结构按照时间顺序安排新闻的结构，新闻事件的发生和发展自然、有序地流动，新闻故事情节连贯、完整。

第三，读者接受无障碍。金字塔结构可以让读者对新闻事件的来龙去脉、前因后果有一个清晰和完整的了解，这尤其适合一部分喜欢完整故事的中国读者。有些新闻报道线索复杂、材料交叉跳跃，读者阅读起来比较吃力，而金字塔结构可以让读者免受这些苦恼，快速、有效地理解和接收信息。

（二）不足

第一，平铺直叙，平淡无味。除去少数叙事技巧高超的记者，多数记者采用金字塔结构写作新闻，常常使新闻报道显得寡然无味，平淡无奇，难以吸引读者。

第二，篇幅较长。由于要保持故事的完整性，一些不十分重要甚至是多余的字句在所难免。

第三，难以吸引读者。由于结果、结论和关键性的焦点信息置于篇末，加上篇幅相对较长,缺乏耐心的读者可能不愿意坚持读到最后去看看新闻到底写了什么。

节奏慢、冗余信息多是金字塔结构最大的问题。在现代社会节奏快、信息海量的背景下,多数读者都不愿意在新闻最后才看到事件的高潮和结局。如果记者在报道开头没有告诉读者最精彩的内容,读者的视线就会跳转到下一条新闻。

从目前的新闻实践来看,金字塔结构在新闻报道中使用得较少,尤其在硬新闻中,基本上不使用金字塔结构报道新闻。从某种意义上说,在硬新闻的写作中,金字塔结构的理论意义大于实践意义。

我们来看1984年1月24日《北京晚报》报道的一条新闻:

两名大学生玩命

【本报讯】 1月22日下午7时,北大分校物理系十八岁学生吴某,与三名女同学到学校附近的铁路边散步。

吴某对女同学说,国外曾有人趴在铁轨中间,火车过后安然无恙。

这时,一列火车正巧从西直门方向驶来。吴某和一名女同学欲亲身一试。他们迎着火车趴在路轨中间。

火车司机发现后,立刻采取制动措施。车头和一节车厢从他们上面驶过之后停了下来。

女同学从车下爬出,侥幸留下了性命。吴某却没有出来。他的头颅受到严重损伤,已经丧生。

这条新闻的导语开头从新闻事件的开始说起,按照新闻事件发生、发展的前后顺序来展开,新闻最后才将关键性的焦点信息陈述出来。这条新闻是很多教科书都经常引用的一个案例。在20世纪80年代节奏比较慢的中国社会,用金字塔结构来写作这个事实,可能还比较适宜。但是,如果这个事件发生在今天,记者采用金字塔结构形式写作这个事实,可能会受到编辑的大声呵斥和严厉批评。大多数媒体可能会这样写作这条新闻的导语:

【本报讯】 北大分校物理系学生吴某听说国外曾有人趴在铁轨中间,火车过后安然无恙。1月22日下午7时,他在学校附近的铁路上以身效法,结果被火车压死。

……

这条新闻的导语也可以采用其他的文字表达,但不管采用什么文字表述,一般都会在导语中就告知读者这个关键性的焦点信息:吴某在铁路上以身效法,被火车压死。

第四节　沙漏型结构

一、沙漏型结构的定义

沙漏型结构是由倒金字塔式的导语与金字塔式的主体和结尾结合组成的结构，其结构形状如古代计时的沙漏，所以被称为沙漏型结构，也称“双金字塔”结构。

沙漏型结构在导语部分采用倒金字塔型结构，将本条新闻最重要、最有价值的焦点信息和核心内容在报道的开头陈述出来，然后在主体部分按照时间顺序对要报道的新闻事件进行具体、完整的叙述。沙漏型结构也属于我们前面讲的泛倒金字塔结构。

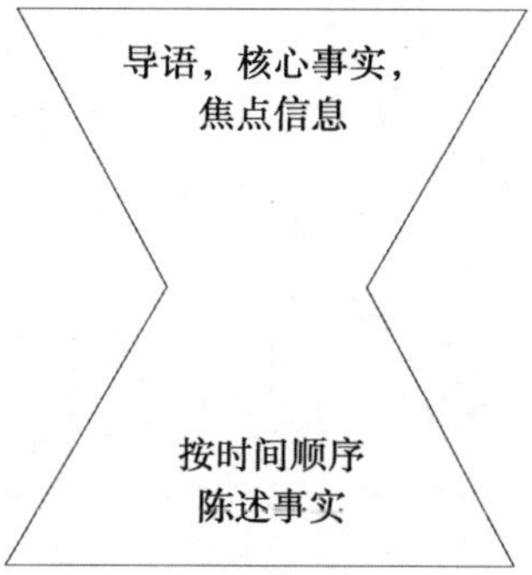

图 4-3　沙漏型结构

沙漏型结构比较适用于报道法治新闻特别是犯罪新闻、事故报道或灾难新闻，将有戏剧性情节的新闻事件按照时间顺序叙述出来，可以使读者比较详细、完整地知悉事件的全过程。

【本报讯】　巴西一名婴儿被大蟒蛇吞进肚子里一小时，被救出后竟仍能存活。

昨天下午，6个月大的小斯沙正睡在屋前的摇篮里，而他的父亲菲力斯正在附近的田里工作，完全不知道一条蟒蛇正爬向摇篮。菲力斯事后回忆说：“我们忽然听到婴儿凄楚地大叫，赶回家中，看见的景象使我的心也凉了：一条巨大的、黑绿两色的大蟒蛇已爬进摇篮，那条蛇一瞬间便爬到地上，并钻到地下去了。”

菲力斯呆站在那里，一筹莫展，只好咒骂那条蛇。他的妻子比他冷静，跑到邻居家中求助。

警方及消防队员知情后不久赶到现场，消防队员用猛烈的水枪射向大蟒蛇藏身之处，将近一个小时，终于把它赶到空地上。它大概有二点七米长，腹部隆起。菲力斯立即用斧头把它的头砍下来，紧接着用刀把蛇腹剖开。他已做好最坏的心理准备，然而小斯沙奇迹般地未被咬伤，菲力斯打了他一下，他居然哭了起来。医生检验后证明小斯沙健康无恙。

这条新闻的导语将整个事件的核心内容和结果概括地叙述出来：一条大蟒蛇将一名婴儿吞进肚子里一小时，结果婴儿居然没有死亡，被救出后还活着。新闻的导语采用的是典型的倒金字塔结构模式。在新闻主体部分，这条新闻采用金字塔结构叙述事件的发生、发展、高潮和结局。第二段叙述了事件的发生：一条大蟒蛇爬进摇篮吞吃婴儿后逃跑。第三段叙述事件的发展：婴儿父母对蟒蛇吞吃婴儿的反应——父亲一筹莫展，母亲冷静求助。第四段叙述事件的高潮和结局：警方及消防队员抓蛇，父亲剖蛇腹救出婴儿，婴儿还活着，而且健康无恙。

再来看下面这条新闻：

【法新社巴黎(1964年)10月15日电】 据可靠消息,赫鲁晓夫已辞去苏共中央总书记、苏联部长会议主席两项最高职务。

虽然今年早已出现某些传闻,可是,直到今日16时05分才首次证实此事。当时驻莫斯科的外国共产党记者被告知不要离开收音机,等候"重要消息"。

接着在16时09分,法新社驻莫斯科分社注意到,往常在下午出版的《消息报》没有出版。一分钟后,一条电讯谈到了苏共中央领导机构将发生变动的新闻。这时,法新社记者注意到在莫斯科苏共中央委员会所在地前面停了许多黑色轿车。

大约半小时后,即16时34分,法新社记者注意到赫鲁晓夫没有出席在克里姆林宫为古巴总统多尔蒂科斯举行的午宴。到16时47分,莫斯科宣布,《消息报》到明天早晨才出版。

从16时55分起,情况更惊人了:人们看到赫鲁晓夫的名字从《真理报》上消失了。17时45分,从赫尔辛基传来的消息说,赫鲁晓夫"可能辞去了他在苏联领导机构中担任的职务之一"。18时04分,法新社从巴黎发出的电讯证实他已辞去了两个职务。

虽然赫鲁晓夫下台已经肯定了,可是,这时人们还不知道下台的原因。最后,在18时45分,从莫斯科传来了半正式的消息:赫鲁晓夫辞去了他在党和政府的两个职务。

4分钟后,即18时49分,据同一来源的同一人士说,继承者已确定:党的首领是勃列日涅夫,政府首脑是柯西金。

从那时起,从莫斯科传来了各种各样的传说。18时53分的消息说,接替赫鲁晓夫的决定是在一次中央委员会会议上通过的。赫鲁晓夫参加了这次会议,他谈到了自己的健康状况,提出了辞职。

稍后不久,即18时55分,法新社驻莫斯科分社宣布,据消息灵通人士说,赫鲁晓夫业已辞职。

这条新闻的导语将最实质性信息和最具爆炸性信息告诉了读者:赫鲁晓夫已辞去苏共中央总书记、苏联部长会议主席两项最高职务。新闻主体部分则按照时间顺序叙述事件,将赫鲁晓夫辞职事件的整个过程叙述得非常清晰、完整。由于事件重大,人物地位显赫,记者精确到分钟地陈述事件的发展,读者可以从其中感受到斗争的残酷和惊心动魄。新闻的结尾与导语相呼应,形成首尾照应,使新闻更完整、紧凑。

二、沙漏型结构的优点和不足

(一)优点

按照时间顺序叙述新闻内容,可以使新闻报道更具有故事性。"沙漏结构是借用古老的叙事力量以增强报道吸引力的一种有效方法。"[①]按照时间顺序叙述事件,还能够使读者完整、清晰地了解新闻事件。同时,在新闻开头突出实质性核心信息和新闻要旨,既方便读者快速掌握信息,又能够节约大量的时间。

---

① 福克斯.新闻写作——报刊记者指南[M].李彬,译.北京:新华出版社,1999:111.

（二）不足

这种结构的不足主要体现在新闻的主体部分，按时间顺序叙述新闻事件可能会重复新闻开头提到过的部分关键信息，使新闻篇幅增多。如果新闻内容没有足够的吸引力，会使读者感觉浪费时间、效率不高。

知识链接

佛罗里达州圣彼得斯堡波因特媒介研究学院的罗伊·彼得·克拉克认为沙漏式结构具有如下优点：

- 重要的新闻内容在文首提供。
- 撰稿者可以利用记叙体的长处。
- 最重要的信息会在记叙部分重复，使读者有机会充分了解吸收。
- 与倒金字塔式结构的头重脚轻不同，沙漏式结构更平衡。
- 它将读者吸引到报道中并将他们带到事件的真实结尾。
- 它使编辑不能从结尾删减报道。①

第五节　华尔街日报体

一、华尔街日报体的定义

华尔街日报体采用的是从特殊到一般的报道方法，讲究点面结合。新闻开头使用软导语，从新闻事件中的一个人物、一个场景、一个细节或情节落笔，以讲故事或对主题的阐释开始报道。

软导语之后，新闻紧接着用一两个过渡段转入要报道的主题。记者为什么要报道这个新闻？读者为什么要阅读这个新闻？报道主题所在的核心段会充分地回答这些问题，它将向读者展示这篇新闻的主要内容以及它的重要性。

然后，新闻将为报道主题提供支持性材料，通过陈述大量的典型事实材料、统计性材料和观点性材料，来充分阐释主题。

在其他新闻报道结构中，新闻的主题报道完毕后，新闻也就自然结束了。而华尔街日报体在新闻结尾处又会用过渡手法回到新闻开头讲的小故事，回到开头写的人物、场景、细节或情节上去，照应开头，首尾呼应。

这种结构方式在《华尔街日报》以外的媒体机构中也得到广泛的应用，但是因为《华尔街日报》擅长采用这种结构报道新闻，因而它得名为“华尔街日报体”。

① 伊图尔，安德森. 当代媒体新闻写作与报道[M]. 贾陆依，华建昌，译. 6 版. 北京：中国人民大学出版社，2009：70-71.

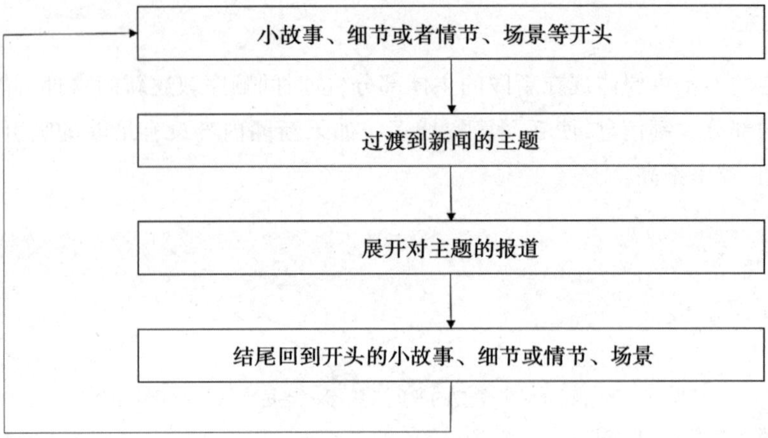

图 4-4 华尔街日报体结构

华尔街日报体比较讲究文章的过渡,常常用很多逸事、趣事、细节、情节、直接引语和其他文学技巧来报道新闻。

卡西诺毁掉了大学梦

住在卡西诺赌场附近的大学生更容易染上赌瘾。近几年去赌场赌博的大学生人数一直呈上升趋势。

密苏里州堪萨斯城的迈克尔·哈兹派斯(Michael Hudspeth)在初中时就开始了赌博,那时候他在食堂的地板上用午饭钱与别人玩掷骰儿赌博;当他上大学后,他到密苏里河上的游艇里赌博。

他从一天输掉母亲给他的2美元午饭钱,发展到一夜之间输掉他借来的2,000美元助学贷款。

“我每天都会去那船上赌博。”24岁的哈兹派斯说,他经常从位于圣约瑟的密苏里西部学院逃课,到5分钟路程之外的名叫圣乔治弗朗蒂尔的卡西诺(Casinos)去赌钱。

“我不知道为什么,只知道那里的人们以及那里令人兴奋的事情吸引着我不断地去那里。”

卡西诺赌场在全国范围内蔓延,可能导致了大学生赌博这一社会问题。

住在卡西诺赌场周围的学生们更容易染上赌瘾,新泽西州理查德·斯托克顿学院(Richard Stockton College)的心理学教授迈克尔·弗兰克(Michael Frank)说:“近几年卡西诺赌场的数量在不断增长。”该学院所在的亚特兰大市至少有12家卡西诺赌场。

哈佛医学院的一个研究“上瘾行为”的研究小组做了一项调查,被调查的美国及加拿大的大学生们有大约一半声称自己最近几年里有过在卡西诺赌场赌博的经历。

位于巴吞鲁日的路易斯安那州立大学校园附近不到两英里的范围内就有两艘卡西诺赌场游艇。该校有一名学生最近被指控从学校里骗走了3,000美元去支付自己的赌资。

“赌博在新泽西每一所高中和大学里蔓延,”新泽西反赌博委员会委员爱德华·鲁尼(Edward Looney)说,“这已经成了一种通病,这个国家所有大学都有学生在赛马场和卡西诺里赌博。”

堪萨斯大学距离6家卡西诺赌场不到一小时车程。该校学生去年还建立了一个赌博者匿名协会。

“统计数字显示了年轻人赌博问题不断发展的严重趋势,我们必须对那些距离大学校园过近的卡西诺赌场特别关注。”史蒂夫·泰勒(Steve Taylor)说。他是密苏里州的一个反赌博协会卡西诺监督者组织的发言人。

在大多数州里,允许赌博的法定年龄是21岁,如果不足这个年龄的人被发现在卡西诺赌场里赌博,赌场的主人将面临巨额罚款,但是许多不够年龄的学生总能找到办法进入赌场,就像他们能够设法买到酒或进入酒吧一样。

许多人使用伪造的或借来的身份证,或者在进门的时候根本没有被要求证明自己的年龄。许多大学生都很容易从父母处或从助学贷款项目中获得现金,学生们手中也塞满了各种信用卡,孩子使用信用卡时通常不需要父母签字。

密苏里州的全部11家卡西诺赌场游艇都实施了一项叫作“拒绝21”的计划,提醒那些不足年龄的人:赌博是违法的,并且教导工作人员如何识别出不足年龄的赌博者。

北堪萨斯城海拉赌场酒店的市场总监杰夫·胡克(Jeff Hook)说,如果发现顾客的年龄可能存在问题的话,海拉赌场的工作人员会在顾客进出赌场时检查他们的身份证。

哈兹派斯生于堪萨斯城,赌博几乎占有了他的全部生活。他为了进赌场而向最好的朋友借用驾照,有时他又把母亲给他的房租用于体育赌博,他花光了他的信用卡的钱,并且取出了助学贷款来满足自己的赌瘾。他没能完成学业,相反为了偿还债务而不得不全天工作。(资料来源:美联社,记者:齐亚·桑特·布鲁克斯)①

新闻采用软导语开头,以讲故事的形式,向读者介绍一位大学生哈兹派斯爱赌博,从一天输掉2美元,到一夜之间输掉借来的2,000美元助学贷款,沉湎于其中而不能自拔。从第六段开始由点到面,过渡到新闻的主题:卡西诺赌场在全国范围内蔓延,可能导致了大学生赌博,而且这个问题将成为一个社会问题。然后新闻又开始由面到点围绕这一主题展开报道。作者引述专家对大学生赌博上瘾的观点:“住在卡西诺赌场周围的学生们更容易染上赌瘾”;引述统计资料:在被调查的美国及加拿大的大学生中,有一半的大学生有过在卡西诺赌场赌博的经历,这是面上的材料。之后报道路易斯安那州立大学、新泽西州的高中和大学、堪萨斯大学等学校学生的赌博现象,这是点上的材料。从面到点的材料,都说明一个问题:大学生赌博已经成为一种趋势。后面几段,新闻报道了社会特别是赌场为遏止大学生赌博采取了种种

---

① 里奇.新闻写作与报道训练教程[M].钟新,主译.3版.北京:中国人民大学出版社,2004:212-213.

措施，但是收效甚微，“不够年龄的学生总能找到办法进入赌场”，这进一步说明这种趋势难以遏止。在新闻的结尾，又回到“赌博几乎占有了他的全部生活”的哈兹派斯，他输光了母亲给他的房租钱、花光了信用卡的钱，甚至动用助学贷款的钱满足赌瘾，结果不能完成学业，不得不全天工作来偿还赌债，和开头相照应。

二、华尔街日报体的优点和不足

（一）优点

用生动、具体的材料来阐释抽象的主题，用看得见、摸得着的事实使枯燥乏味的问题、观点、趋势等变得可感、可触，有声有色，这种从特殊到一般，也可以称为从具体到一般的方法，借鉴了文学写作的方法和技巧，这是华尔街日报体的显著特点，也是其最大的优点。

“一千万人死亡只是个统计数字，一个人怎样死却可以写成悲剧。”集中描绘整体中的一个部分能产生巨大的作用。①

“很少人能解释小麦市场系统是怎么回事，但如果我们从头至尾地了解到一蒲式耳小麦是如何从下种到家庭主妇在超级市场（超市——引者注）拿起一条面包的全过程的话，我们就能解释出小麦市场系统是怎么一回事了。”“许多读者对有关‘国际商业机器公司’的报道不感兴趣，但是，如果从一位正被提升的年轻经理的角度撰写，这篇报道就有可能吸引读者看下去。许多读者对失业率是百分之六点七的报道毫无感受，但如果报道讲的是一位失业工人叙述他的公司宁可关门也不愿遵守政府防止污染标准措施要求，这就有可能吸引读者迫切地想看下去。”②

华尔街日报体特别擅长通过对一个人物、一个场景、一个细节或情节（主要是人物）的报道，将一个重大的也可能是枯燥乏味的报道主题具体化、故事化、人性化、情趣化，从而引起读者的强烈兴趣，通过这种报道方式，让读者在愉快的阅读中了解到某种趋势、某个人物、某个新闻事件对公众、对社会产生的影响。

（二）不足

这种体裁要求用小故事引出报道主题，讲究过渡、讲究首尾照应，这些内容将会增加新闻报道的篇幅。华尔街日报体需要找到能够充分说明主题的小故事，这种故事有时候可能难以获得，这将增加采访的难度，也会延长采访报道的时间。在特别讲求新闻的时效的现代社会，这种体裁会影响对新闻的迅速、及时的报道。这种结构一旦固定，就可能多少有些呆板、僵化、格式化。

---

① 密苏里新闻学院写作组. 新闻写作教程[M]. 褚高德，译. 北京：新华出版社，1986：258.

② 密苏里新闻学院写作组. 新闻写作教程[M]. 褚高德，译. 北京：新华出版社，1986：258-259.

知识链接

《华尔街日报》报道套路

下面是《华尔街日报》使用的一种报道结构：

趣闻逸事：以一个事例或对主题的解释开篇。

对主题的清晰陈述：展开导语。它应该在第六段之前进行。有时候，这一段被称为核心段。

对主题重要性的陈述：回答读者的问题"为什么我应该读它?"

细节：证据和对主题的展开。

对读者问题的回答：这件事为什么会发生？对该事件正在采取什么行动?①

应用《华尔街日报》写法的几点步骤

《华尔街日报》写法有一套现成的步骤。第一步是将重点放在某个独特的方面，这是最重要的一步。紧接着还有三步：

· 向主题过渡。

· 报道主题。

· 回到稿件开始的重点，写一强有力的结尾或做一总结性的阐述。②

新闻报道的结构形式还有很多，这里只是择要进行讨论，其他结构形式在这里不一一列举。

金末学者王若虚在《文辩》中写道："或问文章有体乎？曰：无。又问无体乎？曰：有。然则果何如？曰：定体则无，大体则有。"文无定法，以上的新闻结构形式虽然是相对固定的，但并不是绝对固定的，记者在报道新闻安排结构时，一般情况下，应该按照自己比较熟悉、稿件比较适合的新闻结构形式去安排新闻的结构，但也不要被固定的结构形式所束缚，在合适的时候，可以突破固有的结构形式，创造出新的更适合报道内容的结构形式来。"内容为王"是一条颠扑不破的真理，形式必须为内容服务。有什么样的内容，就有什么样的形式。记者也可以根据具体的、特殊的报道内容，构思、设计出更适合报道内容的、更好的、独特的结构形式来。

思考与练习题

一、思考题

1. 理解新闻结构和文学结构的不同。
2. 什么是倒金字塔结构？简述这种结构的优缺点。
3. 什么是泛倒金字塔结构？简述这种结构的几种主要表现形式。
4. 什么是金字塔结构？简述这种结构的优缺点。
5. 什么是沙漏型结构？简述这种结构的优缺点。
6. 谈谈华尔街日报体的写作方法。

---

① 门彻. 新闻报道与写作[M]. 展江，主译. 北京：华夏出版社，2003：162.

② 密苏里新闻学院写作组. 新闻写作教程[M]. 褚高德，译. 北京：新华出版社，1986：260.

二、练习题

1. 请把下面这个材料改写成一条倒金字塔结构的新闻。

白宫星期三(3 月 19 日电)宣布,美国已经展开旨在解除伊拉克武装的军事行动。当地时间星期四凌晨,美军对伊首都巴格达的伊拉克领导层所在的建筑物进行了空袭。美国战机是在总统乔治·布什要求伊拉克总统萨达姆·侯赛因要么离开伊拉克,要么面临战争的最后期限到期一个半小时后,袭击伊拉克首都巴格达的。巨大的爆炸声不绝于耳,火焰照亮了天空,空袭警报声响彻这座拥有 500 万人口的城市。目击者说,伊拉克领导层所在的建筑在美军针对巴格达的两轮空袭中遭到了袭击,造成人员伤亡。伊拉克防空部队对美军战斗机进行了回击。第一轮爆炸发生在格林尼治时间星期四早晨 2 点 45 分,曳光弹和大团的黑烟出现在巴格达南部。居民们纷纷躲进家中加固的房间里或大型建筑下的公共防空洞里。供电并没有停止,但爆炸之后国家广播电视台已停止了播音。早些时候,联合国秘书长科菲·安南曾向美国和英国发出警告:"根据国际法,交战方有责任保护平民。"周三晚上,美军战机在伊西部和南部袭击了伊拉克地对地导弹和炮火设施,但五角大楼坚持说此举只是为了维护禁飞区,并不算战争的开始。巴格达上空传出空袭警报数分钟后,白宫发言人阿里·弗莱舍对记者说:"解除伊拉克政权武装行动的初始阶段已经开始。"(资料来源:新华社,2003 年 3 月 20 日)

2. 请把下面这个材料改写成一条金字塔结构的新闻(限 500 字以内)。

即使想听,涛涛(化名)再也听不到妹妹叫他"哥哥"了,妹妹的声音曾是多么稚嫩,从妹妹嘴里最后吐出来的"哥哥"这两个字,又曾是多么甜美,多么无助……8 月 10 日下午 6 时许,西安市阎良区振兴街办谭家村四组的村民们正在村道里纳凉聊天,忽然间,村道西头传过来了呼喊声。村民谭某顺着声音望去,是三组 71 岁的吴老太太,怀里抱着她 1 岁半的孙女,正向村道上的卫生室跑来,一边跑一边说:"娃看着很严重,赶紧救救她!"她的声音都沙哑了。在旁边一起呼喊着的,是她的侄儿媳妇。几名村民见状,赶紧迎上前去看个究竟。"小女孩脸色苍白,脖子、衣服上都是血,没有任何声音,"谭某说。村民们将孩子抱住后,吴老太太都快瘫倒在地上了,大家赶忙将她扶了起来。卫生室的康医生三步并作两步跑了过去。在进行初步查看时,他觉得小女孩的情况很严重,他处理不了。于是,他转回身去发动自己停在卫生室门口的车。吴老太太抱着孙女坐上车,康医生的车开出村道,驶向阎良区人民医院。但很快,这辆车就载着吴老太太和孙女返回来了。带回来的也是一个噩耗,小女孩的颈部总动脉和静脉全部都断了,已被医院确定为死亡。康医生说,小女孩的左侧颈部有一条大约 11 厘米长的伤口。昨日下午,《华商报》记者通过多种途径了解到,在接受警方讯问时,涛涛说,他将奶奶支走之后,就开始对妹妹动手。涛涛先用双手掐住了妹妹的脖子,几十秒钟之后,他突然就觉得心软了,然后松开了双手,这时候,妹妹睁开了眼睛,看着他,叫了一声"哥哥"。听到妹妹叫"哥哥",涛涛的眼泪就顺着脸庞流了下来。他也经过了激烈的心理斗争,后来担心妹妹长大了记恨他,所以选择了继续。他不再掐妹妹的脖子了,而是用被子捂住她的头部,然后,他抱着妹妹进了厨房,拿起了菜刀……民警问他后悔不?他的回答是"不后悔!"民警连续问了他至少 4 次,他的回答都是"不后悔!"涛涛还说,他恨父母,爱奶奶。昨日上午,谭家村三组,涛涛家的木门紧闭,门上的封条随风飘扬。大家都不知道事发后涛涛的父母和奶奶去了哪里。涛涛家现在仍然是老房子,村民说,孙某(涛涛的父亲)他们在阎良城区买房了,很少回老家居住。吴老太太在老家住的时间较长。由于涛涛在城区上学,大家平时也很难在村里见到他。出了这样的事,整个村子的村民都觉得很悲伤,有村民说,在刚刚过去的那个晚上,他们几乎都不曾合眼,老是觉得心里堵得慌。有村民称,暑假里,孙某让涛涛去补课,遭到涛涛反对。于是,他向妹妹下了手,他的目的就是想报复父母,让父母后悔。案发后,阎良警方成立专案组进行调查。昨日上午 11 时 30 分,专案组民警带着涛涛回到谭家村指认现场。《华商报》记者看到警车中的涛涛,眼睛看着前方,脸上也没有什么表情。涛涛的父亲孙某是阎良区一乡镇医院的医生,年龄约 45 岁,母亲李某在阎良区汽车站附近开了一家商店,主营烟酒副食、饮料和水果,孙某经常会来商店帮忙,两口子在外面忙着,一双儿女主要就交给了老家的奶奶照看,老太太先是将涛涛带大了,后来,孙女出生了,她又开始带孙女。事发当日,商店还正常开着门,孙某和李某都在。晚上 7 时许,涛涛出现在店里,他是从谭家村来的。他对在店里的父母说,他用菜刀把妹妹杀了。听到这后,孙某拨打 110 报了警。很快,西安市公安局阎良分局胜利路派出所就出了警,随后,谭家村所属的振兴派出所和公安阎良分局刑警大队也介入调查。陕西高瑾律师事务所律师高瑾说，《刑法》第十七条中有明确的规定，已满十六周岁的人犯罪，应当负刑事责任。已满十四周岁不满十六周岁的人，犯故意杀人、故意伤害致人重伤或者死亡、强奸、抢劫、贩卖毒品、放火、爆炸、投毒罪的，应当负刑事责任。但是，已满十四周岁不满十八周岁的人犯罪，应当从轻或者减轻处罚，"所以，尽管涛涛未满十六岁，仍然要承担相应的刑事责任"。西安心理学会会长尚华教授分析说，在涛涛的内心，家庭全部的爱之前是给了他一个人的，但随着妹妹的出生，部分爱被分享了，他的心理出现了波动，这是很正常的一种反应。但在这种情况下，父母应该对其解释，告诉他们，家庭对每个孩子的爱是一样的，要让孩子有一个接受的过程。尚华教授认为，家庭、学校和社会普遍缺乏对孩子进行珍爱生命方面的教育，大家只关注孩子的学习成绩，不关注人格的培养，这就导致孩子人格的缺陷。也许，补课只是一个导火索，他的心理，更多的是一种不平衡，他需要一个宣泄的途径，从而缓解最近的负面情绪。在这种情况下，他可能会把父母给予妹妹正常的爱进行放大，从而产生了犯罪心理。陕西阳光心理研究所副所长胡宝华说，十四岁这个年龄刚好是儿童向成年发展的过渡期，也就是通常所说的青春期，这个时期，他们身心发展极不平衡，身体发育得很好，但是心理年龄没有跟上，他们的自我调节能力很脆弱，处理和解决问题的能力比较低下。有了弟弟妹妹之后，他会感觉受到了冷落和忽视，就出现了不理智的反抗。胡宝华认为，现在二胎政策比之前放开了，很多家庭却疏忽了对老大心理的正确引导。胡宝华说："家长在要二胎之前，应该征求老大的意见，告诉他弟弟或妹妹的到来，是一种陪伴，让老大也一起进行期盼，一起呵护弟弟妹妹的成长。"(资料来源:《华商报》,2014 年 8 月 12 日)

3. 根据你平时的观察和思考，策划一个选题，在校园或社会上采访，根据采访得来的材料，用华尔街日报体结构写一条新闻。

第五章 完整的报道

▶**本章要点：**

在写完导语之后，先注释导语，再补充导语，不可颠倒这个次序。注释和补充导语是报道展开的重要环节和内容。

新闻必须有背景；要学会将背景自然、融洽地插入新闻中，学会运用背景巧妙表达意见。

硬新闻不必刻意雕琢结尾，自然结尾是一种比较好的方式。软新闻、特稿及深度报道可以对结尾进行精雕细刻。

好文章是改出来的；应将修改作为新闻写作必不可少的环节，从程序上予以确立。

一条完整的新闻报道一般由标题、导语、主体、结尾组成，同时，需要提供必要的背景，帮助读者加深对新闻的理解；将事实、背景巧妙地连接在一起，需要讲究过渡的技巧。新闻报道完成后，在时间许可时，还需要对写好的报道进行认真、仔细的修改，经过反复推敲、研读、改正后的稿件，才能算是最后完成的新闻稿。

第一节 报道的展开

新闻标题是新闻报道结构中的第一个环节，是重要的环节之一。现代社会，人类已经进入读题时代，新闻标题的地位越来越重要。但是，新闻标题是新闻编辑学最重要的内容，为了避免重复，这里就略去不论。

导语是新闻报道结构中的第二个环节，也是重要的环节之一。我们在第三章对导语已经进行了专章讨论，这里也不再赘述。

新闻的主体是新闻报道结构中的第三个环节，又称“新闻躯干”，是一篇新闻最基本的、比较重要的组成部分，是新闻内容的展开部分，具体的新闻事实、更多的细节都要在主体部分叙述和交代，这是本节要讨论的内容。

一、如何展开报道

有些记者认为只要把导语写好了，新闻主体就可以随意写作，不需要花太多的精力。这种观点是错误的，会影响记者努力建构新闻报道的主体部分。

美国著名记者肯·富森（Ken Fuson）说：“我知道绝大多数报纸读者不会从头一直读到

尾。但是我对自己说如果我写得足够好，他们会读完我的报道。”①如果记者像写作导语一样写作新闻主体，读者也会像阅读导语一样阅读新闻主体，会非常乐意阅读完一条完整的报道。

（一）注释导语

导语是对新闻事实的高度概括，为了吸引读者，使新闻更简洁，导语只是粗线条地对新闻事实的总体轮廓做一个简单、概括的介绍，只是将新闻的焦点和核心信息告诉读者，而更丰富、更充实的内容还在新闻主体部分。显然，很多读者对此介绍并不满足，希望进一步往下阅读，以期了解到更为详细、更为完整的信息。

为了使导语中的事实更加清楚、更加详细，以满足读者深入了解新闻事实的要求，记者要向读者提供一些与导语相关的细节、情节，并交代必要的背景，让读者对报道的内容有更清晰的了解。

（二）补充导语

新闻要素在导语中并不是全部出现，有些要素在主体中才出现。如果读者对一个新闻事件的基本要素都不了解，读者可能就难以把一个新闻事件弄明白，记者的新闻报道也就是失败的。因此，在主体部分必须交代导语中没有交代的新闻要素。同时，在导语中没有提及的事实，并不是可有可无的事实，而是读者想知悉也应该知悉的事实，在新闻的主体部分，记者必须补充新的信息，使新闻更完备。

加拿大滑铁卢一名女大学生校园内遭雷击身亡

2014 年 9 月 6 日　09:18　来源：中国新闻网

（1）**【中新社多伦多 9 月 5 日电】**（记者：徐长安）　加拿大安大略省滑铁卢市警方于当地时间 9 月 5 日确认，一名 18 岁的女大学生当天早晨在该市滑铁卢大学校园内遭到雷击身亡。

（2）警方称，当天早上约 9 时，警方应急服务部门接到滑铁卢大学称一名行人被雷击后，立即作出响应。（注释导语）

（3）警方介绍，受害人是一名大学一年级的女学生。当地消防部门称，遇难女学生当时站在树下，雷电击中树木，电流传到了她身上。据两名目击者称，他们看到一名女生被雷击中倒在树下，身上冒着烟，皮肤被烧焦。（注释导语）

（4）警方称，这名女学生被发现时已经没有了生命迹象，送医院几分钟后，被宣布死亡。（注释导语）

（5）滑铁卢警方已经通知死者位于马卡姆市的直系亲属。（补充导语，补充新的信息）警方表示，该学生在滑铁卢大学工程系学习。（注释导语）

---

① 里奇. 新闻写作与报道训练教程[M]. 钟新，主译. 3 版. 北京：中国人民大学出版社，2004：189.

(6)滑铁卢市在多伦多以西约120公里,是当地工业重镇。(**介绍地理背景**)当天早上,滑铁卢地区有暴雨,伴有雷电,降雨达60毫米。(**介绍环境背景**)

(7)事发后,滑铁卢大学方面很快发出信息,并在当天下午提供了更加详细的信息。滑铁卢大学校长斐丹·汉杜拉普(Feridun Hamdullahpur)发表声明,对学生死亡表示极大悲痛。(**补充导语,补充更多新的信息**)

(8)汉杜拉普表示,遇难的学生18岁,是该校纳米技术工程专业的新生,来自安大略省马卡姆市。该专业是加拿大最有竞争力的工程专业之一。汉杜拉普同时表示这名学生学业优异。汉杜拉普说,根据遇难学生家属保护学生的隐私的要求,不对外公布遇难学生的姓名。(**补充导语,补充更多新的信息**)

(9)目前,滑铁卢警方已经协同法医对事发时的周遭环境进行调查。(**补充导语,补充更多新的信息**)

(10)事发在新生开学之际,汉杜拉普表示,在这个本应该充满生机的时间发生这样的事情,令人沮丧。(**补充导语,补充更多新的信息**)

(11)由于警方和校方公布的信息都称,该遇难学生来自安大略省马卡姆市。而马卡姆市是当地华裔聚居区之一,因此,当地媒体称,遇难学生来自华裔社区。(**补充导语,补充更多新的信息**)

这条新闻的导语写得非常简略,只是对焦点信息进行了介绍。从第二段开始一直到第五段,是对导语的注释。新闻主体部分采用的是金字塔结构形式,按照时间顺序安排和组织事实材料。第二段,警方接到雷击事件信息后,第一时间作出响应,这段文字注释导语中的"警方于当地时间9月5日确认"。第三段和第四段注释"18岁的女大学生当天早晨在该市滑铁卢大学校园内遭到雷击身亡"。第三段进一步详细报道女大学生遭受雷击和受伤的经过。第四段报道女大学生身亡的详细内容。第五段的第一句是补充导语,第二句是注释导语。第六段是一个过渡段。这种写法是一种比较常见的写法。从前面一个部分过渡到下一个部分,往往采用背景介绍过渡,然后随之切换内容。背景介绍的前面部分,主要以注释导语为主,背景介绍的后面部分,主要以补充导语为主。第六段的前一句是对滑铁卢市的背景介绍,后一句是对雷击事件时的天气状况的描述,进一步证实死者遭到雷击的可能性。从第七段开始,新闻内容切换到滑铁卢大学方面的反应,主要以滑铁卢大学校长的反应为主。第七段和第八段报道死者所在大学对女大学生死亡的悲痛的心情,第八段专门叙述滑铁卢大学校长对死者基本情况的介绍。第九段是警方会同法医的进一步调查。第十段又回到校长对死者的态度,进一步表达其悲痛和沮丧的心情。最后一段介绍死者来自华裔聚居区,暗示死者可能是华人。整条新闻,以第六段为分界,第六段是过渡段。第六段以前,第二至第五自然段,主要以注释导语为主,详细介绍女大学生的死亡情况。第六段之后,主要以补充导语为主,补充了更多新的信息,这些新的信息主要是与女大学生相关的信息。通过对导语的注释和补充,新闻信息就显得清晰、明确、完整。

再看下面这条新闻:

“核心价值观百场讲坛”第 122 场举办 宣讲红岩精神

2023 年 6 月 2 日　03:25　来源:光明网

(1)**【新华社重庆 6 月 1 日电】**（记者:黄兴、李松）　由中宣部宣教局、光明日报社共同主办的“核心价值观百场讲坛”第 122 场活动 6 月 1 日在重庆举行,原中共中央文献研究室副主任、中央马克思主义理论研究和建设工程咨询委员会委员陈晋,作题为《弘扬红岩精神 传承红色基因》的演讲。

(2)陈晋围绕中国共产党人的精神谱系展开论述,阐明中国共产党人的精神谱系是由生动的精神坐标构成的。他表示,每一个精神坐标各有侧重、各具特色,都具有生动鲜活的实践属性,完整地体现了中国共产党的伟大历史进程,反映了党在不同历史时期的大历史脉络、大历史面貌、大奋斗风采。(**注释导语**)

(3)陈晋指出,红岩精神诞生的背景、方式很特殊,红岩英雄们在特殊和复杂的斗争环境里,锻造和形成了坚如磐石的理想信念、和衷共济的爱国情怀、不折不挠的凛然斗志、坚贞不屈的浩然正气的红岩精神。在新时代培育和弘扬社会主义核心价值观,就是传承和发扬中华民族伟大精神,传承和发扬包括红岩精神在内的中国共产党人的精神谱系。(**注释导语**)

(4)活动现场,全国脱贫攻坚楷模、时代楷模,重庆市巫山县竹贤乡下庄村党支部书记、村委会主任毛相林作为践行红岩精神的典范,讲述了带领村民凿山修路、培育特色产业,最终摆脱贫困,把下庄建设好、发展好,走出一条幸福路的事迹。(**补充导语,补充新的信息**)

(5)本次活动由重庆市委宣传部、光明网承办,重庆广播电视集团(总台)、红岩联线管理中心、重庆市渝中区委协办,光明网、光明日报客户端对活动进行现场直播。(**补充导语,补充新的信息**)

在这条新闻中,导语报道了最核心的信息:“核心价值观百场讲坛”第 122 场活动 6 月 1 日在重庆举行,原中共中央文献研究室副主任、中央马克思主义理论研究和建设工程咨询委员会委员陈晋,作题为《弘扬红岩精神 传承红色基因》的演讲。第二段阐明中国共产党人的精神谱系,第三段介绍红岩精神的核心内容及其在新时代的传承和发扬,都是对导语的注释。第四段报道践行红岩精神的典范毛相林,第五段介绍活动的主办方及现场直播,都是导语未提及的新的信息,是对导语的补充。

新闻主体展开的步骤是:先注释导语,再补充导语,这个顺序一般不能变更。背景介绍多数情况下出现在注释导语之后,但也可以根据新闻报道的需要灵活运用。

二、展开报道的要点

展开报道的要点很多,这里择要介绍几种。

(一)紧扣新闻眼

任何文章的写作,在材料的安排和组织上都必须紧紧围绕主题,与主题无关或关系不大的材料不能滥竽充数地写进文章中,新闻写作更不能例外。新闻写作比任何文章的写作都更强调简明扼要,让读者方便、快捷、高效地接收信息。这就要求记者在展开新闻主体时,要紧扣新闻眼和新闻主题,虽然文字可以不像导语那样字字千金,但也还是应该惜墨如金。

伯利恒在凄风寒雨中度过圣诞节

(1)**【德新社约旦河西岸伯利恒(1987年)12月25日电】** 基督教香客星期五在倾盆大雨和严寒的伯利恒平安地度过了圣诞节。

(2)以色列士兵站在灯火通明的曼格广场四周的街道和房顶上警戒,相传耶稣就降生在广场附近的一座马棚里。市政官员说,大约有4,000名香客,比往年人数要少许多。

(3)一位爱尔兰神父轻蔑地冷笑说:"在圣诞节,就连圣地也得寂静。"

(4)直到昨天,这里还是充满了恐惧,人们担心约旦河西岸巴勒斯坦人抗议以色列占领的示威会影响到圣诞节的庆祝活动。

(5)但是,当以色列人在占领区逮捕了600多名巴勒斯坦青年后,示威活动就停顿下来。以色列军方一位发言人说,派往伯利恒的一部分军队已于星期四撤离。

(6)星期五,香客们冒着倾盆大雨,三五成群地在伯利恒的圣凯瑟琳大教堂和耶稣诞生教堂逗留,隔壁有一个山洞,上面缀有一颗银制的五角星,纪念传说中的耶稣降生地。

(7)晚上,耶路撒冷的拉丁主教贾科莫·伯尔特里蒂在圣凯瑟琳大教堂主持了午夜弥撒,有2,000名左右的香客参加。①

这条新闻的基本主题就是标题:伯利恒在凄风寒雨中度过圣诞节,新闻紧紧围绕这个主题来展开报道。导语是对主题的概括。第二段到第五段写社会环境的"凄风寒雨",以色列人占领了伯利恒,以色列士兵在这里警戒,逮捕了600多名巴勒斯坦青年。圣诞节本来应该非常热闹、值得庆祝,但受到这种社会环境的"凄风寒雨"的影响,人们感到恐惧,香客减少,气氛冷清,连外籍神父也表示不满。第六段和第七段,实写自然环境的"凄风寒雨",香客继续锐减,只有2,000名左右的香客冒着倾盆大雨,在伯利恒的圣凯瑟琳大教堂和耶稣诞生教堂度过圣诞节。所有事实材料都紧扣主题,没有一句偏离主题。

(二)过渡的技巧

在展开新闻主体时,从一个事实或背景到另一个事实或背景,彼此之间需要衔接,这个衔接就是过渡。过渡,是展开新闻主体、进行新闻写作非常重要的技巧之一。

将事实或背景连接起来,需要中介和桥梁。字词、短语、句子和段落,是过渡最常用的四种连接物。如果没有这四种连接物,从一个事实或背景到另一个事实或背景就会显得突兀、跳跃,新闻就会晦涩难懂,甚至令人感到莫名其妙。由于强调简洁明快,新闻文体在事实与事实之间、事实与背景之间的跳跃比其他类型的文章大,如果新闻没有过渡或过渡使用得不好,读者就难以理解新闻的内容。因此,在展开新闻主体时,过渡非常重要。

---

① 熊昌义,余天恩.国外现场短新闻选萃[M].北京:新华出版社,1992:186-187.

过渡主要包括以下四种方法：

1. 字词的过渡

表示时间的过渡词是经常使用的过渡词，比如，今天、昨天、今年、去年、某年某月某日，等等。

表示地点的词也常用来作为过渡词，如，广东、福建、上海、某市、某县、某街道、某村、某学校、某商场，等等。

一些关联词也是常用的过渡词。如，虽然……但是、不过、尽管如此、而且、同时，等等。

2. 短语的过渡

表示过渡的短语如：侥幸的是、令人难忘的是、在他的家乡重庆、在说到这个问题时、巧合得很、高兴的是、在看到这个人时，等等。

3. 句子的过渡

表示过渡的句子如：刚好就在这个时候某某出现了（或另外的事情发生了）、某某完全没有想到的是、这个事情勾起了他对往事的追忆、另一个人物出现在他的面前，等等。

除此以外，还有一些其他的字词、短语、句子。在行文时，在具体的新闻语境中，任何字词、短语、句子都可能适宜于作为过渡的连接。

4. 段落的过渡

通过一个完整的段落，将要报道的内容转入下一个内容。这个段落不完全只是起过渡作用，其本身也可以是一个新闻事实，或者是一个新闻背景。

新华社记者戴威国撰写的《中国政府恢复对香港行使主权》（详见第二章第三节“报道单元”之第二部分“多元素报道”），前面六个自然段主要报道“中国政府恢复对香港行使主权”，诸如中英两国易旗，英国米字旗落下，中国五星红旗升起，两国军事防务交接，领章、肩章等标志主权的服饰更换，等等。然后新闻开始转向另一个内容的报道：祖国各地及世界各地对香港回归后的反应，这就需要过渡。如何过渡到新的内容？记者在新闻中用了一个过渡段来过渡：

……

（7）香港自古就是中国的领土。英国强迫中国清朝政府分别于1842年、1860年和1898年签订了3个不平等条约，侵占了整个香港地区。1984年，中英两国政府签署了关于香港问题的联合声明，宣布中国政府将于1997年7月1日恢复对香港行使主权。

（8）整个中国为百年国耻得以洗雪而沸腾，各地张灯结彩举行各种庆祝活动成了中国人民自信心和自豪感的大展示。男女老幼都以各自喜欢的方式庆祝中华民族这一世纪盛事。许多人彻夜不眠地收看电视直播节目。

（9）在首都北京，10万群众的联欢活动把天安门广场变成了一片欢腾的海洋。当距7月1日零时还有10秒钟时，人们面对倒计时牌，有节奏地齐声高喊：“10，9，8，……”当倒计时牌上的显示锁定在“0”时，鼓乐喧天，欢声雷动，10里以外都能听到。

……

第七段前面的内容是报道中国政府恢复对香港行使主权。第七段是一个背景段落,也是一个过渡段,将报道内容切换到下一个内容:祖国各地民众欢庆香港回归,记者随后报道了几个有代表性的城市如北京、南京、东莞的民众举行的盛大庆祝活动。这个背景段用在这里起到了承上启下的作用,背景信息表明,香港回归中国于法于理都是理所当然,是合情、合理、合法的,这是整条新闻所有内容的坚实基础,也是对整条新闻所有内容的逻辑证明。有了这个背景段落,上下两部分的内容不仅在形式上自然地连接在一起,而且在文脉、思路上也非常顺畅。

(三)化繁为简

新闻报道不是长篇大论,也不是政府报告可以洋洋万言,新闻报道必须简洁明快;记者阅读和整理手中的调查材料时,会发现有很多事实和材料不仅内容庞杂,而且错综复杂。如果将这些全部的内容或大部分的内容塞进新闻报道中,会使受众觉得啰唆枯燥,记者必须将这些事实和材料化繁为简,将复杂的信息内容简单化、清晰化。

1. 罗列要点

记者采访得到的事实和材料相当多,不可能也没有必要将所有的内容都告诉读者,而且读者也没有兴趣来听记者饶舌,他们只是希望得到一些处理好了的简单信息。记者可以将复杂、繁多的内容用提纲式的方法展现出来,罗列要点即可。

法国在丛林战中失败

【路透社新加坡(1954年)5月8日电】 对奠边府长达55天的残酷围困结束了。在共产党踏进泥地、越过壕沟、占领了机场后,法国的反抗彻底失败。

……

纳瓦尔将军要他的士兵以法兰西民族荣誉感来守卫奠边府,因此他们打得都很勇敢。这一仗打败了,他们不止输了一场战役,他们可能已经输掉了整个这场战争。

下面是这场战争的大事记:

1953年2月。法越军队撤退,奠边府回到越盟手中。

11月29日。按照卡斯特作战计划,法国和越南伞兵着陆,重新占领奠边府并加强该地区的防守。

1954年3月15日。法军外层的加里布埃尔防线在越盟的猛攻下被击溃。

3月23日。越盟向奠边府防线发起第一次大规模进攻。卡斯特里上校的比阿特利斯战线瓦解。

3月28日。纳瓦尔将军要求暂时停火以撤走伤员。越盟武元甲将军以对法军的空袭作为答复。

3月30日。越盟发起第二次进攻。在持续的战斗中,法国的艾当和多米尼克防线六次易主。

5月2日。越盟在日内瓦谈判前夕发动第三次进攻。

5月3日。法国正式表扬奠边府法越驻军所做出的努力。

5月4日。法越军的最后一道防线在白刃战中失陷。

5月6日。越盟发动第四次进攻。突破法国的伊莎贝尔防线。

5月7日。奠边府法越军要塞落入武元甲将军领导下的越盟手中。①

上面这条新闻报道的是法国军队在越南战场的失败，通过一次战役引出了对整场法国对越南的战争的梳理。在1953年和1954年这两年内，法军基本上是节节败退，越盟则是步步得胜。这篇新闻的文字本来已经很多，大约有800字左右，要写的内容很多，如果记者对这两年的战争情况进行铺张式的描述，势必使全文更长，文字更啰唆。而且，这两年的战争状况，毕竟只是新闻背景，没有必要大肆铺陈。因此，记者在这里采用提纲式的写法，将这两年的主要战役和法军的败绩简要陈述给读者，读者看到这个提要式的报道后，对法军的失败就有了比较清楚明确的知悉。

一些政府决议和公文、企事业单位的文件和资料、科研院所的研究成果等，比较适合采用这种方法。

2. 简化文字

对于一些艰深晦涩、深奥难懂的事实和背景，比如一些科学技术材料、经济信息材料以及专业性强的材料如政府文件和企事业单位的材料，记者要用简单的句子和语言来表达，否则，读者会如堕五里雾中，一片茫然。记者应该将这些复杂的信息简单化。

简化文字包括语言简化和句子简化。

（关于“简化文字”的内容，本书将在第十六章“新闻语言”和第十七章“新闻报道原则”第四节“简洁”中详细讨论，请参看这些章节关于简洁的相关论述，这里不再赘述。）

知识链接

过渡技巧

段落之间流畅地转接可能需要一种过渡技巧，但是最好的过渡是没有过渡——一篇报道组织得如此完好以至于思维能够自然地顺流直下。上一段中的信息应当提出一个问题，这个问题需要在下个段落中得以解答，或者，上一段落所表达的信息能够在下一段落用直接引语或者事实进一步补充、支持。如果是那样的话，你就不需要任何特殊的过渡技巧，但是当你实际操作时，你可以尝试用这些技巧为下一个段落铺平道路。

使用原因和结果。如果上个段落提出了问题，就在下个段落中回答这个问题或者用实例或引语加以详述，试着预测读者可能会提出的问题。

需要在前一个说话者后介绍一位新的说话者时，使用关于新说话者或出自新说话者的陈述，然后导入引用的话或释义性的材料。

需要插入背景的时候，你可以使用单词或短语，比如以前或过去，或者使用具体的时间要素，比如两个月前。如果你准备用时间顺序叙述报道的某个部分，你可以用这样的短语开头：事情是这样开始的。

---

① 李大卫，石维，艾顿. 百年好文章：路透社百年新闻佳作[M]. 西安：陕西师范大学出版社，2002：100－101.

从一个观点转到另一个观点,尤其在关于讨论一些问题的会议报道中,你可以使用过渡短语:关于另一个问题、关于相关问题、所讨论的问题还包括。

上一段中的单词或短语可以在下一段落中被重复。①

第二节 背景

一、什么是新闻背景

(一)理解新闻背景

所谓新闻背景,是指新闻事实之外,对新闻事实进行解释、补充、烘托的材料,是新闻事实出现的缘由、环境和主客观条件。

新闻报道中的新闻事实不是孤立存在的,它是在一定的社会环境中、一定的历史条件下存在和发展的。从纵向上看,它反映事实发生发展的来龙去脉、前因后果;从横向上看,它反映事实与其他事实和事物的联系。

哥伦比亚大学教授梅尔文·门彻说:"一个事件如果不放在特定的语境中,那就缺乏意义。语境可以提供事件发生的方式和原因。"②这里所说的语境,就是指新闻的背景。

美联社新闻主编杰克·卡彭批评美联社一篇报道志愿参军者多得异乎寻常的新闻说:"报道在谈到原因时面面俱到,但是却少了最主要的一个:经济滑坡,失业率上升。在这样的情况下,参军人数总是上升。"显然,撰写这则报道的记者未能收集到充分的背景信息,尤其是没有收集到最关键的背景资料。因此,卡彭说:"在新闻写作中,为了准确表达意义,必须确保在充分的语境中报道任何事件、演讲、局势或数据,没有什么比这更重要了。"③

新闻报道中的背景材料,被称为"新闻背后的新闻",是"用来说明新事实的旧事实"。背景材料本身也是事实,只不过是过去了的事实,过去了的事实不能称为新闻事实。那些持续存在的事实也不是新闻事实。比如,四川外国语大学坐落在歌乐山下、嘉陵江边,这是一个持续存在的事实,这样的事实虽然不是"旧事实",但也不能理解为新闻事实。**只有刚刚发生、正在发生的事实,才是新闻事实,除此之外的事实,都只能是新闻背景。**

多数情况下,新闻都必须交代背景。"不使用背景材料,几乎没有什么报道是全面的。忽视这个忠告的记者,他们绝不能给读者和听众提供充分的情况。""事情并不是突然从不知什么地方蹦出来的。记者的任务就是发现它们的起因,说明它们的发展,而且最好在一个最短的篇幅里做到这些。"④

当然,并非所有的新闻都要交代背景,一句话新闻、简讯、简短的新闻、事实比较明确的新

---

① 里奇.新闻写作与报道训练教程[M].钟新,主译.3版.北京:中国人民大学出版社,2004:190-192.

② 门彻.新闻报道与写作[M].展江,主译.9版.北京:华夏出版社,2003:194.

③ 门彻.新闻报道与写作[M].展江,主译.9版.北京:华夏出版社,2003:194.

④ 曼切尔.新闻报道与写作[M].艾丰,等编译.北京:广播出版社,1981:175.转引自刘明华,徐泓,张征.新闻写作教程[M].北京:中国人民大学出版社,2002:195.

闻可以不必交代背景。否则,只要是觉得读者可能不懂、不理解的新闻,都应该适当交代背景。

(二)新闻背景的类型

新闻的背景材料主要有两种划分法。

1. 按照背景的内容划分

按照背景材料的内容划分,可以分为以下两种类型:

一般背景知识。这是指记者在新闻报道中运用的各个方面的知识。一般背景知识的搜集,主要依靠记者大量的阅读和平时日积月累的搜集;另一个途径是记者日常生活阅历的累积。所谓"读万卷书,行万里路",记者需要具备宽广的知识面,建构立体的知识结构。

具体背景知识。这是指与某篇新闻中的新闻事件相关的背景知识。记者在报道新闻时,要搜集、提供与新闻事件相关的背景材料。比如,记者报道某个医药新闻,就需要搜集和提供与此条新闻相关的医学知识、药学知识以及药物名称、类型、功用、保质期、副作用等;记者报道上市公司的新闻,就需要搜集和提供与此条新闻相关的动态市盈率、税后利润、股本结构等方面的知识。上述所列的背景知识,记者只能根据本条新闻的需要,择要、简要提供。

2. 按照背景的性质划分

按照新闻背景的性质划分,可以将背景分为六类:

- **事件背景**　指关于新闻事件和事物的性质、特点以及与相关事件和事物的联系等背景材料。
- **人物背景**　指新闻人物的学习和工作经历、成就、性格特点等背景材料。
- **知识背景**　是指与新闻事件相关的专业知识、专业术语以及行话、黑话等背景材料。
- **社会背景**　指与新闻事件相关的当时的政治、经济、文化及社会环境与条件等背景材料。
- **历史背景**　指与新闻事件相关的史实、逸事等背景材料。
- **地理背景**　指与新闻事件相关的地理环境等背景材料。

二、新闻背景写作的要点

(一)具备新闻背景意识

记者写作新闻报道,首先要具备新闻背景意识,没有这个意识,记者就不可能在采访中搜集背景资料,也就不可能在新闻写作中写入新闻背景。

新闻院校的学生、新闻初学者,甚至包括部分入行多年的老记者,往往都还不具备充分的新闻背景意识。沃尔特·福克斯(Walter Fox)说:"许多刚工作的记者都不会在其报道中提供充足的背景信息,因为他们不懂得将自己摆到读者的位置上考虑问题,相反,他们总是从一种对事实了如指掌的优越角度撰写报道,结果其报道总是布满令读者糊涂而冒火的不明不白之处。"[①]沃尔特·福克斯的这番话对新闻背景意识淡漠的记者和准记者具有警示意义。当前新闻实务界的现状是,有相当多的新闻报道新闻背景运用不够,或者是运用不当,这值得引起记者和准记者们的高度重视。

看下面这条新闻:

重庆夏天最热时期或长达20天 高温将直逼40℃

大渝网新闻中心重庆晚报[微博] 记者:朱隽 2013年7月23日 07:38

【重庆晚报讯】 "大暑"过后,今天迎来"中伏"。本周,我市各地以连晴天气为主,极端高温将直逼40℃,偶尔会有多云天和阵雨出现。

7月,天空给的雨点很吝啬。气候中心统计,从7月1日至21日,重庆平均气温已达29.5℃,比常年高出2.5℃,而全市的平均日照时数高达120.9小时,比常年偏多了近17小时,创下1951年来历史同期最大值,也就是63年的历史最高。

据悉,今年的中伏天长达20天,为今夏最热时期。

随着副高西伸加强,本周连晴,气温会越升越高。未来三天,全市最高温可能达到39℃。本周后期,部分区县最高气温可能会冲破40℃。

……

这条新闻的第二段交代了一些背景:"气候中心统计,从7月1日至21日,重庆平均气温已达29.5℃,比常年高出2.5℃,而全市的平均日照时数高达120.9小时,比常年偏多了近17小时,创下1951年来历史同期最大值,也就是63年的历史最高。"为什么会比常年平均气温高?为什么会创下63年历史最高?读者很想知道,但是记者没有交代。记者应该采访一下气象专家,问问为什么,或者查看相关资料,找出原因。显然,记者新闻背景意识的淡漠导致这条新闻报道让读者阅读后会有一些不解之处,会有些遗憾。

具备新闻背景意识是记者能够充分、熟练运用背景材料的首要因素,很难设想一个背景意识淡漠的记者能够在新闻报道中充分运用背景材料。

(二)将背景插入新闻中

记者报道新闻,必须提供必要的新闻背景,否则会影响读者的阅读兴趣。但是,不能在新闻中大段大段地提供背景,这会使新闻主体发展缓慢甚至停顿,其结果也会削弱读者的阅读兴趣。因此,提供新闻背景不能从一个极端走向另一个极端,不提供新闻背景显然不行,但把大篇幅的新闻背景塞进新闻报道中也不行,提供背景以少而精为原则。既不使新闻主体发展减缓甚至停顿,又补充了必要的背景材料,使读者能够对新闻报道有一个明确、清晰和完整的了解。记者可以将新闻背景穿插在新闻报道中,像天女散花一样。

1.嵌入短语

通过使用短语,将必要的背景嵌入新闻之中,是一种最佳的背景提供方法。这种方法,由

① 福克斯.新闻写作——报刊记者指南[M].李彬,译.北京:新华出版社,1999:59.

于词汇量不大，读者在一两秒的时间内就可以阅读完，几乎不影响读者对新闻事件的接受。“高明的记者都清楚，任何纯提供背景信息的句子都会打断报道内容的正常发展。因此，不论何时，只要可能，他们都尽量在那些驱动报道内容展开的句子中提供此类信息。”①

下面是新华社 1949 年 1 月 31 日的新闻《北平解放》的导语：

【新华社陕北三十一日电】 世界驰名的文化古都、拥有二百余万人口的北平，本日宣告解放。

“世界驰名”“文化古都”“拥有二百余万人口”，记者将这些背景作为定语，嵌入导语的第一个句子中，在没有影响新闻报道的进度的同时，说明了和平解放北平（北京）的缘由和依据，充分显示出北平和平解放的重大意义。

2. 嵌入符号

如果新闻背景比较简单，内容不太多，记者可以通过将标点符号嵌入短语的方式来提供新闻背景，比如，运用括号、逗号、破折号等来解释背景。

我们来看美国《洛杉矶时报》记者报道的 1965 年的洛杉矶骚乱《“烧吧，宝贝，烧吧！”——瓦茨骚乱目击记》中的片段：

但是，火焰还在继续蔓延。汽车穿梭般地急驶过这一地区。汽车上的人伸出所熟悉的一个、两个或三个指头互相致意，狞笑地狂呼着口号：

“烧吧，宝贝，烧吧！”

（一个指头表示他是瓦茨人，两个指头表示康普顿人，三个指头表示来自威洛布鲁克地区。）

……

（来源：《洛杉矶时报》，1965 年 8 月 15 日）②

在这条新闻中，如果记者不解释一个指头、两个指头、三个指头，读者可能就看不懂是什么意思，于是记者对此进行了解释，并把解释放在括号内。这种方法可以将突然插入的解释对文脉的连贯、行文的流畅的影响降到最低。

3. 插入句子

对于有些新闻报道，使用短语嵌入背景的方式不能完全将背景表达清楚，记者则可以将完整的句子插入新闻报道中，告诉读者这个事件的背景。

---

① 福克斯. 新闻写作——报刊记者指南[M]. 李彬，译. 北京：新华出版社，1999：61.

② 熊昌义，余天恩. 国外现场短新闻选萃[M]. 北京：新华出版社，1992：1-2.

埃及亚历山大图书馆正式开馆

【美联社埃及亚历山大(2002年)10月16日电】 各国总统和王公贵族今天参加了埃及亚历山大图书馆的开馆典礼,这所图书馆是那座古代曾以思想和言论自由著称的亚历山大图书馆的现代版本。

据说,亚历山大图书馆在4世纪被烧毁,它以前曾藏有50万册书卷。新图书馆虽然在这方面无法和老馆相比,但馆内存放的数字档案却多达100亿个网页。

……

亚历山大图书馆耗资2.3亿美元,获得了来自世界各地的经济资助和后勤支持。这座图书馆希望能反映古代亚历山大图书馆的精神风貌。古代的亚历山大图书馆是公元前后由亚历山大大帝的继任者托勒密一世创建的。①

上面这条新闻,导语中的"那座古代曾以思想和言论自由著称的亚历山大图书馆"是通过嵌入短语的方式介绍新闻背景,阐述了古代亚历山大图书馆的精神,这对新图书馆的办馆宗旨将产生巨大影响;第二段的首句是通过插入句子的方式介绍新闻背景,介绍了当年的藏书量,昔日的荣耀也会对今天的办馆有重要的推动作用。新闻最后一段的末句也是通过插入句子的方式介绍新闻背景,介绍了亚历山大图书馆的悠久历史——公元前后就创建了、创建者地位的显赫——亚历山大大帝的继任者托勒密一世,这些背景都进一步夯实了建设新图书馆的重要性,凸显新馆开馆的重要价值。

4. 加入段落

当运用嵌入短语、插入句子的方法还不能将必要的新闻背景表达清楚、明白,记者感到读者可能还有疑问,读者可能还想知道更进一步的背景信息,这时,记者可以考虑适当加入一个整体段落的背景材料,帮助读者进一步了解相关信息,满足读者的阅读兴趣。

法新社记者1982年5月20日报道的《数以千万计老鼠造成灾难 埃及老鼠生吃骆驼》,前面用了7段报道鼠患成灾的残酷景象:老鼠的数量是当地人的6倍,不但毁坏农作物、残害家禽家畜,而且还袭击婴儿和老人,直接威胁到人类的生存。然后,记者引出了新闻的背景:

鼠多成灾的现象是一年多以前开始的。1973年以色列—埃及战争后,许多苏伊士运河沿岸的村庄和城镇被人们遗弃了,人去室空,老鼠便在这些地方繁殖起来,8年来一直在繁殖。

新闻用了一个整段来介绍背景,这个背景告诉读者,鼠灾源于人祸,如果没有那场战争,可能就没有这样的鼠灾,这是新闻事件发生的主要原因。新闻背景带给读者深沉的思考,暗示人们要珍爱和平,远离战争。

值得注意的是,记者切忌在新闻报道中大段大段地提供新闻背景,这会使新闻的展开进

① 刘明华,张征. 新闻作品选读[M]. 北京:中国人民大学出版社,2003:125-126.

程变得缓慢,同时也会使文字变得枯燥乏味,影响读者的阅读兴趣。

三、新闻背景的作用

(一)彰显新闻价值

新闻背景的首要作用,是凸显新闻事实的新闻价值,这也是新闻报道的首要目的。任何一个事实,只有具备新闻价值,才值得记者去报道,如果事实没有新闻价值,其对于新闻报道来说就毫无意义。新闻背景的提供也同样如此,也应为提高和增加新闻事实的新闻价值服务,否则,新闻背景的提供也毫无意义。

当我们孤立地报道一个新闻事实时,读者难以看出这个事实有什么意义,但是,当记者将其放入一定的历史、地理、社会等时空环境下,这个事实就显示出非常重要的意义。

新闻中的背景材料往往能够深化新闻的主题,揭示出事实的本质,帮助读者体会蕴藏在其中的某种思想和意义,理解事实背后的深层次的规律。

我们来看下面这条新闻的背景材料的运用:

湘西考古重大发现 两万秦简"复活"秦史

2002 年 7 月 15 日 来源:《北京日报》

【新华社长沙 7 月 14 日电】(记者:明星) 寄往洞庭的邮书、2,200 年前的乘法口诀表、军粮的月消耗量……湘西龙山县里耶古城最近出土的 2 万枚秦简,以文字的形式将秦王朝的历史生动地"复活"了!

"这是一套极为重要的百科全书般的日志式实录。发现年代这么早、数量这么多、内容这么重要的简牍,在中国尚属首次。它是继兵马俑以后,秦代考古的又一惊世发现,蕴涵着巨大的学术价值。"

始建于公元前 221 年的秦朝,是中国封建社会的开端,其创始者秦始皇在位期间,大兴"焚书坑儒",许多珍贵的典籍和文献被焚毁。在正史中,对秦朝行政制度的记载寥寥数语,社会生活的记载更是不足千字。有关秦人、秦国、秦朝的记载大多数是后人的追忆。……①

湖南省湘西龙山县里耶古城出土了 2 万枚秦简,这 2 万枚秦简有多大价值?新闻第三段的新闻背景介绍说,秦朝的典籍和文献已经被秦始皇大量焚毁,而正史对秦朝的记载又非常少,因此,发掘出来的这 2 万枚秦简就弥足珍贵。这个背景的介绍,使这条新闻的报道价值得以彰显。

(二)解释新闻事实

运用新闻背景解释新闻事实,主要有两方面内容:一是对新闻事实产生的原因、条件和环境进行解释和说明,二是对一些专业性、知识性强的事实,要进行适当的解释和说明。解释和

---

① 刘明华,张征. 新闻作品选读[M]. 北京:中国人民大学出版社,2003:279-280.

说明的主要目的是使读者更容易理解和接受新闻内容。

北京酱油为啥脱销

1979 年 12 月 15 日 来源:《市场报》

【本报讯】（记者:段心强） 前些天,北京的街头巷尾都在议论:酱油为啥突然脱销？我们走访了北京第二大酱油厂——宣武区酱油厂。

宣武区酱油厂多年失修。1974 年经有关部门鉴定,应停产修建。厂里立即向商业局报告,商业局又向市级机关打报告,3 年之间,写了 22 次,根本挂不上号。直到 1977 年年底,市里才批准建新酱油厂,并给 50 亩地。指标下到区里,一位书记把地转给了产值高的汽车配件厂等单位。经力争,区委才从煤建管理处要出 9 亩地给了酱油厂。

计划批准后,只给钱,不拨料。酱油厂派人上下跑几百趟,工商局打报告 13 次,结果,画圈的多,办事的少,拖了两年,材料还没凑齐。

今年 9 月,老厂房险情严重,被迫切断电源,停止生产。宣武区酱油厂停产,1 月少上市 100 万斤酱油。因而,全市酱油脱销半个多月,直接影响了居民的生活。

脱销后,市里采取紧急措施,日夜修缮老厂,并从郊区调酱油进城,这才使供应情况稍有好转。①

北京市区的酱油为何脱销？市民为何吃不到酱油？导语提出问题之后,新闻主体马上对这一问题进行了回答。第二、三、四自然段虽然都是记者的调查,但事实却是过去的事实,是新闻背景,这些背景对北京市区酱油脱销的原因进行了解释,读者阅读后对自己吃不到酱油的原因了然于胸。

对新闻事实进行解释的背景材料,可以帮助受众理解新闻内容、增长知识和见闻。它通常包括产品或其他物品性能特点的说明、科技成果的通俗介绍、技术性问题的解释、名词术语的注释、文史知识和风土人情的介绍,等等。

“天体大十字”预言宣告破产

【新华社北京(1999 年)8 月 18 日电】（记者:南振中、姜岩） 世界各地的天文学家证实,8 月 18 日没有发生特殊的天文现象,更没有发生地球毁灭这样的大劫难。世界各地的人们像往常那样度过了平静的一天,“天体大十字”这一“末世论”预言宣告破产。

400 多年前,法国的诺查丹玛斯写了一本名叫《大预言》的书,其中提到 1999 年地球将出现大劫难。到了本世纪 70 年代,日本人五岛勉对这本书进行了解释,说在 1999 年 8 月 18 日太阳、月亮和九大行星将组成一个十字架的形状,并称这种“恐怖大十字”将给地球带来毁灭性灾难。

……

① 刘明华,张征. 新闻作品选读[M]. 北京:中国人民大学出版社,2003:215.

上面这条新闻报道的是“天体大十字”预言宣告破产。“天体大十字”预言是个什么预言？是谁的预言？是什么时候的预言？这条新闻在导语之后紧接着就对这些背景知识进行了介绍。读者阅读了这个背景知识，对下面的报道内容理解起来就非常容易，如果不介绍这个背景，或者把这个背景放到新闻末尾才介绍，读者就难以理解记者的报道内容。

美国新闻学者杰克·海敦说，记者绝不要想当然地以为读者了解的情况也和记者本人知道的一样多。记者的“职责是告诉读者情况，而不是使读者感到迷茫”，“他要解释技术名词等不常见的术语，并事先考虑到读者可能提出的问题”。他反复强调说：“解释，解释，解释！不要让读者去猜。”①

（三）巧妙表达记者的观点

新闻报道要求记者将事实与意见分开，在新闻报道中不能表达观点和意见。如果记者想在新闻报道中表达观点和意见，如何表达？西方记者很善于通过背景材料巧妙地表达记者的观点，所谓“藏舌头的艺术”，一部分是把观点藏在新闻事实中，一部分是把舌头藏在背景材料中。

在一篇关于赫鲁晓夫的报道中有这样一段叙述：

> 赫鲁晓夫昨日深夜派人把斯大林的遗体从红场水晶棺中抬出，烧成灰烬。
>
> 赫鲁晓夫任乌克兰第一书记的时候，在党的会议上高呼：斯大林是他的父亲。

第一段是新闻事实，第二段是背景材料。这位记者虽然没有发表任何意见，但读者通过阅读前后的事实和背景，会据此认为赫鲁晓夫是一个前倨后恭、过河拆桥、忘恩负义的人，读者如果这样理解，可以说正中记者下怀，这就是记者的意见，只是不便明说。

面对一些重大事件、重要人物，记者不便、不敢直接表达自己的意见，有经验的记者会利用背景材料不动声色地暗示读者，让读者自己去分析、去理解、去揣摩。

> **榜上无名**
>
> **【日本《读卖新闻》(2002 年)2 月 28 日报道】**　26 日，美国国防部发表了题为《国际社会对恐怖战争的贡献》的资料，其中列出 26 个支持反恐怖战争的国家，但日本却榜上无名。
>
> 日本政府 27 日对此表示了强烈不满。外务省发言人服部则夫在记者招待会上表示，美方虽然承认了错误，向日方道歉，并将对资料进行修正，但这“依然令人感到非常遗憾”。
>
> 不过，当晚小泉首相表示：“布什总统访日时在国会进行的演说中曾亲口对日本的支援表示感谢。这是我亲耳所闻，是最值得信赖的。”对此表现出了冷静应对的态度。
>
> 在 1991 年的海湾战争中，尽管日本提供了 130 亿美元的资金，但受伊拉克侵略的科威特在美国报纸上刊登告示，对 30 个国家表示感谢，其中也没有包含日本。②

---

① 海敦. 怎样当好新闻记者[M]. 伍任，译. 北京：新华出版社，1980：95.

② 刘明华，张征. 新闻作品选读[M]. 北京：中国人民大学出版社，2003：75.

上面这条新闻的主题是:国际社会认为日本对反恐怖战争没有贡献。导语首先表明,日本没有被列入美国国防部发表的《国际社会对恐怖战争的贡献》的26个国家中。新闻主体中显示,日本政府对此表示不满,美方承认了错误并道歉,小泉首相还证实美国总统曾在日本国会的演说中亲口感谢日本的支援。但是在新闻的结尾,一个新闻背景却令人深思:1991年的海湾战争,日本提供了130亿美元的巨额资金援助,科威特登报感谢了30个国家,也没有感谢日本。这个背景呼应导语,其中蕴藏的意义值得品味:是否日本不受国际社会的欢迎?日本的援助是否真诚?日本对反恐怖战争的支持是否非常坚决?这些都给读者留下回味的余地,也是记者想表达的观点。因为是本国报纸对本国的批评,且问题重大,记者不便明言,只能通过背景的陈述,让读者去领悟、思考。

第三节 结尾

一、什么是新闻结尾

新闻结尾,是指记者认真思考、精心设计的新闻的收结部分,是新闻的最后一段或最后一句话。

有学者认为,有些新闻不需要结尾,有些新闻没有结尾,这种说法失之偏颇。正像所有的文章都有结尾一样,所有的新闻也都有结尾,除非是未完稿。关键的问题是:记者是否刻意思考结尾、着意设计结尾。

硬新闻常常采用倒金字塔结构或泛倒金字塔结构形式报道新闻,当新闻的基本内容和最主要的新闻事实已经陈述得清楚明白,不需要再交代其他事实时,新闻行文到此也就完结了,新闻也就结尾了,记者不必刻意为了深化新闻的主题、挖掘新闻的意义或强化新闻价值,狗尾续貂地续上一条"尾巴"。

初学者、受中国作文思想观念影响深的记者,常常会习惯性地在新闻的最后加上"结尾",结果是"画蛇添足"。当一条新闻不需要刻意思考和设计结尾的时候,只要事实陈述完毕,信息披露清楚,就可以结束新闻报道。

当然,并不是所有的硬新闻都不需要刻意追求结尾。有些硬新闻,记者也可以认真思考、精心设计结尾,是否刻意追求,一切视具体内容和具体情况而定,没有固定的模式。

软新闻、特稿和深度报道等长篇报道则可以认真思考、仔细斟酌结尾。对于这种类型的新闻报道,好的结尾能够加深读者对新闻的感受和理解、深化新闻的主题、增强新闻报道的社会效果。

新闻结尾最忌讳的是假大空,在有些新闻报道中,"官话""大话""套话""空话"塞满新闻的最后,令人不忍卒读。还有很多新闻的结尾千篇一律、千人一面,应该力求独特新颖。还应注意的是,新闻结尾不要重复正文中的内容,要提供新的信息。

二、新闻结尾的写作方法

元代戏曲家乔梦符说:"作乐府亦有法,曰凤头、猪肚、豹尾六字是也。"软新闻和特稿、深度报道等长篇报道的结尾如果能像“豹尾”一样,有一个强有力的结尾,会给读者留下深刻的印象。美国《巴尔的摩太阳报》专栏作家罗格·西蒙说,他有时候会把导语和结尾调换,哪个最有力度就用哪个。在许多情况下导语能够变成结尾。① 像经营导语一样经营结尾,结尾就会变得像“豹尾”一样,成为强有力的结尾。

写作新闻结尾的方法很多,下面介绍几种常用的方法。

(一)自然结尾

这种方法指顺其自然地把新闻事件的主要内容陈述完毕,全文也就水到渠成,瓜熟蒂落,就此自然收结。如前所述,硬新闻,尤其是运用倒金字塔结构和泛倒金字塔结构的新闻常常采用这种方法。其他结构形式的新闻甚至一些软新闻,也常常采用这种方法。

西藏日喀则吉隆县发生5级地震 暂无人员伤亡和财产损失报告

2014年8月3日 16:31 来源:新华网

【新华网拉萨8月3日电】 (记者:王军、张京品) 记者从西藏日喀则市吉隆县了解到,3日13时57分发生在吉隆县境内的5.0级地震,目前没有接到人员伤亡和财产损失报告。具体灾情仍在进一步核查中。

记者通过电话采访了吉隆县委书记帕珠。他说,地震发生时吉隆县县城所在地震感不是很强。截至15时50分,暂无人员伤亡、房屋倒塌情况,县城通讯、交通一切正常,群众情绪稳定,生产生活未受影响。

帕珠告诉记者,地震发生后,当地政府已第一时间致电所辖乡镇,并要求各乡镇派出工作人员进一步核实地震情况。

为做好余震防范工作,当地县政府已紧急启动应急预案,准备好相关救灾物资。同时还通过广播系统通知当地居民和群众做好相关防范工作。

据中国地震台网正式测定:8月3日13时57分在西藏日喀则市吉隆县(北纬29.0度,东经85.5度)发生5.0级地震,震源深度10千米。

吉隆,藏语为“舒适村”“欢乐村”之意。该县位于日喀则市的西南部,南与尼泊尔接壤,边境线长162公里,自古就是西藏与尼泊尔交往通商的要道,拥有丰富的森林、野生动植物等自然资源,被誉为“珠穆朗玛后花园”。

这条新闻的结构是倒金字塔结构。导语对新闻的核心信息进行了概括性的介绍。第二、三段解释导语,按照事实的重要性程度,先报道地震后的基本情况,再报道核查灾情。第四段补充导语,报道对地震的应对:启动应急预案,准备救灾物资等。第五段介绍地震的详细内容,最后一段介绍新闻背景。写到这里,所有的信息都披露完毕,新闻自然结束。

一般而言,倒金字塔结构的新闻都采用自然结尾,因为新闻的基本内容已经按照先主后次的顺序披露清楚,到新闻的结尾部分,应该陈述的事实已经陈述完毕,至此就可以自然收结

① 里奇.新闻写作与报道训练教程[M].钟新,主译.3版.北京:中国人民大学出版社,2004:198.

了，一切都已经水到渠成、瓜熟蒂落，没有必要再刻意续上一条尾巴。否则会弄巧成拙，给人以画蛇添足的感觉。

（二）首尾呼应

在新闻的结尾呼应导语中写的内容和信息，这个方法常见于中国各类文章写作中。美国的新闻学者把这种方法称为循环式结尾，它以一种绕圈子的方式返回导语，以求获取一个想法用来结尾。

“英国最了不起的男人”

曾被美国总统罗纳德·里根誉为“英国最了不起的男人”的撒切尔夫人，再次表现出使她获得这一美称的冷静。

今晚，在一枚炸弹炸毁了她下榻的饭店一小时后，撒切尔夫人首次见到了记者。她衣着整洁得无懈可击，头发纹丝不乱，在向记者讲话时音调中没有半点惊慌。

凌晨3时，在她即将审阅完当天最后一些文件的时候，一枚炸弹爆炸了，炸飞了她房间的窗子，还炸坏了浴室。

爆炸发生时，保守党主席约翰·冈默先生恰好在她的房门外。他说，撒切尔夫人打开门问道：“我能做些什么？”

冈默先生说：“她完全镇定。”

撒切尔夫人立即把她的高级助手召集在一起，随后从饭店后门来到一个警察派出所，在那里，她在出事后首次遇到了记者的照相机。

她身穿一件干净利索的绿色外衣，戴着宝石耳坠和胸针。她说，这次她真是幸运。她向记者们介绍了这次爆炸的情况，对受伤者表示慰问。最后，她表示：“生活仍将继续。”

……

9时25分，在与会者热烈的掌声中，她准时在保守党一天会议的主席台上就座。

……

撒切尔夫人明天满50岁，由于她在防务问题上所持的观点，苏联把她叫作“铁女人”。

在争夺福克兰群岛的战争结束一年之后，撒切尔夫人乘飞机到那里视察的时候，里根总统称赞她是“英国最了不起的男人”。①

这条新闻报道了英国前首相撒切尔夫人在炸弹炸飞她下榻饭店的房间的窗子、炸坏房间的浴室时，表现出惊人的镇定与冷静。在会见记者时，她衣冠整洁得无可挑剔，语调中没有一丝惊慌，显示出“泰山崩于前而不变色”的良好心理素质和钢铁意志，表现出处变不惊、遇事不乱的性格与素养，因此她被苏联人称为“铁女人”。新闻结尾呼应新闻导语，介绍“英国最了不起的男人”这个称号的来历，使整个新闻更加完整，也使撒切尔夫人“铁女人”“铁娘子”的形象和称号更为可信、更为确切。

---

① 纪元. 小记者新闻启蒙读本[M]. 乌鲁木齐：新疆人民出版社，2002：254-255.

（三）揭示意义

一些软新闻、特稿及深度报道往往在结尾进一步揭示出事实更深层次的意义，或直接表达，或引而不发、蕴含其中。不论是明示还是暗示，读者读后都会掩卷沉思。

我们来看新华社记者撰写的《别了，"不列颠尼亚"》新闻的结尾：

从1841年1月26日英国远征军第一次将米字旗插上海岛，至1997年7月1日五星红旗在香港升起，一共过去了一百五十六年五个月零四天。大英帝国从海上来，又从海上去。

这篇新闻特稿报道1997年6月30日和7月1日，中英两国举行香港政权交接仪式，香港彻底脱离英国殖民统治，回到祖国怀抱。新闻结尾"大英帝国从海上来，又从海上去"这句话具有深刻的含义。1841年，大英帝国从海上耀武扬威地来，开始了对香港的殖民统治；1997年，"不列颠尼亚"号黯然神伤地从海上离去，宣告英国在香港的殖民统治正式终结，香港回归中国，中华民族洗雪屈辱。"不列颠尼亚"号的离去，是中国国家强盛、民族兴旺的必然结果。

在有些新闻中，记者不便明示或不愿直接表达事实的意义，其新闻结尾就会暗藏深意，让读者去反复咀嚼。有些优秀的记者，在新闻即将结尾时突然灵感大发，出现神来之笔，会写出一条令读者回味不已的结尾。看下面这条新闻：

莫斯科出现手纸荒

1980年2月4日 来源：《参考消息》

【合众国际社莫斯科1月31日电】 莫斯科居民又碰到另一种短缺：没有一处地方可找到厕纸。

一名恼怒的莫斯科人星期二说："我们就是到处找不到。店主人只说出现短缺。"

存有厕纸的寥寥可数的商店挤满了人。

有人说："有人暂时裁用纸台布或纸尿片充厕纸，但这些东西现时也用完了。"

一年多来，行之有效的办法是，裁用苏联《真理报》。

这条短新闻的最后一句话余味无穷，有"言有尽而意无穷"，甚至是"余音绕梁，三日不绝"的意境和效果。结尾一语双关，既报道了莫斯科的手纸荒，又讽刺、贬低了《真理报》。这条新闻结尾表明，硬新闻也可以有精妙的结尾。当然，一般来说，对于硬新闻的结尾，记者不要刻意追求新闻背后的意义，更不要挖空心思地发掘言近旨远的意境和效果，这样可能会弄巧成拙。最好是让其自然天成、水到渠成、瓜熟蒂落。但是，对于一些软新闻、特稿及深度报道，记者应该认真思考、精心打造、努力寻求一个好的结尾，揭示新闻背后的深层次意义。

（四）以直接引语结尾

记者要选择一个能够充分说明问题的引语，或者能够揭示出某种意义、能够充分表现人物性格和精神境界的引语,以这样的引语结尾才有力度。

新华社1990年9月11日的电讯《商业部长买鞋上当记》(作者:陈芸),写的是中国商业部部长胡平在武汉百货商场买了一双鞋,但只穿了一天,鞋后跟就掉了。在20世纪90年代,假冒伪劣产品泛滥,连商业部部长也上当了。新闻的结尾写道:

> 如今,胡平已经穿上武汉百货商场为他换的新鞋,可是他的心情并没有轻松。他说:“我是一个部长,买了劣质鞋能及时退换。但要是普通消费者呢?”

商业部部长胡平的这句话发人深省。作为商业部部长,他买的假冒伪劣产品能得到及时更换,但是普通消费者买的假冒伪劣产品是否能够及时更换?是不是很难更换?商业部部长胡平没有往下说,记者也没有往下继续写,新闻到此戛然而止,给读者留下沉甸甸的思索。读者会隐隐感到,根治泛滥的假冒伪劣产品将任重而道远。

记者选择的直接引语要能够对报道的内容和主题进行总结、提升,最好是一段观念性的语言,即能够表达新闻人物的观点的语言。《商业部长买鞋上当记》中商业部部长胡平的最后一句话,暗含了新闻人物的观点。

美联社记者维多利亚·格拉汉姆1981年6月15日撰写的新闻《清朝贵族:我过上了真正幸福的生活》结尾写道:

> “过去的岁月像一场梦。现在,我才过上了真正幸福的生活。”他(溥杰)说。

这篇新闻报道的是中国末代皇帝(宣统)溥仪的弟弟溥杰——清朝皇族最后一名成员在新社会的改造和学习,以及对旧时代的反省和检讨,他现在成了一名普通人,觉得非常幸福和满足。新闻结尾是对溥杰现在生活的总结,是对全文的升华。

(五)以事实结尾

这里所说的事实,不是一般的事实,必须是强有力的事实,能够对读者产生冲击力的事实,能够给读者留下深刻印象的事实。

《中国青年报》1989年2月3日发表的《假药积德》(作者:魏春水),报道的是江西临川一位青年农妇和丈夫吵架,一气之下,喝下小半瓶农药“甲胺磷”,结果丈夫虚惊一场,经过医生化验,那瓶“甲胺磷”农药几乎全是假的,毒性很小,新闻结尾这样写道:

> 事后,那位青年农民庆幸妻子“死里逃生”,还特地花钱买了一块玻璃匾赠给卖假药的门市部,上写“假药救人,永世难忘”。

这条新闻反话正说,新闻结尾的这个事实,寓愤怒于辛辣的讽刺之中,对制造和贩卖假药的人和机构予以无情的嘲讽。

《取下神像挂地图》(《中国青年报》1994年4月26日,作者:李钧德、王方杰)报道河南省上蔡县东黑河村村民在改革开放的春风吹拂下不再迷信,将家中最神圣的中堂位置的神像取

掉,挂上了各色各样的地图。借助地图,他们纷纷走出家门,到外面闯世界,很快就富裕起来。新闻结尾写道:

> 东黑河周围的农民,也开始喜欢地图了。上蔡县新华书店说,1993 年,农民从他们那儿买走了 17,500 幅地图。①

这条新闻收了一个豹尾。17,500 幅地图,这个强有力的事实,充分显示出东黑河村农民对周围农民的影响,走出去,到需要他们的地方通过辛勤劳动获得成功,成为当地农民对幸福生活的追求。

第四节　修改

一、修改是必经的程序

修改是写作一篇完整的新闻报道必经的程序,是整个新闻写作链条中一个必须完成的环节,修改不是可有可无的。

进入 21 世纪后,浮躁与无所谓的心态和行为开始在年轻一代人中滋长。越来越多的年轻记者写完新闻稿后,哪怕还有充足的时间,也可能只是粗略地扫一眼新闻稿就交稿,有的记者甚至看也不看一眼,就匆匆交稿。这种不认真、不敬业的态度在高校的新闻学子身上也明显地表现出来,错别字成堆,基本事实不清楚,不合逻辑,没有找到最佳或是较好的新闻点,令批改作业的新闻写作老师苦不堪言,忧心忡忡。

下面是重庆某高校新闻专业的学生在《重庆晚报》实习时写作的一条新闻稿:

> **【本报讯】**（记者:××）　昨天晚上,沙区小龙坎报刊亭<u>遭</u>一伙不明身份的人偷窃,报亭内几十本杂志,<u>神秘失踪</u>。目前,警方正在调查此事。
>
> 据附近一位老住户<u>讲</u>,事发当晚,她听到<u>楼脚</u>发出<u>一阵巨响</u>,<u>好像感觉</u>玻璃被<u>打烂</u>了。后又听到有人悄悄说话,估计有人在偷东西。
>
> 老板娘张女士<u>悲痛万分</u>,<u>发势</u>要抓住这一群歹徒。"这些人早晚要受处罚。"张说。
>
> 第二天,民警在现场查看、取证、工作有条不紊。张感激地说:"谢谢你们的帮助。我们相信你们一定会<u>查过</u>水落石出。这样我们也就放心了。"民警说:"不用谢,这是我们应该做的事情。"民警说完转身离开,张向他招手说:"谢谢你,<u>欢迎你下次再来</u>。"

上面这条新闻稿可谓漏洞百出,问题成堆。

第一是错别字。"发势"应为"发誓"。

第二是重庆方言太多。"遭""讲""楼脚""打烂""查过"这些都是重庆方言,作为口头语

---

① 刘明华,张征.新闻作品选读[M].北京:中国人民大学出版社,2003:26-27.

言使用无可厚非,但用作书面语言就不太合适。现在的时代已经是地球村的时代,即使是在小小的地方发生的事件,一旦作为新闻报道发表,这个事件就有可能传遍世界。因此,记者应该尽量避免使用方言,尤其要避免使用生僻的方言。这几个词分别可改为“被”“说”“楼下”“打破”“查个”。

第三是标点符号运用不当。“报亭内几十本杂志,神秘失踪。”这个句子中间不应断句,应改为“报亭内几十本杂志神秘失踪”。“民警在现场查看、取证、工作有条不紊”中的第二个顿号运用不当,“查看、取证”是并列关系,可以使用顿号,但是“查看、取证”与“工作”三者不是并列关系,“取证”后面的顿号应改为逗号:“民警在现场查看、取证,工作有条不紊”。

第四是用词不当。“报亭内几十本杂志神秘失踪”中的“神秘”二字太夸张了,可以去掉这两个字,不影响文意;“失踪”改为“丢失”更合适一些。“一阵巨响”,玻璃被打破,声音并不是太大,只有爆炸或者剧烈的撞击才有“巨响”产生,“巨响”改为“响声”更妥当一些;而且整个响声应该不会太久,“一阵”也有点不妥当,可以改为“几声”。“好像感觉”两个词语意思重复,用其中一个词语就可以了。“悲痛万分”又是夸张用法。丢失几十本杂志,一般不会太悲痛,除非这几十本杂志是老板娘用自己毕生的积蓄买来的,或者这几十本杂志的其他意义已经远远超过了经济意义,价值无限,但记者没有在新闻中交代,读者很难确定这几十本杂志的重要性。

第五是语言啰唆。最后一段基本上都是废话,只有第一句“第二天,民警在现场查看、取证、工作有条不紊”有点价值,后面几句话不必写进报道。

第六是不通人性。按照作者描述的语境来理解,老板娘丢失了几十本杂志“悲痛万分”,既然如此,老板娘怎么可能还“欢迎”警察“下次再来”呢?难道她希望这样的“悲剧”再重演吗?显然她不“欢迎”警察“下次再来”,不希望自己再发生这类被盗事件。这位实习生不通最基本的人性,尤其是不懂人情世故。

第七是整个新闻没有报道价值。丢失几十本杂志,按照批发价算,最多损失几百元钱,从经济价值来衡量和判断,其新闻报道价值并不大,不值得记者采访报道。

所有这些问题,除了实习生本人的语文水平、新闻采写能力不足外,实习生不重视修改、不认真锤炼语言,也是这篇新闻习作出现太多错误的重要原因。

这位实习生在新闻报道写作中出现的问题,在今天的新闻院系的学生中比较普遍,新闻院系学生的课堂练习和课外练习新闻稿件的问题都比较多,比较成熟、不需要老师加工和润色的新闻稿凤毛麟角,学生的语文水平和新闻报道能力固然是原因之一,学生不认真修改新闻报道、态度不端正更是重要原因。因此,在今天这个时代,更有必要强调修改。

二、好文章是改出来的

《全能记者必备》的作者说,威廉·金塞尔在他的名著《完美写作》的开篇中就写道:“职业写作者反复改写他们写过的句子,然后再改写他们改写过的句子。”他认为“写作的精髓就是改写”。①

美国印第安纳州蒙斯特市《时代报》的写作指导凯文·麦克格雷斯在《美国编辑》杂志的专栏中这样评论道:“最蹩脚的写作者否认这个残酷的事实:没有一个人能够一气呵成并达到

①② 莱特尔,哈里斯,约翰逊.全能记者必备[M].宋铁军,译.7 版.北京:中国人民大学出版社,2005:193.

完美无缺；而最优秀的写作者修改自己的作品，然后修改更多次，然后再次修改。”②

首届中国新闻奖一等奖作品《老台胞寻女奇遇记》的作者说，此稿从采写到见报四易其稿，第一稿有一定的故事性，但不够生动、具体、形象，主题开掘也不够深刻。在报社领导和编辑的要求下，作者做了详细的补充采访，并专门从记者站回编辑部改稿。经过 3 次修改，报道突出了一个“情”字，深化了主题，结构从“抖包袱式”变为“奇峰突起式”，细节描写得到了强化，情节的枝蔓得到了修正，文字上也更加精练。③

海明威的《永别了，武器》的最后一段重写了 39 次。有人问他为什么这样做，他说：“为了让词语流畅。”经过多次修改和重写，《永别了，武器》终于成为文学史上的佳作。

中国古代的文人墨客非常重视对文章的修改，注意锤炼字词，留下不少佳话。比如，贾岛在“鸟宿池边树，僧敲月下门”中对“推”“敲”二字的斟酌（“推门”或是“敲门”）使“推敲”一词就此诞生。贾岛是最注意推敲字词句的古代诗人，他曾自述自己作诗的甘苦：“二句三年得，一吟双泪流。知音如不赏，归卧故山秋。”卢延让的《苦吟》写道：“吟安一个字，拈断数茎须。”李频感叹：“只将五字句，用破一生心。”杜甫更是一个“新诗改罢自长吟，语不惊人死不休”的人。

新闻报道讲究快速及时，记者一般没有时间像上述作家、诗人那样反复多次地锤炼语言、修改文章，但是这种精神值得记者学习，记者必须用这种精神和方法修改自己的新闻报道，力求在有限的时间内写出新闻精品。

三、新闻必须自己修改

“好文章是改出来的”，这是一条人尽皆知、人皆认可的真理。著名记者艾丰认为，仅仅认识到这一点还不够，还要强调一句：好文章首先和主要是自己改出来的。艾丰从四个方面强调新闻主要靠作者自己修改。

首先是态度问题。记者必须对自己的作品和作品的信誉负责。而且不能把修改这种很麻烦的事情推给别人。

其次，修改不是可有可无的，而是写作必不可少的重要组成部分。

再次，自己修改稿件一般来说比别人修改稿件的效果要好，因为其他任何人都不如记者更熟悉自己的稿件。

最后，修改稿件的过程是记者提高和进步最大的过程。什么叫提高？提高就是做到了以前做不到的事情。什么叫进步？进步就是在能与不能这个弹性的领域不断努力的结果。记者在修改自己稿件的过程中，能力得到了不断的提升，修改出他事先预想不到的好效果。

艾丰甚至认为，在记者的工作中，两个工作环节最能提升记者的能力，一个是选题的环节，一个就是修改环节。④

艾丰总结得非常好。特别是将修改作为新闻写作重要的、必不可少的环节，从程序上确立了新闻修改的必要性和重要性，他认为修改的过程是记者提高最大的过程，更是深得新闻写作的精髓，深谙新闻写作的奥秘。

---

③ 刘保全. 新闻精品是这样采写成的[M]. 北京：新华出版社，2009：137.

④ 艾丰. 新闻写作方法论[M]. 北京：人民日报出版社，1993：305-306.

四、修改的内容

(一)核实校正事实

修改新闻稿,首先是对新闻事实的核实和校正。新闻的生命就是真实,如果新闻不真实,新闻事实有差错,再好的新闻稿都没有意义,甚至会给社会和当事人带来负面影响。对新闻事实中的每一个细节、每一个材料都要认真核实和校正,该补充采访的一定要补充采访,该纠正和重写的必须纠正和重写。必要时,还要重新查阅相关工具书、权威材料,比如法律条文和各种政策规定等,确保事实准确无误。①

(二)修改导语

导语是新闻中最重要的组成部分,可以说是新闻稿的生命,导语写好了,其他部分就容易一些了。所以,修改导语是新闻修改程序中的重要一环,仅次于对事实的核实和修改。导语是否抓住了最佳新闻点、采用的是否是最佳新闻角度,是首先要确定的内容。除此之外,诸如语言是否凝练、写法是否新颖独特,都可以仔细考量,甚至推倒重来。②

(三)锤炼字词句

在时间许可的前提下,记者必须锤炼语言。如果时间比较充裕,记者还可以多花一些时间,学习杜甫"语不惊人死不休"的精神,对新闻稿的字、词、句进行精雕细刻。叙述是否啰唆、解释是否多余、语言是否新鲜、词语是否重复、事实是否累赘、背景材料是否冗长,等等,都要反复多次地锤炼与删减。**好文章不仅是改出来的,也是删出来的。**③

(四)其他修改

除了上述所列的修改内容,记者还可以考虑是否增加或删减背景材料、是否调整报道结构、是否重新提炼报道的主题等。

五、修改的要点

(一)要有修改的意识和态度

首要的,也是最重要的,是记者要有修改的意识和态度。多数记者在写完新闻稿后,都会重新浏览一下自己的稿件,对稿件做一些简单的修改,但是,也有少数记者写完稿件后就直接交给编辑或者新闻部主任。对于这些记者来说,培养修改的意识是非常必要的。

有时候,态度能够决定高度。虽然多数记者都会对完成的新闻稿进行修改,但是,修改态度的虔诚与否,则可能大相径庭。有的记者可能会匆匆看过,甚至一字不改;有的记者可能非

---

① 本书第十七章"新闻报道原则"第一节"准确"、第十三章"记录与核实"第二节"核实"对此有更多的阐述,这里不再赘述。

② 本书第三章"导语"第一节"什么是导语"、第三节"导语的写作方法"对此有更多的阐述,这里不再赘述。

③ 本书第十六章"新闻语言"对此有更多的阐述,这里不再赘述。

常认真、仔细地修改，数易其稿，直至到了新闻的截稿期限，还在修改其中的某个句子和词语。态度好的记者，水平的提高要快得多；态度不好的记者，水平的提高就会很慢，或者原地踏步甚至退步。

（二）边写边改

新闻写作与其他文体的写作不同，讲究快捷、高效，要求倚马可待。对于一些时效性强、篇幅短小的新闻稿，可以采取这种方法：每写完一段甚至写完一句，就快速、简单地重新再审读一下，看有没有什么不妥当的地方。一边思考写作下一句、下一段，一边对上一句、上一段进行修改，写和改几乎是同时进行，不必等到完全成稿之后再来慢悠悠地修改，写完了也就改完了。现代社会，节奏快、效率高，新闻竞争也非常激烈，这种方法是适应现代新闻写作的好方法之一。

（三）请人修改

“文章都是自己的好”，这是文人一种根深蒂固的自以为是、自我膨胀、孤芳自赏的思想，有些文人敝帚自珍，不容别人提出批评意见。新时代的记者应具备宽广的胸怀，敢于接受别人的修改意见和建议。“当局者迷，旁观者清”，当事者往往沉迷于自己的角度而不能自拔，旁观者却更冷静、更清醒，也就更能看出当事者的问题。因此，请人修改，是提高新闻作品质量的一个很好的途径。

知识链接

为了保证自己写的或编的稿努力消灭错误，提高质量，新华社老记者李峰给自己制定了一个《定稿自问五则》的原则：

一、发这篇新闻有什么新闻价值，有什么用处，哪些报纸读者会感兴趣，哪些事实和观点会引起读者的共鸣？

二、事实的真实性和准确性如何？比如，人名、地名、时间、单位、数字、术语、过程等。

三、事实和观点都说清楚了没有，逻辑、文理是否通顺，有没有别人难认、难懂的字、词、句，广播员念起来是否顺口，有没有需要向编者、读者特别说明的重点、背景、引语出处等。

四、读者对所写事实和观点，是否有怀疑、误解、异议，提出反对意见，这样写有没有副作用？

五、自认为有哪些得意之笔，有哪些是败笔，为什么不改好了再发？①

新闻报道应该包括的内容

- 视角。
- 由头。
- 人物。
- 简练的导语。
- 何人？何事？何处？何时？何故？如何？
- 简洁易懂的词语、短语和句子。

① 艾丰. 新闻写作方法论[M]. 北京：人民日报出版社，1993：305-307.

- 主动语态。
- 引语。
- 事实。
- 姓名。
- 年龄。
- 住址。
- 时事性话题。
- 相关地点。
- 正确的拼写和语法。
- 条理清晰的写作。
- 可公布来源的引语、评论和事实。
- 均衡。
- 现实、最新和可靠的信息。①

新闻报道应该避免的内容

- 提及“我”(me)或“我”(I)。
- 被动语态。
- 长的词语。
- 假设。
- 推测。
- 谎言。
- 大肆宣传。
- 过分修饰。
- 不可公开来源的引语、评论和事实。
- 晦涩。②

思考与练习题

一、思考题

1. 理解和掌握如何注释导语和补充导语。
2. 简述报道展开的方法。
3. 什么是新闻背景？新闻背景有什么作用？
4. 记者在新闻写作中如何运用新闻背景？
5. 新闻结尾都应该收一个豹尾吗？为什么？
6. 理解和掌握新闻结尾的几种方法。
7. 谈谈修改新闻的内容和方法。

---

①② 佩普，费瑟斯通. 报纸新闻：从入门到精通[M]. 周黎明，译. 北京：中国人民大学出版社，2010：52-53.

二、练习题

1. 阅读下面这条新闻，请指出哪些材料用于解释导语，哪些材料用于补充导语。

印度56岁“女武松”半小时揪耳杀死豹

2014年8月29日　10:28　来源：《广州日报》

印度北阿肯德邦斯利那加镇一名56岁女子24日在田间干活时突遭一只豹子袭击，她右手揪住豹子耳朵，左手挥动镰刀，搏斗半小时后杀死豹子。

卡姆拉·德维躺在一家医院的病床上，胳膊缠着绷带，右脖子有一道明显伤痕，她告诉印度CNN－IBN电视台记者，她24日上午在田间干活时遇袭，“那只豹子数次向我冲过来，我们搏斗了很长时间……后来我操起镰刀，向豹子砍去，最终杀死了它”。

德维几年前丧夫。她告诉当地《印度斯坦时报》记者，当时她“吓坏了”，但是“鼓起勇气反击。我告诉自己，这绝不是我活在世上的最后日子”。

目击者贾格迪什·辛格说，附近村民听到德维的呼救声，赶来救人，却发现豹子已经被杀死。

为德维治疗的医生拉凯什·拉瓦特说，德维手部骨折，身上有几处抓伤，但伤情不至于危及生命，眼下恢复情况良好。

印度豹子 经常袭人

印度乡村地带经常发生豹子袭击人的事件，但极少有豹子反被遇袭者杀死。2009年，一名9岁男孩在北阿肯德邦成功赶跑一只袭击他姐妹的豹子。

由于栖息地日益遭受破坏，豹子无处觅食，开始闯入人类活动区域。去年，金融中心孟买的一段监控录像显示，一只猎豹偷偷潜入一幢公寓楼的大厅，叼走一只小型宠物犬。

世界自然基金会呼吁印度加强保护森林和其他栖息地，以挽救当地豹子。根据2011年一项调查，印度野生豹子数量为大约1,150只。

2. 阅读下面这条新闻，分析其新闻背景交代得是否清楚。如果不清楚，请指出应该交代什么内容的背景资料。

黄皮动车将检测试跑贵广高铁 时速380公里

2014年10月4日　02:22　来源：《新快报》微博

【《新快报》讯】　前日，更高速度级别的动车来到贵阳了，这组动车组的型号是和谐号CRH380AJ－0203，时速380公里，它的极限时速可以达到400多公里，这组动车是黄颜色，被比喻为“黄医生”，它是第一次来到贵州，接下来，“黄医生”将在贵广高铁进行更高速度的检测试跑。

9月18日至9月30日，CRH2－010A动车已在贵广高铁进行了多次试跑，试验内容有轨道、路基、桥梁、隧道、电力牵引供电、通信系统、信号系统、客运服务系统、自然灾害及异物侵限监测系统、综合接地、电磁兼容、振动噪声、声屏障13个项目，测试下来，各种设备设施良好。据悉，CRH2－010A动车最高时速为250公里，满足不了时速275公里的测试，10月1日晚，CRH380AJ－0203动车组从成都出发，沿着川黔铁路朝贵阳驶来，这组动车一共8节车厢，前后均挂着机车，颜色为黄色。10月2日下午1点，CRH380AJ－0203正点到达贵阳火车站，稍停留后，驶入贵阳北站动车所，可随时上路检测线路。预计从10月4日开始，“黄医生”将上路进行更高速度的检测。

“这2组车型都有可能在贵广高铁上营运，目前尚不清楚具体使用哪种车型。”贵广铁路有限责任公司相关负责人说。

据介绍，贵阳北动车所，是目前贵州地区规模最大、功能最先进、建设标准和现代化程度最高的“动车之家”，集动车组一、二级检修、专项检修、外皮清洗等于一体，不仅可以“存车过夜”，还将为高铁所有列车提供检修与保养服务，最多可同时对8列动车组进行检修。

3. 分析下面这条新闻的结尾，看其有无必要，为什么？

两家子公社夜无电话声　早无堵门人

1982 年 3 月 15 日 来源：《辽宁日报》

【本报讯】 3 月 3 日、4 日，记者夜宿康平县两家子公社秘书办公室，发现从就寝到次日早晨，没有来过一次电话，也没有一个社员来报案、告状或要钱要粮，公社干部睡得安安稳稳。

据当过六年秘书的公社干部赵富权说，前几年情况大不一样，经常刚刚睡下，电话铃又响了，不是下通播指示，就是追生产进度。冬天只好把电话机搬到枕头旁边。随着领导作风的转变，上面这种靠电话指挥工作和搞形式主义的现象大大减少了。

一年前，两家子还是全县最穷的公社之一，一年到头，生产队干部和社员来公社要农贷和救济粮、救济款的踏破门坎，往往天不亮就有人来堵公社党委书记的被窝。现在已经看不到这种情景了。去年他们实行了包干到户责任制，全社人均收入由历年六七十元增加到 165 元，有的老"三靠"队达到四五百元。社员生活好转了，不但不再向国家伸手，由于"穷泡、穷靠、穷打、穷闹"造成的民事纠纷和家庭纠纷也越来越少。

4 日深夜，记者步出敞开的公社大门，遥望沐浴在银白色月光下的远近村庄，村庄显得分外安谧，不禁遐想联翩，成诗一首：

劫后灾痕何处寻？月光如水照新村，只因仓廪渐丰实，夜半不闻犬吠声。

4. 下面这条新闻是一位学生的习作，试分析是否有不当之处，如果有，请对其进行修改。

绿植领养活动在川外大受好评

4 月 14、15 日四川外国语大学举办了春季运动会，与此同时，校园绿植领养活动也在火热进行着。

3 月 12 日，由共青团中央学校部、中国绿化基金会、微博校园共同主办的第六届全国大学生绿植领养活动启动，各大高校、学生社团可登录新浪网址 http://t.cn/RG0giRM 预约种子（免费，不含盆）。

4 月 14 日，四川外国语大学新闻中心和微博协会、青澜环保协会响应号召，联合在西区操场景观大道入口处举办了校园绿植领养活动，同学们需要关注四川外国语大学等官方微博，并发表一条自己的环保理念或环保宣言@官方微博即可领养一份绿植，以及名额有限的 T－Fboys 的横幅或是其代言的优酸乳。

绿植领养活动在川外受到了同学们的一致好评，社会关系学的小丽说："应该多举办这样的活动，又好玩又有意义，还宣传了环保的理念。"

第六章 引语

▶**本章要点：**

引语分为直接引语和间接引语。直接引语又可以分为完全直接引语和部分引语。

直接引语使报道具有真实感和权威性、使报道富有生气。

新闻人物讲了重要、生动幽默、富有个性、情感丰富的话，可以使用直接引语；新闻人物对有争议的问题发表了看法，发表了批评、指控或煽动性讲话，必须使用直接引语。

引语必须忠实于新闻人物的原意，不要断章取义曲解新闻人物的本意。

近年来，中国新闻界对引语越来越重视，这是一个可喜的现象。

在西方新闻界，“在文章开头的前五段之内写入一段引言（此处指引语——引者注）是很通常的做法，尤其是当所引用的话凝练地表现了人们对事件的反应时”①。

“在每一重大的新闻报道中，报社编辑首先就看主句是否有直接引语。如果没有，那么记者就需要对来自编辑部不可避免的询问，做出关于为什么破例的令人信服的解答。”②也就是说，如果在重大新闻报道的主句中没有直接引语，记者就有必要给个说法，说明为什么不写引语。

杰克·卡彭在《美联社新闻写作指南》中说：“即便是初出茅庐的记者也会很快地认识到，引语是不可缺少的。……没有引语的新闻，不论篇幅长短，都像月球的表面一样贫瘠荒芜。”③可见，引语之于新闻作品，其重要性非同一般。

第一节 引语的类型

引语可以分为以下两种类型：直接引语和间接引语。直接引语又可以分为完全直接引语和部分引语。

所谓直接引语，是指用双引号标示出来的新闻人物所讲的原话。直接引语必须一字不差，准确无误，绝对忠实于讲话人的语言和思想。

完全直接引语，是指记者引用的新闻人物所讲的原话是一句或几句完整的句子。部分引语则是指记者引用新闻人物所讲的原话不是一句或几句完整的句子，只是某个词语或短句。

① 吉布斯，瓦霍沃．新闻采写教程：如何挖掘完整的故事[M]．姚清江，刘肇熙，译．北京：新华出版社，2004：139.

② 福克斯．新闻写作——报刊记者指南[M]．李彬，译．北京：新华出版社，1999：86.

③ 卡彭．美联社新闻写作指南[M]．刘其中，译．北京：新华出版社，1988：140.

完全直接引语和部分引语都必须用双引号标示出来。

间接引语是指新闻人物讲话的主要意思，引文不用引号，它可以是新闻人物的原话，也可以是大意，是记者用自己的语言进行转述的新闻人物的语言。虽然引述的内容不加引号，但是间接引语必须与讲话人的原意相同或相近，不能断章取义，也不能移花接木。

一位50多岁的大学老师张牧（化名）一直把教学放在首位，因此当了近20年的副教授，现在刚刚通过湖北省首批“教学为主型”教授评审，当上了教授。他批评目前的大学只重视科研，不重视教学。他对记者说了下面这些话：

> 大学的首要任务便是育人，用科研去敷衍教学，比学术腐败更可怕。不改革，受害的是新一代的大学生，毁掉的是国家的希望。湖北这种教学做得好的教师也可以评为教授的职称改革应该向全国推广，并形成一种气候，真正改变高等教育的一些现状，让更多高校把教学的权重提升到相应的位置上。①

如果记者认为张牧老师这段话说得非常好，观点非常重要，对当前中国的高等教育提出的意见很有见地，记者可以使用直接引语，而且可以用完全直接引语来写出张牧老师的原话：

> “大学的首要任务便是育人，用科研去敷衍教学，比学术腐败更可怕，”张牧老师说，“湖北这种教学做得好的教师也可以评为教授的职称改革应该向全国推广。”

如果记者认为这几句话不值得全部引用，只有部分内容才有引用的价值，那么，记者可以使用部分引语：

> 张牧老师说，用科研敷衍教学“比学术腐败更可怕”。必须改变这种现状，否则，新一代的大学生会深受其害。张牧说，湖北这种职称改革的做法“应该向全国推广”。

如果记者认为张牧老师的这些话没有直接引用价值，就可以考虑用间接引语，仅转述这位老师的话：

> 张牧老师说，如果不改革目前这种职称评审体制，受害的是新一代的大学生，毁掉的是国家的希望。他说，湖北这种教学做得好的教师也可以评为教授的职称改革举措应该向全国推广。

① 雷宇，韩天伟. 教授：一批本科生没好好学习 老师没好好教是原因[N]. 中国青年报，2015-02-09.

第二节　直接引语

一、直接引语的作用

(一)直接引语使报道具有真实感和权威性

新闻的最大特点是真实,真实是新闻的生命,没有真实,一切都无从谈起,一切都没有意义。如何让读者感到记者所写的报道具有真实性？一个最重要的方法就是使用直接引语。

广播可以将新闻人物的语言直接播放出来,让听众能够亲耳聆听,直接感知这是新闻人物在说话,不是记者的虚构;电视不仅能够播放出新闻人物的声音,还能同时显示出新闻人物的动态的神态、形貌和行为,让观众能够真切地感到这是新闻人物在说话、行动,一切都是真真切切的。广播电视通过播放录音录像片段来直接呈现新闻人物的原话,这可以说是“电子引语”,这种电子引语的现场感和真实感是报纸可望而不可即的。报纸由于其天生的物理缺陷,不能呈现出新闻人物的声音和外形,不能呈现出新闻人物的言谈举止,只能依靠记者用手中的笔来描绘。而直接引用新闻人物的语言,可以告诉读者“我当时在场;我听到他说的,这就是他说的话”①,从而使读者相信记者所写报道的真实性。

新闻的权威性由新闻的真实性延伸而来,没有新闻的真实性,权威性就不能成立。有了新闻的真实性,新闻的权威性会自然而然地产生。读者可能会怀疑记者在报道中概括的事实,但往往都会相信记者在新闻中直接引用的话。

(二)直接引语使报道富有生气

在内容方面:渗透着新闻人物感情的直接引语,既可以充分表达新闻人物的感情,也可以向读者传递情感,让读者品味、接受新闻人物的情感。尤其是在特稿中,直接引语往往可以使枯燥无味的新闻报道充满活力,也可以为本来就写得很好的报道锦上添花。

在形式方面:在间接引语和概括性表述中穿插几句直接引语,新闻报道就会充满生气;对于那些单调乏味、冗长啰唆的新闻语言来说,直接引语使新闻报道更具吸引力。

在读者接受方面:在句子形态和段落形态上,直接引语使新闻作品层次分明、段落明晰,易于吸引读者的眼球。双引号引出的直接引语,使句子形态和段落形态简洁、清晰、流畅、优美,能够增加读者阅读的兴趣。

二、何时使用直接引语

虽然直接引语有上述众多好处,但并不是在任何时候、任何地方都可以随意使用直接引语。在新闻人物的原话中,那些非常简单的语言、没有新闻价值的语言、没有引用价值的事实性材料,不值得作为直接引语放在双引号内。

---

① 梅茨.怎样写新闻——从导语到结尾[M].苏金琥,阮宁,洪天国,选译.北京:新华出版社,1983:191.

比如,记者采访的一位新闻人物给记者讲了下面这一席话:

> 我学的是外语专业,2008 年从武汉大学毕业,毕业后就到深圳去闯荡,做过推销员、的士司机、记者,2013 年又重新回到大学,在北京外国语大学读研究生。

上面这些材料如果对于新闻人物没有特别重要的意义,排除特殊的语境,这些话就只是事实性材料,没有什么引用的价值,不必作为直接引语写入新闻报道中。

新闻人物的哪些语言可以写进新闻报道,哪些语言没有必要写进新闻报道?究竟何种情况下、何时需要使用直接引语?以下几种情况适合使用甚至必须使用直接引语:

(一)重要人物讲了重要的话

政界、商界、学界、文化艺术界等社会各界的精英以及影视、体育界的著名人物,这些人物堪称重要人物,始终都是新闻报道的对象。这些人物即使说出的话没有什么特别之处,公众也都比较感兴趣,如果这些人物说出了非常重要的话,这些话就可以甚至必须在新闻报道中直接引用。

1995 年 5 月,原新华社记者刘其中在天津负责组织新华社对第四十三届世界乒乓球锦标赛的报道工作。5 月 14 日下午,他去采访国家领导人李瑞环会见国际奥委会主席萨马兰奇的活动。当时,有部分记者对那次锦标赛的组织工作颇有微词,一些外国同行还扬言要把组委会收费太高、成绩公报发布太迟等事向萨马兰奇"告状"。同时,他还听说在这次会见时可能要谈及国际奥委会希望中国申办 2004 年奥运会的问题,所以,他在采访时格外小心,不仅做了详细记录,还录了音。采访结束后,他特意把萨马兰奇高度评价大会的组织工作、明显暗示中国申办 2004 年奥运会的话根据录音用直接引语写了进去:

> 萨马兰奇说,要组织好大型国际体育比赛,必须有两个条件,一是准备工作必须井井有条,二是东道国必须有较高的运动水平。
>
> 他说:"这次世乒赛的成功举办表明,中国已经完全具备了这两个条件。这次大赛的组织工作非常成功。"
>
> 他还说:"这次世乒赛的成功举办还表明,中国完全有能力举办更大规模的国际体育赛事。"

上面这两句直接引语非常重要。它引用国际奥委会主席萨马兰奇这位国际体育权威人士的话,对当时天津世乒赛的组织工作的争论作了结论,并给予了高度评价,而且萨马兰奇还暗示中国有能力申办 2004 年奥运会。但是,当记者按照规定将稿件送给天津市外办负责人审稿时,审稿者却将直接引语的引号全删掉了。[①] 国际奥委会主席萨马兰奇讲的这几句话对于中国读者来说太重要了,对世界读者也有非常重要的政治价值、体育价值等,这样的话是非常好的直接引语,也是最能说明问题的直接引语,删掉实在可惜。

---

① 刘其中. 诤语良言——与青年记者谈新闻写作[M]. 北京:新华出版社,2003:163-164.

(二)新闻人物讲了生动的话

新闻人物的讲话,大多没有直接引用的价值,只有那些生动的语言才有引用价值。

美国著名新闻教育家梅尔文·门彻说:“让消息来源说话,你通常就可以发现一个生动的形象、一个绚丽的短语、一种动情的愤怒、一种深深的忧伤。”①

美国新墨西哥州监狱发生了一场暴乱,有33名囚犯被同狱犯人打死、烧死和砍死。一位记者采访到了一位同狱犯人中的幸存者,当囚犯挥起喷灯、锤子、钢锯的时候,监狱里是什么样的情形呢?这位同狱犯人说:

> 伙计,让我怎么跟你说呢?就像魔鬼自己开了一家屠宰店,你想要哪块就能得到哪块。

这位幸存者目睹了当时的血腥大屠杀,他对当时暴乱的描述非常生动、形象,也描述得非常恐怖和充满暴力。记者将这句生动的语言作为直接引语写入新闻报道,读者阅读后会有刻骨铭心的记忆。

再看下面这两条新闻:

> **李克强总理谈改革:喊破嗓子不如甩开膀子**
>
> 2013年3月17日　11:34　来源:中国共产党新闻网
>
> **【中国共产党新闻网北京3月17日电】**　今天上午,国务院总理李克强与中外记者见面,在回答中央电视台记者关于改革的提问时,李克强表示,改革贵在行动,喊破嗓子不如甩开膀子。
>
> 李克强说,我之所以说改革是最大的红利,是因为我国社会主义市场经济还在完善过程中,靠改革进一步解放生产力还有巨大的潜力,让改革的红利惠及全体人民还有巨大的空间。改革贵在行动,喊破嗓子不如甩开膀子。我们要坚持市场化的改革方向,如果说到重点的话,那就是围绕我前面讲的三项任务去推进能够牵一发动全身的改革。
>
> ……
>
> **李克强:去产能不能让一颗老鼠屎坏了一锅汤**
>
> 2016年11月26日　19:50　来源:中国政府网
>
> 11月23日,国务院总理李克强主持召开国务院常务会议,听取今年钢煤行业去产能工作基本完成任务情况汇报,决定派出国务院调查组严肃查处个别企业违法违规行为。
>
> ……

① 门彻.新闻报道与写作[M].展江,主译.9版.北京:华夏出版社,2003:196.

李克强在会上表示:“对于那些按照党中央国务院部署、去产能工作做得好的企业和地方,该表扬就要表扬;但对于那些顶风违规、想要火中取栗的个别企业,要抓典型、严肃处理,不能让‘一颗老鼠屎坏了一锅汤’!”

……

上面两条新闻,新闻人物都讲了非常生动、形象的话,但是前者采用的是间接引语报道,李克强总理说的“改革贵在行动,喊破嗓子不如甩开膀子”这句话,形象、生动又寓意深刻,充分表现了总理实干兴邦的治国理念,如果能作为直接引语引用就更好了。后者采用直接引语报道,“不能让‘一颗老鼠屎坏了一锅汤’!”掷地有声,显示出总理对于那些顶风违法违规、想要火中取栗的个别企业严肃处理、绝不姑息的决心,也间接地肯定和赞扬了绝大多数企业都是依法依规的,严格按照党中央和国务院部署,去产能工作做得好。直接引语使新闻更具真实性和现场感。

(三)新闻人物讲了幽默的话

当新闻人物讲的话比较幽默时,记者可以将其作为直接引语写入新闻报道中。

2001 年 10 月 30 日,路透社在报道海牙国际法庭审讯前南斯拉夫总统米洛舍维奇的新闻时,这样写道:

米洛舍维奇说:“就请您按照您接到的指示宣读判词吧,您不必让我把一份用 7 岁孩子的智力写成的判决书从头听到尾。”

这位 60 岁的前南被黜总统还说:“请允许我自我纠正一下:那个 7 岁孩子是个 7 岁智障孩子。”

米洛舍维奇的这两句话非常幽默、睿智,又极具讽刺意味,尤其是后一句话,意味深长。他用幽默、讽刺的语言辛辣地批评和否定了海牙国际法庭的判决书。

1981 年 3 月 30 日,美国前总统、70 岁的里根在华盛顿的一次集会上演讲后,在返回自己的轿车时遭到枪击,胸部受伤。医生为他做了两个多小时的手术。记者这样报道里根总统:

在医院里,70 岁的总统似乎非要向他的妻子和朋友们证明他很好不可。

“亲爱的,我忘了躲避了。”他告诉他的妻子南希。

总统向他的秘书长詹姆斯 · A. 贝克眨眼睛又使眼色。当他发现白宫总管埃德文 · 米斯也在场时,他用嘲弄的口气说道:“谁在看家呀?”

后来在手术室里,总统看着外科医生们开玩笑地说:“请你们对我说你们都是共和党人。”①

① 李大卫,石维,艾顿. 百年好文章:合众社百年新闻佳作[M]. 西安:陕西师范大学出版社,2002:225.

里根总统遇刺,他的部属和妻子非常担忧他的健康。但总统一连串幽默的话语缓解了紧张的气氛,同时也间接告诉大家,他身体很好,不必太过担心,这在一定程度上可以减轻大家对他伤情的忧虑之心。

(四)新闻人物讲了很有个性的话

有些新闻人物很有个性,其语言也往往独具特色,记者要善于抓住新闻人物个性鲜明的语言,将其作为直接引语写入新闻报道中。

赤子心 赤子情——朱镕基总理中外记者招待会侧记

2000年3月15日 来源:新华社 记者:刘刚、唐卫彬、王雷鸣

(1)"我将恪尽职守,奋力拼搏,以不辜负人民对我的信任。"今天下午,朱镕基一番慷慨激昂的话语,赢得了600多名中外记者的热烈掌声。人们再次强烈感受到这位共和国总理的赤子情怀。

(2)朱镕基接着又深情地道出心声:"我只希望在我卸任以后,全国人民能说一句,他是一个清官,不是贪官,我就很满意了。如果他们再慷慨一点,说朱镕基还是办了一点实事,我就谢天谢地了。"话音未落,大厅里又一次响起如潮的掌声。

(3)这是今天朱镕基总理记者招待会上,感人至深的一幕。

(4)人民大会堂三楼大厅青竹翠绿,鲜花绽放,座无虚席。两年前的3月,也是在这个大厅,刚刚当选为共和国总理的朱镕基面对中外记者,庄严宣誓:"不管前面是地雷阵还是万丈深渊,我都将勇往直前,义无反顾,鞠躬尽瘁,死而后已。"

(5)从那以后的两年间,亚洲金融危机冲击,百年不遇的洪水灾害,特别是去年国际形势剧烈动荡,国内三场政治斗争的严峻考验……面对错综复杂的国内外形势,党中央、国务院审时度势,把握大局,开拓进取,破解难题,取得了政治、经济、外交领域的一个又一个重大胜利。就在刚刚闭幕的九届全国人大三次会议上,2,713位人大代表对朱镕基所作的政府工作报告投下神圣的赞成票,代表全国人民对本届政府的工作表示出高度的赞扬和充分的信任。

(6)下午4时30分,中外记者用热烈的掌声,迎接刚刚从闭幕大会会场走来的朱镕基总理,闪光灯如闪电交织辉映。身着深蓝色西装的朱镕基总理向大家拱手致意。

(7)在1小时40分钟的记者招待会中,朱镕基自信坦诚,激情洋溢,先后回答了16位记者的提问。由于台湾领导人变更在即,两岸关系成为关注焦点,涉及台湾问题的就有6个。朱镕基总理神色凝重,严正地指出:"谁要是搞台湾独立,你就没有好下场!"话语掷地有声,震撼人心。

(8)他深情地说:"回想当年,中国是何等的贫穷积弱,但是,我们还是喊出了'起来,不愿做奴隶的人们',并且为此进行了前赴后继的英勇斗争。""救亡的歌曲,现在我还记得清清楚楚,每逢唱这些救亡歌曲的时候,我的眼泪就要流出来,我就充满了要为祖国慷慨赴死的豪情。"

(9)这时,全场的人们都看到他眼里的泪光。全场中国人的心,都在和他的心一起怦然跳动。

(10)"今天中国人民已经站起来了,我们能够允许自古就属于中国领土的台湾从祖国分裂出去吗? 绝对不能!"话音刚落,总理的拳头重重地砸在桌上。

(11)这是全中国人民的坚定意志,海内外中华儿女的共同心声。爱国主义的热情,维护祖国统一的信念,使人们心潮激荡。

(12)记者招待会高潮迭起,扣人心弦。对一个个问题的答问,关乎国家改革发展大业,关乎21世纪中华民族走向全面振兴,关乎维护世界和平,也向全世界传递着许多重要的信息。

(13)招待会结束后,俄罗斯《劳动报》记者普里瓦洛夫感慨地说:"有这样一位爱国爱民的总理,中国政府一定会在新的世纪开创更加伟大的事业。"

这条新闻表现了时任总理朱镕基鲜明的个性。第二自然段引用朱镕基的原话,表现出朱镕基总理直率、清廉、赤诚为民的赤子之心;第四自然段引用朱镕基总理的原话,表现出他为了人民的利益,勇敢、不畏艰险,不惧任何邪恶势力的英雄气概;第七和第十自然段引用朱总理的原话,表现出他坚强、是非分明的硬汉形象和爱国的赤子情怀;第八自然段引用朱总理的原话,展现了他忧国忧民的肺腑之言。整个新闻中所有的直接引语,都体现出朱镕基总理为国为民的一颗赤子心、一片赤子情。一篇小小的特稿将朱镕基总理的独特个性形象充分而又多侧面地揭示了出来。

(五)新闻人物讲了富有情感的话

当新闻人物的讲话表现出丰富的情感时,记者可以将其作为直接引语引用在新闻报道中。

美联社记者1932年采写的《美国大兵比卡尼克和他的妻子成了住房短缺的牺牲品》中有这样三段文字:

他们的邻居查利·福特夫妇听到轰然一声响,赶快从家里跑了出来,只见比卡尼克像发了疯似的用手扒又湿又重的泥土。后来发现,在土堆的重压之下,孩子们的卧室塌陷到地下室里去了。

比卡尼克在干号:"孩子啊,快出来吧!"福特费了好大力气才把另一个房间的门挖开,进去后,他发现比卡尼克夫人木然地站在那里,瞧着孩子房间塌陷下去的大洞发呆。

她目瞪口呆,絮絮叨叨地说:"孩子们能支撑多久? 多久? 多久? 有人来救他们吗?"

山体滑坡,美国大兵比卡尼克的两个孩子被埋在地下,比卡尼克的干号表现出一个父亲的痛苦和悲伤,比卡尼克夫人的絮絮叨叨的话更是透露出一种近乎崩溃、绝望的情感。

当新闻人物的讲话富有人情味时,记者将这些原话写入新闻报道,会使新闻报道更有情感,更富于人性。

湖南省娄底市双峰县农民肖开全和妻子周露以及父亲和弟弟一起在长沙打工,将1岁8

个月大的女儿小梦留在农村老家,交给妈妈王立春带。不幸的是,45 岁的王立春突然倒在家里的卫生间门口死亡。当他们赶回家时,发现妈妈的尸体已经开始腐烂,估计已经死去 7 天了,女儿小梦却一动不动躺在奶奶臂弯里,身上爬满蛆虫。对于这个新闻事件,记者是可以写出比较感动读者的新闻报道的,尤其是可以抓到很多感人的直接引语。但是,令人遗憾的是,整条新闻的直接引语非常少,表现情感的直接引语更少。笔者在这条新闻报道中选择了几句有限的直接引语,我们一起来看看:

"我敢肯定,我妈已走了有 7 天了。因为自从 9 月 20 日上午以后,家里电话就没人接了。直到 9 月 27 日晚上,我们破门而入。我的孩子,这 7 天真不知道她是怎么挺过来的。"昨天下午,湘雅二医院儿科病房的走廊里,26 岁的肖开全一边用手扯头发,一边擦拭着泪水。

可能 7 天都没进食的小梦,瘦得皮包骨了,夫妻两人抱着孩子抱头痛哭。肖开全说,女儿小梦很聪明,并且嘴巴很甜。"孩子在奶奶的尸体旁待了 7 天呀!整整 7 天没人管没人问,如此漫漫长夜和白天。"周露痛哭流涕。

肖开全还发现,客厅里有小梦拉的大便,有点干了。他母亲一般将吃的东西放在卧室的柜子里,但柜子的门很紧,小梦打不开,柜子门明显有拉动的痕迹。"孩子在 7 天里到处找食物吃,可没吃到任何的食物。孩子挺了过来,真要感谢上苍。"肖开全说。①

妈妈在 45 岁这么年轻的时候、在儿女没有在身边陪伴的情况下突然去世,而且死得非常凄惨,但是在整个新闻报道中,记者没有挖掘出充分表达儿子对母亲哀悼、内疚的情感化的语言,全文没有一句表达对母亲的爱和哀思的直接引语,这是非常可惜的。

对于生命垂危的女儿,第一段表现的人物的情感性较强,不过,对动作的描述比对语言的引述更令人产生情感共鸣。"用手扯头发""擦拭着泪水",表现出父亲近乎崩溃的内心世界。但直接引语比较平淡,看不出父亲强烈的情感,长达 75 个字(含标点)的长句子更加冲淡了直接引语的感情色彩。显然,表现情感性的直接引语,句子不能太长,可以将长句子改短,与间接引语以及记者的描述交叉使用,这样效果会更好。

第二段引述的是妻子的语言,同样是对动作的描述强于对语言的引述。读者从周露的"痛哭流涕"中可以感受到作为妈妈的心里的苦痛,而直接引语却相对比较冷淡。"如此""漫漫长夜",这种语言不像处于痛苦中的人的语言,更不像处于痛苦中的农妇的语言,有记者加工的痕迹,这种语言会稀释当事人的情感,也难以调动读者的情绪。

第三段更次之,记者只是在几乎毫无情感地引述父亲的原话,对事实的陈述遮蔽了对情感的表达,这就使情感更加平淡。这几乎是时下新闻报道的通病,记者往往只是将事实准确、清楚、完整地告知受众,却疏忽了诉诸受众的情感,仿佛记者和受众都是一群冷冰冰的没有情感的动物。

上面这条新闻报道从另一层面提示记者应该更加重视新闻人物情感化的语言,多留意、挖掘和引述新闻人物情感化的语言,从而充分表现人情、人性。

---

① 刘少龙,王建新. 奶奶身亡 电话 7 天没人接 1 岁女童身上爬满蛆虫[N]. 潇湘晨报,2011-09-30.

（六）新闻人物对有争议的问题发表了看法

记者采访的新闻事件如果是一个有争议的问题，当新闻人物对这个有争议的问题发表了讲话或看法后，记者应将其语言作为直接引语写进新闻报道中。

“一切有争议的事情都应用直接引语的形式来报道，同时辅之以此前和此后的相关议论以构成所需的语境。同样，报道法庭事务时，各方在审判中对关键问题的陈述也应给出直接引语。”①记者在报道有争议的问题时，一定要保持谨慎，只有使用直接引语来报道争议双方和多方的态度和言行，才能使新闻报道更客观、更中立。

湖南一青年被殴致死 警方称打人者并非公务员

2015年2月9日　04:38　来源：《中国青年报》

【本报长沙2月8日电】（记者：洪克非）　今晚，记者从湖南长沙市警方了解到，因狗伤人引发纠纷而将人殴打致死的犯罪嫌疑人郭某，已被警方刑拘并报请检察机关批准逮捕。

7日晚，一则题为“湖南醴陵24岁大学生在长沙被‘官二代公务员’活活打死”的网帖广为流传。今天，发帖人吴海语在电话中告诉记者，自己与受害者谢本宗是情侣关系。今年24岁的谢本宗是湖南株洲醴陵市人，2013年从湖南人文科技学院体育专业毕业。去年，谢本宗开了一个小店，事发前，谢本宗正准备返乡和家人过春节。

吴海语说，事发当天，谢本宗与在长沙的高中同学一起到梅西湖公园玩，而犯罪嫌疑人郭某则带着孩子在打高尔夫球。

据该同学介绍，其间，谢本宗的手机掉在地上，返回捡手机时被郭某带的两只狗咬伤双腿。报警后，警方曾介入协调。但警察走后，郭某拒绝支付600元赔偿金，双方发生争执。郭某对谢本宗拳脚相向，致其头部受损“特别严重”。

此后，谢本宗被送往长沙市湘雅附三医院抢救。

湘雅附三医院1月30日19时11分出具的急诊CT报告显示，谢本宗脑部多发硬膜外血肿，右肺和左下肺有伤。2月4日，谢本宗经医治无效死亡。

2月8日下午，长沙市公安局官方微博“长沙警事”发文称，1月30日17时许，长沙市河西观沙医院门口发生一起故意伤害案，谢某（男，24岁，浙江某市一个体户）被郭某（男，32岁，长沙市一单位在编工人）所带犬只咬伤，双方因赔偿问题发生纠纷，郭某将谢某打伤后逃走。后谢某送医救治无效，于2月4日死亡。

2月8日晚，长沙警方人士告诉记者，郭某并非网帖所说的公务员，而是长沙市安监局工勤人员，职业为司机。对于网上议论郭某家人为当地官员一事，他没有置评。

他说，案发当天，长沙市公安局岳麓分局就展开案件侦破和嫌犯抓捕工作，后通过做郭某家属工作，促使郭某自首。在抓捕郭某的当天，警方已依法将郭某刑事拘留，并于6日报请检察机关批捕郭某。

---

① 福克斯. 新闻写作——报刊记者指南[M]. 李彬，译. 北京：新华出版社，1999：88.

警方还组织了当事双方家属并邀请双方所在地司法机关进行司法调解，于2月5日中午达成了赔偿协议。根据协议，郭某家属将赔偿受害方家属医药费等各项费用共计84万元。

上面这条新闻报道的是一个有争议的问题。一则网帖说，“湖南醴陵24岁大学生在长沙被‘官二代公务员’活活打死”。网帖在网上推出后，舆论一片哗然。发帖人称死者谢本宗是湖南株洲醴陵市人，2013年从湖南人文科技学院体育专业毕业，之后她向记者讲述了谢本宗被打死的经过。而长沙市公安局官方微博“长沙警事”发文称，死者是个体户（没有说死者是大学生），打人者郭某是长沙市一单位在编工人。记者还采访了长沙警方人士，这位警方人士告诉记者，郭某并非网帖所说的公务员，而是长沙市安监局工勤人员，职业为司机。在这条新闻中，警方的说法与当事人的说法有一些不一致，对于这些不一致的材料，必须使用直接引语，可惜的是，整条新闻除了一句部分引语“特别严重”外，没有一条完整的直接引语，记者全部使用间接引语表述。这种陈述事实的方法会让读者将信将疑，使新闻的真实性和权威性大大降低。

记者报道有争议的问题时，要反复核实事实，不能有丝毫马虎。因为争议的各方都可能会有意或无意地向着对自己有利的方面来告诉记者事实的真相，这个“真相”可能是当事人一方认为的真相。争议各方在为自己进行辩护时，很多时候都是有意识的，也有少数时候可能是无意识的，在有意识和无意识的支配下，争议一方的当事人可能就会向记者陈述对自己有利但与事实有出入的信息，记者必须保持高度的警惕，对争议各方陈述的事实进行认真核实。

（七）新闻人物发表了批评、指控或煽动性讲话

当新闻人物对某人、某事提出批评和指控时，记者应该将这种批评和指控的原话作为直接引语引用出来，而不能用间接引语来报道。如果当事人在新闻现场讲了富于鼓动性、煽动性乃至蛊惑性的话，记者要尽量采用直接引语来报道。运用直接引语报道这些信息，可以使新闻保持客观、公正。

NGO全会代表批评西方新闻媒介缺乏公正

【新华社北京（1995年）9月5日电】（记者：张丹、陈瑶）　在今天上午举行的非政府组织妇女论坛第五次全会上，中国一位资深女记者批评西方主流媒介热衷于针对大会的消极面报道，呼吁西方传媒消除对发展中国家的偏见，做到客观公正。

中国首都女新闻工作者协会代表熊蕾的发言引起在场千余听众的共鸣，不到一刻钟的发言多次被热烈的掌声打断。

熊蕾说，西方主流社会的媒介对发展中国家抱有“强烈的偏见”。以这次NGO妇女论坛为例，西方媒介避重就轻，把关注的焦点放在车祸、游行、流亡西藏妇女问题上，连篇累牍地报道，对大会主题“平等、发展、和平”以及两万多名与会妇女代表毫不关心。

她说：“他们总是在搜罗事端，如果找不到事端就炮制一个。”

她呼吁与会者联合起来改变西方媒介对发展中国家的偏见。她说:“让他们立即改变态度是不容易的,但我们要借这次大会的机会联合起来,施加压力让他们改变态度。”

今天上午的全会以“媒介、文化和通讯”为主题。这是本次大会第二次以该主题举行全会。

大会主持人卡姆拉·巴辛表达了对熊蕾女士的支持。她说,关于NGO论坛的报道,有些国家很不充分,有些国家的媒体以消极内容为主。这些现象应该得到纠正。她说:“要正确地报道这里的一切。”

美国“公正和客观报道”组织代表罗拉·弗兰德斯认为西方主流社会媒介根本不关心发展中国家。她以讽刺的口吻说:“我来自号称‘世界新闻之都’的纽约,但我对你们的想法和生活完全一无所知,这当然应该‘归功’于我们的广播、电视和报纸。”

她说,西方媒介这种混淆视听的做法不仅针对发展中国家,在西方国家本身的报道中也很普遍。美国传媒充斥着对暴力、灾难的报道,对妇女保健、基层妇女组织等广大妇女关心的内容却很少见。

坐在听众席前排的巴基斯坦妇女法扎拉·马姆塔丝说,西方媒介的片面报道对一些发展中国家的社会动乱负有责任,这种现象应该彻底改变。

在两天前举行的一场相同主题全会上,与会代表也批评了西方媒介对此妇女论坛的不公正报道。加拿大广播公司著名记者朱迪·雷碧克说:“大多数关于本次大会的报道都是关于取得签证的困难、天气不好、帐篷倒了、墙塌了,还有厕所问题。”

她指出西方媒介忽略了妇女发展这个主题,并呼吁代表们一致努力以找到一个“终止这种报道的有效办法”。①

这篇新闻报道了在中国北京举行的非政府组织妇女论坛第五次全会上,与会代表批评西方主流媒介热衷于针对大会的消极面报道,对发展中国家抱有偏见,缺乏客观、公正。一些重要的批评语言都采用了直接引语,引用了新闻人物的原话。中国首都女新闻工作者协会代表熊蕾批评西方主流社会的媒介对发展中国家抱有“强烈的偏见”,她呼吁与会者联合起来改变西方媒介对发展中国家的偏见。记者两次引用了熊蕾代表的原话。来自美国的“公正和客观报道”组织代表罗拉·弗兰德斯批评说:“我来自号称‘世界新闻之都’的纽约,但我对你们的想法和生活完全一无所知,这当然应该‘归功’于我们的广播、电视和报纸。”同样来自西方的加拿大广播公司记者朱迪·雷碧克也批评说:“大多数关于本次大会的报道都是关于取得签证的困难、天气不好、帐篷倒了、墙塌了,还有厕所问题。”这些直接引语使新闻报道显得客观、真实,令读者信服。美中不足的是,这种批评性报道,应该保持适当的平衡,可以报道被批评方的说法和态度,这会使新闻报道更公正、更客观。

同上述记者报道有争议的问题一样,记者报道批评、指控或煽动性讲话,也要反复核实事实。这种类型的讲话有可能是在情绪激动之下的宣泄,不冷静、没有认真思考,说话很随意;或者是蓄意而为,别有用心;或者是其中一部分内容甚至大部分内容是事实,但可能有少数信息不是事实。记者要细加甄别,仔细核实事实。

① 刘明华,张征. 新闻作品选读[M]. 北京:中国人民大学出版社,2003:9-10.

三、部分引语

新闻报道中的部分引语引用的不是一个完整的句子。记者在写作新闻报道时，如果觉得新闻人物的讲话中不需要引用完整的语言，只有某些词语或短语值得引用，这时，记者可以采用部分引语来报道新闻。

尼克松辞去美国总统职务

(1)**【美联社华盛顿(1974年)8月8日电】** 理查德·尼克松星期四(8日)晚宣布他辞去美国第三十七届总统职务。

(2)尼克松说，辞职将在9日中午格林尼治时间16时生效。副总统杰拉尔德·福特将同时继任总统。

(3)尼克松在谈到他"不是一个逃兵"时说，这一决定是"令人生厌"的；但是，为了国家的利益，他不得不辞去总统职务。

(4)尼克松要求全国支持福特，"团结起来医治我们的创伤"——我们"非常需要医治这个创伤"。

(5)尼克松承认他犯了错误，"做了错事"。

(6)他的声音有时不能成声，特别是在他说到"我虽然辞了职，但对反对我的人毫无怨恨之心"的时候更是如此。

(7)他说水门丑闻使他无法履行总统的职务，而且也转移了国会对其他重大问题的注意。①

上面这条新闻，除了倒数第二段是一条完整的引语外，其他引语都是部分引语，这些部分引语都是比较关键的内容，能够充分说明问题。比如，"尼克松承认他犯了错误，'做了错事'。"后面半句部分引语，可以充分证明尼克松承认自己犯了错误，如果删除后半句，只有前半句的叙述，会使人怀疑这只是记者单方面的说辞，会影响"尼克松承认他犯了错误"这句话的真实性。

使用部分引语一般都要有一个引导词，一般不要在引导词中使用"说道"一词。下面这种写法就不太好：

关于校长，××大学校长办公室主任张三说道："他非常支持新闻学院的教学改革"。

下面这样写比较好：

××大学校长办公室主任张三说校长"非常支持新闻学院的教学改革"。

① 颜雄. 百年新闻经典：上册[M]. 长沙：湖南大学出版社，2000：211.

使用部分引语时要将消息源拿出来放到引导词中，方便读者接受，这是一种比较常见的写法。

使用部分引语要注意以下两点：

第一，部分引语很可能造成新闻报道不准确。

比如，一位影视明星的婚姻生活亮起了红灯：妻子王莉不堪忍受丈夫的打骂，向法院提出离婚诉讼，但是丈夫希望妻子不要和他离婚，并在法庭上承诺今后再也不打骂妻子。经过法官的调解，妻子对丈夫说了下面这句话：

> “如果你能够履行你今天对我的承诺，今后再也不打骂我，我可以考虑和你继续在一起共同生活，我们不离婚。”

记者在进行新闻报道时，如果这样引用部分引语：

> 在昨日的法庭上，妻子王莉对丈夫表示可以考虑“不离婚”，愿意和他“继续在一起共同生活”。

这样引用部分引语，有断章取义之嫌，记者省略了一个重要的前提条件：丈夫必须履行对妻子的承诺，今后再也不打骂她，在这个前提条件下，她才可以考虑不离婚，但是，记者将这个重要的前提条件省略了，导致报道不真实。

在使用部分引语时，要注意的是，记者可以不完整引用新闻人物的全部语言，但一定要将新闻人物的原意完整引用，否则，就可能导致新闻失实，这是一个重要原则。

第二，使用部分引语要少而精。

一般情况下，记者在新闻报道中要尽量少用部分引语，这是使用部分引语的另一个基本原则。要少而精，否则，部分引语太多，会使新闻报道显得支离破碎。记者一定要注意，部分引语和零碎引语是有巨大区别的，使用部分引语也不是记者使用零碎引语的借口。

看看下面这段报道，如果我们将上面新闻人物王莉的话这样使用在报道中，效果会如何：

> 在昨日的法庭上，妻子王莉对丈夫表示，如果丈夫能够“履行”对她的“承诺”，今后“再也不打骂”她，她“可以考虑”“不离婚”，愿意和他“继续在一起共同生活”。

记者如果这样引用新闻人物的话，就使新闻报道显得很零碎，像一堆碎砖乱瓦一样。

四、使用直接引语的注意事项

（一）直接引语的准确性至高无上

直接引语的文字必须准确无误，必须忠实于新闻人物的语言，不可违背原意，不可有半点的虚假和改变。

记者在采访时就要对新闻人物的语言有一个基本判断，如果考虑要将某句话写进新闻报道中，就要对新闻人物的语言倍加留意，高度集中注意力，不要记错和遗漏掉任何一个字和词。记者应该对听得不太确切的引语进行确认。如果是电话采访，要请对方重复一遍。

引用直接引语在某种程度上可以看出一个记者的水平高低。有经验的记者在采访时就会对新闻人物的语言进行甄别，对那些可能会写进报道中的语言记得非常清楚。而一些初学者往往难以分清采访对象语言质量的高低，将一些重要的语言、有价值的语言轻易放过，或者记得不清楚，只记住了只言片语，或者压根儿就没有记住什么。等到开始写作时，忽然感到新闻人物的某句话非常有力，值得作为直接引语写到新闻中去，但是，翻开笔记本后，却发现笔记不全甚至连几个词都没有记录下来。这时，个别记者可能就会根据记忆进行适当"复制"和"加工"，这种"复制"和"加工"出来的直接引语，根本就不是新闻人物的原话，甚至可能会与新闻人物语言的原意相去甚远。所以，能否写好直接引语，既与记者采访时的态度有关，又与记者的采访报道经验和水平有关，还与记者的职业道德有关，只有同时具备这三个方面的因素，新闻报道中的直接引语才有可能做到准确无误。

(二)不要断章取义曲解新闻人物的话

对新闻人物的语言不要断章取义，这在理论上很好理解，但是在新闻实践中却常常出现问题。一种情况是，记者在引用新闻人物的语言时，脱离了当时的语境。这种语境，既有上下文之间不可割裂的联系，又有当时各种现实的环境因素，在这种特殊的语境下，才有新闻人物那种比较独特的话产生。如果记者罔顾这些语境因素，剥离当时具体、特殊的语境，将新闻人物的语言引用出来，那么新闻报道出来之后，被报道者可能就会批评记者的新闻报道不真实。

另一种情况，则是记者出于个人利益的需要，或者受人之托，或者对采访对象有偏见甚至怀有敌意，有意识地断章取义，选取新闻人物的片言片语。这种报道往往会让报道对象勃然大怒，甚至认为事实严重失实，从而有可能将记者告上法庭。

以上两种情况在新闻实践中屡见不鲜，值得引起记者的重视，在新闻报道中要尽量避免出现。

(三)不可仿冒直接引语

所谓仿冒直接引语，是指记者没有到现场采访，新闻人物的语言是事后新闻当事人和目击者追述的，但记者却将这些追述的语言写成了直接引语，给读者的感觉是记者当时在新闻现场。

这种情况，西方记者往往采用"事后回忆说"等写法，告诉读者这是记者事后采访的，新闻人物讲这些话时记者没有在现场。但是，有些记者却将这些新闻当事人和目击者事后追述的话写成了直接引语，而并没有告诉读者这是事后采访到的材料。这种仿冒直接引语的案例在中国省市级及以下的媒体中比较常见，这种写法是不严谨的，应该杜绝。

(四)要文明使用直接引语

当新闻人物讲了一些粗俗、淫秽的话时，记者应对这些话进行处理。

当涉及性、性器官或者动物与人体的排泄器官、排泄功能、排泄物等粗鄙、下流的表达时，欧美国家常常采用只写这种单词缩写的第一个字母，然后在后面加一个破折号的方式来处理。

在我国，各类新闻报道中禁用脏话、黑话，禁用不文明用语，详见新华社公布的《新华社新闻信息报道中的禁用词和慎用词》(2016 年 7 月修订)。

总之，新闻语言必须文明、文雅，不要使用粗俗、淫秽的语言。

(五)慎用方言土语

新闻报道中适当引用一些方言土语，可以使新闻报道更富有人情味、富有变化，尤其是可以增加新闻的地方色彩。对于地方新闻媒体，比如省市级新闻媒体，适当引用方言土语，可以拉近媒体与当地读者之间的距离，增加亲近感，吸引读者阅读。但是，地方性的新闻媒体使用方言土语也必须适可而止，不能滥用。

全国性的新闻媒体应尽量使用普通话表达，即使是属于北方话语系的东北和华北、西北地区的新闻媒体，其新闻报道也不能过多使用南方省市区或其他省市区的读者难以理解的方言。

(六)不要大段引用直接引语

记者在新闻报道中引用直接引语固然很好，但是，如果大段大段地引用新闻人物的语言，这就走到了另一个极端。一般而言，记者在新闻报道中不要引述新闻人物的长篇大论，这会让读者倒胃口，也会使新闻报道显得呆板、形式上不灵活。在新闻实践中，大段大段地引用新闻人物的语言的新闻报道并不少见，这是需要加以改变的。

(七)改动直接引语要谨慎

新闻报道必须使用新闻人物的原话，一般情况下不得改动新闻人物的原话。但是，当新闻人物的原话在语法、逻辑、用词上出现明显错误时，记者可以视具体的情况，根据不同情形进行适当处理。

口头语言和书面语言存在比较大的区别。人们在口头讲话时，不可能也没有必要严格遵守语法规则、注意语言的逻辑性和字斟句酌地说话。但是这些话一旦转换成书面语言，印刷成文字出现在纸质媒体上时，其中的语法、逻辑和用词上的错误就会非常明显地出现在读者眼中，令读者不忍卒读。如果出现这种情况，记者可以对新闻人物的原话进行适当的加工。也就是说，对于大多数新闻人物而言，当他们的原话语法有错误、逻辑有问题、用词不当时，记者可以进行适当的润色，但是，必须以忠实于新闻人物的原意为边界，不能超越这个边界。如果记者的润色改变了新闻人物讲话的原意，哪怕只是一点小小的改变，都是不允许的。

有少数新闻人物的原话即使是出现了语法、逻辑和用词的问题，记者也要忠实于新闻人物的原话，不能随意地润色和改变。例如，对于那些以语法、逻辑和用词问题而闻名的政要、精英人物来说，这种问题已经成为他们的“特色”，保留其错误和问题，可以让公众更真切地了解人物的本色；而对于一些语言学家、逻辑学者以及文化界的重量级人物，保留其错误和问题，可以让公众直面甚至质疑人物的资质和真实水平，这部分人有可能是靠哗众取宠、溜须拍马乃至通过其他不正当的手段而谋取了不该属于他们的高位。由此，公众又有了一个新的视角来审视这些人物。这些人物的语法、逻辑和用词错误就可以原汁原味地被呈现出来。

第三节 间接引语

在采访中,记者记录了大量的新闻人物的原话,也记录了大量的新闻人物原话的主要意思。记者记录的这些新闻人物的语言不可能全部都写进新闻报道中。新闻报道讲求简洁,限于篇幅,对于新闻人物很多精彩的原话,记者也只能忍痛割爱,择要将其运用在新闻报道中。

使用直接引语,一般仅限于引语比较有价值、比较重要、受众非常喜爱等因素。就大多数新闻报道而言,间接引语的使用一般都会比直接引语多。

人物的语速一般都快于记者记笔记的速度,即使记者用速记的方法或者用自创的方法进行快速记录,也不能将新闻人物更多的原话一字不落地记录下来。有些时候,即使记者记录下来了,但由于笔速太快,当记者写作新闻报道时,打开笔记本,其中的有些字可能自己也无法准确辨认,这时,最稳妥的方法,就是采用间接引语来表达新闻人物的原话。当然,多数时候是记者在笔记中没有准确地记下新闻人物的原话,因此在报道时也只能写出新闻人物原话的主要意思。

当新闻人物的讲话表述得不清楚或是重点不突出时,使用间接引语可以重组素材或是浓缩素材。使用间接引语,记者"就能用一句话概括意思散漫、要点模糊的原话;就能将本来在原话中分散的、各不相属的观点归并到一起;就能轻松自如地从一个主题过渡到另一个主题、从一个谈话对象过渡到另一个谈话对象"①。

采用间接引语报道新闻,要注意两点。

第一,不能只采用间接引语而不采用直接引语,直接引语和间接引语必须交叉使用。在新闻实践中,很多新闻报道只有间接引语而没有直接引语。

牧民捡狗头金追踪:有待鉴定 国土部门暂未介入

2015年2月9日 15:11 来源:中国新闻网

(1)**【中新网乌鲁木齐(2015年)2月9日电】**(记者:陶拴科) 9日,新疆青河县回应了捡拾"天然金块"的真相,记者随后又致电当地政府,得知疑似"天然金块"的狗头金目前有待进一步鉴定,政府愿意给牧民提供鉴定相关服务,但归属问题仍是争议热点。

(2)消息人士称,被称狗头金的"天然金块"有待鉴定,大家都在期待归属问题,因为没有鉴定结果,所以不便对外界透露。政府已经安排了当地乡政府及有关部门加强了对牧民的安全保护,并叮嘱牧民提高防范意识,妥善保管。

(3)另外,该政府工作人员还表示,目前按照相关程序执行,归属争议问题需要时间。

(4)阿勒泰地区国土资源局工作人员称,此事因为发生在青河县,具体由属地管理部门处理,但可以根据《矿产资源法》和地质矿产部颁发的《地质遗迹保护规定》的一些办法借鉴参考。

① 福克斯.新闻写作——报刊记者指南[M].李彬,译.北京:新华出版社,1999:91-92.

(5)这位工作人员还称,因为此次牧民发现的“天然黄金”体积大,成外界关注的热点,对于鉴定一事,目前阿勒泰地区国土部门还没有介入。

上面这条新闻是一篇关于新疆牧民捡到狗头金的后续追踪报道,整条新闻没有一句直接引语,消息人士的语言、阿勒泰地区国土资源局工作人员的语言,全都是间接引语。显然,这些间接引语会降低这条新闻的真实性和权威性。

这种只用间接引语而不采用直接引语的现状必须有所改变,否则,读者会感到味同嚼蜡,而且新闻的真实性、权威性等也会大打折扣。

强调使用直接引语,并不意味着可以大段大段地使用直接引语,而应该对单次使用直接引语的篇幅进行限制,否则,冗长的直接引语也会让读者产生阅读疲劳和心理抗拒,最好的办法是直接引语和间接引语交叉使用。

看下面这条新闻:

习近平:我将无我,不负人民

2019 年 3 月 24 日　11:36　来源:《人民日报》　记者:杜尚泽

“最后,我有一个很好奇的问题,不知能不能问一下?”

22 日下午,意大利众议院,习近平主席同众议长菲科举行会见。临近结束时,“70 后”的菲科突然抛出了这句话。

全场目光注视着他。

“您当选中国国家主席的时候,是一种什么样的心情?”听到众人的笑声,菲科补充道:“因为我本人当选众议长已经很激动了,而中国这么大,您作为世界上如此重要国家的一位领袖,您是怎么想的?”

习近平主席的目光沉静而充满力量,他说,这么大一个国家,责任非常重、工作非常艰巨。我将无我,不负人民。我愿意做到一个“无我”的状态,为中国的发展奉献自己。

稍作停顿,他继续讲道,一个举重运动员,最开始只能举起 50 公斤的杠铃,经过训练,最后可以举起 250 公斤。我相信可以通过我的努力、通过全中国 13 亿多人民勠力同心来担起这副重担,把国家建设好。我有这份自信,中国人民有这份自信。

“欢迎你到中国去!看看一个古老而现代的中国,看一看勤劳智慧的中国人民。”

收到习近平主席的邀请,菲科朗声答道:“我一定会去的!”

2019 年 3 月 22 日,中共中央总书记、国家主席习近平在罗马会见意大利众议长菲科。临近会议结束,习近平总书记在回答菲科提出的问题时说,我愿意做到一个“无我”的状态,为中国的发展奉献自己。习近平总书记在回答提问时表达的“我将无我,不负人民”的坚定信念,充分体现了一个大国领袖高尚的思想境界和超凡脱俗的伟人担当。习近平总书记始终把人民放在第一位,念兹在兹,心系人民。“我将无我,不负人民”饱含为民情怀,彰显大国领袖为中国人民谋幸福、为中华民族谋复兴的奉献担当。

这条新闻荣获第三十届中国新闻奖消息类一等奖。新闻几乎全以引语组成,直接引语和间接引语交叉使用。这样交替变换引语,使新闻在形式上灵活多变。整条新闻写得非常鲜活,文字清新,有很强的亲和力。

第二,间接引语一定要忠实于新闻人物的原意。间接引语引述的虽然不是新闻人物的原话,是对原话进行的转述,但是一定要保证原话的"原汁原味",不能因为是间接引语,就可以随意乱写,甚至断章取义、移花接木。很多新闻报道引起报道对象的不满,往往与间接引语没有将原话和原意完整准确地表达出来有关。

知识链接

在文章开头的前五段之内写入一段引言是很通常的做法,尤其是当所引用的话凝练地表现了人们对事件的反应时。①

涉及人体的、性的或者排泄功能的猥亵之言,即使经过批准必须要引用,该报也要求只用缩写的第一个字母,然后在后面加一个破折号。②

用"说"这个字没有强迫别人接受自己意见的意思。它隐没在新闻的字里行间,并不引人注意,所以不会使人感到腻味或觉得过于重复。"说"这个字又是中性的,并不包含更多的意思在内,因而又显得比较客观。

可以代替"说"的许多同义字,看起来没有多大问题,用起来要特别小心。如果记者报道市政府官员"声称"什么什么,"认为"怎样怎样,或"辩称"如何如何,记者暗示他本人并不十分相信这位官员的话。而用"说"这个字就没有这些问题。如果记者有根据认为这位官员说得不对,可以在报道中把正确的情况写出来或把证据拿出来。

有些报纸在报道劳资协商时总喜欢用资方"希望"什么什么,劳方"要求"什么什么。"要求"有生硬和不讲道理的味道,而"希望"则是平心静气的、讲道理的。记者自觉或不自觉地站在评论的立场上使用这些字眼。③

下面这些建议或许可以帮你判断在什么情况下适宜引语。

- 当引语很有意思并且本身含有信息时:……
- 能够对导语、核心段或报道的观点起补充或支持作用的引语:……
- 能够揭示被采访者的观点或情感的话:……
- 如果引语很富描述性或戏剧性:……
- 能够表达被采访者强烈情感的话:……
- 传达戏剧性的情节:……
- 当你在引语中使用第一人称时:……④

什么样的引语才是好引语呢?首先它必须生动、清晰,同时能够强烈反映说话者的情感。……

在决定是否使用引语之前,关键是看它是否带有某种感情,或是否能够增加报道的信息量。许多记者在文章中使用引语,仅仅是为了证明他们的确对消息源做了采访。

苏珊·阿加曾经做过《底特律自由新闻》的专栏作家和写作教练。她说,记者应该把引语当作报道的调味品,而不是餐桌上的牛肉和土豆。"读者们看报纸就像参加晚会一样,"她说,"他们总是希望和有趣的人聊天,冗长的引语往往不受欢迎。"⑤

---

① 吉布斯,瓦霍沃.新闻采写教程——如何挖掘完整的故事[M].姚清江,刘肇熙,译.北京:新华出版社,2004:139.
② 密苏里新闻学院写作组.新闻写作教程[M].褚高德,译.北京:新华出版社,1986:95.
③ 密苏里新闻学院写作组.新闻写作教程[M].褚高德,译.北京:新华出版社,1986:96.
④ 里奇.新闻写作与报道训练教程[M].钟新,主译.3版.北京:中国人民大学出版社,2004:45-47.
⑤ 里奇.新闻写作与报道训练教程[M].钟新,主译.3版.北京:中国人民大学出版社,2004:45.

《美联社范例》的"新闻中的引言"条目对使用引言定了很高的标准:

· 在任何可能的情况下,避免零碎的引言,并避免转述累赘的话。

· 在语境中使用引言,包括润色和斟酌段落,并描述姿势或面部表情之类的事实,以显示一句评论是为了表示幽默或推测。

· 不要为纠正语法或用词不当而修订引言。言谈中离题的部分可以通过加进省略号被删除,但这样做要非常小心。

· 不要用俚语的书写形式,一些俚语只在一些特写中为达到特殊的效果而使用。①

思考与练习题

一、思考题

1. 什么是直接引语? 直接引语有什么作用?

2. 哪些情况下必须使用直接引语?

3. 简述使用引语的注意事项。

4. 采用间接引语报道新闻要注意什么?

二、练习题

1. 阅读下面这条新闻,请指出哪些材料必须使用直接引语。

国航回应空姐在韩国购物:未耽误正常登机

2015 年 2 月 24 日 01:19 来源:《京华时报》

【《京华时报》讯】 (记者:郑羽佳) 昨天,一则国航空姐被指在韩国机场购物,导致登机延误一事引发广泛关注。报道称,21 日,由韩国首尔仁川机场飞往重庆江北机场的 CA440 航班,一乘客发微博称空姐因机场购物致飞机延误。昨天晚上,国航重庆公司对此否认并表示,经调查,该空姐是在登机时间前回来的,并未造成飞机起飞以及落地延误。

昨天上午,媒体报道称,21 日下午 2 点 29 分,乘坐 CA440 航班的一位网友发微博称:"到了登机时间让所有旅客都排队不能登机,工作人员解释说机组人员没到齐。登机时间过了 5 分钟,这时看见这位空姐大包小包面带微笑地跑过来!"

据微博图片显示,一位国航空姐手拎一堆购物袋跑向登机口,而其身后是一长队等候登机的乘客。截至 22 日晚 8 点,该微博转发评论已经上千,不少网友对空姐行为表示不满,不过也有大量网友认为乘客投诉是小题大做,因为会导致当事空姐丢掉工作。

据了解,国航 CA440 次是由韩国首尔仁川机场飞往重庆江北机场的航班,正点起飞时间是韩国时间下午 3 点 55 分,北京与韩国时差为 1 小时。昨天下午,发布微博投诉的重庆网友@亚历克斯李李已将相关微博全部删除。

针对此事,国航重庆公司工作人员对本报记者表示,正点登机时间为北京时间下午 2 点 25 分(韩国时间下午 3 点 25 分),并且在所有机组人员到齐后登机。根据调取视频显示,第一位登机乘客是在 2 点 24 分(韩国时间下午 3 点 24 分),因此,该空姐是在 2 点 24 分(韩国时间 3 点 24 分)之前回来的,并未耽误正常登机时间,也未造成飞机起飞以及落地延误。

---

① 吉布斯,瓦霍沃. 新闻采写教程——如何挖掘完整的故事[M]. 姚清江,刘肇熙,译. 北京:新华出版社,2004:59.

事件最新进展：

昨晚20点54分，涉事网友发微博出示照片，称手机正好有拍摄的时间显示是在14点24分，也就是这个时间这位乘务员才登机。国航重庆方面的回应则是，该空姐在14点24分之前已回来（可能双方时间有误差）。

2. 阅读下面这条新闻，分析其直接引语的使用，指出其正确之处和不当之处。

河南救护车被曝现身海南景区　官方回应：去接患者

2015年2月24日　17:08　来源：人民网

2月23日，网友发布“河南商丘一辆车牌‘豫NPY120’的急救车在海南三亚景区停放”的微博，此消息一出，引起众多媒体和网友关注评论。

2月24日中午12时，记者就此事采访了商丘市梁园区平原医院院长张继臣。“2月20日，我院护士安海英接到朋友王芳电话，称其母亲在海南三亚不小心跌倒，海南那边没有人照顾，想让医院派车接其母亲回家治疗，车辆出行所有的费用由家属承担。我们出于友情和人道主义，让刘自明主任派司机魏震驾驶救护车，2月20日下午，前往三亚南山寺的附近接患者，经过近三天的时间于2月23日（初五），赶到患者暂时的预约地点（三亚南山寺附近）。去外地接病人，这种事情经常有的，我们前几天刚派车去常州接了一名病人。”张继臣说。

随后，记者联系到患者家属王芳。王芳说：“因为70岁的母亲刘秀真患有关节炎，不能受凉，节前就带着母亲去三亚，也想尽一份孝心。不幸的是，2月20日（大年初二），母亲不小心摔倒，经三亚中医院诊断为右髌骨骨折。由于我是家里的独女，还有两个孩子要照看，孩子马上又要开学了，而腿骨折要长期住院治疗，在海南又人生地不熟，之前联系飞机，飞机不乘载骨折病人。想到自己的嫂子安海英在平原医院工作，而平原医院外科治疗外伤很有名气，于是联系嫂子安海英，让医院派车来海南把母亲接回商丘治疗，所有的费用我们自己承担。因为当时母亲是在风景区内游览时摔伤，司机去接了我们之后，又载着我们去景区拿了行李衣物。”

70岁的老人刘秀真哭着告诉记者：“我是农民，患有气管炎、关节炎，女儿孝顺，带着我来海南三亚度假，我不小心摔到腿，就想回家治疗。没想到因为我们自己的私事，影响到医院的名声，心里真是难过。”

王芳说：“我现在想告诉广大的网友，这件事情是我们的私事，没想到给医院造成了这么大的影响，我现在心里很不好受，这件事也给我们家带来了很大的困扰。我们现在在返回的路上，回去了只想给母亲治病，希望大家不要再炒作此事了。”

记者电话采访了商丘市卫生局纪委书记崔洪轩：“事情发生后，我们立即组织市、区卫生部门、市120指挥中心及市交警支队成立联合调查组。经调查，平原医院派急救车前往海南三亚接病人一事基本属实，为了友情和人道主义去海南接病人，这个是值得我们肯定的。虽然平原医院属于民营医院，该车辆不在商丘市120急救网络范围内，但如果该车辆没有在卫生部门备案，又系擅自加挂院前急救标识的车辆，我们下一步详细调查后会坚决予以取缔！”（记者：薛素芬）

第七章 新闻敏感

▶**本章要点：**

新闻敏感是一种职业敏感。

新闻敏感主要包含三个方面的内容：记者对事实的新闻价值的判断能力、鉴别能力和发现能力。

好奇心是记者增强新闻敏感的最重要元素，敬业、爱业、积累知识、提高敏感技术和能力是增强新闻敏感的基础素质。

第一节 新闻敏感的内容

一、什么是新闻敏感

人们在生理上或心理上对客观事物作出的快速反应，称为敏感。这是一种动物性的本能反应，在各种动物身上也能够体现出来。

从社会性来说，人的各种感觉器官和思维、思想受变化、变动了的客体所触动，会迅速发生感应，这种感应是一种社会化的感应，也是只有人类才有的感应。

由于长期的训练和经验的积累，各行各业的人会对与自己长期从事的专业、职业相关的事物和问题产生一种敏感，这是一种专业化和职业化的感应。比如，医生从病人的神态举止中看出病情；政治家从人事的变动中看出局势的变化；企业家从某个日用品的短缺中看到商机，等等，这些都是一种职业敏感。无论从事哪一种职业，职业要求和经验的积累往往都会使人养成一种特有的敏感性。

新闻敏感也是一种职业敏感。

什么是新闻敏感呢？所谓新闻敏感，就是指记者敏锐地发现、判断新闻的能力。

美国新闻学家卡斯柏·约斯特在《新闻学原理》一书中说："一个不善于辨别色彩的人，不能成为一个画家；一个不懂得和谐的人，不能成为一个音乐家；一个没有'新闻感'的人，也不能成为一个新闻记者。"

西方新闻界将新闻敏感称为"新闻嗅觉""新闻鼻"。新闻学家戈公振说："记者要有新闻鼻，因为空气中充满了新闻，到处在等候新闻采访的人。新闻用不着去创造，新闻是客观存在的，等人去寻觅。"①西方一位记者曾说："我可以嗅到一英里以外的某些东西，生活里就是有

① 赵景云，刘小燕. 新闻采访写作[M]. 北京：外语教学与研究出版社，2018：137.

这种事儿。"在新闻工作中,记者的新闻敏感强,捕捉新闻的本事就强,就等于长了一个新闻鼻、一双新闻眼,嗅觉灵敏,目光锐利,能够敏锐地识别新闻。

新闻敏感是记者的新闻生命,如果一个记者没有新闻敏感,他就不是一个优秀的记者。西方几本新闻学教科书上都有这样一个例子:《纽约时报》名记者迪姆士·泰勒刚刚当记者时,有一天晚上被派出去采访一场歌剧的首场演出。泰勒到剧场后,获悉当晚演出已取消,于是他就回家睡觉去了。半夜时分,怒气冲冲的编辑打来电话,告诉他说,女演员已经自杀,其他各报头版头条就是这个新闻。编辑说:"像这样一个名演员首场演出取消,本身就是新闻。它的背后,可能还有更大的新闻。记住:以后你的'鼻子'(指'嗅觉')不要再感冒堵塞了!"

泰勒对这个事件出现反常没有新闻敏感,也就不会进一步调查这个反常事件,当然就不知道女演员自杀这样有价值的信息了。因此,是否有新闻敏感,是记者能否做好新闻的关键。

二、新闻敏感的主要内容

著名记者艾丰在他的《新闻采访方法论》中说:"做一个好记者,必须有新闻敏感。"新闻敏感的内容很多,但主要内容是以下三点,记者具备了以下三种能力,就具有了很强的新闻敏感,就能成为一个优秀的记者。

(一)判断能力

所谓判断能力,是指记者对事实和信息是否有新闻价值具备准确判断的能力。

在现代社会,每天都有大量的事实和信息出现在新闻记者面前。新闻记者面对这些事实和信息,要迅速进行判断,判断哪些事实和信息是有价值的事实和信息,值得记者去采访报道,哪些事实和信息是没有报道价值的,不值得记者去采访报道。判断有无采访报道价值的依据是什么?依据就是本书第一章第二节所讲述的新闻价值要素。根据事实和信息的接近性、显著性、娱乐性等,迅速判断出它对广大受众的吸引力程度。

新闻敏感的首要内涵、主要内涵,就是记者判断某一事实和信息能否引起受众的兴趣,判断某一事实和信息能否为受众普遍关心,这是现代新闻理念从传者本位向受众本位转变的根本性标志之一。"这通常是指新闻事实的价值呈显性状态,关键是看记者是否具备对新闻价值的快速反应能力。"①

1979年9月,河南省代表团带着一出豫剧《唐知县审诰命》进京参加中华人民共和国国庆30周年献礼演出。《唐知县审诰命》用官丑的行当和喜剧的手法塑造了一个独特的七品县令唐成的形象。饰演唐成的演员牛得草把这个人物外部形象的"丑"和内在品质的美演得活灵活现,深受观众的喜爱。戏中知县高堂上悬挂的字幅"当官不为民做主,不如回家卖红薯"为观众所津津乐道。

一天中午,新华社的一个女记者看了这出戏回到办公室后,绘声绘色地说这戏怎么怎么好,又说这戏如何如何受到群众欢迎。老编辑李耐因一边听她说,一边翻阅着她带回来的戏剧海报和剧情介绍。听着,看着,一个念头升起在脑海里:人民群众为什么这么热烈地欢迎这出戏?最重要的原因恐怕是戏的主题"当官不为民做主,不如回家卖红薯"引起了观众的共

---

① 刘海贵.新闻发现力:一种历史性概括[J].西南民族大学学报(人文社科版),2006(6).

鸣。由此,李耐因想到,从这个角度入手,完全可以写出一条有分量的消息啊! 李耐因把自己的想法说给记者:“怎么样,咱们写一条有深度的消息好不好?”“还是你自己动笔吧!”也许是谦恭让贤,也许是缺少共识,记者婉拒了。

敏感和经验让李耐因舍不得放弃这个机会。他又调查了解了很多情况,然后撰写了一篇五百多字的消息,新华社当天下午就播发了这篇消息。没有想到的是,这篇短消息引起了极大的轰动。中央和地方五十多家报纸先后刊发了这条消息,多家报纸转发时还用花边加框,以图醒目。新闻界同仁纷纷称赞新华社发了条好消息。新华社社长穆青在消息见报的当天就打来电话,说这条消息写得好,很精彩,是一条很在行的戏剧新闻。尤其没有想到的是,这篇消息产生了巨大的社会效应。由于消息的导语中突出引用了戏中唐成“当官不为民做主,不如回家卖红薯”的题款,一时间,这句话不仅在北京而且在全国其他城市迅速流行开来,成了人民群众监督鞭策领导干部的口头禅。

后来,这句话刻进了人们的记忆。

一般来说,一条戏剧演出的消息是不能做出多大的文章的,但强烈的新闻敏感让李耐因意识到了受群众欢迎的这出戏所具有的新闻价值,李耐因对此做出了准确的判断,抓住了受众普遍感兴趣的问题,及时做出了报道。①

一个优秀的记者就要善于发现公众普遍关心的事件和信息,善于判断一个事件或信息在公众眼里的价值大小、程度深浅,然后迅速做出决断:是否采访报道? 可以做多大篇幅的报道? 等等。

下面我们任意选择某一天的媒体报道,来看看媒体应该抓什么样的事件或信息,哪些事件或信息是公众普遍感兴趣的? 我们来看 2020 年 2 月 15 日新浪网要闻版面的新闻要目:

立足当前放眼长远　习近平周密部署战“疫”

[网友点赞习主席带领中国人民抗疫　没有一个春天不会到来]

实时更新:新型冠状病毒肺炎全国疫情地图

美媒追问湖北为何换帅　我大使回应

[31 省除湖北新增病例 11 连降　11 位重症患者接受血浆治疗症状改善]

国新办发布会开到武汉 王贺胜新身份亮相

[科技部:加强实验室特别是病毒管理　WHO 发新冠病毒全球研究重点]

[科技部:蝙蝠是新冠肺炎最可能源头　80 万只医用 N95 级口罩运湖北]

他“当官的父亲”果然“大意失荆州”

戴口罩都能闻见厕所臭　这家国企处分 70 多名干部

杭州首次突破人口千万大关 离第五个一线城市近了

福建一抗疫女干部获提拔:每天工作超 12 小时

交通部:疫情防控期间全国收费公路免收车辆通行费

① 李耐因. 不可拘于一格[J]. 中国记者,1995(11).

佩洛西警告欧洲别接近华为 中国女外交官当场回怼
曾被中央指导组察看的学校 又被武汉纪委书记盯上
英媒:英国正与中国讨论让中企参与该国高铁建设
美国包机转移“钻石公主”上380名公民及其家属回国
郑州一女子外出买双黄连10多天后被确诊新冠肺炎
安徽108例新冠肺炎患者治愈 超九成救治时用了它!
四川辅警不配合登记被辞退 警方:父母无从政经历
拒不提供婚宴名单 河南四个家族6人确诊新冠肺炎
多国宣布进入国家紧急状态 这个世界怎么了?
网友眼中的河南“硬核”防疫 这位副省长却“压力山大”
网友质疑医疗防护物资分配比例失调,武汉官方回应了
鲲鹏战“疫” 看空军6架运-20出征武汉

2020年1月开始的一场新型冠状病毒肺炎疫情肆虐中华大地,情况十分危急,所有人的目光都聚集在这个问题上,新浪当天要闻版的绝大多数新闻,都是疫情方面的报道。按照新浪网的标题排列方法,第二、五、七、八行每行皆为两条不同的新闻标题,四行总计8条新闻标题。为便于陈述,我们以行数为单位介绍和分析当天的新闻内容。第四行新闻标题中的“换帅”,指的是武汉2月13日撤换了湖北省委书记和武汉市委书记,分别改由上海市市长应勇担任湖北省委书记,济南市委书记王忠林担任武汉市委书记。第六行的新闻为国新办开新闻发布会,主要内容是疫情发布。第九行新闻的内容是报道湖北省天门市某官员在疫情期间走后门将儿子从荆州接回家。第十行的新闻主要内容不是疫情,但是处在疫情期间,国企领导对卫生高度重视,与疫情间接相关。第十七行新闻的内容为邮轮“钻石公主”号上有多人感染新冠病毒,需要隔离,很多人难以忍受邮轮长期在码头不靠岸,因此,美国包机转移“钻石公主”上380名公民及其家属回国。第二十行新闻报道的内容是辅警拒不配合社区防疫志愿者开展身份登记工作。第二十二行的新闻中虽然也报道了蝗灾等方面的内容,但其中有很多关于疫情的报道,这条新闻也与疫情部分相关。总共29条新闻,只有一条国内新闻《杭州首次突破人口千万大关 离第五个一线城市近了》、两条国际新闻《佩洛西警告欧洲别接近华为 中国女外交官当场回怼》《英媒:英国正与中国讨论让中企参与该国高铁建设》不是疫情报道,共有26条新闻是疫情报道,报道量占比约90%。

新浪网的图片报道中,四个主题栏目的报道都是疫情报道。其中,“热点”板块的图片是:北京9个月新冠病毒患儿出院记;“聚焦”板块的图片是:每日疫情直击——他们在防护服上写下告白;“现场”板块的图片是:武汉金银潭医院,新冠肺炎康复患者捐献血浆;“百态”板块的图片是:新冠病毒波及25个国家,它究竟长啥样?

这就是记者的新闻判断力,判断某一事件、某一信息是否为公众普遍关心,是否会引起公众阅读和接受的兴趣。这也是编辑的判断力,在这种特殊时期,众多编辑都将目光聚集在新冠疫情上,围绕新冠疫情进行新闻编辑与组稿。

(二)鉴别能力

鉴别能力,是指记者在一个事实链的多个事实中,判断、鉴别出最有价值的新闻事实的能力。通俗地说,我们可以把这种鉴别能力理解为一种比大小的能力(参阅本书第三章“导语”第三节“导语的写作方法”中对这种比大小的能力的论述)。

1. 鉴别能力的两个层次

(1)第一层次:在不同事实或信息之间进行鉴别和判断

当记者面对多个事件或信息时,多数记者一般都能在有价值的新闻事件或信息和无价值的新闻事件或信息中进行区分,判断鉴别出最有报道价值的事件或信息,这是一个记者应具备的最基本的新闻判断能力,如果一个记者连这个基本的能力都不具备,这个记者就是一个非常平庸的记者。这是第一层次,也是比较基础的层次。

(2)第二层次:在同一事实链中进行鉴别和判断

在同一个事实链中具有多个事实环节,其中有几个事实环节都具有一定的采访报道价值,但是,究竟哪一个事实环节是最有报道价值的事实环节?这对记者的鉴别能力、判断能力就是一个考验了。第一层次是在不同的事件或信息中进行判断和鉴别,难度相对要小一些。第二层次是在同一事件或信息中判断和鉴别哪个事实环节最有采访报道价值,难度相对大得多。

2. 鉴别能力的两个维度

(1)第一个维度:记者的理性认知维度

一般来说,即使是记者生涯经历比较短的记者,在思想认识上也知道应该抓大放小、分清主次,不能捡了芝麻丢了西瓜,更不能胡子眉毛一把抓。这是记者的理性认知维度。一个记者必须具备抓大放小、分清主次的意识,且具备这方面的思维能力和思维智慧。但是,仅仅具有这方面的意识、思维能力和智慧是远远不够的,如果仅仅停留在这种理性认知维度上,记者具备的能力就只能称作纸上谈兵的能力。

(2)第二个维度:记者的行为操作维度

决定记者能否抓住西瓜扔掉芝麻,需要记者具备较强的实际操作能力,这是记者的行为操作维度。记者如果能够在同一个事实链的多个事实环节中判断、识别出一个最有价值的新闻事实环节,并迅速展开采访报道,这就从纸上谈兵的能力进入纸下用兵的能力,这个纸下用兵的能力才是最重要、最关键的能力。只有少数优秀记者才具有这种鉴别判断能力,能够从同一个事实链中的几个有价值的事实信息中鉴别判断出最有价值的事实信息来。

1979 年 11 月 22 日新华社播发新闻:《1976 年唐山地震死亡 24 万多人》,这条新闻是记者对同一新闻事件中的多个事实进行鉴别后作出的报道(本书第一章“什么是新闻”在讨论新闻价值时曾介绍过这条新闻)。下面是消息全文:

【新华社大连 11 月 22 日电】 在 1976 年 7 月 28 日发生的唐山大地震中,总共死亡 24.2 万多人,重伤 16.4 万多人。这两个数字是唐山、天津、北京地区在那次地震中死伤人数的累计。这是今年 11 月 17 日至 22 日在这里举行的中国地震学会成立大会上宣布的。

唐山地震的震级为7.8级,震中烈度为11度。地震发生的地点是人口密集的工业区,发生的时间是3点42分56秒(北京时间),正当人们沉睡的时候。地震部门事先未能发出预报。由于这些原因,它所造成的损失是很严重的。

唐山大地震发生于1976年7月,新闻报道的时间却是1979年11月,时隔三年多的时间,时效性非常差。而当天的信息,是中国地震学会举行成立大会,这是一个非常有价值的信息。但是,记者经过鉴别、判断,将当年的唐山大地震进行了报道。三年前的唐山大地震死伤人数当时是第一次公开,在1979年11月成立中国地震学会的报告里,第一次提到了三年前唐山大地震的许多真实情况,其中就包括死伤人数。这样重大的人员伤亡事件就比地震学会成立更有报道价值,也比当时唐山大地震中的其他信息更有报道价值。这位新华社记者具有非常敏锐的新闻敏感和非常强的新闻鉴别力,将其他有一定报道价值的信息都舍弃了,只把死伤人数从报告中单独抓取出来,发了这篇新闻。这篇新闻报道发表后,引起了全世界的瞩目,由此验证了记者卓越的判断鉴别能力。

有些新闻事件往往包含多种事实,记者如果不加挑选,面面俱到地进行反映,那么最精彩的事实就会淹没在长篇大论之中,得不到充分的表现。新闻敏感可以帮助记者进行鉴别、筛选,把最具有新闻价值的事实挑选出来进行重点报道,从而使新闻价值得到彰显,引人注目。

1984年5月11日,《重庆日报》发表了一篇消息《医治拖拉顽症有方》,全文仅250字。这条消息报道的内容是记者王继槐从一个事实链中的众多事实中通过比较、鉴别后作出的选择。

记者王继槐回忆说,1984年5月8日,他作为记者列席参加中共重庆市委常委会会议。这次会议是传达国家体改委4月在常州举行的全国城市经济体制改革试点工作座谈会的精神,部署重庆市下半年的改革工作,中心议题是“解放思想,松绑放权,搞活企业,搞活流通”。大题目是改革,具体内容十分复杂,包括这样七个方面:认清形势、加速改革,抓好“小配套”改革,加强企业的调整、联合改组和技术改造,做好对外技术引进工作,发展乡镇企业、搞好市带县,扩大商品、物资交流,改革行政机构。七个方面的工作中又有若干条款,“请示报告半月无答复即视为同意”这一决定不过是第七项中的一条细则。初看起来,与若干措施相比较,这一条并不显得那么出众,而利改税、企业承包、扩大企业自主权的“小配套”改革,技术改造项目审批权下放,健全企业联合体等都是比较重要的。但是,这些措施或者是意向性的,或者是单项的,或者是地区性的,把它们单独抽出来单发分量不足。而“请示报告半月无答复即视为同意”这一条,倒是提出了一个新的问题:经济体制改革的发展,必然要求党政部门等上层建筑的改革迅速跟上去。它不是空发议论,而是有着明确的规定,是领导机关行为机制上的突破。这样,记者除了对全市整个部署作综合报道外,还把这一决定从众多改革措施中分离出来,单独成篇,给它开了一个“小灶”,编辑在版面安排上也突出地加以处理。后来,这条消息获得1984年四川省好新闻奖和全国好新闻二等奖。

记者王继槐说:“这条消息的采写过程倒不很复杂,我从一个会议中得到这一信息后就写了消息。如果说也有难度的话,那就是这则消息是同其他许多信息连在一起的,把它从相类似的事物中‘抓’出来还得通过比较和鉴别,衡量和确定它所含新闻价值的分量。”①

对于一个从事多年新闻报道的记者来说,这条新闻的采写过程不是很复杂,也不是很困难,不需要太强的能力,但是,从一个事实链中的诸多事实中,比较、鉴别出最有价值的事实是有难度的,这往往是一个记者是否优秀的重要衡量标准之一。记者王继槐的这种比较、鉴别能力,是值得年轻记者学习的。因此,记者必须着力培养鉴别、判断新闻的能力。

(三)发现能力

发现能力,是指记者从看似平常的事实和信息中,发现、判断出事实和信息的新闻价值的能力,或挖掘出有价值的新闻事实和信息的能力。

有价值的新闻事实往往被一般表象甚至是假象遮蔽,记者必须具备丰富的新闻实践经验,练就出一双锐利的新闻眼,善于发现和挖掘出有价值的新闻事实。这一方面的能力表现为两点:

1. 在平凡的事实中看出不平凡

在生产和社会生活以及大自然界中,那种激动人心、让人惊掉下巴、啧啧称奇的事件和信息并不多见,人们见到的大量的事实和信息都是平凡、平常的事件和信息。记者需要具备从平凡中看出不平凡的本领。

19 世纪法国著名的雕塑家罗丹说过:所谓大师,就是这样的人,他们用自己的眼睛去看别人见过的东西,在别人司空见惯的东西上能发现美。罗丹认为,生活中并不缺少美,只是缺少发现美的眼睛。罗丹谈的是艺术,但他的观点也适用于新闻。我们也可以这样说,生活中并不缺少新闻,只是缺少发现新闻的眼睛。记者要有像罗丹所说的艺术大师一样敏锐的嗅觉,善于从人们习以为常的事件、信息和现象中发现有价值的新闻事实。

来看下面这篇报道:

豫南庄户纷纷举行交接仪式 取下神像挂地图

【本报讯】 (通讯员:李钧德,记者:王方杰) 东黑河是豫南一个只有 100 多户人家的小村庄,在县级以上的地图上从来不见踪影。但这个村却有 20 多户农家在当地人觉得神圣的中堂位置取掉神像挂上了各色各样的地图。

东黑河位于河南省上蔡县东北部,地势低洼,村民们因十年九涝一贫如洗,在茅草屋里度日月。不傍城不邻镇,谁要跑一趟五六十里外的县城,都是轰动全村的新闻。东黑河穷,东黑河闭塞,东黑河又很无奈。除了偶然看见别处的繁华产生瞬间的梦想,就是在家里挂一幅全神图。每逢春节,一把香火,几个响头,图的是万事如意,生财有望。然而,神仙求遍了,东黑河依然穷得叮当响,过着光嫁姑娘不娶媳妇的苦日子。

---

① 王继槐. 一则信息的是与非[M]//董广安,纪元. 中国高级记者成名作透视 · 消息卷. 郑州:河南人民出版社,2003:57-59.

当外面的风终于吹来时，东黑河人开始探头探脑地闯世界。1986 年春节过后，最远只到过县城、家里从未满过仓的李满仓，带着两个刚成年的儿子，拿着从当民办教师的邻居家借来的一幅河南省地图，徒步北上郑州。凭着庄稼人的吃苦耐劳和诚实守信，三年时间，他们学会了修理钟表家电的全套技术，到云海贩了一阵手表零件，瞅准农村黑白电视销售的空档，建起了一个覆盖几个城市的家电经营网络。1989 年春节，拥有 10 万元家产的李满仓，在全村第一个用地图换下自己敬了几十年的全神图。

李满仓这一惊世骇俗的举动，让村里的年轻人彻夜难眠。几天之后，他们不约而同地举行了神像和地图的"交接"仪式。从此，广州、大连、北京、新疆，到处都出现了三五结伴的东黑河人。地图把东黑河与外面的世界拉得越来越近，东黑河人的腿也越来越长。每到农闲季节，80% 以上的青壮劳力都会拿着一张地图走出去，做木工，搞建筑，他们用勤劳的双手盖起了一座座钢筋水泥或红砖青瓦的楼房，挣来了儿女的学费，赡养了自己的老人。

青年木工李列到大连奋斗几年以后，在那里办起了自己的家具商场，被村民们戏称为"东黑河的常驻大使"。36 岁的李世英从走村串户替公家收粮，到成立自己的农副产品购销公司，走南闯北，手头总离不开一本地图册。生意越做越大，他们家的地图也由县到地区到省次第更换，今年换了第四次，变成全国地图了。在他家的《中国行政区图》上，有三分之一的省份被铅笔、钢笔、圆珠笔画上了各种记号。他说："咱也知道啥叫地大物博，知道东黑河到底在哪里了。凡是图上画过的，我都去过了。总有一天，我会把地图上的所有省市都画上几道。"

年过花甲的李陈氏，尽管没上过学，没学过地理，但她认识地图上的北京、新乡、西安、上海。儿行千里母担忧，她的四个儿子在那些地方打工或工作。看着地图上一片黄绿色包围着的西安，好像儿子就在身边。

东黑河周围的农民，也开始喜欢地图了。上蔡县新华书店说，1993 年，农民从他们那儿买走了 17,500 幅。(《中国青年报》，1994 年 4 月 26 日)①

在河南省一个只有 100 多户人家的小村庄东黑河村，一些农民将家里中堂位置一直挂着的神像换成了地图，这样一个小小的、平常的变化引起了记者的兴趣，记者因此展开采访，挖掘出了具有重大意义的主题：落后、穷苦而又封建、保守的中国农民开始觉醒，他们不再把生财的希望寄托于神仙的保佑，而是渴望了解外面的世界，渴望改变生存环境，渴望通过用自己辛勤的双手带来美好幸福的生活。从第一个农民李满仓开始，他走出穷乡村，走向繁华的城市，勤劳致富后回到农村家里，"在全村第一个用地图换下自己敬了几十年的全神图"。在他的带动下，村里的人也纷纷走出去。不仅这个村，周围村庄的农民也开始喜欢地图了，开始带着地图走南闯北、勤劳致富了，这个县里新华书店的地图也畅销起来。记者具有很强的新闻敏感，在农民们"将神圣的中堂位置取掉神像挂上了各色各样的地图"这一平常的细节中发现了不平常，在小故事中发现了大主题，表现了新时代新型中国农民的精神风貌。这篇报道获得第五届中国新闻奖消息类二等奖。

---

① 刘明华，徐泓，张征. 新闻写作教程[M]. 北京：中国人民大学出版社，2002：102-103.

2. 判断某一事实或信息背后可能有重大的新闻价值

很多有价值的新闻事实往往隐藏在平平常常的社会生活中，平庸的记者淡然处之，优秀的记者则会从种种蛛丝马迹中顺藤摸瓜，去挖掘、发现有价值甚至是有重大价值的新闻。

1982 年 11 月 10 日早晨 8 时 30 分，苏联主席勃列日涅夫猝然去世，当天官方没有发布消息，但路透社驻莫斯科记者注意到这个情况：莫斯科市电视台预定 10 日晚上要播的一场冰球赛，在没有作任何解释的情况下突然取消了，被演奏贝多芬的古典钢琴乐曲的音乐会所代替，通常只有在苏联的首要政治人物去世时才做这样的变动。记者察觉到这一异常的变动后，打电话到苏共中央委员会问询处，询问是否勃列日涅夫主席或领导集团中另一成员去世。记者并就这些情况于当晚发出消息。美联社记者也注意到了 10 日莫斯科电视节目变动的情况，还注意到 11 日在苏联给安哥拉的贺电中勃列日涅夫的名字消失的情况。美联社记者发的消息全文如下：

【美联社莫斯科 11 月 11 日电】 苏联主席勃列日涅夫的名字今天从给安哥拉的贺电中消失，引起了对这位 75 岁的克里姆林宫领导人的地位的猜测。

勃列日涅夫 1980 年和 1981 年都在致安哥拉的贺电中签了名。

苏联新闻机构星期四早晨没有报道苏联领导机构中任何人去世的消息。但是在电视节目中有了未作解释的改变。星期三夜里的广播中间霍地播送严肃的音乐。过去，在宣布重要人物去世消息之前，要播送哀乐。

美联社和路透社的记者根据种种迹象所作的判断和猜测很快被证实了。11 日莫斯科时间上午 11 时（格林尼治时间 8 时），由塔斯社的英、俄文广播，苏联电台电视台和莫斯科电台英语广播同时播发了苏共中央、苏联最高苏维埃主席团、苏联部长会议关于勃列日涅夫逝世的公告。美联社和路透社记者的这种见微知著的猜测、判断能力，善于从蛛丝马迹中看出一些值得注意的政治动向的能力，很值得我们的记者学习。①

1928 年 3 至 4 月间，国民革命军再度北伐。当年《新闻报》记者顾执中被派往第二集团军当随军记者。为了抢发北伐军占领北京前后的重大新闻，顾执中于 5 月末只身先进入北京。当时天津和北京都在军阀张作霖控制之下，张作霖等视新闻记者如眼中钉，动不动就把记者抓去枪毙或砍头，但顾执中义无反顾，无所畏惧。

有一天，顾执中在前门火车站看到堆积如山的家具、行李，立刻警觉起来。感觉兹事体大，来头不小。暗中一问，是张作霖的。顾执中敏感地意识到，张作霖要放弃北京了。紧接着，他又得知，6 月 1 日下午 4 点，张作霖会见了英、美、日、法等国大使，向他们交代此后的北京治安问题。再经过进一步刺探，他获得了张作霖决定当晚离京，一切事务将由国务院代理的确切消息。这就意味着北洋军阀的统治即将结束，中国将进入一个新的时期。顾执中决定立刻将这重大的新闻发回上海的《新闻报》。但张作霖早在电报局设了密探。这种新闻稿只要送上去，随即必定抓人，当事者必然被杀无疑。怎么才能保住性命又能发出这条具有头等重要意义的大新闻呢？

---

① 蓝鸿文. 新闻采访学[M]. 2 版. 北京：中国人民大学出版社，2000：271-272.

顾执中急中生智,派人拍发了这样一封电报:

> 上海汉口路274号陈达哉:X晚弟拟挈眷及小妾离京,所有事务暂请郭务远兄代为照顾。

顾执中是这样设计的:收电单位不写《新闻报》而写报址的门牌号,可以遮人耳目;陈达哉是《新闻报》头脑最灵活的编辑。顾去北京既没带家眷更无小妾,也没有什么叫"郭务远"的朋友,陈一定会破译出来。事情后来果然如顾执中所料。《新闻报》6月2日发出了张作霖出走的消息。原文是:

> 张作霖眷属一日晨出京,张作霖定一日晚行,政局由北京国务院代为维持。①

顾执中的新闻敏感和机智堪称典范。当他在前门火车站看到堆积如山的家具、行李时,他没有像一个普通记者一样对此不闻不问,他高度的警觉性和新闻敏感度,使他感觉兹事体大,来头不小。于是经过进一步调查,果然挖掘出一条足以影响中国乃至世界的重大新闻。

第二节 新闻敏感的培养

新闻敏感是记者最宝贵的素质。它看不见、摸不着,它的产生完全是内在思维活动的结果,往往"只可意会,不可言传",但并不是神秘莫测的,更不是"天生的"。新闻敏感是记者通过不断学习、不断思考尤其是不断在实践中培养训练而获得的。记者经过长期的新闻实践训练,积累了丰富的经验,会产生直觉、灵感,新闻敏感就是这样产生的。这种直觉和灵感,在其他行业的人士身上同样存在,是各行各业中最优秀的人士所独具的卓越素质。这种卓越的素质是可以通过后天培养而习得的。

一、培养好奇心

对新鲜、新奇的事物、事实和信息始终保持浓厚的兴趣,这就是好奇心。好奇心理是一种求新、求奇的心理,好奇心是记者提高新闻敏感度的最重要的元素。记者要提高新闻敏感水平,首先必须培养并保持一颗强烈的好奇心。

受众也同样喜新厌旧,对新生事物、新奇的事物、事实和信息抱有强烈的兴趣,记者应满足受众的这种新闻欲求。

记者应该像儿童一样,永远保持着好奇心,无论身处何时何地,都要不厌其烦地看看、听听、闻闻甚至摸摸。

美国一本比较知名的新闻教科书《新闻采写教程》是这样教记者培养和训练好奇

---

① 周克冰.中外经典采访个案解读[M].北京:北京广播学院出版社,2003:78-79.

心的：

如果记者被派去写一篇关于一块丢在街上的鹅卵石的报道，他们会想出几十个关于这块鹅卵石的问题来问。

首先，他们也许会从问这块鹅卵石从哪里来开始。记者在鹅卵石附近能看到任何路面损伤吗？如果看到了，那么这块鹅卵石会不会是一个关于路面状况的报道的开端？或者附近有嬉戏的孩子吗？——也许是孩子们扔的石头。如果记者同孩子们谈谈，没准会了解到一种正在流行起来的扔石头游戏，或者孩子们会抱怨扔石头战正在变得越来越常见。关于扔石头游戏的报道将描绘一种有趣的新趋势，而关于扔石头战的报道则将指出社区应该注意的一种潜在问题。

或者……这个记者会四周找找看石头会不会是从该地区哪座建筑物上掉下来的。如果是，来一篇关于这个建筑物的危害的报道，报道邻居们如何应对，物主如何管理，怎么样？

又或者……如果这块石头是道班工人去年冬天在冰封的路面上撒灰和石子防滑时留下来的，又该怎么办？如果是这样的话，它为什么还在那里——附近还有更多的石头吗？记者能不能写一篇关于冬天过去后这个城市清理灰石的工作做得如何好（或不好）的报道？或者写一篇关于这个城市正在如何准备下个冬天的路面处理工作的报道？

这个记者也可以把这块石头拿去给专家分析——它的成分跟这个地区常见的石头的成分一样，还是有一些从地理角度而言比较有趣的东西？不管哪种情况，这块石头都可以作为一个触发点，引发一篇报道，讲述在该地区发现的是哪种岩石和土壤，它们对建筑、农业和水质有什么影响？

这种对普通如一块鹅卵石一样的事物也能产生好奇的能力，对于记者而言是一个极其珍贵的品质。很明显，多数鹅卵石并不能勾起人们的什么兴趣。如果你想严格只按一块石头来写，大约所有你所能做的就是报道它是哪种石头，它上面是否有灰尘或别的物质，和它曾经或正在什么地方。触动优秀记者的好奇心，并使一些事物显得有趣的东西，其实就是一种欲知欲望，想知道这件事到底意味着什么，与更大的背景有什么关联。优秀的记者不论在写一块鹅卵石时还是在写一个新组织、一个社区事件时，他们的好奇心都表现得非常强烈。①

帕泰岛是非洲国家肯尼亚拉穆群岛中最大的一个岛屿。据当地传说，600 年前，一艘中国商船在拉穆附近海域触礁沉没，船上 20 多人为了求生，爬上了帕泰岛，并来到了岛上的上加村。在拉穆群岛上，长期以来一直流传着一个关于中国水手的传说。

《人民日报》驻外记者李新烽带着浓浓的好奇心，在非洲国家采访到了很多独家新闻。李新烽在帕泰岛采访到第一位中国人后裔萨利姆老人时，发现他与众不同的是，肩上挑起了一根扁担，这在当地非常少见。这一细节强烈地昭示出，“中国人”至今仍保留着自己传统的生产和生活方式，记者“由此联想到中国文化和中国传统在当地的影响”。

在索马里首都摩加迪沙机场候机室，李新烽偶然发现当地人也会打麻将，进而联想到麻将的起源及其与郑和相关的传说，便当即对此就近观察、了解和感受。《偶闻路边搓麻声》这篇报道就是来源于这个“偶然发现”，虽然就其内容和格调而言，它显得较“平”，但由于真实、具体和有趣，颇具可读性。

---

① 吉布斯，瓦霍沃. 新闻采写教程——如何挖掘完整的故事[M]. 姚清江，刘肇熙，译. 北京：新华出版社，2004：234-235.

李新烽在当地一户人家吃晚餐时,看到他家里的椅子与中国的椅子十分相像。由于晚上光线暗,记者次日清早专门去他家为“椅子”拍了照。后来阅读有关介绍当地风土人情的材料时,方知这种“高靠背椅子”是“中国人传给当地的”,于是记者写出了《星夜借宿西游村》。诸如此类的内容还有路遇的打铁老人、当地人编织的草包,等等。

李新烽采访非洲人法基伊时,法基伊说自己近来食欲不振,李新烽问他是否去医院看大夫,他笑言自己会制作一种汤剂。抓住这句话,李新烽请他把正在服用的“药”拿来看看,并请他说明药材的来源、药物的作用等,由此,增加了祖传中医的可信度和中医的可信性。

李新烽说:“记者应该有好奇心,特别是驻外记者,对国外的一切最好能始终保持一种新鲜感,充满好奇心,这样就会抓住一些细节,进而深入进去,挖掘出新材料。”记者李新烽就是因为每时每刻都保持着一种强烈的好奇心,带着这种强烈的好奇心去观察,李新烽发现了很多有价值的新闻,写出了一系列颇具吸引力的报道。①

二、全身心投入

一个记者要保持对新闻的执着追求,对新闻的火热热情,对职业的高度敬畏,敬业、爱业,勤跑、勤看、勤听、勤想、勤写,养成随时随地都在看、听、嗅、摸、想的习惯,痴迷地全身心投入,这样就很容易发现新闻,抓到有价值的新闻。

6 月的南方,骄阳似火,炎热难当,开水是终日不可缺的。广西《南宁晚报》有位记者偶然听闻一位年轻的妈妈中午下班后,还要往幼儿园给她的小女孩送清凉饮料的事,脑神经立即警觉起来:他从幼儿园想到中小学,天这么热,中小学生有水喝吗?于是他马不停蹄,乘车跑了全市几十所中小学,发现相当多的学校没有开水,有的虽备有开水缸但无开水。记者立即写了篇《我们没开水喝》新闻稿,《南宁晚报》迅速在一版头条位置发表,新闻震动了市里的各级领导,震动了中小学的教师和干部,全市各校很快解决了喝开水难的问题。② 这位记者随时随地对自己听到的日常琐事保持高度警觉,并积极投入采访,其报道引起了广大中小学生及其家长的强烈反响,并促成了问题的圆满解决。

1957 年 10 月 15 日,武汉长江大桥正式通车后的第一天,《工人日报》驻武汉的两位记者在公共汽车上无意中听到一位老大娘自言自语着:“这个鬼天气,说变就变,要不是有了大桥,怎么得了!”这两位记者一听,便想:今天的天气,和大桥有什么关系?他们马上向老大娘求教。原来,当天武汉突遇寒潮,是历史上少有的。长江上狂风巨浪,渡江的轮船皆抛了锚,木船停了渡。这位老大娘家住汉口,女儿在江对岸的武昌,正要分娩,急等她去照料,不巧赶上坏天气,若在往日,除非插翅飞过江去,而现在,有了长江大桥,哪怕巨浪翻江,车辆行人照样南来北往,难怪这位大娘深有感触。这时,车上还有武汉钢铁公司某工地的两位女打字员,也向记者倾吐了愉快的感受。原来她们刚在汉口修好了打字机,急待回工地,不巧也遇上了轮渡停航,若不是刚好这天大桥已经通行了,便会误了工作……就这样,由于记者留心观察、访问,一条重要新闻的主题就被抓住了。第二天,《工人日报》以显著版面位置发表了这条有意义的新闻:举世闻名的武汉长江大桥,在正式通车后的第一天,就在武汉少有的八级大风所带

---

① 李新烽. 记者要做“多心”人——“整合系列报道”采写六年话体会[M]//张晓健,闵勤勤. 驻外记者手记. 北京:中国广播电视出版社,2007:288-289.

② 白庆祥,刘乃仲,郑保章. 新闻采访写作编辑案例教程[M]. 北京:新华出版社,2003:57.

来的惊涛骇浪的考验中，安然无恙。把祖国南北大地紧紧连在一起的长江大桥，充分显示了自己的作用！那位老大娘和那两位姑娘成了新闻中生动的人物。[①] 这两位记者，对于发生在身边的点滴小事，都非常用心地去观察、了解、求教，重要的新闻就这样被他们抓住了。

三、广泛地积累知识

具备广博的知识，是记者培养和增强新闻敏感的重要条件。没有丰富的知识，记者就无法判断一个事实和信息的新闻价值。就像一件陶罐文物珍宝，在文物行家眼里，这是一件稀世珍宝，但在不懂文物的普通民众眼里，这个破陶罐可能一文不值。因此，记者必须尽可能地吸收知识，积累知识，渊博的知识会使记者感到好像多了一双锐利的眼睛。

新华社记者张继民回忆说，1993 年 10 月，他偶然读到了三位中国科学家合写的、发表在 1987 年 8 月《中国科学》杂志上的一篇论文：《雅鲁藏布江下游河谷水汽通道初探》，当他读到文中的表述：大峡谷"几百公里长""峡谷平均深切度在 5000 米以上"等内容时，猛地一惊，他突然意识到一条十分重大的科技新闻很可能就深埋于科学家的论文之中。在他的记忆里，曾被称为世界第一大峡谷的美国科罗（拉）多大峡谷，好像也只有二三千米深，而雅鲁藏布大峡谷平均深度为 5000 米，两相对比，雅鲁藏布大峡谷即使不是世界上最深的峡谷，也是中国最深的峡谷，颇有报道价值。同时他还强烈地感到：说不定这是一个重大的地理发现。在记者的联络沟通下，科学家们经过严密、科学地论证，认定：雅鲁藏布大峡谷是世界第一大峡谷。记者的报道《我国科学家首次确认雅鲁藏布大峡谷为世界第一大峡谷》在国内外产生了巨大的反响。记者本人和三位科学家成为世界第一大峡谷的共同发现者。[②]

1963 年 1 月下旬至 2 月中旬，日本北部地区遇上一场特大风雪（当地称"豪雪"），地面雪深达 4 米多，铁路、公路皆陷于雪底，房屋被压坏，人也有伤亡，间接经济损失约 500 亿日元。东京各报和通讯社记者纷纷赶往豪雪覆盖的新潟采访。大家都出席了县雪害对策会议，听取了当地气象台台长中田的特别观测报告。然而，除一位共同社记者之外，谁也没有留意中田报告中关于豪雪成因的一段话，这位共同社记者听后，当即找到中田进行详细采访，迅速发出了独家新闻——《豪雪的原形是一个气流旋》，该新闻在这次新闻报道竞争中获得第一名。原来，这位共同社记者曾在日本气象厅学习，知识为他提供了判断新闻价值的砝码。其他记者缺少这方面的知识，只好自愧不如了。[③] 记者要成为不倦的"学习家"，日本新闻界不少人都这么说。

四、在敏感技术上下功夫

记者培养新闻敏感，首先要心到，然后要脚到、眼到、耳到、身到。不仅要随时随地具备新闻敏感意识，还要随时随地培养和操练新闻敏感技术。

（一）脑子转得要快

脑子转得快，是记者培养和操练新闻敏感技术的第一技术。脑子转得快，可以从两个方面来进行训练。

---

① 白庆祥，刘乃仲，郑保章. 新闻采访写作编辑案例教程[M]. 北京：新华出版社，2003：54-55.

② 董广安，纪元. 中国高级记者成名作透视 · 消息卷[M]. 郑州：河南人民出版社，2003：236-238.

③ 杜荣进. 中外新闻采写借鉴集成[M]. 杭州：浙江教育出版社，1997：299.

1. 反应要快

老记者徐铸成年轻时在《大公报》工作，1929 年他到山西采访。一天，他到冯玉祥将军的办事处，看到几个秘书正在打麻将。他心里一动：冯将军治军很严，这几个秘书为何敢公然在司令部打麻将？徐铸成迅速做出判断：冯玉祥肯定不在军中。于是他迅速跑到冯玉祥的总参议刘治洲家里了解情况，徐铸成劈头就问刘治洲："冯先生离开太原了？"刘大吃一惊，反问："啊？你怎么知道的？"徐铸成本来没有完全确定的信息，却从刘这里的一句本能反应得到确证。徐铸成反应机敏，于是便说："我当然知道。"刘赶快叮嘱："千万不要说出去呀！" 徐铸成意识到里头必有大新闻，他又找到辛亥革命时担任黄兴参谋长的李书诚，了解了更多的情况。于是，一条冯玉祥悄悄离开太原找阎锡山商议联合反蒋的重大新闻，就这样被徐铸成抓到了。老记者徐铸成的快速反应能力和机变能力值得年轻记者们学习。

2. 转变要快

记者在新闻采访的过程中，突然发现了更有价值的信息后，不能思维固化，死守着自己正在采访的事实不放，应该马上果断放弃正在采访的信息，果断地转变采访方向，迅速投入新的更有报道价值的事实的采访中。

《农民日报》记者王泽农回忆说："1998 年 5 月底，我到河南浚县采访农业结构调整，转了一些地方，听了一些介绍，总感觉形成一篇东西还不够分量。"有一天晚上，当时的县委书记孙廷瑞同志到记者王泽农的房间随便聊聊，说起当下农村教育体制的不足之处，双方谈得很投机。两人都认为，当下的教育体制是想把每个孩子都培养成科学家，事实上肯定是不可能的。特别是在农村，现在课本上的知识对于一个不能走进大学课堂的孩子来讲基本是"屠龙之技"，而农业生产中的种种知识又掌握不了。这样就造成了各种资源的浪费，并且孩子难以享受快乐的、无忧无虑的少年时光。不如教给孩子一些简单的技能，培养他的学习乐趣，如果将来这个孩子适合向某一领域作深入研究，那么政府再提供充分的条件满足他的学习愿望，这样也就相当于优化了资源配置，提高了社会生产效率。

县委书记孙廷瑞说，浚县在教育改革方面做了一些尝试，经历了 7 年的探索发展，县里现在已经有了 200 多所少年技校，培养了一大批掌握农业科学知识的合格人才，这些人都成了新型农民，在进行农业结构调整、提高农民收入这场战役中发挥了重要作用。记者王泽农说，听到这一线索，他立刻兴奋起来："马上是六一儿童节了，教育题材，又跟农业结构调整紧密相连，这是多好的题目！""第二天，我立刻改变了计划，采访了几所少年技校，下午找了几位学生家长、农民座谈。再到县教委了解了全县面上的情况，很快这篇稿子就成型了。"《浚县少年怀揣"两证"出学堂》这篇报道在 1998 年 6 月 1 日《农民日报》一版头条刊出后，当天被中央人民广播电台《新闻和报纸摘要节目》和中央电视台《早间新闻》摘播，后来又荣获 1998 年度中国新闻奖二等奖。①

如果记者抱着原来的采访主题不放，对新的线索不闻不问，就写不出这篇有影响力的获奖新闻。记者发现这个更有价值的信息后，立刻放弃原来正在采访的材料，调转方向，敏锐地捕捉到了这个更有报道价值的信息，受到了读者的欢迎。

---

① 王泽农. 不是偶然的"偶然"：浚县少年怀揣"两证"出学堂等作追记[M]//董广安，纪元. 中国高级记者成名作透视 · 消息卷. 郑州：河南人民出版社，2003：52-53.

(二)目光要敏锐

培养新闻敏感技术,记者要善于训练眼力,要学会用眼睛采访,善于用眼睛观察人和事。生活是一座“富矿”,有价值的新闻往往隐藏于纷纭复杂的事物之中,目光呆滞者往往熟视无睹,身在宝山不识宝;目光敏锐者却能独具慧眼,在茫茫大海中发现那些闪光的珍珠。这就是“会看的看门道,不会看的看热闹”。

英国的《每日电讯报》是世界上最早报道中国粉碎“四人帮”消息的报纸。1976 年,《每日电讯报》驻京记者魏德首先从英国大使馆的中国雇员那里获悉了“四人帮”被粉碎的信息。10 月 9 日魏德把这一信息告诉了路透社驻京记者。这位驻京记者“警告”魏德,中国是一个政治严肃的国家,不可轻易发出这样的消息。魏德虽然当面承诺不发这条消息,但是,他找到了中国有关方面人员核实信息,中国的官员对他说:“无可奉告。”凭着记者的新闻敏感,他从中国官员的面部表情中判断出此事的真实性,当即把消息发往《每日电讯报》,率先报道了江青及其同伙被捕的消息。于是,《每日电讯报》就成了世界上第一家报道中国粉碎“四人帮”的报纸。而魏德在英国也成为著名的新闻人物。他的报道,比新华社 10 月 21 日正式公布粉碎“四人帮”的消息早 10 多天。①

《每日电讯报》驻京记者魏德的异于常人的能力,体现在他的眼力和分析判断力,他从中国官员的面部表情中判断出中国已经抓捕了“四人帮”,这种异于常人的能力是长期训练的结果,非一朝一夕之功。所谓“冰冻三尺,非一日之寒”也。

1972 年 7 月 9 日,美国总统尼克松的国家安全特别助理基辛格戴上墨镜与大檐帽,进行了一次能够“进出北京而不让人觉察”的访华。然而,在巴基斯坦伊斯兰堡登机时,经过化装的基辛格还是被正好逗留在机场的英国《每日电讯报》驻巴基斯坦特约记者贝格发现了!大吃一惊的贝格从机场负责人随口而答的回答中,核实了自己所见并非虚幻之后,立即向伦敦发了一条急电,披露了这件“可以轰动世界”的重大新闻。可是稿件到了《每日电讯报》的值班编辑手里,他看了一下,就放下了,吃惊得不敢相信。他念罢稿子,看了又看,最终摇摇头,骂道:“贝格这头蠢猪,准是喝醉了。基辛格哪能到中国去,他不要命了?荒唐!”于是,就把这篇稿子否定了。②

虽然这篇本来可以“轰动世界”的新闻被一位嗅觉失灵的编辑丢进了字纸篓,但是,《每日电讯报》驻巴基斯坦特约记者贝格非同一般的眼力、反应能力和判断能力却是值得记者们学习的。

(三)耳朵要灵敏

记者训练新闻敏感技术,要培养灵敏的听力,能够从独特的声音、音响中抓住有价值的信息,然后迅速进行报道;或者善于抓住声音中最能反映事件或人物本质的信息。

《新民晚报》报道体育新闻的记者卢璐在美国洛杉矶奥运会上采访到了一条我国台北队入场式乐曲的独家新闻。她回忆说:“7 月 27 日(美国时间)下午,举行奥运会开幕式预演,我通过闭路电视观看。当我看到中国台北队入场时,乐队奏的也是中国队入场的《三大纪律八

---

① 杜荣进. 中外新闻采写借鉴集成[M]. 杭州:浙江教育出版社,1997:84.

② 杜荣进. 中外新闻采写借鉴集成[M]. 杭州:浙江教育出版社,1997:299-300.

项注意》乐曲，凭记者固有的敏感，我立即站了起来，我几乎不相信自己的耳朵，我赶紧奔到新闻中心，去找新华社和中国国际广播电台的同行，又请我的朋友、'美国之音'记者马启平（马约翰的儿子）重放了他的录像，结果都证实了我的发现。此时，是美国时间下午六时，也就是我每天与报社通国际长途电话的北京时间上午九时，我立即拿起了话筒。当天（28日），《新民晚报》头版刊登的《壮观、热烈、优美、有趣》通讯，最先把这一消息披露了出来，成为独家新闻。之后洛杉矶的中英文报纸（用大字标题）和世界各大通讯社都发了这条消息。"①

《新民晚报》记者卢璐听到中国台北队入场的入场乐曲是中国队入场的《三大纪律八项注意》乐曲后，敏锐地发现了这个有价值的信息，然后审慎地验证、核实了这个信息，迅速作出报道，抓到了一条独家新闻。

1971年，第31届世界乒乓球锦标赛在日本名古屋举行。日本共同社的一名记者在我国代表团人员的交谈中听到了"中国乒乓球代表团邀请美国乒乓球代表团到中国访问"的消息，具有高度新闻敏感的日本记者马上意识到这是一条重大新闻。他即刻找到我国代表团秘书，确认此事是事实后，如获至宝，当即发了一条新闻，这条新闻引起了国际上各界人士的极大关注。正是这小小的银球，打开了关闭几十年的中美关系大门。日本共同社派驻名古屋的采写班子，也因此获得"波恩奖"——国际新闻奖。②

记者眼观六路，耳听八方，时刻保持着高度的新闻敏感，就可以抓到别人抓不到的信息，写出别人写不出的有重要价值的新闻。如果没有新闻敏感，就只能报道一些常规新闻，做一个极其普通和平庸的记者。

知识链接

像采矿者对地形有感觉一样，记者对新闻也有种感觉。这种敏感——记者的机警性和新闻鼻——有助于发掘用于报道的信息。记者的知识素养同样有帮助。③

采访与其说靠技术，不如说凭直觉。④

美联社在刚果的一位记者有一次感到疑惑不解，为什么某位比利时上校没有像人们所预料的那样一清早就走上他通常的岗位？他便到这位上校的宿舍，询问他的情况，发现他刚刚带着一个排的部队前往机场了。

当比利时人向控制机场的刚果人开火，并使大约一百名人质获得自由时，这位美联社的记者是唯一在场的新闻记者。⑤

写调查性报道的记者也应该具备这样的观察能力：采访对象神态紧张不紧张？哪个问题打中了他的要害？市长可能矢口否认他打算解除警察局长的职务，但记者发现他的档案正放在附近一张办公桌上，便有了继续进行调查的根据。⑥

---

① 白庆祥，刘乃仲，郑保章. 新闻采访写作编辑案例教程[M]. 北京：新华出版社，2003：70-71.

② 白庆祥，刘乃仲，郑保章. 新闻采访写作编辑案例教程[M]. 北京：新华出版社，2003：61-62.

③ 门彻. 新闻报道与写作[M]. 展江，主译. 9版. 北京：华夏出版社，2003：272.

④ 布雷迪. 采访技巧[M]. 范东生，王志兴，译. 北京：新华出版社，1986：120.

⑤ 海因策林. 轻装旅行的写稿人[M]//格拉米奇. 美国名记者谈采访工作经验. 魏国强，译. 北京：新华出版社，1981：61. 林恩·海因策林因采访1960年刚果爆发的摆脱比利时统治的冲突事件而获得普利策新闻奖。

⑥ 密苏里新闻学院写作组. 新闻写作教程[M]. 褚高德，译. 北京：新华出版社，1986：83-84.

思考与练习题

一、思考题

1. 什么是新闻敏感?
2. 谈谈新闻敏感的主要内容。
3. 谈谈记者如何培养新闻敏感。

二、练习题

1. 阅读下面这个材料,请鉴别判断出最有报道价值的新闻点。

今年(2019 年)4 月,中央扫黑除恶第 15 督导组在进驻江西过程中,督导组组长支树平前往鹰潭开展下沉督导,他在余江区刘家站乡刘垦场专门听取了"刘家老年协会"案件侦办情况。

1 月 8 日,"江西政法"微信公众号发布消息称,2019 年 12 月 31 日,鹰潭市余江区人民法院一审公开宣判:"刘家老年协会"恶势力犯罪集团首犯刘某发涉嫌敲诈勒索、寻衅滋事等 5 项罪名被判处有期徒刑 16 年,其余 18 名成员分别被判处有期徒刑 11 年 6 个月至 1 年不等。

警方通报显示,该恶势力犯罪集团打着"刘家老年协会"的幌子实施寻衅滋事、敲诈勒索、聚众斗殴、聚众冲击国家机关、非法拘禁等违法犯罪活动。

办案民警介绍,在当地,派出所调解结束的案件,必须由"老年协会"再次调解才算结案;居民建房、单位搬迁,政府批准了还必须向"老年协会"交纳一定的祖业费才能动工等。"他们在经济、政治、民生各个领域,纷纷插手,凌驾于当地党委、政府之上,形成了一种'软暴力',当地人'谈刘色变'。"

因为涉案成员年纪大、体弱多病,民警在办案过程中遇到了很多困难。例如,团伙主要成员刘某彩,每次提审没有多久,就表现出气喘吁吁、上气不接下气等各种身体不适,医院检查不出任何问题。类似情况频繁出现,大家才明白刘某彩是故意为之。其他成员也多出现装病、装聋作哑等情况。

团伙骨干成员刘香某,身患严重疾病,落网后被取保候审。由于案件需要,必须指认案发现场。为防止意外发生,民警联系了救护车一直在现场,20 多个案发现场,耗时两天时间才完成指认。

刘垦地区一共打掉了两个恶势力犯罪团伙,分别是"刘家老年协会"及其"接班"的刘某国犯罪团伙。2019 年 10 月 16 日,刘某国恶势力犯罪集团 13 名成员已被一审公开宣判,分别判处有期徒刑 5 年 10 个月至 8 个月不等刑罚。

政知圈(微信 ID:wepolitics)注意到,2019 年 10 月,《鹰潭日报》发文提到,刘姓是刘垦地区的大宗族,多年来,由于各种原因,党委有时开展工作必须考虑宗族势力,一些政策、决定得不到落实,导致群众对场党委缺乏信任,有事不请政府,而是请宗族势力出面摆平。

"刘家老年协会"是当地这种特殊背景下的产物。在"刘家老年协会"等恶势力团伙被摧毁后,刘垦场党委开展集中整顿,打"伞"破"网",参与黑恶势力犯罪的 10 名党员被开除党籍,3 名党员被处分。

该报道还提到,一店主介绍说:"以前,一些刘家人来店里买电器,经常会出现讹人现象,如 150 元的电饭煲,对方出价 100 元,不管你同不同意,扔下 100 元便将电饭煲拎走。电器过了'三包'期,对方拿来,必须免费帮他们修理。"

当地卫生院丁院长也表示,刚到任时,三天两头便有刘家人来闹事,甚至没事找事。冬天值夜班,医生年纪大,穿衣服稍微慢了点,对方就不依不饶。病毒性感冒两天没治愈,对方都大吵大闹。

不过,该犯罪团伙的成员也逐渐自食其果。政知圈看到,犯罪嫌疑人刘某在法庭上说:"我们既是施害者,又是受害者。我找工作,周边企业一听是刘家人都不招。后来在离家很远的月湖区童家才找到工作。之前,刘垦计划建一所从小学到高中的一体化学校。校园扩建征地时我们去敲诈,结果没建成。现在我们子女都到邓埠读书,花费更贵。"

政知圈(微信 ID:wepolitics)看到,2019 年 4 月 1 日至 4 月 30 日,中央扫黑除恶第 15 督导组进驻江西。

4月19日至20日，中央扫黑除恶第15督导组组长支树平前往鹰潭就扫黑除恶专项斗争开展下沉督导。

在余江区刘家站乡刘垦场，支树平认真听取了刘垦场扫黑除恶工作开展情况汇报。支树平说，“刘家老年协会”团伙成员平均年龄79岁。19人中，年龄最大的92岁，年龄最小的68岁。长期为非作恶、欺压百姓。他们组成“刘家老年协会”并以此为幌子，在江西鹰潭余江刘垦地区充当“地下出警队”“地下调解队”“地下医闹队”等，称霸当地19年之久。该恶势力团伙被打掉，就是刘垦场由乱到治的典型。希望刘家站乡要进一步深刻领会习近平总书记对扫黑除恶工作的重要指示精神，从中吸取教训。在开展扫黑除恶的同时，开展基层整治，建立长效机制，加强基层组织建设。

2018年1月，中共中央、国务院发出《关于开展扫黑除恶专项斗争的通知》，在专项斗争布置时就强调，把扫黑除恶和加强基层组织建设结合起来。

针对“刘家老年协会”案件，支树平在下沉督导时也指出，党建强，则基层稳；党建弱，则乱象生。加强基层组织建设，是铲除黑恶势力滋生土壤的治本之策、关键之举。各地要持续加大对软弱涣散基层党组织的整顿力度，充分发挥基层党组织在扫黑除恶中的战斗堡垒作用，使之成为基层社会稳定最重要的“压舱石”。

2. 阅读下面这个材料后思考：如果你是一个社会新闻记者，读者对象是普通的社会大众，你最想报道的内容是什么？

浙江经济发展堪称中国改革开放发展历史轨迹的生动缩影。

改革开放以前，浙江国有企业基础薄弱，在全国各省份中，国家对浙江的投入相对较少；改革开放后，浙江凭借自己的力量发展乡镇经济，“想尽千方百计，历经千辛万苦”。

而今天的浙江，经济社会发展水平位居全国前列，乡镇企业成功改制，民营经济蓬勃发展、厥功至伟。

四十年来路，浙江有过怎样的“潮头故事”？今天，侠客岛推荐一篇原浙江省省长、第十一届全国政协经济委员会副主任柴松岳讲述的口述历史，与诸岛友一起，回首那段难忘的奋斗岁月。

浙江人很了不起。当时社会上流传着“四千精神”：走遍千山万水，说尽千言万语，想尽千方百计，历经千辛万苦。而浙江的乡镇企业就是这样从各种渠道寻求发展。

当时浙江煤炭、钢材很短缺，山西粮食很短缺，浙江人就把浙江的大米用火车拉去换山西的煤炭，把舟山的黄鱼和带鱼拉去北方换钢材。步鑫生讲得很形象，他说，国有企业是头“猪”，喂它多少吃多少；大集体企业是只“鸡”，撒一点米，没吃饱它自己还会去找吃的；乡镇企业是只“麻雀”，完全是靠自己去找吃的。

到了20世纪80年代末，乡镇企业发展到了一定规模，一些弊端就暴露出来了。原来乡镇企业的产权分为两种：村集体和乡集体，资产分别归村委会和乡政府管理。我们调查研究后发现了许多问题，如厂长是乡政府、村支部任命的，厂长完全听命于乡政府、村支部；还有其他类型的产权不清等。

20世纪90年代初我还是副省长。当时有很多群众来信来访，说乡镇企业乡长、镇长当家，实际上厂长是听命于乡长、镇长的。一次我到浙江诸暨一家企业调查，厂长给我看了十几张白条子，比如乡里要某项开支就写张1,000元的条子，乡长或者乡党委书记开张条子写“某人是我的亲戚或朋友，他想到你厂里来工作，请你好好安排”等。这样的条子是必须执行的，不然厂长就难当了。甚至乡、村领导家里的红白喜事都要到乡镇企业去报销。

这种情况持续下去，企业还能办得好吗？企业的专业性很强，有经营问题、销售问题、市场问题、生产技术问题，都是很专业、很复杂的。没有科学的管理制度，在市场竞争中是难以生存的。

乡镇企业出现了这些情况，不少县级以上领导，尤其是一些老同志很着急，他们认为乡镇企业的改革方向就是改革它的产权制度，明确产权。政企分开，落实权责是关键。

在当时的形势下，抓紧以产权制度为核心的乡、村集体企业改革已成为多数人的共识。我们因势利导，以省政府的名义下了个文件，对指导思想和基本要求做了规定：

第一条是摸清原始资本，弄清楚哪些资产是乡、村集体的，哪些资产是职工集资的，哪些资产是属于信用社的贷款；第二条，借鉴温州、台州地区股份合作制的经验进行改制，股份合作制就是明晰集体资产、职工持股、金融借贷关系，鼓励职工现金持股，鼓励经营者、业务骨干多持股；第三条，信用社的贷款用法律的形式明确，它和企业的关系是债务关系，不是股权关系；第四条，原有的企业资产要经有资质的资产评估机构依法评估；第五条，改革方案要提交职工代表大会或全体职工大会讨论并获多数通过。

这个政策出来以后，县委书记和县长都很高兴。结果，省政府文件一下去，两三个月时间，乡、村集体企业一下子全都改制了，真是像干柴烈火一点就着，都说省政府这个文件好，比较好地解决了政企分开，使企业能依法自主组织生产经营。

从 1994 年夏省政府下发文件起，到 1997 年这三年多的时间里，浙江省的乡镇企业发展突飞猛进。1998 年年初，老省长沈祖伦跑到我的办公室说："松岳，报告你一个好消息。农业部统计数据已经出来了，1997 年浙江乡镇企业的各项主要经济指标已超过老大哥江苏。"我仔细看着报表，心情久久不能平静，那时候我们两人都有一种丰收的喜悦！

乡镇企业还有一个突出的问题，就是产品质量问题。20 世纪 80 年代末，温州的假冒伪劣产品严重损害了温州乃至浙江的声誉。

有一年 6 月，温州一位市委副书记陪我到苍南检查工作，晚上住在苍南县委招待所，洗澡的时候大家都赤膊，我也赤膊。他看到我的皮带都钩破了，就说："柴省长啊，你怎么这么艰苦啊，你去买一根新的嘛，我们这里的牛皮皮带很便宜的。"我说好的，吃了晚饭以后就让他陪我到苍南市场去看看，我当时也想看看市场。

到了苍南市场之后，一看市场里皮带很多啊，一条一条真漂亮。我拿了一根皮带问老板："是真皮还是假皮？听说你们温州有假皮！"老板说："同志你不好弄错哦，这个是真皮啊！"我说："多少钱一条？"他说："5 块钱。"我说："5 块钱一条是真皮啊？那也不会是牛皮吧？"他说："真皮！真牛皮！"我再反问："猪皮吧？"他说："绝对不是猪皮，是我们温州大批量生产的真牛皮！就是便宜。"

我问温州的副书记，他说没关系，一般不会乱说的。我当下就说："好，那我就买一条。"我把我那条破皮带拉出来扔掉，给了他 5 块钱。这条皮带看起来是不错。那时蔡惠明就说："5 块钱一条的黄牛皮皮带？没这么便宜吧？"我说："我也不知道，他们说是真的，那大概就是真的吧。"

那是 6 月份的事情。后来到了 8 月，我和省财政厅和交通厅两位女副厅长到北京出差，住在浙江驻北京办事处。8 月天气很热，工作人员把我套间里的空调开得很足。刚和她们聊了两句，我就打了个喷嚏。一打喷嚏，"坏了，我的皮带断了"。

8 月份，穿得很单薄的，我又不好意思对着两位女副厅长说皮带断了，于是就捂着肚子说你们坐会儿，然后就往里间走去。她们大概以为我拉肚子了。我进去以后，把门一关。我把皮带拉出来一看，里面是一层马粪纸，外面用破布包起来，再用胶水粘起来，最后用塑料压起来，看起来像真皮的。哎呀，当时没办法了，皮带没有了，我就到处找。后来还好，宾馆房间的阳台上有晒衣服的塑料绳，我就把那条塑料绳解下来，权当腰带。最后我把衬衫拉到外面遮住里面的塑料绳。

副厅长她们还没走，她们以为我拉肚子了，问我是不是肚子不好。我说不是肚子不好。她们问我那为什么捂着肚子进去啊？我说是皮带断了。她们笑死了。下午只好叫我的秘书去买了条真皮带。

从北京回来之后我就发火了，我在全省打假会上叫温州表态，也把自己的遭遇给讲了。下面哈哈大笑。我说这件事是真的，不是道听途说，假冒伪劣产品竟然骗到本副省长身上来了。温州出席会议的市领导非常不好意思，第二天就专门让一个干部给我送来了一条真皮皮带，说："这是我们书记、市长给你赔礼道歉的，请你一定要收下。"后来我也不客气，说："收下！通过这件事，我也收下你们打假的决心。"后来温州真不错，举行了全市大动员，还把劣质的鞋、劣质的皮带、眼镜什么的在武林广场上堆了好多，当众一把火给烧掉了。

后来朱镕基总理来浙江检查工作，总是跟我讲："柴松岳，你们浙江温州的假冒伪劣产品太厉害了！一定要想办法禁止。"我说我在抓，就把我们开会动员整顿的情况跟他讲了，另外我还把我这个皮带的事情跟他讲了。他哈哈大笑，说："你这个是报应，报应。温州的假冒伪劣产品骗到你这个管工业的副省长身上了，你才引起重视，我过去跟你讲了几次你还不当回事。"我说："我还是当回事的，不过这件事情让我印象太深刻了。"

后来朱总理走到哪里就把这件事情讲到哪里，不过他把这件事情讲歪了，当时我是打了个喷嚏才把皮带绷断的，他却说，温州的假冒伪劣产品到了什么程度，竟然骗到了浙江分管工业的副省长柴松岳的头上，柴松岳的皮带用了还不到一个月，他放个屁就把皮带给绷断了。大家哈哈大笑，这下子全都知道了。

后来吴仪同志到浙江来，她说："柴松岳，镕基同志老说你放了个屁就把温州的皮带绷断了。"我解释说："不是放屁绷断的，是打喷嚏绷断的，他弄错了！"吴仪哈哈大笑说："打喷嚏和放屁都差不多的。"我说："你回去就跟朱镕基总理讲，说柴松岳有意见，要让他纠偏。"

吴仪真给朱镕基总理讲了，朱总理就说："纠什么偏，上面出气，下面出气，不都是一回事吗？"这都是笑话啊，我想告诉大家浙江经济发展是怎么过来的。

对于民营企业，虽然通过改制，产品质量有很大提高，但是大家对他们的认可还是要有个过程。1999 年，评省级劳模，具体工作由省工会负责，报省政府批准。

那时候我已经是浙江省省长了，等副省长叶荣宝把名单确定好送到我办公室之后，我拿起来一个个看，想："怎么民营企业的老总一个都没有啊？"我印象中有许多很有名的民营企业老总，像南存辉啊，胡存中啊，还有萧山的徐冠巨啊。富阳也有一位老总，名字记不得了，只记得那年长江发大水，他企业也不大，把一年大概 200 多万元的利润全部捐献出来用于救灾。

当时我就签了意见，我说："荣宝同志，请你考虑一下，浙江民营经济占了那么大比例，对国家做出的贡献，无论是上缴国家的税金，还是安置社会就业，民营企业都功不可没。他们为社会、为国家做出的贡献很大，特别是一批优秀民营企业家。为什么评劳模的时候，没有一个是民营经济的代表？今年请你考虑，有代表性的民营企业家要评省级劳模。"叶荣宝就去跟省总工会商量，因为具体工作是省总工会做的。他就把我的批示给省总工会的同志看，说希望有优秀民营企业家的代表，不过数量多少可以考虑，这是政府对他们的鼓舞和认可。

省总工会的同志说不行，他们说请示过全国总工会，全国都没有的，所以不能评，主要是对民营企业家的性质有不同意见。多数人认为他们的性质是资本所有者，资本所有者就是资本家，资本家怎么可以评劳模？这是混淆了我们社会主义国家的本质和道德线。

当时我就发火了，我说："民营企业家是资本家？谁给他们戴的帽子？"中国民营企业家和资本主义国家的资本家在本质上是有区别的。道理很简单，中国现在是共产党领导下的社会主义国家，民营企业创造的社会财富，特别是为国家提供了大量税金，解决了大量的社会就业问题，这些都是国家现时亟须解决的难题，尤其是他们生产的物质财富，客观上是为共产党执政服务。归根到底，他们是为巩固共产党领导的社会主义制度服务的，而资本主义制度下的资本家，他们创造的物质财富，归根到底是为巩固资本主义根基服务的，这是根本区别。

后来我就把这些情况和我的想法向张德江同志汇报，他说："这不是小事，尤其对浙江来说，是很现实的问题。"德江同志很重视，召开省委书记办公会议专题讨论，大家一致同意我的意见。就这样，在浙江出现了民企老板当省级劳模。

这个问题从理论到实践，打破了原来的禁区，浙江是全国第一家。后来《人民日报》头版登出来《浙江省省政府决定评民营企业家劳模》。报道说，这是柴松岳省长批准的。这下全国轰动了，北京一本杂志说，"没有想到，一个省委副书记、省长理论水平这么低，把资本家算进劳动者，而且还评了劳模，混淆黑白"，批得我够呛。

当时《人民日报》理论部给我打了个电话，说："柴松岳同志，知道你承受了很大的压力，你有什么话要说，我们可以为你申辩。"这使我非常感动！但是我后来想，为这种事情去申辩没什么意思。

我打了个电话向他们表示感谢，我说："我对这些攻击人的话，不在乎。不做亏心事，不怕鬼敲门。确实我工作也很忙，没时间、没精力跟他们玩这一套。"这是 1999 年上半年的事情，后来到了 1999 年 7 月 1 日，江泽民同志发表"七一"讲话，我就"解放"了。（资料来源：中新浙里，略有改动）

第八章 消息来源

▶**本章要点：**

新闻报道必须要交代消息来源。

获得消息来源一般有三条途径：记者在现场亲眼所见、亲耳所闻、亲身所感等；记者采访新闻当事人、知情者和目击者等；记者查阅相关资料，包括文字、图片、图像信息等。

官方、会议、文件、网络等是消息来源的主要渠道。

记者既要培养和善待消息来源，也要提防消息来源陷阱。

采用事实性信息不需要交代消息来源；采用记者在现场亲眼所见、亲耳所闻、亲身所感的材料，不需要交代消息来源。

以下三种情况必须交代消息来源：陈述新闻人物的观点、意见、看法，批评、指控某人某事，陈述有争议的事实。

第一节 消息来源的渠道

一、什么是消息来源

消息来源，又称消息源、新闻来源、信息来源、信源，是指新闻从何处获得，也可以称为新闻出处。新闻都要交代消息来源。

获得消息来源一般有三条途径：记者在现场亲眼所见、亲耳所闻、亲身所感等；记者采访新闻当事人、知情者和目击者等；记者查阅相关资料，包括文字、图片、图像信息等。

很多新闻工作者不太重视在新闻报道中交代消息来源，新闻报道中要么没有交代任何来源，要么就是使用一些匿名消息来源、模糊消息来源，这在某种程度上降低了新闻报道的真实性和权威性，削弱了读者对新闻的阅读和接受兴趣。

在西方国家，交代消息来源，一方面是为了使新闻更真实，另一方面也是为了规避责任。西方国家的媒体认为，交代消息来源可以将责任转嫁给消息来源的提供者。

记者交代了消息来源，读者就能根据消息来源判断记者与新闻事实之间是否存在利益关系，就能根据消息来源的真实性、可靠性、权威性程度来判断新闻报道的真实、权威程度。因此，西方新闻媒体都特别强调记者在新闻报道中必须交代消息来源。美联社等许多新闻机构要求记者严格遵循如下方针：除非属于常识，否则必须交代记者没有亲眼见到的东西的出处。

二、消息来源的渠道和途径

记者要发现新闻，做新闻报道，就必须要有消息来源。没有消息来源，即使是巧妇也难为无米之炊。消息来源，是记者进行采访活动的出发点。

在采访活动中，记者获取消息来源的渠道和途径主要有以下几个方面：

（一）官方消息来源

无论在哪个国家，官方消息来源基本上都是最主要的消息来源。一般来讲，各级党政领导机关和负责人对其所属地区、部门、单位的情况有比较全面的了解，其所领导的各级组织和单位等都会通过各种渠道将信息汇集到领导机关和负责人处，因此，领导机关和负责人对面上的情况、动态和点上的情况、动态都比较清楚，他们自身也希望通过新闻报道来推动工作。所以，从各级党政领导机关和负责人处可以得到更多的新闻信息。

美国学者西格纳在对《华盛顿邮报》和《纽约时报》这两家报纸进行分析后指出：

政府官员（包括国内和国外）是近四分之三重要新闻的来源，而只有六分之一的新闻源自政府之外。新闻来源的细目分类如下：

来源百分比（%）

美国官员、机构 46.5

国外或国际的官员、机构 27.5

美国国家或地方政府的官员 4.1

其他新闻机构 3.2

非政府性美国人 14.4

非政府性外国人 2.1

不可确定 2.4

只有少于1%的新闻是基于记者们自己的分析，而超过90%的新闻都建立在当事人经过一定考虑后提供的信息的基础上。

绝大部分新闻内容（70% ~90%，这要看如何分类）都来源于新闻制造者们完全或基本控制的形势。以下是《纽约时报》和《华盛顿邮报》消息来源背景的细目分类：

来源百分比（%）

访谈 24.7

记者招待会 24.5

通稿 17.5

官方公报 13.0

背景材料 7.9

其他非自然发生的事件 4.5

新闻评论和社论 4.0

走漏的消息 2.3

> 非官方材料 1.5
> 自发事件 1.2
> 记者自己的分析 0.9

在西格纳之后，许多学者的研究也都证明：类似的模式一直延续到现在。①

在不同的社会制度、不同文明程度的国家，官方消息来源往往都是最主要的消息来源，超过其他任何类型、任何渠道和途径的消息来源。

（二）会议消息来源

各种会议，如工作会议、先进表彰会议、学术讨论会等，有时候可能会流于形式，一些平庸的记者难以从中发现有价值的新闻，往往是就事论事，就会议报道会议。参加各种活动，尤其是一些注重仪式感的活动，如纪念活动、庆典，等等，记者除了领取纪念品之外，往往会面对这种活动抓耳挠腮，无所适从。但是，也有一些善于观察、善于思考的记者会从这些会议、这些活动中发现有价值的信息，做出令人惊讶的好报道出来。

著名记者范敬宜在《经济日报》任总编辑时，曾接连几次在应酬中写出好新闻来。应邀参加《中国日报》创刊 11 周年社庆，他写出了《〈中国日报〉出了个好点子》，报道了《中国日报》俭朴办社庆；应邀参加宜兴市政府在北京的一次公关活动，他抓住了费孝通讲话中的一个思想，写出了《再给后代 5000 年》；应邀参加苏州市的一次应酬，他写出了《"老外"开始怕"老乡"》，报道乡镇企业走向了国际市场，他还同时写出了反映苏州开发独特旅游项目的《金发碧眼学苏绣》……

1992 年 6 月 5 日，范敬宜曾经给《经济日报》驻全国各地记者写过一封信，谈了他在应酬中抓新闻的感受。他写道：

> 一些看来似乎没有什么新闻的社交活动，同样可以发现新闻。现在记者参加新闻发布会、首发式、纪念会等活动很多，一般都认为没有什么新闻，或者把所发的现成的材料压缩成一篇淡而无味的简讯应付一下差使，实际上，如果在这类活动中稍加留意，仍然可以发现有价值的新闻。②

各种会议、各种活动中隐藏着非常多的新闻资源，需要记者去发现、去挖掘。如果记者只是人云亦云，只是浮光掠影地走走看看，或者将其作为一种无聊的应酬，那就难以找到有价值的新闻。

（三）文件消息来源

各级领导机关、企事业单位都有一些公开的文件、材料，比较大的单位都有自己的内部媒

---

① 班尼特. 新闻：政治的幻象[M]. 杨晓红，王家全，译. 北京：当代中国出版社，2005：153-154. 转引自方延明. 新闻实务方法论[M]. 广州：南方日报出版社，2005：10-11.

② 周克冰. 中外经典采访个案解读[M]. 北京：北京广播学院出版社，2003：257-259.

体,如单位自己办的报纸、电视台、网站等,记者通过阅读这些公开的文件、材料及其内部媒体披露的信息,可以从中发现有价值的新闻信息,然后展开采访报道。当然,如果记者发现了一些尚未公开的文件信息和材料信息,一定要认真阅读和观看,其中往往会蕴藏着丰富的新闻信息资料,这是一座新闻信息富矿,记者要深入挖掘,往往会大有收获。

1986 年 11 月 26 日下午,上海法制文艺会演的闭幕式与汇报演出正式举行。当时,关于上海法制方面的会议报道、会演的综合报道以及优秀节目介绍都一一见报了。因此出席这次闭幕式的记者不是认为“油水不大”“油尽灯灭”,就是在闲谈、听戏,或者干脆离去搞“自由活动”。但是,记者俞亮鑫却全力以赴,密切注视着会议的各个细节,毫无怠惰地进行着观察、采访。当他看了又看“演出节目单”后,这几个字像磁铁一样紧紧吸引住了他:“著名沪剧演员杨飞飞与上海监狱新岸艺术团同台演唱沪剧《金桥》。”他感到这里面藏有新闻。一打听,原来杨飞飞的儿子肖东弟早先也是沪剧演员,后因犯罪入狱,进了新岸艺术团。今天,当母亲的为了宣传法制,毅然走上舞台与儿子同演一出铁窗下母子相会的戏——《金桥》。多好的独家新闻啊!于是,俞亮鑫紧张地投入对当事人的采访,紧接着,一篇优秀的独家新闻问世了:《法制会演昨出现感人一幕:杨飞飞隔铁窗与儿子同台唱戏》。这篇新闻获得了 1986 年全国好新闻一等奖。作者在获奖后说:“当夜我激动地写了这篇报道。580 个字,一气呵成,写了半个小时,连草稿都未打,甚至连字句都没有认真推敲。如果我能预感到,这篇报道事后可得全国好新闻一等奖,我一定会好好磨一磨的。这是一篇粗糙的新闻作品。仓促写成,但感人的事实本身是有力的。”①俞亮鑫获奖的经验告诉我们:记者在参加各种会议、各种活动时,要留心阅读各种文件、各种文字材料,甚至连一张小纸片都不能掉以轻心,都要认真阅读,仔细研究,说不定就能从中挖出一条大鱼来。

美国《芝加哥每日新闻》驻维也纳、伦敦的记者约翰·根室是一位善于从文件消息来源中挖掘信息、发现新闻的优秀记者。作为一名驻外记者,约翰·根室不去抢发一些突发性的独家新闻,而是大量积累资料,写一些别开生面的新闻特写,因而很快成了一个小有名气的欧洲问题观察家。1934 年他回国度假时,一家出版公司约他写一本欧洲问题专著。1936 年 2 月,他的第一本内幕书《欧洲内幕》问世,该书如实报道了当时欧洲重大事件的情况,而且披露了许多鲜为人知的内幕,受到了读者的欢迎。

继《欧洲内幕》之后,作者一发而不可收,写出了一系列揭露内幕的书体新闻,《欧洲内幕》《亚洲内幕》《拉丁美洲内幕》《非洲内幕》《南美内幕》《美国内幕》《今日俄国内幕》……在这些书中,他总是以独特的视角,广泛收集各种素材,披露世人想要知道的内幕情况。他的书注重客观评述,兼顾问题正反两个方面,所以极有参考价值。据记载,美国总统杜鲁门等许多当时的国家元首都很重视根室的内幕书,强调要认真对待。

约翰·根室作为一名记者,并不处在制定大政方针的决策核心地位,也不是权力显赫的高层领导,他是如何获得那些鲜为人知的内幕情况的呢?他靠的是案头采访,通过各种书面资料来收集自己所需要的素材。根室在后来写的《写内幕书的乐趣》中披露,他除了进行实地旅行采访之外,很大程度上是靠阅读五花八门的报刊来获得著书所需的素材。据介绍,到 20 世纪 60 年代,根室已经收存了几十万份剪报资料。他从这些素材中沙里淘金,去粗取精,去

① 杜荣进. 中外新闻采写借鉴集成[M]. 杭州:浙江教育出版社,1997:100-101.

伪存真,写出了一本又一本内幕书。①

记者要善于借助档案、文献资料,通过对这些档案、文献资料的查阅获取消息来源。近年来,已经有越来越多的记者通过查阅相关档案材料获取消息来源。比如,查阅新闻人物的出生记录、工作记录、求学经历及记录材料、医疗记录、各种财产登记与转让材料、婚姻登记材料等。这些材料可以在新闻人物学习、工作、生活的单位处获得,也可以在相关档案馆、图书馆、公安机关(违法及犯罪记录)、交通管理机关(违章违法记录等)及各种媒体报道中查阅获得。

美国明尼苏达大学新闻学教师凯思林·A.汉森的一项研究发现,普利策奖获得者用于报道的物的消息来源在数量和种类上都多于未获奖者。与未获奖者相比,获奖者更多地运用了文件、报告、图书和其他印刷材料,其采访则要少一些。②

(四)网络消息来源

网络消息来源是记者获取消息来源的一个巨大的、永不枯竭的源泉之一。人类社会已经进入网络时代,从网络上获取消息来源已经成为新闻记者获取消息来源的重要途径之一。各种门户网站,尤其是各级党政机关、企事业单位的门户网站,各种商业网站,搜索引擎,微信朋友圈,QQ群等,都是记者寻找消息来源的渠道。

下面的这条新闻报道就是记者从湖北省人民政府门户网站上直接获取的:

伪造发稿日期,武汉江岸区政府网站、咸宁市卫健委网站被通报

2020年4月15日　16:21　来源:澎湃新闻网

湖北省人民政府门户网站4月15日消息称,根据国务院办公厅有关政府网站与政务新媒体监管工作的要求,省政务管理办公室近期组织开展了2020年第一次全省政府网站及政务新媒体抽查,复查了2019年第四季度存在突出问题的政府网站与政务新媒体。现将抽查情况通报如下:

一、总体情况

网站抽查情况。3月1日至10日,对全省运行中的610家政府网站进行抽查,抽查比例为100%,并重点对2019年第四次抽查中发现的不合格网站进行了复查。本次抽查发现不合格网站9家,抽查合格率为98.5%。

新媒体抽查情况。2月28日至3月15日,分批次对全省正在运行的2,601家政务新媒体中的282家进行了抽查。其中,省本级5家,省直部门101家,地方各级政府及部门176家。抽查发现38家政务新媒体不合格,总体合格率86.52%,省直部门、荆州、仙桃的抽查合格率超过90%,武汉、黄石、十堰、咸宁、随州不足80%。

……

二、近期工作亮点

……

① 周克冰.中外经典采访个案解读[M].北京:北京广播学院出版社,2003:187-189.

② 门彻.新闻报道与写作[M].展江,主译.9版.北京:华夏出版社,2003:357.

三、主要问题

面对突发的公共卫生事件，全省政府网站和政务新媒体做出了积极应对，交出了特色答卷，但日常运维中的“四不”问题也在特殊时期频繁“冒泡”。

（一）受疫情影响，部分单位日常运维出现漏洞。武汉、卫健委等地区部门抽调人员参与防疫一线工作，部分网站人员力量严重不足，影响了网站日常运维保障工作。如武汉市人民政府门户网站“政府规章”栏目未能及时更新；武汉市江岸区人民政府网站“部门专栏”、咸宁市卫生健康委员会网站“信息公开指南”存在伪造发稿日期的行为，武汉市社会科学院门户网站站点无法访问。

（二）少数单位网站管理不到位，政府网站服务有待进一步优化。个别市（州）和省直单位机构改革后，因人员调整、工作情况不熟悉等原因，群众反映强烈的互动不回应、服务不实用等问题不同程度存在。如“信用湖北”网站“工作动态”出现关键词条严重表述错误，鄂州市科技局网站网页存在广告链接。十堰市医疗保障局的“职工医保”办事指南缺失5类基本事项要素。“湖北电子口岸”“黄冈市扶贫信息网”网站首页，没有提供网上有效的咨询建言渠道。

（三）少数政务新媒体整改不到位、内容保障不到位。湖北服务业、屈家岭教育、鄂城民政、咸宁林业等一些在2019第四季度被通报的问题政务新媒体，仍存在突出问题，整改流于形式，监管缺乏力度，问责不够有力。健康黄陂、阳新县政务、通山县政务服务中心等政务新媒体，疫情期间内容更新不及时、不到位，信息公开、服务群众不及时，与群众、企业需求不相符。

四、下一步工作要求

……

上面这条新闻报道，记者没有采访湖北省政府的官员，只是从湖北省人民政府门户网站上下载了一则信息，记者也没有对材料进行加工、整合，只是将网站上的材料“搬运”到了自己的新闻媒体上。不过，大多数从网络获取的消息来源，记者都对事实材料进行了组织和安排，而且还在线下补充采访，比如观察、口头访问、电话采访等，并对材料进行核实和验证，然后才发表新闻报道。

由于互联网的匿名性，各种不同的人员鱼龙混杂，网络上的信息真假莫辨，相当多的假信息充斥其间。《新闻记者》杂志近几年来评选的年度10大假新闻中，每年都有几条假新闻的消息来源是从网络上获取的，这必须引起新闻记者的高度重视。记者必须有一双识别真假信息的慧眼，同时，在线下还应进行补充采访、核实验证，这样才能保证网络消息来源的真实性。

（五）民众消息来源

民众消息来源是相对于官方消息来源而言的，它也是记者获取消息来源的一个巨大的、永不枯竭的源泉之一。美国哥伦比亚大学教授麦尔文·曼切尔说：“消息来源不必非得是董事长、市长或者议员。好的消息来源可能在那些不出名的岗位上——秘书、办事员、助理。”他们“具有多方面的社会知识，深晓城镇政府内幕”。因此，有经验的记者特别重视从广大人民群众那里寻找和获取消息来源。

法国《晨报》驻俄国圣彼得堡记者加斯顿·列鲁,从俄罗斯皇帝尼古拉二世厨师那里得到消息说,尼古拉二世通知他的厨师要在快艇上举行一次豪华铺张的宴会。这位记者经过分析,认为宴会的规格就其标准来说是最高级的,再联系当时德俄两国外交上的蛛丝马迹,他断定这是两国皇帝将要会晤。但是,几乎他的所有同事和通讯社都反驳了他。之后,这位记者去拜访法国驻俄国大使,并告诉他一件不寻常的消息:"沙皇将要在最近同威廉二世会晤。"大使目瞪口呆,结巴地问:"你是从哪儿得到这个令人难以置信的消息的?"表示他根本不信。俄国外交大臣当着记者的面说这是谎话,德国首相维捷也向报界宣布:没有听过会面的说法,但记者仍然坚持他的消息的准确性,记者称"敢在众人面前冒大不韪",坚持报道这条新闻。后来,在波罗的海海面上,尼古拉二世的快艇"北极星"号和威廉的快艇碰面了。会面果然举行了。记者加斯顿·列鲁的报道得到证实,轰动一时。[①] 记者从一个普通的厨师那里听到了消息,然后经过自己的分析,作出了判断,记者搜集信息的能力和对信息的处理能力都是非常卓越的。

记者要做社会活动家,要广交社会各界的朋友,同各行各业的群众建立密切的联系,将"触角"伸向四面八方,形成一个纵横交错的信息网络,使自己成为"消息灵通人士"。在社会生活中,一有相对比较独特的信息,记者就能第一时间知道,也就能在第一时间不失时机地把有价值的新闻事实及时报道出去。

山东《大众日报》记者于晓波"在春节与朋友会面聊天时"偶然听到了"山农大(山东农业大学)在全省第一个获得职称评审的自主权,并且已经按岗聘任,不再评职称了。"于是,记者立即投入采访,很快,一篇《按需设岗 公开竞争 择优聘任 山东农业大学不评职称了》的新闻在《大众日报》刊出,这篇独家新闻荣获2000年中国新闻奖消息类三等奖。[②]

记者于晓波在获奖感言中说:"抢第一时间,抓独家新闻,对每一个记者来说,是最高境界。抢第一时间,抓独家新闻,新闻才能新起来,版面才能活起来,读者才能多起来。因此,记者要到一线去,到现场去,到基层去,到百姓大众中去,用心用脑,用汗水,用激情来记录采写我们所处的这个伟大时代的每个历史瞬间和每一个生活细节,为今人写下新闻,为后人留下历史。这是每一个记者义不容辞的职责。"[③]因此,广大人民群众是记者消息来源的不竭源泉。

(六)自身消息来源

这里讲的"自身消息来源",是指记者自己通过耳闻目睹获取的消息来源。处世留心皆新闻。记者要做有心人,无论何时,无论在哪里,无论是在做什么,记者都必须有一双新闻眼,随时留心身边发生的事,才能及时发现有价值的新闻信息。如果无动于衷,漠然置之,即使新闻来到你的身边,也会从你身边擦肩而过。

我们来看看美联社记者泰德·安东尼是怎样获取消息来源的。

每当泰德·安东尼有了一个新闻报道的设想,他就小声把它录进数码录音机里。泰德·

---

① 白庆祥,刘乃仲,郑保章.新闻采访写作编辑案例教程[M].北京:新华出版社,2003:77.

② 于晓波.抢第一时间,抓独家新闻[M]//董广安,纪元.中国高级记者成名作透视·消息卷.郑州:河南人民出版社,2003:17.

③ 于晓波.抢第一时间,抓独家新闻[M]//董广安,纪元.中国高级记者成名作透视·消息卷.郑州:河南人民出版社,2003:19.

安东尼说:“事实上我们许多的好想法都是来自周围的事物,而并不是靠坐在桌子后面冥思苦想。在我们与周围世界的接触中,会看到成百上千的东西;在我们每一次乘车、乘地铁,每一次开车去购物的途中,许多好的设想从我们的脑袋里一闪而过。我认为获得报道主题的关键更多的是抓取,而不只是寻找。我们都会产生想法,但并没意识到这些是想法,认为‘离奇’或‘有趣但有点儿拿不准’。可是随后这些想法就从脑袋里跑掉了。”

他说,将这些想法录下来或记在笔记本里,到头来十有八九没什么用,但也许就是那第十个想法成全了一篇优秀的报道。

“我曾从杂货店的海报栏中、从分类广告中、从沿线经过的事物中得到灵感,并进一步思索它们说明什么。”

安东尼说,新闻记者经常要“放下触角。我们习惯于在参加政府会议或在工作状态下寻找创作的灵感。养成随时随地思考的习惯不应是个问题,只要有了想法后给予重视就可以了。窍门就在于将我们生活的各个方面都汇集到那座灵感的加工厂中”①。

一个新闻记者要随时随地注意观察,对于任何事物都要有敏锐的观察力,对于周围发生的事物要十分关心,对于身边的任何情况,即使是点滴的情况,也不要轻易放过,要有集腋成裘的精神。

20 世纪 80 年代初,新华社记者章挺权曾陪同一位美联社记者在中国各地采访,有一件事情给章挺权留下了非常深刻的印象。一天,这位美联社记者从哈尔滨坐飞机到北京,飞机刚降落到跑道上滑行,他就对章挺权说:“章先生,美国有个要人在北京,请你帮我打听一下是谁?”章挺权一下子被弄得莫名其妙。章挺权想,他们一起坐飞机来的,飞机上也没有无线电广播,事先也没有人告诉他们任何消息,连我是主人都不知道,你是客人怎么会知道的? 于是章挺权就问他:“你怎么知道美国有要人在北京呢?”美联社记者眼望窗外,指着一架停在跑道旁边的飞机对章挺权说:“你看,那是一架白宫的飞机,没有要人来怎么会坐白宫的专机呢?”章挺权一看,果真是一架涂有美国国旗的波音 707 飞机。到北京饭店后一问,原来是美国总统卡特的科学技术顾问在北京访问。②

新闻信息从哪里来? 从我们随时随地留心身边发生的大小事情而来。新华社记者章挺权说,这位美联社记者到中国以后,非常注意观察中国所发生的大小事情。无论在飞机上,还是在火车上、汽车上,他对周围看到的事情都非常关心,要问个究竟。问就是采访,就是收集材料。只有这样,我们的消息来源才能像山间的泉水一样源源不断,连绵不绝。

第二节　如何理解和使用消息来源

一、寻找权威消息来源

所谓权威消息来源,是指新闻事件的当事人或最熟悉新闻事件的相关人士,如知道内幕的人士、现场人士、目击者等。

---

① 施瓦茨.如何成为顶级记者:美联社新闻报道手册[M].曹俊,王蕊,译.北京:中央编译出版社,2003:29-30.

② 白庆祥,刘乃仲,郑保章.新闻采访写作编辑案例教程[M].北京:新华出版社,2003:55-56.

需要澄清的是，不是官阶越高、学历越高、职级职称等越高的人，其消息来源就越权威。“对一篇关于教室拥挤的报道来说，最佳消息来源是教师和学生，而不是教育委员会主席。”①

谁是新闻当事人，谁在新闻现场，谁最知道这个事件的内幕，谁就是最权威的消息来源。显然，发生在足球场上的一场斗殴，两名球员当场被打死，对于这个事件，权威消息来源是足球场上的运动员，他们是看得最清楚的人士，然后才是足球场外的观众。而足球俱乐部的董事长、体育局局长、体委主任等人，如果没有在现场亲眼看到这场斗殴事件，他们就不是最权威的消息来源。

“消息来源不一定是市长或公司董事。市政记者知道，为连续几任市长服务过的城镇办事员全面而充分地了解社区和市政府的内部运作。法院记者与司法高级职员、法庭速记员和保安交朋友。商业记者培养与总机接线员、秘书、信件收发处人员的良好关系。”②

不过，从另一方面来说，官阶更高、学历更高、职级职称等更高的人，往往掌握的信息资源更丰富、更全面、更有技术含量、更有价值，对信息的理解也更深入、更到位，说出的话也就更有分量。同时，从新闻接受角度来说，受众更倾向于信任官阶、学历、职级、职称高的人士，往往把这些人当作权威人士。头衔给人的印象越深，社会地位越高，可信度越大。对权威的这种信任被称作“可信性等级”——权威的等级越高，消息来源被认为越可信。因此，就抽象层面、一般意义而言，官阶越高、学历越高、职级职称等越高的人，其消息来源相对越权威一些。而在面对某一个具体新闻事件时，则必须以最熟悉此新闻事件为准。

二、培养和善待消息来源

梅尔文·门彻这样描述美联社驻迈阿密法院记者米尔特·索辛的工作情况：“他将头探入办公室，与秘书们聊了几句。他在电梯里与一位律师交谈。他与审判室外的一名报社记者互相恭维了一番。他甚至为一位裹着三层衣服、浑身冒汗的男子打开了走廊大门，脸上还带着迷人的微笑。”③

报道国会的《华尔街日报》记者弗雷德·L. 齐默尔曼在上班的第一个星期就认识到，发现和培养消息来源和联系人是最重要的。齐默尔曼说：“如果你能够与一名委员会主席的秘书建立友好关系，她会轻易地告诉你哪里能找到委员会主席”，“否则，如果她不愿意告诉一位她不了解的记者，有时她会在电话里装出一副公事公办的样子”。④

杰克·海敦教记者在培养消息来源时，要学会运用心理学。美国一位专跑警察局新闻的记者诺尔曼·文森特·皮尔说过这么一段经历：有一次他碰到一位值内勤的警察，态度粗暴，什么也不肯说。后来皮尔打听到这位警察十分喜欢自己的小孙女儿。下一回见面时，皮尔就对他说：“喂！警长！你那个小孙女儿真逗人喜欢，她还好吧？”从此以后，皮尔就有了一个好的消息来源。⑤

记者需要尽力地维护和保持与消息来源的良好关系。平时有事没事，要常常和消息来源保持联系，既是联络感情，也可以顺便打探消息。逢年过节，不忘运用电话、微信、短信等给自

---

① 门彻. 新闻报道与写作[M]. 展江，主译. 9 版. 北京：华夏出版社，2003：344.
② 门彻. 新闻报道与写作[M]. 展江，主译. 9 版. 北京：华夏出版社，2003：340.
③④ 门彻. 新闻报道与写作[M]. 展江，主译. 9 版. 北京：华夏出版社，2003：338.
⑤ 海敦. 怎样当好新闻记者[M]. 伍任，译. 北京：新华出版社，1980：75.

己的消息来源致以节日的祝福和问候。对于几个重要的消息来源,要保持更紧密的联系,甚至偶尔可以在一起喝茶、共进晚餐。

记者对消息来源的善待,必须有个合理的度,记者要掌握好其中的分寸。记者和消息来源过于亲密、感情特别深厚时,记者的新闻报道有可能会产生倾向性问题,导致新闻报道不客观、不公正,从而损害新闻的公平正义。“培养消息来源时也会招致危险:称兄道弟。它会引起记者历来都要遇到的左右为难的局面。记者需要培养消息来源,他们需要与当权人物接近。但如果太亲近了,他们就会在报道中失去客观性。”“成为有权人物的密友,能满足记者的虚荣心,并能使记者打开局面,但同时也会把记者变成公共关系官员。”①

记者和消息来源的关系,是一种对立统一的关系。一方面,记者需要与消息来源保持比较紧密的联系,甚至是比较亲密的关系,但是,记者又不能和消息来源过于亲密,否则,就有可能成为消息来源的代言人。我国有一些媒体对这种关系处理得很好。当一个记者对某一个单位跑口 5 年左右之后,媒体会给记者重新安排新的跑口单位,以防记者成为跑口单位的代言人。

在善待消息来源的同时,要注意保护消息来源。当记者判断和意识到,在公开的报道中,公开消息来源的名字会招致报道对象的打击报复,给爆料当事人的生命安全、财产安全带来危险时,或者记者意识到,真实的署名会对爆料当事人的职业、工作、名誉等产生不利影响时,即使消息来源不提出匿名,记者也应在报道时主动给予爆料当事人匿名,这是对消息来源的最基本的保护。

20 世纪 70 年代,为了保护消息来源,《纽约时报》记者法尔勃宁愿犯“藐视法庭”罪,被判入监狱坐牢,也要对消息来源保密,拒绝交出自己的采访笔记。对此,《纽约时报》不但支持记者的决定,而且发表社论指出:如果被迫交出采访资料,透露了消息来源,就是背叛了消息提供者的信托。消息来源不能被保密,将使所有的消息来源受到威胁,人们将不敢出头提供重大新闻线索。这样做,无疑是杜绝消息来源,公众知悉权利会受到极大损害。②

尽管社会制度不同,新闻事业的性质不尽相同,各个国家、各种媒体对保护消息来源有不同的理解和规定,但记者法尔勃和《纽约时报》的行为仍然对我们具有一定的启发和借鉴意义。消息来源是记者生命的血液,是新闻媒体赖以生存和发展的根基,记者和新闻媒体都应该保护消息来源。当然,保护消息来源的方式、方法、途径等可以有所不同,但在保护消息来源这一点上,应该是最大公约数。

三、谨防消息来源陷阱

并不是所有的消息来源都是值得信赖的。

消息来源给记者提供消息,记者要研究消息来源提供消息的心理需要。有的消息来源向记者提供消息是为了公众利益,有的可能是为了机构的利益或者个人的利益。③ 符合法律、道德的正当利益是无可非议的,而违反法律、背离道德的利益是应该予以遏制的。记者重点要留心主动提供消息的消息来源,记者对这种消息来源要保持清醒的头脑,对其提供的消息要

---

① 海敦. 怎样当好新闻记者[M]. 伍任,译. 北京:新华出版社,1980:241.

② 李子坚. 纽约时报的风格[M]//周克冰. 中外经典采访个案解读. 北京:北京广播学院出版社,2003:65-66.

③ 本书第十章“赢得采访机会”第一节“研究对方心理”将进一步讨论采访对象接受记者采访的心理需要。

进行核实和验证。

当美国一名联邦官员要求暂停凝胶硅乳房移植时，一位妇女找到记者，说她是一名乳腺癌患者，她进行了凝胶硅乳房移植手术。她说，她对移植结果很满意。三家地方电视台和《波士顿环球报》采用了她的话。美国波士顿 WCVB 台的记者特里·施拉德悄悄调查了这名妇女，发现她是移植材料制造商道·科宁公司出钱雇用的代言人。该公司向她提供了应付媒体的培训和一串需要联系的记者名单。①

因此，对主动提供消息给记者的消息来源，记者要保持一份应有的警惕，对其提供的消息要找到第三方消息来源进行核查。某位公众人物的讲演，听众实际只有 100 人，但是，公关公司的人可能告诉记者，有 600 多人聆听了这次讲演；一次新产品的销售推广大会，实际销售额只有 100 万元人民币，但公关公司的人可能告诉记者，销售额为 1,000 万元人民币。对于主动提供消息的消息来源，对于消息来源提供的涉及利益（包括政治利益、经济利益以及其他利益）的消息，记者应该找到其他消息来源进行核实和验证。

这并不是说所有主动给记者提供消息的消息来源都是有问题的，都是需要记者排斥的。应该说，有相当多的主动提供消息的消息来源都是维护公平正义的，其提供的信息都是良性的，是社会所需要的信息。

特别要注意的是，现在很多公关公司策划新闻、制造事件，其目的是为了让媒体报道推广某个公司的新产品。在影视娱乐圈，策划、制造事件已经成为一种普遍现象。更有不良的公关公司，先是策划让某明星在记者面前假装无意披露自己的隐私，然后又反过来辟谣，翻手为云，覆手为雨，既愚弄了新闻界，也欺骗了受众。

同理，也并不是所有的公关公司都是策划、制造假新闻、假事件的公司，也有相当多的公关公司在谋取正当利益、在法律和道德的范围内合法经营，其提供的消息是良性的，是社会所需要的信息。同时，公关公司广泛接触政界、企业界人士，联通生产者和消费者，掌握了大量有价值的信息，记者应该和这些公关公司的人员保持良好的关系，从他们那里可以获得能成为真正新闻的重要来源。

第三节　如何交代消息来源

一、必须交代消息来源的材料

新闻报道一般都要交代消息来源。新闻报道不交代消息来源，受众就无从得知记者是从哪里得到了这个消息，无法确定记者报道的新闻是否可信。因此，对于绝大多数信息，记者必须交代消息来源。

以下三类事实或信息，记者必须交代消息来源：

（一）新闻人物的观点、意见、看法

我们来看下面两种报道的写法：

---

① 门彻. 新闻报道与写作［M］. 展江，主译. 9 版. 北京：华夏出版社，2003：341.

A. 重庆人脾气非常火爆。
B. 张三说:"重庆人脾气非常火爆。"

A 报道说,"重庆人脾气非常火爆",这是一个观点,记者在报道这个观点时,必须提供消息来源,否则,受众会将这个观点当成事实。B 提供了消息来源,受众很清楚地看到,"重庆人脾气非常火爆",这只是张三的一家之言,重庆人的脾气是否非常火爆,受众需要更多的事实才能验证。

(二)对某个人物或者某个机构的批评、指控

我们来看下面两种报道的写法:

A. 张市长把这个城市搞得非常糟糕,张市长包了 10 多个二奶,还和数十个女人有不正当的关系。
B. 李四说:"张市长把这个城市搞得非常糟糕,张市长包了 10 多个二奶,还和数十个女人有不正当的关系。"

上面这个报道,前半句是对张市长的批评,后半句是对张市长的指控,指控张市长的生活作风问题。A 报道,让受众认为这是一个事实,受众会根据这个事实得出结论:张市长的能力和品行都是有问题的。B 报道则告诉受众,这只是李四个人的看法,受众看了这个报道后,会认为,张市长是不是把这个城市搞得很糟糕,需要更多的事实来证实,不能仅仅凭借李四一个人的评价就得出这个结论。后半句是对张市长的指控,张市长是不是包了二奶、包了多少个二奶,是不是和其他女人有不正当的关系、和多少女人有不正当的关系,受众会认为这些需要纪委、监察委调查后才能得知,需要检察院、法院的司法调查材料才能确定。不能任凭李四一个人很随意地说,也许李四血口喷人,无中生有,胡乱说话,也未可知。也许张市长的情况比李四说的还严重,这些都需要经过严肃、认真的调查才能得知。

(三)有争议的事实

我们来看下面两种报道的写法:

A. 李明把刘凯的腿打断了。
B. 刘凯在逃跑的过程中,由于慌不择路,不小心从悬崖上摔了下去,腿摔断了。

上面这两种报道的写法,内容有很大的不同,究竟哪个说法更接近于事实,有争议,有分歧。对于有争议的信息,记者必须交代消息来源。记者可以这样报道:

A. 刘凯说:"李明把我的腿打断了。"
B. 李明说:"我在后面追,刘凯在前面跑。刘凯在逃跑的过程中,由于慌不择路,不小心从悬崖上摔了下去,腿摔断了。"

对于上面这两个信息,记者一是要交代消息来源,二是必须将这两个信息来源同时进行报道,而不能仅仅报道刘凯的说法,也不能仅仅报道李明的说法。否则,记者的报道就会与事实不符,会误导受众。

我们来看下面这条新闻:

(1)非官方纳税人机构"公民预算委员会"今天说,拟议的1.85亿美元市政预算超出了该市的支付能力。

(2)这份预算是两星期前递交的。

(3)萨姆·帕纳斯市长称它是一份紧缩预算。

(4)该委员会说,它是在研究了这份"可以做出大幅削减"的预算后才得出上述结论的。

(5)1.85亿美元的支出计划比本年度增加了12%。

(6)帕纳斯市长在递交预算计划时说,预期的收入将抵消支出的增长。该委员会受到该市工商业界的支持。

第一自然段陈述的是新闻当事人(机构)的观点,而且带有批评性质,必须交代消息来源。任何时候,只要是当事人表达了一种观点、看法和意见,就必须交代消息来源。对于批评、指控等信息,更应该交代消息来源。第二自然段是一个背景材料,背景材料一般不需要交代消息来源,记者和任何人都可以从档案记录中查阅到。第三自然段是市长对"公民预算委员会"说话的回应,是有争议的信息,必须交代消息来源。第四自然段是"公民预算委员会"对市长的话针锋相对的反击,必须交代消息来源。第五自然段是一个事实信息,可以不交代消息来源。第六自然段是市长对预算计划的说明,表示预算计划是可以实施的,应该交代消息来源。

除了对于上述三类事实或信息记者必须交代消息来源外,对于一些重要信息、受众不清楚或不明白的信息以及其他一些受众需要知道消息来源的信息,记者都必须交代消息来源。

来看下面这条新闻:

3岁男孩枪击16个月幼儿

一名3岁男孩枪击并且重伤了他的16个半月大的弟弟。周四的时候,那个男孩在他家公寓里一张椅子的坐垫下发现了一把.32口径的手枪,希尔斯伯勒市的司法官介绍说。(交代消息来源)

麦尔文·汉密尔顿在周四上午大约9点半的时候被击中胸部,然后他被直升机运往坦帕将军医院接受手术。(暗示信息由医院提供)医院官员说,伤势十分严重,但手术后情况已趋稳定。(交代消息来源)

权威人士指出,奥蒂斯·尼尔只是偶然拉动了扳机。(交代消息来源)

市司法官员们说他们并不知道谁拥有那把手枪,现在还在调查中。(交代消息来源)根据法律,把枪放在儿童可以拿到的地方,枪的主人要为此负法律责任……(引用法律规定,介绍知识背景)

事故发生几小时之后，奥蒂斯充满迷惑地坐在公寓外面，面对着电视镜头和记者的包围。（记者亲眼所见，不需要交代消息来源）

“他说话的声音很小，我想他根本不能明白到底发生了什么。”市法院女发言人黛比·卡特说道。（交代消息来源）

奥蒂斯和麦尔文与他们的妈妈迪娜·瓦内斯一起住在第50大街的橡树公园公寓6611号。（事实信息，不需要交代消息来源）

亲戚们以及司法官员们这样谈道：（交代消息来源）

周四早上两个小家伙在客厅里玩耍，这时他们家的一位15岁的朋友坐在沙发上，瓦内斯女士则在楼上。

麦尔文正在客厅里走来走去，这时奥蒂斯发现了坐垫下面的枪，他把枪拿了出来并且射出了一发子弹。

瓦内斯女士的姑妈，同时也是她的邻居阿拉贝拉·瑞克斯说她正在去商店的路上，突然看到她的侄女跑出公寓并且大声喊叫。

“她说‘麦尔文被枪击中了’，她说‘老大射中了麦尔文’，”瑞克斯女士说，“我走进房间看了看他，然后跑出屋子并且开始祈祷。”

她说她挥手拦下了一名正在该地区巡逻的警察。

“我说，‘上帝，请不要让他死掉。’”瑞克斯女士说。

这是一个重要的事件，虽然当事人只是3岁的小孩子，而且是误伤，但毕竟是枪击事件，所以，除了几处地方——记者的现场观察和事实信息外，其他地方都交代了消息来源。

一般来说，权威机构的记录和资料不如权威机构的当事人直接对记者讲述的信息更令读者信服。比如，记者从公安局记录中得到的信息，其真实性不如警官、受害者、嫌疑人和目击者的陈述，这些活生生的人的陈述更令读者相信，因为记者交代了这些信息的来源。

二、不必交代消息来源的材料

（一）事实性信息不需要交代消息来源

当新闻报道的事实是真实发生的，或者新闻报道的信息是确定性的事实时，不需要交代消息来源。

看下面这条新闻：

今天（2015年2月24日）下午13:20左右，由中国水电建设集团路桥工程有限公司承建的五洛路1号隧道，发生疑似瓦斯爆炸事故。经现场初步了解，该公司在做复工准备时，突然发生疑似瓦斯爆炸，事故已造成8名施工方人员以及12名周边群众受伤、1人失踪。伤者已及时送往医院救治，除2人重伤送华西医院抢救外，其余人员伤情平稳。

> 事故发生后,成都市委、市政府主要领导作出重要指示,值班市领导及时带领安监、交通等部门负责人与龙泉驿区领导赶往现场指挥抢险救援工作,并前往医院慰问伤员。目前,为防止次生灾害,周边群众已全部疏散到安全地带,省市专业救援队伍正在做进入隧道勘察的准备工作,调查事故原因,搜寻失踪人员。从医院了解,现已有4人出院。(来源:《成都商报》)

上面这条新闻,第一自然段有一个模糊的消息来源"经现场初步了解",究竟是向谁了解,读者不清楚。其实,这些信息都是事实性信息,可以不必交代消息来源。第二自然段,除了最后一句话"从医院了解,现已有4人出院"交代消息来源外,其余也都没有交代消息来源。同理,这些信息也都是已经发生的事实性信息,不需要交代消息来源。不过,对于事故原因"发生疑似瓦斯爆炸"的披露,是"经现场初步了解",虽然交代了消息来源,但比较模糊。对原因的猜测,在没有确定之前,只是一个意见,还不是一个事实。新闻报道提供意见时,需要交代明确的消息来源。

下面的这个事实信息也不需要交代消息来源:

> 新闻学院学生会主席李华说,昨天晚上的歌手决赛,李薇薇以一首《青藏高原》摘得桂冠,张雅丽和王诗婷分获第二名和第三名。

歌手比赛的名次和人名是既有事实,不需要交代消息来源。这里可以省略"新闻学院学生会主席李华"这个消息来源,可以直接陈述事实,直接告知公众歌手比赛的名次和人名。

如果消息来源是非常可靠的个人、党政机关或比较知名、权威的机构,也可以不交代消息来源。如上述隧道爆炸新闻中的这样几句话:

> 事故发生后,成都市委、市政府主要领导作出重要指示,值班市领导及时带领安监、交通等部门负责人与龙泉驿区领导赶往现场指挥抢险救援工作,并前往医院慰问伤员。目前,为防止次生灾害,周边群众已全部疏散到安全地带,省市专业救援队伍正在做进入隧道勘察的准备工作,调查事故原因,搜寻失踪人员。

成都市委、市政府领导的指示,相关领导赶往现场指挥抢险救援以及慰问伤员,这些信息都是来自党政机关,信息可靠,可以不交代消息来源。周边群众已疏散到安全地带,专业救援人员正在隧道勘察,调查事故原因,搜寻失踪人员,这些信息来自比较权威的机构和个人,值得信赖,也可以不交代消息来源。

(二)记者在现场通过五官直接感知到的材料,不需要交代消息来源

在新闻报道中,记者在新闻现场通过五官及其他各种器官直接感知到的材料,可以不交代消息来源。

四川雅西高速发生车祸 救护车被堵死在应急道

2015 年 2 月 23 日 21:41 来源:新浪网综合频道

【雅西高速车祸,救护车被堵死在应急车道!】雅西高速冕宁段发生车祸,堵车数十公里,返程车流把高速路三条道堵死。救护车艰难前行,应急通道被侵占严重。救护车反复广播请让出应急通道:我们过不去,你们也走不了。可惜,道路塞死,效果不明显。再次呼吁:请勿占用应急车道!

这条新闻非常简短。高速路发生车祸,造成堵车、应急通道被占、救护车行走困难等问题,这些信息是记者在现场亲眼看到的,可以不交代消息来源。

不过,如果记者是堵车之后到达现场的,并不确定记者是否能够通过自己的眼睛观察到"堵车数十公里",则应该交代消息来源;同理,如果记者是堵车之后到达现场的,在"堵车数十公里"的背景下,记者在现场是否能够亲耳听到救护车反复广播的声音也不确定,也应该交代消息来源。

现在常常有记者没有去现场,或者记者到现场后,车祸已经处置完毕,原始现场不复存在,道路已经畅通,最原始现场的信息都是当事人事后回忆告诉记者的,如果是这种信息,记者必须交代消息来源。

再来看下面这条新闻:

饭店火灾

(1)**【美联社康涅狄格州布兰福德电】** 本世纪初有名的韦弗利饭店今天毁于一场2级警报火灾。

(2)屋顶向建筑物的中心倒塌,一直到白天,被烧坏的旅馆仍然烟雾缭绕。

(3)73 岁的默特尔·布拉克斯顿当时独自住在该楼宽敞的三楼,在火灾发生时因吸入烟雾而受伤。据报道,她正在耶鲁大学纽黑文医院就医,情况尚佳。

(4)官员称,火灾是凌晨 3 点 41 分由布拉克斯顿女士报告的。他们说火灾显然是从厨房开始的。该楼的其余大多数房间已无人居住,布拉克斯顿女士仍住在里面。官员说,她居住的房间没有中央暖气系统和电器。

(5)一位邻居说,第三层的大多数古董都毁于大火。一艘帆船的巨型方向盘、餐厅里的餐桌中间的饰品也不见了。

(6)拥有抵押权的银行称该旅馆和其所属土地值 4 万 ~5 万美元。

导语报道的信息是事实性信息,不需要交代消息来源。第二自然段报道的饭店被毁的现状是记者现场观察到的,也不需要交代消息来源。第三自然段暗示消息来源是受火灾袭击的布拉克斯顿女士和医院。第四自然段引用的是权威信源——"官员",可能是消防部门的官员,官员分析了火灾发生的原因。第五自然段报道饭店的财产损失——贵重物品毁于大火,信息由目击这场火灾的邻居提供。最后一个自然段进一步报道财产损失,由对旅馆拥有抵押权的银行估价火灾造成的损失。除了事实性信息和记者的所见所闻外，其他都交代了消息来源，事实的真实性充分显示了出来。

三、消息来源不能太模糊

记者在新闻报道中交代的消息来源必须具体、明确，不能太模糊，也不能闪烁其词。

据台湾学者研究，国内外通用的消息来源形式有 18 种：(1)据报道，(2)据悉、据了解，(3)消息人士、一位可靠的消息人士、消息灵通人士、官方消息人士、半官方消息人士、接近总统的消息人士，(4)一位官员、一位政府官员、一位高层政府官员、另一位政府官员，(5)美国官员、一位白宫官员、一位国务院官员、五角大楼官员们，(6)一位外交官员、一位西方大使、一位西方外交官员，(7)批评家、许多位批评家，(8)分析家，(9)观察家、政治观察家，(10)事实评论家，(11)当局、最高当局，(12)权威人士、权威消息来源，(13)专家，(14)明智之士，(15)一位观光客，(16)一位目击者，(17)警方，(18)未经证实的报道。①

模糊、不明的消息来源在国内外媒体上大量出现，影响了新闻报道的真实性和准确性。很多时候，这些不明消息来源可能就是记者本人，为了表示新闻报道的客观和公正，记者假借了一个消息来源。由于记者不能指出真名实姓的人，没有人对事实的真实性负责，就使新闻成为一种难以置信的传闻。“只有当一名记者指明了消息来源，读者才能根据消息来源的总体可信度和该记者与信息的利益关系来评估信息的准确性和真实性。”在西方国家，“很多主编拒绝接受未注明消息来源的指控性和谴责性文章。他们不接受‘一位市政厅官员’‘一家公司发言人’之类的消息来源”②。

如果记者不能写出具体、确切的消息来源，信息的准确性和真实性就会大打折扣，读者会将信将疑，一些有经验的读者会怀疑是记者在信手编造，他们会怀疑记者是否采访到了真正的当事人。因此，记者必须写出明确、具体的消息来源。

四、谨慎使用第二手消息来源

记者采访得到的材料可以分为第一手材料、第二手材料……第 N 手材料。第一手材料，是指记者亲眼所见、亲耳所闻的材料，第二手材料是经过了一次中转环节的材料，不是记者亲身耳闻目睹的材料，第三手材料则是经过了两个中转环节的材料，依此类推。第一手材料的提供者可以称为第一手消息来源，第二手材料的提供者可以称为第二手消息来源，依此类推(参阅本书第十一章“观察”第一节“什么是观察”对第一手材料、第二手材料……第 N 手材料的论述)。

在当前的新闻报道中，尤其是省市级及其以下的新闻媒体中，经常有类似这样的报道：

---

① 王晓寒. 新闻写作问题多[M]. 台北：正中书局，1995：4-5. 转引自薛国林. 当代新闻写作[M]. 广州：暨南大学出版社，2005：63-64.

② 门彻. 新闻报道与写作[M]. 展江，主译. 9 版. 北京：华夏出版社，2003：55.

昨日上午，王林在市中区一家商场闲逛时，突然有人大喊“抓小偷”，王林循声望去，看见一位年轻女孩，穿着高跟鞋，一边跑，一边喊“抓小偷”“小偷偷了我的钱包”。王林看到在这位年轻女孩的前面，一个精壮小伙子正在拼命地往前跑，王林估计这个精壮小伙子可能就是小偷，他来不及多想，朝着这个可能是小偷的人奔跑的方向飞奔而去，追了500米后，在一个路口拐角处，王林将这个小偷逮住，夺回钱包，还给被偷者。

记者将这个新闻事件写得活灵活现，俨然记者就在现场目睹了王林追抓小偷的一幕。实际上，记者根本就没有出现场，甚至也没有听小偷、被偷者和见义勇为的王林陈述这个事件，而是根据派出所的一份笔录改写而成。在这里，小偷、被偷者和见义勇为的王林可以作为第二手消息来源，而派出所则只是第三手消息来源。一般来说，记者很难在现场捕捉到这样的材料，但应该找到第二手消息来源即新闻当事人——小偷、被偷者和见义勇为的王林调查核实事实，如果由于某种客观原因，记者不能调查到第二手消息来源，那么，记者的新闻报道就应该如此写作：

某某派出所的笔录这样写道：……

或者是：当事警察告诉记者，王林在派出所说，……

记者要尽量使用第一手消息来源，谨慎使用第二手消息来源乃至第N手消息来源，如果使用的不是第一手消息来源，记者必须明确地告诉读者，不能模糊处理第二手乃至第N手消息来源，欺骗读者。

五、如何处理匿名消息来源

记者采访时，当事人常常向记者提出匿名的要求。面对这种要求，记者需要根据情况作出是否匿名的决定。在西方国家，新闻媒体多数时候都不接受匿名的要求，美联社的方针是：“通常情况下，我们不接受匿名的要求。我们希望得到可以公开发表的信息。当一个新闻来源坚持说不想提到自己的名字时我们会这样说：假如接受了匿名的条件，我们就得恪守诺言。但是在新闻人物确立的规则范围内，我们尽可能地告诉读者消息来源的联系方式、动机和观点。”①

但是，有些信息的公开报道，可能会对消息来源的人身、财产安全与合法权益造成影响，受到权贵或黑恶势力的打击报复，在这种情况下，记者应该接受消息来源的匿名要求。即使消息来源本人不提出匿名的请求，记者也应该对信息公开后对消息来源带来的负面影响作出正确的评估和判断，主动地为消息来源匿名。

有的消息来源可能是官员、公众人物或有一定政治、经济、文化和社会地位的人，在社会上有着大小不等的影响力。当这类人物向记者提出匿名的要求时，记者必须考量：是坚持使用消息来源的姓名还是尊重消息来源的匿名要求。是匿名还是用真实姓名，取决于下面这几

① 门彻．新闻报道与写作[M]．展江，主译．9版．北京：华夏出版社，2003：56．

个元素:信息的价值和重要程度、消息来源的地位和影响力、本新闻媒体的市场定位和编辑方针。换句话说,记者要考虑是否值得匿名,如果不值得匿名,记者要么拒绝消息来源的匿名要求,要么放弃这个信息,从其他渠道去获得相关信息。

有些时候,是否匿名,记者要学会和报道对象讨价还价,就像一个谈判专家一样,和报道对象反复商量和讨论。有些时候,记者也要学会说服报道对象,让报道对象接受公开真实姓名的报道形式,尽量不要匿名。

记者接受消息来源的匿名要求后,要明确告诉消息来源这种匿名是有限匿名,不是无限匿名。消息来源的名字、单位、称谓乃至职务头衔、职称(主要是名字)等在公开的新闻报道中以匿名或化名的形式出现,但是,消息来源的真实姓名、身份、单位、职务和职称等必须告知记者工作的新闻媒体。如果信息的重要程度不高,消息来源的职务、职称及其地位等不高,记者可以告知新闻媒体的编辑或新闻部主任。如果信息非常重要,消息来源的职务、职称等非常高,在社会各界有非常广泛的影响力,记者可以只报告给新闻媒体最高领导人。无论如何,记者必须至少告知媒体的其中一位编辑或领导者。

为了保证匿名消息来源的真实性,记者在使用匿名消息来源时,必须另外找到第二消息来源证实匿名消息来源的说法,也就是说,要至少得到两个及两个以上独立的消息来源证实后才使用匿名消息来源。

在目前的新闻媒体中,有两种不良倾向值得引起注意:

一是匿名消息来源泛滥。新闻报道中充斥着化名、匿名。有些记者不负责任,不愿意承担责任,害怕引起麻烦,当报道对象提出匿名的要求时,记者往往不和报道对象做任何抗争,不给报道对象做任何思想工作,非常轻率地就答应匿名的要求,导致新闻媒体中匿名消息来源满天飞。

二是假借消息来源。目前的新闻报道中大量存在着这样的消息来源:“据业内人士说”“相关专家表示”“一位法学专家说”等,这样的消息来源,多数时候都是记者自己。由于记者不能随意在新闻报道中表达观点和意见,限于时间、环境等条件,记者很难在短时间内找到合适的人士采访,有些记者就假借或者凭空捏造一个消息来源,这实际上是一种造假行为,这种笼统、含糊地以业内人士、相关专家来替代具体、确切的消息来源的新闻报道,是没有任何权威性可言的,只能影响新闻的真实性,降低媒体的信誉。

上述两种不良倾向在时下的新闻报道中比较常见,既降低了新闻的真实性,又影响了新闻媒体的信誉和公信力。新闻媒体和新闻记者、编辑都应该反思、检讨,努力改正这种不良倾向。

六、如何指明消息来源

(一)如何交代说话人

新闻报道越明晰、越清楚越好,不要让读者去分析、去猜测这句话是谁说的,那句话又是谁说的,而应该明确、清晰地告诉读者说话人是谁。

"今天挑战的项目难度比较大，大家一定要听指挥，安全第一。"越野经验丰富的"越野部落"版主"钢盔哥"，指定了有丰富经验的越野车友，做好后勤、指挥等工作。①

上面新闻中的这句话就没有交代谁是说话人，虽然根据上下文来看，读者猜测这句话可能是"钢盔哥"说的，但是，记者还是应该明确地告诉读者这句话是谁说的。类似上述这种交代说话人的方式，在新闻报道中屡见不鲜，读者只能从上下文的联系中猜测这句话可能是谁说的，这既会影响读者阅读的效率，又会影响读者的阅读兴趣。记者不应该让读者去猜测，应该直接指出是谁说了这句话。我们可以对这种模糊交代说话人的写法进行一个简单修改，做如下表述：

"今天挑战的项目难度比较大，大家一定要听指挥，安全第一。"越野经验丰富的"越野部落"版主"钢盔哥"说，他指定了有丰富经验的越野车友，要求他们做好后勤、指挥等工作。

这样修改之后，读者就能明确知道这句话是谁说的，对新闻信息的接受就清楚、快捷得多。

一般情况下，西方新闻媒体不在句子的前面指出说话人，而是在引语后面指出来，比如：

警官罗德里格斯预料，警方对此案的深入调查就要产生结果。

"我们已经掌握一些有希望的线索，预计未来几天内就可进行逮捕，"他说道。

上面这则引语将说话人放在句尾或是句子的自然停顿处，而不是放在句子的开头。强调引语而不是强调说话人，让读者的兴趣集中在引语上。

中国的新闻报道对将引语放在说话人前面这一点并不是特别强调，中国人的阅读习惯往往是想先知道说话人是谁，再阅读引语，所以，中国的叙述类文字（小说、新闻等）往往将说话人放在引语前面，然后再写引语：

警官罗德里格斯预料，警方对此案的深入调查就要产生结果。他说："我们已经掌握一些有希望的线索，预计未来几天内就可进行逮捕。"

东西方这种交代说话人的顺序和方式，不存在正确与错误之分，只是一种叙述习惯的不同而已，只要其受众乐意接受即可。

但如果直接引语超过一个句子，应该在第一句话的后面指明出处。我们可以将上面这句话改编成两句：

---

① 李斌. 40余车友巴南体验高难度越野项目[N]. 重庆晨报，2014-12-29(14).

"警方对此案的深入调查就要产生结果。"警官罗德里格斯说,"我们已经掌握一些有希望的线索,预计未来几天内就可进行逮捕"。

有一种情况值得引起我们的注意:直接引语每次引用的只能是一个人的话,不可能是几个人的话。几个人同时说话,其说话的内容是不完全一致的。如:

"当时我们正在附近打牌,突然一声巨响,天桥就轰隆一声垮下来了,天桥上的人大声喊叫起来。"目击者们说。

话只能每个人单独说,不能一起说。目击者们说的话不可能是一模一样的,总会大同小异,多少会有些不同。上面这种写法与新闻事实和生活真实是不相符合的。

1996 年 3 月 19 日,著名数学家陈景润逝世,新华社记者秦春写的《告别陈景润》中有这样一句话:

著名数学家王元、杨乐、吴文俊、丁石孙来了。今天为陈景润送行,无不悲痛地说:"这是我国数学界的重大损失。"

四位数学家说的话不可能完全一样,不能这样写。但这种表述方式在 20 世纪的新闻报道中屡见不鲜,比较经典的案例是:

大家异口同声地说:"某某真是我们学习的好榜样!"

这种表述方式显然与事实是不一致的,是不合适的。如果确实有几个人同时说了这句话,记者就要把这句直接引语改成间接引语,删去双引号。如上面的几段话可以作如下表述:

几位目击者都这样说:当时他们正在附近打牌,突然一声巨响,天桥就轰隆一声垮下来了,天桥上的人大声喊叫起来。

著名数学家王元、杨乐、吴文俊、丁石孙来了。他们今天为陈景润送行,无不悲痛地说,这是我国数学界的重大损失。

大家异口同声地说,某某真是我们学习的好榜样!

(二)说话人如何说话

新闻来源在新闻中如何说话?或者说,记者如何在新闻报道中用动词来描述说话人说话?有两个方面值得引起注意。

1.尽量用“说”而不用其他同义词

美国新闻学者威廉·梅茨总结说,英语中有三百五十多种表达“他说”的方法,威廉·梅茨要求记者至少应该掌握十五至二十种,但在使用时应谨慎。中国表达“说”的动词没有人统计过,也可能与英语表达“说”的动词的数量不相上下。

经常出现在新闻报道中表示“说”的动词有:认为、表示、陈述、要求、希望、强调、宣布、声明、泄露、透露、宣告、称、声称、宣称、辩称、暗示、坦言、断言、怒吼……

一般来说,认为、表示、陈述等动词相对中性一些,但最中性的还是“说”这个词,既没有倾向性,也没有什么感情色彩,比较适合在硬新闻中使用,其他的词汇出现在新闻报道中,根据上下文的语境,会或多或少打上一些倾向性和情感色彩的烙印。

新闻记者为了不让表达“说”的动词单调重复,从而使新闻报道显得新鲜、生动,常常用其他词汇来代替表达“说”这个词。但是,用其他动词代替“说”这个词往往很危险,很多动词可能暗含作者的立场和倾向。美国密苏里大学新闻学教师约翰·梅里尔(John Merrill)说,《时代》杂志在提到美国的三位总统的讲话时,有一套选择好的“固定”的动词。艾森豪威尔是“高兴地咧着嘴笑着说”“谨慎地指出”“亲热地与人聊天”;杜鲁门是“唾沫飞溅地嚷道”“气急败坏地咆哮”“粗暴无礼地说”“冷淡地说”;肯尼迪是“宣告”“声明”“坚持认为”。梅里尔从上述选词用字中得出结论说,《时代》杂志明显地亲艾森豪威尔,反杜鲁门,对肯尼迪保持中立或温和态度。①

抱怨、嘟哝、嘲讽、怒吼、咆哮等动词,明显带有记者的爱憎情感和主观倾向,这种词汇用在文学作品中是合适的,用在新闻报道中就会影响新闻的客观性和公正性。即使是在新闻特稿中,也应该谨慎使用这种爱憎分明的词语。最稳妥、最客观、最公正的做法是用“说”这个词来表示说话人说话。

在记者报道的事实类型中,涉及批评、指控、有争议的信息内容,严肃、重大、正式事件的报道,司法机关的庭审、判决,公众集会和演讲等,都要尽量采用“说”这个动词,尽可能不用其他动词来代替“说”这个词。

加利说可能于下周向波黑发动空袭

【合众国际社联合国(1993年)7月28日电】 联合国秘书长加利今天说,旨在保护在波黑的联合国部队的空袭最快可能于下周开始。

加利说:“是的,我希望,我们能在下星期一(8月2日)或星期二(8月3日)找到一个明确的解决办法。”他接着说,空袭的细节仍在拟订之中。

这位联合国领导人说,一旦他有了进入战斗的原则并同安理会协商之后,空袭将“自动”进行。

加利说,他仍在等待联合国在前南斯拉夫的2.2万部队司令(指挥2.2万人的部队司令)、法国将军让·科特开“绿灯”,以便就开始空袭的一整套原则作出最后决定。

---

① 梅茨.怎样写新闻——从导语到结尾[M].苏金琥,阮宁,洪天国,选译.北京:新华出版社,1983:189-190.

他说，联合国观察员正在6个所谓的“安全区”中各就各位。由安理会授权的空袭将只限于那些安全区，以便在联合国部队受到袭击时加以保护。

加利说，他本人在同安理会磋商后将发出开始空袭的授权。

这些“安全区”是穆斯林居住的5个城镇和首都萨拉热窝，这些地方一直被波斯尼亚和塞尔维亚人包围。①

上面这条新闻报道的是一个非常严肃而重大的问题，联合国秘书长加利说联合国部队下周可能开始对波黑进行空袭，通篇全部用“说”这个动词，没有采用任何与“说”同义或近义的词。认为、表示、要求、希望、强调、宣布、称、声称，这些词都可以代替“说”用在这篇报道中，但是，只有用“说”这个词，才能更准确、更客观地陈述事实。

在硬新闻中，记者要尽量用“说”这个词来表达说话人的陈述。在新闻特稿中，记者不必死守不用其他词汇代替“说”的规则，可以适当使用其他的词汇来代替“说”这个词，但要注意不能表现出过分的情感倾向和立场倾向，要准确、贴切、适度。

2. 不能用表达动作和情绪的词代替“说”

有些新闻报道在引用新闻人物的话语时，常常用描述动作和情绪的词代替“说”，这种做法是不恰当的。比如，记者这样描述两个人的对话：

张三哈哈大笑：“我昨天中了一个大奖，奖金10万元。”

“有什么不得了的，我去年还中了个彩票特等奖，奖金20万元呢”，李四咧咧嘴。

这种写法不妥当。说话人“哈哈大笑”时，说话是比较困难的，同样，说话人咧嘴咧出一些话、眉头皱出一句话，也是不容易的。上面这个描述可以这样修改：

张三说“我昨天中了一个大奖，奖金10万元”，然后哈哈地大笑。

“有什么不得了的，我去年还中了个彩票特等奖，奖金20万元呢”，李四咧了咧嘴，说道。

同样道理，大笑时说话困难，大哭或者抽泣时说话也很困难，但是，常常有新闻报道这样写：

说到这次落选，他话语哽咽：“我本来是很有实力当选的，没有想到我在场上犯了一个低级错误，真是太遗憾了。”

说话人话语哽咽，说话的时候应该是断断续续的，甚至是语无伦次的，但是这个说话人说的话如此连贯、顺畅，显然与“哽咽”二字不相符合。而且，“哽咽”不能代替“说”。上面这句

① 李大卫，石维，艾顿. 合众社百年新闻佳作[M]. 西安：陕西师范大学出版社，2002：330.

话可以做如下改动：

说到这次落选，他话语哽咽，有些结巴地说："我本来是……很有实力……当选的，没有想到……我在场上……犯了……一个低级……错误，真是……太……遗憾了。"

知识链接

权威消息来源的重要性

对记者来说，在新闻报道中仔细运用权威，是解决某些道德难题的重要手段。每条新闻报道中的事实都要由可靠的新闻来源来说明。记者应当充分了解新闻来源，判断他们是不是可信赖的和具有权威的。即使这样，细心的记者还要用其他新闻来源提供的素材来核实。如果记者与一个不熟悉的新闻来源打交道，那么核实就变得极其关键。尽管在引用权威讲话时小心谨慎，并且通过其他来源确认或核实了信息，记者偶尔还必须面对这样的事实：消息来源会说谎。因此，一些报纸在做有争议的报道时需要两个或更多的新闻来源。①

英国作家和批评家肯尼恩·克拉克爵士精辟地阐述了人的消息来源和物的消息来源之间的差异及其各自的可信度："如果我不得不回答谁正在讲述社会的真实状态——是住房部长的一篇讲话，还是他任职期间修建的实际建筑？那么，我宁愿相信建筑。"

记者脑中经常记得这种差异，因为即使他的工作大量依靠采访，只要有可能，记者总是寻找物证。这种材料包括剪报、书籍、档案、文件和记者的直接观察。②

消息来源是维持记者生命的血液。……

消息来源—记者关系的发展源于他们之间的相互需要：消息来源向记者提供信息，并事先向他介绍事态的进展。反过来，记者则公正地报道事件。③

一名记者最好的消息来源是这样的人：他们展示了自己作为事件正确的观察者、解释者和预言者的知识和能力。④

与新闻来源的关系

记者与新闻来源的密切联系，是一种重要的职业资产。新闻来源必须精心开拓，同时要尊敬和爱护，这样才能保持新闻来源的稳定与增长。另一方面，记者一定不要成为新闻来源的"俘虏"，以及成为他们个人的"新闻代理人"。因为新闻来源经常会利用他们与记者的紧密关系，用一些方式控制新闻。⑤

处理消息来源的常规做法：

- 可供发表。允许使用提供的所有材料，公开消息来源的姓名和身份。
- 不供发表。不允许使用消息来源提供的材料。记者必须决定他们在这种情况下可能获得的信息是否值得。通常记者拒绝接受不得发表的信息，而是选择从其他消息来源处获取所需的信息。
- 幕后消息来源。允许使用提供的材料，但不能透露消息来源的姓名。例如："我们期待迅速解决罢工问题。"劳工部一位高级官员说。

---

① 莱特尔，哈里斯，约翰逊．全能记者必备[M]．宋铁军，译．7版．北京：中国人民大学出版社，2005：71.
② 门彻．新闻报道与写作[M]．展江，主译．9版．北京：华夏出版社，2003：339.
③ 门彻．新闻报道与写作[M]．展江，主译．9版．北京：华夏出版社，2003：342.
④ 门彻．新闻报道与写作[M]．展江，主译．9版．北京：华夏出版社，2003：344.
⑤ 莱特尔，哈里斯，约翰逊．全能记者必备[M]．宋铁军，译．7版．北京：中国人民大学出版社，2005：69-70.

·深层幕后消息来源。允许使用提供的材料但不能以直接引语的形式出现,也不能透露消息来源。例如:罢工问题期待着被迅速解决。但是记者可以从其他消息来源处核实深层幕后消息来源提供的材料是否真实,或许还可以征得其他消息来源的同意引用他们的话。如果得不到任何证实,记者必须决定是否值得冒险去使用这些材料,这种情况下也应该向编辑咨询。如果这些材料被证明是错误的或不正确的,那么记者和报社或广播电视媒体要来背这个黑锅,对此事负责。①

可信度测试

暂时性消息来源是为了一个特定的报道而采访的人,对这种消息来源的测试更加复杂:

·此人是事件的观察者吗? 或者他是从别人那里听说这件事的吗?

·此人是一位合格的观察者吗? 关于一起飞机坠毁事件,与一位学生和售货员相比,一位航空公司职员是更好的消息来源。

·消息来源能够提供精确的细节吗? 这些细节听起来像是真的,并且似乎符合真实。

·是否有几位消息来源提供了同样的信息? 一般说来,当几位消息来源提供的是一个事件的同一个版本,这种叙述可信的机会比较大。②

《萨克拉门托蜜蜂报》的克里斯·鲍曼建议对科学家进行以下核查:

他们的研究资金来自何处?

这是原创性研究,还是得自外部来源的资料?

专家将自己的科学观察与个人信仰区分开来了吗?③

互联网的可靠性

互联网是阴谋、谣言与虚假之地……

核查在线信息的《今日美国》记者伊丽东白·韦斯说:"使用互联网材料之前须进行核查和证实。""除非你非常熟悉此人,否则,在你未与他在电话里交谈以确定其身份之前,不能引述该人的话,这是一条通行原则。"

威德纳大学的自由主义者简·亚历山大与玛莎·安·泰特提出对网页的可靠性进行5次检测:

权威性——网页是谁制作的? 你能否接触到制作了网页的人? 你能否了解是谁撰写了网页上的信息? 他们的资质如何?

准确性——是否有可供验证信息准确性的资源?

即时性——网页是否即时更新? 能否在网页中看出某条信息于何时撰写、何时发布?

全面性——资料全面吗? 有疏忽遗漏的内容吗?

客观性——广告与信息间的区分明确吗? 如果有偏见,这种偏见明显吗?④

如何测试消息来源的可信度

《新闻日报》调查性报道记者、后任新闻学教师的鲍勃·格林提出了测验消息来源信誉度的6个方法:

查阅记录:该消息来源过去是否提供了正确的信息?

可确定性:该消息来源能否提供证实信息的其他证人的姓名或文件?

接近性:该消息来源是否处于知道他所传播事实的位置?

动机:该消息来源是否有动机提供合理材料?

考查上下文:信息是否与事实相符?

可信性:该消息来源是否稳定,是否处于记者控制之下?⑤

---

① 伊图尔,安德森.当代媒体新闻写作与报道[M].贾陆依,华建昌,译.6版.北京:中国人民大学出版社,2009:95.

②③ 门彻.新闻报道与写作[M].展江,主译. 9版.北京:华夏出版社,2003:345.

④ 门彻.新闻报道与写作[M].展江,主译. 9版.北京:华夏出版社,2003:347.

⑤ 门彻.新闻报道与写作[M].展江,主译. 9版.北京:华夏出版社,2003:346.

思考与练习题

一、思考题

1. 什么是消息来源？交代消息来源有何意义？

2. 消息来源主要有哪些渠道和途径？

3. 记者如何理解和使用消息来源？

4. 什么材料必须交代消息来源？什么材料可以不交代消息来源？

5. 如何处理匿名消息来源？

6. 如何指明消息来源？

二、练习题

1. 阅读下面这条新闻，分析其新闻来源的使用是否得当，为什么？

外媒：中国已做好支持楼市的政策储备

2015年2月25日　13:40　来源：《参考消息》

据彭博援引不愿具名的知情人士表示，中国政府已做好相关政策储备，以应对经济持续下滑及房地产市场低迷。

储备政策包括降低购买二套房的首付比例。中国考虑调整二手房交易营业税的免征期限，由5年后免征恢复至2年后免征。

知情人士称，中国政府将视中国经济增长以及房地产市场的实际情况考虑是否出台上述储备政策。

其中一位知情人士指出，目前中国政府对房地产市场的指导原则是“防风险”而非“促增长”。

中国央行去年9月30日发布通知明确放宽“首套房”认定标准，对拥有1套住房并已结清相应购房贷款的家庭，为改善居住条件再次申请贷款购买普通商品住房，银行业金融机构执行首套房贷款政策。

2. 阅读下面这两个材料，谈谈记者应该如何理解、处理和使用消息来源。

三门峡回应村支书性侵村民留守妻子：报道失实

2013年9月5日　7:20　来源：大河网—大河报

(2013年)8月28日，《南风窗》刊发报道《村官腐败透视》后，被众多网站以《村支书性侵村民留守妻子：村里一半都是我的娃》为题大量转载，引发网友的大量跟帖和评论。记者对此进行了调查。

【当地回应】相关报道内容与事实明显不符

因《村官腐败透视》报道中部分事例涉及三门峡市，引起当地高度重视，当地政府迅速组织专人调查核实。三门峡市委新闻发言人、市委宣传部副部长任战洲告诉记者，他们及时调查，发现文中反映的问题要么与事实不符，要么移花接木或以偏概全，要么混淆时空概念。

关于村支书张大万（化名）性侵村民留守妻子一事，9月3日下午，三门峡市委宣传部与原文作者联系沟通，对方表示要“遵循新闻工作职业道德，为新闻来源保密”，始终未能说明村名或村支书的真实姓名。

关于渑池县一位刘姓村委会主任贪污挪用征地款上百万元被判刑一事，渑池县人民法院调阅了近十年村干部违法违纪案宗，没有发现有刘姓村委会主任贪污挪用征地款上百万元被判刑一事。

任战洲表示，近年来，三门峡市十分重视农村基层组织建设、基层干部队伍建设和党风廉政建设，全市农村的基层干部队伍主流是好的。当然，不排除有个别村干部违法违纪。

【记者调查】原作者称“要对信源保密”

事实是否如任战洲所说，9月4日，《大河报》记者对此进行了采访核实。

记者联系三门峡公安局相关负责人得知,《村官腐败透视》一文中提到的张大万性侵事件发生在“三门峡西南距市区90公里”,因可能涉嫌犯罪,该局高度重视,但缺乏具体线索,无法侦查,遂与该文作者联系,希望其提供线索,以便展开侦查,但对方以“不方便以个人身份透露信息”为由婉拒。

“接下来,我们考虑给《南风窗》杂志发函,请求协助提供线索破案”,该负责人表示,根据法律规定,任何单位和个人发现有犯罪事实或者犯罪嫌疑人,有义务向公安机关、人民检察院或者人民法院报案或者举报。

随后,记者和《村官腐败透视》原作者取得联系,询问“性侵留守妇女的村支书”的情况,他说,三门峡市委宣传部和市公安局都有人和他联系问这个问题,他都没说,“我没法提供,作为记者要对信源保密”。

记者了解到,关于《村官腐败透视》文中提到三门峡市检察院“调查显示”村支书、村主任职务犯罪比例高一事,三门峡市检察院并没有发布过此类调查结果。文中所举事实、所列举数字为2011年4月14日媒体刊登的另一城市检察院的一项调查,而非三门峡市检察院。

【当地媒体】这个村支书有点不好找

三门峡市当地媒体昨天也针对此事刊发报道称,“经多方调查采访,感到此事不靠谱”。

该报道说,他们的记者根据网上标出的“三门峡西南90公里处”示意图按图索骥,只有灵宝市朱阳镇和卢氏县杜关镇两处符合该文章所指位置。对此,记者分别采访了灵宝市委宣传部和卢氏县委宣传部。两宣传部门均表示,经他们调查了解,该文作者近期从没有到过灵宝和卢氏这两个地方进行实地采访,他们那里也没有文中所说的现象。

针对此事,网友在纷纷发表评论“求真相”的同时,也对三门峡市官方积极调查回应舆论,以及三门峡市公安机关主动介入案件调查给予了称赞。网友“脸蛋好似红苹果”说,“为三门峡不回避、积极调查、迅速回应媒体赞一个”;网友“午闻”说:“赞! 态度和反驳非常合理,用事实说话,是政府部门的行事准则,透明化监督与沟通让人民充分了解事实真相,无比赞! 这才是应该做出的反应啊!”(来源:大河网—大河报)

南风窗就《村支书称村里一半是我娃》报道道歉

2013年9月8日 00:37 来源:大河网—河南日报 记者:肖建中、方舟

《南风窗》编辑部发来致歉信,全文如下:

本刊第18期文章《村官腐败透视》一文存在采访不够深入、把关不严问题,其中提及村支书称“这个村,有一半都是我的娃”,把这句私底下吹牛的话写入文章,造成了不良影响,特向广大读者致歉。

第九章　采访准备

▶**本章要点：**

新闻报道必须做好采访准备，没有任何准备的采访，必败无疑。

采访准备分为平时准备和临时准备。

平时准备，就是要多积累知识、积累经验，操练采访技术。

临时准备，就是要认真研究采访对象，研究与采访内容相关的背景资料，拟订好采访计划和调查纲目，以免临时抓瞎。

我们无论做什么事情，都应事先做一些准备。准备工作做得好，才能把事情做好。古人说，"凡事预则立，不预则废"，"工欲善其事，必先利其器"。有句成语说得好，"有备无患"，反之，无备就会有患。

对于新闻报道来说，要求记者在极短的时间内完成新闻采访报道，如果记者事先没有任何准备，可能就会陷于"盲人骑瞎马，夜半临深池"的尴尬境地，就会在采访写作的过程中非常被动，或者根本无法完成采访报道任务。准备是采访的有机组成部分，是采访取得成功的重要条件。有经验的记者都善于把采访的成功建立在充分准备的基础上。

采访的准备工作是在采访之前进行的，绝大多数是室内工作。我们可以将现场采访中的观察、提问等主要在室外进行的"跑新闻"的动态性采访活动称为"动态采访"，把主要在室内进行的准备工作如对文献的研究等称为"静态采访"。美国新闻学者威廉·梅茨还把这种静态采访比喻为"家庭作业"，这就更突出了它"准备"的特色。

第一节　积累知识和经验

一个记者不具备任何知识，没有任何新闻采访经验，其采访报道是不可能成功的。记者必须积累与采访报道活动相关的知识和经验，才能胜任采访报道工作。这种对知识和经验的积累、准备称为平时准备。

一、积累知识

记者的采访报道工作范围非常广，宇宙之大，小米之微，天上地下，都是记者采访报道的范畴。各行各业、各色人等，记者都会去采访、去报道，因此，对记者来说，拥有丰富的知识相当重要。记者不仅要具备丰富的新闻专业知识，还要具备丰富的其他各科知识，包括社会科学和自然科学知识；不仅要有书本知识，还要有生活知识和丰富的社会实践经验。这样，才能在不同领域、不同要求的采访中如鱼得水，应付自如，才便于同各种职业的采访对象接触和深谈。

积累资料,是积累知识必不可少的一个步骤,对资料的熟悉和化用,会使资料成为记者脑中的知识。平时积累资料,可以帮助记者了解过去、预见将来,加深对事物的认识和理解,有的资料则成了新闻线索或可用作新闻背景。因此,凡是有经验、有成就的记者,都非常重视资料的积累工作。

新华社有位老记者从20世纪50年代以来专职做黄河报道,人称“老黄河”。他积累的资料相当丰富,包括黄河的变迁、泛滥、防洪以及历史典故等,仅收集的黄河地图资料就有一大箱。

新闻界前辈冯英子1982年参加“长江万里行”采访,24天就写了40篇通讯。在这次采访中,他所到的地方都与《三国志》和《三国演义》有联系,有很多脍炙人口的传说和故事,他有计划地利用这些资料,说古道今,不仅丰富了文章的知识性,还增加了文章的生动性和可读性。

一些专业采访,比如采访科学家,或是采访医疗卫生行业的专家、工程技术行业的专家及其他各行各业的专家,如果记者没有充分的知识准备,采访是难以顺利进行的,即使对方接受了记者的采访,记者得到的材料也只是皮毛,或者是没有多大价值的材料。记者只有成为专家型的记者,才能成功报道采访的专业领域,才能成为某个专业领域的名记者。

在1990年2月埃及的一次记者招待会上,开罗艾资哈尔大学大教长哈克就一个学术问题作了长篇发言,随后请记者提问。这时,一位头发花白的记者站了起来,对哈克大教长的某些观点发表了不同的看法,并为引证自己的观点,用娴熟的阿拉伯语大段背诵《古兰经》和《圣训》,随后又翻译成漂亮的英语、法语。在场的记者无不大吃一惊:哈克教长是伊斯兰世界的最高学术权威啊!哈克对这位记者说:“我举行过无数次记者招待会,能够准确引用伊斯兰经典同我讨论问题的,你是第一个。你的观点,我不敢苟同,但我承认你是严肃的伊斯兰经典研究者。”这位记者就是欧洲最有影响力的德国《明镜》政治周刊常驻中东的记者沃克哈德·温得富尔。他写的稿件经常被200多家欧洲报刊同时采用。他还是德国汉堡大学国际政治系的兼职教授,开罗美国大学博士学位研究生的特聘指导教授。他的办公室占用了一座楼房的整整一层,资料堆积如山,图书满壁,至少上万册。① 这位德国记者以其渊博的知识赢得了采访对象的尊重,也因此能够写出最有价值的新闻报道。

但是,人的精力是有限的,记者掌握的知识也是有局限性的,不可能对所有的知识都熟悉。当记者对将要采访的内容知识储备不足时,记者要学会利用图书馆。“严肃认真的调查常常从图书馆开始——对一些记者来说,图书馆是比最顽固的采访对象还要可怕的一座迷宫。”②

美国著名记者约翰·布雷迪引述一位自由撰稿人罗恩·弗雷德里克的话说:“采访可能是一篇文章获得绝妙引语和趣闻逸事的主要源泉。但我认为在图书馆的调查比采访更重要,因为为了提出中肯的问题,你必须了解采访对象的背景。实际上,任何图书馆收藏的资料都比大多数记者了解的更为丰富,而且全摆在那里:公共财产。我认为记者应当像卡车司机利

① 白庆祥,刘乃仲,郑保章.新闻采访写作编辑案例教程[M].北京:新华出版社,2003:18.

② 布雷迪.采访技巧[M].范东生,王志兴,译.北京:新华出版社,1986:52.

用公路那样利用图书馆——就是说,把它们当作创造私人收益的公共资源。"①当记者对要采访的内容不熟悉时,利用图书馆,包括利用各种搜索引擎搜索资料,可以帮助记者找到所需要的背景材料。

知识准备的内容非常繁复,不仅有科技知识,还有各行各业的知识以及复杂的社会生活知识。不仅采访专业人员需要做知识准备,采访社会生活的很多方面都需要相应的知识准备。

郭洗尘在《记者摇篮》中记述了一个记者由于不熟悉少数民族语言而得到的教训:

"阿加拉"这句藏语在藏北的含义是"大姐",在藏北采访,向女性喊一声"阿加拉",换来的肯定是热情的笑脸、殷勤的答话。但到了拉萨,"阿加拉"的含义却不尽相同了。有一次,一位记者采访拉萨市邮局的一位"三八红旗手",去前听说此人会汉语,也就没带翻译。哪知,他去了没多长时间,便悻悻地回来了,并说:"这个红旗手太骄傲、太暴躁了,还没谈一句话,就让我滚!"原来,当采访对象被找来后,他也像在藏北一样,恭恭敬敬地称对方"阿加拉"。对方开始一愣,记者以为自己没说清,又一字一板地声明:"按我们彼此的年龄,我称你'阿加拉'是应该的。"对方听完这个解释后,站起身,扔过来冷冷的一个字"滚"便愤然而去了。听他这么一说,记者中的藏族记者哈哈大笑了:"你想占人家的便宜,人家不骂你才怪哩!"原来,"阿加拉"在拉萨的含义是"老婆""妻子""内人"! 这位记者涨红了脸,真是有苦难言。② 记者采访少数民族人士,必须懂一点少数民族的语言,熟悉该民族的历史、风俗、宗教习惯等,至少不要不懂装懂,否则,就会出错。

新华社记者洪曼记述了自己在科威特这个阿拉伯国家当记者时,由于不熟悉阿拉伯人的风俗习惯而产生的尴尬和麻烦:在去之前,记者花了大量的时间了解科威特乃至整个海湾地区的政治、经济和文化风情。由于科威特是个典型的伊斯兰国家,所以了解穆斯林的生活习惯和宗教信仰等情况成了准备工作的重中之重。但是,即使做了非常充分的准备,也还是有些不适应。洪曼说:"有些风俗习惯看起来容易,适应难。比如说,阿拉伯人认为用左手接递东西都是极不礼貌的行为。在数次'失礼'之后,我外出时就迫使自己的左手永远拎着东西,干什么事都使用右手。"此外,阿拉伯国家的"男女有别"也让她结结实实地碰了个大钉子。"我还记得第一次去一家叙利亚餐馆吃饭的情形。当时,叙利亚籍老板远远看见我,就满脸含笑地迎了过来,而我则下意识地把手伸过去,出于礼貌想与他握手。但没想到他立即收起笑脸,不理不睬地走开了,留下我一人尴尬地站在那里,后来才听说有些保守的穆斯林是不同女子握手的。"③④记者洪曼的阿拉伯国家的采访经历充分说明,记者的知识积累和生活经验积累非常重要。

二、积累经验

这里讲的经验,主要是指记者的新闻业务经验。记者对新闻工作的"十八般武艺",应做

---

① 布雷迪.采访技巧[M].范东生,王志兴,译.北京:新华出版社,1986:53.

② 郭洗尘.西藏采访拾趣[J].记者摇篮,1985(11).转引自张征.漫谈新闻采访[M].北京:新华出版社,1996:62-63.

③ 洪曼.在科威特当记者[M]//张晓健,闵勤勤.驻外记者手记.北京:中国广播电视出版社,2007:152-153.

④ 洪曼,新华社记者,2001 年 7 月至 2003 年 10 月在科威特担任常驻记者,在此期间参与伊拉克战争报道,撰写了大量现场和独家报道。

到“曲不离口,拳不离手”,要勤学苦练,把训练业务技能当作一项日常工作来抓。只有不断磨炼,才能熟能生巧,在各种复杂的采访内容和不同的采访对象面前应付自如,处变不惊。

首先要训练的是记者的社会活动能力。记者要像一个社会活动家一样,善于社交,广泛结交社会各界人士,三教九流、形形色色的人群都应该是记者认识和交友的对象,不能将性格、经历、文化教养等方面不同的人士拒之门外,而应该是来者不拒,时常在一起沟通交流。著名记者邵飘萍就是一个交际广泛、朋友众多的记者。上至国务总理段祺瑞等高官巨贾,下至平民百姓引车卖浆者之流,他都有交往,因而,他能经常披露一些独家新闻,揭露出一些惊人内幕,写出很多深受读者欢迎的新闻报道。

敏锐的新闻嗅觉是记者应着力培养的又一种重要的素质,在纷繁复杂、气象万千的社会生活中,记者要有一双像孙悟空一样敏锐的“火眼金睛”,能够抓住稍纵即逝、最有价值的信息,能够看清那些麒麟皮下的马脚、看透事件的本质。

新闻采访尤其是挖掘新闻的能力、新闻写作能力等,也需要平时的培养和积累。冰冻三尺,非一日之寒,能力的养成和提升,不是一蹴而就的,不是一朝一夕之事,需要长期地、努力地操练、习得。

第二节 研究采访对象

记者在进行采访前,在时间许可的情况下,必须认真研究采访对象,要对采访对象十分熟悉,这样,记者的采访才能顺利进行。

一、研究采访对象的基本情况

采访对象的基本情况通常包括性别、年龄、职业、经历、学历、特长、兴趣爱好等。采访前,记者对采访对象的基本情况要进行充分研究。记者采访前对采访对象的基本情况了解得越充分,研究得越仔细,采访时就越能赢得采访对象的配合,采访就越容易取得成功。

1961 年 3 月 8 日,著名电影女明星费雯丽抵达美国纽约接受访问,刚走进机场休息室,一位记者就抢先发问:“费雯丽女士,请问你在《乱世佳人》中扮演什么角色?”费雯丽听到这个问题很不高兴。因为这部电影曾一举获得当年的奥斯卡最佳影片、最佳导演、最佳女主角等 8 项金像奖,并成为电影史上票房价值最高的作品,而费雯丽正是这部影片中女主角郝思嘉的扮演者。因此,她反问那个提问的记者:“你看过这部片子吗? 那部小说你读过没有?”记者回答说:“没有。”费雯丽不屑地说:“你缺乏常识,我们不必继续谈了。”说罢,拂袖而去。

采访一部轰动全美影片的女主角,记者却连她在这部影片中扮演什么角色都不知道,而且既没有看过这部片子,也没有阅读过这部小说,却要抢先提问,提出一个非常低级的问题。记者在这个问题上一点采访准备也没有,当然只会一败涂地。

有位记者去采访老作家叶圣陶。显然记者事前毫无准备,知识面又窄,一见面就问:“你是哪里人?”“多大年纪?”八旬老人很烦躁,又感到悲哀。这些情况,记者只要翻一翻叶圣陶的著作,就能找到答案,但是,这位记者显然根本就没翻过。更使人哭笑不得的是:有位记者刚刚采访过夏衍,便转道来到叶家。他见到叶老的长子叶至善,一面紧紧握手,一面惊异地说:“我刚从夏公那儿来,您岁数比他大些,可没想到这么年轻……”原来,他对叶圣陶家庭的情况也一无所知,把儿子叶至善当成了父亲叶圣陶,闹出这样的笑话,采访自然得不到好结果。①

美国著名记者约翰·布雷迪给我们“拍摄”了几组记者没有采访准备的“短镜头”:

短镜头一:一个刚入门的记者向(美国)博物学家约翰·巴勒斯提出的第一个问题是:“顺便打听一下,巴勒斯先生,请说说您是干什么的。”采访就此告终。

短镜头二:(美国)作家伯纳德·德·沃托到达康涅狄格州哈特福德市不久,一个记者问道:“我可以采访你吗?”

“好极了。”德·沃托说。

“对不起,”记者说,“我实在没时间去查,请确切地自我介绍一下好吗,德·沃托先生?”

“年轻人,”作家答道,“如果你没时间在《名人录》或你自己的书房里查一查,把它搞清楚,我也没工夫跟你谈。”他把记者打发走了。

短镜头三:身为采访行家的杰西卡·米特福德叹息道:“没有采访线索便来采访的采访者最糟糕不过了。我们为《美国人怎样办丧事》一书出行,当我们前往塔尔萨一家电台的时候,我觉得碰上了途中最倒霉的时刻。采访我们的人是个金发碧眼、让人讨厌的女人。我们刚开始广播,她就斜过身子,对我悄声问道:‘你们做了什么事?’”

约翰·布雷迪由此感叹说:“对忙碌(或自认为忙碌)的采访对象来说,很少有什么事比接受毫无准备的记者的采访更令人恼火了。”②

约翰·布雷迪“拍摄”给我们的三个“短镜头”表明,记者在采访前毫无准备、对采访对象的基本情况一无所知,采访当然会以失败而告终。

采访前,记者在了解采访对象的基本情况后,在时间许可的情况下,应该对采访对象进行深入了解,挖掘出最有价值的信息。

被称为“政治访问之母”的意大利著名女记者奥琳埃娜·法拉奇每进行一次访问,事前总要用几个星期的时间做准备。她说:“准备工作的紧张程度,就像学生准备大考一样。”

1980年8月,她来我国访问了邓小平同志。她自己说,在访问之前,她看了好几公斤的材料。她感到自己“就像隐藏在历史丛林中的小虫子那样,害怕缺乏足够的眼睛、足够的耳朵、足够的脑子,去看、去听、去理解这些人物”。

我们来看1980年8月,法拉奇采访邓小平同志时开头的谈话记录:

法拉奇:明天是你的生日!

邓小平:我的生日?我的生日是明天吗?

法拉奇:不错,邓小平同志,我是从您的传记中知道的。

---

① 杜荣进.中外新闻采写借鉴集成[M].杭州:浙江教育出版社,1997:131-132.

② 布雷迪.采访技巧[M].范东生,王志兴,译.北京:新华出版社,1986:47-48.

邓小平:既然这样说,就算是吧!我从来不记得什么时候是我的生日。就算明天是我的生日,你也不该祝贺我呀!我已经七十六岁了,七十六岁是衰退的年龄啦!

法拉奇:我父亲也是七十六岁,如果我对他说那是一个衰退的年龄,他会给我一巴掌呢!

邓小平:他做得对,你不会这样对父亲说的,是吗?

邓小平自己都不知道自己的生日,而法拉奇却知道他的生日。接下来,法拉奇对邓小平的提问直指一些核心、关键的问题,可见法拉奇在采访前对邓小平进行了深入的研究和认真的准备。

二、研究科学家、艺术家等特殊对象

记者采访科学家、作家、艺术家时,更要精心准备。一是因为这些专家的工作专业性、技术性很强,需要记者对与这些专家相关的高深的知识有所了解,否则,采访对象会觉得与记者无法对话,无法交流。二是这些人性格也比较独特,特立独行,甚至有少数、个别人士性情乖戾。记者采访此类人士,一是要认真研究采访对象,二是采访时要谨慎小心,否则一不留神,可能就会触怒采访对象,从而影响采访的效率,甚至会导致采访失败。

美联社记者依塔利提醒记者们说:"和艺术家交谈时有两点应记在心里:首先,他们和其他人没什么两样;其次,他们和其他任何人都不同。这么说的意思是指他(她)们也是人,也有缺陷,也有矛盾的时候……如果你把他(她)们当偶像看待,采访就不好进行下去。你做得越轻松,他(她)们也就越放松。宽恕他(她)们的错误,但不能忽视。同时,不可欺骗自己说他(她)们只是普通人。"①

美联社记者依塔利运用辩证法思维,从两方面强调,既要将艺术家当成普通人,又要将他们当成特殊人。当成普通人比较容易,但当成特殊人就必须事先做好心理上的准备。在采访的时候,务必谨小慎微,否则,在采访时就有可能陷于僵局,甚至与采访对象不欢而散。

采访科学家也是如此,记者同样要注意科学家的独特性。

我们来看看美国《纽约先驱论坛报》记者罗伯特·伯德的一段经历。罗伯特·伯德回忆说:

"为了获得采访机会,我费了吃奶的力气,一天夜晚,我进入离第五大街不远的一幢旧式建筑,在灯光朦胧的图书馆里与爱因斯坦谈论关于原子弹的事。他刚刚在《大西洋》杂志上发表了一篇强烈反对使用原子弹的文章。让我经久不忘的与其说是他对于原子弹发表的见解,倒不如说是下面这件事:我那支不争气的铅笔几乎在会谈刚开始就断了。爱因斯坦有支自来水笔别在'V'型领口的毛线衫上,我请他借我一用。他脸色变得十分难看,取出钢笔,慢慢拧掉笔帽,勉强地递给我。我开始用这支笔作记录,但是他向我道了个歉,

---

① 施瓦茨.如何成为顶级记者:美联社新闻报道手册[M].曹俊,王蕊,译.北京:中央编译出版社,2003:75.

又从我手里把钢笔拿走，拧上笔帽，重新别到'V'型毛线衫上，说他要给我找支铅笔。"爱因斯坦5分钟以后就拿着一支铅笔回来了，但此时记者伯德却是在给一位被触怒了的天才做笔记了。"我的印象是他根本不喜欢记者，而由于我这次采访，以后采访他的记者的境遇想必更糟。"吃一堑长一智：不管你用什么做笔记，都要随身带着备用品。①

我们在这里可以批评记者没有做好采访准备，没有多准备几支笔，作者自己也做了自我批评，新闻采访的笔墨纸张都要有备份。但是，从另一个角度来看，科学家爱因斯坦显然和普通人不一样，如果是普通人尤其是官员接受记者采访，当记者手中的笔不能使用时，被采访者一般都会愉快地帮助记者，但是，科学家与常人不一样，因此，爱因斯坦这位天才科学家"被触怒了"，以后也不想见记者了。作为记者，我们不能指责科学家，应该自我小心谨慎，做好充分的采访准备。

科学家、艺术家等类型的专家由于长期沉浸在自己所专注的专业中，与社会打交道偏少，他们当中的一大部分人往往率性而为，一般都不受基本的人际交往规则的约束，不讲究正常社会所习惯的那些繁文缛节，甚至也不考虑交往对方的感受，所以，往往会不留情面、不拐弯抹角，而是直截了当地表达情感、情绪、思想观点等。因此，对于这类特殊采访对象的采访，记者必须进行精心准备，采访时也要小心翼翼，见机行事，对自己的言行及时做出调整，灵活应对这类特殊采访对象的言行举止，这样，才能获得记者所需要的信息。

三、充分研究采访对象，提问能抓到痛点

采访准备不充分，对采访对象的研究不认真、不深入，采访时提出的问题就毫无价值，甚至让采访对象拒绝接受采访。而采访准备充分，对采访对象的研究深入、细致，采访时的提问就能抓住问题的关键，就能抓到痛点，甚至让采访对象引为知己。

美国著名记者约翰·布雷迪说："经验丰富的记者一致认为，每采访一分钟至少要准备十分钟。认真调查之后（不是之前）进行的采访几乎总是更有成果。"美国著名记者、作家威廉·曼彻斯特回忆说："我第一次采访肯尼迪总统时，事先规定我可以和他谈十分钟。而实际上采访持续了三个半小时。这次采访激动人心，而且带来了日后的多次会见。"曼彻斯特准备对肯尼迪总统的首次采访时，查阅了总统召见的特别助理和内阁顾问的名单，发现他们当中百分之八十的人与总统年龄相仿。因此他在采访中问肯尼迪是否是个"同代人主义者"。曼彻斯特回忆说："当时，他从来没有想到过这一点，但他喜欢这个提法，玩味不已，从中得到一番乐趣。真正第一流的采访可以让一个能言善辩的采访对象如醉如痴。如果他入了迷，采访就会顺流直下，你将从他身上得到更多的东西。这都取决于你事前花了多少功夫。"

曼彻斯特解释说："我认为事前准备至关重要。对美国总统这样的人提出一个他早已回答过多次的问题，这是莫大的侮辱，他很可能随即对你下逐客令。因此，你的问话应该是他前所未闻的，应该显示出你对他的生涯了如指掌。这样他就可能尊敬你，有兴趣跟你交换意见、进行会谈。"②

---

① 布雷迪. 采访技巧[M]. 范东生，王志兴，译. 北京：新华出版社，1986：178-179.

② 布雷迪. 采访技巧[M]. 范东生，王志兴，译. 北京：新华出版社，1986：48-49.

曼彻斯特的这个“同代人主义者”抓住了痛点，连肯尼迪自己都没有意识到的问题，但记者却能一语道破，可见记者善于抓住问题的关键所在。肯尼迪总统是美国历史上年轻的总统之一，他大胆使用同龄人，使当时的美国政府朝气蓬勃，年轻气盛。记者抓住了最有价值的话题，让日理万机的总统和他谈了三个半小时。

采访时，特别要注意选准突破口，而突破口能否选准，依赖于记者对采访对象基本情况的研究和熟悉程度。

1994 年 5 月，中央电视台有一位年轻记者到上海采访病榻上的著名历史学家周谷城。96 岁的老人表示只能讲一句话。这位记者不慌不忙，他以叙旧似的口吻问道：“听说在‘五・四’运动的游行队伍里您曾经跑掉过一只皮鞋？”老人一听感到很吃惊。面对眼前这位如此了解自己的年轻人，他一下子来了谈兴，于是谈话持续了整整一个下午。①

第三节　研究背景资料

资料是采访的基础，但仅仅只是收集资料还远远不够，必须在采访前对收集的资料进行分析、研究，分析和研究背景材料是采访的起点。无论是时间稍长的采访，还是临时的采访，只要时间允许，在采访前，记者都要收集资料，并分析和研究资料。

即使是对一些突发事件的采访，除了平时的积累外，也要在采访前尽可能地收集、分析和研究采访对象的背景材料。这样，采访时才能抓住要害，深入挖掘。如果毫无准备，仓促上阵，随意发问，很有可能造成尴尬、被动的局面，使采访失败。

在巨无霸武钢股份某厂办公室里，一位年轻的记者与被采访者开始了采访交谈。

> 记者：我们参观了武钢之后，真是大开眼界，武钢规模宏伟，果真是全国最大的钢铁基地呀！……
>
> 被访问者（插话）：不，不是最大的。
>
> 记者：噢，是全国最老的钢厂了。
>
> 被采访者：也不是最老的。
>
> 记者：嗯，对了，那就是最先进的了。
>
> 被采访者：也不是最先进的。
>
> 记者（脸上泛起了红晕）：嗨！您别谦虚嘛！
>
> 被采访者（微笑着）：这可不是谦虚，是实事求是。
>
> 记者：不管怎么说，总归有个“最”字吧！
>
> 被采访者：是有全国之最的地方，不过不是您这位同志说的几个“最”……
>
> 这时，这位记者已处于十分“尴尬”的境地，采访也陷入了被动。②

① 林如鹏. 新闻采访学[M]. 广州：暨南大学出版社，1998：300.

② 肖新生. 从“尴尬”谈到静态采访[J]. 新闻战线，1985(3). 转引自张征. 漫谈新闻采访[M]. 北京：新华出版社，1996：59.

记者事先对武钢公司的基本情况几乎一无所知，开口随意夸奖，却遇到了较真的采访对象，让记者非常尴尬。对采访对象的情况毫无研究，这样的采访是很难获得成功的。

有很多西方记者比较注重在采访前做详细的准备工作，因而能写出很有价值的新闻报道来。著名剧作家曹禺，1979年访问美国时，接待过一名《纽约时报》记者的采访，按照规定，采访的时间一次不能超过半小时到四十分钟。在访问中，这位记者只是很有目的地提了几个问题，曹禺都作了回答。过后，这位记者在报上先后发表了三篇报道。从这些报道看，这位记者不仅熟悉曹禺本人的情况，而且对我国文艺界、戏剧界也很了解，写得相当内行。曹禺说，有些事连他本人也没有想到，而记者却写出来了，而且报道的事实也没有出入，可见这位记者在采访前做了多少准备工作。

著名导演谢晋也谈到，1985年他到美国举办电影回顾展，同美国记者接触得比较多。他说，美国记者很注意资料搜集工作，善于在接触采访对象之前就从资料中掌握有关情况，事先准备好提出的问题。他们的采访时间通常不超过半小时，提出的问题简明扼要，角度独特，采访的效率很高，这是很值得我们学习的。

我们再来看看美国著名记者利布林的一次采访经历。

有一次，利布林采访著名赛马骑手爱迪·阿卡罗，他问的第一个问题是："你一般把左马镫控制在比右马镫长几个孔的位置上？"这个问题使这个骑手开始了轻松的畅谈。在一个小时的采访中，利布林只插入了大约12个单词。采访结束后，阿卡罗对记者说："我看得出你对骑马师了解得挺多的。""我是了解得不少，"利布林后来说，"但是，只是在我打算采访他的前一个星期，我才懂这些内容。"利布林在进行采访准备时得知，美国的赛马跑道方向是逆时针的。为了帮助平衡身体和紧挨着围栏跑，绝大多数赛马骑师的脚踏在左马镫上的时间长于踏在右马镫上的时间。从起跑到终点，紧靠着围栏的路程是最短的。①

记者利布林在采访开始时，问了一个非常专业的问题，在阿卡罗眼里，利布林似乎很在行。技术高手和专家学者最不愿意回答一些水平低级的问题，而对记者提出的高技术含量的问题，采访对象会刮目相看，会愉快地和记者交谈。其实，并不是记者必须成为百科全书，但记者在采访前必须对采访对象的相关资料进行研究，必须了解基本的知识。利布林其实也是在采访前一个星期才了解赛马的相关知识的。

1983年4月，有一名学生在辽宁人民广播电台进行毕业实习时，参加了辽宁省人大和政协会议的报道。根据会议的大团结、大统一的报道思想，这位学生准备采访省政协副主席刘鸣九老先生。刘老先生曾担任过张学良将军原三、四方面军团秘书处处长，同张学良将军的关系很密切。当时，刘老先生已经83岁高龄，这名学生才22岁，双方光是年龄上的差距就很大。刚开始，记者找到刘老先生，说要访问他。刘老先生反应很冷淡，说："你先找找别人吧。"第二次联系，对方又说："你换换人吧。"到第三次联系时，是在一天的早餐以后。记者说："刘老，我们还是想请您谈谈，不知您今天能不能抽一点时间？"刘老先生说："今天我要开会，要谈，就另外定一个时间吧。"记者马上又说："您看是不是利用开会之前的时间，能够谈多少就算多少？"对方听了有点无可奈何地说："那就请坐吧。"待双方坐定以后，记者便说："刘老，当年'皇姑屯事件'的时候，张作霖被炸死了。那时候张学良将军在北平。您是他的秘书，就在他的身边。我们想请您谈谈张学良将军当时的情况。"刘老先生听到"皇姑屯事件"，脸上的

① 门彻. 新闻报道与写作[M]. 展江，主译. 9版. 北京：华夏出版社，2003：382.

表情就不一样了。他听着听着,脸上终于露出了笑容。他有些惊讶地说:“没想到,你年纪这么轻,也知道这件事,也了解当时的情况?”记者回答说:“我看了好些资料和回忆文章,大体上知道一点。”这时候,刘老先生又笑起来了:“哎呀,了不起,了不起!”他非常兴奋,一下谈了很多情况和材料。其中有些材料,他从来没有对别人谈过。由于双方谈得投机,这次访问一直谈了两个多小时。① 哪怕你只是年轻的学生,只要在采访前努力搜集资料,也一样能够赢得采访机会,获得有价值的信息。

英国已故的广播公司记者理查德·迪姆布雷拜曾经是一位才华出众的播音员。他具有即兴播讲的天赋,常常可以为填补空白时间而滔滔不绝地谈上好几个小时。有一次,他在伦敦的皇家刺绣学校进行广播报道。王太后即将光临,迪姆布雷拜先是描述了陈列的展品,介绍了学校的历史。等到了王太后抵校的时间,却仍然不见王太后的踪影。于是,他继续谈下去,讲到中国、波斯和欧洲的刺绣,介绍各种不同的针法和技巧,就像他和绣花针打了一辈子交道似的。王太后比预期时间晚 25 分钟到达了。她说,她在王宫的电视上看到了这一切,被记者的介绍深深地吸引住了,以致忘记了时间。而事实上,迪姆布雷拜在 24 小时之前对刺绣可谓是一窍不通,他在头天晚上抓紧时间做了所有的准备,用大量的知识武装了头脑,使他对刺绣的了解如同行家里手一样。

记者迪姆布雷拜采访前用了功,就让王太后当了“俘虏”,以至于耽误了接受采访的时间。因此,记者在采访前花的功夫深,甚至能够“蒙骗”过大众,让大众以为记者是这个领域的专家,从而深深地吸引大众的注意力。

收集背景材料主要有以下途径:

第一,图书馆和档案馆及其他各种资料馆。图书馆、档案馆及其他各种资料馆是新闻背景材料的主要来源。记者获取新闻线索或接受一项具体的采访任务后,可以先到图书馆、档案馆及其他各种资料馆等资料库去查阅相关资料。在这些地方,各种版本,各类专业的年鉴、百科全书、名人录、地理志等是记者此后新闻报道中的背景材料源泉。

第二,党政机关、事业单位、大中型国企私企、社会团体等机构的文件、报表、简报等,也是新闻背景材料重要的来源,也在记者收集之列。

第三,各种网络搜索引擎,如百度、维基百科、谷歌等,记者可以从中搜集和查阅到所需要的背景材料。通过网络途径搜集的材料鱼龙混杂,有些材料的真实性、权威性存疑,需要记者仔细甄别,谨慎使用。

此外,记者还可以向采访对象搜集相关资料,请采访对象提供与报道相关的各种文字、图片、音像、影像资料等。

第四节　拟订计划和纲目

采访前,记者对要采访的对象进行了充分研究,对其相关背景资料也进行了广泛查阅和研读之后,就可以拟订具体的采访计划和调查纲目了。

---

① 白庆祥,刘乃仲,郑保章.新闻采访写作编辑案例教程[M].北京:新华出版社,2003:49.

一、拟订采访计划

所谓采访计划，即指记者本次采访主要的采访内容、问题，主要的活动步骤、方式，要访问的单位、部门、人员名单及其先后顺序，采访的范围、重点和具体要求，写什么体裁、字数多少、采写时间等的安排和规划，是对所有的采访活动和内容的计划、安排的总称。

采访计划是记者根据单次采访任务的实际需要，在采访的具体实施上所做的统筹安排。拟订采访计划，能使记者的采访工作有条不紊、忙而不乱地进行，尤其是大型的战役性采访、重要事件的采访、重要人物的采访，事先一定要有周密的采访计划和部署。采访计划的拟订，要因人因事因时因势而定。一般来说，简单的采访活动，拟出概要的计划即可；重大事件、重要人物、专题新闻、综合新闻的采访，则需要拟出较为详尽的采访计划。

（一）采访计划的主要内容

制订采访计划，一般要围绕以下几个方面的问题进行：

第一，选择采访对象。新闻事件的采访，主要是对人物的采访。采访计划的拟订，首先就要明确对什么人进行采访，谁是重点采访对象，谁是一般采访对象，先采访谁，后采访谁，安排多少时间采访，等等。要注意选择合适的采访对象，选择新闻事件的当事人、最熟悉情况的知情人、目击者，特别是了解内幕的人士。

第二，选择采访角度。采访角度是记者调查事件、深入挖掘事件的切入点和侧重点，采访角度常常决定后来新闻报道的角度。每一个事物都有很多不同的角度，从不同的角度看事物，新闻传播出来的效果就不一样。记者采访前，要认真研究相关资料，根据本媒体的编辑方针、受众定位、报道思想选择一个最佳的角度来采访，这样，制作出来的新闻报道才能受到受众的欢迎。

第三，确定范围重点。在采访前，要确定报道的范围、重点，否则，就有可能在采访时胡子眉毛一把抓，捡了芝麻丢了西瓜，该重点采访的没有采访，而不该重点采访的问题，记者耗费了很多时间去问、挖、刨，结果可想而知。同时，记者的采访计划中还要对采访步骤、时间周期、报道内容、体裁和字数等进行初步安排。这些初步的计划可以使记者采访时应对自如，轻重缓急处理得当。

第四，确定方式方法。采取何种方式方法至关重要。是暗访还是公开采访？是主要采取观察的方法，还是以口头访问为主？采用什么样的观察方法？采用什么样的提问方法？等等。方法是指导我们进行工作最重要的技巧，是做好任何工作最重要的保障。一个不会采用方法的人，是做不好任何工作的，当然也包括做不好采访工作。

（二）两个须注意的问题

第一，采访计划的变动性。民间有这样一句戏谑的俗语：计划没有变化快。记者拟订的采访计划，在实际的采访工作中可能会有很多不相符合之处，甚至可能完全不符合实际情况。记者遇到这样的情况后，一是不要僵化、机械、不折不扣地贯彻执行原计划，必须根据现实的状况及时进行调整和改变；二是要有预案。新闻采访和用兵打仗有很多相似之处，在时间允许、条件可能的情况下，可以设置第二套方案，甚至第 N 套方案。这样，当采访时发现实际情况与第一套方案不相符合时,可以考虑启用第二套方案或其他方案。

第二,简单新闻的采访计划。记者每天都会有大量日常的新闻采访活动,诸如小车祸、小火灾、比较有名但不是十分著名的人物或机构举办的活动等,这些日常新闻采访报道活动有一定的新闻价值,但没有巨大的新闻价值,时间又非常紧迫,没有充裕的时间从容拟订采访计划,而且记者对这类新闻的采访报道的套路、程式以及方式方法等都已经非常熟悉,应用起来得心应手,对于这些新闻事件,可以不拟订采访计划。但是,虽然记者可以不必用纸质、文字的形式将采访计划呈现出来,也应打腹稿,哪怕时间非常匆忙,也要在前往采访目的地的路上,一边前行一边思考如何进行采访报道,这个思考就是采访计划,只不过没有形成文字、没有严格和规范的方案而已。

二、拟订调查纲目

所谓调查纲目,即指所要提问的大纲细目。对一些重要而时效性不强的采访,记者要精心拟订调查纲目。采访前准备的问题要尽可能多一些,采访时不怕问题多,就怕问题少。采访前精心设计采访提纲很有好处。

美联社记者尤金·莱昂斯曾经采访过斯大林,事先有人告诉他,会面时间只有两分钟。莱昂斯回忆说:"两分钟过去了,我发现斯大林并不着急,而我却没有一个提问的提纲。我在斯大林的办公室里待了差不多两小时,但在这种令人兴奋的最佳环境中,我却没能提出意义重大的问题,对这一点我永远感到内疚。"

另一次,莱昂斯获准谒见伊朗国王,但只允许提五个事先规定的问题,这些问话只用了几分钟时间,而国王似乎对接受采访有新奇的快感。他微笑着请记者再多提些问题。然而,由于事先没有准备任何提纲,莱昂斯提不出有价值的问题。莱昂斯两次受挫,事后痛惜地说:"就在那儿,即国王的工作室里,我庄严宣誓,我暗下决心,从今以后如果再来到世界上的大人物面前,一定事先认真拟好几十个问题,准备进行一两个小时的采访——即使根据安排只许谈几分钟。"①

莱昂斯是美联社一位经验丰富的记者,他年轻时受到的这两个教训十分深刻,也值得我们吸取。所以,著名记者约翰·布雷迪总结他的教训说:"对采访来说,准备过度胜于准备不足以致现抓瞎。"②

一些有经验的记者在准备问题上往往很认真,遇到一些重要的或难得的采访,他们列出的调查纲目非常细密,力求不漏掉任何有价值的信息。

美国著名电视记者华莱士主持的哥伦比亚广播公司《60 分钟》节目,不但收视率高,而且多次获奖。他曾采访过肯尼迪、约翰逊、尼克松、卡特和里根等美国总统,还采访过马丁·路德·金、基辛格以及许多国家级领导人。

1986 年 9 月初,他访问了邓小平。当时,世界上几乎所有的新闻机构都以最快的速度报道了邓小平同华莱士的重要谈话。新华社也分两次详尽地向全世界播发这次访问的内容,华莱士的采访报道深受大众欢迎。

---

① 布雷迪.采访技巧[M].范东生,王志兴,译.北京:新华出版社,1986:49-50.

② 布雷迪.采访技巧[M].范东生,王志兴,译.北京:新华出版社,1986:49.

华莱士访问邓小平前做了哪些准备？他说："我读了许许多多有关邓小平的书籍和剪报。此外，我还同一些见过邓小平的人交谈，了解他的性格和特点。然后坐下来，苦思冥想，准备了50个问题。由于我们只有一个多小时的采访时间，翻译就用去一半，许多问题我没有来得及问。邓小平给我的印象太深了，我想再次采访他。"①

这位美国电视记者采访前所作的访问提纲十分扎实。他说："我给自己定了一条规矩，至少在准备好30或40个扎扎实实的问题以后才去采访。我通常的办法是，在黄色封面的白纸簿上先写出100个问题和所有经过研究琢磨以后我心中想到的一切。然后我开始把这些问题分类，如采访巴列维国王（注：伊朗前国王），我就把100个问题浓缩到50个，分成八九类，如权力问题、贪污腐化问题和年龄问题等。等到我真刀真枪采访时，我可能只用50个问题中的11或12个。"②

华莱士说："其实准备问题对我来说是一种训练。这样，我从掌握的大量材料中，对被采访者有更深的了解。如果被采访者回答问题时有材料、有内容，能把我们引向更有内容的方向，那就更好了，这就需要随机应变，临场再想一些问题。但如果事前没有充分准备，临时是很难提出好问题的。"③

在时间充裕的前提下，采访计划和调查纲目越详细越好，越具体越好，以免临时抓瞎。准备过度胜于准备不足。湖北人做冬天的腌菜和辣椒酱时有一句名言，"盐多不酸酱"，意思是，做咸菜、腌菜，盐多放一点为好，多放盐比少放盐好。做新闻也要像湖北人做咸菜、腌菜一样，在条件许可的情况下，调查纲目越多越好，哪怕在采访时可能会用不上那些拟订的采访提纲，也胜于在采访时没有更多的采访提纲。

第五节　预约采访对象

对于突发事件以及时间紧迫的采访任务，记者必须迅速赶到现场采访，根本就没有时间预约，甚至不知道和谁预约。对于截稿时间不是很紧迫的采访任务，记者可以预约采访。预约采访，既能使记者有时间准备问题，也能使采访对象有时间准备如何回答记者的问题。

写纸质的信件，通过邮局邮寄，是非常缓慢、非常古老的一种预约方式。现在记者预约采访对象，可以通过打电话、发微信、发短信、发QQ信息、发邮件等方式和采访对象预约。

记者预约采访对象，主要是要选择适宜的访问时机和选择合适的访问场所。

一、选择适宜的访问时机

对于截稿期限不紧急的采访任务，记者的访问活动不能随时随地进行，而必须选择适当的时机。记者在访问某个采访对象之前，要考虑对方工作的忙与闲，思想情绪、身体状况，考虑事物的发展和新闻事件的进展程度等。记者要特别注意，不要单方面地自行决定访问时间，访问时间必须和采访对象商量确定。在时间允许的情况下，可以让采访对象确定接受采

---

①②③　虞家复."我想再次采访邓小平"——记美国著名电视记者华莱士[J].中国记者,1987(5).转引自林如鹏.新闻采访学[M].广州:暨南大学出版社,1998:313.

访的时间,把这个决定权交给采访对象。

美国著名作家、记者马克斯·冈瑟为了给《星期六晚邮报》写一篇关于儿童自杀问题的文章,去采访了一家精神病院院长。那位院长说:“欢迎你来找我,可我实在觉得不能给你多大帮助。”然而,当冈瑟三天之后再次造访时,那位院长却面带从容的微笑。冈瑟说:“三天之中,他与其他医生进行了交谈,为我搜集了齐全的采访对象名单。不仅如此,他甚至还为我跑了图书馆。他递给我一张纸条,上面列出了刊载儿童自杀病例的医学杂志的参考目录。如果给他打电话,试图当场采访,那么这一切收获就无从谈起了。”①

马克斯·冈瑟忠告说:“在可以避免的情况下,贸然打电话干扰别人的生活,粗鲁地让人家马上当场给你半小时或更多的时间,这是不明智的。日报的记者常常不得不这么干,但写书的人却没有每天截稿时间的借口。采访对象有理由认为,下星期采访或这星期采访对你同样有用,如果你要求他立刻接受采访,他也许会生气。”②

美国著名记者约翰·布雷迪说:“当采访对象正在工作的时候,要尊重他的处境。”“被访人在办公时间往往没有多少空闲。”“公务在身的人必须首先考虑公事。”美国记者欧文·华莱士访问美国画家迪格欧·理维拉时,“由于在工作室里打断了他画一张裸体画,他非常不满,态度粗鲁”。③ 因此,记者尽量不要在采访对象工作的时间去采访对方。有礼貌、有教养的采访对象会心不在焉地回答记者的提问,敷衍记者。不善于采用方法的采访对象或教养不够的采访对象,特殊的采访对象如一些科学家、艺术家等,会简单粗暴地拒绝接受采访或中断正在进行的采访。

二、选择合适的访问场所

对于截稿期限不紧急的采访任务,记者要选择一个合适的访问场所与环境,访问的场所对采访对象的情绪、心态有很重要的影响。合适的场所,应该能使采访对象和记者双方都能静下心来,形成融洽的谈话气氛,保证谈话的顺利进行。如果所选场所能使采访对象触景生情,进入角色,坦露心迹,那就是最合适的访问场所。

1960 年,在西弗吉尼亚美国总统初选期间,美国全国广播公司记者保罗·坎宁安独出心裁,在一个游乐场的滑行铁道上采访参议员休伯特·汉弗莱。他们的车厢沿着斜坡爬升,即将下滑的时候,坎宁安开始采访。

“参议员,获得大量工人选票的前景如何?”
“噢,保罗,”参议员边答话边向车厢外看去——接着发出一串惊呼。
“关于工人选票的问题,”坎宁安催促地问道。
“噢,”汉弗莱说,车厢又顺着另一个斜坡滑下去——又是一串惊呼。

记者后来回忆说:“我现在还保存着这段片子,整个是一大串尖叫。他被吓坏了。他从来

① 布雷迪.采访技巧[M].范东生,王志兴,译.北京:新华出版社,1986:4-5.
② 布雷迪.采访技巧[M].范东生,王志兴,译.北京:新华出版社,1986:4.
③ 布雷迪.采访技巧[M].范东生,王志兴,译.北京:新华出版社,1986:215.

没有坐过滑行铁道。”[1]这位记者选错了访问场所，采访以失败告终。因此，选择一个能够平心静气地谈话的场所是非常重要的，它有时会决定采访的成败。

中国人民大学新闻学院新闻采访学教授张征以自己的采访经历来告诫年轻记者应如何选择合适的访问场所。她说：

笔者曾在宁夏灵武县采访种水稻的科技示范户王立德。他种的一亩示范稻产了一千七百多斤。笔者在县城恰好遇到了王立德，本想当时就采访，但见这位青年农民一脸的倦怠，没有谈话的兴致，回答什么问题都是一句话“就那样么！没什么说的。”当时，虽然天色已晚，笔者还是提出到他家去看看。他立刻来了兴致：“到家去？走！”笔者跟随王立德进了家门，他立刻像换了个人，倒茶、让座，还拿出他当年试种的一种深色皮的西瓜来招待。

当提起他试种农业大学的新稻种时，他便滔滔不绝地讲开了，还讲了丰收后在堂屋里给稻种过秤的事儿：“称着称着，我都不敢再称了，已经一千五百斤了，(一亩产)地上的稻子还没有称完，干脆叫别人来称，别是我的手出了什么毛病?!”

后来，笔者又提出干脆到田里去看看，王立德更是痛快地答应。到了他那亩试验田地边，他的话更多了，简直眉飞色舞，连讲带比画。讲了他试种稻子的前前后后，讲了村里人对他的试种先是怀疑、取笑，到后来又是偷拔他的青苗，“看看到底怎么长的?”讲他的新品种如何杆少粒多，“只装半车就拉不上坡!”讲收获后乡亲们如何心服口服，央求他“也给弄几斤种”。[2]

张征教授选择在这位农民的家里和田间地头现场采访，这种场合非常适合农民敞开心怀畅谈。如果让农民到酒店、宾馆或村办公室等地，可能谈话就没有这么随意自如了。

因此，记者预约采访时，选择的场所要能符合人物的身份、工作特点等。比如，我们去采访一位学者，一般可以在他的书房进行，屋子里的书香气既符合人物的身份，又切合人物的工作特点。采访一位有发明创造产品的工程师，可以在车间进行，工程师可以现场演示给记者看，工程师和记者的交谈也会更加轻松愉快。

知识链接

新闻编辑室里有一句谚语：成功的采访随两个“P”而来——persistence（坚韧）与 preparation（准备）。在劝说人们接受采访时，坚韧是必需的，而且当所提的一连串问题为采访对象所厌恶时，坚韧更是必不可少的。[3]

只问开放式问题的记者应该警惕这种提问暗示的意义。在一些消息来源看来，开放式问题表示正在探听信息的记者所做的准备工作不充分。[4]

---

① 布雷迪．采访技巧[M]．范东生，王志兴，译．北京：新华出版社，1986：218.
② 张征．漫谈新闻采访[M]．北京：新华出版社，1996：93-94.
③ 门彻．新闻报道与写作[M]．展江，主译．9 版．北京：华夏出版社，2003：360.
④ 门彻．新闻报道与写作[M]．展江，主译．9 版．北京：华夏出版社，2003：364.

《华尔街日报》资深记者弗雷德·齐默尔曼(Fred Zimmerman)对如何为一次采访进行准备提出了以下建议:

第一,研究采访主题和将要采访的人,这样你不仅能提出正确的问题,并理解回答,而且你能向采访对象证明你花了时间来理解该主题,你也不会被轻易愚弄。

第二,为你的报道设计一个暂时性主题。采访的主要目的之一是获得引语、奇闻逸事和其他证据来支持该主题。

第三,事先列出你所想到的所有提问,甚至你可能不会问完它们,而且几乎肯定的是,你会问你没有列出的其他一些问题。

第四,在为敏感问题的采访而进行准备的时候,推测采访对象对你和你询问的主题的态度可能是怎样的。他在事件中扮演什么角色?他站在哪一方?从逻辑上说,你能猜想出你的关键问题会有何种答案?以此种推测为基础,发展出一个你认为与采访对象可能抱有的态度相适应的进攻计划,冲破他们可能的防守。①

假设让你选择访问的场地,要设法做到在后台约见演员、在车站约见侦探、在会议室里约见法官、在室外竞选讲台上约见政治家、在栏圈而不是在棚圈里约见野牛骑士(除非这是他的自然习惯)。这样,如果没有恰当的话语可供引用的话,你至少也可以从他所在的自然环境中找到主题。首要的是,要避免在旅馆的房间里约见被访人。② ——休·A. 马利根是美联社特派记者,曾多次获得过新闻奖。

思考与练习题

一、思考题

1. 记者的平时准备有哪些工作?

2. 记者的临时准备应该从哪些方面入手?

3. 记者如何拟定采访计划和调查纲目?

二、练习题

1. 阅读下面这段材料,分析老工人礼貌拒绝记者采访的原因。

在河南省安阳市,有个通讯员采访一位老淘粪工,见面就问:"听说您最近被批准入党了,祝贺您。"老工人回答:"我58年就入党了,刚入党的是我的弟弟,他也在我们卫管所。"通讯员又问:"您老伴身体好吧?"老工人冷冷地回答:"我老伴已去世好几年了。"通讯员接着又问:"您最近把小儿子调卫管所当淘粪工,当时是怎么想的?"老工人说:"我儿子调到卫管所已经两年多了,不是最近调的。今天实在对不起了,队里马上要开会,以后再说吧!"老淘粪工人礼貌地拒绝了采访。

2. 阅读下面这则材料,分析思考记者的采访方法。

2003年3月底,在约旦靠近伊拉克的边境小镇鲁维什德,一个刚刚出生几天的索马里女婴成了各国记者争相接近的对象,这不仅因为她是难民营里最小的成员,更因为她降生在战火中的巴格达,而且有一个很响亮的名字:因蒂萨(阿拉伯语"胜利"的意思)。……

知道小因蒂萨的故事后,我便和中央电视台的两名记者租车前往鲁维什德。如何击败有着相同想法的一大群外国同行?我们动了不少脑筋,一是利用中国在国际上的良好形象,二是要使出别人想不到的绝招。半路上,我们找到一家很不错的小商店,专门为因蒂萨采购了纸尿裤、奶粉、奶瓶等婴儿用品。难民营我们已经去过多次,知道住在那里的人员不多,各种食品、用品都很齐全,但要照顾刚出生几天的婴儿,恐怕还真不一定有纸尿裤。

---

① 门彻. 新闻报道与写作[M]. 展江,主译. 9版. 北京:华夏出版社,2003:362.

② 马利根. 掌握事情的全部材料[M]//格拉米奇. 美国名记者谈采访工作经验. 魏国强,译. 北京:新华出版社,1981:23.

……在难民营的管理中心，国际红十字会的官员一听说我们要见小因蒂萨便一个劲儿地摇头，说她妈妈还没有同意任何一个记者见小因蒂萨。记者于是说，我们已经知道了小因蒂萨的故事，并且在第一时间把消息报回了国内，中国的老百姓现在都很关心小因蒂萨，我们只是想给她送去一些她特别需要的东西。这位官员看了看我们手上拎着的几个大包，颇有些感动地说："那就试试?"大约10分钟后，从远处帐篷区返回的这位官员满脸笑容，一切OK。这位官员说："这是梅里亚姆(小因蒂萨的妈妈)第一次允许记者进入她家住的帐篷。至于男记者，恐怕今后都不会再有。"我们虽然获准进入梅里亚姆家，但却明确被告之不许摄像、拍照。……

……真是巧极了，小因蒂萨这时干了一件小坏事，收拾干净后，我们买的纸尿裤派上了用场。梅里亚姆很高兴地把小因蒂萨交到了我的手里，旁边的人告诉我说，梅里亚姆说女儿现在很"安全"。看到梅里亚姆对我们已经没有防备、排斥的心理，我们赶紧提出想抱着孩子照张相，梅里亚姆没有拒绝，只是说她自己刚从伊拉克匆忙逃出来，现在的形象、状态都不好，不要把她拍进去(中东地区信奉伊斯兰教的人，一般都不许拍照，允许记者拍照，的确不容易。——本书作者注释)。① (作者：洪琳，中国国际广播电台前驻巴基斯坦首席记者，曾亲历报道了阿富汗战争、印巴冲突、伊拉克战争、伊朗核危机等重大事件。)

① 洪琳. 努力站在最前线[M]//张晓健，闵勤勤. 驻外记者手记. 北京：中国广播电视出版社，2007:36-38.

第十章　赢得采访机会

▶本章要点：

记者要想赢得采访机会，首先必须研究采访对象的心理需要，并尽可能满足采访对象的心理需要。此外，还应该摆正采访双方的关系，不卑不亢；营造融洽的访问气氛，学会“拆墙”和“搭桥”；与采访对象坦诚相见，以心换心；坚韧不拔，坚持不懈。新闻现场如战场一样变化万千，只有随机应变，才能争取主动、成功采访。

第一节　研究对方心理

采访对象接受记者的采访，存在各种各样的心理需要。记者只有认真研究、洞悉采访对象的这种心理需要，并尽可能地满足采访对象的这种心理需要，才能赢得采访机会。

一、研究采访对象的心理需要

采访对象与记者交谈的原始心理反应主要表现为以下两种类型：

（一）积极配合型

1. 为传播信息

人类几乎与生俱来就有接收信息的欲望和要求，也有传播信息的欲望和要求。这种对信息的求知和传播，主要是为了求得一种纯粹的心理满足，没有什么功利性。美国新闻学者约斯特说：“人一生下来就有一个传播消息的说话的器官和一个接收消息的听觉器官。这两个器官不仅是生着而已，而且永远在想着发挥它们自己的作用。人类同时又被赋予无尽的好奇心，它创造了一种对事物不断的兴趣，关于别人的举动和行为，对于自然所发生的程序和事情，对于不论远近每一个人物的情况，人类都有无限的兴趣。”人类对于新奇的事情、独特的事物，总是保持着天然的好奇心，既想接受这类信息，又想传播这类信息。当公众发现了新奇的事情、独特的事物、有趣的信息后，会很自然地告知媒体，接受记者的采访，希望通过记者的报道与大众分享这些信息。

2. 为公众利益

一些人积极向记者提供新闻线索，主动接受记者的采访，是为了公众的利益。“路见不平一声吼，该出手时就出手。”人类永远都在追求公平正义，当人们发现有人在践踏公平正义、损害公众利益时，有些热心的公众会出自本能地向新闻媒体报告，并积极配合新闻媒体采访报道，希冀通过媒体的曝光引起社会和大众的关注，打击和制止某些机构、个人损害公众利益的行为。有人发现了险情、灾情等对社会和公众有害的信息，或者发现了对社会和公众有利的信息，都会积极配合新闻媒体采访报道，希望将信息公之于众，让全社会趋利避害。

3. 为机构利益

各种机构，尤其是企业机构，为了自身的利益，比如新产品的发布、新型科研成果的应用与推广等，会乐意接受新闻记者的采访，甚至主动邀请记者采访。新闻记者的采访和报道将有助于其产品的销售，为企业带来巨大的利润，有助于科研成果的应用与推广。机构的利益比较复杂，有些利益是公众利益的一部分，有些利益既对机构有益也对公众有益，但也有些利益是一己私利。记者采访报道与机构相关的信息，必须进行甄别，对有利于公众利益的信息，可以进行采访报道，对于与公众利益无关的信息，应该拒绝采访报道。

4. 为个人利益

有些人接受记者的采访是为了个人利益。这些希望通过媒体的报道产生影响的人，主要是那些与公众关系密切的行业内的职业人士和非职业人士，比如，最希望通过媒体报道扩大影响力并由此获利的是影视歌星，粉丝就是他们的生命。现在，网红经济开始走红，一些网络红人特别希望通过媒体的报道赢得更多的粉丝，获得更多的打赏，销售更多的产品，获取更多的利益。少数不法之徒、无耻之辈甚至不惜污名化自己，通过记者的采访报道制造轰动效应，以期引起公众的关注，获得肮脏的利益，对于这种人，记者必须格外引起注意，不要轻易为丑恶所利用。

（二）不愿合作型

不愿接受记者采访的原因，主要分为以下两种：

1. 利益因素

当采访对象意识到记者的报道会给自己带来利益上的损失时，采访对象会拒绝接受记者的采访，少数采访对象还会给记者设置种种障碍阻挠记者采访。如果采访对象的行为有损公共利益，采访对象会担忧记者曝光其劣迹，会竭尽全力反对记者的采访报道，个别采访对象甚至会砸烂记者的采访工具，如摄像机、照相机，撕毁记者的采访笔记本，乃至暴打记者。遇到此类采访对象，记者首先必须保护好个人的人身安全，在此基础上，可以采取其他方式如隐性采访等来获取新闻事实材料。

2. 性格因素

少数采访对象平时与记者交往较少，有些采访对象不善于交际，在陌生人和公众面前比较害羞、紧张，不善于言谈，这类采访对象一般不愿接受记者的采访。有些采访对象做出了很大的成绩，但是为人低调、谦虚，不事张扬，此类人士也往往不愿接受记者的采访。当然，这种有成就、有贡献而不愿接受采访的人士只是很少的一部分人士，大部分做出了成绩的人士都是愿意接受记者采访的。

二、采访中的心理感应规律

记者与采访对象在新闻采访中存在着较强的心理感应规律，这种规律主要表现为以下两个方面：

（一）记者的采访满足对方社会需要的程度制约着采访的局面

心理学的激励理论认为：激发人的动机的心理过程模式可以表示为：需要引起动机→动机引起行为→行为又指向一定的目标。新闻采访是记者和采访对象之间的双向互动活动，作为记者，他的采访活动的动机是为了采集和传播新闻信息；而作为采访对象，他接受采访的动机往往是由他的需要决定的。

前文指出，当采访对象意识到记者的采访能够给他带来利益时，采访对象会积极接受和配合记者的采访。所以，采访对象乐意接待记者的采访，热情洋溢、滔滔不绝甚至不厌其烦地介绍情况，主要是出于利益的需要。首先是直接的利益需要，采访对象感觉到记者的采访报道将会给他带来直接的政治利益、经济利益、文化利益以及其他利益，这种需要，可以称为功利性的利益需要。除了这种直接的利益需要外，还有间接的利益需要，比如社交需要、尊重的需要、自我实现的需要，这种需要可以称为精神的、社会的需要。反之，采访对象不愿接受甚至拒绝记者采访，往往是因为采访对象认为没有需要或者意识到采访会对自己的利益有所损害。因此，记者的采访满足采访对象社会需要的程度制约着采访的局面。①

（二）“自己人效应”与“异己人效应”诱导着谈话的成败

“酒逢知己千杯少，话不投机半句多。”这是对“自己人效应”与“异己人效应”的通俗化解释。所谓“自己人效应”，是指记者与采访对象在价值观、人生观、世界观及思想观点上比较一致，或者具有某种共同的信仰、共同的经历、共同的爱好、共同的感受、共同的情感情绪等时，就会心心相印，息息相通，互相将对方视为知己。反之，如果记者与采访对象三观不合、没有共同的兴趣爱好、没有共同的人生经历、没有共同的信仰、不能产生共情等，则会产生“异己人效应”。

显然，记者在采访中，要尽可能与采访对象建立起“自己人效应”的关系。记者与采访对象谈话，应努力寻找共同的话题、共同的观点与情感、共同感兴趣的事物，等等。这样，双方心理上就会产生共情、共鸣，产生好感与亲近感，心理距离就会大大缩短，“自己人效应”就会产生。产生了“自己人效应”，记者的采访就会取得圆满成功，获得自己满意的信息。② 反之，记者的采访往往会以失败而告终。

第二节　摆正相互关系

记者在采访时，要正确处理双方的关系，如果不能正确处理与采访对象的关系，会影响采访的顺利进行。

---

① 张默. 新闻采访写作[M]. 武汉：武汉大学出版社，2000：254-255.

② 张默. 新闻采访写作[M]. 武汉：武汉大学出版社，2000：256.

一、注意仪表风度

有关调查和实验表明，陌生人初次见面，对方外表的魅力与想与之再次相见的相关系数为0.87，远远高于实际能力、个性、兴趣等。这就是第一印象，又称为“首因效应”。① 在社交生活中，首次见面，人们对对方的第一印象，主要是关注对方的外表。为了让采访对象对记者有良好的第一印象，记者必须特别注意自己的仪表风度。第一印象好，双方就会产生强烈的交往欲望。反之，则不愿交往下去。对记者来说，要在很短的时间内接近素不相识的采访对象，并能与其进行深入交谈，这其中“首因效应”的运用也就显得格外重要。

著名记者约翰·布雷迪告诫记者：“首次与对方见面，在开始时往往最好是庄重客气些。决不可放肆失礼。审慎的记者甚至要等到对方提出请求才肯坐下来。此外，未经对方同意，绝对不要嚼口香糖、抽烟以及摸弄采访对象办公室或家里的东西。一句话，不要冒冒失失或者摆出你在自己家里不希望客人采取的傲慢态度。”②

布雷迪引述另一位记者海伦·帕特森的话说：“只有银幕上的年轻记者才嚼着口香糖或叼着烟卷走进采访对象办公室，由此获得成功，只有他才会一边倒在椅子上，帽子——如果有的话——斜扣在后脑勺上，一边随手拿起一块碎纸片记些什么。面对采访对象以及办公室的职员和秘书，成功的记者总是小心翼翼，力求仪表动人，风度优雅，通情达理。”③洒脱不羁、玩世不恭的记者形象只能出现在电影中，记者在实际的采访工作中不能模仿这类形象及其行为。在实际的采访工作中，记者必须注重自己的外在形象。记者的穿着打扮要根据具体的采访场合而灵活调整，总的要求是大众化，既不要太时髦，也不要太简朴。

美联社记者安东尼准备到一个农村小镇去采访，美联社的电视片制作部也对安东尼的报道选题很感兴趣，他们提出派一个摄像小队跟随着安东尼。安东尼说：“千万不要。”如果你去一个农村的小镇进行报道并试图得到当地人对你的信任，就不要扛着摄像机进去。应该怎么做呢？

“方法是尽可能地不张扬。你可以在那儿的理发店理个发，在五金商店里逗留一会儿，在餐馆吃饭，融入他们的生活并与他们交谈，而不是直接进去就拍摄”，安东尼说。安东尼这样描述自己在美国中西部做报道：“我就摘下了我的耳环，因为我觉得在中西部很多地方，如果你说自己是从纽约来的记者，就不会得到什么反应。但如果你说自己是从纽约来的记者并戴有耳环，那简直就是找死。”然而安东尼一回到纽约，就开始恢复自己的着装风格，他喜欢打古怪的领带，还曾穿着印有非洲图案的衬衫去办公室。但做报道时就不是这样了。“我不喜欢工作时穿的样子，但我必须这么做。有时我会穿正规的服装，但大部分时间是一件普通的衬衫不打领带，普通的长裤，普通的鞋。我不想显得与众不同，只想因衣着没有什么特色而不引人耳目。”安东尼希望自己的穿着可以与各类人打交道，不管他们来自何处、态度如何。④

记者的衣着打扮要像安东尼一样，因地因时而异，应根据不同的场合、时间、人物以及环境氛围来进行适当选取，尽量与采访的场合、氛围及采访对象的服饰相协调。

在大型、正式的场合，尤其是像记者招待会这样的场合，记者不妨穿得正式、气派一些，男

---

① 刘海贵，尹德刚. 新闻采访写作新编[M]. 2版. 上海：复旦大学出版社，1997：112.

②③ 布雷迪. 采访技巧[M]. 范东生，王志兴，译. 北京：新华出版社，1986：64.

④ 施瓦茨. 如何成为顶级记者·美联社新闻报道手册[M]. 曹俊，王蕊，译. 北京：中央编译出版社，2003：32.

记者可以西装革履,女记者可以穿得更漂亮一些。

现在流行"美女记者","美女记者"为什么有时候能够比男记者更容易打开局面?这里也有一个"首因效应"的问题。爱美之心人皆有之,有时候,"美女记者"往往会给被采访者留下一个不忍拒绝的印象,采访也就能顺利展开。

在一般情况下,在多数场合和时间,记者可以穿着比较大众化的服装,这样可以应对各种不同的人群。而在农村、工厂、连队,则可朴素大方一些。

有一点必须注意:女记者不要与采访对象争奇斗艳,如果打扮得珠光宝气,让同性采访对象相形见绌,可能会对采访产生负面影响。

二、处理好相互关系

记者在采访时,要正确处理好与采访对象之间的关系。正确处理两者之间的关系,有一条总的原则,即自尊和尊重采访对象。只有自尊,才能自爱、自信,给对方留下较好的印象;只有尊重对方,才能有深化交往、发展关系的基础。

记者采访主要是面对三种人:一是比记者地位、收入低的人;二是和记者地位、收入相仿的人;三是比记者地位、收入高的人。

与记者地位、收入相仿的人,是最容易面对的人群,采访时会毫无障碍,记者不需要特别注意自己的言行举止,担心会有什么不妥当之处,采访对象也同样不需要对自己的言行举止格外进行什么调整,彼此都可以自由交谈,轻松交往。

而采访比记者地位、收入低的人和比记者地位、收入高的人,记者就要注意自己的言行举止、表情气质等。很多记者不善于处理与这两种人的关系,或者极左,或者极右,走向极端,把握不好正确的尺度。

记者在采访比自己地位、收入低的底层社会的民众时,如果盛气凌人,居高临下,就会挫伤采访对象的自尊心。记者从采访对象那里难以得到所需要的东西,采访难以达到良好的效果。记者在采访底层社会的人时,要放低身段,和蔼谦恭,表情、动作都要自然,不要用大幅度的手势语言,不要高谈阔论,要尽量淡化阶层差异,尽量以平等、自然的语气和对方说话,以自己人、普通人的姿态与他们交谈,以使采访对象将记者看成是自己人,这样,采访才能达到良好的效果。

记者在采访比自己地位、收入高的人如高官、巨贾、知名专家学者、社会名流及大腕影视明星时,如果阿谀逢迎,甚至奴颜婢膝,会使对方看不起记者,甚至对记者产生厌恶情绪,如果这样的话,双方的交流就不是平等、自然的交流,采访不会非常顺利。有些记者在遇到级别特别高的官员、商界著名人物以及享誉全国乃至在世界上都是声望卓著的人士时,有可能手足无措,语言结巴,不知道怎么和这样的采访对象打交道,不知道说什么才对,担心自己说话不得体,言行举止不得当。记者遇到这类采访对象,不管对方身份、级别多么高,应始终把他们看成是自己的采访对象,就像自己的同事一样,双方是一种工作关系,不存在地位高低的问题,没有高低贵贱之分。这样,双方就处于一种平等的地位,处于一种工作状态中,采访就会顺利进行。

有些年轻记者也和其他行业的年轻人一样,有追星的心理倾向和行为,年轻记者盲目崇拜社会各界的精英和明星大腕是很危险的。美国著名记者约翰·布雷迪警告说,崇拜采访对象会产生两种不良后果,一是目光呆滞地结束采访,二是如果发现心中的偶像白璧微瑕,记者就会痛心疾首。“这样写出的东西往往不是情书就是檄文”,这样的报道不能反映真实的事实。布雷迪建议:“最好奉行一点中庸之道——采访时对采访对象既不要吹捧,也不要责难。”①

布雷迪认为:“讨好对方是危险的。”“一般说来,最好把采访对象看作值得尊敬的人,但不要当成崇拜的偶像。即使赞扬看来也是恰如其分,要对事不对人。‘哟,我觉得你真了不起’这话听起来很愚蠢,特别是出自陌生人之口。然而,‘我确实很喜欢你最近写的这本书’这种话赞赏的是对方的业绩,而不是人本身——常常更让人信服。无论如何,记者对被访人的兴趣应当是出于工作需要,而不是个人意愿。”②

不论是对上还是对下,记者都应该把对方看成是自己的工作对象,记者和采访对象的关系是一种工作关系、一种平等关系,记者既不要自傲,也不要自卑,应奉行“无等级观念”。总之,摆正记者与采访对象之间的关系,要记住著名记者邵飘萍的一句话:“谦恭不流于谄媚,庄严不流于傲慢。”

第三节　营造融洽气氛

新闻采访活动往往都是在两个陌生人之间进行的,彼此常常都是第一次接触。对于采访对象来说,记者的采访是一种突然闯入的行为。双方刚刚在一起时,难免感到有些尴尬,现场气氛不够融洽。遇到这种情况,记者必须想办法打开僵局,让气氛活跃起来。

一、拆墙

营造融洽气氛的最主要的方法有两条:一是“拆墙”,二是“搭桥”。

所谓“拆墙”,是指“拆除”堵在记者与采访对象之间交流沟通的障碍,这个障碍犹如一堵“墙”,将记者与采访对象隔离起来。“拆除”这堵“墙”,双方就没有交流沟通的障碍,采访气氛就能变得融洽起来。

如何“拆墙”?在采访对象感到紧张的时候,记者就应该暂停采访,转移话题,不谈正事,和对方天南海北地闲聊一会儿,消除采访对象的紧张情绪。记者可以以对方最感兴趣、最熟悉的事物为话题,轻松交谈,当采访对象紧张感消除,气氛逐渐融洽起来后,记者再进入正题,继续采访。

1983年盛夏,《光明日报》记者樊云芳去武汉医学院附属第一医院采访武汉市护理界的后起之秀朱桃英。在病房办公室里,朱桃英拘谨地坐到了记者的对面,眼睛盯着记者已经打开的笔记本,涨红了脸,绞着双手,结结巴巴地说:“请不要采访我,我没有先进事迹,我没有……”

对于她有没有“先进事迹”,记者已从受过她护理的病人那里了解了不少,但此刻,为消除她的紧张心情,记者顺从了她的要求,收起了笔记本和钢笔。“好吧,我们今天不谈这些了。”

---

① 布雷迪.采访技巧[M].范东生,王志兴,译.北京:新华出版社,1986:72-73.

② 布雷迪.采访技巧[M].范东生,王志兴,译.北京:新华出版社,1986:73.

记者笑了笑说："我们随便聊一聊。我家有个病人，已经躺了两个月（这倒是真的），听人说，三分治，七分养（护理），我想了解一下，应该怎样护理病人？"

记者注意到她大大地松了一口气，说："噢，不同的病人有不同的护理方法。"

她接着又问："您家谁病了呢？"

好了，气氛已经融洽了，对方已经"放松"，双方开始了无拘无束的谈话。谈着谈着，记者把话题引到自己感兴趣的方面，提出了一个又一个问题：

"护理包括哪些方面？从你自己的体会，怎样才能把病人护理好？""俗话说，'三分治，七分护理'，你能举例说明吗？""当病人感到绝望时，护士该怎样安慰他？""有人说，护士是自我牺牲的职业，你有同感吗？从护理工作中你得到过什么乐趣？"……

在她专心地回答这些问题时，记者随随便便地又打开了笔记本，做着简要的笔记，而这一次她并不介意，也许她认为记者正在记护理工作的要点呢。双方一直融洽地谈了三个小时，告别时，双方都很愉快。①

记者采访时遇到的另一种情况，是采访对象冷漠，不予合作，甚至拒绝接受采访。面对这种情况，记者必须进行冷静分析，特别是要注意研究采访对象的心理，分析其不合作乃至拒绝接受采访的原因。找到问题的根源，然后对症下药，拆除横亘在记者与采访对象之间的那堵墙。

有些时候，记者自己也要"拆墙"——自我缓解紧张情绪。记者在采访一些名人和重要人物时，有时候自己会产生一种紧张情绪，如果产生了这种紧张感，要赶快进行自我调节。美国著名记者约翰·布雷迪认为："遇到生人有一点怯场还是很自然的。"布雷迪引述作家海斯·雅各布斯对"拆墙"的建议说，当记者产生紧张感时，"不妨试试演员的技巧。当你必须访问某人时，在走进他的房间之前，舒展一下身躯，做几次长长的深呼吸。某些不安和紧张的心情就会消失。在走进去的时候，面露微笑，不要匆匆忙忙'言归正传'。不妨闲聊几句——即使谈谈天气也好。"②

二、搭桥

营造融洽气氛的最主要的方法之二是"搭桥"。记者和采访对象两个陌生人在一起，刚开始彼此比较生疏，气氛不是很融洽，这时候，记者要将双方尽快连通起来，这个连通，就是"搭桥"，让双方尽快像老朋友一样轻松自如地交谈。

"搭桥"的主要方法，就是找到双方的一致性。"记者为什么要详细研究采访对象的各种情况呢？第一个原因就是寻找相似点、接近点，如年龄、职业、经历、爱好、专长等。当然，还有通过熟人的引荐、有关人士的介绍等，这些都是'桥'，有助于同访问对象在感情上、思想上达到接近，在心理学上称'一致吸引律'。充分掌握对方心理，并运用各种吸引因素，迅速实现接近的目的，这是完成采访的第一阶段。"③

《人民日报》记者纪希晨有一次到四川的一个油田去采访，天快黑的时候，才抵达目的地。他碰见一位石油队的队长。下面是他们的对话：

---

① 张征. 漫谈新闻采访[M]. 北京：新华出版社，1996：96-97.

② 布雷迪. 采访技巧[M]. 范东生，王志兴，译. 北京：新华出版社，1986：66.

③ 张默. 新闻采访写作[M]. 武汉：武汉大学出版社，2000：165.

记者:生产怎么样啊?

队长:差不多。

记者:你们这儿有不少先进事迹吧?

队长:一般化吧。

记者:有什么困难呢?

队长:还不是那个样子。

队长爱答不理地坐在那里,一连问了几句都不能打动他。真有点"针扎不进,水泼不进"的样子。做了多年记者工作的纪希晨还是第一次碰到这样态度的人。

后来,纪希晨干脆放下工作的事儿不谈,同他拉家常。他听出来对方讲话的口音不是当地人。

记者:我听你讲话,你是陕北人,××县的,对不对?(没想到,这句话意外地引起了对方的兴趣。)

队长:那里你去过?

记者:去过。(接着记者叙述了该县和附近县的一些情况,谈到那里的山和水,等等。)

队长:你是什么时候去的?

记者:1941 年。

这下队长热情了。他也讲了那个县——他的家乡的情况。而且一改开始的态度,问记者吃住安排如何,等等。①

记者纪希晨采访之初非常艰难,但记者在聊天中发现这位石油队的队长是陕北某县的,而记者正好也去过这个县,记者找到了这个一致性,从而使采访对象马上就对记者热情起来,采访于是变得顺利。

夸奖对方也是一种"搭桥",是营造融洽气氛最常用的方法,这不仅常用于新闻采访中,人们在社交生活中也经常采用这种方法赢得对方的好感。直截了当地夸奖对方,或者赤裸裸地夸奖对方漂亮、聪明、能干,虽然有一定的效果,但这种赞扬显得太直白、太缺乏艺术性。如果有事实依据地、婉转地夸奖对方,效果会更好一些。

一位记者常常一到达采访对象的家,就先环顾采访对象的家或房间,努力找到某些可以称赞采访对象的东西。在一次采访开始之前,他注意到采访对象办公室的墙上有一棵常青藤长得枝繁叶茂。"你是怎样让叶子紧挨着墙的?"他问。"用磁铁和铁钩。"她回答,并且谈了几分钟她养的植物。②

这种夸奖显得很真诚,而且夸奖有具体、真实的材料和依据,不是空泛的议论和抒情,对方很容易接受。直白而缺乏事实依据的夸奖会使对方觉得你是在有意巴结他,怀疑你有求于

---

① 杜荣进.中外新闻采写借鉴集成[M].杭州:浙江教育出版社,1997:157-158.

② 门彻.新闻报道与写作[M].展江,主译.9 版.北京:华夏出版社,2003:383.

他,从而对你会有所提防,有所保留,对接下来的采访工作会产生不利的影响。

下面这位记者的"搭桥"方法是以采访对象的父亲作为桥梁,通过对她的父亲的关注,引起了采访对象的好感,从而营造出良好的访问气氛。

美联社记者依塔利与著名影星简·方达分别在咖啡桌的两侧落座后,他便提起不久前他刚看过《月亮就是我们的家》(*The Moon is Our Home*),一部1936年拍摄的喜剧片,由玛格丽特·苏拉雯和简·方达的父亲亨利·方达主演。简·方达眼睛一亮,她自己从未看到过这部影片,并当即记下了它的名字。

"过去从来没有人以这种方式开始和她的谈话",依塔利说。这一招用在简·方达身上还真灵,她后来甚至打破了公共关系助理(经纪人)给简·方达和记者立下的每一条规则和禁忌。比如,简·方达的经纪人要求记者采访简·方达时,不要问关于越南战争的问题,记者也"原以为越战的话题是一个大禁忌",但是"方达自己提起了这件事"。记者以采访对象的父亲为桥,赢得了采访对象的欢心,以此方式得到了比一般"枯燥、固定的回答"多得多的内容。①

在采访时可以作为"搭桥"的材料非常多,记者可以根据采访对象的情况作出选择,选择最能引起采访对象兴趣、最能赢得采访对象欢心和信任的"搭桥"的材料,这样,融洽的访问气氛可以快速建立,双方的交谈将非常愉快。

第四节　取得对方信任

记者通过"拆墙""搭桥"的方式同采访对象建立起了一种融洽和谐的关系,使采访对象能够愉快地接受记者的采访,这只是一般意义上的成功,是浅层次的成功。如果要进行深入的采访,深入了解采访对象的内心世界,深入挖掘事实的真相,开掘隐藏在新闻事件背后的秘密,仅仅依靠融洽和谐的关系是不够的,记者必须赢得采访对象深度的信赖,这样才可能得到更多其他记者得不到的最有价值的信息。

然而,一个萍水相逢的采访对象与记者推心置腹地交谈谈何容易?那么,如何才能赢得采访对象深度的信赖、发自肺腑的信任?记者与采访对象建立深度的信任关系,最好的方法就是态度真诚,以诚待人,精诚所至,金石为开。记者必须与采访对象坦诚相见,将心比心,以心换心,才能赢得采访对象的深度信任,也才能使采访对象将记者视为知己,将最有价值的信息告诉记者。

1981年初冬,新疆人民广播电台一位记者到新疆塔城地区采访,在此期间,一位"哑巴"农民获得该地区科技发明二等奖的消息引起了记者进行追踪采访的兴趣。记者采访这位"哑巴"农民时,由于对方能写字,他们便用笔墨交谈。开始,他们只是"谈"一些技术方面的情况,记者很感兴趣,还参观了他的科研基地。记者关切地询问"哑巴"农民有什么困难,"哑巴"农民便写了六个字:缺乏科研经费。记者立即八方奔走呼吁,终于为他争来了九万元的科研经费,这在20世纪80年代初是一笔很大的经费。自此以后,两人就交上了朋友,他们一次又一次地用纸和笔"交谈",到第十次"交谈"时,"哑巴"农民显得很激动,他在纸上写道:"你

① 施瓦茨.如何成为顶级记者·美联社新闻报道手册[M].曹俊,王蕊,译.北京:中央编译出版社,2003:72-73.

是一位信得过的新闻记者,我相信你!"正当记者对这句话有些莫名其妙时,这位"哑巴"农民竟然开口说话了。

原来,这位"哑巴"农民名叫段咸珍,东北人,中专毕业后赴新疆参加建设,一直从事贝母的研究。然而,十年动乱,不仅研究成果横遭破坏,而且其本人也锒铛入狱,受尽折磨。残酷的折磨使得他开始不相信任何人,装起了哑巴。"四人帮"被粉碎后,他依然是谁也不相信,只是以全副精力从事贝母的研究。现在,记者的真诚感动了他,他感到了人间的温暖与真情。于是,缄默的铁口开口说话了。记者与他进行了促膝长谈,并写出了通讯《在崎岖的小路上攀登》,这篇通讯引起了强烈的反响。

这个事例说明,真诚的态度是记者取得采访对象信任的"法宝",特别是遇到那些难于接近的采访对象,记者更要以诚感人,以诚动人,赢得采访对象的信任。上述的案例是比较极端的案例,在记者的采访工作中不多见。但是,记者在采访中以一种真诚的态度来对待采访对象则是一条永恒不变的法则,记者真诚,才能换来采访对象的真诚。

美国《读者文摘》记者约瑟夫·P. 布兰克说:"你报道中的主角感到可以信任你,你真心实意地关心他们,不会伤害他们,这一点是绝对必要的。如果我和采访对象之间的感情发展顺利,在很短的时间内,我们就成了朋友,有时是非常亲密的朋友。有些时候,交谈变得如此亲热,以致对方忘了我使命在身。"

一天晚上,布兰克向一对夫妇采访一段留下创伤的往事,谈话中,妻子说了声"请原谅",出去片刻。妻子不在房间的时候,丈夫凑过身来,向记者吐露秘密:"我不想让我的妻子听见这件事,但是你应该知道……""他继续说着,"布兰克说,"完全忘了我正在为撰写一篇文章记下他的话,这篇文章将有五千多万读者。"①

采访对象留在心底的秘密,连最亲密、最亲爱的妻子都不告诉,却要告诉记者。记者如何能够做到这一点? 真诚! 不是故作真诚的"真诚",而是发自肺腑的真诚,记者的真诚换来了被访人的真诚。

1993 年 8 月 1 日,北京的出租车司机李德春见义勇为,与歹徒搏斗,不幸牺牲。北京市人民政府决定为李德春召开追悼会。在追悼会那天,中央电视台《东方时空·东方之子》节目的记者,以一个知情者,一个李德春的朋友、亲戚的身份参加了追悼会,安慰了李德春的父母。记者的任务就是要把两位老人此时此刻的特定心理状态用摄像机如实表达出来,让摄像机记录下这一切。由于记者以真诚、同情、亲近的心态去采访、拍摄,两位老人完全忘记了摄像机的存在,忘记了记者在采访,他们完全沉浸在丧子的巨大悲痛之中。

追悼会后,两位老人回到家,李德春的母亲问身边一个年轻人:我让你带的东西带了吗? 年轻人从上衣口袋里掏出一个小玻璃管子,里面装着李德春的一缕头发。老人用颤抖的手接过时,又禁不住老泪纵横。她把那缕头发放在鼻子底下使劲闻着,一边闻一边说:"这是我的儿子,这是我的儿子"。说完她又哭着把头发交给老伴:"你闻闻,这是咱们的儿子……"记者和摄像师流着泪记录下这一切,一部催人泪下的纪录片《失去孩子的父母》随之诞生了。这部电视纪录片播出后,不知震撼了多少人的心……观众看到了老年丧子的切肤之痛,看到了见义勇为所付出的高昂代价,也更加感受到见义勇为的难得、伟大!②

---

① 布雷迪. 采访技巧[M]. 范东生,王志兴,译. 北京:新华出版社,1986:85.

② 白庆祥,刘乃仲,郑保章. 新闻采访写作编辑案例教程[M]. 北京:新华出版社,2003:96-97.

香港《快报》的女记者曾慧燕在1983年连获最佳记者、最佳一般性新闻写作和最佳特写奖，打破了香港历届得奖纪录，成为香港地区第一位被评为“最佳记者”的女性。1984年，曾慧燕当选香港十大杰出青年。

曾慧燕认为，记者不要自视高明，像法官审问犯人一样去采访，而应以礼相待，平等相处，取得被访者的信任，使他愿与你合作，愿意讲心里话。有一次，一名涉足色情场所的女人在香港黄竹坑一丝不挂地暴尸街头，其夫怕记者抓住这个题目乱写一气，所以闭门谢客，拒绝一切来访者。曾慧燕不辞劳苦一连3日守候在门外，写条子托朋友转交，向这位遭受不幸的丈夫表示深切的同情。她的诚意终于打动了这位不幸者，使他打开了紧闭的门户，向曾慧燕倾诉了自己和亡妻的悲凉身世。访问结束时已经是深夜10点多了，返回报馆，她一气呵成写完这篇独家新闻。后来，这篇报道成为她参加1983年香港报业公会主办的最佳新闻从业人员比赛的作品之一。她说：“欢场女子大多是不幸的，要打破世俗的观念。当我拿起笔时，就要凭自己的良知、同情心和正义感去写东西，不说违心话，这是我的座右铭。”

曾慧燕深入下层，对香港下层群众的疾苦充满同情心。她所写的有关社会悲剧的报道常常获得民众的共鸣。有个妇女一个月之内遇到4件不幸的事：丈夫、女儿、婆婆相继去世，之后又遭匪徒破门抢劫，使她失去仅有的积蓄，生活无着落，悲惨万状。曾慧燕据此写了报道，报道引起了社会各界的同情和关注，读者自动捐款1万多港元，使这位妇女绝处逢生。从此，曾慧燕更加体会到报纸的力量——它可以为不幸的人做一些有意义的事情。在回忆这件往事时，她感慨地说：“记者采访时怕失态，但天下不幸的人太多了，听到悲伤处，我总忍不住要落泪。”①

有些记者的真诚、同情心是表演出来的，这种表演，被采访者是能够感知到的。人类对伪装的真诚和同情心，对没有深入骨髓的真诚和同情心是能够察觉的，这与记者的文化水平、知识素养没有太大的关系。而且越是处在底层社会的人，对记者的表情和言行举止越敏感。记者只有用发自肺腑的真诚、发自肺腑的同情心，才能赢得采访对象的信任，才能获得最有价值的信息。

第五节　坚持不懈

新闻编辑室里有一句谚语：成功的采访随两个“p”而来——persistence（坚韧）与preparation（准备）。在劝说人们接受采访时，坚韧是必需的，而且当所提的一连串问题为采访对象所厌恶时，坚韧更是必不可少的。②

采访对象不是任何时候都乐意接受采访的，记者常常会遭到采访对象的拒绝。当采访对象拒绝采访之后，怎么办？很多记者退缩了、放弃了。意志坚强的记者则敢于迎接挑战，坚持不懈地与采访对象沟通，直到采访对象愿意接受采访时为止。

新华社记者陈雁曾接到采写政协委员、著名企业家王光英的报道任务。当陈雁到王光英住处提出要采访他时，王光英面露难色地表示：没有时间接受采访。陈雁心想，不谈就算了，

---

① 杜荣进.中外新闻采写借鉴集成[M].杭州：浙江教育出版社，1997：255-256.

② 门彻.新闻报道与写作[M].展江，主译.9版.北京：华夏出版社，2003：360.

再去采访别人吧。但回去向社里领导提出另外采访别人的想法时，领导不同意，认为这位委员是个实干家，在国家经济振兴时期很需要这方面的人才，应该向读者介绍。并说："作为记者，就应该有一股认定方向不罢休的劲头，不能怕坐冷板凳。"

隔一天的晚上，陈雁有点无可奈何地又来到王光英住房门前，结果王光英不在家。虽然又没谈成，可陈雁已经不是那种无可奈何的心情了。因为在这一天中，她看了不少介绍王光英的材料，已被王光英的事迹所吸引，陈雁产生了报道他、把他的事迹写出来的愿望。陈雁甚至觉得他拒绝采访正反映出一个实干家的精神，确实是忙啊！

又过了几天，当陈雁第三次举手敲门的时候，王光英见他来了，抱歉地说："真对不起，我一会儿有事。"陈雁说："您一会儿有事没关系，咱们现在就谈，占用您很短的时间。"说着，陈雁就打开了采访本。当王光英看到陈雁对他过去的经历、最近的活动都很清楚时，他没再拒绝，就滔滔不绝地谈起来了。①

不怕困难，不怕被拒绝，坚持不懈，采访总会成功。

不屈的意志和一种良好的、极为敏锐的竞争欲望，使《华盛顿邮报》两位记者鲍勃·伍德沃德和卡尔·伯恩斯坦深挖出一件发生在水门大厦的"三等盗窃案"，揭开了一个惊天大案，导致总统尼克松下台。伯恩斯坦告诉另一位新闻记者蒂莫西·克劳斯说："你敲了一家又一家的门，打了一个又一个电话，人们总把你推给别人。十回有九回，我们被拒之门外。……在那里他们最不愿意见到名叫伍德沃德或伯恩斯坦的人来访。如果你给他们打电话，他们就会拒绝你。"②

面对拒绝和逐客，伍德沃德和伯恩斯坦意志顽强，终于撬开了水门事件关键人物的嘴巴，将总统竞选丑闻公之于众。两位记者对水门事件的调查的顽强精神和行为，"被一位总统新闻秘书描述为这或许是近来人们记忆中的与不愿接受采访的人建立融洽关系的极端实例"③。

坚持不懈，并不是说记者必须有厚脸皮，对采访对象死缠烂打，围追堵截。这种坚持不懈的做法只能让采访对象更加厌恶记者，结果可能是记者无论怎么坚持，也不能赢得采访机会。记者为了获得有价值的信息，采访时要执着，要坚持不懈，但也要讲究方式方法。上面这几位记者坚持不懈的方式方法值得年轻记者们学习和借鉴。

无论记者怎么坚持，采访对象就是不接受采访，记者该怎么办？美国著名记者约翰·布雷迪发明了坚持不懈的另一种方法："不离左右，伺机而动。"布雷迪说："如果不能从无助中求助"，记者应"另辟蹊径，赢得采访机会"。布雷迪甚至不无得意地说："我就是用这种方法获得了采访杰西卡·米特福德的机会。"

当畅销书《美国人怎样办丧事》的作者杰西卡·米特福德访问特雷霍特的印第安纳州州立大学时，记者布雷迪问她是否同意接受他的采访，他要为《作者文摘》写一篇采访杰西卡·米特福德的文章。但是，米特福德太忙了，在两天的访问中，她没有一分钟的空闲，甚至在午餐和晚餐的休息时间，也在与政治学专业的学生和教授们聚谈。

---

① 白庆祥，刘乃仲，郑保章．新闻采访写作编辑案例教程[M]．北京：新华出版社，2003：119-120．

② 布雷迪．采访技巧[M]．范东生，王志兴，译．北京：新华出版社，1986：3．

③ 布雷迪．采访技巧[M]．范东生，王志兴，译．北京：新华出版社，1986：86．

"是的,我愿意,"米特福德回答说,"但这怎么可能呢。我忙极了,从现在到明天上飞机,我大概连半小时空闲都没有。"

"你怎么去机场呢?"布雷迪问。

布雷迪已经了解清楚,她得坐车去印第安纳波利斯机场,距离约七十五英里。

"我不清楚,校方已做了安排。"米特福德回答说。

"我开车送你去好吗?"布雷迪问道,"我们可以在路上谈。"

"好极了。"作家说。

布雷迪于是马上打了几个电话退掉了学校的车,把他的录音机安上新电池,把要提的问题记在索引卡上。

第二天,布雷迪选了一条通向印第安纳波利斯机场的远路,他请杰西卡·米特福德拿着录音机,他则一边开车,一边从膝盖上一张张地揭去提问卡片,同时两眼注视着道路。布雷迪每提一个问题,就把一张卡片扔到脚下,米特福德则对着麦克风作答。大约两个小时以后,在机场的鸡尾酒间里,采访顺利地结束了。①

风靡全美的小说《根》的作者亚历克斯·哈利赢得采访机会的拿手好戏也是"不离左右,伺机而动"。一位整理过哈利的采访手记及小说手稿的记者默里·费希尔说:"亚历克斯差不多是与采访对象一块儿过日子,直到对方感到悠然自得,举止自然,有话愿说。"

仅仅只是为了从马丁·路德·金"嘴里得到一句可用的话",哈利就花了两个星期时间才充分接近马丁·路德·金博士。哈利回忆说,"他真是太忙了,我无法接近他"。两个星期就要过去了,哈利还没有接近马丁·路德·金,根据金的秘书多拉·威廉斯的建议,哈利跟踪到了金参加的一次野餐中,两个人略谈数语。哈利回忆说:"他对我还在这里感到惊奇。最后,他说,'听我说,让我们回到我的办公室去吧'。我们到那儿以后,他把脚跷到办公桌上——他平时可不这么干——我们足足谈了四个多小时,这就是我赢得采访的时候。"②

"不离左右,伺机而动"并不是美国记者的专利,中国记者也很善于采用这种方法接近采访对象。

1985 年 7 月 9 日,诺贝尔物理学奖获得者、美籍华人李政道博士到南京访问,时间只有一天多。江苏人民广播电台一位记者希望采访他,但被拒绝了:一是身体不适,需要休息;二是日程太满,实在排不出时间。但这位记者没有因此而放弃,他采取了"见缝插针,伺机而动"的办法,只要有李政道的公开活动,他都跟随而去。

次日下午,李政道偕夫人游览南京东郊风景区,这位记者也紧跟着,并和他边走边聊。这时候,李政道提了个问题:明朝的历代皇帝都葬在北京十三陵,为什么朱元璋独独葬在南京?借这个机会,记者向他谈了明代开国的一段历史:朱元璋的长子夭亡,由长孙继位后,他的第四子、封藩于北京一带的燕王朱棣,以"清君侧"的名义打入南京,夺取帝位,迁都北京……李政道对历史很感兴趣,听了很满意。这位记者感到气氛融洽,就顺着话题,向李政道提了好几个问题,李政道都热情地做了回答。在不知不觉中,这位记者就完成了采访任务,不但向本台

---

① 布雷迪. 采访技巧[M]. 范东生,王志兴,译. 北京:新华出版社,1986:40-41.

② 布雷迪. 采访技巧[M]. 范东生,王志兴,译. 北京:新华出版社,1986:41-42.

发了消息和录音通讯,同时还向中国新闻社发了专稿。并且,《人才天地》杂志还刊登了这位记者采写的长篇通讯《李政道访金陵》。①

"不离左右,伺机而动"的方法同样也是坚持不懈,但是更加人性化,没有强制性,比较柔性,兼具韧性,让人容易接受。运用这种方法时,记者始终都在现场,即使采访对象仍然没有接受记者的采访,但依靠在采访对象身边不离不弃的观察与五官感知,记者也可以采写出比较好的报道来。

第六节　随机应变

在战争中,战场形势瞬息万变,军人唯有随机应变才能把握战机,争取主动,赢得胜利。记者采访与军人打仗一样,在采访活动中,现场的情况随时都会发生变化,记者也要像军人一样随机应变,这样才能赢得采访机会。

在采访实践中,记者要因人而异,针对不同的人采取不同的方法。中国有句俗话:"见人说人话,见鬼说鬼话。"这句话语带有贬义,批评那些圆滑世故的老油条虚伪、为人不诚实,善于见风使舵,不值得交往。记者在采访工作中必须真诚地对待采访的每一个人,但是在真诚的前提下,记者在与采访对象交谈的时候,针对不同的人应使用不同的语言方法。

由于接受采访的人在性别、年龄、性格、职业、职务、人生经历、民族、文化程度以及接受采访的动机等方面不同,其在与记者的交谈中会表现出不同的心理与诉求,记者理应根据这些不同的人,灵活采用不同的语言表达方式和不同的采访方法。

美国著名记者约翰·布雷迪在他那本名著《采访技巧》的导言中忠告记者们说,"唯一应当记住的"采访法则是:"机动灵活。归根结底,提问是一项无法预测和令人兴奋的工作。"②

布雷迪在他的著作中多次强调机动灵活。在记者与采访对象的采访活动开始时,记者怎样才能打开局面?布雷迪说:"关键在于:采访伊始,要反应灵活,随机应变。"③《华盛顿邮报》两位记者通过水门事件的采访报道使总统下台,布雷迪赞扬说:"这一切都归功于机智灵活……"④记者的随机应变主要表现在对现场的处置能力上。在新闻现场,记者必须根据变化的情况迅速作出调整,调整自己的采访计划以及语言、行为、态度,等等。只有及时调整,作出改变,才能因应变化,赢得采访机会。

1957 年八九月间,美国南方阿肯色州小石城爆发了白人种族主义分子反对白人与黑人学生合校读书的骚乱,这就是当时震惊美国的小石城事件。9 月 23 日,美联社记者莱尔曼·莫林原计划采访报道 8 名黑人学生去小石城一所中学报到就读。早上 8 时,莫林来到校门外时,发现一群歇斯底里的白人男女已把学校团团包围了,他们又哭、又叫、又骂,同州警察对峙,形势十分紧张。莫林看到这种情况,立即果断放弃了入校采访的打算,他走进校外大街角落里的一个电话间,在那里一边观察,一边用电话向编辑报告事态的发展。莫林在现场坚持

---

① 白庆祥,刘乃仲,郑保章. 新闻采访写作编辑案例教程[M]. 北京:新华出版社,2003:154.

② 布雷迪. 采访技巧[M]. 范东生,王志兴,译. 北京:新华出版社,1986:导言 5.

③ 布雷迪. 采访技巧[M]. 范东生,王志兴,译. 北京:新华出版社,1986:67.

④ 布雷迪. 采访技巧[M]. 范东生,王志兴,译. 北京:新华出版社,1986:88.

了近3个小时,向编辑报告了种族主义分子殴打黑人、冲击警察以及黑人学生入校、白人学生退出学校等一系列动态。由于及时报道了这一事件的现场情景,莫林获得了当年的普利策新闻奖。记者莫林根据变化了的现场情况,随机应变,迅速改变了原先的设想,出色地完成了采访任务。而美国《生活》画报的三个摄影记者在当时的情形下,没有及时调整采访方式,他们试图拍照,不但挨了揍,照相机也被砸了,没有完成预期的报道任务。①

1949年,《人民日报》年轻女记者金凤接受了采访二野司令员刘伯承将军的任务。金凤开始找到刘伯承时,刘伯承表示不愿意讲,而且还说,在太行山的时候,有个记者写了他的报道,都被他扔在字纸篓里了。金凤没有知难而退,她缠住刘伯承说:您不跟我谈,我怎么完成任务啊?刘伯承问:你多大了?金凤回答说:21岁了。将军说:哦,你比我的女儿还小哩,我大女儿23岁了。这时,机灵的金凤接过话头说:那您就当成是向您的女儿讲故事吧。就这一句机灵的"那您就当成是向您的女儿讲故事吧",把将军感动了。对将军来说,也许由于战事在身,时常见不到女儿,面前的金凤使他自然联想到了自己的女儿。这种人之常情,一下子就把气氛拉近了。后来,刘伯承司令员花了整整一天,8个小时的时间,借助地图,详细给金凤介绍了情况,并亲自为金凤的报道拟了"四战之地,四战之笔"的题目。报道刊登后,在当时产生了良好的效果。当初记者本被拒绝采访,就这样一句机灵的接话让记者出色地完成了采访任务。②

《解放军报》记者马越舟在《单兵闯奥运的感受和思考——采访第27届、第28届奥运会回顾》一文中回忆说,在第28届雅典奥运会上,解放军选手彭勃夺得跳水3米板冠军,但是,"现场只允许穿指定蓝衬衫的电视转播记者停留,如果没有特别的证件,文字记者一律不许进入场地,而只能在混合采访区等待彭勃经过。我就被警卫挡在安全线以外,面前是一道隔板,赛场的情况,我什么都看不见"。怎么办?为了在第一时间出现在第一现场,保证采写质量,记者使出了"绝招"——"我来到洗手间,从包里取出组委会给电视记者配发的天蓝色衬衫(我从一个电视台朋友那里要来的)套上,和一个电台记者借来话筒,并说好信息共享,就大摇大摆地走向警卫。他一看我是个'蓝衬衫',连问都没问就放行了,我赶紧靠近彭勃,第一时间把他的一言一行记录下来,为我精心谋划彭勃的人物特写《军人胸怀比海宽》(军报8月26日四版)打下了坚实的采访基础。"当然,乔装改扮是要冒风险的,如果被发现,最起码会被没收采访证件。但是,为了采访到第一手资料,记者果断地做出了冒险的换装!③

广东《现代人报》的女记者刘丹去曾经的农村典型大寨采访时,刚开始吃了闭门羹。当刘丹被介绍给当年的大寨大队党支部书记贾承让时,贾承让对记者刘丹不屑一顾,径自吃力地向自己的家门走去。面对采访对象这样近乎"无礼"的表情与举动,刘丹没有退缩。她知道贾承让有腰疼痼疾,在下石梯时,刘丹怕他跌倒,走上前去搀扶老人,这个动作做得非常自然,就像扶自己的长辈那样。但是,这一个搀扶动作,竟然产生了神奇的力量,尴尬的局面迅即得到扭转。这让贾承让感到,眼前的这位年轻女记者与他人不同,对农民有感情,可以信赖,于是对刘丹由冷到热,从避而不谈大寨事,到完全向她敞开了心怀。④

---

① 白庆祥,刘乃仲,郑保章.新闻采访写作编辑案例教程[M].北京:新华出版社,2003:243.

② 方延明.新闻实务方法论[M].广州:南方日报出版社,2005:126-127.

③ 马越舟:单兵闯奥运的感受和思考——采访第27届、第28届奥运会回顾[M]//张晓健,闵勤勤.驻外记者手记.北京:中国广播电视出版社,2007:213-214.

④ 张征.漫谈新闻采访[M].北京:新华出版社,1996:98.

中国人民大学讲授新闻采访学的张征教授，回忆当年自己去川北平武县采访白马藏族人时说，当时本想到他们的村子里采访，但苦于没有熟人引见。在县城的一个小饭馆里，恰巧遇到两位白马藏族少女，正在气冲冲地与那里的汉族炊事员争吵，张征教授觉得此时上前搭话，准碰钉子。这时，另一位白马藏族妇女抱着一个孩子走进饭馆，将孩子往地上一放，跑去与两个姑娘说话，原来她们是同村人。张征教授这时灵机一动，赶紧抱起那个穿着很脏、正蹒跚学步的白马藏族的小孩，加入她们聊天的一伙儿。这几位白马藏族女性以惊喜的目光看着张征教授，通过她们的目光，张征知道，一切隔阂已冰释。后来，就是这三位白马藏族女性，领着记者进入她们的深山村寨，记者由此完成了采访任务。①

当记者感到难以接近采访对象时，可以通过一系列友好的动作、一系列友爱的表情，通过这些“非语言”的方式，向采访对象传递友善的信息，这对记者赢得采访机会有非常重要的促进作用，往往能够起到化被动为主动，化尴尬为融洽的神奇效果。上面的这两个案例，记者灵机一动，一“扶”一“抱”，就赢得了采访的机会。

有一次，一位年轻的记者到一个颇有成绩的工厂去采访。50多岁的厂长不冷不热地盯着记者的眼睛说：“你认为有必要采访，那你就问吧！”当即给记者一个下马威。记者心中一惊，忙转口说：“听说你们原来濒于破产，是您承包后才使它死里逃生，您是采取了什么高明的手段呢？”这句奉承话仍然无效。厂长拉长声调，淡淡地说：“这个问题一下子说不清，你还是具体点吧。”记者忽然想起一件事，就试探着说：“听说您用了一个解除劳教的人员搞业务，结果外界压力很大，有这回事吗？您是如何看待的呢？”厂长一听，高兴起来，就把自己过五关斩六将的历史向记者说出来了，还陪着记者参观了一些生产车间。记者告辞时，厂长说：“小老弟，真是失礼了，原先也常有记者找我谈情况，但他们想了解的是我的收入……真叫人心烦。今天你所问的，正是我想的问题。”②可见，记者采访受阻时，要沉住气，要不断地变换问题，积极寻找适当的时机来打开局面，赢得采访机会。

采访方法没有固定的规则，一切都要因势利导，因人因事、因时因地而异。因此，随机应变，灵活机动，始终都是让采访对象接受记者采访的不二法则。记者只有根据现场情况，及时地调整话题、灵活地转换言行举止、见机行事，才能赢得采访机会。

知识链接

唯一应当记住的法则是：机动灵活。归根结底，提问是一项无法预测和令人兴奋的工作。③

对具有被采访经验的采访对象，如果双方都想从采访中有所收获，采访通常进行得很顺利，因为采访对象想在公众面前表达他或她的想法和评论，记者也希望获得一篇报道。④

采访的早期阶段是一个感情交流的时期。采访对象会衡量自己的收获和向记者透露其寻找的信息所带来的损失。而记者则努力向消息来源展示其通过揭露信息将会得到的报偿——公开、尊敬以及弃暗投明的感觉。

---

① 张征. 漫谈新闻采访[M]. 北京：新华出版社，1996：98-99.

② 白庆祥，刘乃仲，郑保章. 新闻采访写作编辑案例教程[M]. 北京：新华出版社，2003：193-194.

③ 布雷迪. 采访技巧[M]. 范东生，王志兴，译. 北京：新华出版社，1986：导言5.

④ 门彻. 新闻报道与写作[M]. 展江，主译. 9版. 北京：华夏出版社，2003：362.

当消息来源得出结论：危险超过可能的收获，他们于是决定提供很少的信息，或者不提供信息，或者提供误导的信息，这时，记者有几种替代方案。在一种极端的情况下，记者可以试着用甜言蜜语——或者表现得很惊奇——哄骗消息来源把情况和盘托出。在另一种极端的情况下，记者可以要求得到信息。如果消息来源是一个公共官员，这种要求是合法的，因为官员对公众负责。记者可以告诉消息来源，报道将会指出该官员拒绝回答问题。通常，消息来源会答应记者的要求。①

好的采访引来好的报道。这些报道深入分析了人物和事件。下面是采访实践者提出的一些建议：

一本人物小传写作教材的作者海伦·本尼迪克特(Helen Benedict)说："大多数采访对象厌恶一成不变的旧问题。如果你想以采访者的身份出现，并获得一篇好报道，那你就得有赖于准备和智慧。"

本尼迪克特列出她的问题，带着问题清单进行采访。在采访过程中，在建立了互相的信任后，她开始逐渐地指导采访对象。"不要过分干扰采访对象，也不要太早地向采访对象挑战，以至于采访对象把自己保护起来。不要说太多的话。"

她喜欢在采访对象的家中进行采访，这样她能观察到他们的衣服、墙上的饰物和桌椅——这些物件反映了他们的品位。她观察他们的言行举止：他们如何行走、坐立和喝咖啡、接电话以及与他人交谈。

为了透彻地了解采访对象，好的采访者应与采访对象的朋友、同事和亲戚交谈。18 世纪英国的伟大作家塞缪尔·约翰逊(Samuel Johnson)向作家们建议："(我们)从与一个人的某个佣人的短暂交谈中获得的他的真正特点，比从一份正式的、内容包括从他的血统到他的葬礼的研究资料中获得的要多得多。"②

正确上路

像利布林那样进行仔细的准备能够让记者与消息来源建立起一种开放的、友好的关系，后者很高兴记者花时间来学习与他们有关的知识。

通常，对于记者熟悉的消息来源，记者没必要花许多时间进行准备。但是对于那些不经常接受采访的人——在该市大学做演讲的核物理学家，某公司派来调查用于发展工业的该市北部地区状况的工程师——而言，记者必须让他们感到轻松自如。③

谁在控制？

一些消息来源控制着采访局面，如果他们能提供记者需要的信息，记者应该心甘情愿地扮演被动角色。多数不习惯被采访的消息来源需要记者通过解释、帮助性提问、鼓励的姿态和面部表情来加以引导。

如果消息来源控制了采访，有意或无意地避免记者感兴趣的问题，那么他就是一个挑战。如果可能，记者必须巧妙地夺回控制权，控制不必是绝对的。事实上，如果记者专注于证明自己是主宰者，他可能无法实现倾听、观察及成功采访必备的规则间的平衡。

考虑到记者的声望或根据他以往与该记者打交道的经历，采访对象可能允许由记者主导采访。一些一次性的采访对象把记者当作权威人士，因而言听计从。一般说来，消息来源是否合作、是否愿意接受记者的引导，取决于消息来源对记者行动和最初几个问题的即时反应。④

主导者卡罗尔·麦卡布说，在她为《普罗维登斯新闻报》进行的一次采访中，很明显，她的采访对象决定控制交谈。为了扭转他的努力，她坐上采访对象的椅子，在那里进行采访。⑤

传统者——通常是大多数人，且处于权威地位——感到生气，他们批评新的生活方式，直到他们也加入进来。时尚成为一种潮流，再后来成为一个传统。在此之前，领导潮流的记者(指记者蓄长发、穿奇装异服等——引者注)冒着触怒消息来源的危险，绝大多数消息来源是政界、社会活动界、商界和教育界中的传统者。

---

① 门彻. 新闻报道与写作[M]. 展江，主译. 9 版. 北京：华夏出版社，2003：362.
② 门彻. 新闻报道与写作[M]. 展江，主译. 9 版. 北京：华夏出版社，2003：378-379.
③ 门彻. 新闻报道与写作[M]. 展江，主译. 9 版. 北京：华夏出版社，2003：383.
④ 门彻. 新闻报道与写作[M]. 展江，主译. 9 版. 北京：华夏出版社，2003：383-384.
⑤ 门彻. 新闻报道与写作[M]. 展江，主译. 9 版. 北京：华夏出版社，2003：384.

轻松、随意的态度和衣着可能告诉消息来源，你——年轻记者——没有把他当回事。发式、着装、音调、姿势、手势和面部表情都向消息来源传递了信息。人类学家说，人们的所作所为比他们所说的内容重要得多。记者通过他的着装、外表、姿态、手势和面部表情呈现出的第一印象，可能比记者说的任何话都要重要。

记者可以选择他的装扮，用沉稳、有节制的声音说话，学会控制体态。年龄、种族、性格和身体特征不是记者所能支配的，但是一些消息来源可能受这些因素的影响。

与接受另一性别、种族、宗教信仰或年龄的记者的采访相比，如果消息来源与记者有共同之处，他更能挥洒自如地讲话。人们与那些类似自己的人待在一起时感觉最舒适。

多数中小型报纸和广播电视台的采编人员是年轻人，消息来源中存在的对年轻人的偏见可能非常普遍。年轻人必须证明自己。在消息来源确信一名年轻记者值得信任之前，他可能会不合作。

记者也可能有妨碍他们工作的偏见和先入之见。在年轻人中存在的一种最普遍的对抗是对权威人士的敌视。"始终质疑权威是一个明智之举"这句格言是有价值的，但是，有时候年轻人的态度已经不再是怀疑，而是冷嘲热讽。①

很显然，对新闻记者而言，最佳的角色是他感觉最舒适的角色，在多数新闻记者看来就是非个人的、非感情的和不介入的职业角色。有时候，记者发现，他必须参与其中，否则就会错过事件。一名记者被派去报道当地一所学院内学生社团的招新活动周，她惊讶于年轻女学生遭女生联谊会拒绝后表现出来的绝望，直到她对其中一位说："我了解你的感受。我在学校时经历过同样的事。"②

角色扮演的限度

在扮演角色的路上，记者走多远才算违背职业道德，这条界线很难划定。一名记者扮作验尸官与谋杀案被害者的遗孀交谈，一名记者在采访中假装粗心大意——这是一个常见技巧，这二者之间还是有区别的。但是在两个事例里，记者都在说谎。这又有什么差别?

一位有名的华盛顿记者说，她不介意一位参议员拍她的臀部，如果这意味着他因此更愿意告诉她一条新闻——这种态度遭到她许多女同事的厌恶。但是，这与那些被认为可接受的角色扮演相比，又有多大区别呢?

这里还存在另一些问题。记者如何才能恰当地评价一位消息来源以判断角色扮演是否有用? 即使精神病专家也承认，无人拥有快速论断的特别能力。

这些问题的答案在于记者的个人道德，这一点我们将在第27章讨论。在这里，我们只能说，说谎和欺骗是不能接受的。但是记者与医生和律师一样，他们没有义务告诉病人和客户自己因职业关系而知道的全部情况。③

友好的外表、态度中立的第一个问题、乐于倾听的姿态，这些能使被采访对象放松下来。美联社的朱尔斯·骆这样描述他的第一个问题："'你哪年出生?'他回答：'1945年。'我说：'哪天?'他说：'8月1日。'这时，你就可以把笔记本掏出来了。"

"你会得到一些事实。接着，你再问一些类似的问题。这种方法使采访对象觉得，你是个注重精确的记者。而他们以前听说，记者会把什么事都搞得一团糟。"有时，你会特意避免记笔记。记者、小说家、电影剧本作者丹·韦克菲尔德(Dan Wakefield)说："如果人们正在说的问题确实令人尴尬，那么我就尽量不作记录，我不希望他们因为看见我的手不停在动而就此闭口。"

著名电台访谈记者、访谈作品集作者斯塔兹·特克尔让采访对象放松的办法是对采访对象说："'哦，我也曾经历过这种事。'如果我讲讲自己的事，没准这个人会觉得和我有共同语言。"④

材料提供人的培养就像葡萄酒，不时留意，越陈越香。⑤

① 门彻.新闻报道与写作[M].展江，主译.9版.北京：华夏出版社，2003：385.

② 门彻.新闻报道与写作[M].展江，主译.9版.北京：华夏出版社，2003：386.

③ 门彻.新闻报道与写作[M].展江，主译.9版.北京：华夏出版社，2003：390-391.

④ 门彻.新闻报道与写作[M].展江，主译.9版.北京：华夏出版社，2003：406-407.

⑤ 布雷迪.采访技巧[M].范东生，王志兴，译.北京：新华出版社，1986：247.

措辞也很重要。对于某些采访对象,也许委婉其词可以收效。作家菲利普·马文提出:"对一个大忙人绝不要说想'采访'他。最好说想和他见见面,听听他对你已经获得的背景情况的'建设性意见'。"①

(社会学学者)博加斯特警告说:"绝不要强求或苛求采访对象持坦率态度。最好由记者来创造坦率的气氛而不是逼着对方这样做。"②

采访的时候坐在什么位置也很重要。一般来说不要坐在人家的正对面,他会觉得不舒服的。但你选择的位置要使他们在必要的时候可以和你互相对望。③

思考与练习题

一、思考题

1. 谈谈采访对象的心理需要。

2. 简述新闻采访中的心理感应规律。

3. 记者如何正确处理与采访对象之间的关系?

4. 谈谈"拆墙"和"搭桥"的艺术。

5. 如何正确把握坚持不懈与死缠烂打之间的界限?

二、练习题

1. 阅读下面这段材料,分析记者赢得采访机会的艺术。

一次,著名歌唱艺术家李谷一带领轻音乐团到淮阴地区演出,记者孔建民慕名前往进行"专访",谁知被李谷一一口回绝,令记者十分尴尬。但孔建民没有介意,更没有"收兵回府",而是"贴"上了轻音乐团。乐团演出时,记者每天到后台,帮着搬乐器、拿道具、布景物、弄灯光。他和演员们一天天熟悉了,从侧面了解到不少轻音乐团和李谷一的情况,许多又是在座谈会上听不到的。

一天,记者本想找李谷一采访,因为乐团上午到淮阴织布厂演出,下午、晚上还各有一场演出,因而又拖了下来。李谷一告诉记者,近几天演出安排比较紧,过几天乐团到淮安演出,才有时间交谈。记者拿定主意继续跟随他们,边帮忙演出,边采访,使李谷一和乐团的其他同志都感动了。两三天后,乐团开总结会,记者破例被允许参加了。会上,一些演员表扬了"老板"李谷一的工作精神。李谷一有个激动的发言,发言间,她眼里噙着泪水。两小时的总结会,大家的发言,使记者受到了感染,不觉记下了许多生动的素材。这些素材同样是不参加会议的人"踏破铁鞋无觅处"的。

第二天上午九点来钟,李谷一约记者采访。记者进屋后,李谷一热情让座、倒水,接着从儿时的生活谈起,谈爸爸和妈妈;谈被选进湖南艺术专科学校进修;谈演出花鼓戏《补锅》出名;谈选调中央乐团会见意大利声乐大师吉诺·贝吉;谈自己的爱人和孩子,以及她和金铁林的离异……记者的真诚,使专访获得了成功。④

2. 阅读下面这则材料,分析记者接近采访对象的方法。

不管再过多少年,不论历史怎样变幻,陈伯达都会是一个人物。作为当年仅次于毛泽东、林彪、周恩来的中国"第四号人物",作为中共的"理论家""一支笔",陈伯达与中国许多著名人物、著名事件、著名文件紧紧联系在一起。研究中共党史,书写中国历史,都少不了他的一笔。

---

① 布雷迪. 采访技巧[M]. 范东生,王志兴,译. 北京:新华出版社,1986:9.

② 布雷迪. 采访技巧[M]. 范东生,王志兴,译. 北京:新华出版社,1986:68.

③ 密苏里新闻学院写作组. 新闻写作教程[M]. 褚高德,译. 北京:新华出版社,1986:82.

④ 张征. 漫谈新闻采访[M]. 北京:新华出版社,1996:92-93.

以写中国的“黑幕”“红幕”而驰名世界的纪实文学作家叶永烈当然不会忘了陈伯达。

然而，正在监狱中服刑的陈伯达是不能接受采访的。

1988年10月17日，陈伯达服刑期满，回到北京的家中。是年，陈伯达已经84岁，染病在身。

迫不及待的叶永烈立即登门。

首次登门，他当然得请公安部的同志引路。陈伯达说，“列宁不相信回忆录”，还说，“老年人容易护短，谈不好”。很明显，那是婉言相拒——以陈伯达当年的身份和心境，他是不敢直接拒绝的，叶永烈知道这一点。但要真正地打开采访之门，还需要下点功夫，叶永烈更知道这一点。要开始谈话了，怎么称呼才好？叫“伯达同志”当然不合适。直呼“陈伯达”，他毕竟年长一辈，叫“陈先生”“陈老师”也不很恰当。叶永烈考虑再三，决定用“陈老”，一则符合中国人对年长者的习惯称谓，二则也传达了一定的亲切和尊敬之意。我们可以想见，陈伯达听到这一称呼，心里会很熨帖，起码，不会反感。

“陈老，我早在1958年就见过你！”

“哦，1958年，什么地方？”

叶永烈告诉他，1958年他正在北京大学上学。5月4日，北京大学60周年校庆那天，陈伯达到校给全校师生作讲演。

“当时，你带着一个‘翻译’，他把你的闽南话译成普通话。我平生还是头一回遇上中国人向中国人作报告，要带‘翻译’！”

叶永烈说到这里，陈伯达哈哈大笑起来。

有了这一笑，初次见面的气氛轻松多了。陈伯达问叶永烈看没看过他写的关于孔子的文章。叶永烈说：“看过，那是你到延安以后写的。主席还为你的文章写了3封信呢。”陈伯达听了很满意。叶永烈趁机就问：“你是怎么成为主席秘书的？”……

有了成功的切入，谈话顺流而下。

在一次采访中，陈伯达提到他年轻时发表过一篇小说《寒夜》，一生中唯一的一篇，可惜手头没了。叶永烈记下了查找的线索，回到上海后，在上海图书馆一大堆都发黄了的报刊中找到了刊有那篇小说的杂志，送给了他。陈伯达本来患有严重的老年健忘症，第一天见的人第二天就忘了。因为这件事，他却记住了叶永烈。过了许多日子，叶永烈又进门时，他竟认了出来：“你是上海的叶永烈。我的《寒夜》还是你找来的。”

更深的切入带来了更多的回报。陈伯达不但敞开来谈，而且给他找资料，甚至把自己的一些手稿也给他看。连在秦城监狱交代的底稿都允许他复印，那全是一些重要历史问题的回忆录。

就在陈伯达逝世的前一星期——9月13日，他和叶永烈还整整谈了一个下午。那天他留在录音磁带上的声音，成了他最后的声音。陈伯达不是喜欢拍照的人，特别是失势以后，一直躲着镜头。那天下午，叶永烈提出要拍几张照片，他没有拒绝。那十几张彩照，成了他最后的照片。那天，叶永烈还请他题字。他写了《论语·述而》中一句话“往者不可谏，来者犹可追”。这句题词，成了他对世人的“告别辞”，也成了他的绝笔。

陈伯达从出狱到逝世，仅仅一年的时间。高龄，重病，心境郁闷，世事苍凉。在这重重缠绕中，他却友好地接纳了一个记者一次次的打扰。从而世上又多了一本不可多得的畅销书。我们是不是应该感谢第一次采访成功的切入呢？①

① 周克冰.中外经典采访个案解读[M].北京：北京广播学院出版社，2003：201-203.

第十一章　观察

▶**本章要点：**

观察是指记者对客观事实进行由表及里的观看与思考活动。

记者只有到现场去观察，才能掌握真实可靠的第一手材料。第一手材料是指记者不经过任何中转环节得来的材料，包括记者在现场亲眼所见、亲耳所闻、亲身所感之物和物证、书证材料。

观察的方式主要有三种：参与式、旁观式、隐匿式。

观察时要善于抓特点，发现“常态中出现的偏差”；善于抓细节；运用五官配合观察；要积极思考。

观察也有局限性。记者观察时，一定要冷静、理性、客观观察，反复多次地观察，避免出现错误。

新闻采访最主要的采访方式，就是观察和口头采访，其他的采访方式都是这两大采访方式派生出来的。观察得来的材料往往比口头访问更真实、更有价值。

第一节　什么是观察

一、理解观察

观察，在新闻采访中，是指新闻记者对客观事实进行由表及里的观看与思考活动。观察，又叫作目击采访，用眼睛采访。

著名记者穆青说：“人身上最灵敏的器官是眼睛，十八般武器，眼睛是最锐利的武器。”多次获得过各种奖项的美联社记者索尔·佩特也说：“人的眼睛仍然要比电视摄影机的眼睛锐敏，因为人的眼睛是同脑子和心脏相连的。”①因此，要成为一个优秀的记者，就要善于用自己的眼睛观察事物。

西方有句俗语，看的人不少，看见的人不多。你看了，但并不等于你就看见了。我们中国的成语“视而不见”，也是这个意思。所以，看不等于观察，看了不等于看见了。

在英国作家柯南·道尔的小说《福尔摩斯探案全集》中，有个故事叫《波希米亚丑闻》，其中有这么一个情节：虽然福尔摩斯的观察能力超强，但华生医生不服，他对福尔摩斯说：“我还是觉得我的眼力不比你的差。”但福尔摩斯不这样认为。

---

① 格拉米奇. 美国名记者谈采访工作经验[M]. 魏国强，译. 北京：新华出版社，1981：37.

福尔摩斯说:"你只是在看,而不是在观察。这二者之间有明显的区别。比如说,从下面大厅到这间屋子的梯级(台阶——引者注)你看到过吧?"

"经常看到。"

"看到多少次了?"

"不下几百次吧。"

"那么,有多少梯级?"

"多少梯级?说不上。"

"这就对啦!因为你没有观察,而只是看嘛。这就是关键所在。你瞧,我知道共有17个梯级。因为我不但看,而且观察了。"①

福尔摩斯与华生医生的这段对话告诉我们,看了,不等于看见了。从大厅到屋子的台阶,华生医生看到过不下几百次,但福尔摩斯问他有多少级台阶时,他却"说不上"了,而福尔摩斯数过,一共有17级台阶。福尔摩斯分析说,看和观察,二者之间有明显的区别。华生医生没有观察,而只是看——漫无目的地看,无所用心地看。而观察则不然,观察有明确的目的性,注意力集中甚至高度集中。

心理学上对有意注意和无意注意的研究可以帮助我们进一步理解观察和看的区别。人们为了达到既定的目标,完成预期的任务,经过意志的努力,有意识地将注意力指向一定的对象,这是有意注意。从这个意义上,可以将这种"有意注意"理解为"观察"。当人们注意一个对象时,既没有自觉的目的,也不付出任何努力,而只是自然而然地注意到了,这是无意注意,从这个意义上,可以将这种"无意注意"理解为"看"。

《空军报》记者陈乃文对看和观察的区别深有体会,他还专门写了一篇采访琐谈《不要忘记"带眼睛"》。下面我们来看看记者的切身体验:

看了这个题目,有的同志可能会感到很奇怪:"这不是荒唐吗!去采访,谁还能把眼睛搁在家里?"

这种惊奇我也有过。我刚开始搞报道时,同一位老同志去采写一位电话员。临出发,他正儿八经地对我说:"可不要忘记带'眼睛'啊!"我当时心想:"莫不是看我年轻,故意戏弄我?"不过我很快意识到他是对的。

采访时,我的脑子里本子上记的都是"听"来的,而他记的除此之外还有大量"见"到的。有件事使我印象特别深。采访中,有的同志告诉我,他们那个电话员虽然是个篮球迷,可从来没因打篮球耽误过工作和值班。我当时就觉得不错,可下笔时又觉得缺少什么。那位老同志对我说:"不知你留神没有,我们刚到连队那天,篮球场正在赛球,他(电话员)在值班。值班室和篮球场紧挨着,他边值班边看球很方便,可是他戴着耳机,背对着球场端坐着,球场上热烈的场面他看都不看一眼。还有,那么热的天,他把值班室的门窗都关上了……"啊,多么好的典型环境!多么好的特写镜头!我怎么没捕捉到,我的眼睛干什么去了?!②

① 道尔.福尔摩斯探案全集[M].姚锦镕,涂小榕,译.北京:中央编译出版社,2015:216-217.

② 陈乃文.记者启示录[M].北京:蓝天出版社,1989:126.

陈乃文发现,他全是靠口头采访获得材料,而那位老记者却用眼睛看到了大量陈乃文视而不见却能够充分表现人物特点和性格的材料,令陈乃文叹服。那些精彩的细节和材料,陈乃文并非没有看,他是看了的,但是他没有观察。所以,陈乃文对这些好的细节和材料视而不见,充耳不闻。但老记者则不同,他用心观察了、认真观察了,所以他能够抓住最有价值的材料、最能说明问题的材料、最生动的材料。因此,老记者没有戏弄他,而是在用自己的经验和能力指导和培养他。

经过多次类似的观察采访磨炼,陈乃文说他也学“乖”了。在每次比较重要的采访之前,他除了准备详细的谈话提纲外,还要单独准备一个“观察纲目”。陈乃文举例说,他在采访一位空军学院的教员前,就列了一个比较详细的“观察纲目”。“采访中,我到了他的办公室、他经常去的图书馆、他的家、他上课的教室以及他经常去的学生宿舍、他曾经干过烧炉工的锅炉房,听了他讲的一堂课,看了他的藏书,翻阅了他在书上作的眉批、他准备的教案、他和毕业学员的通信以及他在报刊上发表的文章的剪报等。这次采访很成功。后来写作的通讯中有近一半材料都来自我亲眼所见。”

陈乃文的这个在谈话提纲外单独列一个“观察纲目”的做法值得记者们学习和借鉴。记者采访,必须用心观察,努力培养观察的技巧,还要用制度化(记者将列调查纲目作为一项规定)的方式来提高采访效率。这样写出来的新闻报道才会活灵活现,生动形象。

二、观察的价值

真实是新闻的生命,记者要想获得真实的新闻事实材料,首先必须依靠观察。俗话说:“耳听为虚,眼见为实”,“百闻不如一见”。防止失实的最好办法就是观察采访,记者只有深入新闻发生的现场去观察,才能掌握真实可靠的第一手材料。观察是记者获取第一手材料最有效的途径。借助观察,记者能真切直观地感受到新闻事件的即时变化状况,这样就为真实、详细地记录新闻事实提供了可能。

著名记者艾丰在《新闻采访方法论》一书里,对第一手材料作出了严格的界定。所谓第一手材料,是指记者不经过任何中转环节直接从他要报道的事实那里得来的材料,包括记者的直接观察和物证材料。根据艾丰的界定,第一手材料,是指记者亲眼所见、亲耳所闻、亲身所感而获得的材料,即记者在现场通过他的眼睛、耳朵、鼻子、舌头等器官对现场感知而得来的材料。第一手材料也包括物证材料和书证材料。除此之外,其他的材料都不是第一手材料。

第二手材料,是指在记者和事实之间存在着一个中转环节,记者通过这个中转环节获得的材料。很多人将记者从当事人和目击者那里得来的材料当作第一手材料,这是错误的,这一类材料不是记者在现场通过他的眼睛、耳朵、鼻子、舌头等器官对现场感知而得来的材料,不是第一手材料。第二手材料因为有一个中转环节,其材料的真实程度就不如第一手材料。当事人、目击者、知情者受自身利益、对事实的知悉程度、观察和调查客观事物的能力、技术、知识等方面的或多或少的限制,其转述可能会影响事实的真实性,甚至当事人、目击者、知情者在对事实的转述过程中,可能由于表达能力的不同影响事实的真实性。

第三手材料,是指在记者和事实之间存在着两个中转环节,记者通过这两个中转环节获得的材料。事件的当事人、目击者、知情者向第三方转述了事件的经过,记者从第三方那里得到的材料就是第三手材料。其传播环节为:事件的当事人、目击者、知情者→第三方→记者。

假设事件的当事人、目击者、知情者为 A→第三方为 B→记者为 C，其传播环节即为：A→B→C。第四手材料及第 N 手材料，可以依此类推。

综上所述，记者要想得到最真实的材料，必须到新闻发生的现场，亲自用眼睛等五官采集材料，这样得来的材料才是最原始的材料来源，才是最准确可靠、具体生动的第一手材料。

1983 年 8 月 21 日，菲律宾前总统阿基诺在马尼拉国际机场被枪杀后，菲律宾总统马科斯发表讲话，断然否认现政府与阿基诺遇害有关。可是，菲律宾反对党却说，这是政府有关部门指使人干的。那么，究竟是谁杀死了阿基诺呢？当时在菲律宾众说纷纭。但是与阿基诺同乘一架飞机抵达马尼拉机场的日本记者若宫以现场的直接观察，写出了目击式报道。他是这样写的：

飞机到达马尼拉后，阿基诺被进入机舱的三名军官（佩戴肩章）围起来带出机舱。我也马上追上去，但在出口附近被许多人挡住了，我硬从人群中伸出头朝外看，我看到，阿基诺已从廊桥靠近飞机一侧的扶梯上走下来，而就在这当口，迎到机内的三名军官中的两名突然拔出枪来，连续两三声枪响，已从阶梯上走下并迈出两三步远的阿基诺"叭哒"一声，直挺挺地向前倒下了。

军人是在极近的、距阿基诺身后只有一米左右的地方朝他开枪的。我估计，从我目击的阶梯到阿基诺倒下的地方，距离不过五六米。

正当我眼看着血从阿基诺的头部喷出，并想到"啊，他被害了"的时候……打死阿基诺的那几个军官逃进军车中，转眼间不见了……

所有这一切都是在短短的几分钟内，是在一瞬间发生的，三名军官及士兵们的行动麻利敏捷，仿佛事前反复练习过似的……①

当菲律宾各界对"究竟是谁杀死了阿基诺"众说纷纭的时候，这个日本记者以现场观察获得的第一手材料，报道了阿基诺被害的经过，"从我目击的阶梯到阿基诺倒下的地方，距离不过五六米"，记者在第一现场目睹了阿基诺被杀害。因此，第一手材料具有很强的真实性。

下面这个记者没有亲临现场观察采访，仅仅依靠在远离现场之外的地方"听"而搜集材料，其写出的报道"荣登"2003 年全国十大假新闻。

2003 年 5 月 22 日，《东方家庭报》记者朱顺忠以《警察鸣枪八次镇住百人群殴》为题报道：5 月 20 日凌晨，郑州市桐柏北路某家属院内发生了一起持械群殴案。双方先后纠集了三批共百余人，手持钢管、棍棒参加了这场疯狂的、血腥的打斗。参与殴斗的众人面对警方的呵斥不予理睬，现场的数十名民警只得拔出手枪数次鸣枪示警，直到鸣枪八次，双方才最终停了下来。

事实真相是：5 月 19 日晚 10 时左右，郑州市文化宫路和互助路（并非桐柏北路）发生了一起七八人参与的小规模打架斗殴事件（并非百余人械斗），夜巡民警赶到现场并予以制止后，移交林山寨派出所处理，整个过程未鸣一枪。《东方家庭报》记者朱顺忠当晚在家中用借来的一部电台接通警方专用频率，偷听 110 接处警信息，从中寻觅新闻线索。他从电台中听

---

① 杜荣进. 中外新闻采写借鉴集成[M]. 杭州：浙江教育出版社，1997：201-202.

到了110指派中原夜巡民警赶赴西郊处理一起打架事件的信息后，便用电台进行跟踪收听。由于现场人声嘈杂，他便主观臆断现场发生了大规模的聚众械斗。在未去现场采访、未听到一声枪响的情况下，却从现场声音中"听见"了有百人在斗殴，还"听见"了斗殴者使用钢管、棍棒，且"听见"了警察鸣枪八次，然后斗胆予以"报道"。由于他的行为触犯了《治安管理处罚条例》第十九条第五款之规定，5月24日，公安机关依法对他予以行政拘留15天的处罚。①

这种持械群殴案，记者必须亲临现场采访，用眼睛配合其他五官观察获得第一手材料，然后才能写出报道，但这个记者却只是动用耳朵"听"就写出报道，其搜集材料的方法极端错误，其报道失实也就在情理之中。

观察最主要的价值和意义，在于能够让记者获得真实可靠的第一手材料。除此之外，记者通过观察获得的材料会更加生动、更加具体形象。没有经过记者现场采访的报道，材料枯燥，没有血肉，空洞抽象，概括笼统，就像一具僵尸一样。

观察可以使认识深化。人们对客观事物的认识过程，是一个从现象到本质，由感性认识到理性认识的逐步深化、飞跃的心理过程。现场观察可以使记者对新闻事件、新闻人物的感性认识在观察中不断地得到深化、飞跃、升华，从而产生新的、深刻的报道主题。②

观察可以使记者产生激情和灵感。在新闻事实发生的现场，记者会受到新闻事件现场的气氛、情景的感染，产生激情，所谓"触景生情"，进而迸发灵感的火花，产生独到的见解，找到新的、独特的新闻报道角度。

三、观察采访的方式

记者现场观察采访的方式，主要有以下三种：

（一）旁观式观察采访

旁观式观察采访，是指记者在新闻事件现场表明自己的身份，以第三者的姿态，主要运用眼睛观察获得新闻事实材料的一种采访方式。旁观式观察是最常用的一种观察方式，记者大多数时候都是采用这种观察方式进行采访的。

我们来看下面这篇新闻：

废墟上的凯旋

【路透社科威特城(1991年)2月27日电】（记者：彼德·贝尔） 科威特军队胜利回国，驾着军车从伊拉克士兵尸体旁开过，受到热烈交流的人群的欢迎。

他们星期三和科威特人一道开进首都，此时天空电闪雷鸣，由于伊拉克军队败逃时纵火焚烧油田，四处浓烟弥漫。

① 陈斌，贾亦凡.2003年十大假新闻[J].新闻记者，2004(1).

② 刘海贵，尹德刚.新闻采访写作新编[M].2版.上海：复旦大学出版社，1997：130.

一个个科威特人驾着他们的跑车，在军队车队间穿来穿去。在这个已经获得解放的酋长国里，平时害羞的妇女，也以她们的最高嗓门，尖声喊叫。

在进城的最后一段路上，我们的坦克和装甲车队就像狂欢节游行一样，而在路旁，一小股一小股的伊拉克士兵在美军和科威特士兵的看守下蹲在地上。

一名被遗忘的伊拉克士兵沿着车队奔跑，疯狂地打着手势表示他希望被俘。

道路上布满伊拉克士兵绝望地向北逃窜时丢弃的军靴和钢盔。

伊拉克士兵的尸体用布掩盖着。

科威特士兵经过7个月后重返饱受伊拉克蹂躏的故土，他们边喊着"真主伟大"、边朝天嗒嗒嗒地鸣枪。一路上，沙特阿拉伯的军队加进来了，抵抗运动的战士也进入了行列，他们手上握着从伊拉克军队手中缴获的自动步枪。

科威特士兵阿扎齐从装甲车上盯视着伊拉克俘虏说："伊拉克人民和士兵没有问题，他们是我们的兄弟，我们痛恨的是萨达姆，他是疯子。"

在科威特陆军敢死旅开进城的公路上，到处都是损坏的汽车，烧毁的坦克和装甲车。

科威特城一片狼藉，街道上断垣残壁，在这个曾是中东最富裕的城市的路旁，被炸毁的建筑物展示出丑陋的身影。

但是，令凯旋队伍最吃惊的是萨达姆下令破坏的油井喷出的火焰。橘红色的火焰冒起恐怖的浓烟，将天空掩盖。

这是来自地狱的图景。

雷鸣电闪，加上沙漠狂风刮起茫茫尘沙，眼前景象更予人超现实之感。

浓烟使空气中充满辛辣气味。

在城内，很难看出破坏是萨达姆军队的焦土政策所致，还是由于盟军的空袭，或对科威特城的地面战争。

当科威特和沙特阿拉伯的大军开进市中心时，人们欢庆胜利，也顾不上这些破坏了。

妻子们向各自的丈夫奔去，兄弟相互拥抱，父母亲流着眼泪欢迎子女归来。

汽车上都挂上了科威特埃米尔和王储萨巴赫的画像，在开进市中心的英、美、苏制坦克之间穿行。

经过浴血奋战的美国海军陆战队队员和步兵向着科威特人挥手，一些士兵为面前的场景感动得流下了眼泪。①

上面这条新闻，记者主要通过旁观式观察采访获得材料，而且主要运用眼睛收集材料，其中也有通过耳朵（人物的语言、环境描写）、鼻子（浓烟使空气中充满辛辣气味）等器官来收集材料，但通过其他器官获得的材料非常少，绝大多数材料靠眼睛获得，这是一篇典型的旁观式观察——用眼睛观察采访而写成的报道。记者通过观察，再现了科威特军队在美国军队的帮助下胜利回国，人们欢庆军人们凯旋，父母兄弟、妻子儿女欢迎家人归来的情景，新闻穿插了伊拉克军队的败逃、战争给科威特带来的创伤，断垣残壁、油井被破坏后浓烟滚滚、各种军用品满地狼藉，加上电闪雷鸣、沙漠狂风刮起的茫茫尘沙，使科威特像一片废墟一样，俨然一幅

① 熊昌义，余天恩. 国外现场短新闻选萃[M]. 北京：新华出版社，1992：127-129.

“地狱的图景”。新闻对科威特人的悲喜交集的心理进行了比较生动的呈现。

（二）隐匿式观察采访

隐匿式观察采访又称隐性采访，也叫“暗访”，是指记者不公开自己的职业身份，或者不暴露自己的真实采访意图的一种观察采访方式。隐匿式观察与旁观式观察的主要区别是记者是否公开自己的职业身份、是否表明自己的采访意图。

隐匿式观察除了用眼睛及其他五官感知收集材料外，常常还借助录音设备和摄影摄像设备及器材进行偷听、偷录。

隐匿式观察不会改变或破坏观察对象。在进行隐匿式观察时，记者与采访对象之间通常处于一种纯自然的交往之中，能够保留事件的本来面貌，采访到真实可信的事实。

隐匿式观察的作用主要表现在三个方面：一是不会引起采访对象的心理变化和行为变化，从而有助于记者了解并掌握真实、可靠的第一手材料。二是不会因采访意图与采访对象的利益相左而使记者遭到拒绝，从而有助于记者把握采访的主控权，尤其是能把握批评性、揭露性采访报道的主控权。三是能够排除种种干扰，全程体验事件的来龙去脉，对事件的感受也更深切，对事件的认识和理解也更深刻，可以增强新闻的说服力和现场感。

隐匿式观察主要运用于媒体进行舆论监督和批评报道。对于一些机构为了利益不择手段损害其他机构和个人的利益，一些人肆意侵犯别人的权利、不履行应该履行的义务，以及一些不法分子做出各种违法、违背基本道德的行为等，都必须采取隐匿式观察的方式，才能调查到事实的真相，也才能在一定程度上发挥舆论监督的积极作用，有效维护并促进社会的公平正义，推动社会的良性发展。

隐匿式观察也运用于记者了解某些特殊人群的生存状态。对于生活在社会底层、生活特别艰难、有各种身体残疾和特殊疾病等方面的人群来说，如果记者公开身份去采访，了解他们的生活状况、生存状态，采访对象可能会觉得记者的报道会降低社会对自己的评价，甚至有损尊严，伤害感情，等等，因此记者可能难以得到采访对象的配合，难以得到所需要的真实的材料。对于这些特殊人群，记者采取隐匿式观察的方式采访，往往能得到更真实的材料。

隐匿式观察有时也运用于记者采访先进事迹和正面人物。虽然多数机构和个人都不反对而是积极配合和支持媒体对其进行正面传播、表扬报道，但也有少数机构和个人行事低调，不事张扬，不喜欢出风头，这种机构和个人有时候也会拒绝接受记者的采访。还有少数机构和个人夸大自己的成绩，隐瞒自己的错误和不足。对于这两种情况，记者通过隐匿式观察的方式进行采访，获取的新闻材料会更真实。

记者进行隐匿式观察采访有一个最重要的前提，是采访对象严重侵犯了公众利益，甚至违反了国家的法律法规，违背了基本的伦理道德规范，践踏了最基本的公序良俗；或者是通过公开采访得不到特殊采访对象和其他采访对象的配合。总之一句话，当采访对象不接受记者的公开采访，采用其他几乎所有的采访方式方法都不能得到记者所需要的事实材料，而这些事实材料又是公众希望知悉、必须知悉的材料时，记者才不得不用采用隐匿式观察采访。

为了使隐性采访即隐匿式观察采访更加合理合法，新闻界已经形成了一些业内人士认可的原则、规范和公约：

(1)公共利益原则。隐性采访的出发点和目的应该是为了大多数人的公共利益。

(2)别无他法原则。即可以运用显性采访的,尽量不用暗访的手段。隐性采访只能在不得不使用的情况下使用。这主要是因为隐性采访得不到采访对象的协助配合,了解情况可能不全面、不深入,有时反而会引起采访对象的反感。

(3)减少道德损失原则。即在掌握了许多内幕与细节之后,不要和盘托出公布于众,而应尽可能省略一些细节,将潜在的有害后果尽可能减少。

记者进行隐匿式观察采访,要注意遵守国家相关法律法规。对于国家机密、商业机密、未成年人、妇女权益方面的问题,记者要慎重对待,不能擅自采用隐匿式观察进行采访。记者不能装扮成国家公务人员,不能以行使公务的名义通过隐匿式观察采访获取新闻事实材料。记者更不能装扮成国家军事机关人员获取新闻事实材料,如果假冒,必须负法律责任。记者在进行隐匿式观察采访时,不能以身试法。比如,记者在暗访色情、贩毒、偷盗等违法活动时,不能体验和接受"三陪"、不能参与吸毒贩毒、不能和盗贼一起实施盗窃行为。记者虽然代表公众进行舆论监督,但记者也是公民,和所有的公民一样,记者没有任何法外特权,即没有任何实施法律禁止的行为的特权。

在隐性采访的正确使用上,中央电视台《新闻调查》栏目组确定的信条值得学习和借鉴:"无论如何,秘密调查都是一种欺骗。新闻不是欺骗的通行证,我们不能以目的正当为由而不择手段。秘密调查不能当作一种常规的做法,也不能仅是为了增添报道的戏剧性而使用。只有同时符合下述四条原则,才能采用秘密调查:第一,有明显的证据表明,我们正在调查的是严重侵犯公众利益的行为;第二,没有其他途径收集材料;第三,暴露我们的身份就难以了解到真实的情况;第四,经制片人同意。"

记者在进行隐匿式观察采访前必须做好充分的准备工作,避免在现场进行隐匿式观察采访时出现设备器材不够、先期文字材料及其他材料准备不足的情形。记者尤其要充分估计到可能出现的问题和危险。隐匿式观察采访所面对的采访对象,主要是批评性、揭露性报道的对象,会受到强势群体、黑恶势力的阻挠,他们一旦发现记者在暗访其不法、无耻的行为时,会纠集社会上的不法分子甚至是亡命之徒干扰记者的采访。记者在进行隐匿式观察采访前,一定要反复思考,精心准备,不能露"马脚",也不能有一丝疏忽,随时防备采访对象对自己的人身、采访设备和器材、财产进行打砸抢,随时保护好自己的人身安全和财产安全。通过隐匿式观察采访获得材料展开新闻报道后,也要继续做好心理准备,防备被曝光、被批评、被揭露的机构和个人对记者进行打击报复,也要防备其通过司法途径起诉控告记者侵权,要保留好有利且有力的原始证据,避免诉讼失败。

(三)参与式观察采访

所谓参与式观察采访,是指记者参与到采访对象的活动或被采访的事件中,成为该活动或事件中的一员,在参与的同时进行观察的一种新闻采访方式。这种观察采访方式也可以称为参与式采访、亲历式报道、体验式采访。这种观察采访方式可以使记者快速地和采访对象建立起融洽的关系,容易赢得采访对象的信任。

参与式观察可以有两种方式:一种是公开的参与式观察,即记者公开向采访对象亮明身份并告知真实采访意图而进行的观察。一种是隐蔽的参与式观察,即记者向采访对象隐瞒自己的职业身份和采访意图而进行的观察。目前的参与式观察,一般都是公开的参与式观察,隐蔽的参与式观察比较少,隐蔽的参与式观察往往被隐匿式观察所取代。

如同作家体验生活一样,记者到自己准备报道的采访对象中去,扮演一回采访对象的角色。比如,记者为了报道农民工的生存状态,去当一回农民工,与农民工一起吃饭,一起工作,一起娱乐。由于记者与采访对象成了"自己人",彼此建立了比较友好的关系,因此往往能够收集到通过平常采访和观察得不到的材料。

参与式观察采访一个最大的特点是记者对报道的内容和主题有亲身的身体"体验"。通过"体验",记者能够真切地感受采访对象及其生活、工作和心理,对采访对象的认识、了解会更准确、更深刻。同时,参与式观察采访获取的材料,都是从现场获得的生动的材料,不仅权威、真实可信,而且形象生动,有很强的感染力。

20 世纪末期的一个阴雨霏霏的傍晚,通过秘密联络,《深圳晚报》记者涂俏走进了"十元店"。她在这种异常便宜的旅店住了 3 天,把那些非法经营、条件恶劣、藏污纳垢的"十元店"以及形形色色的住店客人摸了个一清二楚。然后,她在《深圳晚报》连续推出了 4 篇《女记者夜宿十元店》亲历记的报道。这鲜为人知的一幕在社会上激起了极大的反响。深圳市公安局立即查封了三百多家处于地下状态的"十元店"。

1 个月后,她又加入了"打的赚钱"的行列,当了 3 天的"打的女郎"。在热辣辣的阳光下,在来来回回的疲惫中,她艰难地与同行们争抢生意。此后,她又去做了 3 天的"啤酒女郎"——专在酒楼为啤酒公司推销啤酒。她体验了啤酒女郎的艰辛与无奈,也感受了她们吃青春饭的悲哀。再以后,她体验了当 DJ 的噩梦般的日子,体验了拉保险被千万次拒绝的滋味,体验了黑市炒恒指的惊心动魄,体验了"婚托""医托"的巧妙经营。在精神病院里,她既体验到了医护人员的职业爱心,又体验到了精神病人的种种痛苦……

涂俏通过她的参与式观察采访,向人们揭示出当代中国边缘阶层真实、真切的生存状态。著名作家梁晓声说:"涂俏们的眼所逼近观察到的,涂俏们的笔所翔实记录下的人物、事件、社会现象,帮助我们对我们所处的时代、对我们所居住的城市、对整个中国的大状态,形成较全面的认识。"①

参与式观察要注意把握好记者的角色。记者扮演和采访对象相同的角色,与采访对象一起生活、工作、娱乐,既要以严肃认真的态度、勤劳踏实的工作作风真切地融入采访对象的生活和工作中去,又不能忘记自己的职业身份。既要入戏,又不能入戏太深。如果记者不能入戏,扮演的角色不真切,采访对象会将记者视为外人,就不会和记者推心置腹,将最有价值的信息告诉记者,记者也可能会看不到、听不到、感触不到最有价值的信息。但如果记者入戏太深,忘记了自己的职业身份,将自己的工作目的和意图忘得一干二净,就不会用心收集有价值的材料,采访任务就不能出色地完成。

参与式观察要注意把握感情尺度。无论是旁观式观察还是隐匿式观察,记者在观察采访时始终都是作为一个局外人,以第三者的身份冷眼观察。但在进行参与式观察时,记者是以当事人身份参与、介入事件现场的,势必会因体验、感受而产生情感上的变化。要求记者在进行参与式观察时不带一丝一毫情感,冷眼观察、保持冷静,像一个冷血动物一样,肯定不切实际,但记者在进行参与式观察时应该合理把握感情的尺度,感情不可太浓烈。

记者在进行参与式观察采访时,既要合理把握感情的尺度,又要注意客观公正地报道新

---

① 周克冰. 中外经典采访个案解读[M]. 北京:北京广播学院出版社,2003:140-142.

闻。由于记者是以采访对象中的一员的身份和采访对象在一起生活、工作、娱乐的，“日久情深”，时间一长，记者和采访对象之间可能会培养起感情，记者可能会自然而然地从采访对象的角度观察事物，以采访对象的价值观来思考问题，这就会影响记者客观公正地报道新闻。记者要注意正确处理好情感、态度以及立场的倾向性和新闻采访报道的客观性之间的矛盾，防止偏离客观立场。记者要冷静、沉着、客观地去体验事实，在报道时要客观、公正地报道新闻。

第二节 观察的方法

记者在采访新闻时可运用的观察方法很多，篇幅所限，这里不可能将所有的方法都罗列出来，只是择其要者作一些简单的介绍。关于更多的观察方法，有意者可以去阅读其他相关的书籍和资料。更重要的是，记者必须自己努力实践，在观察中学习方法，自己摸索出适合自己的方法，这才是最好的方法。

一、要善于抓特点

客观事物都有自己鲜明的个性特征，但隐藏在客观事物当中，要靠记者的慧眼去发现。只有长着一双火眼金睛的记者，才能洞悉客观事物的特点。而抓住了客观事物的特点才能更准确、更深入地认识客观事物。

梅尔文·门彻认为，面面俱到，将看到的什么事物都认真观察的人，这是“真空吸尘式的信息收集者”，这是在“浪费时间”。观察必须抓重点、抓特点。门彻引述爱伦·坡小说《毛格街凶杀案》中具有惊人观察力的主人公迪潘的话说，正确的观察方法是“跟踪‘常态中出现的偏差’”，这是“规律所在，所有探究事实真相的活动都是如此”。比如，我们正在调查的这个凶杀案，“与其问‘出了什么事’，还不如问‘出了什么从没出过的事’”。①

罗伯特·T. 加拉格尔是一位曾在纽约警界待过18年的私人侦探，他有一种神奇的能力，能看出大街上携枪的人。他是如何看出来的呢？加拉格尔主要是注意三个重要的线索。

第一个线索是：这种人身上“典型的凸出部分”。他知道，多数街道犯罪分子把枪放在腰部。因此，他们行走时，有枪一边的腿迈的步子要短一些，胳膊摆动的幅度也小一些。

第二个线索是：“安全感”。那些带枪的人会不由自主地伸手摸武器。他们下车、上下楼梯和跳过路边围栏时都会调整枪的位置。

第三个线索是：穿衣服的方式。加拉格尔还注意到，这种人夹克穿在身上的方式是，纽扣扣紧，一边比另一边更紧贴大腿。

加拉格尔通过对这种人的衣着、走路姿态和特殊习惯的留心观察，发现了“常态中出现的偏差”，从而准确地判断出身上携带有枪支的犯罪分子。②

我们来看下面这条新闻：

---

① 门彻. 新闻报道与写作[M]. 展江，主译. 9版. 北京：华夏出版社，2003：299.

② 门彻. 新闻报道与写作[M]. 展江，主译. 9版. 北京：华夏出版社，2003：299-300.

香港男子脚踩4公斤黄金闯关 步伐沉重被识破

【中新网(2014年)1月14日电】 据香港《星岛日报》报道,一名香港男子上周经罗湖口岸到深圳时,被关员发觉其步伐沉重,引起怀疑截查,揭发他所穿的运动鞋鞋底,藏有4公斤重的金块,市值100万元人民币,该男涉走私被捕,交由缉私部门跟进。

涉案男子姓徐,6日经罗湖口岸入境深圳,接受海关人员行李检查时神情紧张,引起关员怀疑,初步搜查只在其行李内发现两罐奶粉,但关员发觉他走路不自然,步伐沉重,遂进一步检查,终在其所穿的运动鞋鞋底发现4枚金块,涉嫌走私贵金属被捕。

海关所检获的4块黄金,纯度为999点9,每块重1公斤,共重4公斤,约值100万元人民币,徐某已交由缉私部门处理跟进。(来源:中国新闻网,2014年1月14日)

笔者少年时曾经看过一部电影,其中一个片段是两个毒贩交易毒品,交易完成后,双方各自离开。买方发现,卖方头目离去时走路的姿势有点独特——只是有一点儿,不是十分明显,如果不是特别注意观察,是完全看不出来的。但是买方头目显然是有心观察了,他发现这个卖方头目走路略微有点瘸,买方头目果断向卖方头目那只有点瘸的脚开枪,卖方头目被击倒后,买方头目跑过去,从他有点瘸的脚底找到了买方头目真正要买的毒品——卖方头目将真货藏在脚底,而把假货卖给了对方。

海关官员和毒贩都观察到了走私嫌疑人和毒贩在走路时"常态中出现的偏差",其走路的姿势和正常人不一样,但是,必须留心观察,即前文所述的心理学上的"有意注意",如果只是"无意注意",无所用心地去看,是不可能侦破走私嫌疑人和毒贩的行径的。

笔者少年时,常常听到农民们讨论怎样在大城市不被偷盗。有人说,我将钱拿在手上;有人说,我将钱藏在贴身的地方,结果,说这种话的人进城后依然被盗。原因何在——对于从来没有进过城的人,小偷是很会观察的,这些农民的神色、表情,不由自主地用手在藏钱处摸的动作,等等,全部都被小偷看在眼里,这也就暗示了小偷这些农民身上是否有钱、将钱藏在什么地方。小偷善于观察这些进城农民举止表情上"常态中出现的偏差",因而往往容易得手。因此,跟着警察学习观察、跟着小偷学习观察,是可以提高观察能力的(不过要注意的是,跟着小偷学习如何偷盗是极端错误的)。

1984年元宵节前夕,在北京的街头巷尾,人们争相购买元宵,一派热闹的节日气氛。新华社两位记者来到西单十字路口北面的一个小元宵摊,正在考虑如何拍摄时,一对外国人走了过来。其中一位女士用英语对售货员说:"我买一个,只买一个。"一边说,一边伸出一个指头比画着。售货员以为她要买一斤,便递给她一个口袋。这位外国人忙说:"不,我只买一个。"新华社记者发现了新闻。就在这一刹那,记者将这个小事件抓拍了下来。这位新华社记者抓到了一张过去人们从未看到过的新闻照片。这张照片在《中国日报》和《北京日报》等报纸的显著地位刊登以后,引起了人们的兴趣。北京一位女青年在公共汽车上对她的同事说:"喂,今天《北京日报》上的一张照片你看到了吗?'老外'买元宵只买一个,真有意思!"①

这就是独特的东西,这是东西方文化的差异,从我们中国人眼中来看,这就是与众不同,

① 南振中.记者的发现力[M].北京:新华出版社,1999:218.

是"常态中出现的偏差"。出于各方面的原因,中国人买元宵,一般不会只买一个,但是,外国人只买一个,这就是新闻。

善于抓特点,就要学会比较。换言之,记者要学会把两个或两个以上的事物放在一起进行比较,认真观察,反复辨别,从而找到事物的特点。

法国著名作家莫泊桑拜福楼拜为师学习写作。有一次,他们俩在街上散步,迎面来了一辆牛车。福楼拜指着这辆牛车,要莫泊桑以此为题材,写出几篇内容各不相同的散文。莫泊桑很为难,福楼拜就开导他说:拉车的牛,早上和晚上神态不一样;赶车的人喝醉了酒和没有吃饱饭,对牛的态度也不一样;牛饿着肚子上山岗和吃饱了走崎岖的路,神情也不一样……如果你能细致地观察这些不同的情况,就是写很多篇也不难。

福楼拜曾教导莫泊桑说:"对你所要表现的东西,要长时间很注意去观察它,以便能发现别人没有发现和没有写过的特点。任何事物里都有未曾被发现的东西,因为人们用眼睛观看事物的时候,只习惯于回忆起前人对这事物的想法。最细微的事物里也会有一点点未被认识过的东西。让我们去发掘它。为了要描写一堆篝火和平原上的一株树木,我们要面对着这堆火和这株树,一直到我们发现了它们和其他的树、其他的火不相同的特点的时候。"他还要求莫泊桑:如果走到一个马车站,"请你只用一句话就让我知道马车站有一匹马和它前前后后五十来匹马是不一样的"。

黑格尔在《小逻辑》中指出:"假如一个人能见出显而易见之异,譬如说能区别一支笔与一匹骆驼,我们不会说这个人有了不起的聪明。……我们所要求的,是要能看出异中之同,或同中之异。"①

记者要找出这种异中之同,或同中之异,必须对新闻事件和新闻人物细致地观察,深入地研究。否则,是很难看出差异和不同的,当然也就挖掘不出新闻事件和新闻人物的特点。所以,梅尔文·门彻说:"多少人能将乔纳森苹果与红香蕉苹果、泽西种乳牛与格恩西乳牛分辨清楚呢?对我们中的绝大多数人来说,所有的苹果都相似,母牛就是母牛。""对报道她第33场篮球赛的体育记者与报道他第5次校董事会会议的教育记者而言,要做到这点,其难度就更不用说了。事情的发展看起来都是按熟悉的模式进行的,从中发现差异很困难。"然而,对于善于观察、用心观察的优秀记者来说,即使是报道内容重复多次的新闻事件,他也仍然能够看出其中的不同,从而使每次报道都有新意。

美国体育报道撰稿人雷德·史密斯报道过数不清的棒球比赛,梅尔文·门彻引述他的话说:"如果记者具有辨认区别的知识与智慧,那么,每场比赛都与其他比赛不同。"

二、要善于抓细节

记者深入现场进行观察,不能毫无目的、毫无目标地走马观花、四处浏览,而应该有目的地进行观察。记者要特别注意,映入眼帘的事物丰富多样,记者一定要有重点、有选择地进行观察,不可胡子眉毛一把抓,要有轻重缓急,要主次分明。

记者在进行观察时,尤其要注意捕捉细节。但是,细节太多了,时时处处都有细节,万事万物都是细节。事实上,绝大多数细节都是毫无意义的细节,不值得记者去留心观察,也没有

---

① 龙协涛.艺苑趣谈录[M].北京:北京大学出版社,1984:117-118.

任何报道价值。这里所说的细节,是指有重要报道价值的细节,是能够充分说明问题的细节。

美国著名记者约翰·布雷迪要求记者在观察采访中要这样抓细节:“采访中要着意捕捉色彩和情调,要留心形成采访对象给你的主要印象的细节。这或许是他的外表——从衣着和姿势到明亮的眼睛和高高突起的喉结,也可能是他的房子、汽车、办公室或许井然有序,或者混乱不堪。他的话被打断时他有什么反应?他的备忘本标着本人的名字吗?他办公室的布置是现代式的还是传统式的?是浅色的还是深色的?整齐或者邋遢?屋子里有照片或油画吗?看看他的手是否修了指甲?是否揭示出某些习性?是不是总装在兜里?是布满皱纹还是细皮嫩肉?”[①]美国新闻学者布鲁斯·D. 伊图尔等人要求记者任何时候撰写报道时都应该记住以下两点:

- 什么是这个人物或地方与众不同——或普通——之处?如果为消息提供者拍照,想要展示什么?这个人的着装是怎样的,新衣服,破衣服,或最新的时装?消息来源长相如何,布满皱纹的脸,伤疤,浓眉,络腮胡,浓妆,金牙?他的言谈举止是怎样的,紧张得发抖,不断地眨眼,从不微笑?办公室的装饰如何,西式的,画作,海报?他的脸、头发、嘴、眼睛、耳朵等有什么特别之处?
- 消息提供者的表达清晰明确吗?消息提供者讨论这个主题时感觉“舒服自在”吗?采访时能听到外面的声音吗?有没有什么好闻或不好闻的气味?消息提供者分散注意力了吗?

记者运用这样的观察方法写出来的报道,“读者、观众、听众能‘听到’记者精确地写出消息提供者所说的话,能‘看到’在报道中描写的消息提供者的言谈举止和周围环境。观察能为报道增加增色点,即能为读者、观众、听众描绘出更加清晰的人物和事件画面”。[②]

《纽约时报》记者米尔顿·布莱克尔写的《墨索里尼悬尸米兰街头》这篇新闻 1,200 多字,基本上是记者的现场观察实录。记者的眼睛犹如一架摄像机,多角度、多侧面地用全景、近景、特写等方法,具体、细致入微地观察和描绘了墨索里尼被枪决后暴尸街头的丑相。

> 死后的墨索里尼模样有些变了,但是人们仍能认出他来——他那刮得精光的脑袋和粗脖子就是确定无疑的标记。他的身材看来很小,似乎有点儿萎缩了——不过,他向来不是高个子。他的脑袋至少挨了一枪,子弹穿过脑部,从右耳后 3 英寸处钻出来。靠近他前额的地方有一个小洞,看来也是子弹打穿的。
>
> 至少有两个小伙子从人群中挤了出来,用脚踏墨索里尼的脑袋,似乎嫌他死得不扎实,丢丑还不够。其中一个小伙子踢了几脚就算了,而另一个则使劲踢墨索里尼的下巴,结果使墨索里尼生前趾高气扬的脸完全扭曲了,变得丑恶无比。
>
> 墨索里尼身穿民团制服——灰棕色上衣,灰裤子,从裤腰到裤腿镶着红黑两色条纹。他足登肮脏不堪的黑色皮靴,左腿的靴子脱出一半,看起来像腿断了似的。他的小眼睛睁着。这个人生前拍正式照片时,爱把下巴挺出去。这一次具有讽刺意味的是,有人用步枪

---

① 布雷迪. 采访技巧[M]. 范东生,王志兴,译. 北京:新华出版社,1986:175-176.

② 伊图尔,安德森. 当代媒体新闻写作与报道[M]. 贾陆依,译. 7 版. 北京:中国人民大学出版社,2015:127.

枪托顶着他的下巴，把那张黄脸翻转过来，对着太阳，好让在场的仅有的两名盟军摄影师拍照片。

枪托撤出来后，墨索里尼的面部颓然左歪。……

记者很善于抓住最能表现人物特点、人物丑态和人民对法西斯独裁者的仇恨、厌恶的细节："他那刮得精光的脑袋和粗脖子"；"身材看来很小，似乎有点儿萎缩了"；生前总是"爱把下巴挺出去"，但现在，"生前趾高气扬的脸完全扭曲了，变得丑恶无比"；"身穿民团制服——灰棕色上衣，灰裤子"，"足登肮脏不堪的黑色皮靴，左腿的靴子脱出一半，看起来像腿断了似的"。光头、粗脖子、矮小的身材更矮小、肮脏不堪、断腿形象、颓然左歪的脸——生前的趾高气扬和死后的丑恶无比形成了强烈的反差，鲜明地呈现出一个法西斯头子暴尸街头的丑态，集中表现了人民对这个法西斯头子的仇恨、厌恶之情。

我们再来看看延安《解放日报》1945 年 8 月 16 日报道的《延安庆祝日寇无条件投降》中的两个细节：

在蜂拥来去的人群中，有一位拄着拐杖的荣誉军人被群众拥戴着。他十分感动而吃力地说："8 年啦，我的血没有白流……"他是参加平型关大战而光荣负伤的。今天他是亲眼看到胜利了！

一个卖瓜果的小贩欢喜得跳起来，把筐子里的桃梨，一枚一枚地向空中抛掷，高呼："不要钱的胜利果，请大家自由吃呀！"群众报以热烈的掌声。

受伤的荣誉军人、卖桃梨的瓜果小贩，一军一民、一动一静，两个具体、生动的典型细节，两个不同的侧面，尤其是瓜果小贩狂欢的动作和语言，充分表现了延安人民热烈庆祝抗战胜利的喜悦之情。

很多优秀的记者都善于抓细节，有时往往一个细节就能将问题的实质揭示出来。著名记者陈柏生在《记者工作漫谈》一文中，谈到了她是怎样通过观察细节抓住新闻人物的特点的。她说：我采访科学家比较多，对科学家的一些共同点有所了解。比如，他们都有实事求是的唯物主义态度，都有严肃认真的治学精神，都有坚定不移的爱国热忱，等等。但是，光知道这些，还不能写好他们。共性寓于个性之中，还要注意他们每个人的不同的个性。比如采访竺可桢同志的时候，我就想，他有什么特点呢？根据我过去多次同他直接和间接的接触，觉得他的个性同李四光的个性有明显的不同。李四光有气魄和胆识，敢于独树自己的学派，而竺可桢则是兢兢业业，一丝不苟，虚怀若谷，慈祥可亲。脑子里有了这样的比较，我在采访时就比较注意了。我想，黄钢同志抓住了李四光每步的跨度总是 0.85 米这个细节，刻画了李四光的性格，那么，刻画竺可桢性格的这类细节又在哪里呢？我在查看竺可桢使用过的物品的时候，发现了一支温度计，这是一支铜壳的温度计，它在竺可桢身边"工作"了 40 年。在竺可桢数十年从不间断的日记上，每天都记着天气情况、温度，总是记得很仔细。他把温度计装在上衣兜，每天掏出装进好几次，以至于衣兜盖磨损得比衣服别的地方快得多。他爱人总是为他的每件衣服准备两个上衣兜的兜盖儿。正是由于有了事先的思考，所以，当我发现这个温度计的时候，我就立刻选中它作为一个重要的有象征性的物品写进了通讯。陈柏生通过一支温度计，就把科学家竺可桢细致、严谨、兢兢业业、一丝不苟的性格和精神揭示出来了。

三、观察要与思考结合

前文指出，观察不仅是用肉眼看，还要用大脑想，观察采访不能只是简单地通过眼睛看事物，必须对事物进行深入分析和思考。记者不但要看到事物的表面现象，更要透过现象看到事物的本质。这就要求记者在观察时要多进行思考，离开了思考的观察，只能停留在事物表面，而不能对事物进行分析、研究，也就无法弄清问题的实质。心明才能眼亮，如果记者心不明，眼睛就不会亮，就会成为一个睁眼瞎，那些有价值的新闻事实，即使摆在记者的面前，记者也会视而不见，以致失之交臂。

《北京酱油为啥脱销?》是一篇观察与思考相结合的典范之作。

1979 年初冬，记者段心强在采访时，听说北京市和平里一家副食品商店采购大白菜后把三等菜掺在二等菜里卖，坑害顾客。于是，他就赶到这家商店，首先在卖菜现场暗访，然后找到领导查问。商店经理称已发现这一问题，并处理了两名职工。

问题已经解决了，记者觉得没有必要写新闻报道了。可在采访中另外一种现象触动了记者敏感的新闻神经。他刚到这家副食品商店，就发现顾客排成一条长龙似的队伍，这些顾客有的提着瓶子，有的挎着篮子，从柜台前排到商店外，沿着白菜堆转了几圈。这些人都在干什么?

副食品商店的经理感慨地对记者说:“这些人是在买酱油！据说北京酱油厂一对青年谈恋爱，失败后女的跳酱油缸自杀了，造成上百吨酱油废掉，所以商店里经常脱销。老百姓存有恐慌心理，一到酱油就抢购。”

在好奇心的驱使下，记者段心强前往北京酱油厂采访。

在北京酱油厂采访时，厂长、生产科长和部分工人都对记者说，“女工自杀事件”纯属无稽之谈，北京酱油脱销的原因是酱油的主要生产基地出了问题:北京酱油厂 1937 年建成后常年失修，设备陈旧老化，生产工艺落后，酱油产量越来越少。1974 年经有关部门鉴定，应该停产修建。因此，厂里向市有关部门接连写了 22 次报告，请求拨款改造、维修厂房和设备。可这一问题一直没有在领导那里挂上号。1977 年年底，市里批准建新酱油厂，规划了土地。可指标下到区里，一位书记把地转给了汽车配件厂——因为建汽车配件厂能够迅速增加区里的工业产值。过了一段时间，北京酱油厂终于争得了一块地和建厂资金，但只给钱，不拨材料。他们向有关领导又写了十几次报告，找了很多人，结果是画圈的多，办事的少，拖拖拉拉一直没有把新厂建起来。因为老厂的一些厂房已经成为危房，在里面生产随时都有生命危险，所以劳动局下令停止一部分车间的生产，酱油产量大幅度降低，一个月少上市 100 多吨，造成北京酱油供应紧张。

真相大白以后，记者展开了深入的思考:一些领导干部只重视产值高的重工业，忽视产值低但和人民生活紧密相关的轻工业。“北京酱油脱销”就是一些领导人思想偏差的一个必然结果，把这件事写出来具有很强的针对性和非常现实的指导意义。记者的深入思考和深厚的理论功底放出了理性之光。于是，记者连夜写出报道《北京酱油为啥脱销?》。

稿件在《市场报》头版头条发表后，立即在北京引起轰动。一连五六天，给报社的电话接连不断，同时，北京市民的几百封来信源源不断地传递到编辑部，大家一致赞扬这篇报道写得太及时了，真正反映了人民的呼声，代表了人民的利益。随后，这篇报道的影响从北京扩大到全国，从全国各地寄来的表扬信一直持续了几年。《北京酱油为啥脱销?》在第一届全国好新闻评选中被评为1979年全国好新闻一等奖。[①]

《中国青年报》记者马役军也是一个善于将观察与思考相结合，思维活跃、有见地、有思想、敢于创新的记者。

1991年，沈阳—大连高速公路正式通车。这是当时中国等级最高、里程最长的高速公路，《中国青年报》记者马役军和同行们前去参观采访。科研设计部门、建设施工部门、管理部门……一圈下来，看了很多地方，材料丰富、具体、生动，足够写一篇成就报道。

但是，马役军的脑海里却出现了这样的画面：公路两旁的老乡无视高速公路的警告牌，硬是把牛车马车赶上高速公路，拖拉机手也把拖拉机开上高速公路，一起又一起交通事故发生了；一些国产的汽车，经受不起“高速”的检验，油箱起火了，轮胎冒烟了，屡屡抛锚在高速公路上，等等。在别人眼中，这些可能只是一种笑料和偶然。可是在马役军的眼里，这些却是值得梳理的更重要的新闻事实。

经过马役军深入的思索，沈大高速公路这条“金色的彩带”便幻化成思索中国国情的问号——“路与人的反差”，“路与中国汽车工业的反差”。“有了中国的高速公路，是不是就等于造就出了具有高速观念的人?”在这样独特的观察和思考中，马役军写出了《中国第一路》。同行们写的都是一篇反映建设成就的新闻稿，但马役军没有停留在成就上，而是写出了成就背后的新闻，成就背后的思考——高速公路不仅仅是一条路，它是中国人民奔向现代化的起跑线。能否跑得起来，跑得是否合乎规律，能否跑第一，这都是对中国人民的挑战。[②]

显然，马役军的报道比一般的成就报道更深一层，马役军比一般的记者略胜一筹。他的成功就在于他敢于创新、勇于思索。他不仅用肉眼观察，而且用心用脑深入思考、探究，因此，他写出的报道与众不同、不同凡响。

1961年，在美国报纸主编协会的一次年会上，当主编们正在出席午餐会时，他们看见尊贵的客人古巴领导人菲德尔·卡斯特罗正隔着桌子与美国报纸主编协会会长交换餐盘，这些主编们对此感到非常吃惊。但是，惊讶之后，新闻敏感度非常高的新闻人，一向喜欢思考、调查的新闻人，却仅仅只是吃惊而已，没有采取进一步的行动。如果其中有一位主编进一步调查原因，他可能会被告知，卡斯特罗害怕被暗杀。本来可能会得到一条大新闻的机会，就在主编们无所用心、毫无思索中悄悄地溜走了。14年后——1975年，美国中央情报局承认，在艾森豪威尔、肯尼迪与约翰逊三位总统执政期间，美国政府确实试图谋杀卡斯特罗。[③] 这件事情作为一个典型事例被写入美国的新闻教科书，提醒那些新闻学子：只有肉眼观察是远远不够的，记者还需要用心、用脑思考问题，需要进一步展开调查。

四、综合运用五官配合观察

记者进行观察采访时，不能仅仅依靠眼睛进行观察，还应该利用其他各种感觉器官如听

---

① 段心强：偶然事件与知识积累——采写《北京酱油为啥脱销?》的前前后后[M]//董广安，纪元. 中国高级记者成名作透视·消息卷. 郑州：河南人民出版社，2003：281-283.

② 周克冰. 中外经典采访个案解读[M]. 北京：北京广播学院出版社，2003：239-241.

③ 门彻. 新闻报道与写作[M]. 展江，主译. 9版. 北京：华夏出版社，2003：308.

觉器官、嗅觉器官、味觉器官和触觉器官等来收集材料。

一篇优秀的新闻报道应该把读者带到现场，使读者不仅能看到所发生的事件，而且还能听到、嗅到、闻到，甚至触摸到当时所发生的一切。

卡罗尔·里奇说："好作者首先必须是好记者，而好记者要用上各种感官来观察和收集细节，包括视觉、听觉、嗅觉，有时甚至要加上味觉和触觉。"①

美联社记者休·A.马利根是这样运用五官配合观察的。他说："例如，在离泽西高地不远的地方，有一艘轮船着火。你幸运地通过海运部门的电话找到一位悲痛的高级船员。这篇报道可以，而且应该远不止是他说过的那些激动的或镇静的话。与他谈话时，要想着让这个事件对读者来说具有戏剧性。把读者带到那个场合，使他们看到这场火灾，闻到它的气味，听到警铃的响声，看到救生艇放下去的情景，感受到从舱口冒出的热浪。要诉诸所有的感官，而不仅仅是听见别人在说什么，这有助于再现事件的全过程。问一问那个高级船员：这时发生了什么情况？有什么气味？你能看到火焰吗？你感觉到了吗？船长和大副在干什么？有没有见到别的船只或直升机？你能够看到陆地吗？周围有没有游艇或游船？"②

美联社记者休·A.马利根说，他的这种观察方法是在著名记者约翰·华莱士那里学到的，当时华莱士是马利根的领导。马利根说："细节材料不仅可以通过耳朵提供，也可以通过眼睛、鼻子提供。微风是否足以使旗帜飘扬？天气是否冷得使红衣主教不得不披着斗篷坐在圣帕特里克大教堂的台阶上呢？你是否能够闻到萨克斯第五大街上的花香呢？当爱尔兰郡的各个团体经过你身旁时，在游行队伍排尾的那些妙不可言的华丽旗帜下，是否有人佩戴爱尔兰共和军的臂章？那些夸耀这些臂章的老朽们有多大年纪？游行仍然是以警方的鸣笛声作为正式开始，以环境卫生部门的洒水车作为结束的吗？"③休·A.马利根是美联社特派记者，曾多次获得过新闻奖，这位记者的方法值得年轻记者们学习借鉴。

五、观察的局限性

观察也不是万能的，盲目地依赖观察也是有危险的，观察的正确也是有条件的。记者的观察不是在任何时候、任何条件下都是正确的，观察也有一定的局限性。观察的局限性表现在以下几个方面：

（一）记者观察到的是假象

有时候，记者观察到的往往只是一种假象，而其却误以为观察到的是事实的真相。

记者观察到的假象表现为两种情况：一是采访对象刻意造假，二是采访对象无意造假。在记者的报道中，刻意造假造成的新闻失实占比最大。

20世纪70年代我国的一家大型化工厂投产，一些外国人到工厂参观，他们看了设备，看了生产的情况，看了工人的劳动，后来到了污水处理池看到了一群鸭子在里面游泳。最后这一个景象使外国人惊讶得叫起来了，并且伸出大拇指来说："Good，good，very good！"（好，好，

① 里奇.新闻写作与报道训练教程[M].钟新，王春枝，主译.6版.北京：中国人民大学出版社，2012：63.
② 格拉米奇.美国名记者谈采访工作经验[M].魏国强，译.北京：新华出版社，1981：21.
③ 马利根.掌握事情的全部材料[M]//格拉米奇.美国名记者谈采访工作经验.魏国强，译.北京：新华出版社，1981：22.

很好!)因为即使是在发达国家污水处理得很好的工厂,在他们的污水池里面也是不能养鸭子的。媒体对这件事情进行报道以后,这家化工厂的人向上级机关揭露了事实真相:那个污水池不能养鸭子,只是在外国人参观的时候,把鸭子抱进去,等外国人一走,再把鸭子抱出来,因为它们在污水池里面坚持不了多大一会儿。①

采访对象糊弄记者,记者没有进行认真思考,只是对表面现象进行简单观察后就信以为真,自然会造成新闻失实。

1997 年 5 月 30 日,陕西省一个部门组织了一场“别开生面”的现场会——“小麦机械化东进西征收获活动开机仪式”。新华社记者张伯达、韩晓晖被邀请到开机仪式现场进行采访、报道。记者在现场看到,大荔县朝邑农场一片上万亩的麦田里,12 台大型联合收割机参加了这一颇具规模的仪式。

上午 10 时 40 分,仪式开始,应邀而来的各级领导讲话、剪彩后,一台台收割机驶入麦田开始收割。30 分钟后,参加仪式的人们陆续离开。这时,记者意外地发现 3 台尚未进地的收割机掉头离去,4 台在麦田中间的收割机掉转车头,也准备打道回府。在“龙口夺粮”的“三夏”,为何不一鼓作气持续收割?记者在现场进行了追踪采访。

农场一位负责人告诉记者:“这儿的小麦还要三四天才能完全成熟,现在收割有点可惜。省农机局 5 月 26 号就派人来打前站,为了应付这个会,我们场 140 多名干部职工整整准备了 3 天,兄弟农场支援了 5 台收割机,向外单位借了 6 位礼仪小姐。从早晨 7 点,我们等了 3 个多小时。”旁边一位戴着眼镜的干部也插话说:“今天割的五六十亩麦,因未成熟和湿度太大导致脱粒不净,要影响产量。”据了解,朝邑农场今年庄稼长势喜人,每亩可比去年增产 30 多公斤,但这样一折腾,增产就要受到影响。

记者在收割现场还看到,在隆隆的机声中,一台台返回的收割机向 3 台卡车“吐”出“一口口”泛青的麦粒。一台收割机因麦粒太湿发黏而发生“肠梗阻”。一位在农场干了 30 多年的老师傅指着快装满的卡车对记者说:“麦子熟了才能割嘛,何必搞这个‘仪式’!这样做,不光要减产,还要费很大的功夫去晒晾。”

本来记者应邀采访,应该是写一篇表扬性报道的,但是,记者及时、冷静地识破了现场的假象,没有被假象所迷惑。记者写出了一篇批评性报道《夏收何必搞仪式 小麦未熟遭“剃头”》,消息的导语是这样写的:

> 几十亩尚未成熟的小麦,昨日在陕西省农机局主办的一个“小麦机械化东进西征收获活动开机仪式”上被数台联合收割机“收获”。当地一些干部群众对这种形式主义造成的损失惋惜不已。

这篇消息于当天下午 4 时 23 分从新华社播出,在 1997 年中国好新闻奖评选中获二等奖。②

新华社总编辑南振中在他的《记者的发现力》一书中写道:“年轻记者要想有所发现,就必须使自己的眼睛同自己的大脑紧密地联系起来。如果不同大脑联系起来,即使能够看见一

---

① 艾丰.新闻写作方法论[M].北京:人民日报出版社,1993:102.

② 南振中.记者的发现力[M].北京:新华出版社,1999:79-80.

些东西,也看不到事物的本质属性,跟'假眼'也差不了多少。”著名记者张建伟在他的《深呼吸》一书中也写道:“据说眼睛是最客观、最不容易受到欺骗的。但当客体'伪装'起来时(这种情况经常发生),需要在眼睛上装个脑袋。”

南振中对年轻记者的要求和张建伟忠告记者“要在眼睛上装个脑袋”都表达了一个共同的观点:记者要对看到的事物进行多次观察,反复观察,多方调查、验证。特别是要多质疑,不要看到什么就信什么,多打几个问号,要多思考,深入分析、研究。这样,才能弄清楚事实的真相,不至于被假象所蒙骗。

(二)记者观察到的是表象

记者有时候观察到的只是表象。表象和假象有很大的区别,假象是虚假的信息,不是真实的事实。表象则并非虚假的事实,而是真实的事实。但是,表象只是表面的真实,而不是实质的真实。这是一个哲学问题,现象为真,本质为假。

在20世纪80年代,住宅还没有市场化,国家实行房子分配政策。江南某工厂一位干部三次让房给工人,记者闻讯赶去采访。这位记者仔细了解了让房经过,又分别找到当事人进行了核对,三次让房确有其事。显然,三次让房,体现了一种高风亮节的高贵品质。但是新闻报道后,不少读者指责这是一篇严重失实的报道。原因为何?原来,记者只是抓到了事实的表象,进一步的事实,记者没有采访到;表象背后的实质,记者没有采访到。让房的背后原因是:第一次分房给这位干部,他嫌小,让给了住房困难的老工人;第二次分房给这位干部,他嫌远,让给了急于成亲的年轻人;第三次分房给这位干部,面积不算小,地段也可以,但是厂里面积更大、设施更好的住房即将竣工,于是他还是让掉了(当时的国家政策规定,一人不能重复分房,所以只能让出)。后来他果然如愿以偿,分到了称心如意的房子。①

客观事物的现象,有可能是表现本质的真实,也可能是非本质的真实。有时候,现象为真,本质也为真;但也有的时候,现象为真,本质却为假,现象与本质之间的关系呈现为较为复杂的状况。记者特别要注意的是那些非本质的真实。

上面这个事例中,这位干部“三次让房”的时间、地点、人物、事件都没有错,但这只是表象的事实。不是所有的表象的事实都能够表现本质的真实,有些表象的事实往往不能表现本质的真实。“三次让房”的表象就与本质的真实不相符合。因此,记者在采访到表象的事实后,不能就此止步,必须进一步调查、深入思考,否则,有可能导致新闻报道失实。

(三)观察技术出现错误

记者的观察在技术上出现错误,比如观察角度、观察时机、观察能力出现偏差,会导致观察出现错误,最终会导致新闻报道失实。

《百子全书》“孔子家语之五”有这样一段记载:

---

① 张默.新闻采访写作[M].武汉:武汉大学出版社,2000:273.

孔子厄于陈、蔡，从者七日不食。子贡以所赍货，窃犯围而出，告籴于野人，得米一石焉。颜回、仲由炊之于坏屋之下，有埃墨堕饭中，颜回取而食之。

子贡自井望见之，不悦，以为窃食也。入问孔子曰："仁人廉士，穷改节乎？"孔子曰："改节即何称于仁廉哉？"子贡曰："若回也，其不改节乎？"子曰："然。"子贡以所饭告孔子。子曰："吾信回之为仁久矣，虽汝有云，弗以疑也，其或者必有故乎？汝止，吾将问之。"召颜回曰："畴昔予梦见先人，岂或启佑我哉？子炊而进饭，吾将进焉。"对曰："向有埃墨堕饭中，欲置之，则不洁；欲弃之，则可惜，回即食之。不可祭也。"孔子曰："然乎，吾亦食之。"

颜回出，孔子顾谓二三子曰："吾之信回也，非待今日也。"二三子由此乃服之。

孔子受困于陈、蔡之地，跟随的人七天吃不上饭。子贡拿着携带的货物，偷偷跑出包围，请求村民让他换些米，得到一石米。颜回、仲由在一间土屋下煮饭，有块熏黑的灰土掉到饭中，颜回把弄脏的饭取出来吃了。子贡在井边望见了，很不高兴，以为颜回在偷吃。

他进屋问孔子："仁人廉士在穷困时也会改变节操吗？"孔子说："改变节操还称得上仁人廉士吗？"子贡问："像颜回这样的人，他不会改变节操吧？"孔子说："是的。"子贡把颜回吃饭的事告诉了孔子。孔子说："我相信颜回是仁德之人已经很久了，虽然你这样说，我还是不怀疑他，那样做或者有一定的原因吧。你待在这里，我来问问他。"

孔子把颜回叫进来说："前几天我梦见了祖先，这难道是祖先在启发我们、保佑我们吗？你做好饭赶快端上来，我要进献给祖先。"颜回说："刚才有灰尘掉入饭中，如果留在饭中则不干净；假如扔掉，又很可惜。我就把它吃了，这饭不能用来祭祖了。"孔子说："这样的话，我也会吃掉。"

颜回出去后，孔子看着弟子们说："我相信颜回，不是等到今天啊！"弟子们由此叹服颜回。

在上面的这个故事中，子贡对孔子讲的话，全都是他在做饭"现场"亲眼观察、"采访"到的第一手材料，不是"诬告"，在子贡眼中是确凿的事实。但是，子贡的观察角度尤其是观察距离不对，导致子贡看到的事实成为他认为的事实，而不是真实的事实。

有位美国作家马里杰·尼格讲过这样一个故事：

我年轻时自以为了不起。那时我打算写本书，为了在书中加进点地方色彩，就利用假期出去寻找。我要在那些穷途潦倒、懒懒散散混日子的人们当中找一个主人公，我相信在那儿可以找到这种人。

一点不差。有一天我找到了这么个地方，那儿到处都是荒凉破落的庄园、衣衫褴褛的男人和面色憔悴的女人。最令人激动的是，我想象中的那种混日子的角色也找到了——一个满脸乱胡须的老人，穿着一件褐色的工作服，坐在一把椅子上，为一小块马铃薯地锄草，在他的身后是一间没有油漆的小木棚。

我转身回家，恨不得立刻就坐在打字机前写下这个场景。而当我绕过木棚在泥泞的路上拐弯时，又从另一个角度朝老人望了一眼，这时我下意识地突然停住了脚步。原来，从这一边看过去，我发现老人的椅边靠着一副残疾人的拐杖，有一条裤腿空荡荡地垂到地面上。顿时,那位刚才我还认为是好吃懒做混日子的人物,一下变成一个百折不挠的英雄形象了。

从那以后,我再也不敢对一个只见过一面或聊上几句的人,轻易作判断和下结论了。感谢上帝让我回头又看了一眼!

上面这两个案例表明,观察距离、观察角度、观察时机等都会影响观察者对人物、事物的观察,影响记者新闻报道的真实性。因此,变换观察角度、改变观察距离、抓住观察时机进行观察,能使观察者的观察更准确、更真实。

此外,因记者的价值观、人生经历、知识结构和知识水平不同,观察的效果也会不同,观察的正确性也会有高低之分。

很多观察者在观察和认识事物的时候都会有自己的盲点,也就是他所看不到的地方。很多观察者的头脑当中都有自己固定的思维模式。符合观察者的观察习惯和观察模式的事物,观察者对它的认识就十分清楚。而超出这个习惯和模式的事物,观察者往往加以忽略。而且观察者对于自己认为有意义的那些事物总是特别注意,并且总是习惯于按照自己的理解对它们加以把握。这在理论上被称为刻板印象。

传播学中的选择性理论认为,信息接受者对于信息的接受表现为选择性接触、选择性理解、选择性记忆。选择性接触又叫选择性注意,是指信息接受者尽量接触与自己观点相吻合的信息,同时竭力避开相抵触的信息。选择性理解,是指信息接受者总是根据自己的价值观念及思维方式对接触到的信息做出解释,使之同自己固有的认识相互协调而不是相互冲突。选择性记忆,是指信息接受者总是根据自己的需求,在已被接受和理解的信息中挑选出对自己有用、有利、有价值的信息,储存在大脑之中。

所以,观察者还应该随时警惕自己是否具有刻板印象,是否戴着有色眼镜在观察,是否在进行选择性观察。记者必须具备多元化思维、发散思维,善于从采访对象的角度观察和认识问题,这是提高观察能力的又一条重要路径。

知识链接

下面是3条选择相关事实的原则:

1. 了解社区:对于读者需要和希望了解的内容,培养一种感觉与理解。

2. 发现主题:在报道过程中尽早仔细地确定报道的主题。收集凡是支持、支撑或强化该主题的事实,忽略其他不相关的事实。

3. 寻找戏剧性:培养对独特、不寻常、突破常规之事的敏感。①

经验丰富的记者在接受一个任务或做一个报道的开始,脑海里就有一个主题或暂定的想法。如果一名记者被派去报道发生在大学宿舍的一场火灾,这名记者会立即想到将死亡、伤亡和火灾原因作为主题或可能的导语。如果任务是有关营救一个落水男子,导语可能写营救人员的勇敢和机智。6名年轻人死于一场车祸,记者不由自主地会想到酗酒、吸毒或超速驾车。

---

① 门彻.新闻报道与写作[M].展江,主译.9版.北京:华夏出版社,2003:302.

贝塞斯达海军医疗中心刚刚宣布最高法院法官瑟古德·马歇尔逝世，记者们就知道了他们报道的主题和侧重点。主题不是最高法院法官逝世这一事实，而是最高法院的第一位黑人法官及民权运动的一位领袖逝世了。这正是美联社报道的开头所叙述的：

华盛顿电 美国最高法院第一位黑人法官、民权运动的杰出人物——现已退休的瑟古德·马歇尔星期天因心脏病逝世，终年84岁。

记者们知道该写什么是因为他们了解马歇尔及其职业。

这些主题或想法告诉记者观察的内容，用爱伦·坡的话说就是"该观察什么"。它们指导着记者提问，寻找背景。简而言之，它们使记者有组织报道的可能。

主题或想法的范畴相当广泛。通常，记者刚被分派一个任务或刚觉察到一个报道时，主题和想法就在他的头脑里产生。观点来自记者的阅历、有关该问题的知识、对此种事件的本质或必要性的理解。对于记者不了解的领域，我们只能认为那是记者对这个问题的一种感觉。①

报道的制约因素

虽然我们可能会同意，记者的任务是一直搜索相关事实，直至主题获得足够的支持。但是，我们也必须承认，这种搜索永远无法完全完成，总有些事实在记者能力之外。正如地图永远不能完全地标绘出一个区域，一篇新闻报道也不可能是对事实真相的确定表述。

下面是记者面临的一些阻碍：

· 截稿时间。
· 记者无法找到的消息来源。
· 遗失的记录、文件或剪报。
· 记者不能正确听见或看见的事件。
· 消息来源不愿透露的事实。
· 稿件编辑从报道中漏掉的材料。
· 记者自身的局限。
· 记者没有阅读的图书或杂志。除了头版以外，昨天报纸未读的部分。
· 没有回的电话。
· 没有问的问题。
· 错过的约会。②

思考与练习题

一、思考题

1. 什么是观察？你怎样理解"看了，不等于看见了"这句话？
2. 谈谈观察的价值。
3. 观察的方式有哪几种？请分别谈谈这几种观察方式。
4. 记者采访时，应该如何抓住"常态中出现的偏差"？

---

① 门彻. 新闻报道与写作[M]. 展江，主译. 9版. 北京：华夏出版社，2003：303-304.
② 门彻. 新闻报道与写作[M]. 展江，主译. 9版. 北京：华夏出版社，2003：309.

5. 说说几种主要的观察方法。

6. 谈谈观察的局限性。

二、练习题

1. 阅读下面这个材料片段，看看记者是如何观察的。请分析指出记者对不同人物的恐惧的描写有何不同？

合众社记者金斯波里·史密斯在《战犯朱里叶斯·斯特雷切临死前说："布尔什维克早晚要把你们全都绞死"》中是这样描写绞死纳粹战犯的。

表面上，"在面临死亡的时候，十名罪犯全都摆出无所畏惧的样子"。其实，在临死时，他们都或多或少地表现出不同的恐惧。屠杀犹太人的头号刽子手斯特雷切显示出比其他死囚都更桀骜不驯，但在被绞死前，脸上的肌肉却在紧张地"痉挛"着，被绞死的时候，发出痛苦的"呻吟"声；前纳粹外交家里宾特洛甫头套绞索后"目不斜视，双唇紧闭"，显然非常紧张；大规模谋杀的直接指挥者卡尔滕布隆纳，步履虽然十分坚定，但"不断舔嘴唇"；前纳粹驻波兰长官、党卫军将军汉斯·弗兰克虽然面带微笑走向死亡，但"很紧张，不断往肚里吞口水"，当绞索的套子降临到他头上的时候，"他又吞了一口口水，闭上了眼睛"；希特勒的战略顾问兼密友艾尔弗莱德·约杜尔上将，走进刑室，带着紧张表情，"不断舔嘴唇"。

2. 阅读下面这篇学生习作，请指出在这篇习作中，记者应该观察什么？不应该观察什么？

最重要的是享受这个过程

本报讯　今日(5月4日)晚七点半开始，在四川外国语大学大礼堂进行了"校园十大歌手总决赛"的火热比拼。比赛由四川外国语大学团委主办，以夺得最后的冠军完美落幕。

比赛前，在礼堂外排起了长长的队伍，都是来观看比赛的观众。随着液晶屏幕的灯光亮起，决赛正式开始。

决赛分为两轮，第一轮两两PK，由5位评委老师直接举牌选出，胜出一方直接晋级第二轮，而失败一方进入待定席。第二轮由直接晋级的八位选手以及从待定席中胜出的两位选手单独演唱，直接以评委老师的评分进行排位，选出一、二、三等奖以及优秀奖。

采访进入决赛的一位选手谈道："结果不是最重要的，重要的是享受这个过程以及珍惜你所遇见的志同道合的朋友。"

第十二章　提问与倾听

▶**本章要点：**

提问的方式主要有两种：开放式提问和闭合式提问。

开放式提问是指提大问题，提抽象、笼统、含糊的问题；闭合式提问是指提小问题，提具体、明确、范围较窄的问题。

常见的提问方法有：诱问法、追问法和激将法等。

记者要精心设置提问，从采访对象感兴趣的问题开始提问，要慎重把握尖锐、敏感的问题。

记者的提问要具体、要抓住有价值的细节、要抓住问题的关键。

本书在上一章"观察"中指出，新闻采访最主要的采访方式是观察和口头采访，其他的采访方式都是这两种采访方式派生出来的。因此，本书重点讲述这两种采访方式。

口头采访，又称口头访问，指记者通过与采访对象交谈而获取新闻信息。口头采访可以分为两个维度：一是提问，二是倾听。下面分别对这两个维度进行介绍。

第一节　提问

美国著名记者杰克·海敦说过："新闻事业是一个跟人打交道的行业。大约有百分之九十九的新闻是部分或全部以访问——也就是向人提问题——为基础写成的。"①这话虽然有些夸张，但是，它说明了口头访问——首先是提问——在采访活动中有着十分重要的地位，从某种意义上说，没有口头访问——首先是提问——就没有采访，也就没有新闻。

一、提问的方式

美国哥伦比亚大学教授梅尔文·门彻把记者提出的问题划分为两种：开放式问题和闭合式问题。这两大类问题，也可以理解为记者提问的两大主要方式。

（一）开放式提问

所谓开放式提问，是指记者提出抽象、笼统、含糊的问题，对回答的内容限制不严格，使对方有充分、自由的发挥余地。这样的提问比较宽松，不唐突，往往比较得体，让采访对象总是有话可说，不至于无法回答。比如，您对重庆有什么印象？您是怎样看待重庆这几年的变化

① 海敦．怎样当好新闻记者［M］．伍任，译．北京：新华出版社，1980：23．

的？等等。

对于这种开放式的提问，采访对象所作的回答可多可少，可以谈谈突出的印象、看法、想法等，也可以谈谈感受，或者只谈某一感兴趣的问题。总之，被访者回答问题时选择余地大，不受拘束。

这种提问方式比较宽松，对方回答得也比较自由。这种提问方式适合用于访谈的开头，它可以缩短双方的心理、感情距离。由于回答可以随对方的意愿，记者可以摸清对方的一些思想脉搏，获得意想不到的材料。但由于松散和自由，记者难以深挖，因此，在适当的时候，要注意抓住重点和实质性的问题进行提问，问采访对象具体的问题。

(二)闭合式提问

所谓闭合式提问，是指具体、明确、范围较窄的提问，要求对方的回答只能限于提问的具体内容。比如，您这次访问是否成功？回答只能是“成功”或“不成功”，对此必须作出明确的回答，不能模棱两可。再如，你今年几岁了？你读过大学吗？你什么时候到重庆的？你们今年开设了什么课程？等等。

闭合式提问比较容易突破，常用于深入追问或查证、核实，以及转换话题。在重大而时间又短促的采访中，要事先准备好提问的问题。采访不善于表达的对象时，可化整为零，把大问题化成若干小问题。

二、提问前的准备

访问中最重要的是提问。有经验的记者，三个问题一出口，采访对象马上就知道你的水平与来意，想敷衍的敷衍不了，想马虎的马虎不了，有些瞧不起记者的人还会刮目相看，自然就能谈出东西来。而一些经验不足的记者，一提出问题，不是让对方摸不着头脑，就是叫对方暗暗发笑，这就不免被敷衍塞责。所以，提问并不是随心所欲，想到哪里就问到哪里，而是事先经过周密的思考，临场时又巧妙地加以发挥，它是在用口“挖掘”事实，用言辞探索问题。因此，提问技术是最能表现记者水平的一种技术。

(一)精心设置提问

访问之前，记者必须精心设置提问。这就有个采访准备的问题，关于采访准备，虽然本书在前面的章节中已有专章介绍，但这里仍然有必要略微提及。面对即将采访的对象，记者要问什么问题、怎么提问题，需要提前思考与谋划。

1996年12月27日，中央电视台记者水均益专访当时的联合国秘书长加利。采访前，记者进行了精心的准备。为了使所提的问题更受观众欢迎，记者事先来到北京街头采访了一些民众，了解他们想问秘书长什么问题。在采访时，水均益把这些问题融合到了自己要提的问题中，使这次采访别开生面。水均益对加利说，有个小女孩请我问您：“联合国有多大？您的官有多大？”加利一听就乐了。他首先表示，先要向这位小姑娘说一句话，这时候，加利突然用中文说：“我们都是老朋友。”这话引起全场一片笑声。笑过之后，加利用儿童式的语言说：“联合国就像一个大家庭……联合国这个大家庭一共有185个成员……我呢，就像一个大管家……每天早晨开门，打扫卫生……”这样充满慈爱的画面、家常般的叙说，真有点像爷爷给自己的孙女讲故事那样的感觉。本来和广大观众相当陌生的联合国最高行政长官,仿佛就像自家人一样自然亲切。①

访问前,记者对要提的问题进行认真准备,采访时才能抓住采访对象,让采访对象乐意接受记者的采访。

(二)从采访对象感兴趣的问题开始提问

记者刚开始和采访对象见面时,提的第一个问题非常重要。如果第一个问题让采访对象不高兴甚至动怒,会严重影响下面的采访。因此,采访之初,记者要认真考虑自己的第一个问题是否会让采访对象感兴趣。

记者要使自己的第一个问题吸引住对方,最好从采访对象正在说、正在做的事情开始谈起。这需要记者善于察言观色、顺势而为。

有一位记者去采访某电风扇厂厂长。访问过程中,记者发现在厂长办公桌的玻璃板下压着一幅双马齐奔的画,在他家客厅的墙上也挂着徐悲鸿那幅飞奔中的群马图,记者于是顺着他这一心爱之物去发问,引出了采访对象这段话:“是的,我爱马,特别爱它前无古人、后无来者的那种奋发奔突的气魄。每看一次,它的意蕴总会冲击我的心灵……”记者由此展开了与采访对象愉快的交谈。当记者将奔马同采访对象一贯敢于重用所谓有问题而确有能力的人所表现出来的那种勇敢、坚毅的性格联系起来观察和思考时,这个厂长的性格、个性就非常明晰地呈现在记者面前,于是他写出了一个改革家生动的形象和丰富的内心世界,拨动了不少读者的心弦。②

三、提问的方法

提问的方法很多,我们在此举出几种主要的方法来加以分析、研究。

(一)诱问法

诱问法是一种诱导式提问的方法,是采用启发诱导的方式,把记者想知道的信息引导出来。这种诱导,既可以引导对方的思路,又可以诱发对方的情感。

采访对象了解许多信息,却因谦虚不愿说、有很多顾虑不敢说、性格内向拙于说,以及要说的信息需要通过回忆才能引出来、想说又不便自己主动说,当采访对象出现这种情况时,记者可以尝试采用诱问法提问。

下面我们来看看法拉奇是如何采用诱问法采访美国前国务卿基辛格的。

> 法拉奇:可是,基辛格博士……您简直变得比总统名望还高,您怎么解释这个事实呢?您是不是有什么见解?
>
> 基辛格:是的,不过我不想告诉你……我现在仍然在职,为什么要说这些?我看,还是告诉我你的意见吧。我敢肯定,你对我有名望的原因也有自己的分析。

---

① 白庆祥,刘乃仲,郑保章.新闻采访写作编辑案例教程[M].北京:新华出版社,2003:52.

② 白庆祥,刘乃仲,郑保章.新闻采访写作编辑案例教程[M].北京:新华出版社,2003:177-178.

法拉奇:我可不大清楚,基辛格博士。我是想通过这次采访找出其中的奥妙。可我还没发现什么。我觉得一切取决于成功。我的意思是说,就像一位棋手,你走了几步高着。首先是,中国。人们总是敬羡吃掉对方王的棋手。

基辛格:中国是我取得成功的重要因素。可是,这还不是主要的。关键在于……嗯,为什么不说呢?我来告诉你。我还有什么顾虑呢?关键就在于我总是独往独来。美国人特别欣赏这种做法。美国人赞许那种一马当先带领车队的牛仔,那种单枪匹马进入村庄或城镇的牛仔。他可能甚至连一把手枪都没有,因为他不是进去交火的。他尽其所能,如此而已,在正确的时间指向正确的地点。这就算是个西部荒野的传奇吧。①

据当事人回忆说,新闻报道出来后,一位助理官员谈到白宫的反应是:"正午时分,在白宫西翼的老式楼房里,至少有五六个高级人物在场,他们读到这篇报道时火冒三丈。他们说这是从未见过的狂妄至极的自我吹嘘。"

另一位助理官员说,这次交谈被仅仅看作一个"大错误——亨利和一个漂亮姑娘谈话,所有这些冲昏了他的头脑"。

基辛格是个犹太裔德国移民,谨慎,城府极深,聪敏过人。可是他居然在法拉奇的巧妙提问面前自乱阵脚。法拉奇先是吹捧基辛格,然后有意识地点了一下中国,点到为止地称赞他对中美关系处理得非常好,但又没有具体明确地指出来。但是,这恰好引发了基辛格的良好的自我感觉,于是说出了事后颇为后悔的"狂妄至极的自我吹嘘"。著名记者约翰·布雷迪也忍不住评论说:"也许亨利也一直十分尴尬,就像一个搬起石头砸了自己的脚的牛仔。他大概事后会对这次录音采访叹息道:'我怎么会说出这种话?这不可能。'"②

著名记者邵飘萍曾采用诱问法,抓到了一条中德断交的大新闻。1917 年 3 月的一天,邵飘萍正在国务院秘书办公室,隔壁就是段祺瑞的办公重地。忽然他听到院仆打电话通知美国公使,说段总理于下午 3 时会晤美国公使。邵飘萍头脑机灵,猜测是为有关美德断交的事。邵抢先到美国使馆,见一参赞说:我是《申报》的特派记者,想证实一下美德断交的消息,表示自己已经探听到美政府对驻京使馆的有关训令,不是局外人,从而获得了材料。他又立即赶回国务院采访段祺瑞,公开表示自己是知情人,要证实和了解中德断交的确切日期。

邵飘萍通过这样的采访方法,最先探知了中德断交和中国参加第一次世界大战的重大新闻。这一方面得益于他对局势的精辟分析,同时也因为他掌握了采访对象的心理:美国使馆人员和段祺瑞都认为他是局内人,所以如实向他透露了尚属秘密的重大新闻。③

诱问法的核心技术是诱导,记者必须讲出一部分类似的事例,或者有意识地朝某个方面引导一下。如果事先什么信息都没有掌握到,采访时就可能信口开河,胡乱诱导,采访对象不会轻易上当。这就要求记者在使用诱问法前,要做好采访准备,认真分析、研究相关材料,或多或少地抓到一些确切的事实,采用诱问法采访时才能游刃有余。

记者在使用诱问法时,不要事先设置好一些固化的"框框""套套",要注意不要把诱问搞

---

① 布雷迪.采访技巧[M].范东生,王志兴,译.北京:新华出版社,1986:89-90.

② 布雷迪.采访技巧[M].范东生,王志兴,译.北京:新华出版社,1986:90-91.

③ 杜荣进.中外新闻采写借鉴集成[M].杭州:浙江教育出版社,1997:222-223.

成了“套问”;同时也要注意把握“启发诱导”与“强加于人”之间的界限,不要把“诱问”变成“强问”。

（二）追问法

追问是记者在采访现场捕捉事实真相一个很好的方法。有些采访对象不愿吐露真情,有些采访对象的话不能自圆其说,在这类情况下,记者可以考虑采用追问法,在提问时,抓住记者想要了解的信息,循着某种思路、某种逻辑,连珠炮式地提问。

追问法的核心技术是不给采访对象思考的时间,不让采访对象回避关键问题,在记者的追问下,即使是老谋深算的采访对象,也有可能在现场的问答中慌不择言,对记者如实相告。所以,记者必须记住的是:一定要让采访对象只有招架之功,而无还阵之力,甚至连招架之功都没有。由此,采访对象或者来不及冷静考虑,不能谨慎回答;或者失去镇静,激起情绪,感情用事,在招架和申辩中不能控制自己地实话实说。

一个负责采写招标程序的记者前去访问市长,问市长招标的规定是怎么制定的。在回答这个问题时,市长提到,有一个建筑公司的老板向他保证,按照前一次招标的规定办就行了。机警的记者抓住了这句话,她问:

“你是什么时候和他谈话的?”

市长回答说:“大约三星期以前。”

“那是在招标规定公布以前,是不是?”

“是的,我们要求他替我们看一看这样的规定行不行。”

“他发现什么问题了吗?”

“噢,他做了一些小的修改,都是无关紧要的。”

“你们登广告以前,其他建筑公司的负责人看过这些规定吗?”

“没有,只有他们一家看了。”

渐渐地,根据市长随便说出来的一句话,记者完成了一篇扎实的报道,说明市政府和该建筑公司的关系值得怀疑。①

一位美联社记者有一次长途跋涉到俄勒冈去采访一位为《观鸟者文摘》撰稿的妇女。当问到她如何成了一名观鸟者时,她避开了这个问题,但记者却紧追不舍。

“我爸爸、妈妈都是观鸟者。”

记者对这个回答仍不满意。

“在我六岁的时候,爸爸送了我一个双筒望远镜。”

最后记者问:“你为什么能坚持下来? 你才六岁,可以去跑、去爬树、去玩玩具,等等,可为什么能坚持不断地观鸟呢?”

① 密苏里新闻学院写作组.新闻写作教程[M].褚高德,译.北京:新华出版社,1986:84-85.

"因为他们告诉我,我会失明。"

原来是这样。

"因为我眼睛有问题,之前从没见到过红毛边的红眼雀。"

"为什么你想看到那种鸟?"

"因为我从来没有看到过。我想继续活下去,在眼睛瞎掉之前看到那种鸟。所以我一直坚持不懈地寻找。直到最后,终于发现了一只。我的眼睛也没有瞎掉。"

采访过后,这位美联社记者完成了一篇报道。①

记者采用追问法时,对于对方谈话中的疑点以及记者从对方谈话中发现的有价值的新情况、新线索,要抓住不放,打破砂锅问到底,直至水落石出。

值得注意的是记者在追问时要注意把握追问的态度、语气,不要把追问变成追逼,更不要变成变相的"审问"。同时还要注意把握情绪。采用这种提问方法,双方很容易产生情绪上的矛盾和冲突,不要把提问变成了争吵,记者要保持冷静,要和颜悦色地追问。

(三)激将法

俗话说,"请将不如激将"。有些采访对象,记者正面提问,他不配合,记者侧面巧妙诱导,他也能很聪明地不中圈套。当记者使用多种方法都不能得到所需要的信息时,可以尝试采取激将法。

激将法指记者故意将事实讲错,或故意将观点讲错,有意颠倒黑白、混淆是非,让对方感到委屈、生气,激起对方的申辩或反驳。

老记者陈朗回忆说,新中国成立前夕他在香港地区采访民社党的伍宪子时,注意到伍宪子对混官来做很反感,说话易激动,便故意问道:有人说,"民社党从蒋介石那里分到了几个国府委员、部长的位置",问他怎么看。"伍宪子不加思索地回答说:'一个政党不应该以做官为目的,如果为了做官来办党,这就是有意出卖自己。'他说这话时很激动,也很干脆。"

陈朗继续回忆说:"有一次从南京传来消息,说是南京方面希望他到南京去。我为了这个传说去看他,一见面我故意问:'宪老几时动身?'他给我问得愕然。我再对他说明:'外面传说你要到南京去,想知道你几时启程。'他一听这话简直生气了,他说:'胡说,胡说,这是谣言!我到南京去干什么,给他们凑热闹,跑龙套吗?蒋介石对民主一点诚意都没有,他想做皇帝,难道我还去给他当保皇党?'我暗暗吃了一惊,我避开不提保皇党的往事,他倒提起来。"

记者明知伍宪子不愿意到南京去,却故意问"几时动身",这就激出了很有价值的一番话来。②

采用激将法提问要注意以下几点:一是态度诚恳、彬彬有礼,不让采访对象产生记者是在刻意攻击、侮辱和刁难他(她)的错觉;二是掌握分寸,不要让采访对象感到过于难堪、别扭,甚至反感,否则就会适得其反;三是采用一些方法,避免让采访对象误解记者是有意冲着他来的,或者减轻、减缓采访对象的暴怒、痛苦。

---

① 施瓦茨.如何成为顶级记者·美联社新闻报道手册[M].曹俊,王蕊,译.北京:中央编译出版社,2003:45-46.

② 白庆祥,刘乃仲,郑保章.新闻采访写作编辑案例教程[M].北京:新华出版社,2003:173-174.

总之,记者在采用激将法提问时,要特别注意分寸、火候,既要让采访对象受到激发,又要让他不反感、不讨厌,要恰如其分。同时,记者要特别善于察言观色,随时调整自己的言行举止,以免完全、彻底地激怒采访对象,以至于记者得不到想得到的材料。

四、提问的技巧

(一)如何提尖锐的问题

记者采用激将法的方式提问可以获得所需的材料,但激将法提的问题并不完全是尖锐的问题,有很多问题并不尖锐,记者为了获得材料,则采用尖锐的方式提问。换句话说,采访的内容不尖锐,但采访的形式比较尖锐。

对于记者来说,尖锐的问题是记者又爱又怕的问题。怕,是因为尖锐的问题往往都是采访对象不愿正视的缺点和错误,或者是社会上对采访对象严厉的批评和指责。记者问这些问题,稍有不慎,就会使采访对象产生反感,甚至进而要求结束采访。爱,是因为尖锐的问题往往都是公众最感兴趣的问题,对尖锐问题的报道能够赢得公众的青睐。既然公众对这些尖锐的问题兴趣浓厚,记者当然也就很想冒险尝试。

多数记者比较一致的看法是,将尖锐的问题放在采访的最后。

普利策新闻奖获奖记者芭芭拉·沃尔什(Barbara Walsh)说她在一次采访中"愚蠢至极"的行为使她差点与普利策奖失之交臂。她进行了长达几个月的不懈努力,才得到采访杀人凶犯小威廉·R.霍顿的机会。霍顿谋杀了一名加油站服务生,随后又在监外休假中闯入一个居民的家中,对其疯狂地乱砍,并两次强奸其未婚妻。记者与霍顿隔着铁窗见面。她回忆道:"我问的第一个问题是:'你到底是怎么得到监外休假机会的?'"霍顿想要终止采访。沃尔什后来批评自己说:"这是我做过的最愚蠢的一件事"。沃尔什当时急了,慌忙用霍顿想要讨论的问题救场。沃尔什说:"我问他:'你想告诉我什么?'他说:'我不是禽兽,你们这些人(媒体)把我说得禽兽不如。'"采访继续进行了2个小时,最后沃尔什回到她想要霍顿回答的最尖锐的问题上。这篇报道是"关于马萨诸塞州监外休假制度"的系列报道之一,该篇报道为沃尔什赢得了普利策新闻奖。

沃尔什后来说,采访霍顿让她学到了关于采访技巧的宝贵经验,那就是"把最尖锐的问题留到最后"。她说,在后来的采访中,"我学会把节奏真正地放慢,真正地保持耐心。我不怕采访对象长谈。你可能不会用全部信息,但是如果你急于行事就会冒犯采访对象。"①

多数记者主张将尖锐的问题放在采访即将结束时,但也有一些优秀的记者非常善于观察,在长期的采访磨炼中,他们发现了问尖锐问题的最佳时机。

美国记者卡罗尔·麦凯布说,当采访开始时,人们充满警惕,表情呆板。逐渐地,"他们向后倾斜,变得放松,然后你可以开始行动了",她说,"问你最敏感的问题的时间是'映射'出现时。映射指他们做与你同样的事情。你后靠在椅子上,观察他们是否也后靠在椅子上;你把右腿横跨在左腿上,观察他们是否也这样做。映射出现时,那意味着,他们喜欢你,和你合得来,那是你问尖锐问题的时候"②。

---

① 里奇.新闻写作与报道训练教程[M].钟新,王春枝,主译.6版.北京:中国人民大学出版社,2012:91-92.

② 门彻.新闻报道与写作[M].展江,主译.9版.北京:华夏出版社,2003:364.

这个"映射出现时",实际上就是指双方之间关系非常融洽之时,这正是记者问尖锐问题的时候。

对于问尖锐的问题,不同的记者有不同的方法。诿过于人是一种比较常用的方法。

美国记者芭芭拉·沃尔特斯(Barbara Walters)采访伊朗国王时,她问道:"有些人说你是个独裁者,也许是个仁慈的独裁者,可到底还是独裁者。我知道你听到过这些批评。现在是你回答它们的一个机会。"芭芭拉·沃尔特斯在提尖锐问题的时候,一方面暗示这个说法不是记者的看法,而是别人的看法;另一方面又巧妙地给予对方一个机会——现在是"澄清"这个"误解"的机会,让采访对象听起来感觉记者是在帮助他摆脱困境,让他向公众展示良好的形象。

芭芭拉·沃尔特斯采访理查德·尼克松时也是采取这种方法提问:"总统先生,外面有很多风言风语","有关您的形象和美国公众——请原谅我,总统先生——把您看作一个相当自以为是的人这一事实……"芭芭拉·沃尔特斯这里的"风言风语"用得很好,让采访对象感觉记者是在批评外界对总统的评价,是站在总统这一边的,使总统不至于怨恨记者,而将怨恨转嫁到了社会上无名无姓、空洞抽象地说"风言风语"的人,这就有利于总统配合记者的采访,愿意回答记者的提问。

除了采用诿过于人这一方法外,记者们在提尖锐问题时经常使用的语言有"听说……,你自己怎么认为?"等。

提尖锐的问题有很多种方法,具体采用哪种方法,需要记者根据不同的采访对象、不同的采访环境做出判断和选择,更需要记者自己在采访中不断摸索,适合自己的方法才是最好的方法。

(二)如何问敏感问题

尖锐问题和敏感问题有一些细微的区别,尖锐问题也应该是敏感问题,至少采访对象会将其视为敏感问题,有的尖锐问题犹如阿Q头上的癞疮疤,被视为禁忌,不愿意让人提起。但敏感问题不一定是尖锐问题。在这里,我们将敏感问题做一个范围限定,敏感问题一般是采访对象不愿公开的难言之隐,或者是采访对象不容别人再次提起的锥心之痛。

有位女电视记者采访一位正在技工学校学习的女孩。这个女孩出生后还没满月,就被亲生父母遗弃在铁路旁,后来被一位好心的大妈收养。女孩在接受采访时,要求不要问她亲生父母的事。

记者答应了这个要求,就按事先准备好的问题一一提了出来,对方也一一做了回答。

可是,记者心里一直萦绕着一个问题:从小就被父母遗弃,至今都没有见过自己亲生父母的女孩,对自己的亲生父母是一种什么样的感情呢?是恨,是想念,还是漠不关心?这也是观众很想知道的。

借着对方喊自己"陈姐"的话头,记者说:"我该问的问题都问了,你也答得不错。现在,我们姐妹俩聊聊天吧!"对方说:"好啊!"于是,她们俩便这样聊了起来——问:"你在技校学习,你们班里男生多还是女生多?"答:"男生多,不过我们班可团结啦!"一说起她们班上的事,对方轻松了许多,脸上露出孩子似的稚气与顽皮。记者又问:"那你说,男生和女生比,谁更恋家恋父母?"答:"当然是女生啊。"记者注意到,说到这里,女孩的脸上擦过一丝黯淡的神情。这时,记者又把话题引申了一步:"记得我刚上大学的时候,住在学校,一做梦就是回家,看见爸爸妈妈。这么多年了,你有没有梦到过你的亲生父母?”对方听了,稍稍停顿了一下,眼圈有些发红,就忍不住地说:“其实,我不知道做过多少这样的梦。可是,在梦中我总是看不清我爸妈的脸是什么样的。每当在公园、在大街上,看到别的同学和父母一起逛大街、逛商店,我就想,我的亲生父母是什么样儿?是胖还是瘦……”说着说着,女孩的泪水涌了出来。①

这位记者在节目最后,在双方关系融洽之后,巧妙地借聊天之名,而且以自己的体会来套出采访对象对自己亲生父母的想象、感受,没有引起采访对象的反感,记者问得自然、有亲和力,采访对象也就不知不觉地没有将这个本来很敏感的问题视为敏感问题,也就如实地进行了回答。

有时候,记者会罗列几个问题,将敏感问题包含其中,让采访对象选择其中一个,采用这种方法提出敏感问题。

有一位男性记者想采访报道未婚单身母亲节育的情况。他知道,未婚单身母亲“与一位男记者谈论这个话题令人不适”。他说:“我没有贸然地提问:‘你采取节育措施了吗?哪一种?效果如何?’我是这样说的:‘一些女性说她们使用节育措施以避免怀孕,另一些人认为自己是安全的,还有一些人说她们根本没想过这一点。你属于哪一种情况?’”

美国记者萨姆·罗发现,“记者的礼貌、友好、富有同情心与诚实对报道非常有帮助。其他任何东西都不可以代替记者讨人喜欢的表现”。萨姆·罗说,采访的目的“是让你的采访对象开口讲话,让他们建立对你的信任”。②

大量的采访实践表明,问敏感问题的至关重要的方法仍然是礼貌、友好、诚实与富有同情心。芭芭拉·沃尔什说:“在采访中,如果你表现出真诚,让采访对象知道你怀有同情心,他们会愿意交谈。采访技巧很重要的部分是对采访对象想说的话采取开放、包容的态度。”③

有丰富经验的记者告诉我们,提敏感问题的时候,记者不要过于遮遮掩掩、犹犹豫豫,做出一副欲言又止、难于启齿的样子,这样反而会让采访对象反感,从而使采访对象拒绝回答记者的提问。

经验丰富的英国电视记者布赖恩·马吉在他的著作《电视记者》中写道:“绝不要转弯抹角,绝不要使用委婉语。”马吉说:“有人觉得说出自己的意图有失文雅,这种担心没有根据。在电视节目中,我采访过精神变态者、妓女和嫖客、女同性恋者、残疾人、服用某种镇静剂生下畸形儿的母亲,甚至已婚夫妇,询问他们的性生活,而且在采访时都是单刀直入、直言不讳,可是这些被访人没有一个因而动怒,也没有任何观众或批评家为此抱怨。”

马吉说,不要使内容上有争议的问题显得实际上有争议。“绝不要让采访对象有可能对问话提出异议,尤其不该让他以此作为一种答复。”“提敏感问题的方法的关键在于,要让采访对象感到,他正在对一个有同情心的深切理解私人感情的人谈话。”④

(三)如何撬开对方紧闭的嘴

有些采访对象在记者面前三缄其口,记者无论采用什么样的方法,都撬不开对方紧闭的

---

① 白庆祥,刘乃仲,郑保章.新闻采访写作编辑案例教程[M].北京:新华出版社,2003:189.
② 门彻.新闻报道与写作[M].展江,主译.9版.北京:华夏出版社,2003:391.
③ 里奇.新闻写作与报道训练教程[M].钟新,王春枝,主译.6版.北京:中国人民大学出版社,2012:91.
④ 布雷迪.采访技巧[M].范东生,王志兴,译.北京:新华出版社,1986:141-142.

嘴唇。面对这样的采访对象，初出茅庐、不用心、不善于思索、不善于改变方法的记者是难以取得成功的。

但是，那些经验丰富、善于分析和思考、善于使用多种方法的记者往往能够将这些“闷葫芦”的嘴唇撬开。

著名记者华山曾谈到他是怎样使“没嘴葫芦”讲话的。他说：有的战士，打仗很出色，但就是个“没嘴葫芦”，多复杂的事情，他一两句话就讲完了，要采访他呀，真困难。可是他是个英雄，重点人物，还非采访不可。比方说，一个爆破英雄，要通过很多障碍物去爆破敌人的碉堡，障碍物前面就是敌人的屋脊形的电网，电网上挂有铃铛，一碰就响。在屋脊形电网之间，还挖了很多绊脚坑，有的绊脚坑还埋有地雷，地面上还有绊脚雷，还有竹签子、铁钉子，我进城的时候，走到这里就大吃一惊：爆破手当时是怎么通过的?！我找到了他，请他谈谈。

记者：那个大红窑的地堡群是怎么炸开的？

对方(笑笑)：一上去，就炸开了。

记者：路上那么多障碍物，你怎么能通过呢？

对方：我通不过，怎么上去炸呢？

记者：你先讲讲，你是怎么通过屋脊形铁丝网的？

对方：哎，我一铰开就过去了嘛。

记者：那是电网呀，是高压电呀。

对方：我那么笨，不用保险钳？

记者：敌人打那么多照明弹，他看不见你？

对方：我一动不动，他们能看见我？

记者：你动手铰，他能看不见？

对方：嗨！我那么笨呀，他照明弹亮的时候，我早观察好了，照明弹一灭，我就咔嚓一钳子。

记者：铃铛掉下来不响？

对方：我不会先铰掉呀！照明弹又一亮，我又观察，又铰开了一个口子。

记者：你踩了绊脚坑没有？

对方：我踩它干吗？照明弹一亮，我就观察好了，照明弹一灭，我就爬过去了，绊绳、地雷也一样。我不碰它，它能碰我呀。倒是那个竹签子、铁钉子厉害，可也叫我一根一根拔掉了。那个红窑地堡，倒是有一排人，但是，它是封锁正面的，我可爬到后面去了，打仗就怕掏屁股，我给他后门塞了个炸药包，装上雷管，砰一声，炸了个大揭盖，那一排人，连死带伤，也不知道多少，反正都完了……①

记者华山有两点值得称道。一是他对爆破这方面的知识非常熟悉，提问都非常专业；二是他很善于启发诱导，采访对象在他的循循善诱下，话越来越多。因此，对于“闷葫芦”型的采访对象，记者要善于启发诱导，要问到点子上。同时，事先要对有关材料进行深入研究，否则，

---

① 杜荣进. 中外新闻采写借鉴集成[M]. 杭州：浙江教育出版社，1997：127-128.

记者不懂行,又不认真学习与将要采访的内容相关的知识,在采访的时候提问不着边际,采访对象尤其是“闷葫芦”型的采访对象是不会配合的。

有些采访对象并不是真的“闷葫芦”,这种采访对象话不多,城府深,将言多必失奉为圭臬。面对这种采访对象,记者还可以尝试使用其他的方法。

有的记者采用以沉默对沉默的方法来撬开采访对象紧闭的嘴唇。美国著名记者麦克·华莱士将沉默如金作为一种采访技巧。华莱士说:“我发现,在电视采访中,你可以做的最有意思的事就是:提一个巧妙的问题,在对方答复之后,停上它三四秒钟,好像你还在等待他再说点什么。你说怪不怪?对方会觉得有点窘迫,于是谈出更多的东西。”

华莱士的这种方法似乎抓住了人性的弱点,当谈话现场两个人都沉默的时候,是大家都觉得场面非常尴尬的时候。在这个时候,记者必须沉住气,尽量让采访对象先说。采访对象为了打破令人难堪的沉默,他总得说点什么。这样,如果不是老奸巨猾的采访对象,往往会一不小心就说出了自己不愿说出的秘密,说出了自己不愿说出的问题的实质和关键所在。

还有的记者会采用对要采访的问题避而不谈而大谈特谈其他问题的方法,被蒙在鼓里的采访对象以为记者不知道这个问题,或者以为记者没有想到过这个问题,从而主动提及这个问题,让记者轻松地获得自己想打听的消息。

美国一位影视新闻批评家卡普·莫诺汉有一次听到一个传闻说,性感女影星克拉拉·鲍打算在她名扬四海的极盛时期退隐结婚,建立小家庭。在见到鲍所在的电影制片厂的负责人时,莫诺汉紧紧缠住对方,要求采访。莫诺汉点着一个又一个被访人慧眼相识的那些影星的名字,却故意漏掉了一个人。这时,采访对象沉不住气了,他主动提起了这位明星:

> “你把克拉拉·鲍忘啦,”制片厂的负责人说,“我想,你已经听到她退隐的事了吧?”
>
> “噢,是的,可那净是些流言蜚语——宣传代理人的废话。”莫诺汉试图换个话题,对方却是一味坚持谈自己的。
>
> 被访人最后说:“如果你认为她不打算退隐,那真是傻透了。她是要这么干。”

在采访结束时,莫诺汉得到了关于克拉拉·鲍的举世无双的独家新闻。但是,关于克拉拉·鲍的问题莫诺汉一个也没有问,全是由采访对象主动告诉记者的。①

这种让采访对象自己打开紧闭的双唇的方法,需要记者积累丰富的经验,具备高超的技巧。对于初学者来说,虽然这种方法较难掌握,但是,记者要有一种尝试采用多种方法从采访对象那里获得信息的精神和态度,这种精神和态度是可以学习的。

五、提问的注意事项

(一)学会问细节

记者在观察的时候需要注意细节,在提问的时候也同样要注意抓细节。细节在任何时候都是记者采访的重点之一,因为细节是最能表现问题的实质,最能表现人物的性格、心理和品

---

① 布雷迪.采访技巧[M].范东生,王志兴,译.北京:新华出版社,1986:113-114.

质的。

四川人民广播电台记者吕齐采访我国女子国际象棋特级大师刘适兰时,想了解她在国外一次比赛的具体情景。那次比赛的对手是保加利亚的特级大师列马奇科。

下面我们来看看这位记者是如何抓细节的:

问:你和列马奇科下棋,谁输了?

答:她输了。

问:下到多少步棋,她就要输了?

答:50 来步吧。

问:她快输的时候,脸色是苍白的? 是绯红的? 还是坐卧不安?

答:她脸红筋胀的。

问:皱了眉毛吗?

答:没见她皱眉毛。

问:那么,快输了,她怎么办呢?

答:她撑着脑壳想棋。

问:是想对策吗?

答:当然。

问:她想对策的时候,有谁来干扰她吗?

答:没有。啊,这时候服务员端来了两杯咖啡。

问:服务员和你们说话了吗?

答:没有。她笑嘻嘻地把咖啡从盘子里拿出来,给列马奇科一杯,给我一杯。

问:服务员送咖啡时,杯子发出响声了吗?

答:没有。她轻轻地放。还一人发了一块方糖。

问:是谁把糖先放进杯子?

答:我。

问:列马奇科后放,她也像你一样,这么一丢,放的糖吗?

答:不是的。

问:她是怎么放的? 你能把看到的比划一下吗?

答:好。

这时,刘适兰比划当时的情景。她双眼盯着棋盘,右手拿起方糖,下意识地往"杯子"里放。她边比划边说:"她没有把糖丢到杯子里。"

问:丢到桌子上了? 还是丢到棋盘上了?

答:不,她把糖丢进烟灰缸里了。

问:她很快把糖从烟灰缸里拿出来了吗?

答:没有。她还在看棋。不过,她很快发现自己丢错了,脸绯红绯红,很不好意思。

问:你笑她了吗?

答:我没有笑。那样做不礼貌。

问:你心里一定笑了。

答：我肚子里阴着笑。我想，她心乱了，紧张了……列马奇科的水平还是很高的，那天，她发挥得不正常。①

列马奇科输棋后"脸红筋胀"，在输棋时，慌乱地"把糖丢进烟灰缸里"……记者通过一些细节，把当时列马奇科输棋的窘态经过一步一步地追踪挖了出来。这些材料能够充分表现人物当时的处境、心境和窘境。

正在试用期的年轻女记者卡特正是因为不厌其烦地问细节，写了一篇让美联社负责人大为赞赏的特稿《营救一个孩子》，就留在了美联社，而且获得了美联社年度最佳年轻记者的称号。她是这样采访的："我把同样的问题问了一遍又一遍。他们甚至都觉得我有点烦人了。我让他们每个人把事情再说一遍。每一遍，我们都能发现一些新的细节。"她说："当每个人绘声绘色地说起自己的表现时，整个事情才真正显得惊心动魄。他们还彼此打断对方的叙述，补充了许多很有价值的细节。"卡特说："直到整个事件被重复了三四遍之后，他们终于说出了我一直在期盼的细节：颜色、触觉、味道，等等。"②

需要注意的是，记者抓细节，不能事无巨细，不能抓鸡毛蒜皮的细节，要抓那些能够充分表现人物性格、思想、心理的细节，抓那些充分表现新闻事件的本质特征的细节。

（二）提问要具体

前面谈到，提问的方式主要有开放式提问和闭合式提问。开放式提问就是指提笼统、抽象的问题，比较大的问题。在采访之初和其他必要的情况下，记者提开放式问题有利于打开采访的局面。但多数时候，记者在提问时都应提闭合式问题，即提具体的问题。

具体的问题对记者、采访对象和受众三方都是最有益的。对受众来说，受众对新闻人物、新闻事件的认识和了解主要都是通过具体的问题知悉的，具体的问题能够帮助受众对新闻人物、新闻事件有更加清晰、明确的认识和了解。对采访对象来说，提问笼统，采访对象会感到"老虎吞天，无从下口"，难以回答。反之，提问具体，采访对象更容易把握，更好回答。对记者来说，提问具体，记者得到的材料才是清晰、明确的材料，才可能是实质性的材料。因此，记者提问时，要学会将笼统、抽象的问题具体化，要学会将一个大的问题破开，化成若干个具体问题，一个一个地细细问清。

1986年，中央电视台举办"全国十城市青少年演讲邀请赛"之后，一位年轻的女电视记者采访这次邀请赛的编导，提出的第一个问题是："您编导的'十城市青少年演讲邀请赛'向全国播放以后，观众反应强烈，对此，您有什么感想？"对方听了这个问题顿时语塞，一时不知从何说起。这位编导感到实在难以回答，只得请求停止录像。于是，编导跟记者商量，将这个大问题变成了下面这样的一问一答：

---

① 白庆祥，刘乃仲，郑保章. 新闻采访写作编辑案例教程[M]. 北京：新华出版社，2003：191.

② 施瓦茨. 如何成为顶级记者·美联社新闻报道手册[M]. 曹俊，王蕊，译. 北京：中央编译出版社，2003：170.

问:“十城市青少年演讲邀请赛”播放之后,一共收到多少观众来信?

答:已经收到了800多封,节目还没播完,信还在不断地来。

问:写信的都是些什么人?

答:大学生、中学生比较多。还有解放军、教师、工人、农民。有十几位年逾古稀的长者也感兴趣。

问:有一个11岁的小朋友参加辩论,他是专门请来的吗?

答:不,他是偶然参加的。他想来,开始老师还不愿意带他来。观众很喜欢他,给他写来了好些信,称赞他勇敢聪明。

问:这样的节目以后还办吗?

答:还办。①

这位女记者将笼统、抽象的问题具体化后,得到非常具体的回答,证明了“十城市青少年演讲邀请赛”深受观众欢迎和喜爱。

即使是记者在当时的情况下必须提开放式问题,最好也要将开放式问题和闭合式问题配合一起使用。也就是说,记者在提出开放式问题之后,最好接着提出具体的问题。比如,记者在提出一个比较大的开放式问题之后,可以这样接着提问:“你能给我举个例子吗?”“你能再给我具体解释一下吗?”“你有具体的材料吗?”等。

1983年年底,中国新闻代表团到日本访问,著名记者安岗任团长。一天,他们来到东京一所中学采访,一位记者向参加座谈会的五位中学生问道:

“你们对中国有什么了解?”

学生们面面相觑,无从回答。

这时,安岗团长立刻把话头接过去,问道:

“你们知道中国有一条长江吗?”

五位学生一起举手。

“你们知道中国有一个孔子吗?”

全部举手。

“你们知道鲁迅吗?”

答:“听过这个名字。”

“你们知道毛泽东吗?”

答:“知道。”②

记者在提了一个开放式问题后,必须紧接着提具体的问题,否则,采访对象难以回答。老记者安岗经验丰富,在现场冷场的情况下,向学生们提出一个一个具体的问题,化解了提问记者的尴尬,也让采访对象顺利地打开了话匣子。

---

① 白庆祥,刘乃仲,郑保章.新闻采访写作编辑案例教程[M].北京:新华出版社,2003:191-192.

② 张征.漫谈新闻采访[M].北京:新华出版社,1996:121.

（三）不要提愚蠢的问题

记者的提问不能太宽泛，提问要问到点子上，要善于抓住关键性问题。从哲学角度来看，事物的矛盾虽然是多方面的，但有主要矛盾和次要矛盾之分，主要矛盾是决定事物发展方向、变化的因素，是决定事物性质的因素。记者提问时，就要抓住对事物的发展变化起主要作用、决定事物性质的主要矛盾，这个主要矛盾就是记者在采访中要问的关键性问题。

记者问肤浅、陈腐的问题，不仅会让记者自己得不到实质性材料，也会使采访对象感到不胜其烦。美国著名球星比利·琼·金说："在我与里格斯比赛之前，有三百多个人要单独采访我。而且每个人都要求至少谈几小时。对于我来说，几个小时乘上三百就是十年了。问题就在这儿。而且在你接受采访时，对方老是问你的感觉。干这件事感觉如何？干那件事感觉如何？我真想跑得远远的。我真想不当我这个球星了。"①

著名记者约翰·布雷迪认为："采访的成败在很大程度上取决于是否正确地提问。这是说服专家（采访对象）接待和指教无知的人（你自己）的唯一途径。"他将那些低劣、空洞、味同嚼蜡的问题称为"错误的问题"。特别是那些电视记者，最爱提一些无聊、浅薄的问题。布雷迪引述一位著名记者诺拉·伊弗伦的话，伊弗伦讲起她和电视记者并肩工作的情形，她"惊愕地看着摄影机向前推进，电视记者把政治家逼得走投无路"。逮到一个参议员就开始提问："您对于选举感觉如何，参议员先生？"或者逼问一个从燃烧着的大楼里被担架抬出来的人："刚才您的腿被炸掉了，您感觉如何，先生？"②

美国新闻学者迈克尔·丁·阿伦在他的一本精选的电视论文集《客厅里的战争》中，详尽说明了动辄询问"您感觉如何"这类广播电视采访的泛滥和无用："您感觉如何"这种问题要么荒谬绝伦——"喂，先生，大腿和肩膀挨了三枪感觉如何？"要么没法回答，除非用些含糊不清或枯燥无味的答话来应付。布雷迪高度认同这种观点，他认为"阿伦的主张很正确"。③

在中国的广播电视记者中，有一种"老三问"的说法，即记者无论采访什么人，也无论在什么场合，都是这三个问题："你有什么看法、感想？""今后有什么打算？""可以对我们的观众（听众）说几句话吗？"这一类问话，千篇一律，肤浅而空泛，没有任何新意，也没有什么新闻价值。因此，记者提问时，应该抓住关键性问题，提有价值的问题。

第二节　倾听

记者的职责是记，要记好首先要听好，好记者首先是个好听众。

美国著名作家戴尔·卡内基说过："专心地听别人讲话，是我们给予别人的最大的赞美。"

一位记者回忆说：一次，我去采访一位医学专家。行前，有人告诉我，此人高傲，而且暴躁，有的记者跟他谈了不到5分钟，就被打发走了。"试试我的运气吧"，我想。

---

① 布雷迪. 采访技巧[M]. 范东生，王志兴，译. 北京：新华出版社，1986：115.

② 布雷迪. 采访技巧[M]. 范东生，王志兴，译. 北京：新华出版社，1986：91-92.

③ 布雷迪. 采访技巧[M]. 范东生，王志兴，译. 北京：新华出版社，1986：92-93.

一见面，我就先询问他最近发明的几件医疗器械，兴致勃勃、不厌其烦地欣赏他的这些“杰作”，请求他当场“表演”。这招很灵，对方马上来劲了，连说带比画，又是介绍各国的对比资料，又是描述研制中的细节及自己的酸甜苦辣。而我呢，也分享着他的喜怒哀乐，专心地听他滔滔不绝地谈了4个小时。

每个人都有自己钟爱的事业，都有自己难忘的经历和最得意之作，当记者对采访对象的这一切表示由衷关心和赞美时，对方的心扉也就为记者敞开了。①

曾担任过《纽约时报》驻北京首席记者的伊丽莎白（Elizabeth）因报道中国河南艾滋病村而获普利策奖提名。2002年6月28日，伊丽莎白在清华大学国际传播研究中心跟一群新闻学专业的大一学生进行对话时说：“好的新闻记者应该是好听者。”她说：“我们以前的总编是个非常非常好的记者，但是他很内向，不怎么跟人聊天。我很奇怪他这样内向的人怎么能做记者，但我后来发现，原来他是个很好的倾听者。”②按照常理，一个性格内向、不善于口头表达、不善于和人交流沟通的记者，是一个非常不合格的记者，但是，这位总编辑扬长避短，发挥了自己的长处，他善于倾听，通过倾听获得了自己需要的新闻信息。在这个意义上，这位总编辑同样是一位优秀的记者。

一、倾听的类型

倾听可以分为三类：被动倾听、主动倾听、专注倾听。

所谓被动倾听，即记者被动地接受外在的声音信息，这些声音信息是自然流经记者耳朵的，记者是无意中听到的。

所谓主动倾听，即记者有目的、自觉地倾听，排除外界的噪音及其周围的干扰，主动地接受声音信息。

被动倾听与主动倾听的最大区别在于前者是无意倾听，后者是有意倾听；前者是被动的，后者是主动的。

所谓专注倾听，是指记者高度集中注意力、全神贯注地倾听。

每时每刻，各种声音信息都会从不同的渠道、不同的方向、不同的发声体传来。一般而言，大多数时候、大多数人都是在被动地倾听，只有少数时候、少数人在主动地倾听。事实上，我们在大多数时候也没有必要主动倾听。但是，对于以搜集信息为职业的人来说，主动倾听应该成为一种职业习惯。记者的主要职责是搜集信息，因此记者必须认真、仔细、主动地倾听。

二、倾听的方法和技巧

（一）边听边思考

记者在倾听时，一定要一边倾听一边思考，没有思考的倾听所获得的声音信息的价值将大打折扣，甚至毫无价值。

---

① 杜荣进. 中外新闻采写借鉴集成[M]. 杭州：浙江教育出版社，1997：196.

② 李希光，孙静惟，王晶. 新闻采访写作教程[M]. 北京：清华大学出版社，2011：410.

1992 年,有志于竞争美国总统宝座的罗斯·佩罗也许永远想不明白,那位美联社记者约翰·所罗门究竟是怎么发现他和尼克松政府之间的那些事情的?是不是共和党的什么人暗中向他透露了消息?但是,所罗门的回答让他更是一头雾水,所罗门明确表示"不是",暗中透露消息的是佩罗自己。

在 1992 年 4 月中旬的一次采访中,所罗门问了佩罗一个问题,一个关于佩罗自 1976 年以来的竞选基金捐赠的问题。因为在 1976 年,联邦选举委员会第一次对选举中的捐赠实行登记制度。佩罗问所罗门,他对哪一个时期的情况比较感兴趣。所罗门说,从 1976 年一直到 1992 年(一直到现在——引者注)。

"那么 1976 年以前的情况我就不需要说了吧?"佩罗问道。

"真是有趣!"所罗门当时心里这么想,"难道在 1976 年以前有什么特别值得一提的事吗?"

当事人无心说话,不打自招,听话人明察秋毫,善于从话中听出话来。于是,所罗门决定到国家档案馆将尼克松时期的档案查个究竟。他最初的目的只是想找到一两份有价值的文件,没想到却因此发掘出了一个大新闻。

当时,佩罗的民意支持率正处于最高点。他将自己描绘成一个远离华盛顿官僚政治的好人,一个能够打破两党政治体系并能够以个人力量实现入主白宫的人。作为独立的总统候选人,佩罗一再声称自己与官僚政治绝缘,他甚至开玩笑说:"我连华盛顿的水都不喝。"

但是,国家档案馆保存的文件资料中却记录着一个完全不同的佩罗:向尼克松许诺捐赠 5,000 万美元,来提高这位总统的支持率;在尼克松的授意下,购买了一家濒临倒闭的华尔街公司;从白宫得到各种各样的好处,从个人的贵宾身份到企业受到的特殊关照,无所不有。

所罗门从尼克松的助手们离开白宫时发表的谈话中发现了许多描述佩罗为达到目的而不惜溜须拍马的内容。

他花了三天的时间,打开了一个又一个布满灰尘的文件箱。因为很多文件并没有存放在"佩罗"这个目录里,所以他还需要费功夫地把每一个相关文件都找出来。每天下午 4 点,档案馆关门以后,所罗门就回到家中,给每一个能够找到的尼克松的助手打电话,向他们了解事情的细节。

所罗门将自己调查的材料全部进行了报道。他的报道将佩罗的真面目暴露无遗,迫使佩罗在 1992 年夏天黯然退出总统大选。所罗门的这个报道后来得到了雷蒙·克莱普新闻奖。①

如果所罗门当初对佩罗的一句问话"那么 1976 年以前的情况我就不需要说了吧?"不进行深入思考,不在脑子里多问几个为什么,就没有后来的调查,也就不能将佩罗与政府官员互相勾结谋取利益的真面目暴露出来。所罗门深入思考了,展开调查了,他为公众伸张了正义,为民主与公正做出了贡献。

因此,在倾听时,记者要反复掂量:采访对象的讲话是否有所夸张?尤其是对采访对象自己有利的信息,采访对象的语言可信度有多高?对采访对象自己不利的信息,采访对象是否只是一句话或几句话带过?是否还有更多、更重要的信息没有说出来?更有甚者,采访对象

---

① 施瓦茨. 如何成为顶级记者·美联社新闻报道手册[M]. 曹俊,王蕊,译. 北京:中央编译出版社,2003:137-140.

是否在刻意回避某个信息或某些信息？还有什么人是采访对象没有提到的？有时候，没有提到的信息比提到的信息更有价值，更值得记者去深入挖掘。

（二）善于听出话外之音

俗话说，“听话听声，锣鼓听音”，记者在与采访对象交谈时，要注意听出采访对象的言外之意，听出采访对象的弦外之音。

1981 年，湖北省黄冈市一个乡的妯娌俩克服困难，创办起竹器加工厂，在本地引起了较大反响。记者易晓寒前往采访，乡党委负责人先向他介绍了有关情况。之后，他来到妯娌俩的竹器加工厂参观，主人们热情接待他，看得出她们不是第一次接受采访。在返回途中，有一位农民笑嘻嘻地说：“嗬！是记者来访！我说呢，她们（指妯娌俩）的男人现在亏得还有烟钱，再过几天，恐怕连裤子都没得穿啰。”易晓寒觉得话里有话，于是回头再向妯娌俩采访，问是怎么回事，妯娌俩面有难色，随后道出了缘由：竹器加工厂刚开张时，的确热闹了一阵子，可是后来问题就接踵而来。一是资金不足，周转不灵，弄得妯娌俩把自己的全部积蓄都搭上了，家人很有意见；二是雇人到通山等地购竹子，路程远，运费贵，沿途还设有关卡收税收费；三是流通渠道不畅，产品积压严重。针对以上情况，当地乡、村干部并没有深入调查，为其排忧解难，而是贪图虚荣、好大喜功，一个劲地总结汇报、树典型，弄得妯娌俩有苦难言、骑虎难下。

采访结束后，易晓寒改变了预先的思路，写出了新闻稿《孙腊枝妯娌俩创办的竹器加工厂陷入困境》。此稿在电台播出后，获得了很好的传播效果。①

美国著名记者约翰·布雷迪说，记者的头上长着两个最佳测谎器。他说，记者“要听！全神贯注地听。挑出对方油嘴滑舌、模棱两可的话语”。布雷迪引述一本通俗新闻教科书中的评论说：“当记者对比前言后语发现矛盾的时候，想有所隐瞒的人在直截了当的巧妙提问下常常会透露出事实真相。如果提问人质问对方：‘但是几分钟之前你却说……’他就使面前那位闪烁其词的人处于守势，他就可能得到需要的事实。”②

记者在采访时，特别是对于听到的一些重要信息、关键信息，要字斟句酌、思索咀嚼，品出其话中话、话外话，从中发现有价值、有意义的新闻信息。

（三）平等交换原则

人类生来就在追求平等交换，平等交换原则在心理学上也能得到充分的验证。古语云，“将欲取之，必先予之”。记者的职责是搜集信息、获取信息，但是，为了得到信息，记者有时候可以自己先给对方一些信息，以换取采访对象给记者提供信息。

工人日报社一位年轻记者为写一篇邻里新风去采访一个居民小院。院里的几位老太太没跟新闻记者谈过话，坐下来都很拘束。这位记者就同她们聊天，把自己父母因在院里盖小房与邻居争吵的事也讲给她们听。老太太们感到记者也“像院里的人一样”，于是也跟记者讲起小院的困难、矛盾和在解决矛盾中形成的互敬互让的好风气。③ 这位年轻记者用这种平等交换的方法获得了需要的信息，写出了一篇有分量的新闻报道。

---

① 白庆祥，刘乃仲，郑保章. 新闻采访写作编辑案例教程[M]. 北京：新华出版社，2003：181.

② 布雷迪. 采访技巧[M]. 范东生，王志兴，译. 北京：新华出版社，1986：253-254.

③ 白庆祥，刘乃仲，郑保章. 新闻采访写作编辑案例教程[M]. 北京：新华出版社，2003：209.

美国传记作家鲍勃·托马斯讲述了一位美国男影星的一个"与一位记者的最为人熟知而又最不愉快的遭遇"。美国记者杜鲁门·卡波特被《纽约人》杂志派往日本京都，在影片《再见》的拍摄场地采访美国著名男影星、曾两度获奥斯卡奖的马尤·布兰多。布兰多在记者面前极为坦率，甚至告诉卡波特有关他母亲酗酒的事："……我就什么也不在乎了。她在那儿，在一间屋里，抓住我不放。我任她倒下去，因为我再也不能忍受这一切——看着她像件摔碎的瓷器那样不可收拾。我从她身上直跨过去，头也不回地走出去。我无所谓了。从那以后，我已经无所谓了。"记者将布兰多的这些隐私全部做了报道。当布兰多看到这篇文章时感到心烦意乱，他的朋友们也对他竟然说出这件事感到震惊。布兰多解释说："噢，那个讨厌的家伙用了半个晚上谈他自己的苦恼。我想至少可以告诉他一点我自己的苦恼。"

美国记者莫里斯·佐洛托也与采访对象推心置腹。他说："如果说我有什么技术，那就是忘掉技术。我只是努力把对方当作常常在一块畅谈的熟人。有时我自己谈得很多——我感兴趣的事、我个人的生活、我自己的烦恼，但是当对方说话时，我注意听。"①

记者谈自己的烦恼是为了引出采访对象谈自己的烦恼，所以，当采访对象说自己的烦恼时，记者就应该认真"注意听"。

这种平等交换原则，在职业道德、社会公德以及法律侵权方面有值得注意的地方。记者和采访对象在交换信息时是相对平等的，记者说出自己的烦恼，采访对象说出自己的烦恼，基本上是平等交换信息。但是，在信息传播上，双方是不平等传播。记者是对大众传播，是通过新闻媒介广泛传播，而采访对象是对小众传播，是人际传播，只是小范围的传播。因此，记者在运用这种方法搜集信息时，要进行职业道德和社会公德的考量，谨慎采用这种方法。在使用这种方法时，尽量不要打听采访对象的隐私，不要将采访对象的隐私进行报道。当记者在制作新闻时，如果其报道有违职业道德和社会公德，有侵权嫌疑，应该放弃报道。

（四）藏巧露拙听信息

记者在采访对象面前显出能言善辩、巧舌如簧，胜似诸葛亮舌战群儒，摆出一副无所不知、无所不能、学识渊博的样子，往往不一定能够得到自己想要的信息。有时候，记者在采访时适当装傻，藏巧露拙，往往能够听到自己最想听到的信息。

约翰·布雷迪引述一位美国记者科尼利厄斯·瑞安的话说："愚笨是记者最大的财富。不要怕说'我不懂'。人们一旦相信你对他们诚心诚意，他们乐于提供的帮助会使你吃惊。"

如果你不懂装懂，日后可能会付出代价。美国记者约翰·琼斯批评那些刚刚踏入采访门槛的年轻记者说："由于害怕新闻提供者认为他们笨嘴拙舌、头脑迟钝，很多采访新手即使没怎么搞清楚人家对他们讲的东西，该问的问题也不问。在这种情况下，他们会通过痛苦的经验认识到，带着满脑子问号回到编辑部，这才是他们可能干出的最蠢的事儿。"②

如果采访对象说话含糊不清，记者可以用自责的口吻来引导他："对不起，我没听懂，您能再说一遍吗？"如果采访对象的谈话比较晦涩难懂，记者可以说："我不太明白，您可以给我举个例子吗？"通过这样的方式方法，让采访对象尽可能将自己掌握、知道的信息悉数告诉记者。③

---

① 布雷迪．采访技巧［M］．范东生，王志兴，译．北京：新华出版社，1986：69-70.

②② 布雷迪．采访技巧［M］．范东生，王志兴，译．北京：新华出版社，1986：102-103.

否则,如果记者假装听懂了采访对象的话,而事实上没有听懂,那么,记者采访归来写成的报道将会让读者找不着北。

倾听的方法还有很多,这里就不一一列举。很多方法需要记者在新闻采访实践中自我摸索,适合自己的方法才是最好的方法,自己独创的方法有可能是最好的方法。

三、倾听时要注意的事项

(一)要客气礼貌

记者在倾听时,首先要注意基本的礼仪。记者的坐姿、面部表情及言谈举止都要符合基本的人际交往礼节。当采访对象说话时,记者要留心听对方说话,不要一会儿接电话,一会儿又看手机。如果对采访对象缺乏起码的尊重,记者将得不到希望得到的信息。

如果采访对象讲话跑题,或者说一些不相干的话,不要简单粗暴地打断他。在时间允许的情况下,可以让他再说几句,然后再巧妙地岔开话题。

(二)用五官配合倾听

记者在倾听时,要综合运用五官对采访对象进行观察。比如,用鼻子悄悄地嗅一下周边的气味,感受是否有不正常的气味飘来?身上的皮肤对现场是否适应?采访对象的体态、坐姿、手势等有没有特别的地方?在采访过程中,采访对象表现出烦躁不安或紧张的情绪了吗?有没有出现突然的慌乱或张口结舌的时候?等等。记者综合运用五官观察,可以更好、更有效地倾听。

(三)随时交流和反馈

记者在倾听时,不能毫无反应。要随时、及时地与采访对象进行目光交流,让他知道你在认真听他讲话。当采访对象的讲话很有价值时,记者可以用眼神表示赞许,也可以直接用语言表示你对他讲的话非常重视。如果记者有不明白的地方,可以婉转地或直接地告诉采访对象,比如"为什么?""我没明白,请你解释一下。"记者和采访对象随时的目光和语言交流、及时的信息反馈,有利于采访继续向前推进,也有利于记者将信息调查得更加清楚明白。

知识链接

提问肤浅常常是准备草率的结果。①

最重要的是,记者确切地知道他该从采访中得到什么。他就像个棋手,他不会无目的无计划地下一着棋——提一个问题。②

---

① 布雷迪.采访技巧[M].范东生,王志兴,译.北京:新华出版社,1986:94.

② 布雷迪.采访技巧[M].范东生,王志兴,译.北京:新华出版社,1986:95.

汉弗莱·博加特(注:美国男电影明星)曾经向好莱坞的一位初入门径的记者建议说:"采访中不妨来点激将法(注意'点'这个字)。在采访对象的自尊心上刺一些小孔,让他把大话空话慢慢地放出来,这是最佳技术。千万不要刺着对方的要害,这只能引起敌意。那样既无绅士味也不聪明。"

哥伦比亚广播公司的铁记者丹·拉瑟说:"提问强硬的名声正是我愿意具有的,与人作对的名声却是我要避免的。我根本不追求这个。"①

尽管凝视不会使说谎者承认骗人,捉摸不定的巧妙提问却可以揭穿他们的欺骗。②

为了成为一名好的倾听者,记者必须:

· 抛掉自我意识。在采访中,你是来听别人说的,而不是来倾诉自己的观点的。

· 欢迎新颖的或不同的想法,即使是你不喜欢的那些观点。

· 给采访对象时间,让他们思考自己的观点。

· 注意力首先集中于采访对象说了些什么,其次是采访对象的人格、行为或外表。

· 将提问限制在主题或在采访中出现的相关想法上。

· 不要问长问题。③

善于听讲的人把重点放在中心思想上;他们总是抓住用来表明中心思想的语言而且善于区别细节和原则、观点和例证、论据和论点。

听讲是一件苦差事……据估计,听正式报告的人中大约只有百分之二十五能够抓住演说者的中心思想。

一个记者,如果他是一个善于听讲的人,就会本能地克服使人烦恼的事,如音响效果差、外面的交通噪声、不断的咳嗽声和来自听众的其他嘈杂声。如果无法消除令人心烦意乱的事,那么记者就必须高度集中注意力才行。

要写好一篇演说报道,还有心理上的障碍。……④

思考与练习题

一、思考题

1. 什么是开放式提问？什么是闭合式提问？

2. 试举出几种常见的提问方法,并指出何种情况下适用何种提问方法。

3. 记者提问时要注意哪些问题？

4. 倾听有哪几大类型？分别说说这几大类型的特点和区别。

5. 谈谈倾听的方法。

6. 倾听时要注意些什么？

二、练习题

1. 请阅读下面这则材料,然后回答问题:记者应该如何进行提问？当受访者在现场没有按照记者的思路回答问题时,记者应该如何引导受访者朝着记者希望的方向回答问题？

21 世纪初,一位记者在凤凰卫视对被称为"国宝"的北京大学某位著名教授进行了一次访谈,记者当时有几次诱导性的提问:

① 布雷迪.采访技巧[M].范东生,王志兴,译.北京:新华出版社,1986:121-122.

② 布雷迪.采访技巧[M].范东生,王志兴,译.北京:新华出版社,1986:253.

③ 门彻.新闻报道与写作[M].展江,主译.9 版.北京:华夏出版社,2003:395.

④ 梅茨.怎样写新闻——从导语到结尾[M].苏金琥,阮宁,洪天国,选译.北京:新华出版社,1983:134.

记者:你放弃了国外优越的工作条件,回到中国,到底是什么驱使你回国呢?

著名教授:钱多。

著名教授接着解释说,当时一个副教授五十元,一个正教授八十元。而当时一石谷只两元钱,薪水和物价实在很悬殊,因此他选择了回国。

记者(显得很失望,但是仍不死心,又问):依你看北京大学怎样才能成为世界一流的大学?

著名教授:北京大学本来就已经是世界一流大学,不存在如何成为的问题。但要更进一步,主要是钱的问题、教育经费的问题,如果没有钱,就请不到好教授,就不能把学办好,其他什么都是空话。现在讲教育是什么什么都是假的,投入不增加,说得再好听都是假话。

记者:你认为怎样才能当好北大的校长(当时北京大学从中国人民大学调来了一个校长)?

著名教授:会弄钱。就是能把经济提高、把教育经费提高。

节目到这里,记者只有抢着说话了,她匆匆地结束了采访。

2. 阅读下面这则材料,回答下列问题:记者应该如何提问?应该问什么问题?某著名媒体记者向高位截瘫53年的老人发问:最开心的是什么?对这个提问,有人反对有人支持,你怎么看?为什么?

记者向高位截瘫53年老人发问:最开心的是什么

2012年10月22日 08:15 来源:人民网

昨天下午,关于某著名电视媒体走基层的微博走红。网友圣妙香先生:【某著名电视媒体记者继续走基层】问这位因工伤高位截瘫53年的老人:您最开心的是什么?之后护士长说,别问了,再问就该流泪了。

某著名电视媒体做这个节目选在重阳节前,记者走上街头、医院等地,采访老人:"年轻时最在乎什么,现在呢?""最开心的事是什么?""最遗憾的事是什么?"在给老人送上温情和关怀的同时,记者因追问一位高位截瘫53年的71岁老人"最开心的事是什么"等遭到众多网友的质疑。

A. 问老人"最开心的事是什么"后被打断

某著名电视媒体此次设置的话题为:"年轻的时候最在乎什么?现在呢?""最遗憾的是什么?""最开心的事是什么?""最希望子女为您做什么?"

在住有近300名老人的北京松堂关怀医院,记者选择的采访对象是北京电子管厂因工伤高位截瘫53年的71岁女工张贞娥。

记者问这位行动不便的老人:"年轻时最在乎的事是什么,现在呢?"

老人回答:"年轻时最在乎的是做好工作,现在呢,快乐过好每一天。"

记者再问:"最开心的事是什么?"

老人说:"护士长帮我找到53年没见面的同学,不知道用了什么方法,带到我的面前了。"

记者又问:"最遗憾的事是什么?"

老人说:"弟弟妹妹照顾了我50多年,我不能给他们回报,比较遗憾。"

张贞娥回答完这一个问题,旁边有人不等记者继续发问,插嘴:"再问就该掉眼泪了,别问了。"

张贞娥说:"不流了,不会流。"

某著名电视媒体记者问别的老人"现在最在乎什么"时,一位80岁老人说:"年龄大了,不希望活着。"

这个问题的答案还有"现在的孩子不像从前的孩子,从他们身上感受不到温暖""恨不得死,死倒不怕""希望3个女儿能常回家看看,现在有话没地儿说去"等。

B. 对这个问题,有人质疑有人支持

继国庆期间某著名电视媒体推出特别调查节目《你幸福吗》后,重阳节设的这个话题再次引起关注,节目因秀出底线而遭到网友质疑,也有网友支持。

周孔政:不能为了所谓的工作丧失了最基本的人性。

一粟漫步:前段时间问"你幸福吗",除了我姓啥外,基本上得到了同一个答案。换个问法结果就不同了。关注这个群体,应该从我们自身做起,今天你跟父母说说话了吗?

首都卫士007：但也有人实话实说的，一位大爷说："我最大的愿望是慢慢地老、快快地死。"另一位大妈说："我最大的遗憾是自己思想太简单，前些年不知道多买几套房子，现在出租出去多好啊！"

纯粹看别人：网上引发部分议论是因视频截图引起，这个节目出发点是好的，但是话题设置上确实还有问题。最后，希望以后类似截图尽量还原事实。

网友"北方以南"则认为对张贞娥的采访很正常："在你们看来，一个高位截瘫的人就不配有开心！你们的内心充满了让人作呕的虚伪！"

第十三章　记录与核实

▶**本章要点：**

采访记录主要有心记、笔记、录音三种方式。

记者主要应该记录新闻要素、核心事实、典型细节、重要背景材料、新闻人物的原话、易忘点和疑点。

采访之后要迅速整理笔记，认真而谨慎地核实采访材料。

记者核实材料，要去现场调查，找到当事人采访，亲自查阅相关资料。

记者采访的目的是获取信息，记录是记者获取信息的最重要的路径，也是最后的路径。采访而不记录，就等于几乎没有采访，采访的过程变得毫无意义。因此，做好采访记录，是记者采访活动全过程中不可忽略和缺少的一环。

记者采访之后，需要整理记录的信息，更重要的是核实记录的信息，在时间许可的情况下，记者要认真核实所记录的信息。一些关键信息、核心信息、主要事实材料、重要细节、敏感问题、有争议的问题、批评和指控的问题，是记者必须认真核实的主要内容。

第一节　记录

采访对象所谈的材料，哪些该记，哪些不该记，哪些该详记，哪些该略记，采用什么方式及方法记录，记录中应注意些什么，等等，记者都必须清楚。

一、记录的方式

采访记录主要有以下三种方式：心记、笔记、录音。

（一）心记

这种记录方式是指记者在采访时不当场作记录，而是用心记下来，事后追记。

采用这种记录方式，主要有这样几种情况：一是没有记录的条件，比如记者忘记带笔、记者身上没有笔记本等；现场环境不方便作记录，如在水面上、水下，在颠簸的车上，遇到大风、大雨，等等。二是采访对象不愿意、反对记者记录。

有人认为，记者当场不应该作记录。持有这种观点的人认为，好的记者采访时都不当面记录（必要的数字、名字除外），和别人交谈主要是了解对方的观点，因为其他材料，你在研究积累的过程中都已经很熟了。

也有人认为，记者应该“当场少记，事后多记”。当场多记，会妨碍记者的“观察和分析”，因为当对方和你交谈的时候,你忙着记录,眼睛就不能观察对方的表情和情绪,脑子就不能对访谈的事实加以思索、分析和判断。这时候,记者就不是记者,而是记录者了。

这两种主张都强调记者要进行心记。在新闻史上,确有很多优秀的记者一般当场不作记录,而是事后追记,事后写出来的新闻报道与事实基本一致,没有多大出入,令新闻业内外人士叹服。

著名记者范长江当记者时,一般不当面记录,而是尽量默记,事后追记。据熟悉他的人说,他追记的本领很强。

著名记者邵飘萍采访中也大多采用聊天的方式,同采访对象交谈,凭着敏感和记忆把谈话中有用的材料统统装进"肚子"里。回到家里后,他立即对家里人说:"快！拿笔拿纸来,我的肚子快要撑破了!"

然而,像这样记忆力超强的优秀记者毕竟在新闻业内是极少数人,绝大多数记者都没有这样超强的记忆能力。而且,如果需要记忆的内容太多,延续时间太长,如连续几个小时,记者可能难以记住其中所有的内容,甚至可能连最重要的内容也记不住。

早期的新闻报道篇幅一般不是太长。而在现代社会,受众对新闻真实性的要求比以前有了显著的提高,采访对象的维权意识和自我保护意识也空前增强,记者的报道和事实稍有出入,采访对象就可能会将记者告上法庭,因此,要求只用心记,不用笔记,显然不可行,对大多数记者来说,必须用笔记录。

(二)笔记

所谓笔记,是指记者用笔在笔记本或适合用笔写字的纸或其他载体上作记录。现代社会,科技高度发达,记者可以用笔记本电脑、台式电脑、手机等作记录,记者借助电子仪器所作的记录也同样是笔记的一种类型。不过,一般而言,在采访过程中,记者主要还是用笔作记录,电子仪器往往只作为辅助记录工具,在需要的时候使用。

如上文所述,一般情况下,我们还是要多做笔记。俗话说得好,"好记性不如烂笔头",过目不忘,听一遍就能记住的人,虽然不是具有特异功能的人,但确实是记忆力惊人的人,这种具有惊人记忆力的人中之杰在生活中只是凤毛麟角,大多数人还得靠笔来记录。特别是对于一些重要的采访,以及一些要持续很长时间的采访,人的大脑毕竟不是电脑,即使心记的功夫再强,也不可能全部地、准确地把要采访的东西记录下来。所以,多数情况下,记者应该做笔记,尤其是心记能力不强或者采访经验不丰富的初学者、年轻记者,更应该做笔记。

在条件许可的情况下,记者应该尽可能地多记录,特别是在记者难以确定哪些材料重要、哪些材料次要的时候,一份详细的笔记会让记者回到办公室写作时受益无穷。对于初学者来说,详细的记录更是必不可少的。否则,年轻的记者可能会捡了芝麻丢了西瓜,当年轻的记者难以确定搜集到的材料是西瓜还是芝麻的时候,不妨胡子眉毛一把抓,先记录下来,回到办公室后再认真甄别。

美联社记者多伊奇的笔记本里,大多数日子都记得满满的。"她记录下每一个细节,宁多勿少。"多伊奇说,"我的笔记中唯一漏掉的只可能是一个冠词或一个连词","如果是特别重要的原话,每个字都不想落下。因此我们经常互相核实记录,除非是我们交稿的时间已到或我正在口述”。[①] 美联社记者多伊奇的经验值得记者们学习借鉴。

(三)录音

所谓录音,就是记者运用录音设备如录音机对采访对象的语言及其周边环境产生的各种声响进行记录。除了专门的录音机外,手机、摄像机等都可以进行录音。

录音机能够对新闻事实和新闻人物的语言进行全面、真实、准确、完整的记录。美国著名记者和作家斯塔兹·特克尔在制作广播节目和写作书籍时都使用录音机。他说,“这就像勘探”,“整理出来的文稿是富矿,我逐渐地发掘出金矿。它逐渐凸现出人的真实面目,它并非仅仅记下人们说话的内容”。[②]

录音机可以抓住新闻人物语音、语调的微妙变化,能够对新闻人物的措辞及刻意的遣词造句进行准确的记录。

著名记者约翰·布雷迪总结出录音有七大好处:第一,比起做笔记,记者可以在较短的时间里问更多的问题;第二,录音采访往往给人以明确的真实感;第三,记者可以集中精力谈话;第四,如果采写的题目争议很大,录音可以解除编辑或出版人的疑虑;第五,旅途中采访,录音机可以使记者逍遥自在;第六,当记者腾不出手的时候,录音机就是真正的助手;第七,录音机可以用来记录长的资料。[③]

录音虽然在记录上更完整、更准确,但是,多数记者仍然以笔记为主,录音为辅。其中一个最重要的原因,是采访对象不接受记者录音。

布雷迪讲述了自己的一次采访经历:“我准备采访马克斯·亚斯哥尔的时候,他最初对用录音机一事的反应是:‘行,没关系。反正我也没有多少要说的。’可是采访才进行十分钟左右,亚斯哥尔就如坐针毡了。终于,他看着我说:‘你能不能把那个东西关掉?’我关了,他立时如释重负。采访一帆风顺地进行。我拼命做笔记。幸好我妻子在场,也做了笔记。采访以后,我们开车驶出农场几百码,又打开录音机,开始通读潦草的笔记——把它们录到磁带上。不到一个小时,我就把记忆犹新的所有精华材料重新组合了一遍,后来写成的报道引用了许多马克斯·亚斯哥尔的原话。”[④]

甚至在工作中常对着麦克风讲话的名人,也可能在采访中被录音机吓住。美国记者理查德·沃伦·刘易斯回忆说,当他在美国喜剧作家约翰·卡森的办公室安置录音机的时候,记者看到,这位喜剧作家的“喉结动了动,笑脸变成苦脸,神经紧张地点了根烟”。卡森问刘易斯:“你不能只记笔记吗?”显然,卡森不喜欢录音机。[⑤]

当采访对象不喜欢记者录音的时候,记者应尽量尊重采访对象的意见。如果采访对象对记者的录音不反感,但也不是很支持,记者可以将录音机放在不太显眼或采访对象看不到的地方,让采访对象意识不到录音机的存在,几乎忘记了还有录音机在录音。

一些优秀的记者认为,录音会影响记者和采访对象进行愉快的交流,影响记者运用五官对采访对象进行综合观察。著名记者奥琳埃娜·法拉奇说:“听某人说话与听他的录音根本

---

① 施瓦茨.如何成为顶级记者·美联社新闻报道手册[M].曹俊,王蕊,译.北京:中央编译出版社,2003:94.

② 门彻.新闻报道与写作[M].展江,主译.9版.北京:华夏出版社,2003:397.

③ 布雷迪.采访技巧[M].范东生,王志兴,译.北京:新华出版社,1986:193-195.

④ 布雷迪.采访技巧[M].范东生,王志兴,译.北京:新华出版社,1986:198.

⑤ 布雷迪.采访技巧[M].范东生,王志兴,译.北京:新华出版社,1986:190.

不同。在人面前听到的和在旋转的磁带面前听到的总不会一样。有时一个眼神,一个手势就会使痴言呓语变得意味隽永,但是去掉眼神或手势,就只剩下不协调的傻气了……”磁带提供原话——补充性笔记则使人听其言如临其境。①

对于强调快速、及时的新闻报道来说,录音之后,需要记者用笔重新再记录,这个过程也比较耗时耗力,影响新闻报道的快速传播。所以,很多记者只在关键性的采访和必须使用的情况下才用录音机记录,因为用笔记不用誊录,省时省事。

二、记录的内容

记者作记录,不必要也不可能把看到、听到的任何信息都记录下来,必须有所选择和侧重。一般说来,记者应注意记以下几方面的内容:

(一)记要点

采访时,记者首先应记录要点。所谓要点,即指新闻事实的关键材料、核心事实,主要包括:新闻六要素、主要内容、主要情节、典型细节、重要背景材料等,以及记者认为是很重要的内容。

重庆市新获批10个国家级博士后科研流动站

2019年11月7日　07:56

【新华网重庆11月6日电】（记者:李海岚） 11月5日(记者)从重庆市人力社保局获悉,重庆市新获批10个国家级博士后科研流动站,全市国家级博士后科研流动站将增加到83个,覆盖61个一级学科。

据了解,今年5月,重庆市印发《关于加快博士后事业创新发展的若干措施》(以下简称《若干措施》)。截至2019年8月,重庆市博士后科研流动站、科研工作站(含市级工作站、创新实践基地)达362个。

“目前,重庆11个博士学位授予单位全部设立博士后科研流动站,填补4个博士学位授予单位无博士后科研流动站的‘空白’,实现了博士学位授予单位博士后科研流动站‘全覆盖’,大数据、智能化领域更是占新增设站的40%。”重庆市人力社保局有关负责人介绍。

随着新增博士后工作站越来越多,重庆方面如何培养、留住人才?该负责人介绍,重庆市建立了博士、博士后连续培养机制,定向培养进站博士。主要包括以下几个方面:与在读博士签订定向进站协议,提供一定学费补助,约定毕业后来渝从事博士后研究;实施“博士后倍增计划”,三年内博士后招收规模实现倍增;将“中国(重庆)新加坡博士后国际培养交流计划”的范围扩大到132个“一带一路”合作国家;完善博士后人员出站留(来)渝补助政策,对全职博士后人员出站留(来)渝从事科研工作的博士后人员择优给予15万

① 布雷迪.采访技巧[M].范东生,王志兴,译.北京:新华出版社,1986:204.

元资助;在自然科学基金中设立"博士后科学基金"项目,择优给予 10 万元/2 年科研资助;设立一批"博士后导师工作室""博士后离岸分站""博士后创新创业园"等平台并给予经费支持,鼓励博士后开展创新创业。

此外,重庆市还建立了博士后人员服务管理数据库,取消博士后进出站文件审批,改进完善博士后人员职称评定办法,将博士后人才纳入了区县"一站式"人才服务平台,享受更好的服务。

"通过这些举措,博士后出站留渝率 73%,有力支撑了高校电子信息、机械工程、新材料等重点领域学科建设和人才培养。"该负责人称。

上面这条新闻,新闻要点是"重庆市新获批 10 个国家级博士后科研流动站",受众最想知悉的是这 10 个国家级博士后科研流动站的具体名称,但新闻报道没有提及。出现这种情况有两种可能:或者是记者在采访时没有将新闻要点记录下来,或者是采访对象没有介绍这个新闻要点,但记者应该主动提问,向采访对象了解这个新闻要点,然后记录这个新闻要点。

(二)记新闻人物的原话

本书在前面的"引语与消息源"章节中,专门介绍了引语。在记者采访中,一个非常重要的工作是对新闻人物语言的记录。当重要人物讲了非常重要的话,新闻人物讲了非常具有个性、非常幽默的话时,记者应该将这些语言完整、准确地记录下来,不能错一个字。即使是新闻报道中使用间接引语,记者也应该忠实于新闻人物的语言和思想,不能有错误。关于新闻人物的引语,本书在前面的"引语与消息源"章节中已经进行了比较充分的介绍,这里就不再赘述(参看前面的"引语与消息源"章节中的第一节"引语")。

(三)记易忘点

最容易忘记的材料是毫无逻辑联系的材料,记者难以通过判断、推理、思考、想象等回忆出来,比如,时间、地点、人名、数字以及特殊语言、各种专业术语、技术语言、行话、黑话等,这些材料最容易出错,记者必须当场记录下来,否则,记者一离开现场就会忘记,最后导致新闻报道或语焉不详、报道不完整,或出现重大错误。尤其是数字类材料,往往差之毫厘,失之千里,这些材料又很容易被忘记,记者一定要当场记下来。

(四)记疑点

记者在现场采访时发现了可疑之处,要当场记下来。采访对象向记者讲述的事实与记者自己在采访准备阶段了解的事实有出入;采访对象口中的事实与现场的客观现实不相符合;采访对象的讲话前后有互相矛盾的地方;采访对象在和记者交谈时闪烁其词;采访对象刻意回避某个问题;采访对象刻意回避某个人物;采访对象在与记者交谈时紧张、慌乱、不敢直视记者的眼睛等,当出现上述这些问题时,记者应及时记录下来,然后展开深入挖掘,这些疑点,往往会导致重大新闻的发现。

三、记录的方法及注意事项

（一）运用符号记录

记者在记录时，可以借助各种符号进行记录，比如，杠杠、圈圈、点点等；或者采用星号、着重号等。在你认为重要的文字旁边或下面画上符号，比如，画上一道杠表示重要，画上两道杠表示更重要，画上三道杠表示特别重要；也可以用星号、三角符号等来表示重要程度。一颗星表示重要，两颗星表示更重要，三颗星表示特别重要。

记者还可以运用符号来表示其他意义，如某种符号表示该部分内容可以作为引语使用，某种符号表示可以考虑将此内容作为最佳报道角度，等等。

记者还可以独创自己的速记方法和速记符号，比如，"资本主义"可以缩略为"资义"，"司法途径"可以缩略为"法途"，等等。

记者使用符号记录因人而异，不同的记者有不同的使用方式，只要自己能够熟练运用就行。但符号一旦确定，就不要再作改变，否则，改来改去，记者自己也不知道某个符号表示什么意思，最后会影响新闻报道的真实性和准确性。

有些细心的记者尤其是女记者可能还会随身带上几种不同颜色的笔，在记录时用不同的颜色来标记不同的记录内容，这种颜色标记也属于符号标记的方法，不怕麻烦的记者可以根据采访现场的情况，选择采用这种方法进行记录。

（二）学会留白

记者在记录时，要学会在笔记本上适当留白，笔记本上不能记得太满，宁可疏可跑马，也不要密不透风。留白的方式主要有两种，一是笔记本可以只写三分之二，左右两边或上下两边预留下三分之一的空处；二是笔记本上可以大量空行。在这些留白之处，记者可以随时补充记录。有了新的相关的事实或内容，或者记者突然有什么想法、感觉，又或是观察到了什么，等等，都可以找到与此前记录相关的地方进行补记。

（三）抓细节

记者在采访时，要将一些能够充分表现事物特征和新闻事实的本质的细节记录下来；要将能够充分表现人物性格特征和真实心理的细节记录下来。"丰富的细节赋予其无法估价的真实感。""留心的记者将其全都记下来，区区小事对他意味深长。""人物采访更是如此。手势、相貌、动词变化——这些显示人物个性的东西，以及色彩，会见时的'感觉'，被访人不停地踱来踱去？吸着小雪茄？摆弄眼镜？"①要将有价值的细节记录下来，这些有价值的细节会使你的报道出彩。

（四）请求重复

在采访的过程中，采访对象的语速较快，而记者记录的速度较慢，有些内容没有记录下

---

① 布雷迪. 采访技巧[M]. 范东生，王志兴，译. 北京：新华出版社，1986：175.

来;或者记者认为非常重要的内容,需要准确记录。出现这种情况,记者可以请求采访对象重复刚才说的话。记者可以这样说:“你能解释一下这个问题吗?”或者直截了当地告诉采访对象:“我还没有完全明白你刚才说的话,你能再重复一下吗?”记者切莫不要担心采访对象看不起自己,也不要担心采访对象会产生厌烦情绪,记者为了准确报道新闻,即使受点委屈,也是值得的。

当采访对象对记者说,“你要的这些材料,在某份报纸上已经有报道,你可以去查阅那份报纸,你可以使用我在报纸上说的话”,“这些问题,广播媒体、电视媒体已经有报道,你可以去看这些报道,你可以使用我在广播电视上说的话”,“这些信息在我们公司(或机关、学校、医院等)的网站上都有,你可以使用我在网上说的话”,记者不要从报纸、广播、电视、网站上复制采访对象所说的话,要让他说一些新的想法,或者让他再重复一遍他在报纸、广播、电视、网站上说的话,即使是一字不改地重复,也要让他再说一遍。采访对象在报纸、广播、电视、网站等大众传播媒介上的语言,往往都是经过反复思考、字斟句酌之后说出来的,甚至就是一些冠冕堂皇的宣传语言,记者切不可完全相信他们发布在大众传播媒介上的话,要直接从采访对象那里获取信息。

当记者的记录速度赶不上采访对象的讲话速度时,请求重复是拖延时间的一个比较好的方法,当采访对象重复自己的讲话的时候,记者就争取到了更多的时间,能够赶上采访对象的讲话速度。

(五)假装不记录

有些采访对象一看到记者打开笔记本,就会多少感到有些紧张,更不用说记者当着采访对象的面打开录音机,按下录音机的按钮。记者遇到这些情况,必须灵活应对。当看到采访对象对笔记本感到紧张的时候,很多优秀的记者往往就会等到与采访对象建立了融洽的关系后再打开笔记本。

20 世纪 30 年代初,老记者徐铸成在武汉三镇之一的汉口当《大公报》特派记者。有一次,国民政府财政部长宋子文为调整法币的事情到了汉口,住在一家高级饭店。徐铸成去访问他,两人坐在沙发上一边抽烟一边谈话。不知不觉中,宋子文透露了一点金融内幕,但都是些数字,宋子文以为徐铸成不会记录。而徐铸成却早有准备,一手夹着香烟,一手拿着一只铅笔头,悄悄地把这些数字都记在一张小纸上了。

徐铸成采访重大新闻,访问要人,都不当着人家的面作记录。他认为,一般来说,在许多场合,公开记录不是一个好办法,往往只能获得浮面的消息。①

但是,记者不记录显然也不行,尤其是一些数字类的信息,如果当面不记录,事后回忆时很容易出错。所以,最好的方法是,当面假装不记录,但实际在悄悄记录,只是不要让采访对象察觉记者在记录。

美国著名记者托德·埃弗雷德采用一种演员的故伎以创造融洽气氛。在一次采访中,他带了一台录音机和一个笔记本。“噫,我有好多问题想问你,但这种采访太无聊了,”他说,“让我们忘掉这些问题,随便扯扯吧。”说罢他把笔记本扔在一边,打开录音机。他补充说:“当然,在谈话过程中,我问了笔记本中所有的问题。这就像一个政治家丢开了讲稿,这样会

---

① 白庆祥,刘乃仲,郑保章.新闻采访写作编辑案例教程[M].北京:新华出版社,2003:19.

吸引听众的注意力，产生一种信任感。这一招颇灵。”①

记者也可以假装在玩手机，通过手机记录一些重要的信息，这是在现代社会利用先进的通信工具进行悄悄记录的一个比较好的方法。当然，如果记者遇到了非常敏感、聪明甚至狡猾的采访对象，用手机记录也可能会被制止。在这种情况下，记者就需要和采访对象斗智斗勇了。

因此，假装不记录，实际上还是要记录，记者在这里是用了一个心理学上很有趣的方法：在心理上暗示采访对象记者没有记录、记者不记录，但其实记者还是在记录。

但是，有些采访对象会明确要求，甚至强烈要求记者不记录，记者面对这种情况，就必须答应采访对象的要求，这样记者就必须培养记忆力、训练心记的能力。

（六）培养记忆力

如上所述，有些采访对象不希望记者作记录；在某种情况下，在有些场合，记者也不想让采访对象知道自己在作记录。面对这种情况，记者唯一的办法就是加强记忆力训练，练习用大脑作记录。

有时候，在条件允许的情况下，记者可以事先用心记录，然后找到一个僻静、安全、采访对象看不到的地方，草草地把刚才心记的内容快速地记在笔记本上。

但是，在某些公开场合，记者采访一些重大的政治、经济信息，或是采访一些内幕，揭露一些黑幕、丑闻等，消息源一般都不会允许记者当面作记录，这个时候，记者只能用心记录。

在一些采访中，记者觉得作记录会影响双方轻松、自然的交谈，会使双方融洽的关系变得紧张、僵硬起来。在这种情况下，记者也只能依靠心记。

美联社著名记者莫特·罗森布洛姆善于报道非洲国家的新闻。他在谈自己的报道经验时说：“多和他们（采访对象，这里指非洲国家的人——引者注）交谈，谈他们的生活。让他们相信你了解他们国家（非洲国家）的政治环境和他们面临的困难。一般来说，最好以旁敲侧击的方式进行提问。有些时候，我会当着采访对象的面合上我的笔记本，把它放在桌上或是口袋里，然后再提问，以便让他相信我会帮他保密。这样一来，即使他说了一些比较敏感的话，也不用担心我会泄露出去。”②由于采访报道环境不理想，记者又想营造和谐、融洽的采访气氛，美联社记者罗森布洛姆主要采用心记的方法作记录，从而为他的报道搜集了大量有意义的材料，写出了很多有价值的新闻。

但是，心记说来容易做起来难。绝大多数记者的心记能力都是很普通的，只有极少数如邵飘萍、范长江等名记者拥有超出常人的心记能力。因此，记者要进行心记，必须努力培养记忆力。美国著名作家杜鲁门·卡波特常常一长段一长段地背诵古典文学，运用这种方法来锻炼自己的记忆力。他在为他的《凶残》一书进行采访时，在不使用任何笔记本或录音机的情况下，记下了采访对象大量的原话，并在报道中逐字逐句地引用了大段大段的引语。③

培养记忆力的方法还有很多，比如记者训练自己高度集中注意力等，其他培养记忆力的方法可以参考一些记忆大师的著述、培养记忆力的著作等。

---

① 布雷迪. 采访技巧［M］. 范东生，王志兴，译. 北京：新华出版社，1986：68.

② 施瓦茨. 如何成为顶级记者·美联社新闻报道手册［M］. 曹俊，王蕊，译. 北京：中央编译出版社，2003：148-149.

③ 海敦. 怎样当好新闻记者［M］. 伍任，译. 北京：新华出版社，1980：206-207.

(七)把握采访结束前后的时间

在采访的最后,即采访即将结束前,双方关系达到了最融洽的程度,这时的采访对象已完全放松,这是记者提出最重要的问题的最佳时机,记者要比在采访之初和采访之中更加专心致志地听、更加勤奋地记录,采访最后的谈话往往有非常多的精华内容、精彩内容。

采访结束后,同样会有更多的惊喜出现在记者面前,很多记者往往不太重视采访结束后的谈话。采访结束后,多数记者不仅主动收起了笔记本,也完全收起了自己的心、自己的耳朵,对听到的信息充耳不闻。密苏里新闻学院写作组的老师们告诉我们:"许多乏味的采访在采访结束之后才变得有意思起来。记者结束提问之后必须做好两件事:核对主要事实、数字和引语,然后收起钢笔,竖起耳朵听。在收起钢笔关上录音机之后继续提问题,是不违背新闻工作道德准则的。那时采访对象已放松自己。许多记者在正式采访结束之后和对方一起喝咖啡闲聊的时候搜集到了最好的材料。"①

因此,在采访结束后,记者一定要记住:虽然采访结束了,但记录没有结束,而且更有价值的信息可能会出现,采访对象放松,记者反而应该进一步绷紧那根采访的弦。只是,采访结束后,记者一般只能采用心记的方法进行记录。如果记者当着采访对象的面进行记录,可能又会使采访对象警觉起来,采访对象可能就会谨慎说话,字斟句酌,记者记录到的信息的价值就会大打折扣。所以,采访结束后更适合采取的记录方式是心记。

四、迅速整理记录

采访结束后,记者必须迅速地整理笔记,迅速地将采访到的材料——笔记材料、心记材料、录音材料等及时进行整理。

根据心理学上的"遗忘曲线"规律,人对记忆内容的遗忘往往是先快后慢,即在对事物识记后的短时间内就会出现遗忘现象,而且以较快的速度进行,甚至几乎成垂直线,而经过一定时间的间隔后,遗忘则进展得较慢,几乎成水平线。如果记者不立即对自己的记录进行整理,记者的记录就会连自己也辨认不清。因为记者在记录时,为了跟上采访对象的讲话速度,往往记录得很匆忙,而且运用了很多符号,时间一长,很多文字和符号可能连自己也难以辨认。很多记者都有过这样的教训:在采访几天后才整理笔记,结果,虽然努力辨认这些记录文字,却还是认不出来,只能望洋兴叹。一篇可能很有价值的新闻报道最后就只能放弃。

《纽约时报》的专栏作家詹姆斯·雷斯顿曾生动地描写了记者的笔记。他写道:

> 你曾看过记者的笔记吗?……这些笔记是一团密密麻麻的大杂烩,短语、姓名、午餐日期,土造的速记法,不连贯的词句,排字房用的俏皮话,莫名其妙的勾勾画画,对某人领带和表情的描述,以及写得很大而且显然是有意义的数字,如此等等,也可能只不过是提醒记者注意的下一次的截稿时间。
>
> 当然,记者的笔记并不像听起来那样随便和不负责任。记者通过他的笔记给自己发出

---

① 密苏里新闻学院写作组.新闻写作教程[M].褚高德,译.北京:新华出版社,1986:85-86.

信号，在几个小时内，他可以知道纸上的那些圈圈画画是什么意思。但是把它们写在纸上，无异于记在了脑子里。如果一星期后再问他这些圈圈画画是什么意思，他可能会完全不知道了。①

因此，美国著名记者、新闻学者威廉·梅茨告诫记者："在你上车离去前，还有一件应做的工作，这就是在你的记忆还保持新鲜的时候，将笔记本看一遍，以保证在后来能看懂。一小时后可能就辨认不出的潦草字迹，对于书写的人来说，当记忆犹新的时候还是可以辨认出来的。"

根据上述的遗忘曲线规律，最初几个小时的时间是记忆的"黄金"时间，此时的遗忘现象尚未产生，记者对所记的材料容易产生回忆，此时的整理就会事半功倍。否则，一过记忆上的这个"黄金"时间，遗忘现象便会产生，而且马上便以较快速度、较大幅度进行，如果等到记忆大幅度下降后再来整理笔记，记者即使用几倍的努力去恢复已经遗忘的内容，也可能会漏洞百出，甚至完全不能回忆出来，此时的整理就会事倍功半，甚至前功尽弃。

第二节　核实

新闻事件常常错综复杂，各种矛盾交织在一起，令记者难以一下子调查清楚；采访对象会或多或少地受到心理情绪、表达能力、周围环境等各种主客观因素的影响；有的采访对象为了个人利益、团体利益，或者为了自我保护，可能会故意隐瞒事实、夸大事实甚至虚构事实；记者的采访技能不熟练、采访水平不高，不会鉴别事实的真伪，等等，所有这些因素，都可能影响记者获取的材料的真实性，会出现一些大大小小的差错。因此，采访之后，核实材料就成了非常重要、不可减少的一个环节。

1952年9月，美国总统杜鲁门在旅途中得到国务院的报告，说前任国务卿考代尔·赫尔去世了。那时赫尔因中风在医院治疗，病情严重，所以这个消息来得不意外。杜鲁门于是发表了一个表示哀悼的文告，还给赫尔夫人发了一个唁电。文告和唁电被打印出来并送给随行的记者们。可是，《纽约时报》驻白宫的老记者雷维埃罗却有些怀疑，坚持要再核实一下。一小时后，他匆匆来找总统秘书，说："我们的编辑打电话来，说考代尔·赫尔没有去世。"杜鲁门的助手们连忙对这个信息进行核实，得到的准确信息是，赫尔果然活着，只好赶紧收回文件，再打电报向赫尔夫人道歉。这件事成为当年美国政坛的一个大笑话，也是杜鲁门出的一次最大的洋相。②

《纽约时报》老记者雷维埃罗并不因为信息来自总统，就轻信信息准确无误，而是对感到有疑问的事实坚持核实，直到找到事实的真相。这种求实的做法与精神难能可贵。

美国著名记者约翰·布雷迪说："采访对象提供的材料可信程度如何呢？那要视情况而定。你或许认为可以相信母亲对于抚养孩子的看法——然而心理学研究者发现，在一系列采访中，有些母亲说的不是往事，而是她们对往事的记忆。人们对于大喜大悲的事件和能证实

① 梅茨. 怎样写新闻——从导语到结尾[M]. 苏金琥，阮宁，洪天国，选译. 北京：新华出版社，1983：137-138.

② 白庆祥，刘乃仲，郑保章. 新闻采访写作编辑案例教程[M]. 北京：新华出版社，2003：255-256.

自己钟爱的事件记得最牢。所以记者务必谨防具有选择性的回忆,特别是采写有关过世人物的报道时;如果被访人年事已高——即使并非如此——她们对往事的回忆很可能由于思旧之情或仅仅由于时间的流逝而变了形。"①

布雷迪提醒记者,即使是母亲对于自己孩子的说法,也不一定都是真实的。母亲会选择性地陈述事实,对自己钟爱的事实可能记得最牢。笔者这里并没有卑鄙、邪恶之心,怀疑母亲对自己孩子的无私与伟大,而是说,母亲可能会有所偏爱、有所选择,对自己不偏爱的事实可能记得不清楚、不详细,甚至有可能出错。本书在前面"观察"章节中谈到记者观察的局限性时,介绍过选择性理论,讨论过观察者观察的选择性问题,同理,采访对象也有一个选择性问题,即使是母亲对于自己的孩子,也会有一个选择性记忆的问题,其回忆和陈述有可能与事实有一定的出入,需要记者进行核实。

《中国青年报》的《冰点》栏目主持人李大同在回答学生的提问"怎样才能做一个好记者"时,把布雷迪的这番话说得更绝,他说,美国人有个信条,你母亲说她爱你,你也得加以核实。任何获得的事实、获得的信息,都要经过证实,没有天然可靠的事实。这句话虽然有些夸张、有些绝对化,但是,这种追求事实真相的态度和理念是值得我们学习的,也是记者必须严格遵守的。记者只能相信自己亲眼看到、亲自调查到的事实。对于没有亲眼看到、亲耳听到的事实,在时间等条件许可的情况下,记者必须对材料进行核实和验证。即使是记者自己亲眼看到、亲耳听到的事实,也可能由于种种原因,导致事实出错。因此,对于自己亲眼看到、亲耳听到的重要事实、有争议的事实、一方对另一方的批评和指控,记者也要尽可能地核实和验证,以免出错。

记者应该如何核实和验证材料的真实性呢?一般来说,记者可以从以下四个维度来对材料进行核实和验证。

一、记者应亲自去现场调查

任何新闻事件发生后,记者首先要去的就是新闻现场,只有到现场亲眼观察、亲耳听说,所得到的事实才可能是真实的。如果只是依赖第二手材料乃至第三手、第四手材料而又不加以核实就进行报道,新闻失实的可能性就非常大。因此,记者一定要到新闻现场去调查和核实。

在20世纪六七十年代美国对越南战争时期,美国的飞机意外轰炸了柬埔寨村庄乃良(Neak Luong),美国大使馆的官员告诉记者们说,当地的损失很小。但《纽约时报》记者西德尼·H. 香伯格(Sydney H. Schanberg)决定亲自去看一看。到乃良现场之后,香伯格看到损失不是"很小",而是很大。他的报道开头就这样写道:

> 星期一的意外轰炸对该镇造成的损失是巨大的。
>
> 镇中心的一大片领域被毁坏,包括用钢铁加固的两层混凝土建筑。成群的树林、士兵及其家人安身的茅草棚也被一扫而空,以至于他们曾经驻足的现场看上去像洒满碎石的空地。

---

① 布雷迪. 采访技巧[M]. 范东生,王志兴,译. 北京:新华出版社,1986:248-249.

大使馆武官告诉香伯格等记者说:“我看见一颗炮弹射进了镇子,但是没有造成太大的损失。”但香伯格看到、采访到的是:那里差不多有400名伤亡人员。

……那里的气氛沉闷而悲伤……每个人不是失去了亲人,就是失去了朋友;有的大家庭则遭遇灭门之祸。

空军发言人说,村医院的“东北角有一点点损失”,一堵墙上有一些“结构性裂缝”,而香伯格的报道则是,村医院有三分之一被毁。

香伯格因为对柬埔寨的报道而赢得了普利策奖和美国职业新闻记者协会奖。显然,核实和验证“给新闻报道增加了真实度”。①

2016年2月14日,一篇名为《春节纪事:一个病情加重的东北村庄——返乡日记》的文章在《财经》杂志微信公众号发表。作者高胜科在文章开头写道:“我要写的故乡杂记却显得些许残酷和悲戚,可惜这并非杜撰虚构,而是真实的写照。”“我的故乡如此沦陷的方式,以及这首难唱曲的哀婉程度,都显得荒诞不经。”文中描绘的东北农村种种现象让人触目惊心,甚至“在家里的老人们生不如死、正遭活罪之时,几个农家妇人在密谋着一场向外省远征的组团‘约炮’”。文章一出,光明网、中国青年网、中国网等媒体纷纷转载,引起网友们的热议。

2月25日,新华社发文《哪来“礼崩乐坏”的东北村庄?——一则虚构报道的背后》。文中称:记者深入事件发生地调查、核实,发现“返乡日记”并非“返乡之作”,文中描绘的礼崩乐坏的“时间、人物、地点都是虚构的”。新华社记者到现场去调查、核实了相关事实,发现记者高胜科写的文章是杜撰的。

2月26日,《财经》杂志微信公众号发文,对《春节纪事:一个病情加重的东北村庄》一文做出说明与致歉:这篇文章系《财经》春节期间系列随笔文章中的一篇。经了解,高胜科今年并未还乡,只是根据过往返乡见闻和今年春节电话采访而成,却发表于“返乡日记”栏目,是不严肃而且错误的;对于随笔中所述家乡的部分故事,在时间、地点、人物名称等细节方面,记者也进行了加工,影响了文章的准确性,文字表述多有失当之处。《财经》杂志对给文中所提到地区的群众带来负面影响深表歉意。

4月22日,国家新闻出版广电总局公开通报《财经》杂志微信公众号等15家媒体发布虚假失实报道的查办情况,其中指出:今年春节,《财经》记者在未返乡进行实地采访核实的情况下,编写虚假报道《春节纪事:一个病情加重的东北村庄》,记述了“村妇密谋组团‘约炮’”等事件。2月14日,《财经》杂志通过其微信公众号发布此文。随后,光明网、中国青年网、中国网、中国台湾网、江苏扬子晚报网、山东齐鲁晚报网等新闻网站和辽宁《大连日报》微博、广西《南国今报》微博、湖南《文萃报》等媒体,未经核实进行转载,进一步扩大传播虚假新闻,造成恶劣的社会影响。新闻出版广电总局已依法吊销涉事记者的新闻记者证,并将其列入新闻采编不良从业行为记录,对发布该虚假新闻的《财经》杂志和未经核实转载该虚假新闻的光明网、中国青年网、中国网、中国台湾网等分别做出警告、罚款的行政处罚,责成省级新闻出版广电行政部门依法对《文萃报》等报刊及其所办网络媒体做出行政处罚,并追究相关人员责任。

① 门彻.新闻报道与写作[M].展江,主译.9版.北京:华夏出版社,2003:59-60.

涉及其他商业网站转发虚假报道的问题,则由有关主管部门核实处理。

二、找到当事人采访

任何新闻事实,只有当事人才最清楚事件的真相,也只有当事人才最清楚事件的细节。如果记者对要报道的事实不清楚,或者有疑问,就必须找到当事人核实、补充调查和重新调查,直到将事实调查清楚为止,不能留下任何疑虑。

2005年12月9日,《苏州广播电视报》报道:记者从中央电视台内部获知了一个惊人的消息,以往对外宣称自己感情生活空白的央视"名嘴"王小丫终于在临近不惑之年之际将自己悄悄嫁掉了!夫君就是国内青年才俊、中国农业大学校长陈章良。新闻报道出来后,王小丫澄清事实,说这完全是条假新闻,她与作者并不相识,作者也未采访过她。

中国农业大学党委常委、宣传部部长、新闻发言人钱学军在接受记者采访时说:"把道听途说的小道消息作为新闻报道是极其不负责任的,是对当事人名誉的侵害,也有违新闻工作者的职业道德。"

12月21日,《苏州广播电视报》在网站刊登启事:"本报今年第49期(12月9日出版)'娱乐追踪'版上刊登的《王小丫陈章良携手入围城?》一文所披露的内容,因采访、刊发时听信误传,未及与文中所涉及的两位当事人求证,造成文中报道的情况与事实有出入,对文中涉及的两位当事人造成影响表示深切不安,为此特向两位当事人和本报读者致歉。"①

对打听来的信息,记者根本没有与当事人核实、没有进行调查采访就草率发表,怎么会不出错呢?记者听到有关信息后,必须找到当事人核实、验证,这是一条铁限,绝不能省略。

1982年6月25日,《陕西日报》一版刊登一条社会新闻,报道商县牛槽乡西联村一个67岁的老妇在山上挖药时打死一只豹子,读者很感兴趣。消息传到美国纽约的新闻界,有家报纸想转载《陕西日报》这条新闻,却发现读者最想知道的细节不够清晰。一个年近古稀的小脚女人怎么可能打死一只灵活勇猛的豹子?它的真实性令人怀疑。这家报纸借一个代表团到中国考察的机会,委派美籍华人胡文升为特约记者,找到采写该新闻的记者卢维岩当面核对。

胡:卢维岩先生,美国对中国老妇人打死豹子的那条新闻非常感兴趣,但有一些细节不甚明了,请将老妇人的情况及她是怎样打死豹子的详尽细节告知。

卢:老农妇67岁,身高一米四几,一只眼,体重90余斤……

胡:那么,在一般情况下,她是不能打死豹子的,事实是打死了。请将这一事实的必然性,特别是它的偶然性作一说明。

卢:必然性是这一老妇确实勇敢。倘若她临危怯懦,肯定不能战斗,会被豹子咬死。偶然性是:当时,这老妇人正在山上挖药,同她一起的有她的一个50多岁的侄媳,两个十三四岁的孙女,一个12岁、一个17岁的孙子。当豹子从灌木丛中冲出扑向她孙子时,老妇为了护孙子大声呐喊,这凶豹便冲过来扑倒老妇人,并咬住她的左臂。这勇敢的山里人

① 陈斌,贾亦凡.2005:中国十大假新闻[J].新闻记者,2006(1).

翻身抱住了豹子,在生死搏斗中,抱在一起的豹子和人滚坡坠崖。当老妇和豹子落地时,凑巧人在上,而且地面有锐石。这样,人同豹子合计200余斤的重量,加上自由落体的速度,造成了豹子的致命伤;而老妇未致大伤。她当时还抓住豹子的两耳,豹子却无力弹跳。神志清醒的老妇人此时大喊:“快来呀,我捉住豹子啦,别叫它跑了!”侄媳赶来,便一顿乱镢将它打死……

介绍到这里,这位美国特约记者喜形于色,再三说:满足了,满足了。这样,美国的读者便会相信了。①

这家美国媒体注重核实事实,对疑窦丛生的事实不轻易转载、一定要问个水落石出的做法,值得我们学习。

三、亲自查阅相关资料

对于一些新闻事件,记者在新闻当事人那里不一定能够得到真实、准确的信息,通过第二方、第三方信息源也不一定能够弄清楚事件的真相,或者记者难以接触到新闻当事人,在这种情况下,记者可以通过查阅相关资料来对新闻事实进行核实和验证。

在美国总统克林顿执政时期,当克林顿派遣美国飞机轰炸伊拉克时,参议院共和党领袖特伦特·洛特(Trent Lott)参议员说,采取这一举措是为了把人们的注意力从克林顿弹劾案上转移开。他说,当乔治·布什总统1991年要求得到授权使用武力攻击伊拉克时,“我认为没有一位民主党人会投票赞成此举”。

参议员特伦特·洛特说的话是否是真实的?当年是不是没有一位民主党人投票赞成乔治·布什总统要求得到授权使用武力攻击伊拉克的决定呢?记者戴维·E.罗森鲍姆(David E. Rosenbaum)查阅了相关资料,发现并非如此,记者在他的报道中写道:“事实上,众议院的86位民主党人和参议院的10名民主党人,包括阿尔·戈尔(Al Gore)在内,也投票赞成授权。”如果记者不去查阅相关资料,就会在未经核实的情况下,让一个指责出现在新闻报道中,影响新闻报道的客观与公正。②

1972年,尼克松为竞选总统到了亚特兰大市,尼克松新闻秘书罗纳德·齐格勒(Ronald Ziegler)告诉记者说,在亚特兰大,至少有70万人涌上街头见到了总统。这一数字后来就出现在了颇多的报道中。然而,美国《国民观察家》的记者克姆·佩里做了一个简单的计算,他估计每个街段400人,人群有五层厚,分列在15条街段的大街两边,那么总共有约6万人见到了总统,即使加上15,000人作为街段之间街道上的人数,也只有75,000人上街欢迎尼克松到亚特兰大。实际上,亚特兰大市1970年的总人口也只有497,421人,即使是男女老幼全部上街,也只有不到50万人欢迎总统,哪里会“至少有70万人涌上街头见到了总统”?显然,尼克松的新闻秘书夸大、虚构了数字。③ 如果记者到亚特兰大市与人口相关的政府管理部门查阅一下当时的人口统计资料,就不会出现这种错误。

---

① 白庆祥,刘乃仲,郑保章.新闻采访写作编辑案例教程[M].北京:新华出版社,2003:257-258.

② 门彻.新闻报道与写作[M].展江,主译.9版.北京:华夏出版社,2003:58.

③ 布雷迪.采访技巧[M].范东生,王志兴,译.北京:新华出版社,1986:260.

1968 年 3 月 16 日，美军第一旅第二十步兵团查理连闯进越南广义省的某村庄——这个地方在美军地图上被标为“美莱第四”——屠杀了几百名手无寸铁的村民。威廉姆·卡利中尉是这次大屠杀的主要首领之一。1970—1971 年，威廉姆·卡利中尉接受美国军事法庭审判，但只关了三天监狱就释放了。美莱事件和卡利审判案在美国引起了巨大反响。

记者赫什采访了这一事件。赫什采用三种方法进行核实，力争报道真实。第一，他设法看到了为数不多的几份主要证人的询问记录，这些询问是由罪行调查处和监察长办公室（一直调查美莱事件的军方机构）进行的。第二，赫什尽可能多地采访了查理连的士兵，“找出了那些说法大体一致的事实和事件”。对查理连的许多士兵，他至少采访了两次，还通过电话与大多数士兵再次联系“以澄清矛盾之处”。第三，赫什去掉了“明显抵触和无法由其他目击者证明”的陈述。为了核实，赫什参考了查理连士兵写的信，详细的广义省省志、官方公报、政府公函以及其他背景材料。①

在这里，记者赫什主要采用了查阅文件资料的方法对事件进行采访和核实，力争还原事件的真相。赫什对美莱事件真相的报道获得了普利策新闻奖。

四、运用知识和经验进行检验

有些材料不能直接找采访对象进行核实验证，这时记者就要运用自己所学的知识和经验对新闻材料进行核实验证。比如，某个材料的细节是否合乎逻辑与情理、某个数字的大小、某种事实发生的可能性等，记者可以用所学知识和所积累的经验进行检验。

20 世纪 80 年代初，一则有关“牛西红柿”的新闻被大小报刊爆炒。新闻报道称，外国科学家大胆探索，另辟蹊径，让作为动物的牛与作为植物的西红柿进行“杂交”，生出了动植物特性兼具、食用可口、营养丰富的食物新品种——牛西红柿，从而开辟了科学食品的新纪元。

不要说 20 世纪 80 年代，就是在 40 多年过去后的今天，人类依然没有研究出动物和植物杂交的品种。只要我们运用基本的科学知识进行验证，或者采访一下动物和植物方面的专家，这个假新闻就难以出笼。外电后来报道称，所谓“牛西红柿”纯属子虚乌有，只是愚人节期间一个糊弄人的笑话！

2010 年 7 月 7 日，《甘肃日报》发表记者张鹤的重大新闻报道：西安市已被确定为国家第五个直辖市。主要报道内容如下：

> 要知道，国家规划的 3 个国际化中心城市中，就有西安，而且，西安已被确定为国家第五个直辖市。这更能够印证一个命题，那就是，天水、甘肃融入陕西后，将会得到更多的发展机遇。反之，则很可怕——西安、陕西面朝东部发展时，天水、甘肃就会成为少人问津的背部，经济盲区也会由此产生。

---

① 布雷迪. 采访技巧[M]. 范东生，王志兴，译. 北京：新华出版社，1986：263-264.

7月9日,《甘肃日报》刊发《重要更正》:

> 7月7日本报三版刊登的《智者的声音》一稿存在严重错误。稿件中关于"西安已被确定为国家第五个直辖市"内容失实,系记者在某论坛采访时,对演讲者的演讲内容理解和文字表述有误,值班编辑审稿不严。见报后在社会上产生了误导,造成不良影响。特此更正,并向读者致歉。

新闻出版行政部门依法对《甘肃日报》下达《警示通知书》。甘肃日报社对相关责任人分别做出调离工作岗位、停职检查等处理,有关部门已责成社长、总编辑进行深刻检查并处罚款。①

按照中国的行政规范和党政机关发布重要信息的规则与方式方法,这种确定直辖市的国家大事,岂是一个普通演讲者可以随便说的?一个普通演讲者随便说出的话,记者岂能信以为真?不通过正规渠道,没有看到任何官方文件,没有权威新闻源,也没有全国人大的表决通过,怎么可能就确定为直辖市?记者只要按照最基本的中国行政规范来想一想,简单核实一下,就不会出现这样的低级错误了,可是记者没有这样做,审稿的编辑也没有这样做,新闻失实便在所难免。

2002年11月7日,新浪网推出一则报道《美传媒称千年女木乃伊出土后怀孕》:

> 据美国《世界新闻周刊》报道,一埃及考古小组今年3月在开罗发掘出一具已逝世超过3,000年的经防腐处理女木乃伊。但该学院负责人塞尔德最近获得一个惊人发现,证实这具木乃伊竟在出土后怀孕,至今其腹中胎儿看来已有8个月,经超声波检查后得出胎儿正常成长。该学院看守人西塔尔被指是胎儿的父亲,而他也承认自己难以抗拒女木乃伊的美色,不禁对她表达爱意。

虽然这条新闻内容荒诞,但是仍有一些新闻媒体转载了这则报道。

11月8日,南京博物院院长徐胡平研究员接受《扬子晚报》记者采访时说,他看了这则报道,评价是12个字:惊天之作,违背常理,不可思议。他说,木乃伊已经过古代人为防腐处理,其大脑、内脏均已拿掉,人体活的细胞已不复存在,而且木乃伊只有在干燥的特定自然环境中才能存在,怎么可能受孕?南京妇幼保健医院生殖不孕中心李红霞主任医师指出,"怀孕"必须具备几个最基本的条件:正常的女性卵巢功能、正常的体温,以及维持胚胎生命的液体、激素等,而木乃伊只是一个"标本",已经没有生命了,根本不能提供怀孕的基本条件,又怎么能怀孕呢?

美国《世界新闻周刊》是一份专门编造荒诞故事博读者一笑的"超级市场小报"。但新浪网编辑不假思索,没有用基本的知识和经验来对这条新闻进行最起码的核实和验证,就匆忙将国外荒诞小报刊登的东西发表在网络上,有损新浪声誉。②

另有两个问题值得我们注意。首先,新闻的时效性非常强,记者必须在极短的时间内调

---

① 贾亦凡,陈斌. 2010年十大假新闻[J]. 新闻记者,2011(1).

② 陈斌,贾亦凡. 2002年十大假新闻[J]. 新闻记者,2003(1).

查清楚事实,并以最快的速度将调查到的事实报道出来。但如果记者对每一条信息或每一条信息的每一个细节都进行详细核实,大多数新闻就可能无法被报道出来。

那么,为了尽快报道新闻,是不是记者就不必去核实事实了呢?不是。记者必须在尽可能的情况下去核实事实,截稿压力不能作为记者不核实事实的借口,既要保持新闻的时效性,又要保证事实的准确无误。有几类事实是必须核实的:重要信息、敏感信息、有争议的信息、批评和指控的信息,对于这些信息,记者在未经核实前切不可轻易进行报道。记者不能轻信采访对象的话,应该进行适当的核实。

当然,对于一些比较明确的信息,记者觉得比较有把握的信息,一些不太重要的信息、不太重要的细节,没有争议的信息,等等,在时间不够、条件不允许的情况下,记者也可以不核实。

其次,新闻常常都是独特的,是日常生活中不可能发生的事实,甚至是不可思议的事实,唯有如此,新闻才成其为新闻。有些新闻往往就是对这些独特、反常甚至怪异的事实的报道。记者不能过于相信自己的知识和经验,运用记者自己的知识和经验对所抓取的材料进行核实与验证,不能保证在任何时候都是正确的。比较合适的方法是,当记者遇到这些独特、反常甚至怪异的事实(比如前文千年木乃伊怀孕之类的事实)时,采访与信息相关方面的权威、专家是切实可行的方法,是可以避免新闻失实的途径之一。

知识链接

录音机可以抓住一个人刻意遣词造句的一切起伏变化。笔记能记下人的信息,但是要知道信息如果失去其特色——语调和措辞的细小变化——便意义不大,而录音机可以完全真实地捕捉一切。但这又是录音机的弱点。

因为录音必须誊录,而誊录稿又必须压缩加工以便出版。在这个过程中,录音的逼真就变得冗长乏味、令人恼火了。遇到录音听不清的段落,你得放一段,绕回去;再放一次,再绕回去;再放一次,用拳头敲打字机,这时你就会想:老天爷,当初要是做笔记就好了——记笔记通过极度紧张的工作,几乎在对方讲话的同时,就能把讲话要点写清楚,这样既迅速又有创造性。要是用录音机,他那冗杂的语句你得听上好几遍甚至无数遍;而笔记呢,你只需听一遍,就万事大吉了。

事实正是这样:有人宁愿用手而不用自动化的东西,宁愿用笔和本而不用打字机,宁愿用不方便的笔记而不用录音机。我们并没有全部进入轻松舒适的电子时代。①

事实上,一些新闻报道教科书认为记者最好少做笔记。柯蒂兹·麦克杜格尔在他的标准教科书《解释性报道》中写道:"理想的采访进行得自然、友好、无拘无束。在这种采访中,尽量少做笔记是明智的。记上一笔常常都十分有害。使采访对象忘掉自己讲话是为了见报,而不是时时意识到记者在一字不漏地记他的谈话,这样记者的收获会多得多。"②

许多采访对象喜欢看到记者做笔记,而对几乎根本不做笔记的记者则心怀疑虑。③

《纽约时报》记者尼尔·麦克尼尔说:"人家说什么就信什么的记者迟早要出岔子。称职的记者尽其所能收集材料。他可能提出令人难堪的问题。他用另一个人的陈述和已知的事实验证一个人的话……他确信自己已经掌

① 布雷迪.采访技巧[M].范东生,王志兴,译.北京:新华出版社,1986:170.
② 布雷迪.采访技巧[M].范东生,王志兴,译.北京:新华出版社,1986:171.
③ 布雷迪.采访技巧[M].范东生,王志兴,译.北京:新华出版社,1986:183.

握一切有用的材料时，才动笔写报道。”①

核实采访材料的方法有两种：一种是采访中逐点查对，一种是采访后立即核实。②

眼见为实

物证是无以复加的确证。一位法律记者说：“还没有人会不接受泥泞中有狗的足迹的事实，却相信一百个目击者所谓没有狗走过的信誓旦旦的证词。”看见过、测量过、记录在案的证据（相片、统计数字或信件），可以使被访人的看法显得有力量和增加说服力。

但是如果记者自己都不相信怎么办？他该相信谁呢？威廉·曼彻斯特说：“你谁也不相信，当你是一个现代历史的记录者时就不会相信。你可以把问过其他人的问题放进采访中，然后加以比较。一九六三年十一月二十二日我在采写达拉斯汽车行列里发生的事（注：当天，美国总统肯尼迪在达拉斯遇刺，当时他正乘车接受群众的欢迎）。如果那辆车里有六个人，我就对六个人都采访。如果其中五个人看见了某件事，我就断定确有其事。如果只有一个人看见了，我就断定没这回事。”

曼彻斯特还说：“我先问被访人我知道答案的问题，用这种方法我就能判明他们是否在说真话。如果他们毫不回避地如实答复，我觉得也就可以相信他们对其他问题的回答。”③

思考与练习题

一、思考题

1. 常见的记录方式有几种？哪一种方式最常用？
2. 你最喜欢哪种记录方式？为什么？
3. 谈谈记录的方法。
4. 采访结束后，记者应从哪些维度来对材料进行核实和验证？
5. 谈谈记者核实事实时，如何处理截稿压力与知识和经验不足的矛盾。

二、练习题

1. 请阅读下面这条新闻，分析指出该新闻存在的问题。

善良心灵绽“金花”

2002年，王金花与舞阳县孟寨镇宋桥村宋庆托结婚。她的家庭是一个重组家庭，结婚时，丈夫有一个12岁的女儿，家里还有年迈的公婆与叔叔。结婚之前，王金花对宋庆托的家庭已有所了解，但她相信，只要夫妻共同努力，家里就会充满温馨。结婚后，她就挑起了照顾3位老人的重担，而且一挑就是十几年。

刚结婚时，12岁的大女儿对于她这个“后妈”有很大的抵触心理，她用关爱逐渐拉近了与这个孩子的距离。后来，她又有了一个女儿、一个儿子，但她待大女儿比亲生的还要好。村里人曾担心大女儿成长过程中会缺少关爱，王金花用自己的实际行动证明大家的担心是多余的。

王金花的婆婆是个聋哑人，今年81岁了，生性好强，很难相处。她却与婆婆相处得很好，无论婆婆说什么、做什么她从不生气。王金花说：“自己的母亲，只要她高兴，她想怎样就怎样。”前年，婆婆不小心把脚崴伤了，在床上躺了一个多月。给婆婆穿衣、洗漱、喂饭、按摩、倒大小便，王金花都亲力亲为。婆婆感动地说：“儿媳妇对我比亲生女儿还要好，有这样的好儿媳，是我前世修来的福。”

---

① 布雷迪.采访技巧[M].范东生，王志兴，译.北京：新华出版社，1986：248.
② 布雷迪.采访技巧[M].范东生，王志兴，译.北京：新华出版社，1986：250.
③ 布雷迪.采访技巧[M].范东生，王志兴，译.北京：新华出版社，1986：264-265.

王金花的公公今年86岁了，患病住院时，王金花天天守在医院照顾他。现在公公每天都要吃药，她每天都把水和药递到公公手中。王金花的叔叔今年81岁，以前在敬老院住，近几年多次患病，她就把叔叔接回家照料。

王金花说："我对我父母啥样，就对公公婆婆和叔叔啥样，我嫁到这个家，就有责任和义务对他们好。"

王金花丈夫的一个弟弟今年40多岁了，至今未成家，跟他们一起生活，前年患上了精神分裂症，王金花和丈夫带着弟弟多次到漯河、许昌的医院治疗。她对丈夫说："他病了我们应该管，因为他是你的亲兄弟。"

王金花的善良感动了村里的每一个人。村里人说："王金花是个好人，是村里人的好榜样，也是村里人的骄傲。"2016年，王金花被评为"漯河市第四届道德模范"。（来源：《漯河日报》，2019年1月25日第2版，记者：左素莉）

2. 请阅读下面这条新闻，分析该新闻存在的问题，并提出解决问题的方案。

高速列车3秒钟可跨越长江

2008年9月11日　03:38　来源：《武汉晚报》

【本报讯】（记者：左洋，通讯员：吏林山、杨学军）　3秒钟！一趟高速列车就可跨越长江。昨日，天兴洲长江大桥钢梁全部合龙，建成通车后，可允许列车时速达250公里。

据了解，天兴洲大桥正桥全长4,657米，其中正线钢梁跨越长江1,092米，两侧采用高架延伸，下线进入武汉火车站不与公路相接，因此，高速列车过桥不用踩刹车，继续保持高时速，还突破了厄勒海峡大桥160公里/小时，刷新世界纪录，也是世界上列车跑得最快的大桥。

全桥混凝土总量约85万方，是国家大剧院混凝土方量的近3倍，大桥钢梁总重量4.6万吨，比国家体育馆鸟巢外部钢结构用量还多了近4,000吨。

天兴洲长江大桥是新建武广客运专线和武汉枢纽的过江通道，建成后将大大促进武汉铁路枢纽建设，使之逐步成为继北京、上海、广州之后的全国第四大铁路枢纽。

大桥计划年底达到通车条件。

第十四章　特稿及深度报道

▶**本章要点：**

写新闻就是写故事，尤其是特稿写作。

"要展现，而不是告诉"，让新闻中的人物、事件呈现在读者面前，使读者感到仿佛没有记者在讲述一样。通过人物的对话、行动，通过场景的描写，展现新闻事件、新闻人物。

细节能准确、真实地再现新闻事件和新闻人物；细节蕴藏着深刻的意义，能够表现人物和事件最本质、最深层次的内容。

做调查性报道要大胆质疑，小心调查；要学会抓关键细节，注意搜集证据；应具备对公众、对社会的责任感，以及对公平正义的执着追求。

做解释性报道要善于揭示新闻背后的新闻；善于用事实解释事实；要注意区分解释与议论，具备诚实和正直的品格。

第一节　什么是特稿

一、理解特稿

什么是特稿（feature）？简而言之，特稿是一种更加生动、更加详细、更加深入地报道新闻的一种新闻报道体裁。特稿与消息相对应，消息是对事实的概要式的报道，特稿则是详细、生动、深入的报道。

特稿又称特写、专稿，是一个西方新闻概念，类似于我国的通讯。西方新闻界将特稿与一般新闻报道（纯新闻、消息）区别开来，是从一种更广泛的意义上来把握和定义这个概念。

布鲁斯·D.伊图尔（Bruce D. Itule）等人认为，特稿是"一系列不同的软新闻报道的总称"①。

美国的丹尼尔·威廉森（Daniel Williamson）教授把特稿理解为特写。他认为，特写是一种带有创作性的，有时也带有主观性的文章，旨在给读者以精神享受，并使他们对某件事、某种情况或对生活中的某个侧面有所了解。

美国新闻学教授詹姆斯·阿伦森（James Aronson）在《新闻采访和写作》一书中说："特写，通常指报纸上篇幅较长的某类稿件，这类稿件没有正规的新闻导语，写的是有关某人、某

① 伊图尔，安德森.当代媒体新闻写作与报道［M］.贾陆依，华建昌，译.6版.北京：中国人民大学出版社，2009：43.

个机构的一桩新闻事件,或某一政治事件或社会事件。”

西方国家的媒体人和新闻学者理解的特写就是特稿,我国的特写虽然也可以划入通讯体裁中,但是我国对特写的理解,主要是强调对某个局部和片段的如实放大,主张聚焦,集中于一点,通过焦点反映整体。

二、特稿与消息的区别

特稿与消息的区别在哪里?美联社特稿撰稿人朱尔斯·骆告诉我们如何理解特稿与消息的区别:“新闻撰稿人告诉你一座桥坍塌了,告诉你有多少辆车掉入水中。特稿撰稿人则告诉你当时那里的情况是什么样的——当乔·史密斯刚开始过桥的时候,桥开始摇晃,他紧抓住栏杆——诸如此类的细节。”①

新闻撰稿人即消息撰稿人。朱尔斯·骆认为,消息告诉受众发生了什么事件,告诉受众事件的大致情况,而特稿则会深入、细致地报道事件。

中国人民大学新闻学院高钢教授从五个方面比较了特稿与消息的不同:

(一)特稿注重细节,消息注重核心要素

当一个新闻事件发生后,消息必须将构成新闻事件的核心要素简明扼要地报道,让读者尽快地获悉新闻事件的基本内容。而特稿则是挖掘新闻事件中的细节,通过细节让读者对整个新闻事件有更直观、更形象的了解。

(二)特稿注重意义,消息注重最新动态

消息必须随时关注新闻事件的最新进展,必须告诉读者每一个新的动态。特稿则更关注新闻事件幕后的深层次原因,这个新闻事件对公众、社会生活、政治、经济、文化以及其他方面所产生的影响,它的深层次意义,等等。

(三)特稿注重人物,消息注重整体事件

当一个新闻事件发生后,消息非常关注这个事件的发生、发展、结束等过程,只要是读者感兴趣的信息,都要进行报道;特稿更关注整个新闻事件中人物的作用与影响、人物在其中的悲欢离合。通过对人物的报道,来反思这个新闻事件所产生的影响和意义。

(四)特稿结构自由,消息结构更为规范

消息的结构相对而言比较规范、规则,特别是倒金字塔结构,尽管有很多人觉得这种结构太死板、太僵化,但是,目前的大多数新闻报道都采用这种比较固定的结构形式。而特稿的结构形式则非常灵活自由,记者可以采用自己喜欢的任何一种结构方式,不必拘泥于一些条条框框。

(五)消息风格朴实,特稿常用文学技法

一般情况下,消息不能采用议论等表达方式来写作,也尽量不采用修辞手法来进行描写,

---

① 门彻.新闻报道与写作[M].展江,主译.9版.北京:华夏出版社,2003:217.

主张少用或不用形容词及修饰性的语言。而特稿则可以适量地进行描写、议论,也可以适当采用一些文学手法、修辞手法来表现人物和事件。①

三、特稿的基本类型

特稿是一个意义非常广泛的概念,我们难以对其进行清楚明确的分类。根据特稿内容的不同,我们可以大致将其分为三大类:新闻特稿、人物特稿、趣闻特稿。

新闻特稿是以报道新闻事件为主要内容的特稿,是对新闻事件的深入报道。新闻特稿就是我们平常所说的事件通讯,这是目前使用得最多的一种特稿类型。每当一个重大新闻事件发生后,都会有新闻记者对这个事件进行深入的剖析,详细报道新闻事件的完整过程、披露事件鲜为人知的细节、阐释事件的前因后果、分析事件对社会和公众的影响,等等。

新闻特稿有两大类型:事件性新闻特稿和非事件性新闻特稿。

事件性新闻特稿一般都是对突发性事件的深入报道,比如报道地震、灾害、车祸、恐怖事件、疫情、凶杀等各种突发性事件。非事件性新闻特稿,一般都是对非突发性事件的深入报道,非突发性事件头绪繁杂、时空跨度大、涉及面广、牵涉的人物及事件众多。

新闻特稿一般都是对事件的报道。每一个事件都有其发生、发展、高潮和结束的过程。新闻特稿的写作,就要抓住事件发展的脉络,注意叙事线索的清晰度,以清楚地反映新闻事件的全貌或某个侧面,揭示出新闻事件的本质意义。

虽然新闻特稿以报道事件为主,但也不能忽略对人的描述。有人物的活动才有事件的发生发展。人类社会的任何事件都涉及人的活动,所以,新闻特稿离不开对人物活动的描写。通过对事件中人物的报道,可以从不同侧面展现事件的意义和深广度。

人物特稿是以人物报道为主的特稿,它是以展示人物的鲜明个性和精神境界为主要内容的特稿。人物特稿主要是写人,人物自始至终都是特稿写作的中心。人物特稿中情节、细节的刻画,环境气氛的渲染,多种表现手法的运用,都必须为表现和突出人物服务。一切与人物无关的事件及其情节、细节,环境气氛,无论多么生动、有趣,都应该被摒弃。

人物特稿的报道对象,既可以是成功人士、有影响力的人士,也可以是在某个新闻事件中出现的人物。现代社会,对平凡人物的报道越来越多,深受读者的喜爱。反面人物同样也可以作为人物报道的对象。反面人物和平凡人物一样,也越来越多地成为记者报道的对象,特别是那些揭露、批评性报道,读者具有较高的阅读兴趣。

必须注意的是,人物特稿的写作应以新近发生的事实为引子或由头,由此展开对人物的报道。那种报道的主要内容和事实都是发生在很久以前,而现在发生的事件比较少的人物报道,其新闻性和时效性是不够的。

人物特稿的写作要善于抓住人物的特点,着力表现人物的鲜明个性。写人物不要贪大求全,在一篇人物报道中最好只写一人、一事、一个侧面,"攻其一点,不及其余",由"一面""一点"写出人物的独特个性,透视出人物的内心世界和精神境界。

趣闻特稿是以报道各种逸闻逸事、奇闻奇事、趣闻趣事为主要内容的特稿。在今天这个时代,人们越来越喜欢轻松有趣的新闻内容,快节奏的工作、生活的沉重压力使读者对那些轻

---

① 高钢.新闻写作精要[M].北京:首都经济贸易大学出版社,2005:162-163.

松有趣的信息更有兴趣，这就是趣闻特稿流行的原因。在阅读完严肃的新闻后，人们为了缓解压力，就会把目光聚集在趣闻特稿上。趣闻特稿不仅能够满足读者的好奇心，还能够拨动读者心中那根敏感的神经，唤起读者某种情感的共鸣，在惊奇、欣喜之外，会感叹生活、感悟生活，也会思考生活，从而获得启发、受到感动、得到教育。

写作趣闻特稿，首先必须找到一个令人普遍感到惊奇、感到有趣的事件。记者要善于辨别事件是否有趣，是否奇特，不能将一些没有意义的事件拿来报道。找到这种有趣、值得报道的事件后，记者要抓住重点，突出有趣的信息，不必面面俱到，不必罗列大量无意义、无趣味的信息。其次，必须充分揭示出趣闻蕴藏着的意义。一个有趣的新闻事件，其中常常包含着深层次的意义；记者要揭示其中隐藏着的深刻意义，让读者在娱乐的同时也获得启发、受到教育，或者得到美的享受。切记不要为写趣闻而写趣闻，除了幽默搞笑，没有一点深度，没有什么意义，这种趣闻报道没有什么价值。

知识链接

大多数媒体都同时提供新闻报道和特稿：新闻报道按时间顺序报道重大、即时的新闻事件，而特稿则：

· 简介新闻人物。

· 阐释造成轰动效应的新闻。

· 分析国际、国内、社区正在发生的一切。

· 教读者、观众、听众怎么做某事。

· 为读者提供在这个复杂的社会生存的更好的方式。

· 探究在这个不断变化的社会中出现的各种潮流趋势。

· 将人们带到不曾去过的地方或带他们去看不曾看过的东西。

· 给读者、观众、听众带来娱乐和幽默。

……

（读者不仅需要阅读硬新闻——引者加），他们也希望获得娱乐、欢笑或哭泣，希望能获得知识，悠然自得地真正地欣赏一个故事。①

下面是可以发现特写的各种最常见的场景和事件：

(1) 不寻常的：奇异、反常、巧合、奇人。

(2) 平常的：公众熟悉的人物、场所、事情、突出事件，如市政厅外卖报纸的残疾青年、站在街角的部长。特写的作者要唤起读者的反应，让他们读后说："我一直想了解这件事情！"

(3) 戏剧性的场景：暴富、获奖、被遗弃的婴儿、英勇的救援或惊心动魄的险情、霉运、动物英雄、输家。

(4) 指南：麻烦的应对办法，关于食谱、健康、礼节、集邮、花卉、木艺，以及如何投票、如何待客等的建议。

(5) 信息：统计、研究报告、记录、年代表、分类、过去与现在的比较与对照、传记等。②

---

① 伊图尔，安德森. 当代媒体新闻写作与报道[M]. 贾陆依，华建昌，译. 6 版. 北京：中国人民大学出版社，2009：105-106.

② 莱特尔，哈里斯，约翰逊. 全能记者必备[M]. 宋铁军，译. 7 版. 北京：中国人民大学出版社，2005：179-180.

第二节　特稿的写作方法

一、讲故事

写新闻就是写故事，这句话在某种程度上是非常正确的。前些年，曾经掀起过“新闻故事化”的浪潮，近年来，这种浪潮稍稍平静了一些，但是，新闻必须有故事（主要是特稿），这一理念仍然是新闻写作应该坚守的法宝。

“精心采集的报道、生动的特写和富有人情味的故事会给读者提供这些情感。优秀的特写简单地说就是讲述一个生动的故事。而生动的故事，正如美联社的资深编辑和写作指导雷尼杰克·卡彭所说的，‘借助色彩、神韵、机智、想象、表现情感的词汇、对话和人物特征来丰富报道内容’。”①

曾获普利策新闻奖的美国记者富兰克林认为，“新闻故事化”就是用故事化手法写新闻，运用对话、细节描写、场景设置等，细致入微地展现事件中的情节和细节，凸显事件中隐含的能够让人产生兴奋感、富有戏剧性的故事。

新闻写作讲故事的核心方法，就是要像写小说一样写新闻。但切记：新闻报道所讲的故事与文学作品中所写的故事完全不同。在文学艺术作品中，“故事”允许虚构而且必须虚构，作者可以肆意夸张，大胆、神奇地想象。但新闻报道不能对事实进行夸张的描写，既不能夸大事实，也不能缩小事实；新闻报道不能有一丝一毫的想象；新闻报道更不能虚构事实，无论是整体事实还是细节事实，所有的事实都必须是真实的，不能有半点虚构。所以，“像写小说一样写新闻”，是指采用写小说的方法来写新闻。写小说的方法中值得新闻写作学习的方法之一就是“展现”。

（一）展现

“要展现，不要讲述”，又称为“要展现，而不是告诉”，这是特稿写作的一条最重要的方法。

“要展现，不要讲述”指记者在报道新闻、讲述故事时，要让新闻中的人物、事件自身呈现在读者面前，使读者感到仿佛没有记者在讲述一样。

1. 不要说老妇人尖叫，让她自己尖叫

美国作家兼写作教师唐纳德·莫里（Donald Murray）的一段话可以帮助我们理解什么叫“要展现，而不是告诉”。他说：“不要告诉读者如何思考、如何感觉，而要把老马克·吐温的货色给读者——‘不要说老妇人尖叫。把她拖上舞台，让她尖叫。’”②唐纳德·莫里的意思是：“不要说老妇人在尖叫。而是把她拖上舞台，让她自己尖叫。”

如何成为优秀的记者？美国新闻写作指导教师卡罗尔·里奇总结说：“让读者看见，令读

---

① 莱特尔，哈里斯，约翰逊. 全能记者必备[M]. 宋铁军，译. 7 版. 北京：中国人民大学出版社，2005：175.

② 门彻. 新闻报道与写作[M]. 展江，主译. 9 版. 北京：华夏出版社，2003：211.

者在乎，遵循这两条原则，你将造就出获奖记者。”①

曾经做过《纽约时报》执行总编的吉恩·罗伯茨(Gene Roberts)初当记者时，他的主编亨利·贝尔克是一位盲人。贝尔克经常把罗伯茨叫到办公室，让罗伯茨把报道念给他听。贝尔克说，罗伯茨的作品“描写得不够细致入微”。这位“双目失明”的主编经常对他大叫：“让我看见，你没有让我看见。”罗伯茨说：“对一名撰稿人来说，没有比‘让我看得见’更好的警告了。成功作品的最佳境界就是让你的读者如临其境。它是伟大作品的本质所在。”②

罗伯茨的主编亨利·贝尔克已经“双目失明”了，他怎么可能看得见？而且，即使是双目炯炯有神的人，也不可能从文字的描述中“看见”。能够让听众听见的是广播媒体，能够让观众看见的是电视媒体。平面媒体的天然缺陷，就是无法让读者看见、听见作者描述的内容。那么，如何弥补这一天然的缺陷？文字作者必须尽可能展现，让读者仿佛能够听见、看见。——如闻其声、如见其人、如临其境，这是对生动的文字描述的最高的评价。让读者沉浸在文字中，读者就会忘记这些文字的背后还有一个作者，就会进入作者所描述的情景中，与作品中的人物同欢乐、共悲戚。

俄罗斯著名作家托尔斯泰是展现大师。他告诉我们他是如何写作的：“我不讲述、我不解释，我只是展现，让我的角色替我说话。”③

我们来看下面这位记者是如何展现的：

丘吉尔辞职

【合众社伦敦(1955年)4月5日电】 丘吉尔今天含着眼泪辞去了英国首相的职位，“血与泪”已成为光荣历史。艾登是他的继承者。

这位80岁的战士曾向他的女王做了一次历时42分钟的辞职觐见，然后回到唐宁街官邸，老相毕露，默不作声地站着。他举起手指做成一个V字，来表示胜利，眼泪在他的眼中闪闪发光。这时，白金汉宫正式公布，他已经辞职了。

伦敦的全国性报纸还在罢工，表明他那半世纪的伟大人生将在静默中结束，这是对这个伟人的讽刺。

他在唐宁街下车，不自然地向成千欢呼的群众挥动他的雪茄。他们不断地欢呼着。

“你好！老温尼。”他们拼命这样叫，希望他讲话。

这位老人脱掉了他的大礼帽，光着头站着。他的左手拿着雪茄，嘴唇上勉强挂着笑。这时，他们大叫：“说话呀，说话呀。”

他似乎在迟疑着，接着摇摇他的老脑袋。虽然如此，他的右手渐渐举起，用手指以V字作为胜利的标志，脸上仍然是战争年代的满怀信心的表情。

他的眼睛水汪汪的，泪水越聚越多。他转过身来，慢慢地爬上两级宽广的石级，走进有铜环的唐宁街10号的大门。

---

① 里奇.新闻写作与报道训练教程[M].钟新，主译.3版.北京：中国人民大学出版社，2004：5.

② 门彻.新闻报道与写作[M].展江，主译.9版.北京：华夏出版社，2003：300.

③ 门彻.新闻报道与写作[M].展江，主译.9版.北京：华夏出版社，2003：174.

当丘吉尔今天决定不出席下院时,他使议员和公众大失所望。但是,由于他是一个情感丰富的人,他知道自己面对议员们的眷恋之情时,会激动得失态。他决定最好让他的辞职一事在不引起下院作公开表示的情况下悄悄地过去。

在下午6点零3分时,大约有500人站在唐宁街10号的街对面,希望丘吉尔可能出现一下。

丘吉尔做了8年零7个月又25天的首相,他做了两次首相——从1940年5月10日到1945年7月26日,从1951年10月26日到1955年4月5日。丘吉尔第一次离开唐宁街10号在1945年,那是选民把他选走的。今天,他自己决定离开。这是对一位德高望重的人的奖励。

傍晚以后,唐宁街10号外面大约有500人来来往往,而且人们不断高喊"我们要温斯顿——我们要温斯顿"达半小时之久,有时人们还唱道:"因为他是一位愉快的好人。"①

合众社记者运用展现的手法,让丘吉尔的形象活灵活现地呈现在读者面前。"这位80岁的战士""含着眼泪"辞去了英国首相职务。在"成千欢呼的群众"面前,他举起手指"以V字作为胜利的标志",脸上显示出"战争年代的满怀信心的表情",这是他自信和自豪的一面。但他仍然抑制不住内心的苦痛,"眼泪在他的眼中闪闪发光"。新闻中三次描写丘吉尔的眼泪,只有一次是含着眼泪的,另外两次都是眼泪流淌,第三次更是"眼睛水汪汪的,泪水越聚越多"。政治家一般不会轻易在人前流泪,但丘吉尔实在是情难控制,只能让眼泪止不住地往下流。三次流泪的描写,表明丘吉尔是一个感情丰富的人。流泪既是情感丰富的表现,也隐含着大权旁落,未免感到失落和失意,因此面对欢呼的群众,"嘴唇上勉强挂着笑"。而回到唐宁街官邸时,更是"默不作声""老相毕露",内心的酸楚不言而喻。在这里,一个失去权力后,失意、苦涩乃至伤心落泪、感情丰富的首相形象呈现在读者面前。

新闻记者与文学作者相比较,在进行展现时有两个弱势:一是新闻记者不能虚构事实,如果呈现在记者面前的人物、事件、情景本身不够生动,记者在进行展现时就会非常困难,这将导致记者笔下的人物、事件、情景难以吸引读者;而文学作者则可以运用虚构、展开想象,将不够生动的人物、事件、情景刻画得栩栩如生,让读者读来如痴如醉。二是新闻记者不能采用夸张等修辞手法,不能过度使用形容词等词汇来展现新闻人物和新闻事件;而文学作者则可以采用各种修辞手法来尽力展现人物和事件。因此,记者的新闻展现更加难能可贵。

2.现场感

展现,而不讲述,就是通过绘声绘色的现场描写,再现新闻事件、新闻人物和新闻情景,将读者带入新闻现场之中,使读者如临其境、如见其人、如闻其声。

"无论什么背景什么个性的优秀记者都共享一种至上的动力,那就是进入故事的中心然后把读者带到现场。"②

---

① 李大卫,石维,艾顿.百年好文章:合众社百年新闻佳作[M].西安:陕西师范大学出版社,2002:103-104.

② 里奇.新闻写作与报道训练教程[M].钟新,主译.3版.北京:中国人民大学出版社,2004:5.

阿根廷欣喜若狂

【埃菲社布宜诺斯艾利斯(1990 年)7 月 3 日电】 今天黄昏时刻,数以千计的人群涌上布宜诺斯艾利斯的街头,欢呼阿根廷队的关键性胜利。

电视转播一结束,人们就欣喜若狂,纷纷走出家门和工作单位,走向独立纪念碑广场欢庆。许多人从大楼上往下抛撒了数百万张彩色纸片,天空犹如下了一场彩雪。

年轻人脸上涂着阿根廷蓝白两色的国旗图案,手里挥舞着国旗,热情地呼喊着阿根廷队守门员戈伊凯切亚的名字,因为他在最后决定胜负的踢点球赛中起了关键的作用。还有不少人穿上阿根廷队员穿的球衣欢呼雀跃,有的还敲着锅盖又唱又跳。

阿根廷总统在政府大厦观看了这场比赛。在看到阿根廷队获胜时(他)激动得热泪盈眶,他说,这是一场非常精彩的表演。

梅内姆在观赛中看到阿根廷队的中卫朱斯蒂被罚下场时,气得直骂法国裁判沃特罗特,说他是“祸水”。他说,要不是这样,比赛也不会拖这么长时间,阿根廷队也没有必要去受这份罪。梅内姆对阿根廷队在这场比赛中的表现大加赞赏。当他看到卡尼吉亚头球破门时,兴奋得跳了起来,同坐在他旁边的人紧紧拥抱。①

这条新闻对阿根廷队获胜后,阿根廷国人狂欢的现场进行了出色的描写。导语是一个远景镜头,描述的是一个宏大的场面。第二段是两个中景镜头,人们“纷纷走出家门和工作单位,走向独立纪念碑广场欢庆”。大楼上抛撒下“数百万张彩色纸片”,犹如下了一场彩雪。这里的几个动词,如“抛撒”,把阿根廷民众欣喜若狂的激动心情充分展现了出来。第三段是一组近景镜头,年轻人脸上涂着国旗图案(外貌),身上穿着球员穿的球衣(外貌),手里挥舞着国旗(行动),口中呼喊着球员的名字(语言),更有人“敲着锅盖又唱又跳”(细节、行动),从民众的外貌、行动、语言、细节等多个角度来写民众的“欢呼雀跃”。这前面三段是对“面”的描写,下面两段是对“点”的描写,通过几个特写镜头,写阿根廷总统的现场情绪。阿根廷球员被罚下场时,他“气得直骂”;阿根廷球员头球破门时,他“兴奋得跳了起来”,“同坐在他旁边的人紧紧拥抱”;阿根廷队获胜时,他“激动得热泪盈眶”。动词“骂”“跳”“拥抱”,将总统嬉笑怒骂的神态和情感栩栩如生地表现了出来。整条新闻有点有面,通过多个镜头,从民众和总统的外貌、行动、语言、细节等多个方面将读者带到新闻现场,读者在感受阿根廷人民欢庆胜利的现场时忘记了记者的存在,仿佛自己已经置身于新闻现场之中,和现场的阿根廷人民一同在狂欢。

3. 使用类比

类比是把两种具有相同特征的事物放在一起进行比较,使枯燥、难懂的事物、概念等变得易于理解和接受。

---

① 程道才. 中外新闻作品赏析[M]. 北京:中国广播电视出版社,1996:110.

科学家在南极冰原发现大隧道 高度接近埃菲尔铁塔

2014 年 8 月 27 日　07:18　来源:环球网

【环球网综合报道】 据台湾媒体 8 月 26 日报道,英国科学家团队在南极洲冰原下方发现几乎和巴黎埃菲尔铁塔一样高的巨大隧道。

英国《每日邮报》(*Daily Mail*)报道,来自英国多所大学以及英国南极勘测(British Antarctic Survey, BAS)的研究人员搭乘飞机飞越西南极洲的菲尔希纳龙尼冰棚(Filchner – Ronne Ice Shelf)时,发现了此隧道。此隧道高 820 英尺(约合 246 米),高度是 213 英尺(约合 61 米)的伦敦塔桥的 4 倍,几乎赶上 987 英尺(约合 296 米)的埃菲尔铁塔。

机上雷达和卫星照片揭示,冰原表面的冰脊和洞穴显示底部存在隧道。科学家先前认为,在冰原下流动的融水,会浅浅地大范围流动。不过数据显示,融水在冰原下流动,就像河流般。科学家根据隧道位置推测,很可能是冰棚下的冰块融化后,融水在冰原下流动,经过陆地再流往海洋,最后形成隧道。

英国科学家团队在南极洲冰原下方发现一个巨大隧道,如何让读者感觉到这个隧道的巨大呢?如果只是用一个空洞的形容词,读者会感到一片茫然,无法具体地感知其真实高度,于是,记者用了两个类比:隧道高度是伦敦塔桥的 4 倍,接近埃菲尔铁塔,英国读者知道伦敦塔桥的高度,也知道埃菲尔铁塔的高度,埃菲尔铁塔世界知名,中国读者也比较熟悉,这样一类比,读者就非常明白了。其实,隧道的实际高度是 246 米,而埃菲尔铁塔高度是 296 米,相差 50 米,但是,用“接近”来类比,依然能够产生很好的传播和接受效果。

4. 使用比喻

如上所述,类比是把两种具有相同特征的事物放在一起进行比较,而比喻则是把一样东西比作另一样东西。

比喻常常能够形象地展现出事物的状貌,让读者可视可感、可触可闻。将读者理解、接受困难的事物形象地呈现在读者面前。

宇宙是一个读者难以理解、难以想象的事物,英国天文学家詹姆斯·金斯(James Jeans)在谈到宇宙时,做了这样一个比喻:“把 3 颗沙粒放进一个巨大的教堂,教堂里沙粒的密度远远大于太空中恒星的密度。”①宇宙中的天体如星星、月亮，就像沙粒在巨大的教堂中一样渺小。这样一个比喻，就使读者感觉到宇宙的巨大无比。

在一位记者的报道中提到“二战”中的军人相貌苍老，“他们没人看起来年轻，20岁甚至18岁的小伙子看起来都像40岁出头的人”。这位记者用了一个比喻：这些士兵的皮肤看起来“好像那种编织粗糙、发皱的粗布一样”。② 对士兵皮肤的比喻非常新鲜、贴切，使读者能够感受到军人的苍老和所受的磨难与煎熬。一位记者写一个妇女很胖、身材硕大，用了一个比喻，“身体像座谷仓”。③ 这个形象的比喻，可以让读者想象出这个妇女身材的壮硕、体态的丰满。

5. 将枯燥的信息形象化

“讲述不仅使阅读枯燥，而且使读者被动地接受信息。展现则让读者自己想象、自己得出结论、经历顿悟。”④

运用展现的方法，会使读者乐于接受一些抽象、枯燥的内容，给没有生命力的事物赋予生命；将静止的事物动态化、动感化；将抽象的事物形象化；将不容易理解的内容形象化，使读者容易理解。总之，运用展现的方法，会让读者好像亲眼所见、亲耳所闻、亲身所感。

在市长宣布新财政预算后的第二天早晨，美国纽约两家报纸是这样报道的：

昨天，林赛市长把公共安全设施列为明年优先支出的第一个项目，这有别于他去年提出的首要支出目标，去年的首要支出目标是创建干净街道。（《纽约时报》）

昨天，林赛市长放下了扫帚，捡起了警棍，他将添置执法设施放在了下一个财政年度市政建设计划的首位。（《每日新闻》）⑤

两条政府新闻写的都是同一件事，但第一条新闻比较抽象，干巴巴的。第二条新闻将枯燥的内容形象化，用“警棍”指代“公共安全设施”，用“扫帚”指代“创建干净街道”，两个实实在在的工具性物体显得更有趣，也更能令读者接受。

中国民间流传的一些歇后语、谚语，很多都是通过运用展现的方法来说明道理的。如：说一个人直爽，是“巷子里赶猪——直来直去”；说左右为难，是“矮子骑大马——上下两难”；说越来越好、步步高升，是“芝麻开花——节节高”；说清楚、明白、鲜明，是“小葱拌豆腐——一清二白”……中国民间的歇后语和谚语表现出来的“展现”智慧，值得新闻记者借鉴。

6. 展现第二手材料

一般来说，记者展现而不是讲述新闻人物和事件的故事，必须是记者亲眼所见、亲耳所闻、亲身所感的，即必须是记者采访得到的第一手材料。但是，有很多新闻事件，记者是根本不可能到达现场、不可能得到第一手材料的。在这种情况下，如果记者实在采访不到第一手

① 门彻. 新闻报道与写作[M]. 展江，主译. 9版. 北京：华夏出版社，2003：178.

② 沃尔福特. 美国兵所罗门群岛勇挫日寇记[M]//斯隆，麦克拉里，克利里. 普利策新闻奖最佳作品集. 丁利国，等译. 北京：中国新闻出版社，1987：47. 该作品获得1943年普利策国际电传报道奖。

③ 福利德. “哥伦比亚人”：效仿希特勒 迎奉“小人物”[M]//斯隆，麦克拉里，克利里. 普利策新闻奖最佳作品集. 丁利国，等译. 北京：中国新闻出版社，1987：60. 该作品获得1947年普利策全国报道奖。

④ 门彻. 新闻报道与写作[M]. 展江，主译. 9版. 北京：华夏出版社，2003：176.

⑤ 门彻. 新闻报道与写作[M]. 展江，主译. 9版. 北京：华夏出版社，2003：126-128.

材料，也可以通过第二手材料来展现。

通过第二手材料来展现，就是让消息来源说话。有些采访对象很善于表达、描述和展现，当记者在采访时遇到了比较善于活灵活现地描绘事件现场、描绘人物和事物的采访对象时，记者一定要认真听、用心观察、完整记录。

一般情况下，记者要慎用第二手材料展现新闻人物和事件，只有在记者无法得到第一手材料，而新闻人物和事件又非常重要，记者报道的信息是读者欲知、应知的信息时，记者才能采用这种展现的方法，再现新闻人物和事件。

（二）对话描写

描写人物的对话与行动，也是展现。

《爱丽斯漫游奇遇记》中的爱丽斯说："如果没有图片和对话，那么书又有什么用呢?"[①]图片能给人更直观的印象，而对话则可以让读者有如闻其声的感觉。梅尔文·门彻要求记者要让新闻中的人物说话、行动。"好作者会让被采访者的语言和动作来做这个工作。""如果做到了这一点，那么读者就能真正走进报道中去。本来横亘于事件和读者之间的记者消失了。"[②]

人物的语言包括两个方面：一是直接引语（详见本书第六章"引语和消息源"），二是对话，两相比较，对话能更直观地呈现出新闻事件的环境、状态，能够更准确、直接地反映人物的性格和内心世界。

1. 对话展现新闻事件

对话能够展现新闻事件，让读者进入报道，忘记记者的存在。人物的对话可以展现新闻事件的进展、意义。

1987年5月6日至6月2日，黑龙江省大兴安岭地区发生特大火灾，这是新中国成立以来最严重的一次森林火灾。火灾造成210人死亡，266人烧伤，烧毁了100万公顷土地、焚毁了85万立方米木材。该大火不但使得中国境内720多万公顷（相当于苏格兰大小）的土地面积受到不同程度的火灾损害，还波及了俄罗斯境内480多万公顷的森林，是新中国成立以来毁林面积最大、伤亡人员最多、损失最为惨重的一次火灾。

下面是这场火灾到来时一对夫妇的对话：

> 烈火近在咫尺，她，一位被阿尔木林业局连年命名的"三八红旗手"，已哭成一个泪人。
>
> 10余年前，丈夫因公负伤，瘫痪在床。她守护着他，照料着他，如同侍弄襁褓里的孩子。青梅竹马的恩爱夫妻，两颗心早已熔铸到一起。她给他带来了生的勇气，活的乐趣。
>
> "不能背走你，我就守着你。要死，咱俩也死在一块。"一个孱弱的女人，在烈火面前做出了自己的抉择。

---

① 门彻. 新闻报道与写作[M]. 展江，主译. 9版. 北京：华夏出版社，2003：180.

② 门彻. 新闻报道与写作[M]. 展江，主译. 9版. 北京：华夏出版社，2003：177.

"你要是真的爱我,可怜我,快带孩子逃命去吧!"不能让她为自己殉葬——一个瘫痪男子汉的抉择。

"不。我不能丢下你不管。"

"我求求你了,不为别的只为了咱们的孩子,快,快走吧!"

"不。"一双泪眼注视着丈夫。

"快走,你给我快走,你这是在坑害我呀……"他挣扎着,发怒了,就像一头狮子一样地吼叫着。

生离死别。她走了,泪人似的带着孩子走了。

大火,吞噬了她的家。大自然撕毁了一个和谐的家庭。①

火灾来临时,一个普通家庭面临灭顶之灾。记者通过对话将读者带到了火灾现场:瘫痪在床的丈夫和柔弱的妻子生离死别,经过一番激烈的争执,在丈夫的强烈要求和催促下,为了孩子,妻子不得不忍痛将丈夫留在火海里。在灾难面前,人性的刚强与高尚,人的渺小、苦难与无能为力,通过对话被充分展现了出来。

美国记者史蒂夫·斯滕伯格(Steve Sternberg)采用对话的形式报道美国亚特兰大一位身患艾滋病的青年的最后死亡过程,新闻开篇是这样写的:

汤姆·福克斯用尽全身的力量挣扎着坐起,伸出手臂让他母亲亲吻。他们亲吻着,拥抱着,直到他精疲力尽,瘫倒在医院的病床上。

"你害怕吗?"福克斯太太问。

汤姆摇了摇头说:"不。"

"太可怕了,"福克斯太太站在儿子病房的外面,"真是太可怕了,我不敢相信这是真的。"病房内,牧师正在祷告,祈求汤姆"奔向天国"。

在这个七月的早晨,一家人聚集在俄勒冈州尤金市一家医院的特护病房前,帮助汤姆告别人世。他已经决定拔掉那个帮助被艾滋病侵蚀的肺部输入纯氧的软管。他知道自己再也不能回到家乡亚特兰大,即使那个输氧管也不能让他的生命维持太久。

"他准备见见我们每个人。"老罗伯特·福克斯对他另外两个儿子小鲍勃和约翰说。

现在是早上8:30,汤姆躺在病床上,戴着眼镜,胸前放着一块木板。由于输氧管从他的声带穿进,写字就成了他唯一的交流手段。他的皮肤已变成灰色的。

护士准备给他注射吗啡,以减轻痛苦,减少挣扎。

"当他们把管子拔下来,就什么事也没有了,"多丽丝·福克斯对他的儿子说,"我会紧紧地抱着你,从来没有过的那么紧。我们都会拥抱你。"

"我爱你们,爱你们每一个人,你们都是我的好儿子。"她对小鲍勃说。"我爱你,"她对丈夫说,"我们都已尽力了,是吧?"

---

① 雷收麦,李伟中,叶研,贾永.黑色的咏叹[N].中国青年报,1987-06-27.

“三个好儿子。”老鲍勃对他的妻子说。当护士关掉汤姆的心电图显示器时，他毫无顾忌地放声痛哭起来。

面对护士的行动和亲人无法掩饰的悲痛，汤姆显得很平静，他要了一杯冰水，费力地用勺把它送进输氧管下的嘴里。

小鲍勃站在床边，抚摸着他兄弟的头发，不忍心看他。他眼睛红红的，看着窗外的远山和城外的冷杉。

“怎么了，鲍勃?”老鲍勃问他的儿子。

8:45，医生进来了。他衣冠楚楚，灰蓝色的夹克、深蓝色的领带、黑色的裤子。他解开了通向汤姆鼻孔的输氧管的结扣。

“咱们走了，汤姆。”医生说。

他很利索地拔掉了皱褶状的输氧管。

过了一会儿，氧气似乎排出了。“他可能有一小会儿感觉非常好，甚至可以与你们说话。”马修·普尔维斯大夫说。

“手帕。”汤姆说。他用力擤了擤鼻子。

多丽丝看着儿子，泪流满面。她强作欢颜笑了一声。过去一周，汤姆曾几次要求擤一擤鼻子。

“擤擤鼻子一定很舒服。”他母亲说。

“那个该死的长导管。”呼吸科医生说。

“这个家伙。”汤姆说。过了一会儿，他说:“我不能呼吸。”

他的胸部一次次起伏，但是很弱。他没有力气了。“我不能呼吸。”他又说了一遍。这时他已预感到接下来的一切:鱼离开了水，无济于事了。

“他睡着了，”多丽丝说着，俯身抚摸着他的前额，“他现在睡着了，我爱你，我是多么爱你，儿子。”

“放松点，呼出气来，慢一点，汤姆，慢一点，我们都和你在一起。”

“他正在呼吸。”他的父亲老泪纵横。

汤姆喘着气，费力地呼吸。他的眼睛睁开了，但是不能说话。

“晚安，汤姆。”小鲍勃说，他的头转向后面，张着嘴，呜咽着。

“基本上完了。”普尔维斯大夫说。

“他还活着，汤姆。”多丽丝说。

床上的汤姆一动不动了。

“完了。”她说。

每个人依次走到床头，亲吻汤姆的前额。

“我永远不会如此坚强。”约翰说。

“真舍不得他，”多丽丝说，“我想看看他受的磨难，他不愿让我们看到他临死的场面。”

她扳开他的腿，“就像皮革一样”。

"太硬了,"他的父亲说,"总有一天能治好这种病。"

"现在还不行。"多丽丝说。①

上面这段新闻报道通过对话来表现人物最后的生离死别,家人在病床前陪同病人走完最后一段人生里程,让人不忍卒读。汤姆父亲无所顾忌的伤心、汤姆母亲的强忍痛苦、汤姆兄弟鲍勃的不忍直视和力图转移视线又无法克制的呜咽、汤姆兄弟约翰对汤姆坚强的尊崇、汤姆本人对死亡的平静与从容以及医生面对死亡职业化的冷漠与司空见惯,都通过对话的方式和现场描写表现了出来。新闻的结尾通过兄弟约翰的直接表达和母亲与父亲的对话,充分表现出汤姆在与病魔抗争时所显示出来的坚韧与顽强。

2. 对话展现新闻人物

语言是人物思想的直接体现。中国古语云,"言为心声",人物语言反映的是人物的心理和性格,表现的是人物的精神状态,记者要善于通过人物的对话来表现人物,"使读者看了对话,便好像目睹了说话的那些人"(鲁迅,《花边文学·看书琐记》)。也就是说,记者要通过对人物的对话描写,让读者看出人物丰富、微妙的内心和独特的性格特征。

退伍军人昂鲁与街坊邻居有矛盾,他感觉受到了欺负,突然发飙,拿起枪在其所在街区冷静而又疯狂地射杀街邻,一口气杀死了12个人。昂鲁打了大约30枪,子弹用完后回到自己的卧室。警察包围了昂鲁的住所,"扔出了一颗催泪弹,催泪弹砸碎玻璃后落入屋内。警察嘶哑着嗓子嚷着让昂鲁投降。他们架好机枪和滑膛枪,对准了昂鲁的窗口"。

在这个时候,记者展现了一场非常奇妙的对话:

这同时,发生了一件令人好奇的插曲。《卡姆登信使晚报》的本市新闻编辑副主任菲利普·W. 巴克斯顿在电话本上找到了昂鲁的名字,他照着卡姆登4-2490W这一号码拨了个电话。这时刚过上午10点,恰好昂鲁回到房间里。使巴克斯顿先生惊讶的是,昂鲁接了他的电话。昂鲁用平静、清晰的声音答应后,巴克斯顿先生问道:

"是霍华德吗?"

"是的,你要的霍华德姓什么?"

"昂鲁。"

退伍军人(昂鲁——引者注)问巴克斯顿先生想干什么。

这位新闻编辑问道:"是否能告诉我,他们在那里对你做了些什么?"

昂鲁沉吟片刻,说:"他们没对我做什么——不过,我倒对他们干了不少事。"他的声音仍很平稳,没有一丝歇斯底里的痕迹。

巴克斯顿先生问他杀了多少人。

退伍军人答道:"我不知道。我没数,好像有12个吧。"

"你干吗要杀人?"

① 莱特尔,哈里斯,约翰逊. 全能记者必备[M]. 宋铁军,译. 7版. 北京:中国人民大学出版社,2005:188-190.

"不知道，"回答很干脆，"我还不能回答。我以后才能跟你说，眼下我很忙。"

电话"砰"的一声挂断了。

昂鲁确实很忙。催泪弹起了作用，警察的子弹噼噼啪啪地打在他周围的墙壁上。射击停止的间歇，警察见白色的窗帘在晃动，瘦削的杀人者走了出来。

"好了，"他喊道，"我投降，我下来了。"

"枪在哪儿?"一位中士喊道。

"在我书桌上，在屋里，"昂鲁平静地朝下喊道，"我下来了。"

30支枪把枪口对准了这破烂小屋的后门。几秒钟后，门开了，昂鲁走到了光亮的地方，举着双手。赖特中士在明媚的晨光中，跨过院子中的菊花花床，把手铐套在了昂鲁的腕子上。

"你怎么回事儿?"一个警察火气十足地教训道："你神经不正常?"

昂鲁眼睛直勾勾地、冷冷地盯着这警察说："我没神经病，我脑袋很好使。"①

对话把读者带入新闻现场的情景中，展现出事件的戏剧性。在这样重要而又紧张的时刻，杀人者却表现得非常冷静、若无其事，既没有歇斯底里地大喊大叫，也没有感到害怕、慌张，而是从容不迫。即使是被警察抓住后，他也同样表现得没有一丝紧张、恐惧，而是冷冷地、直勾勾地盯着警察，语气自然地说话。人物从冷静到冷酷、军人生死不惧的性格，都通过对话鲜明地体现了出来。

在运用人物的语言再现人物形象时，人物的语言必须是实有其言，不能虚构或随意夸张渲染。要尽量写出人物的个性化语言，不要让读者感觉千篇一律。

中国文学尤其是中国古典文学不太注重对话，新闻记者也常常受到中国文学的影响，体现在新闻作品中，表现为不太注重描写人物的对话，不注重通过对话来展现新闻事件和新闻人物。今天的记者应该加强对新闻人物对话的描写，由此展现新闻事件和新闻人物。

(三)行动描写

人物的行动受人物的思想支配，有什么样的思想，就会有什么样的行动。记者要善于抓住新闻人物个性化的动作来展现新闻人物，选择最能体现新闻人物的性格特征，符合新闻人物的身份、地位和特点的动作来再现新闻人物。

1.通过动作来展现新闻人物

黑格尔说："能把个人的性格、思想和目的最清楚地表现出来的是动作，人最深刻的方面只有通过动作才能见诸现实。"从这个意义上说，特稿中展现新闻人物性格和心理强有力的手段之一就是通过动作来展现新闻人物，展示其独特的性格和丰富复杂的内心世界。

---

① 伯杰.一暴徒持枪行凶 十二人死于非命[M]//斯隆，麦克拉里，克利里.普利策新闻奖最佳作品集.丁利国，等译.北京：中国新闻出版社，1987：77-78.该作品获得1950年普利策报道奖。

日本签字投降

[美]霍默·比加特

【本报(1945年)9月2日电】（发电地点:东京湾 美国“密苏里”号战舰上） 今天上午9时5分,日本外相重光葵在无条件投降书上签字。日本终于为它在珍珠港投下的赌注付出了代价,失去了其世界强国的地位。

重光葵步履蹒跚,拖着木质假腿走到铺着粗呢台布的桌子旁,桌子上放着投降文件,等着他签字。如果人们不是对日军战俘营中的暴行记忆犹新的话,也许会不由自主地同情重光葵。

他把全身重量都压在手杖上,好不容易才坐下来。他把手杖靠在桌子旁,然而,在他签字的时候,这手杖倒在甲板上。

道格拉斯·麦克阿瑟将军致辞后,做了一个手势要重光葵签字。他们两人没有说一句话。

麦克阿瑟代表对日作战的国家签字受降,乔纳森·温赖特中将和珀西瓦尔中将在他两旁肃立。温赖特中将在科雷吉多尔岛失守后被俘,长时期的战俘生活,把他折磨得憔悴不堪。珀西瓦尔中将在大战中另一个不幸的日子里放弃了新加坡,向日军投降。

两位中将在场,使人们不由得想起,1942年上半年,我国处于几乎无可挽回的失败的边缘。

日本代表团由11人组成,他们衣着整洁,表情悲哀。重光葵身穿早礼服大衣和带条纹的裤子,头戴丝质高帽,双手戴着黄色手套。在“密苏里”号军舰上,参加整个仪式的任何一方都没有同日本人打招呼,唯一的例外是日本外相的助手,有人同他打招呼,是因为要告诉他在哪里放日本请求无条件投降的文件。

当重光葵爬到右舷梯顶端,登上“密苏里”号甲板时,脱掉了他的高帽子。①

这条新闻对日本外相重光葵的动作描写比较出色。重光葵出场时,“拖”着木质假腿;签字的时候,全身的重量“压”在手杖上,这两个动词,表现的是战败者受伤、孱弱、不堪一击的病态;在结尾处,重光葵“爬”到右舷梯顶端,登上“密苏里”号甲板时,“脱”掉了他的高帽子。不可一世的侵略者终于还是低下了他那傲慢、自负的头。在他签字的时候,他的手杖“倒”在甲板上。这个“倒”字一语双关,不仅是手杖的自然倒地,更重要的是暗示侵略者的失败和覆灭。新闻通过抓住重光葵几个富有特征性的动作,配合表情和外貌的描写,以及强烈的现场感,生动刻画出日本外相重光葵的狼狈和失魂落魄的神态,暗含对战败者的嘲弄、讽刺、谴责。

2013年7月23日晚上8:50,北京大兴区庑殿路发生一起恶性事件。刑满释放人员韩磊因停车与推着童车的女士徐梦(化名)发生争吵,继而动手打人。记者写道:

① 纪元.小记者新闻启蒙读本[M].乌鲁木齐:新疆人民出版社,2002:277-278.

距事发地20米,烧烤摊老板罗先生透过吆喝声、啤酒瓶的撞击声,连续听到"啪啪"的声响。

罗先生抬头望去,"啪啪"声来自一对男女,身穿灰色上衣、黑色短裤的男人(韩磊——引者注),左手死死拽着一白衣女子的头发,右手使劲地甩女子耳光,"左右开弓"。罗先生记得,时间是晚8点50分。

新闻先是描述了声响,然后,记者用了两个动词"拽""甩",写出了这个邪恶男子飞扬跋扈、嚣张与凶狠的一面。之后,韩磊更是做出了骇人之举:

熟睡的依依(化名。两岁半女童,白衣女子的女儿——引者注),被韩磊抱出童车,举过头顶,砸向地面。

地面上的她,仰面朝天,没睁开眼,也没来得及吭一声。①

这里用了三个动词"抱""举""砸",三个动作瞬间完成,没有一丝犹豫,没有一丝悔意。一个动作比一个动作凶残、狠毒,最后的"砸"字,把这个充满戾气的人渣令人惊恐的动作淋漓尽致地表现了出来。新闻报道发出后,全国民众悲愤地声讨、强烈地谴责这个人渣。女童没有被救活,韩磊也得到了应有的惩罚:执行死刑。

如果动词运用得当,有时只需要一个动词,就能充分表现人物的个性与内心世界。

美国记者埃德加·斯诺(Edgar Snow)在《西行漫记》中这样写彭德怀:

有一天,红二师进行演习,我正好同他在一起,要爬一座很陡峭的小山。"冲到山顶去!"彭德怀突然向他气喘吁吁的部下和我叫道。他像兔子一般窜了出去,在我们之前到达山顶。②

这里,记者只用了一个动词"窜",配合一个比喻"像兔子一般",就把彭德怀说话和动作敏捷,精力过人,又能吃苦耐劳,以及直截了当、不转弯抹角的性格和作风呈现在读者面前。

2.使用动词展示新闻事件

"新闻就是动作",美国《俄勒冈人报》写作教练杰克·哈特(Jack Hart)说。他批评记者们经常"把生活从一个充满动感的世界中挤了出来"。他说:"我们描写旅馆墙上留下了成千上万的子弹孔,而不知道去说子弹把旅馆打成了麻子。我们报道一个跳伞者周一死于伞未打开,而不会使用动作动词比如陡直跌下或者猛冲而下。"③

动作需要通过动词来表达。展现新闻事件一个比较好的方法就是使用动词。

1945年9月初的一天,美国人将原子弹投到日本长崎,当它刚刚爆炸时,记者是这样写的:

---

① 杨锋.北京重摔女童嫌犯曾殴打狱警 后接连四次减刑[N].新京报,2013-07-27.

② 斯诺.西行漫记·彭德怀印象[M]//颜雄.新闻经典.长沙:湖南大学出版社,2000:711.

③ 里奇.新闻写作与报道训练教程[M].钟新,主译.3版.北京:中国人民大学出版社,2004:243.

正当这东西似乎已凝固起来时，从它顶端突然冒出一朵庞大的蘑菇云，使它的高度长到了4.5万英尺。这团蘑菇云比这柱形东西更加活跃，它的躯体里翻滚着浓白色的烟火，在愤怒地扭动着，咆哮着，带着嘶声向上冲去，接着又朝下扑来，活似无数个叽叽喳喳的老妇人骤然融为一体。

这头东西像头怪兽，怀着巨大的愤怒在挣扎着，仿佛要极力挣脱将它捆绑于大地的羁绊。仅仅几秒钟，它就摆脱了柱体，迅猛地向上飞去，直达6万英尺高空的同温层。①

这里，一系列的动词表现了原子弹刚刚爆炸时的情形。“冒”“长”“翻滚”“扭动”“咆哮”“冲”“扑”“挣扎”“挣脱”“摆脱”“飞”“直达”，这些动词充分展现了原子弹爆炸瞬间的巨大力量、瞬息万变的状态、大起大落剧烈运动的恐怖，表现了原子弹毁灭性的威力，使读者感到惊恐万状。

荣高棠大叫：郎平不要哭，要笑！

【《羊城晚报》(1984年)8月8日急电】（特派记者：苏少泉）　当中国女排的张蓉芳最后一击，中国队以3:0将美国队打败后，在现场观战的中国代表团顾问荣高棠、路金栋、黄中以及香港知名人士霍英东先生都跳了起来，冲出贵宾席，向中国女排祝贺。中国姑娘们兴奋地互相拥抱。

荣高棠大叫：郎平不要哭，要笑！荣高棠对记者说，相信全国10亿人都注视着这场比赛。女排姑娘们没有辜负祖国人民的期望，出色地完成了任务。霍英东先生说，中国女排太出色了。3:0直落取胜，是最大的光荣。这面金牌分量特别重。

……②

中国女排战胜了最强的对手美国队，就意味着冠军的获得成功在望。因此，当中国女排打败美国队后，在现场观战的体育界权威人士和香港著名企业家的兴奋之情无以言表。他们都“跳”了起来，“冲”出贵宾席，向中国女排祝贺。而女排姑娘们则兴奋地互相“拥抱”。导语中的这三个动词，尤其是“跳”和“冲”两个动词的使用，把现场气氛和新闻人物的激动之情淋漓尽致地展现出来。荣高棠的“大叫”，至少有三层意思：一是非常高兴；二是因为看到郎平喜极而泣，既是安慰她，胜利了，应该高兴，不应该哭，应该笑，又是阻止她哭；三是现场比较喧闹、嘈杂，大家都非常高兴，荣高棠的声音太小了，郎平会听不见，所以要“大叫”。“大叫”二字把现场热烈、欢腾的气氛和新闻人物的激动之情生动地表现了出来。美中不足的是这条新闻对郎平的哭和荣高棠的叫写得比较粗略，如果能够进行比较细致的描绘，新闻就更完美了。而且，这样重要的语言，记者没有写成直接引语，有点遗憾。直接引语的真实性、现场感，非间接引语所能比。

---

① 劳伦斯. 记者目睹原子弹坠落长崎[M]//斯隆，麦克拉里，克利里. 普利策新闻奖最佳作品集. 丁利国，等译. 北京：中国新闻出版社，1987：57. 该作品1946年获普利策报道奖。

② 刘明华，张征. 新闻作品选读[M]. 北京：中国人民大学出版社，2003：176-177.

(四)场景描写

场景,也称为情景、环境,是新闻人物和新闻事件赖以生存的处境。小说三要素是“人物、情节、环境”,特稿不是小说,但是具备小说的一些特征。前文指出,记者写特稿要像写小说一样,所以,特稿对场景的描述与设置必不可少。

场景主要分为社会场景和自然场景。

1. 社会场景

社会场景,从大的方面看,是指一定历史时期的社会生活、社会关系的本质特点及其发展趋势。在具体的新闻报道中,则是指新闻事件和新闻人物活动的具体背景、处所、氛围和人与人之间的关系,它是新闻事件的发生和发展、新闻人物性格形成的客观条件和依据。

特稿更多的是要设置和表现社会场景。

美国记者隆·萨斯肯德的新闻作品《被排斥的优等生》,对优等生塞德里克·詹宁斯生活的社会场景进行了出色的描写。新闻开头就为新闻人物的出场设置了人物所处的环境:

> **【本报华盛顿讯】** 近日,一名学生于午餐时间在富兰克林·拜楼中学外被同班同学枪杀。此类事件已发生多起:一名男孩惨遭斧劈丧命;一位女孩在与另一女生械斗中身负重伤;五起纵火案接二连三;一具不明身份的尸体被遗弃在停车场附近……①

塞德里克就是拜楼中学的学生,他就生活在这样的环境里。在他所在的中学,优等生不能表现得太优秀,否则就会招致那些不爱学习、调皮捣蛋的学生的嘲讽、捉弄,甚至殴打。一位优等生菲利普说:

> “如果像塞德里克一样聪明并为众人所知,在拜楼这个是非之地,你必然成为一个靶子。避免麻烦的最好办法就是,永远不在试卷上都写上正确答案。”
>
> 艾丽丝和欧克塔威(另两位优等生——引者注)点点头,欧克塔威平静地几乎是自言自语地说:“至少要出一个错。”②

这就是塞德里克的学习环境。

在校园环境之外,塞德里克的父亲吉连姆是一名毒品贩,在监狱服刑,父子关系紧张,他的父亲拒绝公开承认塞德里克是其儿子。母亲含辛茹苦地抚养着儿子,日子过得非常艰难。这是塞德里克的家庭环境。

塞德里克费尽千辛万苦,成为麻省理工学院的预科生。但是,由于黑人在方方面面处于弱势,他所受到的教育与白人孩子乃至其他有色人种的孩子存在差距,尽管他非常用功,但是,最终他还是被麻省理工学院拒于门外。白人社会对黑人若有若无、若隐若现的排斥和歧视,也是他没有能够进入梦想中的麻省理工学院的原因之一。这些优等生“获取好成绩是为了改变因为贫穷、暴力、家庭破裂而受损害的不完美的生活”。虽然少数黑人能够摆脱这种恶

---

①② 萨斯肯德. 被排斥的优等生[M]//颜雄. 百年新闻经典:下册. 长沙:湖南大学出版社,2000:957.

劣的环境,但是,大部分黑人孩子只能屈从于命运、向命运妥协,难以超越。

《被排斥的优等生》全篇对塞德里克所在的学校、家庭和社会环境的描述,占据了新闻作品相当大的篇幅。这篇新闻报道凭借对贫困阶层民众深层命运的真实呈现、对深层事实的深入挖掘,荣获 1995 年度“普利策特稿奖”。

2. 自然场景

自然场景,主要是指山川河流、日月星辰、草木虫鱼、城镇村落等自然景物。对自然景物的描写可以衬托出新闻人物的感情和心境,为新闻事件的发生、发展和新闻人物的活动提供相应的场所和环境背景;也可以渲染环境气氛,从而烘托新闻人物的性格,推动新闻事件的发展。

1945 年 9 月初,美国对日本长崎投下原子弹,记者随机前往采访报道。下面是对投弹前的一段环境的描写:

> 起飞大约一小时后,暴风雨降临了。飞机在漆黑的夜空中时而下沉,时而抬起。但飞机的跃动幅度比起大型客机来要小多了。你感觉它是在“滑翔”而不是“颠簸”,恰似一艘远洋巨轮在海上破浪前进。只是在我们的航行中,气浪要高得多,滑翔速度也要快多了。
>
> 我注意到一道奇特的、令人恐怖的光亮从驾驶舱上方的小窗射了进来。透过黑暗,我看见一个奇怪的情景:旋转着的巨大推进器不知怎的变成了巨大的跳跃着的蓝色光焰。这种蓝色光焰既映照在飞机鼻顶的有机玻璃上,又在机翼顶端闪闪发光。我们宛若驾驶着燃烧的列车在无垠的太空中奔驰。
>
> 我猜测,这种蓝色光焰是由于聚集在推进器顶端和用双电材料制作的塑料窗上的静电超负荷而导致的。我不禁焦虑地联想到前方那架无影无踪的长机上的宝贝(指原子弹——引者注),它会不会有危险?大气中巨大的电压会不会引起它的爆炸?①

暴风雨降临;飞机在剧烈颠簸;蓝色光焰非常神秘莫测,也非常危险。记者感觉自己仿佛身处燃烧的列车中,在无垠的太空中奔驰,并且担心那颗原子弹会不会随时爆炸。这段描写给读者造成一种恐怖、紧张的气氛,使读者也感觉到危险在降临,读者的心一次比一次揪得更紧。这段描写也为原子弹的最后爆炸埋下了伏笔。

1991 年 12 月 25 日晚 7 时,苏联解体易帜,换上并升起俄罗斯联邦国旗。《人民日报》记者周象光写的《红场易旗纪实》对自然环境有这些描写:易旗是在“隆冬中”的莫斯科红场进行的,苏联国旗“在暮色中”飘动,莫斯科市民和许多外地人“冒着凛冽的寒风”赶来观看这一历史性场面。

新闻的结尾这样写道:

> 莫斯科的夜空开始飘起雪花,气温明显下降。但仍有不少人陆续来到红场。人们还在红旗落地的地方发表自己的看法,还在那里争论……

---

① 劳伦斯. 记者目睹原子弹坠落长崎[M]//斯隆,麦克拉里,克利里. 普利策新闻奖最佳作品集. 丁利国,等译. 北京:中国新闻出版社,1987:51. 该作品 1946 年获普利策报道奖。

苏联国旗“在暮色中”飘动，苏联民众在严寒中冒着刺骨的寒风来看苏联解体易旗；易旗完成后，雪花飘下来，气温降下来。这些自然环境的描写，显然不是闲笔，而是为了表现和烘托苏联民众在一个大国解体后，随着气温一起变化的沉郁、伤痛、苦闷、迷茫等复杂的心绪。

（五）场面描写

场面，是指具体、特定的现场状态。和场景相比，场面具体、微观、特定；场景则总体、宏观、泛指。场面描写，要多写动态、多写动作、多用动词，要注意视点的变化和转换。

仍以《红场易旗纪实》为例，我们来看看这篇特稿的全文：

红场易旗纪实

【本报莫斯科12月25日电】（记者：周象光） 公元1991年12月25日晚7时许，莫斯科，隆冬中的红场。

由于莫斯科电视台头天就预报了戈尔巴乔夫将在今晚7时发表辞职演说，许多人便预料克里姆林宫顶上将要更换旗帜。莫斯科市民，还有许多外地人冒着凛冽的寒风赶来观看这一历史性场面。一些人带着半导体收音机来到红场，一面等，一面收听戈氏的辞职讲话；电视和摄影记者在选择拍摄角度；人们在谈论着自己的看法，并不时抬起头来，眺望着在暮色中飘动着的苏维埃社会主义共和国联盟国旗。人群中，有的举着苏联国旗，有的举着过去加盟共和国的国旗。

看得出来，此时此刻，人们的感情是十分复杂的，对联盟的解体态度也很不一致。有人在高声呼喊口号：“苏联万岁！”一对来自乌克兰的老年夫妇说：“怎么能没有联盟呢？苏联分裂成15个国家，就不再是一个大国了。”一位来自雅罗斯拉夫尔的工人说：“这标志着俄罗斯又复兴了，现在就看叶利钦有没有办法防止饥民造反啦！”几名女青年说：“换旗是自然的，因为苏联已经不存在了。”来自格鲁吉亚的一个俄罗斯人反对易旗，这时，人群中开始争论起来。他们的观点各异，有的甚至截然对立，对戈尔巴乔夫和叶利钦的评价也不尽一致。有一位中年妇女插进来无可奈何地说：“挂什么旗都可以，只要让人们有吃的就行，因为我有六个孩子。”一位来自萨拉托夫的青年工人说：“这么大的事件应当举行一个仪式，现在的做法未免太简单了。要知道我们几代人生活在这面旗帜下，我从小就知道我是苏联人，没想到这么突然就改变了祖国。”另一个人说：“举行不举行仪式无所谓，重要的是不能再像过去那样只说空话不干实事。”

7时25分，戈尔巴乔夫电视讲话结束了，苏联总统府的屋顶上出现了一个身影。人们屏住了呼吸。7时32分，那面为几代苏联人熟睹的镰刀锤子旗开始徐徐下落、下落……7时45分，一面3色的俄罗斯联邦国旗取而代之，升上了克里姆林宫上空。此时此刻，广场上的人们意识到，克里姆林宫已成为俄罗斯的总统府，苏联从地图上消失了。

莫斯科的夜空开始飘起雪花，气温明显下降。但仍有不少人陆续来到红场。人们还在红旗落地的地方发表自己的看法，还在那里争论……①

① 周象光.红场易旗纪实[N].人民日报，1991－12－27(6).

在这篇特稿中,记者先是对整个场面进行了全景扫描,易旗是在莫斯科的红场举行的。紧接着,将镜头拉向民众观看红场易旗的近景,通过运用各种不同的动词写出民众不同的动作:“冒着”凛冽的寒风“赶来”“观看”;“带着”收音机“来到”红场,“收听”戈氏辞职讲话;记者在“选择”拍摄角度;人们“举着”不同的国旗,“谈论”着不同的看法,并不时抬头“眺望”在暮色中飘动着的苏联国旗。苏联民众的复杂心情通过这些动作表现得淋漓尽致。接着,记者又将视点从近景聚焦到一个个特写镜头,将镜头对准抱着不同感情和态度、来自不同的加盟共和国的民众,通过他们对苏联易旗的对话,来表现他们不同的情感和态度。然后,记者再将镜头聚焦到另一个特写镜头:苏联总统府屋顶易旗,这是新闻的高潮部分。最后,记者将镜头转向全景,首尾呼应。这篇特稿视点转换的过程是这样的:全景→近景→特写→特写→全景。

二、抓细节

什么是细节?所谓细节,即细枝末节。细节是情节的最小单位。有时候,人物的一个表情、一个动作、一个笑容、一句话,都是人物内心世界的反映,也常常体现出人物的性格特点,这些都是细节。

任何一个处于运动状态或静止状态的事物都是细节。比如,一部手机放在桌上、一支笔别在衣服上、地下有一片树叶、水中浮着一块木片,等等,都是细节。所有的人物、事物、景物都是细节,细节多如牛毛。记者不可能也没有必要把自己看到、听到、感知到的细节全部写入新闻报道中。写入新闻报道中的细节必须是能够充分表现人物和事件的细节,否则,一个对新闻报道来说毫无意义的细节就没有必要出现在新闻报道中。

细节描写是对生活中具有典型意义的细枝末节的描写。它是记叙性文章的最小描写单位。这个最小描写单位可以是一种表情,也可以是一个形态;可以是一句台词,也可以是一个道具,等等。任何一篇文章或作品,无论是人物性格的刻画,还是故事情节的展开,或是典型环境的描绘,都需要通过真实、生动的细节描写,把它们最细微、最本质的状态特点鲜明而又逼真地呈现在读者面前。可以说,没有精湛的细节描写,就没有真切的艺术形象,更谈不上作品的真实感和艺术感染力。细节描写必须入情入理,符合生活的真实情况。

抓细节是写好一篇特稿的最重要的方法之一,也是写好任何长篇叙事类文章、著作(如小说)的方法之一。凡是长篇叙事类的文章或著作,如果没有几个令读者记忆深刻、没齿难忘的细节,就是失败之作。所以,写好细节,是任何长篇叙事类文章、著作的首要功夫。反过来说,细节是任何长篇叙事类文章、著作吸引读者的重要元素。因此,写作特稿,记者必须在细节描写上下苦功。

被称为讲故事大师的埃德娜·布坎南(Edna Buchanan)做警事记者时多次获得普利策奖。美国新闻学教师卡罗尔·里奇引述了这位优秀记者在自己撰写的《尸体的面孔都相似》一书中的建议:

记者需要的是细节,细节,细节。

如果投币式自动唱机反复放一首歌,我就能说出曲调。对警察来说不太重要的问题往往是使报道更加人性化的细节,往往能为报道增色。他们看了什么电影?他们的车是什么颜色?他们的衣服兜里装有什么?在爆炸发生前那个时刻,在龙卷风袭来那一瞬间,他们在做什么?①

埃德娜·布坎南不愧为讲故事的大师,她深谙特稿写作的奥秘,她的这些经验和方法具体而实在,值得其他记者学习和借鉴。

(一)细节能准确、真实地再现新闻事件和人物

细节是最能说明问题的,在细节面前,所有深刻的思想,所有的叙述、描写,甚至是议论、抒情,所有的修辞手法和修饰方法都是苍白无力的,细节说明了一切:此时无声胜有声(这个声,是指表达方式中的议论、抒情,是指一切表达技巧,诸如各种修辞手法)。细节能够将新闻事件和新闻人物准确、真实地再现出来,呈现在读者面前。

著名记者穆青在《五峰山上的俘虏图》中这样写俘虏们的狼狈相:"如今有的披着被子光着脚,有的满身捆着稻草,有的穿着女仆的短衣,……"记者的观察可谓细致,不同的俘虏有不同的穿着,但都透出一副狼狈不堪的样子。

这篇新闻写俘虏们抢饭吃的镜头尤其令人叫绝:

俘虏们被捉回来之后,第一个要求就是吃饭。据说他们自战斗开始,三四天都没有吃过一顿饭。当我军把饭送到他们面前时,俘虏们立刻又开始了另一幕精彩的表演。大家一拥而上,都拼命地争抢,任凭解放军战士们怎么吆喝,都无法阻止。匪徒们急得用钢盔、用毛巾、用衣服,甚至干脆用两手乱抓一把往嘴里塞。后面的人挤不上去就拼命一直向前拥,许多年轻的小个子甚至被挤倒在地上,挤倒在饭筐里,粘得满脸满身都是饭粒,烫得哇哇地直叫,但仍然不肯退后一步。一些俘虏军官们这时也没有一点架子了,和俘虏兵挤在一起抢饭,俘虏兵们都讽刺地说:"你们当官长的为什么也这样抢呢?"可是匪官们对于这些话,已没有任何反应了。

国民党官兵抢饭吃的丑态和狼狈相,没有纪律、没有规矩的乱象在这段细节描写中得到了充分的表现。

我们再来看艾丰的《温州奇人》中的"断指割疮及其他":

1974年滕增寿带着一批待业青年创建玻璃钢建材厂。当时一批造反派说他"用生产压革命",手持利斧、棍棒,要砸烂工厂设备。他闻讯,呼地冲出门,拦住来人大声喝道:"谁要敢砸我的锅,我就砸烂他的头。"行凶者吓退了。而他冲出门的当儿,关门过猛,一根手指骨折断,竟全然不知!

---

① 里奇.新闻写作与报道训练教程[M].钟新,主译.3版.北京:中国人民大学出版社,2004:6.

为研制产品,滕增寿和青年们在屋子里关了一百个日日夜夜,大腿上长了一个肉瘤,疼得钻心,他拿了一把消了毒的剪刀,一咬牙,划开了自己的裤腿,连脓带血带肉瘤,一次清除。

在这里,艾丰选择了两个非常典型的细节,一个是"断指";一个是"割疮(此处指肉瘤——引者注)"。这位温州企业家听说造反派要砸烂工厂设备,他立即赶过去阻拦,不仅声色俱厉,而且由于行动太快,动作过猛,一根手指骨折断都全然不知,这些细节描写表现出滕增寿雷厉风行、敢作敢为、敢说敢当、不惧豺狼虎豹的个性。割肉瘤的细节则表现出滕增寿铁血男儿的坚强意志,以及不怕疼痛、不畏生死的硬汉形象,可与关公刮骨疗伤相媲美。

(二)细节蕴藏着深刻的意义

"于细微处见精神",精彩的细节总是散发着动人的魅力。特稿的细节蕴藏着深刻的意义,能够表现人物、事件最本质、最深层次的内容,揭示某种规律。

1945 年 8 月,国共两党重庆谈判,毛泽东来到重庆,《大公报》记者彭子冈这样写毛泽东:

"很感谢",他几乎是用陕北口音说这三个字,当记者与他握手时,他仍在重复这三个字,他的手指被香烟烧得焦黄。当他大踏步走下扶梯的时候,我看到他的鞋底还是新的。无疑这是他的新装。

……

……记者像追着看新嫁娘似的追进了张公馆,郭沫若夫妇也到了。毛先生敞了外衣,又露出里面的簇新白绸衬衫。他打碎了一只盖碗茶杯,广漆地板的客厅里的一切,显然对他很生疏。他完全像一位来自乡野的书生。

上面两个细节表现出毛泽东"土气"的一面。一口陕北话,是黄土高原山旮旯的土话;毛泽东爱抽烟,几乎是烟不离手,手指被香烟烧得焦黄。穿一双新鞋子、一身新衣服,是乡下人进城时的典型着装。在喝茶时,竟然还"打碎了一只盖碗茶杯",可见对上层社会的生活很"生疏",略显慌张。两个细节表现的是一个"乡野的书生"的形象。而抗战结束后的国民党的官员们,当时把汉奸的房子、金子、车子、票子、女子据为己有,过着纸醉金迷的生活。两相对比,表现出当时共产党的清廉正派和国民党的奢侈腐化。

著名科普作家高士其虽然瘫痪卧床,年事已高,但晚年仍然坚持向秘书口授而著书立说。《人民日报》记者柏生在高士其家里观察到一个细节:高士其每天都要在床上与一个小女孩做来回抛送彩球的活动,每抛送一次,他都要费很大的气力,显得非常痛苦。老人告诉记者说,一旦自己动弹不了了,也许永远不能活动了,创作活动也就停止了。所以,他以顽强的毅力,每天坚持这种手臂、腿脚的锻炼。

记者将这个精彩的细节写进了特稿《韧性的战斗——访著名科学家高士其》中:

高士其原来是推实心球的。现在年纪大了，体力差了，实心球推不动了。……他让人找来几个小孩子玩的直径大的彩色塑料球，用它来练吧！这真是极其动人的场面。别人给他抛这种大而轻的球，他顽强地用手臂、腿、脚，弹来弹去，每牵动一次瘫痪的肢体，都要付出很大的力气。然而，就是这个锻炼，保持了他的肢体的反应能力。他知道，如果一躺下，那就永远起不来了。①

特稿通过这个细节以及其他细节和情节，充分表现出高士其惊人的韧性、坚韧不拔的意志。高士其顽强地同疾病作斗争，瘫痪了五十年，也拼搏了五十年，笔耕不辍，仅新中国成立后就出版了一百多万字的作品，使生命焕发出绚丽的光彩。

（三）写活细节，全文生辉

下棋人有一句棋语："一子走错，满盘皆输"。这句话也可以反过来理解，一子走活、走好，输赢乃定，所谓一子定乾坤。写文章也是如此，写好一个细节，文章就有阅读价值。如果一篇文章没有一个好的细节、吸引人的细节，这篇文章就难以受到读者的欢迎。

人们常说，细节决定成败，写文章也是如此。

20 世纪 50 年代初期，中国人民志愿军开赴朝鲜抗美援朝。1951 年 8 月，魏巍写下了《谁是最可爱的人》，报道志愿军抗美援朝的事迹，其中有这样一段细节描写：

……战后，这个连的阵地上，枪支完全摔碎了，机枪零件扔得满山都是。烈士们的尸体，做着各种各样的姿势，有抱住敌人腰的，有抱住敌人头的，有掐住敌人脖子把敌人摁倒在地上的，和敌人倒在一起，烧在一起。还有一个战士，他手里还紧握着一个手榴弹，弹体上沾满脑浆，和他死在一起的美国鬼子，脑浆迸裂，涂了一地。另有一个战士，他的嘴里还衔着敌人的半块耳朵。在掩埋烈士们遗体的时候，由于他们两手扣着，把敌人抱得那样紧，分都分不开，以致把有些人的手指都掰断了。

记者在这里描述了一场战斗结束后战场上惨烈的情景，志愿军战士英勇顽强，用生命和敌人搏斗，死后都依然保持着进攻的姿势，他们的英雄气概和不屈的斗志令人油然而生敬意！一段细节描写使整篇特稿熠熠生辉。读者读完这段细节描写，会情不自禁地喊出"人民志愿军是最可爱的人"。

我们再来看新华社记者阎吾写的《战后谅山》中的两处细节：

记者在谅山敌军的一些阵地上，看到所有的日历都没有翻到 2 月 28 日的，有的翻到了 2 月 27 日。可以想到，他们刚把日历翻过 26 日那一页，就被我军打得丧魂落魄，再没有能往下翻了。正像一个越南士兵在一封未发出的家信中写的那样："我们这里形势很紧张，每天都有许多人死伤，不知哪一天轮到我的头上。"

① 桑义燐，樊葵. 新闻报道学[M]. 2 版. 杭州：浙江大学出版社，2004：115.

越军阵地上的日历都没有翻到28日、一个越南士兵有一封未发出的家信,这样的细节很多人可能会视而不见,但是具有敏锐观察力的记者阎吾注意到了,他抓住了这两个最能说明问题的细节,透过小小的细节挖掘出事物的本质。仅仅这两个细节就足以证明越军已经被我军打得落花流水,根本就来不及将日历往下翻,士兵的家信也来不及寄出,因为谅山已经被我军攻占。这两个细节也有力地揭穿了当年越南当局欺骗世界舆论、否认我军曾攻克谅山的谎言。

(四)记者要善于捕捉和表现细节

好的细节需要好的采访、好的观察,优秀的记者都善于捕捉细节,进而表现细节。

美国新闻写作指导教师卡罗尔·里奇说:"在你进行叙事写作之前,你必须进行全面彻底的采访。……你应该这样问问题:你当时在想什么?你是什么感觉?你说什么了?你穿着什么衣服?你在做什么?你需要得到关于颜色、声音、视觉、嗅觉、大小、形状、时间、地点等所有细节。""如果你在现场目击了事件,你就应当去看、去听、去嗅、去摸,甚至去品尝与你的主题有关的一切。"①

美联社记者朱尔斯·洛赫有一次与几位同行到白宫采访总统胡佛。采访过后,在记者们写出的报道中,几乎所有的记者都使用了胡佛办公桌上的铅笔都削得十分尖细的细节。但洛赫的特稿中却有另外独特的细节:这些铅笔后头的橡皮大都磨损得十分厉害。这样的细节并不是微不足道的,它能够从一个侧面揭示出这位美国总统的性格与作风:生活简朴、勤俭节约。

托尔斯泰说:"我在生活中到处寻找细节,如果把我的作品比作编织好的生活网,那么细节就是网中的结点。"托尔斯泰曾经说过,他如果看到一个俄罗斯农民的后脑勺在颤抖,就知道他是在哭泣。托尔斯泰这种捕捉细节、洞察人性的能力值得新闻记者学习。

在战争中失去了一只眼睛的女记者玛丽·科尔文(Marie Colvin)驾车在波黑战场上行驶时,曾经看见一名男子黯然坐在路边。出于记者的一种职业本能,她跳下汽车去和他攀谈,男子告诉科尔文,她身旁就是他妻子和孩子的坟墓。科尔文由此写出了一篇动人的故事,让那些整天忙于追逐将军的男记者们折服。②

三、注重人情味

人情味的内涵非常丰富,外延也比较宽广。在这里,新闻特稿中的人情味是指记者在新闻特稿中融入人性、情感的内容,让读者获得感受、体验,受到感染,产生共鸣。

在一些西方记者的辞典中,"特稿"就是指各种具有人情味的报道,这种报道可以不拘泥于硬新闻的严格标准。硬新闻强调事实,讲求时效,写作手法要求直接、简明、不带情感因素。而特稿则要求记者"创造性地使用语言,激发读者的好奇心、令他们目瞪口呆、勾起他们的疑问,甚至让他们大笑或哭泣"③。

《华盛顿邮报》记者戴维·马拉内斯获得过美国报纸编辑协会颁发的写作奖项,他将特稿

① 里奇.新闻写作与报道训练教程[M].钟新,主译.3版.北京:中国人民大学出版社,2004:245.

② 洪曼.在科威特当记者[M]//张晓健,闵勤勤.驻外记者手记.北京:中国广播电视出版社,2007:157.

③ 莱特尔,哈里斯,约翰逊.全能记者必备[M].宋铁军,译.7版.北京:中国人民大学出版社,2005:176.

的主题理解为具有人情味的某些内容。他说:“主题就是读者想要读这篇报道的原因,而不是编辑们要求的那个核心段。描写那些能够引起广泛共鸣的东西,比如死亡、生命、恐惧、喜悦……让每个人都能够以某种方式与其联系起来,这才是我要为每篇报道所寻找的。”①戴维·马拉内斯认为,记者找到了具备引起读者广泛共鸣的东西,比如死亡、生命、恐惧、喜悦,等等,也就找到了新闻报道的主题。

美国《俄勒冈人报》记者托马斯·霍尔曼在获得美国报纸编辑协会的“非时效性杰作奖”后说:“新闻记者忘记了人们为什么要读新闻,我想人们读新闻是想感受某些东西。”“我是一位情感丰富的记者,而且想让我的读者感受到我自己感受过的情感。”

几十项读者调查表明,读者说他们想知道一个人被持枪者劫持 6 个小时会有怎样的感受,他们想了解一个被艾滋病夺去儿子生命的母亲的内心痛楚,他们也愿意分享一个家庭主妇中了 5,000 万美元乐透奖后的狂喜。

“细节、数字、统计固然是重要的,但这些还不够,读者真正需要的是——去感受、去分享人类丰富多彩的情感。读者需要的是冲突、刺激、愉悦和绝望。传达这些情感的报道是真正适合读者的新闻报道。”②

(一)整篇报道中弥漫的人情味

整篇新闻报道中弥漫的人情味,是指特稿营造出一个基调,制造出一种氛围,表现出痛苦、感伤、沉郁、兴奋、快乐等情感,且这些情感贯穿全篇,成为全篇文章的核心。

美国总统肯尼迪遇刺后,美联社记者索尔·佩特通过一种阴沉、哀悼的基调来表现总统遇刺后全美人民痛苦的心情。他甚至通过模仿《圣经》的写作风格,为报道创造出一种虔诚、恭敬的基调。我们来看一下其中的片段:

> 从那个时间那个地点传来的消息刺痛了这个国家的心。在街道上、在办公室里、在家里、在商店里、在餐厅(里)、在展厅(里)、在教室(里)、在董事会(上),在高速公路、大草原、海洋和山顶上,在没有尽头的人口拥挤或稀疏的地方,无论近处和远处、白人和黑人、共和党和民主党、管理人员和劳动工人,那个消息传来了,刺痛了这个国家的心。
>
> 丈夫告诉妻子,妻子告诉朋友,老师告诉学生,司机停车收听车载广播,陌生人告诉陌生人。噢,不!我们从因震惊而停止跳动的心底哭泣,我们因为不愿接受那个消息而哭泣,但那个消息咆哮而来,那是真的,真的,真的,不相信的念头融化在眼泪里。
>
> 难以置信,在一个有着庞大人口数字的时代,在一个人们不断被提醒亿万人会死于核战争的时代,在一个专家们害怕我们因数字而麻木并对悲剧无动于衷的时代,一个人的死亡竟然占据了我们的心灵,充溢了我们的心脏,填满了我们生活中的大街小巷。
>
> 巨大的阴影投在这片土地上,心向白宫的农民不愿回到田间,秘书不愿回到打字机旁,机械工人也不愿回到机床前。

---

① 里奇. 新闻写作与报道训练教程[M]. 钟新,主译. 3 版. 北京:中国人民大学出版社,2004:240.

② 莱特尔,哈里斯,约翰逊. 全能记者必备[M]. 宋铁军,译. 7 版. 北京:中国人民大学出版社,2005:175.

一切都放慢了速度,一切都停止了,大铜钟敲响了,就像一个男人在哭喊,市场关闭了,纽约股票交易停盘了,全都停止了。波士顿交响乐团停止演奏亨德尔的协奏曲,开始奏响贝多芬葬礼进行曲,加拿大众议院休会了,柏林的电视喜剧停播了,美利坚合众国的运转在纽约停止了,国会、法庭、学校和运动会停止了,全都停止了,橄榄球赛事全部取消了,剧院都停业了,达拉斯一家名叫卡鲁塞尔的夜总会也被一个叫杰克·鲁比的哀悼者关闭了。

在华盛顿,沿着宾夕法尼亚大街,他们整个周五晚上都守候在铁栅栏外面,双眼很少离开那幢可爱的老房子。一大早警卫们让人们走开,于是人们慢慢地沿着街走,眼睛看着右边,到了拐弯处,他们拐了过去,沿着街对面的人行道上走了回来,眼睛看着左边。他们看上去像一群奇怪的沉默的哀悼者,他们想表达的是爱,而不是抗议。

当黎明前寒冷的黑暗到来的时候,他们还站在那里。他们现在一动不动,目光穿过宽阔的草坪和光秃秃的榆树盯着那所房子,盯着那居室后透着微弱灯光的窗门,盯着最近才挂在轮廓下大门上方的黑色幔纱。

他们看到了闪着红色灯光的警车开上了宾夕法尼亚大街,他们知道那个时刻到了,总统要回家了。没有汽笛声,没有警察的哨声,没有警察维持秩序的吼声,而这些声音曾经多少次伴随着他回家。1963 年 11 月 23 日,星期六,凌晨 4 点 22 分,在这条街上,这是一个无声的时刻。

一辆灰色的海军救护车后面跟着 6 辆黑色小汽车,在西北门口停了一下然后驶了进去,沿着栅栏,男人们摘下帽子,孩子们把手从牛仔裤里拿了出来,女人们紧紧地攥着栏杆。眼泪侵蚀了他们的脸,他们的年轻的或苍老的脸,他们的白色或黑色的脸。

在大门口,一队海军陆战队士兵迎接了游行队伍,引导着人们走上了那条榆树间的庄严的弯曲的行车道。在以后的日子里,这里可能会有更大更辉煌的游行,可是不会像这样缓慢,不会踏着眼泪的节拍,不会像这个星期六早晨这样按照海军陆战队士兵的节奏。士兵们排成笔直的两排,上着闪光的刺刀的步枪被弯臂横握在胸前,他们在那条行车道上迈着极缓慢的正步,所有能听到的只是他们的鞋子在地上滑动的声音。

在柱廊下,在华丽的吊灯下面,他们分成两队,与台阶两侧的陆海空士兵们排成一列,士兵们以他们一生中最坚定、最严肃的立正姿势站在那里,杰奎琳·肯尼迪第一个从那辆救护车里走了出来,仍然穿着那件经历了那个永恒的下午的粉红色的有血污的外套。

在她丈夫的弟弟,美国司法部长的陪伴下,在他的另一个弟弟,美国最年轻的参议员的陪伴下,在他的姐妹们和他的朋友们以及他带到这个遥远但又并不很远的房子里来的助手们的陪伴下,杰奎琳·肯尼迪一动不动地静静地等待着,等待那覆盖着国旗的灵柩从救护车中搬出来。然后她和他们转过身去跟在它后面走上了台阶,穿过玻璃大门,走进大厅,走下长长的排列着笔挺的、安静的士兵的长廊,最终在东厅停了下来。

灵柩被轻轻地抬到了那张黑色的灵台上面,在大约 100 年以前的另一个让人难以置信的黑暗中,那里曾经躺着林肯先生。在那里,跪着的牧师们开始祈祷了,他们愿意尽自己所能在那摇曳的烛光中祈祷整个昼夜,烛光映出了纹丝不动的光荣的卫兵的影子。

现在是星期六上午10点钟了，杰奎琳·肯尼迪仍然没有睡，她回到了安静的东厅。她最后一次亲吻了她的丈夫，然后灵柩被封起来了。过了一会儿，她带着她的几个孩子回到那里，对他们轻声讲话，试图告诉他们一些事实以及死亡的意义，一个令亿万人民思索探求的事实和意义。①

文中多个地方运用的排比句增加了新闻报道的情感色彩，全文弥漫着一股哀而不伤的情调，令人回味不已。前半部分在写实中近乎写意，用的是概述，是从整体上来叙述和报道美国人民的悲痛心情，报道的是整体事实。后半部分叙述的是具体的事实，对灵柩回家的过程进行了报道，有些是特写镜头。前半部分的人情味和抒情性更强一些。

荣获"1969年普利策地方普通报道奖"的《二等兵吉布森回家了》写的是一个简单的故事，报道的是在越南战争中牺牲的士兵吉布森（绰号小鸭子）的尸体被运回家安葬的故事，但是这个故事表现出来的悲痛、哀悼情感却能够激起读者感情上的强烈共鸣。我们来看其中一些片段：

在安布尔奇（柩车回家途经的小镇——引者注），当柩车穿过人群时，当地人站在烈日下，女人们哭了，男人们纷纷脱帽。邮局局长诺拉·安布尔奇夫人在当地四级邮局下半旗志哀。她说："我们都认为小鸭子是个好小伙子。"

在费拉克斯·帕奇河与艾丽丝曼河的汇流处，柩车拐弯，驶过一座小木桥，沿艾丽丝曼河溯流而上，这里离吉布森家还有最后一英里的路程。死者父母和其他亲戚默不作声地在昏暗的家中等待着。

当棺柩抬进门廊，穿过大门来到前面起居室时，悲怆的哭喊声划破寂静。凄惨的声音一声高过一声，传向山谷。小鸭子回家了。

整个下午直至深夜，人们络绎不绝。有步行来的，有乘各种车辆驶过满是尘土的山路前来的。人们带来了鲜花和食品。到后来，起居室里摆满了花圈，厨房里堆满了食品。满屋满院都是人。死者家属悲痛地和前来吊唁的人们一一握手。人们一次又一次地走过去凝望棺柩里面的死者，流着泪。死者母亲是一位面目慈祥的山区妇女。灰白色头发梳在脑后结成一个发髻。她拖着病躯，神情恍惚地走进人群说：

"无论怎样，他的遗愿一定会实现。"

死者父亲是个高而黝黑的汉子，两眼哭得通红。他说：

"他并不想当兵，但他知道当兵没错，因此他努力干。他献出了一切。我真为他感到自豪。现在，他们就这样把他送回家了。"

午夜时分，又下起暴雨。吊唁的人们聚到屋子里，走廊上。还有些人站在屋檐下的墙边。

父亲轻声讲述着他的儿子。②

① 里奇. 新闻写作与报道训练教程[M]. 钟新，主译. 3版. 北京：中国人民大学出版社，2004：248-249.

② 斯隆，麦克拉里，克利里. 普利策新闻奖最佳作品集[M]. 丁利国，等译. 北京：中国新闻出版社，1987：103-104.

记者约翰·费特曼笔法看起来比较冷静、自然,并没有煽情,似乎置身局外。记者只是让邻居和家属说话,但是,新闻报道表现出来的强烈的人情味和感染力,会让读者情不自禁地流下眼泪。

(二)新闻报道中的人情味片段

相当多的新闻报道没有在整篇文章中显示出人情味,只在部分地方显示出人情味。新闻报道中的人情味元素可以给新闻报道增色,更使读者受到情绪和氛围的感染。

1945 年 4 月 15 日,德国法西斯在匈牙利建立的贝尔森集中营获得解放,记者前往集中营采访,亲眼看到许多人就在记者的眼前死去,活着的人也不过是活骷髅而已,有的走着走着,一头栽倒在地上就再也起不来了。记者写道:

> 一个女人来到一个士兵跟前,这个士兵正在守护牛奶桶,向儿童们分发少量的牛奶。她求他给她怀中的婴儿一点牛奶。士兵接过孩子一看,发现孩子面目青黑,皮肤皱缩,已经死去好几天了。但那女人仍然一个劲儿地求他,于是,他只好往死婴的唇上滴了几滴牛奶。做母亲的高兴地哼起歌来,抱着孩子兴高采烈地走开了。可是没走几步,只见她一个踉跄,倒在地上咽了气。①

女人应该知道自己的孩子已经死去,但还是央求这个士兵给孩子牛奶。孩子被施以牛奶后,母亲兴高采烈地哼起歌来,这是给孩子生前没有得到的奢侈品做一点补偿,是一种心理上的安慰。母亲其实也已经不行了,但伟大的母爱支撑着她,在得到胜利的喜悦之后,她才释然而去。新闻报道中圣洁的母爱、人性的光辉让读者难以释怀。母亲对生的热爱、对死的无所畏惧,以及带着胜利的微笑和愉快而死去的形象,自然地展现在读者面前,熠熠生辉。

斯克里普斯-霍华德报团的厄尼·派尔(Ernie Pyle)被称为"记者中的记者",在第二次世界大战中,他主动要求为合众社采访报道新闻。他对 1944 年意大利战役中一位上尉之死的报道被认为是一篇经典新闻之作。我们来看其中一段细节描写:

> 接着,走过来一名士兵,站在军官身旁,也对死去的上尉说话。他不是低声耳语而是充满温情地说:"实在对不起,长官。"
>
> 这时,刚才第一个走来的士兵蹲下身,伸手握住上尉的手,在那儿足足坐了 5 分钟。他一直握着上尉的手,目不转睛地看着上尉的脸,坐在那儿始终一言不发。
>
> 他终于放下了那只手。他又伸手轻轻为上尉拉直衣领,又把伤口周围军装上的破碎布片整理了一番,然后站起来,在月光下沿着公路独自走远了。

---

① 沃克尔. 贝尔森集中营目击记[M]//颜雄. 百年新闻经典:下册. 长沙:湖南大学出版社,2000:725-731.

这段细节描写非常具有震撼力，记者没有表现出大悲大痛，没有抒情、议论，但是两个士兵对死去的上尉最后的告别却令人控制不住眼泪。特别是第二个士兵，一言不发，却"此时无声胜有声"，他是在心里对上尉默默致哀。他把感情灌注在和上尉的握手中，通过身体传递对上尉的情感；他把感情倾注在眼睛里，通过"目不转睛地看着上尉的脸"，传达内心的哀痛；他把感情嵌入一系列的动作中，"蹲下身""握住上尉的手""坐了5分钟""看着上尉的脸""为上尉拉直衣领"，为上尉"整理"军装，然后"独自走远"。通过这些动作的描写，士兵对上尉的爱、哀悼和难以言说的苦痛表现得入木三分。当时，一位陆军通信兵报务员用短波电台将派尔的电讯稿发回了合众社纽约总部。他后来对写派尔的传记作家说："我不得不竭力用我的声音抑制我的眼泪，这样才把那篇文章发出去。"

这段细节表现出来的情感，不仅让播音员深受感染，也会让读者感同身受。

再来看下面这条新闻《告别贝鲁特》中的片段：

【美联社贝鲁特(1982年)8月25日电】（记者：查尔斯·汉勒）　不管用什么标准衡量，阿里·塔哈都是一个贝鲁特人。

十九年前，他在这个城市出生，在一个巴勒斯坦贫民窟中伴随着哀伤长大。同其他贝鲁特人一样，每天他看着太阳从黎巴嫩山升起，又在地中海中沉没。

但是，现在他必须离开了。

他的颈项上悬挂着一个巴勒斯坦地图银坠。他的嘴，呼喊着巴勒斯坦解放阵线的口号。黎巴嫩是他唯一的故乡。故土难离，他心如刀割。

他对记者说："我将怀念我的父母和亲朋故旧，还有这个国家。我在这里出生，在这里长大成人，在这里战斗，从南方直到贝鲁特。"

……①

1982年6月，以色列入侵黎巴嫩，巴勒斯坦解放阵线经过两个多月的艰苦抵抗，终因敌我力量悬殊，江山难保，被迫撤离贝鲁特。美联社记者查尔斯·汉勒通过对一个年轻的巴勒斯坦解放战士告别家园的报道，表现了巴勒斯坦人对家园的深沉之爱和痛失故土的悲伤之情。这里节选的是新闻开头的片段。阿里·塔哈是一个标准的贝鲁特人，从小在哀伤中长大，看惯了黎巴嫩山的日出日落，但是，侵略者将要把他们从这里赶走，为此他"心如刀割"。他是一个虔诚的爱国者，"颈项上悬挂着一个巴勒斯坦地图银坠"，也是一个坚定的爱国者，他的口中"呼喊着巴勒斯坦解放阵线的口号"，他还是一个珍视亲情和友情的人，虽然即将远离故土，但他将怀念他的"父母和亲朋故旧"。一个年轻的贝鲁特人，却有点少年老成，家园丢失，故国难留，给人一种苍凉与悲壮之感，其中显示出来的浓郁的人情味，让读者情难自禁、无语泪流。

特稿中大量细节在传播新闻事件中的画面、声音、对话和情节的同时，也传播着记者的深切体验，传递着人类共同的情感。人们阅读这些信息，不仅是要了解信息，而且是要获得一种人生体验。感动这种情绪反映，就是在受众主观化的情绪下出现的。当受众完全进入特稿所营造的情境时，阅读主体就和他自身相分离，这"不仅使主体自身能够出现在文章（指作品）

---

① 王蕾.外国优秀新闻作品评析[M].北京:中国广播电视出版社,2000:90-92.

之中,而且它还造成一种张力,这种张力表明了主体受文本感动的程度。这种情形能够唤起读者心灵中的潜在意识,引导他们走进崇高”①。

第三节 调查性报道

一、什么是调查性报道

“调查性报道是一种专门的揭露性报道,有时也称揭丑性报道。”②

调查性报道,“指的是一种更为详尽、更带有分析性、更要花费时间的报道”。“调查性报道的目的在于揭露被隐藏起来的情况;其题材广泛,广泛到涉及人类活动的各个方面。”③

调查性报道最早产生于美国,美国的调查性报道以揭丑报道为主。

19世纪下半叶,美国报业大王普利策主张通过报纸来揭露社会黑暗。他说:“什么是报纸的特色?就是斗争和揭露罪恶,为社会谋福利,发表独家新闻。”④在《世界报》创刊号发表的《告读者书》上,普利策指出,报纸“不仅容量巨大,而且真正有民主精神——忠于人民的事业,而不当有钱有势者的奴仆;……揭露丑恶的欺诈现象,鞭挞一切社会罪恶和弊端;真挚地、诚心诚意地为人民服务和战斗”⑤。

19世纪末20世纪初,美国处于由农业社会向工业社会转型期,各种社会矛盾尖锐,官员贪污腐化严重,贫富两极分化加剧。1903年,林肯·斯蒂芬(Licoln Steffens)撰写的《城市的耻辱》、艾达·塔贝尔(Ida Tarbeu)撰写的《美孚石油公司的历史》、雷·斯坦纳德·贝克(Ray Stannard Barker)撰写的《工作的权利》分别揭露了市政腐败、石油大王洛克菲勒在竞争中的不正当行为和煤矿业残酷镇压工人罢工的情况。这些揭露丑恶的报道,在公众中产生了强烈的反响。当时的美国总统西奥多·罗斯福将这些专门揭露丑闻的记者称为“扒粪者”。这个称号来自英国小说《天路历程》中的一个人物。这个人从不抬头看天,而只是热衷于用铲子捡拾地上的污物。新闻界发起的这场揭丑运动也因此被称为“扒粪运动”。

20世纪70年代,美国新闻记者关于越南战争、五角大楼等重大问题的揭露性报道,将调查性报道推进到一个新阶段。

1972年6月17日凌晨,在华盛顿水门办公大楼里,5位白宫“管子工”偷偷潜入民主党全国委员会总部和民主党主席办公室,奉命偷拍文件,安装窃听器。“管子工”完成预定任务后,正欲撤退,被值勤警察抓获。《华盛顿邮报》记者伯恩斯坦(Bernstein)和伍德沃德(Woodward)由此展开了长达半年之久的刨根问底的调查,写出了一系列调查性报道。在总统竞选

---

① 伊泽尔.审美响应理论[M].北京:中国人民大学出版社,1986.转引自刘明华,徐泓,张征.新闻写作教程[M].北京:中国人民大学出版社,2002:365.

② 刘明华.西方新闻采访与写作[M].北京:中国人民大学出版社,1993:101.

③ 密苏里新闻学院写作组.新闻写作教程[M].褚高德,译.北京:新华出版社,1986:384.

④ 贝茨.美国普利策奖金内幕[M].北京:新华出版社,1993:69.转引自周海燕.调查性报道与写作[M].北京:新华出版社,2003:2.

⑤ 斯旺伯格.普利策传[M].北京:新华出版社,1989:380.转引自周海燕.调查性报道与写作北京:新华出版社,2003:3.

期间,共和党人在民主党总部安装窃听器企图赢得选举的政治丑闻被记者揭穿。“水门事件”最终导致总统尼克松辞职。《华盛顿邮报》对“水门事件”的成功报道,“确立了调查性报道的地位,使这种报道方式进一步得到发展”①。

中国的调查性报道在改革开放后得到了较大的发展。无论是在揭露的广度,还是在揭露的深度方面都达到了一定的高度,在揭露丑闻上有很多可圈可点的佳作,如王克勤的很多调查性报道和《财经》杂志的一些调查性报道等。

21 世纪以来,中国的调查性报道经过不断摸索,更多地表现出中国特色:一是中国的调查性报道更多地表现为批评,与批评性报道存在相似之处,而不是一味地揭丑。二是中国的调查性报道更多地注重建设性,不仅进行批评,而且致力于解决问题。三是中国的调查性报道多是在新闻事件被有关部门处理和肯定之后才展开的,这在对一些贪官的报道上表现得尤其突出。中国社会科学院新闻与传播研究所传播研究室主任明安香教授在《新闻调查》2001 年季度评奖会上说:我们和美国的区别在于,美国对这方面的报道是事前报道——在这些事件暴露之前,记者先去介入;而我们则是事后介入和报道更多一些。四是中国的部分调查性报道表现的是非揭露性题材,即中性、正面的题材,揭示的是不为人知的新闻事实,没有对丑恶、社会阴暗面进行揭露。

调查性报道在揭露丑恶、鞭挞邪恶、维护公平正义和公众利益,进而推动社会的民主化进程方面有着重要的作用。新闻媒体对社会黑暗、对权力和利益遮蔽的内幕和黑幕展开调查、揭露,使贪官污吏、不法奸商暴露在阳光之下,接受公众的监督和批评,有利于权力正常运行,企业合法经营,有利于保障公众尤其是弱势群体的利益。

美国《费城问讯报》报道的《凶杀档案》,对费城警察局对黑人和其他少数民族犯罪嫌疑人严刑逼供的种种非法行为的揭露,终于使 6 名侦探受到审判,无法无天的警察受到应有的惩罚,正义战胜了邪恶,公众和弱势群体的利益得到了保护。《南方都市报》2003 年对被收容者孙志刚之死的报道催生了一部法规。2003 年 6 月 18 日,时任国务院总理温家宝主持国务院常务会议,审议并原则上通过《城市生活无着的流浪乞讨人员求助管理办法(草案)》,旧的《收容遣送办法》同时被废止。调查性报道在推动民主化进程、维护公平正义、推进社会向前发展方面的作用越来越大。

二、调查性报道的采写

调查性报道的写作方法与特稿的写作方法基本一样,所不同的是,调查性报道对采访的要求非常高,调查的方法、调查的态度、敬业精神等,都对调查性报道的质量起着至关重要的作用。总体来说,在调查性报道的采写中,采访比写作重要。

(一)大胆质疑,小心调查

做调查性报道,记者首先必须有一个线索。大多数调查“都有一个预感或线索,说明某件事或某个人值得认真调查一下。如果没有任何怀疑的根源,好的记者是绝不会着手调查

① 刘明华.西方新闻采访与写作[M].北京:中国人民大学出版社,1993:105.

的"[①]。

有了这个线索,记者就要对遇到的问题进行大胆质疑,并提出假设。学者胡适曾提出过做学问的方法:"大胆假设,小心求证",这种做学问的方法也可以运用在新闻调查中。首先是提出质疑和假设,用怀疑的眼光看待记者发现的线索:这里面可能有问题!之后,记者顺着这种质疑和假设去追寻事实的真相、发现被遮蔽的事实,着手展开调查。记者的调查一定要认真、严谨并有条理地进行。

对于《南方都市报》记者采写的《被收容者孙志刚之死》,当时调查的假设起点是:孙志刚可能是非正常死亡。有了这个质疑和假设之后,记者经过充分的调查和取证,验证了自己的质疑和判断,新闻报道后产生了很大的影响。

菲律宾调查报道中心 PCIJ 主任沙伊拉·克罗内尔说,该调查报道中心对菲律宾前总统埃斯特拉达的调查,"是从道听途说开始的,据说总统为他的情妇盖了非常漂亮的别墅,很多商人为了得到政府的合同交了很多钱,他的情妇和许多商人有关系,等等,这些都是街谈巷议"。记者于是也产生了质疑:前总统埃斯特拉达可能有问题。但是,质疑之后,记者必须认真调查,找到证据。于是,"记者开始去找文件证明,比如他从出卖政府的合同中获得贿赂等"。然后,记者"决定把调查的焦点集中在腐败的结果,即尝到的甜头是什么,而不是腐败的行为"。沙伊拉·克罗内尔说:"我们做的工作是找到书面的证据,找到豪宅以及合同,找到他的妻子、子女担任股东、董事的公司,看看他的土地证明、契约,看看他最近购买土地的情况和盖房的情况。"经过 3 个月充分的调查,记者发现,"他与那么多公司有关联,买了那么多汽车,盖了那么多房子,养了那么多情妇"。他的家庭成员在 66 个公司是股东,他的家庭成员和他自己购买的地产达 17 处之多,价值 4,400 万美元。他的生活非常糜烂,每天晚上换一个情妇,他将他的情妇编号,03 号、05 号等。到不同的豪宅去,这些豪宅的布局都要一样,否则他会迷路。他酗酒成性,每天晚上醉醺醺地回来,经常撞到自家的家具上,很多家具都被他撞坏了,豪宅家具上都留有他跌撞的痕迹。"我们的调查提高了公众的知情权,唤醒了公民的意识去了解总统的腐败,为弹劾总统提供了证据,并且点燃了公众对于腐败行为的愤慨。"[②]

新闻调查和科学研究存在某种共同之处:假设或质疑一经确定,就要展开调查或研究,对其进行证实或证伪。经过调查,记者的假设或质疑被证明是正确的,记者在进行认真的核实、再核实后,可以将其写成新闻报道发表;但如果记者的假设或质疑被证明是错误的,记者就不能将自己当初错误的假设强加于被调查者,必须承认事实。调查记者不能有任何偏见,特别是不能固执地坚持调查前的假设和质疑,这应该是调查记者必须具备的重要品质。在某种情况下,即使质疑和假设不能成立,记者仍然可以写出一条好的报道。这也和科学研究一样,被证实的假设和观点,有发表的价值,被证伪的假设和观点,也有发表的价值。

(二)关注细节,发现问题

记者在调查的过程中要注意关注一些有意义的线索和细节,通过这些细节发现问题。对细节的关注和发现是记者报道水平的体现。水平低的记者,遇到也许能够揭开惊天秘密的细节,由于认识水平、判断能力、新闻鉴别能力不够,会视而不见、充耳不闻;而水平高的记者,遇

---

① 密苏里新闻学院写作组. 新闻写作教程[M]. 褚高德,译. 北京:新华出版社,1986:388.

② 赵华. 国外媒体记者谈新闻调查性报道:调查腐败——东南亚的经验[M]. 北京:中国广播电视出版社,2009:20-22.

到比较特殊的细节,会紧抓不放,直至最后揭开盖子,让丑恶事件露出庐山真面目。在记者调查的过程中,存在数以千万计的细节和线索,判断哪些细节是关键性的细节,不能依靠碰运气、抓阄,必须靠平时的历练和判断,靠鉴别能力。

2002 年 12 月初,山西省临汾市尧都区阳泉沟煤矿发生一起多人伤亡的瓦斯爆炸事故。事故发生后,到底有多少矿工遇难,人们说法不一。中央电视台《焦点访谈》记者曲长缨等人决定深入矿区调查,寻找事实真相。从哪里寻找突破口?记者们苦苦追寻。曲长缨这样告诉我们当时的调查情况:

怎么进行下去?从什么地方找到蛛丝马迹呢?我们当时就从一些群众的反映中得到启示:矿工死了以后,他们的一些遗物被矿主们都给当垃圾扔了。我当时就想看看这个垃圾扔在什么地方?能不能到现场再去一下,看一看有没有带字的纸片?

我到了现场,一个一个房间地看。结果走到大概是第三个还是第四个房间,我记不很清楚,那个房间的窗户上玻璃都没有了,透过窗户,看见一块破布放在床上。因为够不着,我就拿那个棍把破布扒拉开了,里面露出一个小本。我把小本弄到手随便翻了一下,有电话号码,有吕世文的名字,这个人名恰恰是在安监局给我们提供的几位遇难矿工的名字当中没有的。

在里面除了他的名字以外,我们还发现了这里头写了这样两个字:陶庙。"吕世文?""陶庙?"我们想,这个陶庙就是与吕世文有关的地方。我们试着拨打上面的一些电话号码,看看这些电话号码能不能给我们提供一些线索。

打到第八个还是第九个的时候,终于接通了其中的一个电话。当时我就说我"是吕世文的朋友,想了解一下他的近况"。

对方立刻说:"吕世文?他的近况?他不是被闷在井下了吗?"

对方感到很奇怪。

听了对方的话音及语态,我们当时可以断定:吕世文就是在这个矿难中遇难的矿工!

为了进一步核实准确,我们就在电话中继续问:"你说的那个吕世文我们还要认定一下,是不是我们认识的吕世文。"

对方说:"你认识的那个吕世文是哪儿的?"

我说反正不是北方的。对方便问:"是不是安徽界首的?"

这正是我们急于要找的信息!我们一直苦于不知道陶庙是什么地方而无从进展,这下终于得知安徽界首有个陶庙。

这个电话给我们的调查找到了通道。所以说这个电话本对后来的调查起了非常关键的作用。①

记者曲长缨善于抓细节,善于挖掘有价值的细节,其寻找事实真相的锐利眼光和非凡的搜索能力异于常人。通过一个小通讯本,记者找到了采访突破口,这个细节对采访报道起到了重要作用。记者们顺藤摸瓜,找到了很多不在死亡名单上的人。矿主瞒报死亡人数、恐吓

---

① 徐惟诚. 讲述[M]. 北京:中国大百科全书出版社,2004:174-175. 转引自张征. 新闻采访教程[M]. 北京:中国人民大学出版社,2008:30-31.

死者家属等黑幕，被记者层层揭开。

（三）善于搜集证据

记者在调查时要善于搜集证据。虽然一般新闻报道也要注意搜集证据，但调查性报道对证据的要求显然比一般新闻报道更高。

最好的证据材料是物证和书证，相对来说，物证的搜集难度比书证的搜集难度要大一些。物证的搜集总是有限的，书证的搜集要相对容易一些，只要愿意付出，肯吃苦，书证材料相对物证材料来说比较容易获得。

以报道孙志刚之死而闻名的原《南方都市报》记者陈峰说："我们在做很多报道时，对书证没有充分利用，不去做充分梳理，甚至有很多记者会说：手头这么厚的材料咋看？会有反感和厌恶的情绪。"陈峰认为，"书证很重要"。他说："你给我提供越多的书证，我就越放心，哪怕这些书证无关紧要，哪怕是别人梳理过的东西，也许也能从中找出一些别人看不到的东西。不少案件中，记者碰到过很多书证，但这些书证要不没人看，要不就没认真梳理，或者没有充分利用，很可惜。"①

陈峰后来从南都加盟《新京报》，在做北京新兴医院的调查报道时，对这家医院医师资格的突破口的选择，就来自书面材料。记者在这家医院以前的广告宣传中发现，很多现在治不孕不育的专家，以前全部是医治肿瘤的。以前宣传说医生某某出生于五代中医世家，从小就进行肿瘤研究，现在又变成治疗不孕不育，虽然中医博大精深，但"总不能说今天当肿瘤专家明天就变成不孕不育专家了吧？""这个总说不过去啊！"记者反复向医院方面索要书证资料，"复印的东西装了一抽屉"。陈峰说："对做调查性报道来说，书证是非常可靠而准确的，可以给报道提供很大的便利，没有理由不利用。"②

美国公众诚信中心（CPI）总监/"国际调查记者联盟"ICIJ 主任查尔斯·刘易斯（Charles Lewis）说："最好的调查记者，他们往往是花很多时间来成箱成箱地查很多相关的资料，并且访谈很多相关的人，特别是目击者。"③西方记者更加重视书证材料，他们是"成箱成箱地"查阅这些书证材料。

密苏里新闻学院的新闻采写教师们非常看重文字资料。他们认为："记录和文件既不能撒谎，也不会改口。它们不会为保全自己而牺牲你。""它们的原件可以复印，以供人辨认。许多有价值的文件是公开的文件，只要你或任何其他公民申请，都可以看到。"④

（四）借鉴侦探的调查方法

新闻采访与司法人员调查案情存在着很多相似之处，新闻调查更是如此。对于一些揭黑、揭丑性报道，为了不惊动邪恶势力，不打草惊蛇，记者往往会采取秘密调查的方式进行，就像侦探侦查案情一样。

2002 年 7 月 9 日，中央电视台《焦点访谈》栏目播出了《追查山东高考助考公司》的调查

---

①② 张志安，陈峰. 我不写孙志刚，迟早会有人写——深度报道精英访谈之六[J]. 青年记者，2008(2).

③ 赵华. 国外媒体记者谈新闻调查性报道·美国公众诚信中心的独立调查机制[M]. 北京：中国广播电视出版社，2009：46.

④ 密苏里新闻学院写作组. 新闻写作教程[M]. 褚高德，译. 北京：新华出版社，1986：403.

报道,节目播出后,引起了强烈反响。助考公司老板叫程鹏,大约只有20多岁,他在山东潍坊、寿光、东营等地的中学校园发放名片和资料,吹嘘公司行动迅速,只要一个电话,工作人员保证在半天之内与您接头,上门讲授作弊手段,还可提供作案工具,而且质量一流,保证考题答案准确率在95%以上。当年7月6日上午,记者曲长缨冒充学生家长和程鹏见面,谈话不到30分钟,记者的偷拍机引起了程鹏的注意,警惕性高的程鹏于是起身离开。曲长缨也不便硬留,只好让他走人。随后,央视记者展开了一场跟踪接力赛,记者萧津和朱邦录赶紧加入追踪行动。程鹏马上就关了手机,坐出租车直奔长途汽车站,买了一张去东营的汽车票,萧津也买了一张票。中午12点多,车到寿光,程鹏下了车。萧津不敢跟得太紧,怕他起疑,就赶紧给朱邦录打电话,让朱邦录跟着追。于是朱邦录和曲长缨接力第二棒。曲长缨先在车里等着,看见程鹏上车,他怕被程鹏看见认出,以中弹一般的速度轰然倒在后座上。朱邦录看见程鹏上车后,也像猴子一样嗖地蹿上了车的前座,跟踪又开始了。12点40分,程鹏来到大街上,和一个客户交流了20分钟。朱邦录转身躲进一个厕所,没想到程鹏也跟着进了厕所。两人在厕所中面面相觑,审视良久,程鹏又起了疑心,朱邦录也不能再跟踪了。跟踪接力棒只能传到萧津这里了。朱邦录打电话给萧津说:"你打车到电信商城来,接替老曲一下,他已经跟了很久了。"其间,曲长缨当天穿了一件鲜艳的红格子衬衣,在跟踪考生母女时,程鹏又追了上来。朱邦录赶紧给曲长缨打电话,说程鹏就在你身后,还没发现你,快快快!曲长缨怕被程鹏认出,为了隐藏目标,当街将外衣脱了(里面还有个背心),卷成一卷抱在胸前,光着膀子跟了好几条街。① 这整个过程,完全就是十足的侦探行为和做法。

调查性报道由于大量的揭黑、揭丑,秘密拍摄、暗访取证是不可避免的。英国调查报道中心主任加文·麦克法蒂安(Gavin Macfadyen)谈他们报道一个雇佣童工的案子:"我假扮成一个牧师来到工厂里,穿着牧师的服饰,往机器上洒圣水。我的司机把偷拍机放在衣服里拍摄。通过这种方式我调查雇佣童工,甚至虐待女工的工厂,他们在我们拍到的证据面前无法否认。"②

(五)要有勇气、毅力和激情

从事调查性报道的记者所需要的勇气、毅力往往比普通记者高。一是因为采访报道可能会非常棘手,甚至有可能费尽千辛万苦,花上几个月、几年或是更多的时间采访报道,而最后报道被毙,所有的辛劳全付诸东流水,记者需要有足够的勇气面对辛勤的汗水白流。二是因为记者更要具备面对被采访对象的勇气。在调查性报道中,揭黑性报道占非常大的比重,记者常常要面对采访对象的威胁和恫吓。揭发兰州证券黑幕的记者王克勤,就曾被报道对象开价500万元人民币购买人头。

王克勤回忆当年报道兰州证券黑市的新闻时说:"2001年的元旦,我永远也忘不掉,那天我是豁出去了,找了好多受害者来座谈,有几个人非常惨烈。之前,我已经接到很多恐吓电话,那天会开一半后我接到一个恐吓电话,他说你要停住,再不停住我要你的命。我说你们把这些人害得太惨了,你们太猖狂了,我不想活了,要跟你们拼。会一开完紧接着又有一个电

① 中央电视台新闻评论部.新闻背后[M].北京:人民文学出版社,2005:97-102.

② 赵华.国外媒体记者谈新闻调查性报道[M].北京:中国广播电视出版社,2009:143.

话,我说我不活了行不行,人头在手里拎着,随时来拿。”[①]在邪恶势力的威胁面前,王克勤没有退缩,而是勇敢面对,简直就是提着人头在采访报道新闻。

很多调查性报道很难找到事实的真相,没有毅力的记者往往会半途而废。有些报道需要花几个月、几年来调查,没有定力、爱速战速决的记者是难以坚持到最后的。

澳大利亚广播公司《四个角落》栏目制片人布鲁斯·贝尔沙姆(Bruce Belsham)说:“优秀的调查报道的记者,必须有这么一个特点——追求事实的毅力和激情,把事实披露出来,这本身是很有意思的事情。优秀的记者,他们在发现一个有价值的信息时,他们的心跳会加速。”[②]

布鲁斯·贝尔沙姆所说的“激情”,显然是对职业和工作的敬业精神,对社会对公众认真负责的态度。曾先后任职于《南方周末》《羊城晚报》、CCTV 新闻评论部《社会记录》栏目,被称为流浪记者的赵世龙认为,调查记者的动力来自记者对这个时代的责任感。有了这种责任感,“你一定会很有激情,我做了十几年还很有激情”[③]。

(六)写作中的注意事项

在调查性报道的采写中,虽然总体来说,采访大于写作,采访比写作重要,但这并不等于写作不重要,也不等于写作可有可无。调查性报道的写作在整个调查性报道中也是非常重要的一个环节。

调查性报道的写作,最重要的是要客观、真实地呈现事实。客观呈现应该从采访时就开始。采访时的严谨、细致、认真的操作方法,会为写作时的客观、真实呈现奠定坚实的基础。今日之新闻,就是明日之历史,记者应该像史学家一样,忠实、客观地记录事实真相。在写作时,保持冷静、平和的心态,客观陈述事实。著名调查性报道记者王克勤认为,“即使记者对老百姓的疾苦,对人文的关怀,充满了很大的激情,但是在写作的时候必须非常客观,非常理性,不能把自己的激情写进文章。以激情的心去关注,用冷静的笔去记录,这样报道出来的新闻才更加客观理性,才不至于造成对任何个人的伤害”[④]。调查性报道和所有其他类型的报道一样,不能带有记者的主观色彩,不能在字里行间渗透记者的感情。

有些调查性报道往往表现一些激烈的、惊心动魄的场面或非常细致的镜头,采用渲染、夸张的方式,甚至个别细节带有虚构的成分,这种写法既不客观,也不真实。

陈峰说,他采访不到的场景、镜头、细节,他不能写。他说:“我对孙志刚感到恐怖的描述只有他和朋友通电话的那一句,这是我可以采访到的。换个记者可能先写孙志刚在绝望无奈中给人打电话,但我觉得这种叙事方法会降低报道的可信度,读者也许会质疑你在精心描述一个不可能看到的细节,像写小说一样。我更倾向于将这种有主观色彩的东西清除出去。”[⑤]

真实、真相是调查性报道的生命。新加坡《联合早报》北京首席特派员叶鹏飞说:“记者的天职、第一要义就是先把真相呈现出来——很多人甚至都达不到这个要求。你不能捕风捉

① 张志安,王克勤. 以调查性报道推动社会进步——深度报道精英访谈之十[J]. 青年记者,2008(6).

② 赵华. 国外媒体记者谈新闻调查性报道[M]. 北京:中国广播电视出版社,2009:46.

③ 张志安,赵世龙. 记者的职业精神就是流浪——深度报道精英访谈之三[J]. 青年记者,2007(11).

④ 王芳. 王克勤:新闻专业主义的实践者[J]. 新闻传播,2010(10).

⑤ 张志安,陈峰. 我不写孙志刚,迟早会有人写——深度报道精英访谈之六[J]. 青年记者,2008(2).

影，你必须先把事实确定下来。”①

原《南方周末》记者杨海鹏说：“我认为自己的本事够不着有效的所谓‘事实真相’时，写一个字都会怕。”②这种对真实的严谨态度是值得后来者学习的。

与客观、真实相适应的语言文风，是平白朴实、自然严谨的语言风格。宁可不追求美文，也不能牺牲客观性和真实性。

写作调查性报道，记者要善于讲故事。一个优秀的调查性报道记者，也应该是一个会讲故事的高手。这是写作叙事性文章所必须具备的功力。记者要善于安排新闻结构，善于设置悬念，此外，诸如视角的变化与转换、节奏的张弛有度，等等，要运用得当，这些都会为调查性报道增色添彩。

调查性报道不能忽视对人物的报道，通过对人物的语言、行动的描述，来表现人物的性格和内心世界，丰富和完善新闻事件。调查性报道涉及的人物较多，记者要分清主次、突出重点，对重要人物、关键人物可以泼墨如注，对次要人物和不重要的人物则要惜墨如金，略加陈述即可。

调查性报道往往头绪较多，记者在叙述事实时线索要清晰、脉络要分明，否则，读者会感觉报道像一团乱麻，理不出一个头绪，阅读兴趣就会降低，新闻报道的力度就会锐减。

知识链接

撰写调查性报道，比撰写其他报道更需要注意以下事项：

1. 报道中要写人。
2. 要写得简练。……如果材料很多，就要考虑写成几篇，加以连载，或者写一篇作为主体，辅之若干篇花絮。
3. 要告诉读者，你调查的结果意味着什么。
4. 把文章结构安排好。③

调查性报道的调查对象

敌人 当你试图查出一个人做的坏事时，这个人的敌人就是你最好的消息来源。大人物的敌人总不免搜肠刮肚地搜集他的错误和缺点。

朋友 令人惊异的是，朋友和敌人几乎同样地能透露材料。……有时，你会发现你的调查对象认为是朋友的人并不是那样够朋友。

败在他手下的人 ……找他上次竞选中的手下败将、同他竞争承包某一工程但没有搞到手的人、在权力斗争中遭他排挤的人——这些人，你应当采访。越是败得惨的人，越是理想的消息来源。

受害者

专家

警察

遭到麻烦的人④

---

① 张志安，叶鹏飞. 以理解的心态看中国——深度报道精英访谈之十五[J]. 青年记者，2008(11).

② 张志安，杨海鹏. 当悲悯和焦虑成为职业的一部分——深度报道精英访谈之七[J]. 青年记者，2008(3).

③ 密苏里新闻学院写作组. 新闻写作教程[M]. 褚高德，译. 北京：新华出版社，1986：399.

④ 密苏里新闻学院写作组. 新闻写作教程[M]. 褚高德，译. 北京：新华出版社，1986：400-401.

第四节　解释性报道

一、什么是解释性报道

（一）定义

什么是解释性报道？学界对解释性报道的定义颇多，以下几种说法比较有代表性：

杰克·海敦认为："解释性报道是一种作解释或者作分析的报道，也就是那个被过多地滥用的词语'有深度的报道'。它是一种加有背景，给新闻揭示更深一层意义的报道。""解释性报道是要告诉读者某则新闻的意义及其前因后果。它是对复杂的事件进行整理和解释。"①

甘惜分主编的《新闻学大辞典》的定义是：解释性报道是"提供新闻背景并对有关新闻事实进行解释或分析的报道。""解释性报道着重回答五个'W'中的'WHY'（为什么），告诉受众新闻事实的意义及前因后果，对复杂的事件进行整理和解释。采写这类报道时要求记者运用大量的事实，完整、清晰地交代必要的背景材料，揭示新闻事实的原因、实质、影响及发展动向。分析要有事实根据。"②

美国新闻学教授卡尔·林兹特诺姆认为："所谓解释性报道，就是在报道新闻事件中补充新的事实，即'历史性的、环境性的、简历性的、数据性的、反应性的'事实，这样就能使正在发生的新闻事件更加明白易懂。"③

上述三种关于解释性报道的定义，虽然说法各有不同，但始终都离不开两个关键词：背景和意义。解释性报道必须提供大量的背景材料，对新闻事件的前因后果以及相关新闻人物进行说明和解释。同时，解释性报道必须揭示新闻事件的意义。

解释性报道的适用范围，主要包括国际、国内重大而复杂的政治、经济、社会问题，各种有影响力的突发事件，重大科技成果的发布、推广与应用，新的经济政策的出台，新的法律法规的颁布、实施，关系到公众切身利益的各种社会事件、自然现象等。总之，只要是公众关心、公众感兴趣的事件，如果不解释便难以理解，就可以使用解释性报道这一体裁进行报道。

（二）历史沿革

解释性报道起源于第一次世界大战，20 世纪 30 年代开始风靡西方发达国家。沃伦·艾吉等人认为，"解释性报道的趋势始于第一次世界大战以后"，"从本世纪（20 世纪——引者注）30 年代起日益盛行"。④

第一次世界大战爆发后，人们对战争感到震惊，对这场战争产生的原因感到茫然，人们迫切需要了解关于战争的一切信息。但是，媒体一贯奉行客观报道原则，美联社等通讯社只要

---

① 海敦. 怎样当好新闻记者[M]. 伍任，译. 北京：新华出版社，1980：211.

② 甘惜分. 新闻学大辞典[M]. 郑州：河南人民出版社，1993：153.

③ 刘明华. 西方新闻采访与写作[M]. 北京：中国人民大学出版社，1993：81.

④ 艾吉，等. 实用新闻学基础[M]. 北京：中国新闻出版社，1988：224. 转引自刘明华. 西方新闻采访与写作[M]. 北京：中国人民大学出版社，1993：85.

求记者对新闻事件进行纯客观的报道,告知读者什么时间、什么地点、什么人、发生了什么事情,并不鼓励记者对事件发生的原因和背景进行深度的解释,记者也没有对战争的发展进行及时的分析,新闻界浅层次的报道受到了人们的批评和指责。此后,新闻界在对每日发生的事件进行报道时,开始注重挖掘事件背后的原因,分析事件的意义。

1929 年,一场经济危机席卷全球,美国首当其冲,深受重创。银行倒闭、公司破产、股市崩盘,经济一片萧条,昔日的繁荣化为乌有。人们对此迷惑不解,非常想知道这其中的原因和背景。美国著名政论家李普曼说:"各种事件接踵发生,而这些事件本身似乎是毫无意义的。于是,一个'为什么'变得与'是什么'同样重要的时代开始了。当时,如果驻白宫的记者仅仅报道发生了什么而没有提供事件发生的原因和含义,那他只完成了一半工作。"①

20 世纪 40 年代,由美国一批学者组成的报刊自由委员会倡导社会责任,在《一个自由而负责任的新闻界》一书中他们提出,报刊应"对每日的事件给予真实的、全面的和理智的报道,并将它们置于能显示其意义的特定的前后联系之中"。这句话有着丰富的含义,除了要求报刊必须真实、全面地报道新闻,不能片面、失实地报道新闻外,还要求新闻报道必须理智,减少报道煽情新闻,而且要求新闻要作出合乎真实的解释,即把每一项重大事件放在特定的社会背景、各种事物的联系中去分析其产生的原因、社会影响、后果。②

20 世纪 50 年代,麦卡锡主义横行于美国。参议员麦卡锡为了自身的政治利益,不惜无中生有编造谎言,使一些正直、无辜的人受到迫害。而美国媒体为了保持客观,对麦卡锡的演说、指控,像传声筒似的加以报道。麦卡锡垮台后,新闻界反思发现,当时不加分辨、不加分析的纯客观报道,不仅没有报道出这些事实本质的真实,而且起到了助纣为虐、为虎作伥的作用。新闻界对麦卡锡报道的教训,促使新闻界开始强调记者应承担的社会责任,不再一味不究真伪地进行客观报道,而是进行分析和解释,从此以后,解释性报道成为美国媒体的主要报道形式之一。

美国学者沃尔特·福克斯说,广播刚兴起的时候,"记者只是简单地叙述发生了'什么'事实",但是,这种"只是简单地交代传统报道中的 5 个 W 已不合时宜,而'为什么'的问题突然成为新闻报道中最重要的事项。在电子时代,新闻报道中需要意义与背景,而提供这些内容的工作便获得一个特别的称谓:解释(interpretation)"。③ 于是,广播不久就开始播出新闻分析。广播在深度报道上有先天的局限性,印刷媒介本应承担解释性工作的理想角色,但报纸执着于"客观性"的理念而不愿投身于这一新兴的解释潮流。直到(20 世纪)60 年代,面对汹涌的电视浪潮,日报才开始对新闻事件提供前因后果的背景分析,而全方位地将解释性新闻作为报道政策接受时,则是(20 世纪)70 年代以后的事了。④

日本著名新闻学者新井直之教授曾说:"今后的报纸,解说的重要性将日益增加。如果说,报业史的第一阶段是'政论报纸'的时代,第二阶段是'报道报纸'的时代,那么,今后即将到来的第三阶段就可能是'解说报纸'的时代。"⑤

改革开放以后,解释性报道在中国开始得到较大的发展,出现了一批有价值、有深度、有水

---

① 曼切尔. 新闻报道与写作[M]. 198. 转引自程道才. 西方新闻写作概论[M]. 北京:新华出版社,2004:122.

② 报刊自由委员会. 一个自由而负责任的新闻界[M]. 展江,译. 北京:中国人民大学出版社,2004:21.

③ 福克斯. 新闻写作——报刊记者指南[M]. 李彬,译. 北京:新华出版社,1999:14.

④ 福克斯. 新闻写作——报刊记者指南[M]. 李彬,译. 北京:新华出版社,1999:14-15.

⑤ 和田洋一. 新闻学概论[M]. 吴文莉,译. 北京:中国新闻出版社,1985:70.

平的报道。《中国青年报》针对大兴安岭火灾推出了《红色的警告》《黑色的咏叹》《绿色的悲哀》“三色”报道,《人民日报》推出了《中国改革的历史方位》等,对中国社会转型、思想解放带来的巨大变革进行解释、分析,受到了读者的欢迎。为此,有学者将1987年称为“深度报道年”。

二、解释性报道的写作方法

(一)大量使用背景材料

解释性报道中背景材料的写作与运用,与一般新闻报道中背景材料的写作与运用有本质的区别。在一般新闻报道中,背景材料的运用是有限的,不能大量使用,否则就会喧宾夺主,影响对动态事实的报道。而在解释性报道中,背景材料可以而且必须大量使用。

中国人民大学刘明华等人认为,一般新闻报道中的背景材料,“其地位大多是从属性的,是为说明、补充、烘托新闻事实服务的”,以“新闻事实为主,背景材料为辅”。而在解释性报道中,“背景性事实反客为主,新闻的焦点集中在背景分析上面,背景的任务不是解释新闻事件的某一部分,而是用来诠释新闻事件的整体”。写作解释性报道,记者必须具备大背景意识,即全局性背景意识。①

解释性报道中使用的背景材料,主要是指前文引述的美国新闻学教授卡尔·林兹特诺姆所说的五个方面的背景材料,即“历史性的、环境性的、简历性的、数据性的、反应性的”事实。

历史性事实,是指与新闻事实发生、发展相关的来龙去脉,是新闻事件、新闻人物产生的原因,表现的是与新闻事实之间的纵向联系,可以使新闻事实有历史感,使读者对新闻事实的因果关系和新闻事实的纵深有更深刻的认识。

环境性事实,是指与新闻事件、新闻人物相关的自然环境和社会环境,表现的是与新闻事实之间的横向联系,可以使读者以联系的、全面的眼光来认识和理解新闻事实。

简历性事实,是指新闻人物的学习、工作和生活经历、性格、兴趣爱好以及逸闻逸事,机构或组织的基本概况,可以使新闻人物更加血肉丰满、更具有立体感。

数据性事实,是指与新闻事实相关的各种统计与分析数据、一些量化的数据与指标,会使新闻报道具有更强的说服力。

反应性事实,是指新闻事件发生后,公众和社会各界对新闻事实的评价。记者选择性地报道这类事实,解释新闻事件对公众和社会产生的影响。

150年来泰晤士河第一次出现海豹

(1)**【路透社伦敦(1984年)5月1日电】** 最近,一只海豹沿着泰晤士河逆流而上,游过了议会上下两院所在地。此事引起极大的轰动,电视台向全国播放了海豹吞食河鱼的镜头,报纸也做了报道。

(2)这是150年来人们第一次看到海豹出现在这个一度有毒的历史名河的河水中。(背景穿插)

---

① 刘明华,徐泓,张征.新闻写作教程[M].北京:中国人民大学出版社,2002:299.

(3)人们对此兴高采烈,认为这是对这条污染了几百年的河流治理了20年之后,终于完成的世界上同类工作中最为成功的一项工作。(背景穿插)

(4)泰晤士河管理局把死去的泰晤士河变成了一条令人喜爱的河,吸引来成千上万钓鱼爱好者和游泳爱好者,许多人原先都说,这项任务是无法完成的。(背景穿插)

(5)在20世纪50年代中期,这条河从生物学的角度上说是“死亡”了。它的含氧量为零。今天,这条河流处于最宜生物生存状态,氧气含量达98%,适宜于100多种鱼生存。(背景穿插)

(6)泰晤士河大规模污染是从18世纪末开始的。(背景)

(7)在19世纪,人口愈来愈多,工业污染更为严重,加上伦敦沼泽地排放积水以建造码头,结果使这条河成了一条肮脏、毫无生气的臭河。(背景)

(8)从1849年至1854年之间,几次发生霍乱,约有4万人死亡。1856年是特别糟糕的一年,当时以“臭气熏天年”而著称,泰晤士河的气味腐臭难闻,以至于面对泰晤士河的议会大厦的窗子都不得不悬挂由消毒水浸泡的窗帘。(背景)

(9)伦敦人开玩笑说,掉进泰晤士河的人还没有淹死就被毒死了。(背景)

(10)1964年开始了首次大规模的整治河流工作,当时通过了立法,委托伦敦港当局控制排放工业污水,这些工业污水占污染的30%。(背景)

(11)一项调查表明:1,200万人口和数千家工厂每天向河中排污水418万立方米。专家制订了计划,重建和延长伦敦的下水道。(背景)

(12)整个泰晤士河流域现在同453个污水处理厂连接在一起,每天处理9.4亿加仑污水,变污水为清洁水。(背景穿插)

(13)垂钓爱好者争相捕捞到泰晤士河来产卵的大鲑鱼,当局已难以控制甲壳动物的繁殖,甚至连海马也回到泰晤士河。

(14)泰晤士河管理局现在承担了泰晤士河的控制污染、保持水中氧含量和废水循环,使之成为饮用水等全部任务。管理局已在为技术援助和培训提供国际性咨询服务。它已向24个国家提出建议,同时还参加了另外20个国家的研究项目。①

《150年来泰晤士河第一次出现海豹》是一篇公认的新闻名篇佳作,其最重要的写作特色就是它运用历史背景材料使读者感到不枯燥。

这条新闻一共14个自然段,导语和最后两个自然段是在报道新闻事实,其余11个自然段都是在陈述背景,其中,5个自然段是背景穿插在对事实的报道中,6个自然段全部都是背景介绍。大量的背景材料告诉读者,这条历史名河从18世纪以来就开始被污染,且污染得非常严重,以至于“伦敦人开玩笑说,掉进泰晤士河的人还没有淹死就被毒死了”。英国政府及泰晤士河管理局为治理这条污染的河流付出了艰辛的努力,这种努力取得了卓越的成效,把一条有毒的河变成了最宜水下生物生存的河,氧气含量达98%,适宜于100多种鱼生存,也吸引了成千上万钓鱼爱好者和游泳爱好者。大量背景材料的报道,使读者对“150年来泰晤士河第一次出现海豹”这件事的前因后果、意义等了解得更清楚,也更加珍惜眼前难得的美好生活。

---

① 李大卫,石维,艾顿.路透社百年新闻佳作[M].西安:陕西师范大学出版社,2002:248-249.

（二）揭示新闻背后的新闻

解释性报道要对新闻事件发生的原因，新闻事件的本质及其意义，新闻事件的发展趋势，新闻事件对公众和政治、经济、文化、社会等方面产生的影响进行充分的揭示与解释。

任何新闻事件的发生、发展，都不是孤立的，其发生、发展的背后有其原因，而且从历史的纵深，从与其他事件、事物的联系中可以更进一步地深挖其本质特征，挖掘"过去"，探寻"未来"，多角度透视、全方位切入新闻事件，可以使读者对事件有更立体、更深入的理解。

马科斯执政20年

贪污浪费盛行 贫富差距扩大

【美联社纽约(1986年)2月26日电】 （记者：查尔斯·汉利） 30个月以前，有人射出了一颗子弹杀死了一个菲律宾人，今天这颗子弹又打倒了另一个人。

对马科斯来说，他当政的不平静的20年的最后几幕是从1983年8月21日开始的，那天在马尼拉国际机场，马科斯的政治对手阿基诺被一颗子弹射中头部，倒在地上。

人们普遍认为马科斯总统是罪魁祸首，而正是这次谋杀行动使人民对马科斯总统的义愤爆发了。

对菲律宾来说，马科斯时代是菲律宾逐步现代化的时期。马科斯政府开办了学校、修建了公路和电力系统。但与此同时，政府在许多项目上浪费了千百万美元，而且因为政府官员的贪污，又有千百万美元被盗走了。

马科斯搞建设"新社会"运动以后，菲律宾的贫富差距进一步扩大，资金严重短缺的经济远远落在其他邻国后面，同叛乱分子的斗争也长期不断。

马科斯是以一个反贪污腐化的政纲进行竞选的，而且他在他的就职演说中发誓说："要在民众的帮助下，使这个国家重新成为一个伟大的国家。"

但马科斯既没能改变原来的贪污腐化状况，也没能提供足够的就业机会。到20世纪60年代末，失业、通货膨胀和人民的不满情绪加剧了。

1968年，十几个以前的大学生，重新组织起先前已被取缔的菲律宾共产党，成立了新人民军，并坚持进行一场长期的农村游击战争。第二年，马科斯在被指责有舞弊行为的选举中获胜，赢得了他的第二个总统任期，随之一系列大规模骚乱震动了菲律宾。

1972年9月23日，在马尼拉全城进行的一次大搜捕中，军队逮捕了大批反对派政治家、记者、学生和对马科斯的统治持批评态度的人。报社和广播电台被关闭。马科斯实行了军管法，据他说，这是为了防止国家被(菲律宾)共产党接管。他废除了国会，修改了宪法，以延长他的总统任期。

1973年，国民生产总值增长了百分之十。整个70年代，人均收入每年增长百分之三以上。但是，一些菲律宾人也在大肆搜刮民财，中饱私囊，经济的增长畸形化了，马科斯和他的顾问们一直鼓励发展以出口为目标的生产，他们依靠的是马科斯的亲朋好友私人控制的或政府控制的少数大企业。与此同时，第一夫人伊梅尔达却把注意力集中在一些华而不实的项目上，花费千百万美元修建艺术中心和医疗中心。

然而，那些大企业效率低、经营管理不善、贪污盛行，头重脚轻的菲律宾经济受到了1979年石油涨价“冲击”的严重打击。在马科斯统治的时期，美国在菲律宾下的本钱比以往任何时候都大，美国的工商界现在在那里的投资约为20亿美元。

美国前总统卡特执政时期，菲美关系曾一度冷淡下来，因为卡特政府批评马科斯侵犯人权的做法。但是，里根当政以后，这位菲律宾总统的地位又有所改善。在里根举行就职仪式的前三天，马科斯解除了在菲律宾实行的军事管制，尽管他仍然总揽大权。

但是，阿基诺的被害突然改变了许多人的态度。

近200万人涌上马尼拉街头参加阿基诺的葬礼。

罗马天主教会和工商界中的很多人转而强烈地反对马科斯，许多外国银行对他们的菲律宾债权人的态度强硬起来。

这次危机是菲律宾独立以来最严重的危机。

由于工商界失去了信心，每天有500万美元的资金流出菲律宾，菲律宾比索一再贬值。

马科斯政府宣布暂停偿付它的债款。

1984年5月的议会选举打破了马科斯在政治上“战无不胜”的任何残存的幻想。在国内外持续不断的压力下，马科斯接下来的行动是把总统选举提前到今年2月7日举行，最后导致马科斯下台出走。

这条新闻从枪击事件开始写起，引出对马科斯总统任期内贪污腐化、社会贫富差距悬殊的报道。新闻以时间为顺序展开对马科斯总统劣迹斑斑的恶行的报道，并不是面面俱到，更不是记流水账，而是重点从政治、经济、管理等方面对马科斯的独断专行、损公肥私、治国无能进行了层层揭露。丰富的背景材料使读者明确地认识到，马科斯政府垮台、马科斯下台出走是必然的。整篇新闻只有开头结尾是新鲜的事实，其他都是背景材料——新闻背后的新闻，但记者将这些背景材料安排得井井有条，新闻脉络清晰，材料繁而不乱。

（三）用事实解释事实

解释性报道的“解释”，主要是指用事实解释，解释的内容也是事实。解释性报道中的大量事实不是动态事实，而是相对静态的事实，是过去的事实。这些事实多数都属于解释性报道中的背景材料。

不要把“解释”理解为发表议论，在解释性报道中尽量不要发表议论。杰克·海敦警告说：“解释性报道有一个经常存在的危险：发议论，即超越客观性的界限而陷入主观主义。”①

美国威斯康星大学新闻学教授海德认为：“解释仅在提供背景的说明，并将不为世人所知的事实资料写出来。但如果在解释中夹叙夹议，构成了新闻中的议论，则此种论调将得不到报人的支持。”②

如何区分解释和议论？《纽约时报》星期日版前主编莱斯特·马克尔（Lester Markel）举

---

① 海敦. 怎样当好新闻记者[M]. 伍任，译. 北京：新华出版社，1980：212.

② 刘明华. 西方新闻采访与写作[M]. 北京：中国人民大学出版社，1993：98.

例说，史密斯辞去市政府职务，这是对事实的客观报道，是一般新闻报道、动态新闻报道的内容；他为什么辞职，这是对事实进行解释，是解释性报道的报道内容；他是否早就该辞职，这就是记者在发议论了。记者不能对史密斯是否该辞职发表意见。①

但是，在解释性报道中，要完全杜绝议论和发表意见几乎是不可能的。最好的方法是引述权威人士和新闻中人物的语言，通过引用这些人物的意见、观点来表达记者的意见，但记者不能虚构、捏造权威人士和新闻人物的意见、观点。

美国经济为何急剧下滑

【美国《基督教科学箴言报》(2001年)1月25日报道】 （记者：戴维·弗朗西斯）圣路易斯一家供应汽车零件的公司的总经理纳尔逊·温赖特受到库存风暴的冲击。他的重要客户通用汽车公司最近发现销售点许多小货车没有卖出去，于是停止从温赖特的公司进保险杠和挡泥板。结果温赖特不得不让他的一家工厂停工两周。

从温赖特工业公司的工厂可以看到美国经济为什么几乎一夜之间就从繁荣接近衰退。

几十年来，美国企业仓库里往往有大量库存。生意兴旺时它们卖掉库存的产品，生意清淡时库存增加。

但是现在，在先进的电脑跟踪时代，产业界努力只生产需要的数量，从而不再需要大量库存。

结果是，一个行业增长放慢，如汽车业，可能迅速影响到像温赖特这样的公司以及经济的其他部门。

实际上，供货商与制造商的关系紧密是美国有史以来持续时间最长的扩张为什么差不多戛然而止的几个原因之一。

还有另一些因素的作用，它们为决策者们以后努力抵消商业周期的作用提供了教训。

一个因素是股市泡沫的破裂。投资者感到自己变穷了，债务负担加重了，企业和消费者花钱比较谨慎了。

其他少见的因素有：

工厂太多。在多数繁荣期接近尾声时，企业努力生产足够的产品满足需求。但这次不一样。企业投资很多，一直超前需求。衡量工厂繁忙程度的“生产能力利用率”在20世纪90年代繁荣期下降了。

华尔街影响一般家庭。近年来，股票价格急剧上升，特别是高技术和因特网股票。投资者对资本收益抱着很高的期望，花起钱来没有顾虑——这种现象被称为“财富效应”。

个人储蓄总数降到零以下。消费者花掉全部收入，外加一些过去积存的财富。

去年春天技术股泡沫破裂，2000年是从1990年以来第一个股市下跌的年头。圣诞节销售不旺表明消费者已经减少开支。如果他们开始存钱，那么经济可能进一步减速。

---

① 海敦. 怎样当好新闻记者[M]. 伍任，译. 北京：新华出版社，1980：213.

联邦储备委员会正在努力确保消费者继续购买昂贵商品,保持对股票的兴趣,从而避免衰退。

现代通信。因特网和无所不包的电视新闻传播使经济不景气的消息传播得特别快,这就导致了自我加剧的过程。

债务过多。在无忧无虑的繁荣年月,企业和消费者都背上了大量债务。

在繁荣期,公司以"膨胀的价格"买回自己的股票,同时通过高价购买其他公司的股票,买下这些公司。结果,用一种尺度衡量,过去几年公司债务激增到2.3万亿美元。

同期,一般说来,公司未能从发行新股票中得到一分钱。纽约佩斯大学研究金融的经济学家罗伯特·帕克斯预言:"将有许多公司付不起利息。我估计会出现一股破产浪潮。"

尽管如此,经济情况并非都是消极的。通货膨胀率仍然很低,这样联邦储备委员会可以继续下调利率以刺激生产和恢复信心。计算机和新经济大大提高了生产率。经济从生产商品向服务转变使它可以少受衰退的影响。商业扩张期变长了,收缩期变短了。①

这条新闻对20世纪末21世纪初美国经济的急剧下滑进行了报道和解释,通篇都是对事实的陈述。美国经济急剧下滑是事实,对于其下滑的原因,记者没有进行抽象的议论,而是通过大量的背景事实来证实,即用事实解释事实。一个又一个事实充分证明,美国经济急剧下滑不是偶然的现象,而是经济发展和演变的必然结果。

三、解释性报道的注意事项

(一)诚实正直

尽管我们在理论上能够厘清解释和议论的区别,但是,在具体的新闻报道过程中,区分解释和议论并不是一件非常容易的事情。从绝对意义上来说,解释性报道完全杜绝议论是非常困难的事情,因此,记者的道德和良心就显得非常重要,同一般新闻报道相比,解释性报道更需要记者保持诚实和正直。

(二)事实至上

前文已经对解释性报道的事实要求进行了比较充分的阐述,这里还要进一步明确,解释性报道必须秉持事实至上的原则,记者不能因为解释而忽略事实,也不能在解释事实的时候掺杂议论,表现出明显的倾向性和鲜明的态度。从另一角度来说,只要事实是真实的,就可以尽量保持客观和公正。

(三)专业水平

解释性报道涉及的内容较一般新闻报道的内容而言,既深且广,需要记者具备较高的专业水平。记者对所采访的专业和对象钻研得越深,其采写出来的解释性报道就越有深度和广度,也就越会受到读者的喜爱。记者如果缺乏必要的专业知识,不可能写出好的解释性报道。

---

① 刘勇.深度报道采访与写作[M].合肥:合肥工业大学出版社,2006:329-330.

思考与练习题

一、思考题

1. 什么是特稿？谈谈特稿与消息的区别。

2. 如何理解“要展现，不要讲述”？记者在特稿中如何展现？

3. 简述细节在特稿中的作用。

4. 什么是调查性报道？如何采写调查性报道？

5. 什么是解释性报道？解释性报道有哪些写作方法？

二、练习题

1. 阅读下面这条新闻，请对其中的人物描写、性格刻画、对话运用、细节描写进行分析。

“老报童”罗伊去世了

[美]尼尔·夏思

罗伊·迈尔斯的追悼会将于星期一举行。四分之一世纪以来，他是《自由新闻》大楼附近的一个近乎传奇式的人物，也是不管年岁多大都被人叫作报童的那号人当中的仅存者之一。

《自由新闻》的一整代记者、编辑和其他职员都只知道他的名字叫“罗伊”的迈尔斯先生，本星期早些时候在他度过一生最后几年的疗养所中死去，终年67岁。

直到几个月以前，由于健康状况恶化而终于无法撑持下去为止，他一直把《纽约时报》和其他外埠报纸送到订户桌上，并且在《自由新闻》大楼外的人行道上叫卖上述报纸和《底特律新闻》。

去年有一个月他尝试了一下退休的滋味，但不久又重操卖报的旧业。

他双目几乎失明，戴着一副像定量酒杯的底那样厚的眼镜，要把头往后仰起才能看得见东西。

他形容枯槁，白发苍苍，体弱多病，吃力地背着笨重的帆布报兜，背带深深勒进瘦削的肩头。然而，在他衰弱的外貌下，却隐藏着强烈的自立精神。他对工作极为认真，也能滔滔不绝地神聊一气。“罗伊，你今天干得怎么样啊？”一位打算买报的顾客会这样招呼他。

“要买份时报？”他会这样回答，声音粗得像是从沙石上崩出来的一样刮耳。

有一次，罗伊从《自由新闻》的电梯上走下来，正好赶上采编人员在那里开会。也许是由于他视力不佳，也许是由于他脾气倔强，反正他把报纸分发给了在场的记者。会议只好中断，直到罗伊把报纸分完。

“两毛五？”一个记者有一次在罗伊对他说了《芝加哥论坛报》的价钱以后提出了抗议。“见鬼，罗伊，我花一毛五就能买到一份。”

“是喽，不过你得上芝加哥去。”

有些记者在收报费的日子没有钱付款就躲着罗伊，这是大伙都知道的。要做到这一点并不难，因为罗伊瞎得很厉害。只要订户的位子上有人坐着，他就去催讨，不管那人是谁。有一次罗伊误把一个女记者当作一个长着胡子的男记者，因为他往常就是坐在那张桌子后边的。

还有一个记者在刚参加《自由新闻》工作的时候，发现他桌上每天都有一份《纽约时报》，感到很诧异，但他以为这是由于工作需要而发给他的。然而到了月底，他终于发现这是怎么回事。“一共六块二毛五。”罗伊粗声粗气地对他说。

罗伊死后留下一个女儿，德乐勒斯·塔尔曼夫人，还有一个姊妹和一个孙儿。追悼会将于星期一午后2时在红河区西杰弗逊街10783号格尔巴赫殡仪馆举行。他将安葬在河景区费思代尔公墓。

2. 下面这条新闻是一条消息。如果你所在的媒体让你把这条新闻重新采访，改写成一条特稿，你将重点采访什么内容、挖掘哪些细节？为什么？

被通缉男子带母亲到北京旅游落网 老人不敢相信

2014年10月5日 05:34 来源：中国江苏网

【晨报讯】（记者：何欣，通讯员：王海蛟） 昨天中午，北京北站派出所的民警在地下候车区进行例行检查时，将网上通缉人员韩某抓获。此前韩某因持刀抢劫被黑龙江警方通缉。

昨天中午11时许，北京北站派出所民警在北站地下候车区进行例行检查时，查获一名网上通缉人员韩某。案情显示，今年6月25日23时许，韩某伙同他人骑着一辆黑色的摩托车在一宾馆门前持刀抢劫了一女子的粉色提包，包内装有一部手机、一张银行卡、一个钥匙包和400余元现金。案发后，韩某等人随即被黑龙江警方列为网上通缉人员。

韩某被抓获时正和母亲在一起，当从民警口中得知儿子竟然是网上通缉的犯罪嫌疑人时，老人起初不敢相信；而当看到通缉信息后，老人泣不成声。老人告诉民警，这次是儿子趁着国庆节带其来北京玩两天，没想到原本的欢乐假日竟然如此收场，而孩子此前竟然没有向家人透露出一点消息。

被民警带走前，韩某的母亲紧紧拉着儿子的手，不停嘱咐儿子要好好听话，坦白交代，争取早日回家。

目前，北京北站派出所已同黑龙江警方取得联系，当地警方近日将派人来京将韩某带回原籍做进一步调查。

3. 在你们学校，有一位同学取得了非凡的成就。请你采访这位同学，写作一篇人物特稿。

4. 你听到传闻说，你所住的学生公寓在建造过程中存在施工单位行贿受贿、投标不规范的问题，请列出你将要采访的人士、机构，写出你将从何处查阅相关资料。如果调查属实，请根据采访所得的材料写出一篇调查性报道。

5. 你发现现在学生厌学情绪比较浓，逃课现象普遍，学风存在很大的问题。请你针对这个问题展开采访，写出一条解释性报道。

第十五章　新闻写作方法

▶**本章要点：**

记者在采访时就要对报道主题、角度、体裁展开思考；开始写作前，要对新闻报道进行构思和写作"彩排"。

要善于从受众、本媒体的受众定位、人性和事物的突破点选择角度，善于运用逆向思维选择角度，善于"以小见大"。

要学会简要和概括地表述事实。

在写作新闻时，可以打破时空顺序和逻辑顺序，用跳跃的方式组织事实材料；用蒙太奇的行文方式连接场景和画面；采用大跨度、大跨越的方法，加大句子与句子之间、段落与段落之间的跨度。

分段是个好东西。

第一节　写作前的准备和思考

新闻采访学的所有教材中都有采访准备这一章，采访准备对于采访的重要性毋庸置疑。但到目前为止，还没有人辟出专门的章节阐述新闻写作准备。记者在毫无准备的情况下就投入采访，采访的糟糕和被动可想而知；同理，如果记者在毫无准备的情况下就开始新闻写作，那么，写出的新闻报道会非常粗糙，更不可能成为名篇佳作。因此，记者在动手写作新闻之前就应该开始思考如何写作，而不是在真正动手写作时才开始思考如何写作新闻。有经验的记者往往都是在写作之前——主要是在采访时就已经开始思考如何写作新闻了。

写作前的思考与准备就是构思，关于写作前的构思，本书在第三章"导语"第三节"导语的写作方法"中进行了阐述，但第三章的阐述只是针对导语部分的阐述，没有对新闻的各个组成部分以及所有新闻的写作前构思展开论述，而写作前的准备和思考又是整个新闻写作过程中一个必不可少的环节和程序，所以，这里继续对此展开讨论。

一、采访时对写作的思考

采访的目的是报道新闻、传播信息。为了更好地报道新闻，记者在采访时就应该思考如何报道新闻。

思考既有助于记者深入调查，提出更有意义、更尖锐的问题，捕捉对报道有价值的信息，寻找微小而不同寻常的细节；又有助于记者有针对性地进行采访和调查。记者在采访时不思考写作，其采访、调查往往是盲目的、随意的，这样得到的材料常常没有什么报道价值。当记者回到报社、电视台，坐在电脑前开始写作时就会发现，由于采访时没有思考写作，或者思考得不够，结果往往会是，记者写的新闻报道可能不得要领，没有抓住更好的报道焦点，更有甚者可能连基本的新闻报道都写不出来。

采访时要对主题进行思考

采访时首先要思考的是新闻报道的主题。采访的过程是对新闻报道主题逐步明确、逐步深入的过程，主题并不仅仅是在写作过程中提炼形成的，记者在采访过程中也在不断地选择、提炼报道主题。

对于消息类新闻报道来说，记者在采访时，尤其要对正在采访的事实进行认真思考，寻找和捕捉到将要报道的核心和焦点，即新闻点和新闻眼。

采访时要对角度进行思考

记者在采访的过程中，要对采用什么样的报道角度进行思考，反复问自己：哪个事实可能是最能吸引读者的？我该采用哪一个报道角度？通过不断地思考找到最佳报道角度，突出新闻的报道价值。

采访时要对体裁进行思考

记者在采访时，要对自己已经得到和将要得到的信息进行迅速的判断，看这些信息适合采用什么样的新闻体裁来报道，然后就可以根据自己的判断，有意识地、进一步地围绕记者确定的报道体裁去抓取信息、选择材料。

一般来说，如果记者抓取的信息是概括性的材料，比较适宜采用消息报道体裁；如果掌握的材料比较丰富，有非常吸引人的细节，有故事情节，而且生动细致，则适合采用特稿的形式报道；如果记者了解到更多的人物的酸甜苦辣，发现采访的人物有鲜明的性格特征和丰富的内心世界，则适宜采用人物特稿这种体裁形式。

二、写作前要构思

刘勰在《文心雕龙·神思》中说："文之思也，其神远矣。故寂然凝虑，思接千载；悄焉动容，视通万里；吟咏之间，吐纳珠玉之声；眉睫之前，卷舒风云之色：其思理之致乎！故思理为妙，神与物游。"刘勰的这段话主要是就文学写作而言的，其实，非文学写作，比如新闻写作也必须在写作前进行构思，思考新闻作品将要采用什么体裁，新闻报道的焦点、核心和主题、采用哪些材料、采用什么结构形式以及语言的运用，等等，虽然记者在采访中就已经对这些问题有一定的思考，但记者在正式开始写作前还要继续进一步思考。

写作前要"彩排"

一位美国《波士顿环球报》的记者采访归来后问他的编辑：

"我有多少时间？"

"我们想在一小时内得到这篇报道。"

"太好了，"他看着他的表说，"我有时间吃晚饭了。"

美国资深写作教练唐纳德·默里跟随这个记者到了《波士顿环球报》的餐厅,看着他狼吞虎咽吃完晚饭,然后就坐在那里盯着空气发呆,默里看到这位记者在发呆时嘴唇一直在不停地嚅动,持续了10分钟。然后这个记者返回编辑部写稿,行云流水般一挥而就,而且写得非常好。

默里后来问这位记者,他在餐厅里发呆时是在做什么。

"排练,"他回答说。①

几乎所有优秀的作家、记者在写作前都要进行"彩排",但不同的作家、记者在写作前"彩排"的方法各不相同。从业多年的美国写作教练罗伊·克拉克和唐·弗莱在其著作《训练作家:对编辑和记者的关键指导》中说,优秀的记者往往在写作前都会形成这样一些习惯,"去上厕所、一根接一根地抽烟、踱步、做白日梦、大吃特吃便宜零食,或者自我鞭策一顿"。

烟酒几乎是中国文人写作构思的专用物。中国文人在写作前和写作过程中,习惯一根接一根地抽烟。在袅袅升起的烟雾中,文人们紧张地思考、精力高度集中地"彩排"。有些中国文人在写作前喝酒,借助酒精的刺激进行写作构思,"李白斗酒诗百篇"已经成为文人写作前"彩排"的美谈。

文学写作前要进行"彩排",新闻写作前也同样要进行"彩排",新闻写作前的"彩排"对写作新闻具有重要的作用。

三、新闻发布或信息发布

记者在进行新闻写作前还应该认真思考一个问题:我是要发布一个信息,还是要报道一条新闻?对于初学者来说,这个问题非常重要。笔者多年来的教学经历显示,新闻院系的初学者往往都是发布信息,而不是报道新闻。

新闻报道和信息发布有两个最显著的区别:

(一)新闻报道的受众是公众,信息发布的受众是内部员工

新闻报道者的传播对象是无定向受众——社会大众,而信息发布者的传播对象是定向的受众——本单位的信息接收者,这是新闻报道和信息发布的第一个,也是最本质的区别。

信息发布者往往从本单位的视角选取信息发布角度和信息发布内容,而不是从公众的角度选择新闻报道角度和新闻报道内容。无论一个机构有多少人,哪怕这个机构有10万人甚至100万人,只要是面向机构内部发布,接受者是这个机构的人,其发布性质就是信息发布,其信息性质就是内部信息性质。

笔者反复告诫学生,构思和写作新闻时一定要考虑你的信息传递性质:是信息发布,还是新闻报道?你现在是在学习新闻传播,是面向社会报道新闻,而不是面向本单位员工发布信息,一定要注意你的新闻的报道内容、报道模式、报道方法,但是学生业已形成的思维定式和行为定式使得他们写出来的新闻报道就是一条十足的本单位的信息发布,而不是面向社会发布的一条新闻。

---

① 吉布斯,瓦霍沃.新闻采写教程——如何挖掘完整的故事[M].姚清江,刘肇熙,译.北京:新华出版社,2004:129.

下面这个材料是发布在四川外国语大学官方网站上的一条信息，本书作者要求学生将这条信息改写成一条新闻稿：

(2016年)4月24日，英国圣玛丽大学校长 Francis Campbell 先生一行来访我校(四川外国语大学)。(四川外国语大学)乐勇副校长代表李克勇校长在西区行政楼 A501 会议室与来宾会晤，并对其到访表示欢迎。市教委国际处副处长李斌一同参与会晤。

乐勇副校长首先致辞。他简述了我校的发展历史、教育理念和国际合作交流情况，并对我校在英语教师培训、外语培训上所取得的成就进行了简要回顾。随后，Francis Campbell 校长发言。他简要介绍了圣玛丽大学的发展历史、发展理念及培养思路，对我校(四川外国语大学)的热情接待表示感谢，并邀请我校(四川外国语大学)领导出访圣玛丽大学，参加学校(圣玛丽大学)7月举办的毕业典礼。

李斌代表重庆市教委表达了与该校(圣玛丽大学)合作，共同推进我市"重庆中英教师发展中心"的意向，并表明该教师发展中心将落户川外。随后，双方深入讨论了合作模式与细节，并签署了框架协议。

圣玛丽大学副校长 Anne Moran 女士、教育学院院长 Lorna Goodwin 教授、高级讲师 Helen Thornalley 女士，英国带路世通教育集团高级教育顾问刘敏女士、高级顾问 Lara Martin 女士、中国区域经理谢世波、我校国际教育学院院长曾传芳、国际合作与交流处副处长陈功、项目主管邱晓凤参与会见。

据悉，英国圣玛丽大学(St Mary's University, Twickenham, 简称 SMUC)成立于1850年，建校初期为培养教师的天主教大学，注重科研与实践教学。该校致力于向学生提供高质量的学术和专业高等教育，开设有语言课程以及预科、本科、硕士学位课程，专业领域涉及广泛；同时可为学生提供良好的就业辅导，享有较高的学生满意度。

令人遗憾的是，同学们的新闻练习收上来后，笔者发现，超过半数的学生基本上沿袭了学校官方网站上的这种信息发布模式，只是将这个信息进行了一些简单处理，略微删减了一些文字而已。笔者有意识地没有将原信息的标题告诉学生，原信息的标题是：英国圣玛丽大学校长 Francis Campbell 先生一行来访我校，学生写出来的标题和原信息的标题大同小异。学生选择的新闻报道角度、新闻报道重点都是与标题相关的内容。

如果学生从新闻报道的角度思考问题，就会看出这个信息中颇具新闻价值的事实：重庆市将建设一个"重庆中英教师发展中心"，这个中心有可能设在四川外国语大学校内。由此，我们可以尝试做如下报道：

重庆中英教师发展中心有望落户川外

【本报讯】 (记者：某某) 我市将建立一个"重庆中英教师发展中心"，该中心有可能设在川外。

重庆市教委国际处副处长李斌昨日(24日)在川外表示，市教委将与英国圣玛丽大学合作，共同推进我市"重庆中英教师发展中心"的建设，并称该教师发展中心将落户川外。

在川外西区行政楼A501会议室，李斌代表重庆市教委与英国圣玛丽大学校长Francis Campbell先生一行深入讨论了合作模式与细节，双方签署了框架协议。

英国圣玛丽大学（St Mary's University, Twickenham）成立于1850年，建校初期为培养教师的天主教大学，注重科研与实践教学。该校致力于向学生提供高质量的学术和专业高等教育，开设有语言课程以及预科、本科、硕士学位课程，专业领域涉及广泛，享有较高的学生满意度。

四川外国语大学副校长乐勇、国际教育学院院长曾传芳、国际合作与交流处副处长陈功，圣玛丽大学副校长Anne Moran女士、教育学院院长Lorna Goodwin教授等参加了此次会谈。

（二）新闻报道注重有价值的点或面，信息发布注重完整、全面、系统

新闻报道和信息发布的第二个区别是：信息发布讲求信息的完整性、全面性、系统性，当一个事件完结后，作者会将这个事件完整、全面地呈现给信息的接受者。而新闻报道一般讲求信息的独特性、接近性等，不追求信息的完整与全面，不拘泥于事件的全过程，不苛求材料的系统化，往往抓取最有新闻价值的某个片段、某个横截面，甚至某个点，并对此展开报道。

看下面这个材料：

扩大消费需求是我国转变经济发展方式的重要内容，改善民生是促进社会和谐的本质要求。在"十二五"开局之年，适逢建党九十周年，围绕"建党90周年与党对民生的关怀及消费经济学的建立与发展"为主题，昨日（2011年11月29日），由中国消费经济学会（筹）、郑州航空工业管理学院主办，郑州航空工业管理学院经贸学院、郑州航空工业管理学院学报编辑部共同承办的第十五届全国消费经济理论与实践研讨会在郑州鹰城鑫地酒店四楼会议厅召开。开幕式由郑州航空工业管理学院张锐副校长主持。郑州航空工业管理学院院长施进发教授、西南财经大学王裕国教授、河南科协副主席梁留科分别致辞。本次会议时间为两天，29日开始，30日结束。本次消费经济理论与实践研讨会共收到论文40多篇，参会人员接近90人。参会的有消费经济领域著名的专家、学者、企业单位，及河南电视台、河南人民广播电台、大河报等多家媒体单位。本次会议的召开对于进一步加强和推动消费经济的研究，发展与创新我国消费经济学，增进全国高校和研究机构、消费者委员会和业界人士的交流与合作具有重要意义。会议结束时，郑州航空工业管理学院副院长贺金社教授致闭幕词。贺院长就本次会议取得的突破进行了总结，并向各位代表下次相聚郑州发出了诚恳邀请。研讨会分主题报告、会议交流和分组讨论三个阶段。主题发言阶段，在湖南商学院校长唐未兵教授的主持下，围绕大会主题，湖南省社科院财贸所尹向东教授受尹世杰教授的委托，作了题为《党中央对民生的关怀与居民消费的改善》的主题报告。西北大学何炼成教授作了题为《文化消费的若干问题》的主题报告。西南财经大学王裕国教授作了题为《关于消费发展的思考》的主题报告。他表示，抑制富人的增

长难度太大了，政府更需要关注消费水平在平均水平以下的居民，建立低收入人群保障机制，缩小居民收入分配差距，提高中低收入家庭的收入。西安交通大学文启湘教授作了题为《推动文化发展与扩大文化消费的思考》的主题报告。北京航空航天大学卢嘉瑞教授作了题为《消费：中国面临六大挑战》的主题报告。在谈到居民消费与居民收入时，北京航空航天大学卢嘉瑞教授说，如果城市家庭月收入在7,000元以下，就属于贫困户。与会专家提出，应该通过最低生活保障、拓宽就业渠道，调整税收和收入分配政策提高弱势群体的收入水平，增加居民可支配收入，只有居民收入高了，腰包鼓起来了，才能刺激消费，提高消费率。会议交流阶段，在山东职业技术学院校长钱乃余教授和郑州航空工业管理学院学报主编朱杰堂教授的主持下，来自全国十多所高等院校、研究所、企业单位的20位著名专家、学者和教授围绕加快转变消费发展方式、扩大消费的长效机制研究、家庭背景与贫困大学生消费、子女对家庭消费决策的影响、城市化进程的阶层化消费引导、新流通产业政策对消费引领方面的问题等主题进行了热情洋溢的发言。分组讨论阶段，在北京航空航天大学卢嘉瑞教授和湖南师范大学马伯钧教授的主持下，与会学者分两组进行了激烈的讨论。“我们一直在说扩大内需，经过几年的努力，为何不见成效?”多位学者认为，重要原因是居民收入增长速度过慢，收入分配不公，高收入群体和中低收入群体的收入差距越拉越大，2000年，全国10%的高收入群体和10%的最低收入群体收入相差3.6倍，2009年相差7.9倍，两极分化日益严重。

笔者要求学生根据这个材料写一条新闻报道。笔者在批改学生作业的过程中发现，绝大多数学生基本采用以下这种写作思路和模式：

第十五届全国消费经济理论与实践研讨会在郑州召开

【本报讯】（记者：某某） 昨日(2011年11月29日)，由中国消费经济学会(筹)、郑州航空工业管理学院主办，郑州航空工业管理学院经贸学院、郑州航空工业管理学院学报编辑部共同承办的第十五届全国消费经济理论与实践研讨会在郑州召开。

本次会议的主题是“建党90周年与党对民生的关怀及消费经济学的建立与发展”。

来自全国十多所高校、研究所、企业单位消费经济领域的20位著名专家、学者围绕加快转变消费发展方式、扩大消费的长效机制研究、家庭背景与贫困大学生消费、子女对家庭消费决策的影响、城市化进程的阶层化消费引导、新流通产业政策对消费引领方面的问题等主题进行了热情洋溢的发言和激烈的讨论。

本次消费经济理论与实践研讨会共收到论文40多篇，参会人员接近90人。

本次会议的召开，对于进一步加强和推动消费经济的研究，发展与创新我国消费经济学，增进全国高校和研究机构、消费者委员会和业界人士的交流与合作具有重要意义。

绝大多数学生习作的字数都远远超过上面这篇新闻稿件，他们将很多无意义的材料堆砌在新闻中。比如，写出会议的确切地址“郑州鹰城鑫地酒店四楼会议厅”，写出如下的内容：“开幕式由郑州航空工业管理学院张锐副校长主持，郑州航空工业管理学院院长施进发教授、西南财经大学王裕国教授、河南科协副主席梁留科分别致辞。”并且这些内容多出现在导语中，或者出现在新闻主体的第一段。这是初学者的通病，会议报道中往往都要写出谁主持、谁致辞、谁出席、谁列席、谁作总结，等等。然后学生要对主题报告、会议交流和分组讨论三个阶段进行事无巨细的介绍和报道。总之，注重事件内容的完整性和全面性，且按照会议的流程顺序或时间顺序展开报道，一般不会遗漏掉任何会议程序。

如果我们从公众的角度来思考上面这个材料，就可以抓住这次学术研讨会中最有价值的内容，即“如何缩小居民收入分配差距，提高中低收入家庭的收入”，并以一位教授的精彩演讲为切入点展开报道：

北航教授：城市家庭月收入在7,000元以下就属于贫困户

【本报讯】（记者：某某） 昨天(2011年11月29日)，全国第十五届消费经济理论与实践研讨会在郑州召开，来自全国十多所高等院校、研究所、企业单位的专家、学者参与研讨。会上，在谈到居民消费与居民收入时，北京航空航天大学卢嘉瑞教授说，如果城市家庭月收入在7,000元以下，就属于贫困户。

“我们一直在说扩大内需，经过几年的努力，为何不见成效？”多位学者认为，重要原因是居民收入增长速度过慢，收入分配不公，高收入群体和中低收入群体的收入差距越拉越大，2000年，全国10%的高收入群体和10%的最低收入群体收入相差3.6倍，2009年相差7.9倍，两极分化日益严重。

西南财经大学王裕国教授表示，抑制富人的增长难度太大了，政府更需要关注消费水平在平均水平以下的居民，建立低收入人群保障机制，缩小居民收入分配差距，提高中低收入家庭的收入。

与会专家提出，应该通过最低生活保障、拓宽就业渠道，调整税收和收入分配政策提高弱势群体的收入水平，增加居民可支配收入，只有居民收入高了，腰包鼓起来了，才能刺激消费，提高消费率。

上面这条新闻，没有面面俱到，只是抓取其中一点进行报道，虽然不能说这个报道就是最佳报道，但是这种报道方法值得初学者学习和借鉴。

第二节　新闻角度

新闻报道尤其是消息类新闻报道，往往是在某一事件中的若干个事实中截取一个片段，选取一个点展开报道，这个“片段”和“点”就是新闻角度。新闻角度在新闻写作实践中至关重要，一条好的新闻，往往都有一个好的角度。

一、理解新闻角度

（一）什么是新闻角度

什么叫新闻角度？要理解新闻角度，就先要理解什么叫角度。那么，什么是角度呢？角度是人们观察事物的切入点、认识事物的出发点。

这里的“角度”有两个方面的意思：一是人们用肉眼观察、用五官接触和体察客观事物的切入点。比如摄影，就有平视、仰视、俯视等不同的角度，而平视又有正面侧面之分，侧面又有八分面、七分面、六分面、五分面等区别。但不管从哪个面去拍摄，总得有个面，这个“面”就是拍摄者拍摄的切入点；二是人们通过思维分析、判断、推理出客观事物的出发点。人们分析、思考、研究客观事物时，总得有个出发点，即从哪里出发去分析、思考这个事物，或者说，从哪个维度、哪个层面去探究客观事物。世界上任何事物都是多侧面、多动态、多属性的，人们不可能从全部的侧面、全部的属性来看客观事物，总会从某个点开始探究，这个“点”就是人们探究客观事物的出发点。

切入点、出发点不同，人们注意到的侧重点就不同，思维的指向也就不同。宋朝大文学家苏轼有一首吟诵庐山的诗：“横看成岭侧成峰，远近高低各不同。不识庐山真面目，只缘身在此山中。”说的就是由于观察者所处的位置不一样，同一事物呈现出的景象就截然不同。自然现象如此，社会现象更是如此。

理解了角度，我们就不难理解新闻角度了。

什么是新闻角度？中国人民大学甘惜分教授主编的《新闻学大辞典》的解释是：新闻角度是“记者在采访和新闻写作中认识和表现新闻事实的着眼点和侧重点。即记者从什么立足点，什么视角，什么突破口，去寻找、挖掘、认识、选择和表现新闻事实，以更充分、更鲜明地体现新闻事实的新闻价值”①。

笔者认为，所谓新闻角度，是指记者采访报道新闻时，发现、挖掘、提炼和表现新闻事实的立足点和切入点。

（二）任何事实都可以从多个角度切入

在记者的新闻报道活动中，大量的事实都有无数个角度可以切入。也就是说，一个事实可以供选择作为新闻事实的片段非常多，记者从哪个角度切入，需要仔细斟酌、反复琢磨。记者对新闻角度的选取与表现，往往能够体现记者的新闻报道水平。

有几类事实往往有很多个角度。对话类事实：一个人与多个人对话，或者多个人与多个人对话；演说类事实：演说者在演讲中会谈到比较多的问题，谈到非常多的观点；会议类事实：各种各样的会议，尤其是讨论类的会议，有很多人发言，发言者会谈到很多问题。

对于上述这些事实，要寻找到一个比较好的角度需要记者积极思考、用心掂量。

2012 年，莫言获得诺贝尔文学奖，当年的 12 月 8 日凌晨 30 分，莫言身着中山装，在瑞典学院发表了长达 8,400 多字的演说，当天各大新闻媒体争相报道，但报道的角度各有不同，下

① 甘惜分．新闻学大辞典［M］．郑州：河南人民出版社，1993：167．

北京时间2012年12月8日凌晨30分许，诺贝尔文学奖得主莫言身着一身中山装，在瑞典学院进行时长约为40分钟的文学演讲，此次演讲的主题为“讲故事的人”。

面三个新闻标题是从莫言演说词中找到的报道角度：“莫言：当哭成为一种表演时 更应允许有的人不哭”“莫言演讲忆往事：因长得丑被打 从小喜欢说故事”“莫言回忆童年之‘最’：最痛苦的事是目睹母亲被打”。其实，除了这些报道角度外，我们还可以找到这些报道角度：“莫言：我喜欢讲故事 名字‘莫言’像讽刺”“莫言：我是有神论者 相信万物都有灵性”“莫言：文学创作必须颐指气使 独断专行”“莫言：写作者必须站在人的立场，把所有的人都当作人来写”……

（三）角度不同，报道效果不同

一个事实具有不同的侧面、不同的层次，记者对它的报道就可能会有不同的角度。角度不同，报道效果就会不同。

哈佛名教授广州开讲“公开课”

2013年12月8日　08:40　来源：新浪新闻

哈佛教授桑德尔（王辉摄）

【南方日报讯】（记者：雷雨，通讯员：郑梦婕）　昨日，美国哈佛大学文理学院政府管理学讲座教授、哲学家迈克尔·桑德尔携新书《反对完美》来到中山大学管理学院“黄埔大讲堂”公益讲座，以“公正、金钱和市场”为题给中大师生带来了一场“公开课”，这也是他此次中国巡讲的第一站。

谈“富二代” 教育应加强人性、价值观培养

桑德尔前两年推出《金钱不能买什么》一书，引发了全世界对于金钱的反思。在现实中，财富的“代际传承”带来了所谓的“富二代”现象，究竟是否正义公正？昨天，有学生把这个问题抛给桑德尔教授。

“成功人士认为靠自己就能成功是错误的。”桑德尔教授认为，先富起来的人，应该帮助弱者，他们的成功并不仅仅靠自己，一部分是能力，还有一部分原因是运气。他进一步阐释了“成功观”：每个人的成功，除了自己的努力，还有先辈、运气的恩泽。

桑德尔教授说，在西方含着“金钥匙”长大的人有一个习惯，他们通常认为自己的成功只是运气，应该更好地反馈社会。他建议，好的父母应该在儿女身上培养正确的价值观，在人性、价值观上加强培养，除此别无他法。

谈完美科技“不能用技术过度满足人的欲望”

《反对完美：科技与人性的正义之战》一书，是桑德尔的第三部作品。关于“公正、金钱和市场”的话题由此产生。据他介绍，《反对完美》将直面在科技迅速改造世界面目的当代，我们不可能回避的道德危机。

“在我们这个世界，任何事物都可以出售，这个世界难道没有问题？如果是这样，我们又该如何防止市场价值观侵蚀本不该由它们主导的领域？市场的道德界限又何在？”桑德尔提出的一连串问题，将在座师生引入了思考。

桑德尔认为，人类利用高科技手段追求完美正在成为一种愈演愈烈的趋势：父母将可以在基因超市中自由定制子女的先天特质；运动员将可以通过基因改造提升赛场表现；学生将可以通过服用记忆药片代替寒窗苦读……

桑德尔进一步指出，人类利用科技追求完美，貌似是大众的狂欢，实则蕴藏着深深的危机——维系人类社会的道德基础很可能坍塌，人类在宇宙间的地位也会错乱，“科技只是工具，不能用技术过度满足人的欲望”。

谈公开课受捧 互动帮同学更好地理解

桑德尔给哈佛本科生开设的“公正”公开课受到了全世界的热捧。但是在中国的大学，一些公共必修课却被指课堂沉闷、“逃课率”颇高，哈佛教授对此有何良方？

桑德尔猜测说，这可能是课堂上互动不够。他说，他在课堂上会让学生去自主讨论，这种互动方式尽管控制起来有一定风险，学生有可能说出反面的观点，但正是课堂上的不确定性会让课堂活灵活现，经常蹦出闪光的点子。因为大家都在思考课上的哲学观点如何应用，学生成为学习的主导者。“互动可以帮助同学、老师更好地去理解”，他说道。

人物介绍

迈克尔·桑德尔是美国著名政治哲学家，美国人文艺术与科学学院院士。自 1980 年起，他就在哈佛大学教授政治哲学。他备受赞誉的本科通识课程“公正——该如何做是好？”是哈佛有史以来听众最多的课程，选修人数曾创下哈佛大学的历史纪录，30 多年来超过一万名学生听了他的课。

近几年，这门课也被搬上网，是网络和电视上首个免费的哈佛公开课。这让桑德尔立即成为备受各国网友喜爱的学术明星，这门哲学公开课风靡全球，迄今为止已有 1,000 万人次点击观看。

这条新闻可以从不同的角度来报道。本条新闻的标题是一个全景式的综合性的标题，“哈佛名教授广州开讲‘公开课’”这样的标题四平八稳，没有从整个讲座中提取一个角度来做标题，不过这种做标题的方法比较适合党报，只是提供一个信息，有人来讲课，讲的是什么，让读者自己去看。而市场化的媒体这样做标题显然是不行的，必须从中抓取一点来做标题。

《南方日报》的原标题要做得好一些，“‘公正’课程风靡世界，1,000 万人次点击观看”，这是从整个讲座中提取了一个记者觉得最值得报道的新闻点，读者对这个信息的反应是觉得哈佛名教授开设的“公正”课程在全世界影响很大，会感觉到这个哈佛名教授开设的“公正”课程很值得一听。

南方日报网采用的是“哈佛名教授到广州中山大学开讲以‘公正、金钱和市场’为题的‘公开课’”这个角度，传递的信息是哈佛名教授到中国广州开讲座，其“公正、金钱和市场”的讲座内容会引起读者对市场经济条件下的公正、正义进行思考。

当天凤凰网的标题是“哈佛教授谈中国富二代：他们忘记自己是运气好”，联合早报网和星岛环球网的标题是“哈佛教授：中国富二代就是运气好”。这三家新闻网站选取的角度比较一致，向读者传递的信息是哈佛名教授对中国富二代的告诫和警示，对这个角度的理解和思索将有助于他们正确认识自己、审视自己和评估自己，收敛自己的霸蛮习气、土豪习气，等等。

根据这条新闻，我们还可以选取其他的角度来报道，比如：哈佛名教授警示人类，利用科技追求完美蕴藏着深深的道德危机。从这个角度出发，读者会更加重视社会和自身的道德建设，思考用技术过度满足人的欲望与道德的关系。也可以选取这个角度报道：哈佛名教授主张让学生在课堂上自主讨论，成为学习的主导者，认为互动可以帮助学生、老师更好地理解课堂内容，这个角度会对中国的教育有所启示，让读者借鉴和吸收其中有意义的教育理念。哈佛名教授到中国广州一所大学进行演讲，我们至少可以从上述六个不同的角度进行报道，报道的角度不同，产生的传播效果则不同。

有些新闻作品因为角度不同，报道会有实质性的差别。1983 年 6 月 28 日，由于上游地区连续降雨，浙江新安江水库水位超过汛期水位控制线，不得不开闸泄洪。一家报纸对这次泄洪做了这样的报道：

新安江电厂大坝昨起泄洪 万余群众观赏奇景

【本报新安江 6 月 28 日专电】 “黄河之水天上来”，诗人李白诗句中那瑰丽雄奇的景观，在新安江电厂大坝的泄洪中真实地再现了。17 年一遇的新安江电厂大坝泄洪，于今天下午 5 时 38 分开始。

当坝顶两台各 160 吨级的吊机，吊起 10 米高、18 米宽的泄洪闸门时，处在 107.25 米高度的库区江水，以每秒 5,000 立方米的流量冲出，好似千万条狂怒的巨龙，挣脱群山和大坝年长月久的封锁，奔腾呼啸地冲向滚滚东去的大江。二三尺长的大鱼，成群地被冲出闸门，顺随着飞溅的浪花，被抛向半空，再摔进下游江面。当地万余名群众怀着寻奇探胜的心情，分聚在两岸山腰上尽情观赏。据了解，这足以令人惊心的人间奇景将持续 66 个小时……

水库开闸泄洪将淹没下游民众的农田、厂房，对下游民众的人、财、物等都将带来巨大的损失。记者却从观赏的角度切入展开报道，将之描述为人间奇景，显然，这个角度选取得不合适。

类似上面新安江水库的例子还有很多。报道角度不同，产生的传播效果不同，这启示记者要慎重选取报道角度，否则，会向读者传递不当的信息，甚至是错误的信息，对读者产生不利的影响，对社会产生负面的影响。

记者在报道新闻时，选择的报道角度应该抓住整个新闻事件的核心，反映新闻事件和客观事物的本质和规律,尤其是要注意宏观真实与微观真实的关系。有些新闻的报道角度在微观上是真实的,但在宏观上不一定真实,要避免“一叶障目,不见泰山”“两豆塞耳,不闻雷霆”的现象发生。

二、选择最佳报道角度的方法

(一)从受众出发选择角度

记者选取报道角度,主要是根据事实的新闻价值来判断。本书在第一章“什么是新闻”第二节“理解新闻价值”中,对新闻事实的新闻价值要素进行了阐述,在这些新闻价值要素中,“接近性”是最重要、最核心的价值理念。改革开放以来,大凡成功的新闻媒体,无一不是在“接近性”上取得重要的突破。20 世纪末期都市报的兴起与发展,正是由于将新闻价值要素中的“接近性”要素给予了广泛而合理的运用。

接近性,是指记者报道的新闻在心理、地理、时间、年龄、兴趣、利益关系等方面与受众非常接近,在这众多的接近元素中,心理、地理及利益关系这三个元素是受众最为关心的元素,是最核心的接近元素。

2013 年 2 月,国务院出台调控房地产市场的规定,规定的内容非常多,但第二天各大媒体纷纷以“二套房转让收益征收 20% 的税收”为角度进行报道,而且在各大媒体的头版头条进行报道。为什么各大媒体均以“二套房转让收益征收 20% 的税收”作为最佳报道角度?因为这个角度比规定中的其他内容更关乎读者的切身利益。

看个“咳嗽”要掏 1065 元

【本报讯】 (记者:李红鹰,实习生:吴芳) 7 日,武昌杨先生带着 2 岁的女儿到市儿童医院看病,没想到看了个“咳嗽”就要花 1000 多元。因此,他于昨日投诉到本报新闻 110。

据称,杨先生被导医引到专治哮喘的陈教授诊室,陈问了几句,让他先带女儿去验血,发现孩子对常见的 31 种物质的过敏反应均呈阴性。

陈教授根据孩子患过湿疹,判定孩子是过敏体质,便在病历和处方单上分别开了处方。杨先生见药开得很多,病历上的字又看不懂,便问孩子得的什么病,陈教授说:“按我开的药吃就行了。”

一化价,药费加治疗费 765 元,加上验血费 300 元,共 1065 元!有医疗人员小声提醒杨先生:“你的药是开多了。”杨先生返回诊室问陈教授,陈教授称这是一个疗程的药。

杨先生回家后发现,一种叫“贝亚宁”的药上写着:过敏性体质慎用。杨不解:既然孩子是过敏性体质,为什么还要给孩子开这种药呢?细看病历他又意外发现:陈教授开给药房的处方里写的是“贝亚宁 6 盒、臣功华芬愈美颗粒 3 盒、力欣奇 4 盒……”;而病历上没有“贝亚宁”和“臣功华芬愈美颗粒”这两味药,“力欣奇”也只写了 2 盒。再深入解读药品说明书:6 盒“贝亚宁”可用 5 个半月!

面对杨先生的质疑,陈教授昨日解释:"贝亚宁"是一种免疫调节剂,虽然是"过敏性体质慎用",但她是在给孩子开了脱敏药的前提下开出这种药的。

至于为何病历上处方药品数量比购药处方单上少,陈的原话是:为患者家长的经济承受能力作考虑。

该院负责人就此表示:陈教授的行为肯定是有差错的,院方会根据院内质量管理条例对其进行处理。

最后,应杨先生的要求,院方将杨手上的价值210元的"贝亚宁"退掉。(来源:《武汉晚报》,2002年8月10日)

这条新闻选取了与老百姓息息相关的事实来进行报道,选材角度抓得好。一位家长到报社投诉,他的女儿在武汉市儿童医院看了个咳嗽竟花去1065元。记者敏锐地感到这个信息事关万千民众,遂对此展开调查,发现给孩子看病的资深教授开的药方存在"虚高"的问题。第一篇消息发表后,记者继续就教授缘何开出"大处方"展开追踪,最终将"大处方"背后的"医药回扣"黑幕公之于众。

由这篇报道引出的这组"大处方"报道在社会上引起强烈反响,成为武汉市一时热议的焦点话题,民众纷纷举报遇到的类似问题。武汉市卫生局于报道见报第二天即派出调查组进驻市儿童医院,第三天召开了全市各大医院院长会议,要求各单位引以为戒,自查自纠。武汉市儿童医院对当事医生做出了解聘的处理。武汉市卫生局纪委还组成专人对全市各大医院的处方进行抽查。在各方努力下,"大处方"现象在武汉得到有效遏制,广大市民纷纷来电、来信称赞《武汉晚报》这组报道抓得好。此报道获2002年度"湖北新闻奖"一等奖、"武汉新闻奖"一等奖,第13届"中国新闻奖"消息类一等奖。

除了选材角度要从公众角度出发外,新闻在立意、表现上也应从公众的角度着眼,选取受公众青睐的角度。

例如,记者参加一家大型汽车企业举办的关于扩大轿车产能的新闻发布会,记者的报道焦点应该锁定在汽车的价格和性能,这是公众最关心的内容,而不是项目投资数额、产能等指标;又如,对于市政府一场关于保障房的新闻发布会,记者关心的焦点应该是有多少套保障房,什么人才有资格申请,以及保障房的地段、价格等,而不是市政府将投入多少资金、从哪个渠道筹集资金等。

新闻接近受众的最常见的方法,是将新闻本地化。例如,对于发生在外地的新闻,应尽可能地找出与本地相联系的事实元素,并将这些元素进行重点报道,这在新闻界称为新闻"落地"。

以重庆市的新闻媒体为例。国家召开科技大会,奖励科技工作者,如果是重庆本地的媒体来报道这条新闻,除了报道国家召开的科技大会外,记者重点应该报道的是其中有几个重庆市的科技工作者获奖,介绍获奖的内容、奖项以及获奖者的情况等。

总之,在国内其他省市区,或是世界上其他国家,只要发生了比较重大的新闻,本地的记者都要尽可能地从这个新闻中发现、挖掘出与本地相关的事实元素,对其进行重点报道。

(二)根据本媒体的受众定位选择角度

面对同一新闻事实,不同的新闻媒体会按照本媒体的价值取向和受众定位选择能够满足本媒体受众期待的事实和信息进行报道。记者在进行新闻报道时,必须考虑自己所在新闻媒体的编辑方针和报道思路,考虑自己所在新闻媒体的受众定位,只有根据本媒体的受众定位来选择角度,才能使记者采写的报道获得受众的接受和喜爱。

下面这个例子是前些年在网络上颇为流行的一个案例,基本事实是一位女士在城市的某个胡同被狗咬伤,随后,不同受众定位的媒体对这个事实展开报道。这可能是写作者虚构的一个材料,其写法也是娱乐性较强的写法,但这种写法充分体现出不同媒体的记者根据本媒体的受众定位选择报道角度。

《交通报》消息　今日,一位市民在狗尾巴胡同里被一只狼狗咬伤,并因此造成交通堵塞1小时35分钟,这反映了该地区在交通硬件上的投入严重不足。记者随后就此事件采访了本市交通局陈副局长,他表示,今后将加大在狗尾巴胡同的交通基础设施的投入,避免此类事件的再次发生。

《医药报》消息　前天,一名30岁左右的女士在上班路上被狗咬伤,随后被送到250医院治疗。截至本报记者发稿时,该女士的病情已经有所好转。据该女士的主治医生刘教授介绍,被狗咬伤后应该及时到正规的医院治疗,否则可能会患上"狂犬病",该病潜伏期比较长,所以一定要及时就诊,不能耽误。

《法制报》消息　上月6日,一位女士在狗尾巴胡同被狗咬伤,花去医药费、住院费、车费等各种费用共计8679元。该女士在追寻狗的主人无果的情况下,将该小区管委会告上法庭。著名的民法学专家齐教授解释说:"动物侵权可以让动物的主人无条件承担责任。现在找不到狗的主人,只好认为其管理者就是该小区的管委会。"据悉,市中级人民法院已经受理此案,并拟于本月29日开庭审理。

《证券报》消息　上周,一位女士在路上被狗咬伤,引起市民关注,一时间使治疗狂犬病的药物"狂犬灵"供不应求。生产"狂犬灵"的山山公司是我市唯一上市的医药公司,它具有良好的财务状况,享受税收优惠政策,未来发展空间巨大,具有超强的股本扩张能力。如今出现大幅炒作,投资者可给予极大关注。

《科技报》消息　宿向大学著名的外籍教授John带着他的几个博士研究生成功研制了一种可在5分钟内检测出是否患有狂犬病的仪器,这项成果填补了狂犬病研究的空白。John教授表示,狂犬病对人的威胁极大,潜伏期长,一旦发作几乎无药可救,现在能够被快速测出,无疑减少了患者的风险。同时据了解,经过该仪器测试,上个月在狗尾巴胡同被狗咬伤的女士没有患上狂犬病。

《劳动报》消息　本月上旬,一位女士在上班路上被狗咬伤,随即被送到医院救治,但是却因此耽误了一笔对公司至关重要的合同洽谈。公司董事会已经研究决定解聘该女士。该女士不服,表示将申请劳动仲裁。公司董事长兼总经理刘一手对记者说,这位女士因为自己一点微不足道的轻伤就断送了公司的一个重大项目,他对此深表遗憾。

《交通报》《医药报》《法制报》《证券报》《科技报》《劳动报》六家报纸都对一位女士被狗咬伤的事实进行了报道,但都是围绕自家报纸的受众定位去挖掘新闻报道价值,在对同一事实的报道中,找到了与自家媒体受众定位相同的事实元素,然后对此展开报道。

(三)选择最能表现人性的角度

人性是文学艺术的一个永恒的主题,也应是新闻报道永恒的主题,是记者选择角度时的一个极佳报道点,从人性的角度选取新闻点永远也不会过时,也总是能够吸引受众的注意力。

《人民日报》与美联社同样报道朝鲜离散家属访问团访问韩国首都汉城(首尔),但是两家媒体选取的角度不同。

【《人民日报》2000年8月15日汉城电】 朝鲜离散家属访问团乘朝鲜高丽航空公司的专机于今天上午11时抵达汉城,踏上了实现与亲人相逢梦想的南方土地。

这次朝鲜离散家属访问团是在1985年9月南北首次交换访团后首次实现的互访。他们也是在朝鲜半岛分裂55年之后,搭乘朝鲜民航客机从平壤直飞汉城的首批客人。

以天道教青友党中央委员会柳美英为团长的访问团包括100名离散人员,另有30名随行人员和20名记者。

访问团在抵达汉城金浦机场和住宿的化克山庄旅馆时,受到了机场和旅馆服务人员的热情欢迎。今天是韩国光复55周年纪念日,汉城市区内的街道两旁太极旗迎风飘扬,朝鲜离散家属访问团的到来给这一节日增加了喜庆的气氛。与此同时,以韩国红十字会总裁张忠植为团长的韩国离散家属访问团也于今天下午1时搭同一架飞机从汉城金浦江机场直飞平壤。

【美联社汉城2000年8月15日电】 在今天韩国电视台直播的画面中,100名朝鲜人悲喜交加,紧紧拥抱着他们半个世纪以来一直未能见面的南方亲属,他们都流下了激动的眼泪。

今天从平壤同时抵达这里的这些上了年纪的朝鲜人被人们簇拥着走进汉城的一个大会议厅,他们的亲属早已等候在那里。哭声和呜咽声立即充满了整个大厅。

一个68岁的老汉对他已经95岁的母亲说:"妈妈,别伤心,您的儿子来看您了。"这位母亲情绪太激动了,一名护士马上跑过来为她量血压。

另一个情绪异常激动的男子跪在地上向他的父亲磕头。坐在轮椅上的父亲身体虚弱,已经无法作出反应。

人们相拥而泣。他们拍着对方的背相互安慰,递上手帕擦去泪水。待到激动的心情平静下来,亲人们相互讲述各家的往事,并一同翻看老照片。

此次团聚的一幕使人们看到,在封锁的、军事化的边界两边,数以百万计的朝鲜人在经历着离别的痛苦。

这两条新闻,题材相同,但报道角度的选择不同。同样是报道55年离别后的重逢,两者的新闻角度有较大的差异。《人民日报》的新闻侧重于报道朝韩官方怎样组织这一团聚活动,而美联社的报道则侧重于离散家属团聚的事实。《人民日报》的新闻侧重于团聚的欢快与喜庆,美联社的报道侧重于离散后重逢的激动与痛苦。《人民日报》侧重于团聚这一事件本身,没有描写具体的人的团聚,更多地从事件的角度来报道新闻,美联社侧重于描写具体的团聚现场,描写团聚的人的现场表现,人情味更浓。

再看下面这条新闻的片段：

奥巴马：家里怎么样 胡锦涛：挺好

2012 年 3 月 26 日 16:36 来源：中国新闻网

【中新社首尔 3 月 26 日电】 正在首尔出席核安全峰会的中国国家主席胡锦涛当地时间 26 日下午在下榻饭店会见了美国总统奥巴马。

"家里最近怎么样？"奥巴马一落座即首先向胡锦涛发出问候。胡锦涛笑着说"挺好"，并向奥巴马问道："夫人和孩子们好吧？"奥巴马随即向胡锦涛转达了家人的问候。

……

国家领导人见面，谈话内容并不完全就是政治利益、经贸关系、大国博弈，领导人也有人的情感。中新社记者敏锐地捕捉到中美两国领导人胡锦涛和奥巴马之间充满温情的问候，并将其作为最佳新闻报道角度进行报道，是一次了不起的突破，这在以往关于国家领导人会晤的报道中是不多见的。这条新闻成为当天各大新闻媒体的头版头条新闻，在公众中产生了很大的影响。

在人类遇到巨大灾难时，记者从人性的角度来选择新闻点常常能够温暖读者的心，不论是对于身处灾难中的人，还是对于处在灾难局外的人，人性的角度更能让大家爱心凝聚，共同抵御灾难。

2001 年 9 月 11 日，恐怖分子对美国发动袭击，血腥的场面、惊恐的人们、滚滚的浓烟等成为记者首要表现的事实内容。但也有一些记者在这个举世震惊的"9・11"事件中发现了很多人性化的细节、很多温情的场面。当世贸大楼被撞击之后，大楼里的人慌忙逃生，在这个逃生的过程中，人性的真善美之光并没有熄灭，纵然求生的本能驱使人们希望尽快逃离险境，但是，人们纷纷给妇女儿童让路，年轻人给老年人让路，在人们逃生的瞬间，人性的光辉依然闪耀着。记者抓住这些令人感动的事实，表现出大难之中人类难能可贵的真善美，表现这种保护弱者、牺牲自我、成全他人的高尚品质，受到广大读者的欢迎。

在 2008 年 5 月 12 日发生的中国汶川大地震中，这种人间真情也一再被记者捕捉到并加以大篇幅地报道。比如，母亲为保护幼小的孩子，自己顶住沉重的水泥板，背部弯成弓形，将所有的重压全部扛起，希冀用自己的生命换取孩子的生存。这样的故事经过媒体报道后，会让读者深受感动。

从人性的角度选取新闻报道点，既是一种责任，也是一种智慧。美国哥伦比亚航天飞机失事事件发生后，当几乎所有的记者都把目光和焦点集中在天空中失事的航天飞机上时，有一位记者却把相机的焦点聚焦在看台上的人们，将人们的惊惧、恐慌、痛苦拍摄下来，由此获得新闻大奖。

从人性的角度选取新闻点，并不完全就只是从人性的真善美中选取新闻点，人性的假恶丑，也同样是记者可以选取的报道角度。

小偷行窃后在熟睡失主旁拉屎炫耀 惹怒警方被抓

2013 年 3 月 29 日　11:48　来源:中国江苏网

【中新网河池 3 月 28 日电】（记者:覃新强、王刚） 广西河池市金城江一名小偷盗窃成功后,在沉睡的失主旁边拉屎炫耀,并用失主的衣服擦拭后才离去。小偷的嚣张举动也引起警方的愤怒,最终小偷被警方迅速擒获。

3 月 28 日,河池金城江警方介绍,20 日上午,一名女子来到河池市公安局河池派出所报案称,27 日晚有人爬进其家三楼窗户入室盗窃,盗走手机一部,跑鞋一双以及 170 多元现金。小偷还趁其熟睡时,在床边的地板上拉了一大泡屎,并用衣服盖在屎上面。

接报后,民警立即赶往现场勘查,发现床边留有犯罪嫌疑人的一泡屎和一只塑料拖鞋。“偷完东西还拉屎,一定要抓住这个嚣张的小偷!”河池派出所所长韦志甜下定决心。

民警经过深入调查和大量走访群众,很快锁定了犯罪嫌疑人韦某。3 月 26 日上午,韦某在河池市城区建材市场内闲逛时,被追踪而来的民警当场抓获。

经审讯,韦某供认,3 月 20 日凌晨,其爬进受害人三楼窗口入室盗窃。看见受害人与小孩熟睡在床上,韦某放心地将放在床头的 170 多元现金和一部手机偷走,并在床头拉屎以示炫耀。完事后他还用失主的衣服擦屁股后盖在屎上,随后穿上受害人的跑鞋逃离现场。

目前,犯罪嫌疑人韦某已被警方刑事拘留,案件还在调查中。

小偷入室盗窃,既违法又违反公共道德。并且,这个小偷比其他小偷更加邪恶和丑陋,居然在被盗者卧室的床头拉屎炫耀。记者选取这个角度进行报道,对于打击违法犯罪分子的嚣张气焰,教育公众守法行善、遵守起码的公共道德、不挑战基本的道德底线,具有警示作用。

(四)从事物的突破点选择角度

有价值的新闻事实往往在某种程度上意味着对事物的改变和突破。如果事物仍然是原来的样子,一点都没有变化,就没有什么新闻价值;如果事物产生了变化,在某一点、某个方面上产生了突破,新闻价值就会凸显出来,变化越大,事物的新闻价值就越大。

最能表现事物变化的突破点有:第一、首次、最佳、最大、最小、最好、最差。一个身高 3 米破吉尼斯世界纪录的人有报道价值,一个人身高仅有 0.3 米,也有报道价值。旅游景区门票价格飙涨有报道价值,而在物价飞涨、通货膨胀的这些年,旅游景区的门票价格不升反降,则更有报道价值。

中国智库首次发布美在亚太地区军力报告

2016 年 11 月 25 日　15:25　来源:中国新闻网

【中新社北京 11 月 25 日电】（记者:梁晓辉） 由中国南海研究院编写的《美国在亚太地区的军力报告(2016)》(简称《报告》)25 日在北京发布。这是中国智库首次全面、系统地介绍和分析美国在亚太地区军事存在的专业研究报告。

《报告》共5章达3万多字，主要从美国在亚太地区军事存在、美国南海政策、中美军事合作三个方面进行梳理和论述。《报告》指出，在"亚太再平衡"战略的驱动下，美国逐步强化在亚太地区的兵力部署、前沿存在和军事活动。

……

南海研究院院长吴士存在发布会上表示，美国已经连续16年发布有关中国的军力报告，日本也连续多年发布类似报告。"发布美国在亚太地区的军力报告，旨在通过对事实和数据的分析，客观呈现美国在亚太地区的军费投入、军事基地网络建设和兵力部署，尤其是在南海地区的军事活动情况。"

美国在亚太地区的军力如何？此前，中国智库从来没有发布过这方面的研究报告。中国南海研究院在北京发布的《美国在亚太地区的军力报告(2016)》，首次全面、系统地介绍和分析了美国在亚太地区的军事存在，因此这个报告具有较高的新闻价值。

事物的突破点常常体现在事物的新旧变化中，从事物的新旧变化中选择报道角度，也是寻找最佳报道角度的好方法。

根据马克思主义唯物论原理，事物总是处在运动变化之中，新陈代谢是宇宙中不可抗拒的规律。在社会历史的发展中，自然界和人类社会永远都处在变化之中。

哲学家赫拉克利特说："太阳每天都是新的。"变化的思想在他的哲学中占有重要的地位，以至于后来人称他的哲学为变的哲学。他还说，"人不能两次踏进同一条河流"，因为当人第二次进入这条河时，是新的水而不是原来的水在流淌。在他看来，宇宙万物没有什么是绝对静止的和不变化的，一切都在运动和变化中。

变化就是突破，没有变化就没有突破，事物也就没有报道价值。事物有了变化就有了突破，哪怕只是一点小小的突破，事物就已经具备报道的价值。记者在发现新闻、捕捉新闻的过程中，就应该特别注意观察和关注这种变化，尤其是观察和关注旧事物对新生事物的阻碍。

2003年8月，陕西省延安市公安局宝塔分局万花派出所民警以接到群众举报为由，进入新婚不久的张林家中搜查"黄碟"，双方发生冲突，张林随即被带到派出所接受处理。陕西《华商报》记者江雪对这个事实进行了报道。这个报道及紧随其后记者的跟踪报道涉及的是一个问题：夫妻能不能在家中看"黄碟"？这涉及公民权利能否得到正当保护的问题，以及警察权利能否随意介入公民私权利的空间的问题。在20世纪，这些情况可能不存在什么问题，警察的行为可能是正当的，但是，在21世纪，这些情况就存在问题了。公民对公权利和私权利有了更明确的认识，对个人私生活有了更正当、更高的要求。江雪的报道在全国产生了广泛的影响，她被推选为"2003年中国风云记者"。专家对她的推荐评语是："'夫妻看黄碟事件'的报道，意义不仅限于对当事人权利的保障，更重要的是，记者江雪对此事件的持续报道和追踪评论，显示了这位记者对于转型期最具有社会意义的事件的敏感。"

(五)采用逆向思维选择角度

逆向思维也叫求异思维，是指突破常规思维只从单方向、正面思考的习惯，从相反的方面和侧面去思考的一种思维方式。人们习惯于沿着事物发展的单方向和正方向去思考问题并寻求解决办法，这往往容易产生思维定式，将思维方法和思维模式固化。在这种情况下，如果从事物的相反方向和其他方向思考,有时会得到意想不到的效果。

北宋著名文学家司马光小时候与小伙伴玩耍时,一个小伙伴不小心掉进了水缸里。有人落水,常规的思维模式是“救人离水”,而司马光面对紧急险情,运用了逆向思维,果断地从地上捡起一块大石头把水缸砸破,“让水离人”,救了小伙伴性命。司马光砸缸的故事,是运用逆向思维的典范。

运用逆向思维模式选择新闻报道角度往往能够找到更好的报道角度,使新闻更受读者欢迎。

两家子公社夜无电话声　早无堵门人

【本报讯】 3月3日、4日,记者夜宿康平县两家子公社(现为农村乡镇——引者注)秘书办公室,发现从就寝到次日早晨,没有来过一次电话,也没有一个社员(农民——引者注)来报案、告状或要钱要粮,公社干部睡得安安稳稳。

据当过六年秘书的公社干部赵富权说,前几年情况大不一样,经常刚刚睡下,电话铃又响了,不是下通播指示,就是追生产进度。冬天只好把电话机搬到枕头旁边。随着领导作风的转变,上面这种靠电话指挥工作和搞形式主义的现象大大减少了。

一年前,两家子还是全县最穷的公社之一,一年到头,生产队干部和社员来公社要农贷和救济粮、救济款的踏破门坎,往往天不亮就有人来堵公社党委书记的被窝。现在已经看不到这种情景了。去年他们实行了包干到户责任制,全社人均收入由历年六七十元增加到165元,有的老“三靠”队达到四五百元。社员生活好转了,不但不再向国家伸手,由于“穷泡、穷靠、穷打、穷闹”造成的民事纠纷和家庭纠纷也越来越少。

4日深夜,记者步出敞开的公社大门,遥望沐浴在银白色月光下的远近村庄,(村庄)显得分外安谧,(记者)不禁遐想联翩,成诗一首:劫后灾痕何处寻?月光如水照新村,只因仓廪渐丰实,夜半不闻犬吠声。(原载《辽宁日报》,1982年3月15日,记者:范敬宜)

在这里,记者采用了逆向思维,从无中发现了有,在人们司空见惯、习以为常中发现了不平常。按照常理,在“无”中很难找到新闻点,而在“有”中更容易发现新闻点,所以,记者一般都是在“有”中去发现、挖掘、捕捉有报道价值的信息。当多数人都从“有”中去发现、挖掘、捕捉有报道价值的信息时,势必造成这方面信息的竞争激烈,信源枯竭,而从“无”中去发现、挖掘、捕捉有报道价值的信息,反而有可能既省时省力、四两拨千斤,又能有意外的收获。

记者范敬宜在这里就发现了“无”:记者夜宿康平县两家子公社秘书办公室,发现从就寝到次日早晨,没有来过一次电话,也没有一个社员来报案、告状或要钱要粮,公社干部睡得安安稳稳。这个“无”本来没有什么报道价值,但是,当这个“无”和以前的“有”相联系时,其新闻价值就凸显出来:“文革”时期,上级领导靠电话指挥工作、大搞形式主义,常常让乡镇秘书晚上睡不好觉;一年到头,生产队(村组)干部和社员来公社要农贷和救济粮、救济款的踏破门坎,往往天不亮就有人来堵公社党委书记的被窝。农村实行包干到户责任制后,农民人均收入猛增,上级领导也改变了形式主义工作作风,更加务实,以前令人烦心、痛苦的“有”变成了今天令人愉快、舒坦、安稳的“无”。从这个角度去挖掘的信息就具有了很高的新闻报道价值。

这个案例堪称逆向思维选择报道角度的经典案例。

范敬宜当时和另一位记者一起到农村采访,他们同在一个公社值班室里睡了一个晚上。第二天,范问另一位记者:"你发现什么新闻没有?"另一位记者丈二和尚摸不着头脑,说:"昨晚我们两个人睡在一起,不是没有任何人来打扰吗?哪来的新闻?"范敬宜笑着回答说:"这就是新闻!"他当即抓住这件事进行采访,写出了这篇不朽之作。

下面这条报道南京市绿化经验的新闻也采用了逆向思维的方式来选取角度:

学习南京市绿化经验 要注意三点不足之处

【新华社南京(1982年)2月18日电】（记者:周俊增） 南京市的绿化工作搞得比较好,近来到这里学习绿化经验的人越来越多。怎样对待南京的绿化工作?南京市园林设计研究所助理工程师杨万金最近对记者说:"学习南京市绿化经验,要注意避免三点不足之处。"

南京市目前有大小400多条街道,有树木20多万株,为解放(新中国成立)前的100倍,城市绿地面积达9万多亩,全市已基本绿化,并以"绿色城市"而闻名中外。但是,杨万金指出,从城市建设发展的要求看,南京市在绿化建设上暴露出了一些缺点。了解这些问题,对于前来参观取经的人富有教益。

第一,五六十年代绿化的街道,树干定高一般为2.5米,太低了,影响交通安全。1978年一年,光是为行道树碰坏的车辆涂漆就花了4万多元。公共汽车为了避免与行道树相撞,不得不在离路边3米远就停车,这不仅有碍交通安全,也降低了道路利用率。杨万金说,今后大中城市行道树定干应在4米高左右为宜,最低也不能少于3.5米。

第二,行道树在栽植时打洞普遍偏小,由于打洞小,树根扎得浅,在大风袭击下南京市发生过4次大面积倒树。行道树的倒伏又造成了停电、停水,交通中断,给生产和人民生活都造成了很大损失和不便。实践证明,今后打洞以长宽各两米,深一米为好。

第三,树的品种单一,悬铃木(法国梧桐)太多。全市几百条街道绝大部分种的是法国梧桐。这种树有树冠大、遮阴好的优点。但由于新叶长出后,每半个月就脱一次绒毛,在空气中飘散,造成空气污染,形成了公害。这也是应该注意的。

这条新闻报道的背景是,当年2月,全国环保系统在南京举行现场会议,学习南京城市绿化的经验。记者们都是按照习以为常的传统思维模式,从单方向、正方向进行思考并展开报道,报道南京绿化的经验。但《学习南京市绿化经验 要注意三点不足之处》这条新闻却运用逆向思维,看到了南京市在绿化方面也有三点不足,值得引起其他城市的注意,以免错误效仿。由于报道采用了逆向思维,令人耳目一新,这篇新闻被评为全国好新闻。

(六)以小见大选择角度

大处着眼、小处入手,一滴水见太阳,是中国人写文章常用的方法。通过一件小事来表现重大的主题,这种方法被称为"以小见大"。

新闻报道也可以采用这种方法,运用这种方法选择报道角度能够表现重大的报道主题,以一斑窥全豹，通过一个小的点、小的细节、小的变化折射出大的变动，反映出重大的主题，表现事物的本质。

莫斯科老妇的辛酸泪

【《今日美国报》莫斯科（1991年）12月17日报道】（记者：杰克·凯利） 苏联经济危机的严重程度，从64岁的马洛费耶娃老泪纵横的脸上看得再清楚不过了。

这位瘦小的孀妇一连4小时站在地铁通道里哭哭啼啼，想把她最好的朋友——一只瘦弱的牧羊犬"恰帕"卖掉。

像她这样的人并不罕见。数十名饥饿的妇女，不顾大雪和严寒，站在过道两旁出卖从子女的小三轮车到自己的结婚戒指之类的物品。

这些人都在设法凑够维持下星期生活的钱。

沃洛塔娃说："我们每星期都不得不从家里拿些东西出来卖。"她手上拿着一本照相簿寻找买主，以前那是放她的结婚照片用的。

她说："我们拿走孩子们的玩具时，他们大哭，我们告诉他们，这是迫不得已。"

不远处，有些乞丐，其中包括抱小孩的母亲在地铁通道寻求施舍。

苏联民航机由于汽油短缺无法飞行，乘汽车旅行也受到了限制，地铁和火车成了最好的旅行工具。近几周，儿童也加入了乞讨或在街角演奏乐器以讨取食物和赏钱者的行列。演奏小提琴和吉他的孩子随处可见，有时父母陪着他们，负责收钱。

13岁的娜塔莎说，是母亲要她出来的。她一边拉琴，一边兜售母亲手工制的小布垫。她说："我宁愿去上学，这里太冷，手都冻疼了。"

马洛费耶娃仍然抱着她的狗。傍晚，她央求过路人给她点吃的和钱，把那只狗带回家去。

她说，每月的养老金240卢布，只够买几个面包、一些胡萝卜和一块熬汤用的骨头。

那只狗是在她丈夫4年前患癌症病逝后朋友们送给她的。

"它一直是我最好的朋友，我知道它将成为你们的朋友。"

马洛费耶娃对一对年轻的衣着考究的夫妇说："求求你们啦，我自己今晚都没吃的，更没东西给它吃了。"

经过20分钟的讨价还价，这对夫妇终于同意了，并给马洛费耶娃50卢布——够买几个面包的钱。①

通过对记者在街头的所见所闻的描述，苏联经济危机的严重程度被比较真实、清楚地表现了出来。64岁的马洛费耶娃每月的养老金只够买几个面包、几根胡萝卜和一块熬汤用的骨头。出于迫不得已，这位瘦小的孀妇不得不将她最好的朋友、与她相依为命的宠物——一只瘦弱的牧羊犬"恰帕"卖掉。像她这样的饥饿妇女还有数十名，都挤在地铁通道里，不顾大雪和严寒，出卖孩子的玩具和自己的结婚纪念品。儿童们则在乞讨或在街角演奏乐器以讨取食

① 刘明华，张征. 新闻作品选读[M]. 北京：中国人民大学出版社，2003：182-183.

物和赏钱。

这些小细节、普通百姓的艰难生活,充分显示出苏联产生了非常严重的经济危机。记者没有运用宏大叙事,没有罗列一系列的经济数据、消费指数等。但从这些小的故事中,苏联近乎崩溃的经济问题已经跃然纸上。

贵州告别最后一条马班邮路

【本报讯】 唱了几十年"马儿啊,你慢些走"的晴隆县城至中营邮路,去年末已响起了汽车喇叭声。至此,全省告别了最后一条农村马班邮路。

晴隆县位于乌蒙山脉南坡,山岭连绵,沟谷纵横。从县城到花贡、中营,要翻越海拔一千七百多米的两道大山,涉过三条大河。这里两个邮电支局服务范围内九个乡镇、五十六个行政村以及省属重点茶场,铅矿的邮件报刊,从来都靠人力背挑,五十年代末才添置四匹马驮运,在山间小道上跑起"邮政马帮"。八十年代中期曾一度利用委办汽车运邮,但由于公路要绕道普安县和六枝特区,多走百多公里,往返一班要三四天,仍然还得靠马班辅助。中营区的群众说:从晴隆寄到中营的信,比寄到联合国的时间还长!

去年十月,地方交通部门修筑的县城至花贡的县内公路竣工。年末客车正式营运直发花贡。晴隆县局及时利用客车委办邮运,早晨从县局交发的邮件,三个半小时可到花贡,再经自行车衔接,当天到达中营支局。中营区读者原来要一周之后才能读到的《贵州日报》,现在第三天就可以见到了。①

在这条新闻中,记者通过报道贵州省晴隆县城至中营的最后一条农村马班邮路的停运、汽车邮路的兴起,表达了一个重大的主题:国家交通、邮政的巨大变化。

撰写该新闻的记者事后总结说:这条消息的原稿只写了晴隆县开办汽车邮路这一事实,只是从一个基层的角度观察新闻事实,没有把握这一事实在全局中的典型意义。经过进一步调查核实,记者了解到这是全省最后一条由马班运邮改为汽车运邮的邮路。因此,记者在对这条新闻进行修改时,就改变了报道角度,决定从贵州全省的角度,突出"告别最后一条马班邮路"这个新闻要素。这就使本来在一个局部不起眼的事实折射出改革开放之光,反映出贵州省邮件运输事业的发展变化这一侧面,使这一事实有了典型意义。这条新闻的不足之处是时效性不强,新闻报道的是几个月前的事实;缺乏新闻由头,应通过一个由头引出旧的事实——告别最后一条马班邮路。

选择最佳报道角度的方法还有很多,限于篇幅,这里就不一一列举。

记者采访报道新闻,必须寻找最佳报道角度,但是,记者不能为了寻找最佳角度而强扭角度。找角度固然重要,但必须揭示事实的本质,准确把握事实的新闻价值与事实本质的关系。表现事实的新闻价值不能背离事实的本质。在记者报道的新闻中,有的事实反映了事物的本质,有的事实没有反映事物的本质。记者必须摒弃那些不能反映事物本质的事实,选择既有新闻价值又能反映事物本质的事实。

---

① 杨煜光,张启飞,蔡绍绪.贵州告别最后一条马班邮路[N].贵州邮电报,1992-01-24(324).

新闻媒体的新闻报道有一种倾向性问题值得引起注意:每当一个时期出现一种潮流、一种趋势时,或者当国家一段时期内力推某项重大政策时,记者往往都选择这个角度报道新闻。比如,20 世纪末 21 世纪初,国家实行“西部大开发”政策,西部的新闻媒体在报道新闻时,即使报道的新闻与“西部大开发”关系不大,甚至没有什么关系,也都从西部大开发的角度进行报道,乃至于在当时西部的媒体中流传着一句话:“‘西部大开发’是一个筐,什么都往里面装”;国家后来提出“一带一路”倡议,很多新闻报道也往往都围绕着这个导向选择新闻报道角度,而不考虑事实是否与“一带一路”有关。我们也可以这样说:“‘一带一路’是一个筐,什么都往里面装。”这种强扭角度的报道方法是不可取的。

第三节 新闻笔法

什么叫笔法？在这里,笔法是指运笔的技巧,行文叙述的方法。写作任何文章都有一个笔法运用的问题,新闻写作也是如此。著名记者艾丰提出了八种新闻笔法,我们在这里主要介绍新闻简笔、新闻跳笔和新闻短笔这三种笔法。

一、新闻简笔

(一)什么是新闻简笔

著名记者艾丰说:“在新闻作品中,叙述和描写事物的时候,不必要用很细腻的笔法,而是用最简单的线条、最简练的语言来勾勒事物。这样的写作方法和技巧,我们称之为简笔。”① 艾丰认为,新闻写作中的粗笔,是指记者用概括力强的笔触、粗犷的笔触、“取其大而略其小”的笔触来写作新闻作品。粗笔是简笔的必然引申。② 简笔和粗笔虽然有细微的差别,但其实质是一致的。我们可以将这两种笔法合成为一种笔法:新闻简笔。

东西方文化存在较大的不同:西方重细描,谓之“工笔”,中国重白描,可以谓之“简笔”。不论是绘画,还是文学作品以及影视作品等,西方擅长用工整细腻的线条、色彩和语言来描绘人物和景物,这就是“工笔”或细描;中国则擅长用简要的线条、色彩和语言来勾勒人物和景物,这就是“简笔”或白描。

较之文学写作尤其是长篇文学写作,简笔在新闻写作中运用得更广泛。

什么是新闻简笔？新闻简笔,是指简要的、概括的新闻写作笔法。简笔在这里有两层意义:一是简要地表述,二是概括地表述。下面我们就来讨论简笔中这两种主要的笔法。

(二)新闻简笔的写作方法

1. 简要地表述

写作新闻作品主要是为了传递信息、报道新闻,过于细腻的叙述和描写不仅浪费版面、篇

---

① 艾丰.新闻写作方法论[M].北京:人民日报出版社,1993:190.

② 艾丰.新闻写作方法论[M].北京:人民日报出版社,1993:194.

幅和时间，而且也浪费受众的时间。因此，新闻写作强调用简要的笔法来写作。

简要地表述，是指记者写作新闻时要善于抓住新闻事实的要点，善于抓典型材料，勇于舍弃次要的材料、可用可不用的材料。不要捡了芝麻丢了西瓜，要学会留住西瓜、丢掉芝麻，敢于丢掉废话和垃圾。

东京宣布无条件投降

(1)**【美联社(1945年)8月14日电】** 日本投降了!

(2)杜鲁门总统今晚七时宣布，日本已无条件投降，造成历史上空前巨大破坏的战争随之结束。盟国陆、海军已停止攻势。

(3)总统说，日本是遵照7月26日三强致日本的最后通牒所规定的条款无条件投降的。这项最后通牒，是三强柏林会议期间发出的。

(4)八天以前，日本遭到有史以来第一枚原子弹——一种威力最大的炸弹——的轰炸，两天以前，俄国宣布对日作战。在这种情况下，日本被迫于本星期五宣布接受最后通牒中包括的全部条款，但要求继续保留天皇制。

(5)次日，美、英、苏、中四国对此作出答复，声称如天皇接受盟军最高司令部的命令，则可继续在位。

(6)杜鲁门总统今天还宣布，道格拉斯·麦克阿瑟将军已被任命为占领日本的盟军武装部队总司令。

(7)杜鲁门总统说："现在正在作出安排，以便尽早举行接受日本投降的正式签字仪式。"

(8)他说，英国、俄国和中华民国也将派出高级将领，代表各自的国家在受降书上签字。①

日本宣布无条件投降，这是举世瞩目的重大事件，要报道的事实非常多，但记者只是对重要的事实进行了报道。新闻沿着这样的严密逻辑层层展开：日本投降——日本是无条件投降——什么是无条件投降——为什么会无条件投降——盟国对无条件投降的反应和安排。

导语将第一重要的事实告诉读者：日本投降了，这是极其简洁的新闻导语，堪称经典。第二自然段注释导语，告诉读者新闻来源，是美国总统宣布日本投降，而不是记者看到了日本投降的正式文件。这里告诉读者，日本不是一般意义上的投降，是无条件投降。盟军停止进攻，战争结束，这是日本无条件投降之后盟军所作的回应。第三自然段进一步注释导语，告诉公众什么是无条件投降——日本接受了三强柏林会议期间发出的致日本最后通牒中提出的全部条款。第四自然段提供新闻背景，日本为什么会无条件投降？是因为日本受到了人类历史上从未有过的、威力巨大的原子弹的袭击，再加上苏联对日宣战，日本既无招架之功，更无还阵之力，被迫无条件投降。第五自然段到第八自然段，补充导语，报道盟国对日本无条件投降的反应。日本虽然宣布无条件投降，但还是有一个条件，希望保留天皇制，这个重大的事实，

---

① 颜雄. 百年新闻经典：上册[M]. 长沙：湖南大学出版社，2000：187.

记者必须报道——盟国有条件地答应了日本的请求。盟国派谁去统帅占领日本的军队？日本投降的正式签字仪式何时举行？哪几个国家将参加这个投降仪式并在受降书上签字？这些都是公众关心的重大问题，记者一一进行了报道。

关于日本投降，值得报道的事实非常多，诸如盟国领导人的反应、盟国民众的反应及游行庆祝活动、日本领导人的无奈、日本民众的反应和心态等，但是记者只是抓住主要的事实、重要的事实进行了报道，对次要的事实一概舍弃。

2. 概括地表述

概括地表述，是指记者写作新闻时要善于抓住轮廓，用概括力强的笔触进行写作。艾丰称这种表述方法为"粗笔"。记者要善于对事实进行概括，对整体事实、重要的事实、大的事实进行提炼和浓缩。与简要地表述笔法相比，概括表述的关键词是浓缩——不是舍弃，是浓缩，像压缩饼干一样。比如一张照片，从 10 寸压缩到 2 寸或 1 寸，可以形象地称之为"概括地表述"。

《纽约时报》记者亚伯拉罕·迈克尔·罗森塔尔采写的《奥斯维辛没有什么新闻》，在报道"二战"中德国法西斯在波兰布热津卡建立的集中营时，这样写道：

> 许多参观者目瞪口呆地注视着毒气室和焚尸炉，开头的表情茫然，因为他们不晓得这是干什么的。然而当他们一看到玻璃窗后堆积得像小山似的头发，看到一堆堆婴儿的小鞋，看到一排排堆放着因窒息而死的人的尸体的砖房时，他们不由自主地停下脚步，毛骨悚然，浑身发抖。

在这段文字中，记者没有具体写纳粹集中营怎样迫害成年人和孩子，而是概括性地描写了纳粹集中营中玻璃窗后受迫害而死去的人的头发堆积成了小山；婴儿的小鞋不是一两只，而是一堆堆；因窒息而死的人不是一两个，而是尸体堆满了无数的砖房。这种集中、概括性的描写，使德国法西斯的残酷、毒辣、灭绝人性被充分地表现出来，具有强烈的感染力。

看下面这条新闻：

> **大批妇女冲击国会**
>
> **【路透社伦敦(1907 年)2 月 13 日电】** 今天一群要求参政的妇女冲击国会，但是她们组织得良好的进攻被警察击退了。大约 60 名妇女被捕。很多人在与骑警激烈搏斗时受了伤。这次示威游行正午一过就开始了，一直到晚上 10 点。
>
> 今天晚上，在一次集会之后，妇女们又试图冲入议会大厦，但是骑在马上和徒步的警察抵挡了妇女们的每一次冲击。这些妇女中的几位控诉伦敦警察的野蛮行为。
>
> 为了引起更多的人注意妇女参政的问题，这些从事女权运动的妇女中有 100 多人发誓要使自己被捕。女权运动领导人之一的安妮·肯尼曾经保证：如果这次会议结束时，英国妇女仍得不到选举权，她将带领 1,000 名妇女进入众议院。①

---

①② 李大卫，石维，艾顿. 百年好文章：路透社百年新闻佳作[M]. 西安：陕西师范大学出版社，2002：15.

妇女冲击国会,记者没有对冲击国会的场面和与警察搏斗的场面进行具体的叙述和描写,导语和第二自然段都是概括性地对妇女冲击国会以及与警察的搏斗进行报道。第三自然段也是概述女权主义者的态度。在新闻结尾,对女权运动领导人之一的安妮·肯尼的间接引语较为具体,但她说的话也是概括性的话。

再看下面这条新闻:

美国人正在抛弃妻子

【路透社伦敦(1909年)8月15日电】 今年曼哈顿州抛弃妻子案件数目增加33%。据说3,000多个遗弃妻子的案件都是由于生活费用太高造成的。这些人中很多都较贫穷,年龄在20至24岁之间,扔下两个或更多孩子。纽约地区认为这是轻罪,因此判处犯人在监狱中服役6个月。衣阿华、俄勒冈、内华达、田纳西州和德(得)克萨斯州则根本不予处罚。另有4个州则把弃妻行为判为重罪。

据纽约慈善机构发表的统计数字,饮酒和爱搬弄是非的邻居及亲属是导致婚姻破裂和弃妻的主要原因。妻子在家庭生活中作用的改变也是原因之一。生活必需品如此昂贵,很多年轻姑娘为了家庭生计被迫到工厂和商店去工作。因此,结婚的时候,她们操持家务时显得没有经验。失望的丈夫经常抛弃妻子而不正式离婚。这样可不必花许多钱,因为现在离婚的费用也在增加。②

这条新闻只有两段,第一自然段概括地叙述美国人抛弃妻子的基本事实:抛弃妻子的案件数目、有多少妻子被抛弃、抛弃妻子的丈夫的大致年龄、美国各州法院对这种行为的看法和惩罚程度。第二自然段概括地叙述婚姻破裂和抛弃妻子的原因。整个新闻没有对具体的个案进行报道。

概括表述要能突出事物的特点,像画速写一样,寥寥数笔就勾勒出事件的轮廓,显示出事件的新闻价值和意义。

概括叙述事实要有具体实在的内容,不能过于抽象化、概念化。任何新闻事实都有具体的内容。新闻写作中的概括性表述笔法,是对具体事实的凝练和综合,而不是抽象的归纳,更不是概念的堆积和拼凑。

3. 简要表述和概括表述交叉

前文引述的两条新闻报道,采用概括笔法报道新闻,这种概括地叙述事实的写法在20世纪初期和中期比较盛行,但是这种写法相对比较笼统,不够具体,难以引起读者的阅读兴趣。采用简要笔法报道新闻,虽然事实写得比较简略,但是比较具体,能够激起读者的阅读欲望,不过这种写法只能用来报道重要事实、主要事实,不适用于次要事实。并不是所有的次要事实公众都没有兴趣,有些次要事实还是能够引起公众的兴趣,对于这些次要事实的报道仍要采用概括笔法。

为了对重要事实和次要事实都进行报道,有很多新闻综合、交叉使用简要笔法和概括笔法,这样既使新闻报道笔法灵活多变,新闻报道不呆板、不僵化,又使新闻对事实的报道完整、全面,使公众能够清楚明白地知悉整体事实。

“9·11”——美国人心中永远的痛

【美联社纽约(2001年)12月11日电】 在白宫,在外层空间,在工厂,在遍布世界的美国大使馆里,美国人和他们的盟友今天都停下来纪念“9·11”事件发生3个月。

美国东部时间上午8点46分,白宫开始了纪念活动,一阵咚咚鼓声之后奏响了美国国歌。

布什总统说:“在9月11日遇难的每一个无辜的人对于某个人来说都是世界上最重要的人。每一个生命的消逝都熄灭了一个世界。”

在国会大厦、司法部、运输部和五角大楼等华盛顿其他地方,也举行了纪念活动。

在纽约市,消防员、警察和建筑工人在世贸中心所在地进行模拟搜寻和清理,作为一次跨宗教祈祷仪式。一个孤独的喇叭手吹出一曲悠缓、悲伤的《星条旗永不落》。①

新闻导语概括地表述,报道全美乃至全球都在纪念“9·11”事件发生3个月。第二自然段解释导语,简要地表述,在具体的时间上午8点46分,具体的地点白宫开始悼念活动,奏响国歌。第三自然段也是简要表述,报道总统布什发表讲话,其表达了对逝者的哀悼、尊重。第四、第五自然段是概括地表述,第五自然段的最后一句话是简要表述。第四、五自然段报道了在事件发生地华盛顿、纽约的纪念活动。新闻通过交叉使用简要表述和概括表述,在不到300字的篇幅里,有点有面,既浓缩了丰富的内容,对全美及全球关于“9·11”事件的纪念活动进行扫描式的报道,又有所选择地重点报道了重要的人、重要的机构、重要的区域举行的纪念活动,将美国人对“9·11”的纪念活动精炼而又全面地呈现了出来。

再看下面这条新闻:

梁锦松与伏明霞低调完婚

(1)**【新华社香港(2002年)7月30日电】** (记者:曲北林) 伏明霞已经同香港财政司司长梁锦松结婚。梁锦松在今晚给香港媒体的声明中首次证实,他们两人于7月15日在美国夏威夷檀香山举行了婚礼。梁锦松说,他们的婚事完全是个人私事,希望低调处理。

(2)梁锦松今年50岁,是香港政府中的第三号官员。有人称他是香港的“财神爷”,也有人称他是香港的“钻石王老五”(富有的单身汉)。

(3)伏明霞与梁锦松去年3月在香港首次相遇。当时梁锦松以香港财政司司长的身份出席“香港杰出领袖”颁奖典礼,伏明霞受邀担任颁奖嘉宾。两个人恰好被安排坐在一起。

(4)伏明霞后来回忆说,当时觉得梁锦松很有趣,总能逗她笑,尽管当时聊得非常开心,却并不知道梁锦松是何方神圣。

---

① 刘明华,张征.新闻作品选读[M].北京:中国人民大学出版社,2003:92.

(5)梁锦松毕业于香港大学,主修的专业是经济及统计学,去年出任财政司司长。在此之前,他是摩根大通亚太区主席,收入比现在高得多。

(6)身高1.75米的梁锦松最喜欢的运动是高尔夫球。

(7)1998年,梁锦松与前任妻子谭淑芬离婚,没有子女。他们二人是大学同学,毕业后结婚。①

上面这条新闻,导语概括地表述,叙述梁锦松与伏明霞结婚的时间、地点以及不事张扬的心态。第二自然段概括介绍梁锦松的基本情况。第三、第四自然段简要表述,介绍两人初次相遇的事实,这是两人能够走到一起的"因",新闻写得比较含蓄,双方当时已互有好感,梁锦松已经表现出对异性的爱,而伏明霞只是觉得这个男人很有趣,没有产生异性之爱。第五自然段又概括表述梁锦松的经历。第六自然段简要表述梁锦松的外表及爱好。第七自然段概括表述梁锦松的第一次婚姻情况。简要表述和概括表述交叉进行,在较短的篇幅内将梁锦松的基本情况和梁锦松及伏明霞相识、相爱、结婚的情况比较清晰地告诉了读者。

二、新闻跳笔

(一)什么是新闻跳笔

写文章最基本的要求就是连贯、通顺,中国古代文人写文章讲究起承转合。但是,这里的新闻跳笔却恰好与我们平时的写作要求不一致甚至相反。

什么叫新闻跳笔?著名记者艾丰认为,所谓"新闻跳笔"是新闻写作的一种笔法,"指记者在写稿时不必过分注意文字上的连贯和上下文的衔接,在句子和句子之间,在段落和段落之间可以有甚至必须有较大的跳跃"②。

新闻写作必须在简短的文字中表达丰富的信息,如果按照传统文章的写法要求,文字必须连贯,一条短消息,可能也要好几百字才能表达清楚,既浪费版面空间和节目时间,也增加了读者阅读的时间成本,传受双方双输。而简洁短小的文章既节省版面空间和节目时间,又能快速传递信息,传受双方双赢。采用跳跃式的写法,是使新闻简洁短小的最有效途径。因此,记者在进行新闻写作时,段落、句子之间的跳跃不仅可以有,而且"必须有"。

新闻写作的跳跃主要表现为两个方面:句子和句子之间的跳跃、段落和段落之间的跳跃。

记者运用新闻跳笔这种笔法进行新闻写作,句子、段落间的跳跃可能会使句子和段落不够连贯,但这种不连贯只能表现在外在形式上,其内在的含义和内在的逻辑必须是连贯的。否则,整篇新闻就会像一个精神病人的胡言乱语,成为一堆杂乱无章的语言乱码,让接受者无法阅读、难以理解。因此,句子与句子之间、段落与段落之间表现出来的跳跃性,必须以不违背事实的内在逻辑为前提。

新闻跳笔既是一种笔法;也是一种结构方法。在句子与句子之间,表现为一种笔法;在段落与段落之间,则表现为一种结构方法。倒金字塔结构就是采用了新闻跳笔的方法。

① 刘明华,张征.新闻作品选读[M].北京:中国人民大学出版社,2003:102.

② 艾丰.新闻写作方法论[M].北京:人民日报出版社,1993:209.

新闻写作中运用新闻跳笔，看似是一种思维和行文的跳跃，实质是为了更直接、更流畅地陈述事实，更简练、更明快地报道新闻事实。新闻跳笔对读者来说并不构成阅读障碍，且对新闻写作还有多种好处：新闻跳笔的最大作用，是可以加大新闻的信息量。新闻显著的特点之一是简洁，要使新闻表达简洁，就必须将冗言赘句删除。删除多余的文字，只突出有价值的事实，新闻的信息量就会大增。

读者阅读新闻，是为了找到有用的信息，或是作为茶余饭后的一种消遣，往往不太注意，也不想过分注意新闻作品中文字的连贯性，常常是跳着阅读的，既然如此，记者也可以"跳"着写，以适应读者的阅读习惯。

运用新闻跳笔的笔法写作，记者可以不必过分在意句子与句子之间的衔接，不特别考虑上下文之间的连贯，跳跃性地写作可以使记者写得短、写得快。

（二）新闻跳笔的写作方法

1. 断裂行文

所谓断裂行文，是指打破时空顺序和逻辑顺序，用跳跃的方式组织事实材料的一种新闻写作方法。

也就是说，文字之间、段落之间可以彼此没有联系，无须过分地注意文字的连贯性和上下文的过渡与衔接。从表面形态看，新闻作品是"散"的，文字和段落之间呈断裂状态，但新闻事实之间有着内在的逻辑关联，零散的材料服从连贯的思想。这有点像散文写作一样，"形散神不散"，形散神聚。

曼德拉向往故乡潺潺流水

（1）**【路透社开普敦(1999年)5月4日电】** 南非总统纳尔逊·曼德拉期待着在6月2日的选举之后享受他当之无愧的退休生活，但他说，如果职责召唤，他仍将会为他热爱的祖国服务。

（2）曼德拉在南非国家电视台5月4日播出的电视访谈节目中说："我有26个孙辈，3个曾孙辈。现在，我将有机会坐下来帮他们设计未来。"

（3）他谈到他的新任妻子、前莫桑比克第一夫人格拉萨·马谢尔说："我妻子是一位非常迷人的女士，如今我能在不大受政府职责干扰的情况下享受她的陪伴。"他是在去年80岁生日那一天与马谢尔结婚的。

（4）曼德拉说："我将仍是非国大的一名忠实而守纪的成员，是一名爱国的南非人。无论需要我承担什么重任，我都会把其他事情放在一边，尽力去做。"

（5）曼德拉总统想念在他因反对种族隔离而身陷囹圄的27年间长大的孩子们，他将在6月的选举之后卸任。曼德拉将把职位转交给继承者塔博·姆贝基。

（6）曼德拉总统说，在他的孙辈上学期间，他将在他约翰内斯堡富裕的家中度过退休后的大部分时光，但他也会到他妻子在马普托的家以及他的故乡古努村看看。

(7)他说:“我还要去我的故乡、我出生的地方古努村,去看伴我成长的那些山岭、岩石和溪谷,我来到城市时只有23岁。那里的寸寸绿草、潺潺水声都深深地牵动着我的心。”

(8)曼德拉说,他所属的非国大党在上台执政时没有受过任何训练,也犯过许多错误,但与自欧洲定居者300年前首次抵达这片大陆以来强加在南非黑人身上的任何一届政府相比,这个党有更好的业绩。

(9)这位昔日的政治犯、今日世界知名的政治家说,他生平的所有业绩都不应归功于他个人的品质,而应归功于他是非国大的一员。

(10)他说:“我让公众去决定他们应该怎样看待我,是否应该把我看成一位老人,仅仅因为年长而应该受到尊敬。但是,我希望自己被看作一名普通的南非人,和其他人一起为祖国做出了自己卑微的贡献。”①

上面这条新闻,导语表达了新闻主题:曼德拉期待享受退休生活,但如果党和国家需要,他仍将会为党和国家服务。第二自然段承接首段,谈他期待中的退休生活,没有跳跃。第三自然段虽然还是在说他要享受退休生活,但是内容从他的孙子跳到妻子,有小小的跳跃。第四自然段内容跳跃较大,一下子从他要享受退休生活跳到他要为国家服务、为党服务。第五自然段又从为国家、为党服务拉回到孩子们,跳跃较大。第五自然段段内文字之间的跳跃也比较大,从孩子们跳到他的卸任,又从卸任跳到他的继任者。第六、第七自然段又从他的继任者跳到他要享受的退休生活——他自己的家、他妻子的家、他自己的故乡。第八自然段非常突兀,在没有任何文字衔接、过渡的情况下,跳回到写他的非国大党。第九自然段的内容有比较小的跳跃,曼德拉谈对自己的评价。第十自然段承接前段,谈公众如何评价他。整篇新闻没有专门的过渡和衔接的文字,在两个主题之间跳来跳去,跳跃性较大。尽管如此,这些跳跃性的文字始终没有游离导语设定的主题:曼德拉期待享受退休生活,但他热爱他的党、热爱他的国家,如果党和国家需要他,他随时准备为党和国家服务。

2. 蒙太奇式行文

蒙太奇是法语 montage 的译音,是“剪接”的意思,后来发展成一种电影中镜头组合的理论。蒙太奇式行文,是指借用电影艺术中的蒙太奇理论,将中国传统行文方式中的句子与句子、段落与段落之间表示过渡、衔接的文字省略。能用过渡句就不用过渡段,能用过渡词就不用过渡句,过渡词可用可不用时,就坚决不用,实现自然过渡,打破时空界限,跳跃式行文,如同电影镜头般地陈述和展现新闻事实。

别了,“不列颠尼亚”

(1)**【新华社香港(1997年)7月1日电】**(记者:周婷、杨兴)　在香港飘扬了一百五十多年的英国米字旗最后一次在这里降落后,接载查尔斯王子和离任港督彭定康回国的英国皇家游轮“不列颠尼亚”号驶离维多利亚港湾——这是英国撤离香港的最后时刻。

---

① 刘明华,张征.新闻作品选读[M].北京:中国人民大学出版社,2003:275-276.

(2)英国的告别仪式是30日下午在港岛半山上的港督府拉开序幕的。在蒙蒙细雨中,末任港督告别了这个曾居住了25任港督的庭院。

(3)下午4时30分,面色凝重的彭定康注视着港督旗帜在"日落余音"的号角声中降下旗杆。根据传统,每一位港督离任时,都举行降旗仪式。但这一次不同:永远都不会有另一面港督旗帜从这里升起。4时40分,代表英国女王统治了香港5年的彭定康登上带有皇家标记的黑色"劳斯莱斯",最后一次离开了港督府。

(4)掩映在绿树丛中的港督府于1885年建成,在以后的一个多世纪中,包括彭定康在内的许多港督曾对其进行过大规模改建、扩建和装修。随着末代港督的离去,这座古典风格的白色建筑成为历史的陈迹。

(5)晚6时15分,象征英国管治结束的告别仪式在距离驻港英军总部不远的添马舰东面举行。停泊在港湾中的皇家游轮"不列颠尼亚"号和临近大厦上悬挂的巨幅紫荆花图案,恰好构成这个"日落仪式"的背景。

(6)此时,雨越下越大。查尔斯王子在雨中宣读英国女王赠言:"英国国旗就要降下,中国国旗将飘扬于香港上空。150多年的英国管治即将告终。"

(7)7时45分,广场上灯光渐暗,开始了当天港岛上的第二次降旗仪式。156年前,一个叫爱德华·贝尔彻的英国舰长带领士兵占领了港岛,在这里升起了英国国旗;今天,另一名英国海军士兵在"威尔士亲王"军营旁的这个地方降下了米字旗。

(8)当然,最为世人瞩目的是子夜时分中英香港交接仪式上的易帜。在1997年6月30日的最后一分钟,米字旗在香港最后一次降下,长达一个半世纪的统治宣告终结。

(9)在新的一天来临的第一分钟,五星红旗伴着《义勇军进行曲》冉冉升起,中国从此恢复对香港行使主权。与此同时,五星红旗在英军添马舰营区升起,两分钟前,"威尔士亲王"军营移交给中国人民解放军,解放军开始接管香港防务。

(10)零时40分,刚刚参加了交接仪式的查尔斯王子和第28任港督彭定康登上"不列颠尼亚"号的甲板。在英国军舰"漆咸"号及悬挂中国国旗和香港特别行政区区旗的香港水警汽艇护卫下,将于1997年年底退役的"不列颠尼亚"号很快消失在南海的夜幕中。

(11)从1841年1月26日英国远征军第一次将米字旗插上港岛,至1997年7月1日五星红旗在香港升起,一共过去了156年5个月零4天。大英帝国从海上来,又从海上去。①

《别了,"不列颠尼亚"》是新华社1997年7月1日播发的新闻,这篇新闻荣获第8届中国新闻奖消息类一等奖。全文共11个自然段,除导语和结尾外,全文采用蒙太奇式行文方式。记者抓取了10个"镜头",构成四个大的场景。

第一个场景(第二至四自然段):末任港督彭定康离开港督府。先是远景:在蒙蒙细雨中,在港岛半山上的港督府,英国的告别仪式拉开序幕;接着是一个特写:最后一任港督彭定康面色凝重,注视着在"日落余音"的号角声中港督旗帜降下;然后是一个近景:港督彭定康登上带有皇家标记的黑色"劳斯莱斯"离开港督府;接着,镜头又摇回到远景,描述掩映在绿树丛中的

① 刘明华,张征.新闻作品选读[M].北京:中国人民大学出版社,2003:171-172.

港督府,由于末代港督永远离去,永不再来,这座古典风格的白色建筑将成为历史的陈迹。这一组镜头构成一个大的场景:降下港督旗帜,末任港督彭定康告别港督府。

第二个场景(第五至六自然段):英国告别仪式,降英国国旗。象征英国管治结束的告别仪式在添马舰东面举行,这是一个远景;然后突然拉回一个特写:皇家游轮“不列颠尼亚”号和巨幅的紫荆花图案构成“日落仪式”的背景;接着又是一个特写:查尔斯王子在雨中宣读英国女王的赠言。

第三个场景(第七至九自然段):中英香港交接仪式易帜。这个场景有两个近景:第二次降旗仪式,降下英国米字旗;五星红旗伴着《义勇军进行曲》冉冉升起,解放军开始接管香港防务。

第四个场景(第十自然段):查尔斯王子和末任港督彭定康离开香港。镜头由近到远,描述查尔斯王子和末任港督彭定康登上“不列颠尼亚”号的甲板,在英国军舰和香港水警的护卫下,乘坐“不列颠尼亚”号离去,直到消失在南海的夜幕中。

这10个“镜头”构成的四个场景相对独立,自成画面,彼此之间没有衔接和过渡词,每个场景都采用蒙太奇式的“镜头推拉法”跳跃展开对香港回归祖国情景的报道,让读者感觉像看电影一样,观看着香港回归的一组组镜头。在这种蒙太奇式行文风格中,虽然镜头在不断地推来拉去,但是,新闻并不显得凌乱繁杂,因为所有的镜头都是紧紧围绕着表现香港回归这一主题而展开的。这篇新闻作品打破了时空界限,省略了不必要连接的句子和语言,使新闻简洁明快,且内涵丰富。

蒙太奇式行文与断裂行文在实质上基本一致,都讲求跳跃式写法,尽量省略不必要的表示过渡、衔接的文字和段落。不同的是,蒙太奇式行文更讲求画面感、镜头感,如果新闻事实没有画面和镜头的元素,就难以采用蒙太奇式行文来写作。而断裂行文既可以表现有画面和镜头元素的事实,也可以表现无画面和镜头元素的事实。

3. 加大跨度

加大跨度,是指记者在新闻写作的过程中要加大句子与句子之间、段落与段落之间的跨度。著名记者艾丰将这种笔法称为“跨笔”。同时,这种加大跨度的方法,也是一种讲究变化的方法。在新闻写作的过程中,记者的笔法要善于变化。

爵士乐大师汉普顿谢幕人生

(1)**【美联社纽约(2002年)8月31日电】** 1936年的那一天,莱昂内尔·汉普顿在曼哈顿参加演出时,人们不仅在舞台上看到一个音乐奇迹,而且还目睹了美国种族关系的突破。

(2)电颤琴演奏大师汉普顿于今天去世。在60多年的演艺生涯中,汉普顿逐渐成为爵士乐历史上最伟大的演奏家之一。他打破了白人和黑人不能公开同台演出的禁忌。

(3)汉普顿的乐队经理菲尔·莱欣说,这位爵士乐大师在西奈山医疗中心因心脏病逝世,享年94岁。汉普顿在1995年两度中风,近年来健康状况日渐衰退。

(4)在60多年的演艺生涯中,汉普顿曾在白宫为杜鲁门、艾森豪威尔、约翰逊、尼克松、卡特、里根和布什等多位总统演奏爵士乐。汉普顿曾经说,他为杜鲁门总统演奏时,他的乐队是第一个在白宫演出的黑人乐队。

(5)1997年,汉普顿被授予总统荣誉勋章——他在领奖仪式上穿着借来的西装和鞋袜,因为他所有的衣服以及乐队的大部分装备都在两天前的一场大火中被烧毁了。

(6)汉普顿的爵士音乐旋律优美、节奏强劲,但观众也为他的个人魅力所倾倒——灿烂的笑容、用不完的精力和极富感染力的演奏风格。汉普顿有时也在乐队中担任击鼓、演唱和钢琴伴奏的角色。

(7)汉普顿还是一位作曲家,他最著名的曲子是在1937年创作的《飞回家去》。在此后的半个世纪中,这首曲子被演奏了300多次。①

上面这条新闻,导语开头打破常规,不写今天,而是从今天跨越到了1936年,从66年前汉普顿的卓越成就开始写起,引出第二自然段汉普顿今天逝世。第二自然段开头第一句写的是今天,第二句马上从今天跨越到了汉普顿60多年的演艺生涯。第三自然段开头第一句又从其60多年的演艺生涯回到今天,但第二句则转而写其1995年的两度中风。第四自然段从今天跨越到其60多年的演艺生涯。第五自然段从其60多年的演艺生涯跨越到1997年其获得最高荣誉及其窘境。第七自然段从1997年跨越到1937年,然后从1937年写到其半个世纪的艺术生活。这条新闻的时间跨度很大,而且过去和今天的时间不断地切换。这种写法只有在新闻写作中才比较适合,在文学写作及其他的文章体裁中,这种写法会让读者找不着北,如堕五里雾中。

在新闻报道中,类似这种加大时间跨度的新闻作品比较多,除此之外,还有加大空间之间的跨度、意义之间的跨度,等等,在此就不一一赘述。

艾丰说:"新闻写作的艺术在某种意义上说是'舞蹈的艺术'。它是讲求跳的,跳得好,就成了高超的写作技巧。"②那么,"跳"得不好呢?记者写出来的新闻作品就会成为一堆乱码,让读者看不懂,读不通。因此,记者在运用新闻跳笔这种笔法写作时,不能乱"跳",在"跳"着写作事实时,一定要注意把握事实之间的内在联系,否则会弄巧成拙。

三、新闻短笔

(一)什么是新闻短笔

什么是新闻短笔?艾丰认为,新闻短笔应该包括三层意思:新闻作品的篇幅要短,段落要短,句子要短。所谓新闻短笔,就是指新闻作品应该是短篇、短段、短句,即"三短"的结合体(关于短句、短篇,本书在第十章"新闻报道原则"第五节"简洁"中还将进一步讨论,这里重点讨论短段)。

中国人对短篇、短句非常重视,不论是学界,还是写作实务界;不论是古代,还是现当代,

① 刘明华,张征.新闻作品选读[M].北京:中国人民大学出版社,2003:274-275.
② 艾丰.新闻写作方法论[M].北京:人民日报出版社,1993:213.

论述短篇、短句的专著、文章可谓汗牛充栋，但是，对短段的论述则微乎其微。在古代和现当代，在学界和写作实务界，中国人都不太重视段落的简短，这似乎是中国的一个传统习惯。中国古代的文章，没有句读，不断句、不分行，往往在很长一段文字后才分段，这种文化传统显然对今天中国新闻界新闻作品段落普遍偏长有比较重要的影响。

改革开放初期，我们的新闻作品段落仍然偏长，即使是荣获中国新闻奖的新闻作品，对短段落也不够重视，有些获奖作品的段落非常长，读者阅读起来会感觉非常累。

农民要看文件何罪之有

(1)**【本报讯】**（记者：覃红、欧金玉）　新邵县坪上镇上湾村农民钟建文，在镇、村干部催收公路集资款时，仅仅因为要干部出示集资文件，遭到镇干部围追堵截，无情殴打，并被镇派出所非法扣押10多个小时，直到交完罚款才获得自由。

(2)7月1日下午，以镇党委委员张锦坤为首的6个镇干部进驻上湾村，协助村干部向每个村民收取10元公路集资款。部分村民对这一收费是否合法、有无必要心存疑虑。轮到向钟建文收费时，钟建文对村支书钟祖送说："你拿文件给我看，我现在就交钱，不然就没得交。"钟建文万没想到就这一句话，为自己招来了一场大祸。傍晚，当镇政府干部以及赶来援助的派出所干警、联防队员将该村因集资骂了他们的两个村民（其中一人为二组组长）押上车准备返回镇里，问还有没有人要抓走时，村支书手指站在路边高坎上观望的钟建文补了一句："还有一个要看文件的。"话音刚落，十多个镇干部一拥而上，捉拿钟建文。钟建文吓得拔腿就跑。镇干部四面包抄，穷追不舍，追了约500米，终将跳进溪沟无路可逃的钟建文抓获。紧接着，四个镇干部你一拳我一脚，猛揍钟建文，一时间，溪沟里呻吟声拳脚声不绝于耳，直到有村民高喊"再打要出人命案了"，这几个镇干部才住手。在押回车的路上，村民们看到，这几个镇干部揪着钟建文的头发厉声问钟："还看文件不？"此后，钟建文被关进了镇派出所一间石灰水齐脚深的小屋，并被铐了一个多小时。7月2日中午，派出所在钟建文的家人交来检讨书和100元所谓"检讨印刷费"（未开收据）后，才对钟解除扣押。据该所记载：钟建文以要看文件，"公然侮辱他人"，"给予警告处罚"。

(3)记者现场查实此事后，于8月13日采访了新邵县委书记粟平钧，粟书记表示："可以肯定，这一事件是由于乡镇干部工作方法过于简单粗暴造成的，所幸没出人命案，没造成更大后果。对于干部的违法乱纪行为，该怎么处理就怎么处理，县委决不姑息迁就。"（原载《湖南日报》，1996年9月1日）

这条新闻荣获第七届中国新闻奖三等奖。评委评价该文"触及时弊，具有较强的针对性"，并认为这条新闻具有如下特点："一是记者有崇高的社会责任感；二是采访扎实深入，事实准确；三是文风朴实、客观公正，取得了良好的社会效果。"①两位记者为采写这篇报道，深入村、乡、县，行程200余公里，采访近40人，这种扎实、认真的采访作风是值得称道的。不过，这条新闻在段落的处理上尚存白璧微瑕。全文755字，但只有三个自然段，第二段最长，有550字，占

① 刘永祥. 报纸、通讯社言论、消息评选扫描[J]. 中国记者，1997(11).

了全文篇幅的三分之二以上。段落太长,读者阅读起来会感到沉闷、枯燥、压抑,效率低下。这种长段落的新闻稿在今天的新闻媒体上仍然屡见不鲜,值得引起新闻媒体记者的重视。

我们可以尝试对这条新闻的段落进行切割,切割后的新闻段落如下:

农民要看文件何罪之有

(1)**【本报讯】**(记者:覃红、欧金玉) 新邵县坪上镇上湾村农民钟建文,在镇、村干部催收公路集资款时,仅仅因为要干部出示集资文件,遭到镇干部围追堵截,无情殴打,并被镇派出所非法扣押10多个小时,直到交完罚款才获得自由。

(2)7月1日下午,以镇党委委员张锦坤为首的6个镇干部进驻上湾村,协助村干部向每个村民收取10元公路集资款。

(3)部分村民对这一收费是否合法、有无必要心存疑虑。

(4)轮到向钟建文收费时,钟建文对村支书钟祖送说:"你拿文件给我看,我现在就交钱,不然就没得交。"

(5)钟建文万没想到就这一句话,为自己招来了一场大祸。

(6)傍晚,当镇政府干部以及赶来援助的派出所干警、联防队员将该村因集资骂了他们的两个村民(其中一人为二组组长)押上车准备返回镇里,问还有没有人要抓走时,村支书手指站在路边高坎上观望的钟建文补了一句:"还有一个要看文件的。"

(7)话音刚落,十多个镇干部一拥而上,捉拿钟建文。

(8)钟建文吓得拔腿就跑。

(9)镇干部四面包抄,穷追不舍,追了约500米,终将跳进溪沟无路可逃的钟建文抓获。

(10)紧接着,四个镇干部你一拳我一脚,猛揍钟建文,一时间,溪沟里呻吟声拳脚声不绝于耳,直到有村民高喊"再打要出人命案了",这几个镇干部才住手。

(11)在押回车的路上,村民们看到,这几个镇干部揪着钟建文的头发厉声问钟:"还看文件不?"

(12)此后,钟建文被关进了镇派出所一间石灰水齐脚深的小屋,并被铐了一个多小时。

(13)7月2日中午,派出所在钟建文的家人交来检讨书和100元所谓"检讨印刷费"(未开收据)后,才对钟解除扣押。

(14)据该所记载:钟建文以要看文件,"公然侮辱他人","给予警告处罚"。

(15)记者现场查实此事后,于8月13日采访了新邵县委书记粟平钧,粟书记表示:"可以肯定,这一事件是由于乡镇干部工作方法过于简单粗暴造成的,所幸没出人命案,没造成更大后果。对于干部的违法乱纪行为,该怎么处理就怎么处理,县委决不姑息迁就。"(原载《湖南日报》,1996年9月1日)

原新闻只有三个段落,首尾两段比较简洁,不需要切割。第二自然段太臃肿,需要消肿。经过切割,我们将这条新闻分为15个段落,比原新闻增加了12个段落。经过切割后的段落简洁明快,读者阅读起来更方便、更轻松,效率也更高。

杰克·海敦在《怎样当好新闻记者》一书中说:“好的新闻写作是干脆而明快的。简短的句子和段落是它的特征。”威廉·梅茨在《怎样写新闻——从导语到结尾》一书中批评:“有些初学新闻写作的学生没有分段的习惯。他们把一则新闻开头那句引出主题的句子,全部塞在一大段里,占了整整一页打字纸。”①

国外新闻界和新闻教育界对新闻作品段落的划分要求比较严格。美国《全能记者》一书规定:“句子和段落应该短些。新闻报道里的每一个段落最好不要超过75个词,每段不超过4个句子。”②

(二)分段是个好东西

俄国作家伊萨克·巴贝尔有一句名言,“分段是个好东西”,因为“它使你能平静地转换节奏,它像闪电一样能从另一个角度显示出自然的景色。有不少作家,甚至是好作家都大量地分段和运用标点符号”③。

伊萨克·巴贝尔的这句话是针对文学作品而言的,不过,事实上它更适合于新闻作品。无论是新闻传播者,还是新闻接受者,双方都非常需要快捷、高效地传递信息和接收信息,因此,相对于文学作品而言,新闻作品更应该段落短、分段多。

美国新闻界的基本观点是:一句话一个意思,一个意思一个段落。“实际上,在很多报纸上,每一句话就是一个段落。”“频繁的空格可以作为视觉引导,帮助读者在阅读狭窄的新闻栏时更好地顺着往下读。”“当空格不那么频繁时,人眼从一行到另一行要困难得多。当空格频繁时,文章看起来不那么灰暗而更悦目。”④

段落短的新闻作品不仅便于读者阅读,而且也便于编辑修改删节。显然,段落短的新闻作品删起来要比段落长的新闻作品容易得多,编辑可以毫不费力地一段一段地删节,不需要花太多的时间和精力去分析和思考,可以节省大量的斟酌字词句的时间。在如今这个讲究快速报道的时代,短段落更容易编辑,也就更具竞争性。

尼克松抵达北京

(1)**【美联社北京(1972年)2月21日电】**　美国总统理查德·尼克松的座机于今天格林尼治时间3时27分(北京时间11时27分)在北京机场着陆,他将对中国内地进行具有历史意义的访问。(64个字)

(2)机场上的情景向全世界作了电视转播。(17个字)

(3)北京机场几乎没有迎接贵宾到来的色彩——没有红地毯,只有一面中国国旗和一面美国国旗。(41个字)

(4)然而,有一支中国仪仗队和一支军乐队奏两国国歌。(23个字)

---

① 刘保全 彭朝丞.消息范文评析[M].北京:新华出版社,2001:218.

② 刘保全 彭朝丞.消息范文评析[M].北京:新华出版社,2001:218-219.

③ 曼切尔.新闻报道与写作[M].北京:中国广播电视出版社,1981:136.

④ 吉布斯,瓦霍沃.新闻采写教程——如何挖掘完整的故事[M].姚清江,刘肇熙,译.北京:新华出版社,2004:65-66.

(5)没有邀请外交使团。(9个字)

(6)机场上没有欢迎群众。没有像欢迎埃塞俄比亚塞拉西皇帝那样有乐队高奏嘹亮的音乐。(38个字)

(7)美国电视评论员说,这"至少是一次冷淡的欢迎"。对飞机降落的情况通过卫星作了电视实况转播。(这是第一次在中国内地做这种转播。)(62个字)

(8)周在欢迎尼克松及其一行时面带笑容,表情诚挚。(22个字)

(9)在停机场上互致敬意后,中国军乐队奏起了美国国歌,尼克松、周和双方随行人员立正,面对着已经在旗杆上的美国国旗。(54个字)

(10)尼克松微笑着聆听中国人演奏美国国歌。在中国国歌《义勇军进行曲》奏起时,他也保持立正姿势。(44个字)

(11)然后,尼克松和周在周的女译员和他们的高级助手的陪同下慢步检阅了中国仪仗队。(37个字)

(12)记者说,从机场通往北京城的公路两旁"戒备森严",虽然从这条路的起点机场看不到有观看的人。(44个字)

(13)车队在明媚的阳光下闪闪发光。(14个字)

(14)评论员说,迎接是"合乎礼仪的,但绝不是富有色彩的"。(26个字)

(15)但是,考虑到当前的各种情况——包括两国尚没有外交关系——这种迎接看来是无可指责的。(41个字)

这条新闻在段落字数上是比较标准的西方新闻范例,每段不超过4个分句,段落非常短小。全文包括标点符号在内共536个字,15个自然段,平均每段35.7个字,不足40个字。20个字以下的段落3个,20~30个字的段落3个,导语的字数最长,64个字,其他段落的字数都没有超过导语的字数,第五自然段只有9个字,是最短的段落。这种短小的段落,读者阅读起来非常舒适、方便,接收信息非常明快而清晰。

下面这条新闻的段落也非常短小:

【美联社北京(1981年)8月10日电】 中国首都北京熬过了一个数年来最闷热的夏天。930万口干唇燥的北京居民饱尝了大量西瓜。但令人苦恼的是,啤酒和冷饮供应不足,而且还淹死了一些人。

在这闷热的日子里,数以千计的砖房和狭窄的胡同火上加油,使市区居民热得简直难以忍受。

空气里散布着从公共厕所里散发出来的气味。

室内气温如此之高,以致数以千计的居民只得在室外过夜。有的老人和孩子坐在路灯下玩牌和看报;有的则无所事事,目送来往行人和车辆。

男人们往往习惯于打赤膊,妇女们则穿着单薄的夏装。

中央和市政府让许多工作人员下午放假。

你想给某办公室打电话，不是没人接，就是听到总机传出懒洋洋的声音："下班了！"意思是"谁也不在了"。

到本月初，此间白天天气的气温超过 36 摄氏度，湿度至少达到 75%。

北京气象台星期一说，当时气温高达 37 摄氏度，是 1958 年以来本市最热的一天。

星期二的《北京晚报》以"酷暑！市民需要特别注意"的醒目标题，提醒市民注意采取防暑措施。

这份发行量很大的下午小报还说，北京儿童医院一天要接待 300 个生病的孩子，主要是患过敏性皮炎和由于高温引起的其他病症。

《北京日报》上个月的一篇报道说，今年夏天以来，已有 22 人在河里或水库里游泳时淹死了，其中大部分是少年儿童。

尽管北京报纸一再告诫游泳的人们，北京亮马河的河水污染严重，但仍然有数以百计的人到那里去游泳。

这个酷夏可喜的一点是，西瓜供应空前充足。

由于政府放宽了经济政策，当地农民获准到北京街头巷尾做生意。他们在商店门外、汽车站旁和公园里摆摊设点，大量兜售大如排球的绿皮西瓜。

……

这是从新闻中截取的部分内容，这部分内容包括标点符号共 629 个字，15 段，平均每段约 41 个字，其中有的段落只有 10 多个字，20 个字以下的段落有 3 个，30 个字以下的段落有 5 个。短段落阅读起来非常干净利落、爽快，读者能迅速、准确地接收信息。

知识链接

无论是什么样的挑战，基本过程是一样的：

- 通过重温或组织你的采访笔记并思考你所收集到的资料的相对重要性来为写作做准备。
- 确保信息支持你最初的选题——否则就改变选题。
- 通过确定你的报道中什么是最近的、最重要的或最有趣的信息，集中写好开头——叫作导语。
- 通盘考虑你如何组织剩下的信息来使你的报道有血有肉。①

为了理解记者如何做出构思的决定，想一想我们在拍一张简单的照片时所做的决定或许有帮助。当我们透过镜头观看时，我们决定照片中要有谁或什么，在那个构思中我们要抓住什么动作，以及我们所处的与拍摄对象的相对位置。这些决定有时根据我们拍照的目的来确定——是为某一发生的事保留历史记录，还是为了及时抓住某一有趣的人和时刻。我们的决定还受我们对于什么构成一张好照片的个人偏好的影响。

……报道的构思也受编辑和记者的个人偏好或价值观，以及他们的新闻机构对各种各样报道的规则和惯例的影响。②

---

① 吉布斯，瓦霍沃. 新闻采写教程——如何挖掘完整的故事[M]. 姚清江，刘肇熙，译. 北京：新华出版社，2004：127-128.

② 吉布斯，瓦霍沃. 新闻采写教程——如何挖掘完整的故事[M]. 姚清江，刘肇熙，译. 北京：新华出版社，2004：182.

新闻角度：记者在采访和新闻写作中认识和表现新闻事实的着眼点和侧重点。即记者从什么立足点、什么视角、什么突破口，去寻找、挖掘、认识、选择和表现新闻事实，以更充分、更鲜明地体现新闻事实的新闻价值。一般包括：选题角度、立意角度、表现角度等。新闻角度可以精心选择，但不能脱离客观事实而随心所欲地编造或强扭。选择新闻角度，首先要客观真实地反映事物的本来面目，体现事物所固有的内涵；其次，要竭力突出事物的个性特点；第三要力求新颖巧妙。①

报纸上的段落一般都很短，只包含一个思想。但是，语法的结构或者思想的符合逻辑的发展，可以使段落之间很好地衔接起来。②

与用连接词串起来的段落相反的，是一种不衔接的分段法。简略说，就是指每一段都有意写成可以独立存在，在段落与段落之间可以插进一些新的段落，而不致打破全文的连续性。这种文体表现了因情绪紧张而导致的突然的思想或言语的中止；而突然破裂的句子与段落可使人产生一种现场感、戏剧感。由于这种不衔接的分段法经常用于写突发性消息，因此可用短词、短句子和短段落来制造一种紧张不安的气氛。③

国外一些新闻写作，对新闻的段落划分是极为严格的。如美国的《全能记者》一书中规定："句子和段落应该短些。新闻报道里的每一个段落最好不要超过 75 个词，每段不超过 4 个句子。"这个要求对我们未必适合。但是，句子和段落要尽可能地短些、精炼一些的精神，是值得我们学习的。④

人们在形容大部头作品难读的时候，往往用"难啃"的说法。"啃"这个字用得很好、很准确。那么大、那么硬的东西，难以下嘴，就只有"啃"了！

要把"啃"变成"咬"，变成"吃"，变成容易"嚼"，就有一个前提，新闻作品必须是比较"碎"的。新闻作品必须用短笔来写，很短的段落，一口可以吞下去；很短的句子，一下子可以咬碎它。这就大大方便读者了！⑤

思考与练习题

一、思考题

1. 谈谈记者在写作前如何构思新闻。

2. 什么是新闻角度？试举出几种选择最佳报道角度的方法。

3. 什么是新闻简笔？谈谈新闻简笔的写作方法。

4. 什么是新闻跳笔？谈谈新闻跳笔的写作方法。

5. 什么是新闻短笔？谈谈新闻短笔的写作方法。

二、练习题

1. 阅读下面这则材料，请找出几个新闻报道角度，并分别对这几个报道角度进行分析比较。

"不少大学校长都对'大学排行榜'又爱又恨。"24 日，中科院院士胡海岩在云南大学作题为"系统科学视角下的中国大学发展与改革"的讲座。

---

① 甘惜分. 新闻学大辞典[M]郑州：河南人民出版社，1993：167.

② 梅茨. 怎样写新闻——从导语到结尾[M]. 苏金琥，阮宁，洪天国，选译. 北京：新华出版社，1983：68.

③ 梅茨. 怎样写新闻——从导语到结尾[M]. 苏金琥，阮宁，洪天国，选译. 北京：新华出版社，1983：69.

④ 刘保全，彭朝丞. 消息范文评析[M]. 北京：新华出版社，2001：219.

⑤ 艾丰. 新闻写作方法论[M]. 北京：人民日报出版社，1993：222.

胡海岩表示，不论是大学内部还是社会公众，都应该更加理性地看待“大学排行榜”，不要被各种“名次”误导。

“慢变量是决定系统演化的根本因素，而大学的发展必定是一个慢变量积累的过程。”胡海岩认为，建学校、买设备等硬件设施都是快变量；而大学发展恰恰是一个慢变量积累的过程，所以“评价一所大学最少需要以十年为期限。短期内，素质、育人、大学……都难以量化”。

“从纵向比：今不如昔，当今中国没有一所大学能达到20世纪30—40年代西南联合大学的办学水平；从横向比，中不如西，中国没有一所大学能位居世界高校前列。”胡海岩坦言，从中国大学的发展态势来看，大学是具有显著延迟性的复杂动态系统，对大学发展的分析需要追溯其历史发展过程和脉络。例如民国黄金十年政府投资、庚子赔款资助留学（课程）后归国的博士、清朝末年的基础教育等共同因素造就了西南联大的辉煌。但是，大学也是具有多重时间尺度的复杂动态系统，对大学发展的分析必须考察其不同时间尺度的内部变量，尤其是主导大学发展质量的慢变量。“近20年正处于中国大学内涵建设积累期，‘80后’‘90后’会成为未来学术带头人，中国也将厚积薄发，建设世界一流大学。”

胡海岩在讲座中还提出，大学是一个被赋予多种功能的动态复杂系统，具有多重时间尺度、高度非线性、显著延迟性、多重反馈性、广泛开放性等特征及规律。“在中国这样一个发展中大国，建设世界一流大学和高水平大学是一个漫长的历史过程，欲速不达是许多挫折的根源。”胡海岩提出，政府和大学要积极面对大学发展中的突出问题，从系统、综合、长远的战略高度思考、谋划和组织大学内部和外部联动的综合改革，推动大学的科学发展。（来源：中新网，2016年4月25日，记者：马骞；有改动）

2. 阅读下面这条新闻，请找出一个最佳报道角度。

李平生于1953年10月，吉林省吉林市人，研究生学历，系深圳市政府原秘书长、南方科技大学原副书记（正厅级）。据悉，李平早在2013年10月10日已经年满六十岁退休了，退休前他在南科大任职了两年。

2015年5月28日，已退休的李平因涉嫌受贿被刑事拘留。同年6月10日，广东省检察院经审查后决定将其逮捕，该案由广州市检察院反贪污贿赂局侦查终结后移送审查起诉。

昨日庭上，李平对指控的5宗受贿犯罪均表示认罪，仅对行贿人姚某某从1997年开始连续15年逢年过节送红包有不同说法。他还强调自己不是翻供，如果法院查明认为不能扣除，他也认了。

李平辩称，他在1997年认识姚某某，后委托姚在深圳小梅沙附近买了一套15万元的房屋，并委托其代为出租。姚某某每年过年的时候就把房租拿给他，大概是2万～3万元，因此他一直认为姚某某给他的钱是房租，“那时他给红包我还未必敢要”。

“直到2002年开始给5万元，就有问题了。”李平说，姚某某后来送红包，每次他都拒绝，“送红包这么多年，就跟打仗了这么多年一样，有时候把手都弄破了”。李平称，到后来姚某某直接把红包扔在他家的沙发后面，或者突然扔在凳子底下夺门就走。

“追也追不上了，我也就没有退回去。”李平说，过后他按照礼尚往来的风俗，都会回送烟、酒、茶、保健品等一些物品给姚某某。李平称，之所以这么多年跟姚某某保持朋友关系，就是因为姚某某不怎么找他办事。

李平于2015年3月接受纪委调查时，主动交代收受姚某某贿赂的犯罪行为，并上缴了480多万元人民币、202万元港币的“赃款”。该案于同年5月移送到广州市检察院，检方查明后，指控李平受贿数额仅人民币143万元、港币145万元。

昨日庭上，法官问李平“怎么退赃比起诉书认定的还多呢?”李平的说法是，当时有一份姚某某送的烟、酒、茶被他处理掉了，退赃时他加了这笔钱。法官又问：“那你退了这么多赃款，怎么处理你有什么意见?”李平先表示没意见，而后说“最好还是别全部收了”。

李平说：“他给我红包也没要干什么，大年三十找到我就送，找不到我也不补，不会因为要办事情才找我送红包。”

李平在任上服务过深圳市三任主要领导，作为政府秘书长，他是一支笔杆子，昨日在庭上悔罪时也是出口成章。李平自称在被调查至今一共有三次刻骨铭心的触动，使其老泪纵横。“第一次是戴上手铐，我成为一个犯人；第二次是开除我党籍的时候，我成了坏人；第三次是得知要开庭的时候，我成了罪人……肝肠寸断。”

李平说，入党43年，工作46年，作为一个退休的老同志，他坐在被告席上真是无地自容，痛心疾首，从没有想到有这样的时刻。他请求法院从轻处罚，说自己参加了深圳建设三十年，曾有幸建造了第一条地铁，筹建了第二所大学，服务过深圳三任主要领导。

李平在庭上悔罪时，几次哽咽中断，说自己"一生的正名也毁于一旦，想起这些追悔莫及"，"愿以毕生之财富，去求后悔之药，愿以余生之岁月，去求人生再来"。最后他请求法院考虑他现年老体弱，身患多种重病，也看在他八十多岁老母亲的份上，从轻从宽处理。

昨日上午，退休一年半被查办的深圳市政府原秘书长、南方科技大学原副书记李平在广州中院受审。检方指控其受贿人民币143万元、港币145万元，李平当庭认罪不讳，不过他此前却在纪委退赃了人民币480多万元、港币202万元。

目前该案尚在进一步审理中。（来源：《信息时报》，2016年3月12日，有改动）

3. 阅读下面这条新闻，请对文中的概括性笔法进行分析。

难忘的英格丽·褒曼

她不施脂粉出现在银幕上，美国化妆品马上滞销，她在影片中演修女，进入修道院的女子顿时增加。一个影迷从瑞典把一头羊一路赶到罗马作为礼物送给她。多少封信只写"伦敦英格丽·褒曼收"便送到了她手中。

英格丽是当时最有魅力的女性，但是，她始终保持了她的本色：热衷于舞台，热衷于生活，爱吃冰激凌和爱在雨中散步，在演员生活中希望扮演每一个角色，在人生舞台上也尽量领受生活的情趣。

英格丽曾在斯德哥尔摩、好莱坞、罗马、巴黎和伦敦用五种语言登上舞台、银幕，无往不胜，她拍摄了47部影片，三次获奥斯卡奖，一次获埃米奖。她有子女四人，是位慈爱的母亲。她以狂热的精神献身于工作。"如果不让我表演，我一定活不下去。"她这么说过。当海明威对她说演《战地钟声》里玛丽亚这个角色得要把头发剃掉的时候，她大声回答说："为了演这个角色，要我把头割掉也行！"她可以通宵达旦地排练，甚至导演早已满意了，她还要求重来一次，话剧《忠贞之妻》在伦敦上演八个月期满的头天晚上，她还同导演讨论她的表演有哪些可以改进之处。

英格丽在成为影坛最璀璨的明星后仍然坚持每片试镜头，而且可以为了演一个难度大的角色而放弃主演，甘当配角。她不愿定型，力争演各种性格的人物，如《郎心似铁》中濒于疯狂的新嫁娘，《东方快车谋杀案》中的沉默含蓄的瑞典女传教士（这两个角色都为她赢得了奥斯卡奖）。

她在23岁那年从瑞典初到好莱坞时，宁愿马上拎起行李回国也不接受公司老板要她"改头换面"整容的命令，从此她以她著名的"本来面目"出现在银幕上。

《间奏曲》里孤独的女钢琴教师、《神魂颠倒》里热情的精神病学家、《圣玛丽亚教堂的钟声》里爱打垒球的修女——一个接一个令人叫绝的角色使她几年之间便饮誉影坛、票房成绩世界第一。50年代她因婚变而星运中落，在五六年后重放光彩，以《真假公主》一片再次获奥斯卡奖。

谁要是当英格丽替身，非失业不可。《忠贞之妻》在美国上演初期她脚部受伤骨折，可是在接下来的六个星期里她仍坚持上舞台——改成坐在轮椅上演戏。她无论病得多重，总是笑着说："舞台医生能把我治好的。"的确，幕一升起，她的病似乎霍然而愈。1973年，癌症攫住了英格丽，但它未能摧毁她的意志和毅力。她不顾病痛接受了聘请，在一部电视剧中演以色列已故总理果尔达·梅厄。她承认："时间越来越少了，但是，我在癌症面前多争取到一天便是胜利。"电视剧开拍前，她到以色列了解梅厄的生平，拍摄期间她的一条胳膊已必须每夜作牵引，拍完最后一个镜头，她两眼含泪，自知从此与她热爱的摄影机告别了。她以此片的演技获得1982年的埃米奖。

她于1982年8月29日逝世，终年67岁。英格丽将活在许多电影观众心里——同加里·古柏在西班牙白雪皑皑的山上；同卡里·格兰特在间谍出没的里约热内卢，但是，最生动地浮现在人们脑海中的是《卡萨布兰卡》里的英格丽：靠在钢琴旁喃喃地说："再弹一遍吧，为了过去"，在雾茫茫的机场上回首告别，眼神凄楚。①

① 颜雄. 百年新闻经典：下册[M]. 长沙：湖南大学出版社，2000：764-765.

4. 下面这条新闻没有分段，请按照短段落、多分段的方法，尝试为这条新闻划分段落。

中原我军占领南阳

【新华社郑州(1948年)11月5日电】 在人民解放军伟大的胜利的攻势下，南阳守敌王凌云于四日下午弃城南逃，我军当即占领南阳。南阳为古宛县，三国时曹操与张绣曾于此城发生争夺战。后汉光武帝刘秀，曾于此地起兵，发动反对王莽王朝的战争，创立了后汉王朝。民间所传二十八宿，即刘秀的二十八个主要干部，多出生于南阳一带。在过去一年中，蒋介石极重视南阳，曾于此设立所谓绥靖区，以王凌云为司令官，企图阻遏人民解放军向南发展的道路。上月，白崇禧使用黄维兵团三个军的力量，经营整月，企图打通信阳、南阳间的运输道路，始终未能达到目的。最近蒋军团全局败坏，被迫将整个南部战线近百个师的兵力，集中于以徐州为中心和以汉口为中心的两个地区，两星期前已放弃开封，现又放弃南阳。从此，河南全境，除豫北之新乡、安阳，豫西之灵宝、阎乡，豫南之确山、信阳、潢川、光山、商城、固始等地尚有残敌外，已全部为我解放。去年七月，南线人民解放军开始向敌后实行英勇的进军，一年多时间内，除歼灭了大量的国民党正规部队以外，最大的成绩，就是在大别山区(鄂豫区)、皖西区、豫西区、陕南区、桐柏区、江汉区、江淮区(即皖东一带)恢复和建立了稳固的根据地，创立了七个军区，并极大地扩大了豫皖苏军区老根据地。除江淮军区属于苏北军区管辖外，其余各军区，统属于中原军区管辖。豫皖苏区、豫西区、陕南区、桐柏区现已连成一片，没有敌人的阻隔。这四个军区已和华北连成一片。我武装力量，除补上野战军和地方军一年多激烈战争的消耗以外，还增加了大约二十万人左右，今后当有更大的发展。白崇禧经常说："不怕共产党凶，只怕共产党生根。"他是怕对了。我们在所有江淮河汉区域，不仅是树木，而且是森林了；不仅生了根，而且枝叶茂盛了。在去年下半年的一个极短时间内，我们在这一区域曾经过早地执行分配土地的政策，犯了一些策略上的左的错误，但是随即纠正了，普遍地利用了抗日时期的经验，执行了减租减息的社会政策和各阶层合理负担的财政政策。这样，就将一切可能联合或中立的社会阶层，均联合或中立起来，集中力量反对国民党反动统治势力及乡村中为最广大群众所痛恨的少数恶霸分子。这一策略，是明显地成功了，敌人已经完全孤立起来。在我强大的野战军和地方军配合打击之下，困守各个孤立据点内的敌人，如像开封、南阳等处，不得不被迫弃城逃窜。南阳守敌王凌云统率的军队是第二军、第六十四军以及一些民团，现向襄阳逃窜。襄阳也是国民党的一个所谓的"绥靖区"，第一任司令官康泽被俘后，接手的是从新疆调来的宋希濂。最近宋希濂升任了徐州的副总司令兼前线指挥所主任去代替原任的杜聿明。杜聿明则刚从徐州飞到东北，一战惨败，又逃到了葫芦岛。王凌云到襄阳，大概是接替宋希濂当司令官。但是从南阳到襄阳，并没有走得多远，襄阳还是一个孤立据点，王凌云如不再逃，康泽的命运是在等着他的。(载《东北日报》，1948年11月9日)

第十六章　新闻语言

▶**本章要点：**

新闻语言属于事务语体范畴，以事务语言的精练、准确、严谨为基础，又从民众语言中吸取了营养。

新闻语言要准确、具体、朴实、通俗。

新闻语言应一句话表达一个意思。

新闻写作的语言风格要像说话一样。

主—谓—宾句子结构，能使新闻语言简单明确、表达清晰，读者接受起来方便、快捷、高效。

第一节　运用新闻语言的要求

语言由语音、词汇和语法三要素组成。语言分为口头语言和书面语言两大类。我们在这里主要讲书面语言。

书面语言必须使用规范化的语言。

现代汉语一般把书面语体分为四类：文学语体、科技语体、政论语体、事务语体。

文学语体风格情感丰富、语言优美，新闻语言运用这种语体风格显然不合适；科技语体风格精确、朴实，但过于精确，新闻语言运用这种语体风格也不合适；政论语体风格旗帜鲜明，倾向性明确，更不适合讲究客观、公正的新闻语言。只有事务语体精练、准确、严谨，新闻语言运用这种风格比较合适。

新闻语言以事务语言的精练、准确、严谨为基础，又从民众语言中吸取了营养。无论是行政事务，还是经济事务，在使用语言表达时，都必须精练、准确、严密，新闻语言吸取事务语言的这种优点，将其表述风格运用在新闻报道中，能使记者准确、精练地表述新闻事实。

因此，运用新闻语言陈述事实、传播信息，首先就要求准确，在此基础上，还必须力求具体、朴实、通俗。

一、新闻语言要准确

准确，是运用新闻语言的第一要求，新闻语言不准确将直接导致新闻报道不准确，从而使新闻失实。

新闻语言的准确就是恰如其分，也就是说，要选用最恰当、最确切的词语来表达。

战国时期的宋玉写过一篇文章，叫《登徒子好色赋》，里面写到他东邻之子的美丽“增之一分则太长，减之一分则太短；著粉则太白，施朱则太赤”。在宋玉的笔下，这个美女不胖不瘦，不高不矮，一句话：恰如其分。记者在进行新闻写作时，在遣词造句上，应该以宋玉笔下的这个美女为标准，力求达到这样的程度，这是所有书面语言的最佳境界，当然也是新闻语言的最佳境界，不多不少，不偏不倚，刚刚好。

新闻语言的准确主要包括两个方面的准确：一是用词和语法的准确，简单地说，就是遣词造句的准确。二是结合具体的新闻文体，适应新闻作品的语体风格，选用最恰当的词汇表达。

（一）用词和语法要准确

1. 用词要准确

（1）要善于辨析词义，选用最确切的词

意义相同或近似的词叫同义词或近义词。汉语中的同义词或近义词非常多，精确、细致地区分各相近词义间的细微差别，有助于我们正确且恰如其分地表达。

看下面这两个句子：

> 张老师说，他对你很失望。
> 张老师说，他对你很绝望。

在上面这两个句子中，“失望”是指“感到没有希望，失去信心；希望落了空”。“绝望”则是指“希望断绝；毫无希望”。两个词都有“失去信心，不抱希望”的意思，但两个词语的语意轻重是不一样的。两者相比，“绝望”语意较重，表示已经完全不抱任何希望，完全失去信心。“失望”则语意较轻，虽然对现状“失去信心，不抱希望”，但希望还没有断绝，对未来还存在一丝期待。

记者在应用词语时，要根据人物和事件的程度的轻重，根据事实的内容或特点进行仔细的甄别、选择，选用最恰当的词语，否则，就有可能用词不当，甚至造成“差之毫厘，失之千里”的巨大反差。

（2）要注意区别词语的褒贬感情

在汉语词库中，有些词是没有感情色彩的，主要是一些名词、动词，如“山川”“河流”“城镇”“村落”“阅读”“思考”“劳动”“说话”等。但有一部分词语除了它们的基本词义之外，还体现出一定的感情色彩，有的体现喜爱、赞许、敬仰的感情，如“英雄”“崇高”“逝世”“瞻仰”等；有的体现憎恶、斥责、鄙视的感情，如“流氓”“汉奸”“卑鄙”“下流”“狡黠”“恶毒”等。对于这些有褒贬感情色彩的词汇，使用时要注意分清报道对象，既不能褒词贬用，也不能贬词褒用。

20世纪末期，很多重庆新闻媒体的记者往往将第一个做某种事情的人或公司称为“始作俑者”，记者选用这个词语来表达，其初衷本来是表示一种赞许，殊不知，这是一个贬义词。《现代汉语词典》对这个词的解释是开始用俑殉葬的人，比喻第一个做某项坏事的人或恶劣风气的创始人。这里的“俑”，是指古代殉葬的偶像。显然，重庆新闻媒体上大量使用“始作俑者”这个词，是贬词褒用，用错了对象。

2. 造句要符合语法规则

人们说话或写文章必须按照一定的语法规律将词语或词组组合成完整的句子,同时还要合乎基本的逻辑。

(1)句子成分要完整

一句话是一个完整的句子,这个句子在结构上必须完整,不能残缺不全。如果一个句子缺少其中一个主要的成分,如缺少主语,或者缺少谓语,或者缺少宾语,这个句子就是不完整的句子。

有一篇文章这样写道:

日本前首相田中角荣爱上了秘书佐藤昭子,并把她发展成情人,替他生了女儿。

这个句子,第一个分句是一个完整的句子,第二个分句的主语是"田中角荣",但最后一个分句缺少主语,按照语意,最后一句的主语是"田中角荣",这显然是不对的。最后一句的主语应该是"佐藤昭子",必须在最后一句的前面加上主语"佐藤昭子",应将最后一句改为"佐藤昭子替他生了女儿"。

广播电视班的学生们分享了王五同学的科研。

上面这个句子,"分享"是动词,后面缺宾语,应在"科研"后面加上"经验"或"成果"。

(2)词语搭配要恰当

在新闻写作中,记者在组织句子时,要注意词语的搭配,按照一定的语法规则和生活逻辑安排句子的结构,不能随意将词汇胡乱地放在一个句子里。在学生的习作中,常常出现词语搭配不当的问题,主要表现为句子的主谓搭配不当、动宾搭配不当。比如:

张三感觉到,一张阴沉的脸正看着他。

这里的主语是"脸","脸"是不能"看着"他的,"看着"他的应该是眼睛,可以改为:"张三感觉到,那人阴沉着脸,正看着他。"主语是"那人",这里可以省略"眼睛"。

我们唱着歌声来到学校。

"歌声"是歌唱时发出的声音,动词"唱"和"歌声"无法搭配,只能和"歌"搭配。这个句子可以改为:"我们唱着歌来到学校。"

此外,运用语言还要注意合乎逻辑,注意词语的排列次序,正确使用关联词语,等等。

(二)表达要精确

运用新闻语言,要尽量避免模糊。相对于新闻报道来说,文学语言由于可以虚构事实,加上丰富的想象力和情感化表达，往往要模糊一些；而新闻语言强调客观、真实地呈现事实，必须使用相对精确的语言陈述和表达。

我们来比较一下文学语言和新闻语言对“暴雨成涝”的描述，可以看出两种语体的语言在表达上有着很大的不同。

浩然的长篇小说《艳阳天》中对“暴雨成涝”的描述：

> 狂风暴雨摇撼着东山岛，雷鸣夹着闪电，闪电带着雷鸣。那雨，一会儿像用瓢子往外泼，一会儿又像筛子往下筛，一会儿又像喷雾器在那儿不慌不忙喷洒——大一阵子，小一阵子；小一阵子，又大一阵子，交错、持续地进行着。
>
> 雨水从屋檐、墙头和树顶跌落下来，摊在院子里，像烧开了似的冒着泡儿，顺着门缝和水沟眼儿滚出去，千家百院的水汇在一起，在大小街道上汇成了急流，经过墙角、树根和粪堆，涌向村西的金泉河。

1983 年 6 月 17 日《南方日报》刊登的新闻《今天凌晨广州市降特大暴雨》中对“暴雨成涝”的描述：

> 昨晚午夜前后，广州市雷声隆隆，电光闪闪，倾盆大雨，下个不停。据广州市气象观测站报告，仅今天凌晨一个小时之内，就已降雨 145.5 毫米。这场特大暴雨，是广州市今年以来下的最大的一场雨。由于这场暴雨来势猛，雨量大，暴雨时间长，广州市地势低洼的一些路段渍水淹进了部分厂房、仓库和民房等，郊区一些地势低洼的菜地渍水成涝，造成了一定的损失。有读者来电(指出)，东风东路水均大街和水均南街有近 200 户住在大楼底层的居民受水浸，室内积水深 30 多厘米，至 2 时发稿止，暴雨还在继续不停地下着。①

上面两例对“暴雨成涝”的描述有很大的不同：

在小说《艳阳天》中，存在着大量的模糊语言。对降雨时间的描述是“大一阵子，小一阵子；小一阵子，又大一阵子”，这“一阵子”究竟是多长时间？是一个小时，还是半个小时？还是十多分钟？很模糊、笼统。降雨量是多少？读者也完全看不出来。而《南方日报》刊登的新闻《今天凌晨广州市降特大暴雨》中对暴雨的时间写得非常明确：昨晚午夜前后。对今天凌晨一个钟头之内的降雨量也写得很明确：降雨 145.5 毫米。降雨持续时间和降雨量都非常确切。这场暴雨“成涝”到什么程度？在小说《艳阳天》中，写的是“千家百院”“大小街道” 上汇成了急流，“千家百院”究竟有多少家？“大小街道”究竟有多少条街道？读者无从知晓。水淹得有多深？读者看不出来。《南方日报》的新闻对暴雨成涝后受灾的区域、人群和积水的深度都写得很清楚：广州市地势低洼的部分厂房、仓库和民房等，郊区一些地势低洼的菜地等都渍水成涝；东风东路水均大街和水均南街有近 200 户住在大楼底层的居民受水浸，室内积水深 30 多厘米。

---

① 侯春翔. 简论新闻语言[J]. 新闻学刊(增刊)，1987(1). 转引自张默. 新闻采访与写作[M]. 武汉：武汉大学出版社，2000：351.

小说《艳阳天》还用了比喻这一修辞手法,如前段"暴雨成涝"中把雨的大小比喻成瓢泼、筛洒、喷洒,语言专家或文化水平比较高、理解力比较强的读者,可能根据这个比喻的描述,将"像用瓢子往外泼"理解为大雨,"像筛子往下筛"理解为中雨,"像喷雾器在那儿不慌不忙喷洒"理解为小雨,但是,大多数读者对于雨量的大小可能不会像专家学者和文化水平高的人一样认真分析、精确理解。这种语言用在新闻作品尤其是硬新闻作品中,会影响读者对新闻的明确理解。

当然,新闻报道的语言对精确的要求,不必像科技语言那样严格。科技语言中的数字往往精确到小数点后几位,而新闻中的数字一般情况下精确到整数位或小数点后一位即可。比如,新闻报道写广州市下雨,一般而言,只要写出"广州今天凌晨下雨 1 个小时,降雨量 145.5 毫米"即可,不必像科技语言一样,写下雨,精确到 1 个小时零 5 分 5 秒;写降雨量,则为 145.5893毫米,如果这样写作新闻,显然就过于迂执了。因此,新闻语言的准确乃至精确是相对的。相对来说,新闻语言比文学语言精确,比科技语言模糊,是介于两者之间的一种语言。

(三)要谨慎使用网络语言

目前的很多新闻报道受网络语言的浸染比较深,用词往往比较夸张,语言表达非常极端,把话说得太绝、太满,没有任何回旋余地。什么"史上之最、巨、暴、雷"等,一场小小的洪灾,只是十年一遇的洪水,但新闻报道常常要写成"百年一遇"或"百年不遇";一场小小的火灾,只是损失了几百元钱,但新闻报道常常要写成"损失巨大"或"损失惨重";一个贤淑的女人酒后和男人笑骂了几句,就被新闻报道指为"淫荡";一个有教养的男人偶尔口中吐出一个脏字,新闻报道就将其描述成一个言行举止粗鲁、脏话连篇的野兽男人……这种新闻语言显然是不准确的。这种夸大其词的表达,与当前整个社会的文风过于浮华、夸张、粗鄙有着必然的联系,要彻底扭转这种新闻文风,需要整个社会共同努力。

新闻语言要准确,最根本的是要事实准确。关于这一点,我们将在第十七章"新闻报道原则"第一节"准确"中专门讨论。

二、新闻语言要具体

所谓具体,就是细致、清楚、明白地描述事物,清晰地表述必要的环节和过程。新闻是对事实的报道,记者在进行新闻写作时,要把新闻事实具体地陈述给读者,让读者看得清清楚楚、明明白白。

(一)化抽象为具体

新闻写作特别强调简洁,要使新闻报道简洁,必须进行概括叙述,如果不进行概括叙述,新闻报道就会又长又臭,读者会觉得新闻报道非常啰唆、琐碎;但如果过于概括,则又会使新闻语言显得抽象,显得干瘪无力,读者阅读时就会觉得记者叙述的事实不清楚、不明晰。因此,记者必须尽可能将概括的事实形象化,将抽象的文字具体化。

我们来看下面的例子:

记者近日与一些中学生聊天发现，许多初三、高一、高三学生都请在职教师做家教，其他学生也多半在上一些名师辅导班。“课内不足课外补”现象已渐成气候，不少学生在学校放了学，啃上几口面包就到老师家报到，有的干脆在老师家搭伙，而周末多半在名师的辅导班中“度假”。一些名师的业余收入直逼万元，就是一些工作没几年的青年老师，也因戴上了名校教师的光环，做个几年家教就解决了一套房子。在职教师家教的泛滥甚至让一些学生分不清课内课外，把课后的“加餐”当作“主食”，造成了学习上的“营养不良”。①

上面截取的这段新闻报道，是对教师“走穴”的报道，这些文字都是对事实的概括。在短短的200余字中，记者用了太多的“一些”“许多”“不少”“多半”等概括性强、模糊、不确切的数量词，非常抽象，读者阅读后根本就不知道究竟有多少老师在给学生补课，有多少学生在补课。记者遇到这样的事实，就必须尽量将事实量化，以便让读者明确地知道补课学生、老师的数量，补课的时间有多少，等等。

20世纪30年代，一位美国记者写了这样一个新闻导语：

许许多多的男孩和女孩在过于年轻的时候，就不得不开始工作，每天工作时间过长，晚上干活过晚，并且是在危险的和极不理想的条件下工作。

这篇新闻文字很顺畅，语言通俗易懂，但所写的事实不具体、不确切，很抽象，读者阅读后会感到非常迷糊。“许多”是多少？男孩和女孩“过于年轻的时候”究竟是多大？“过长”“过晚”又是在什么时间？“危险”在哪里？“不理想的条件”表现在哪些方面？这些需要记者具体陈述的事实，记者却写得相当模糊。因此，美联社新闻写作委员会将它判为不合格。

那么，什么样的新闻语言才算具体合格的新闻语言？《美联社日志》不是用概念而是用案例来说明：

不要光说教堂集会的气氛很热烈。要像某一篇稿件那样描写：“大家拍手，脸上发光，人们的衬衫和外衣的胳膊下面和背上的部分由于出汗而颜色变深，脉搏跳动，脚趾和脚跟轻轻地敲着地板。”

不要光说乔治·华莱士神经紧张。要像某一篇稿子那样描写：“在一次40分钟的飞行中间，他嚼了21根口香糖。他洗了一副牌，数了数，又洗了一遍。他看了看头上和脚下的云彩，系紧安全带，又把它松开了。数了数牌，嚼嚼口香糖，一边数，一边洗，一边嚼。”②

《美联社日志》提倡的这种方法，我们可以将其推而广之。比如，写一个人漂亮，要写出漂亮的具体内容：眼睛、相貌、肤色、身材如何好；说一个人邪恶，要写出邪恶的具体事实；等等。

---

① 王飞. 中国教师“走穴”泛滥成灾[EB/OL].（2003-11-18）[2017-02-01]. http://finance.21cn.com/news/cjyw/2003/11/18/1346106.shtml.

② 海敦. 怎样当好新闻记者[M]. 伍任，译. 北京：新华出版社，1980：288.

将模糊的词汇数量化，将抽象的词汇——特别是一些形容词具体化，是新闻写作语言表达的最重要方法。

(二)多用子概念

母概念和子概念是形式逻辑中的专有名词。母概念外延较大，子概念外延较小。一般来说，越是小的子概念越具体，读者就越容易接受和理解；越是大的母概念越抽象，读者就越难以接受和理解。相对来说，子概念是实指的，能给人具体可感的印象；母概念是虚指的，给人的印象模糊、不具体。要想使读者愉快、清晰地接受新闻信息，记者就要多用子概念，少用母概念。请看下面这三句话：

1. 一个人在吃东西。
2. 一个孩子正在吃水果。
3. 一个婴儿正在吮吸杨梅。

上面这三句话，一句比一句具体，人—孩子—婴儿，东西—水果—杨梅，这样两组概念，由母概念不断向子概念转换，每转换一次，概念就变小一次，读者也就更容易接受和理解一些。

普通语义学奠基人、波兰裔美国哲学家柯日布斯基提出了著名的“抽象阶梯”原理。他以苹果为例作了如下的说明：

1. 放在桌上的那只苹果。
2. 一般性的苹果。
3. 水果——由苹果、橘子、梨子等抽象出来的共同特征。
4. 食物——由水果、蔬菜、肉类等抽象出来的共同点。
5. 生活程度——从食物、房屋、汽车等抽象出来的共同点。
6. 经济制度——生活程度、机械化、金融事业等的共同点。

上面这六个概念，第一个概念是最具体的概念，读者看后会非常明确地知悉所接受的内容；第二个概念开始模糊起来，究竟是什么样的苹果，苹果放在哪儿，是一只苹果还是有很多只苹果，这些都开始模糊起来；第三个概念又要模糊一些，是什么水果，不得而知；第四个、第五个、第六个概念，每前进一步阶梯，概念的外延就要大一级，读者接受和理解起来也就更难一些。因为语言有不同的抽象层次，每提高一个层次，后面层次的概念就可以涵盖前面层次的概念，抽象层次越高，语言越抽象，读者就越难以理解。理解这个语言的阶梯原理后，记者在进行新闻报道时，就应该多运用抽象阶梯低的概念来表达和陈述新闻事实，让新闻语言更加具体可感，让读者更容易接受和理解。

尼加拉瓜自由市场活跃

【本报讯】 自由商贩在满足尼加拉瓜人的需求方面起主要作用。

当阳光洒满整个马那瓜城的时候，成千上万的自由商贩肩扛手提，带着肉、水果、鞋、洗发水等各种商品从农村急匆匆地赶向这里，一卡车一卡车的玉米、菜豆、大米等农产品也在马那瓜卸下来。

……(原载墨西哥《至上报》,1987 年 5 月 4 日)①

上面这条新闻的第二段，“肩扛手提”是“带着”的具体化，“一卡车一卡车”是“货车”的量化和具体化，“自由商贩”是一个抽象的概念，“成千上万”是对这个抽象的概念的量化，这些具体化的描述，可以让读者产生形象、直观的印象。“商品”是母概念，“肉、水果、鞋、洗发水”是子概念；“农产品”是母概念，“玉米、菜豆、大米”是子概念。子概念的运用，使读者对商贩的数量、商品和农产品的具体内容都有比较清晰的认知。如果省去了具体化的描述，尤其是省去了这些子概念，新闻报道就会含糊、抽象，报道内容不具体，如下文所示：

当阳光洒满整个马那瓜城的时候，自由商贩们带着各种商品从农村急匆匆地赶向这里，把各种农产品卸下来。

这样的新闻报道显得干巴、空洞、抽象，读者难以获得具体、形象、清晰的信息，而初学者一般都是这样写作新闻报道的。

多用子概念要求我们将一些空洞抽象的概念具体化、量化，使其清楚明晰。看下面这段新闻报道：

农民封锁了巴黎东南部一条重要的国家公路的交通，并在其他公路和铁路线上设置了 50 多个路障，使交通受阻，火车晚点。在巴黎东部的鲁昂，警察向在当地议会大厦举行集会的 400 多(名)农民发射了催泪弹和瓦斯。在巴黎西南部的昂热，警察用水龙头袭击 1,000 多名进行抗议示威的农民。(《法国农民赶羊群进议会示威》，来源：合众国际社)②

如果我们将这段报道中的几个数据删除，这条新闻就显得比较模糊了：

农民封锁了巴黎东南部重要的国家公路的交通，并在其他公路和铁路线上设置了路障，使交通受阻，火车晚点。在巴黎东部的鲁昂，警察向在当地议会大厦举行集会的农民发射了催泪弹和瓦斯。在巴黎西南部的昂热，警察用水龙头袭击进行抗议示威的农民。③

---

① 熊昌义，余天恩. 国外现场短新闻选萃[M]. 北京：新华出版社，1992：36.

②③ 熊昌义，余天恩. 国外现场短新闻选萃[M]. 北京：新华出版社，1992：60-61.

修改后的这段报道,删除了“一条”,使读者不知道农民封锁了多少条重要的国家公路,删除了“400 多”和“1,000 多名”,使抗议示威的人数不能确定。这种模糊的、不能确定的国家重要公路封锁数量,不能确定的农民抗议示威人数,会使读者感到更大的恐慌,增加社会的不安定因素。而“一条”重要的国家公路和当地议会大厦集会的“400 多”名农民,以及昂热的“1,000 多名”抗议示威的农民——这些明确的信息,会使读者判断出此次游行示威的人数不多、规模不大、性质并不十分严重,一切尚在政府可掌控的范围内,从而能够减少恐慌,减轻压力。

(三)要生动形象

“具体”的一方面是要将事实写得细腻、清楚、明白,另一方面是要将事实写得生动形象,让读者看了报道后不感到费解。这个生动形象,就是要将不好理解的、不容易阅读的事实直观地表现出来。

本书在第十四章“特稿及深度报道”第二节“特稿的写作方法”中,对“展现”的方法进行了比较多的阐述,“展现”主要是通过运用新闻语言使事实更形象生动地呈现在读者面前。记者运用新闻语言描述事实,使之作用于读者的五官,对读者的感官产生强烈的感染力。“当你领着你的读者经历你的作品所描写的那些场面的时候,你就像驾驶着汽车载着读者们一会儿急速下坡,一会儿又爬上了肯塔基州绿树环抱、坎坷不平的丘陵地带。你可以报道说汽车轧死了一只臭鼬鼠,使人嗅到令人作呕的腥臭味。这里写一个词,那里写一个短语,你就可以使读者听到飞机掠过屋顶上空的声响,嗅到正在燃烧着的汽车轮胎的恶臭味,或者使读者感到拳击家的手套正在摩擦自己的皮肤。人有五种感官——视觉、听觉、嗅觉、味觉和触觉,好作品至少要对其中一种或几种产生感染力。”①

新闻语言的形象生动,主要就是通过调动读者的各种感觉器官,让读者如闻其声、如临其境、如见其人。下面我们来看看一些好的新闻作品是如何拟声绘色地描述新闻事实的。

1933 年 11 月 27 日,美国《旧金山纪事报》报道了记者罗伊斯·布莱尔采写的《谋杀者横死暴徒手下》,新闻写的是美国两名犯人被愤怒的民众用私刑处死——在树上绞死的故事。愤怒的民众变成了暴徒,警察也束手无策,疯狂的暴徒包围、闯进县监狱劫持犯人,警察动用催泪弹阻止暴徒的猖狂行动,但最后还是没有成功,犯人被暴徒拖出监狱绞死。下面截取的是记者描述当时催泪弹的声音、铁管撞击大门的声音:

> “噗……,噗……,噗……,”催泪弹继续爆炸着。……
>
> 60 秒钟后砖块瓦片像雨点一样“的的”地砸在监狱的石墙上。“当当”地砸在铁门上,在铁皮上发出音乐般的“叮当”声。
>
> “哐……”大铁管猛地撞击着大门。旁观者从嗓子里挤出动物般的怪音“呦……喂……嗬”。
>
> “乓……乓……乓……”从监狱里又射出一批催泪弹。
>
> “呼——”一块砖头飞过监狱拐角处弧光似的砸在大门上。……
>
> 一个警察在拐角处“嘟嘟”地吹着哨子,指挥交通。②

---

① 密苏里新闻学院写作组.新闻写作教程[M].褚高德,译.北京:新华出版社,1986:245.

② 斯隆,麦克拉里,克利里.普利策新闻奖最佳作品集[M].丁利国,等译.北京:中国新闻出版社,1987:14-17.

在这条新闻中，记者在描写声音时，几乎每种声音的模拟都不一样。催泪弹发出的声音短促而沉重，所以用“噗”；砖块瓦片砸在监狱的石墙上，发出的声响是沉闷的，也没有催泪弹的声音重，所以用“的的”，但如果是砸在铁器上，就会像音乐一样，所以用“当当”“叮当”，而砸在大门上的声音又和砸在石墙上的声音有所不同，砸在石墙上，声音比较暗哑、沉闷，砸在大门上，则稍微要响亮一些、清晰一些，所以用“呯”；第二次发出的催泪弹显然要比第一次还要重，声音也更清楚而响亮，所以用“乓”；大铁管猛烈撞击大门的声音既重又有些许音乐般的感觉，所以用“哐”；旁观者发出的声音像动物的声音一样，充满恐怖和痛苦，所以发出怪音“呦……喂……嗬”；警察吹哨子的声音似乎全世界都一样，都是“嘟嘟”的声音。

记者通过模拟不同的声音，将当时现场的紧张、激烈、混乱、恐怖、群情激奋的场面活灵活现地呈现了出来。

看看下面这段文字对色彩的描写：

这一片无涯积雪之乡看来只有黑白两色。偶然有一只红雀飞过，即为奇观。落日不再发出晚霞，只拖着淡淡的几道金红光芒匆匆西下。除了常绿树的微香外，空中别无气味。①

这里写的是美国大湖区冬天的景象。这一段文字对大湖区的色彩进行描绘，短短几句话，就写出了黑、白、红、金、绿五种颜色，让读者能够比较清晰地感受到大湖区色彩缤纷的景象。

记者在报道新闻时，特别是在写作特稿时运用比喻，可以让读者更形象地理解新闻事实。

在上文引述的记者罗伊斯·布莱尔采写的《谋杀者横死暴徒手下》中，记者在描摹声音时用不同的语言来诉诸读者的视觉，同时，记者也用不同的比喻来描写当时的场景：

可怕的黑暗一下笼罩了法院胡同。此时这儿像灯光旋转的舞台，戏仍然继续着，这不是一般的戏，在美国罕见，一出残忍地灭绝生命的戏。

这个坐落在峡谷里的小城俨然成了嘉年华会，但对霍姆斯和瑟蒙德(两个将要被绞死的犯人——引者注)谁也没有产生半点同情心。

……夜幕像毯子一样将胡同和铁盒般的旧监狱全部笼罩了。

第一个比喻，场面“像灯光旋转的舞台”，写出了现场的紧张与变幻莫测；第二个比喻，“小城俨然成了嘉年华会”，写出了现场气氛的热烈、喧闹，几乎所有的人都出来了，都来参与这场“盛会”，两个比喻表现出一种恐怖的狂欢。第三个比喻给人以一种不祥之感，夜幕笼罩(前面也有“可怕的黑暗一下笼罩了法院胡同”)了一切，把什么都罩住了，那两个犯罪嫌疑人当然也被罩住了，暗示两个犯罪嫌疑人可能跑不了了，要成为狂欢者的刀下鬼。记者通过这三个比喻，形象生动地再现了当时的疯狂、恐怖的场面，暗示了一种不好的结局。

---

① 托莱. 大湖之冬[J]. 读者文摘(美国)，1981(12). 转引自程道才. 中外新闻作品赏析[M]. 北京：中国广播电视出版社，1996：304.

数字常常是枯燥的。一些科技新闻由于使用了大量数据,往往深奥难懂。面对这些枯燥的数字,记者可以采用形象化的语言来报道,使之容易为读者所理解和接受。比如,中国在20世纪有10亿人口,10亿是个抽象的数字,读者很难从这个数字中感觉到中国人口之多。有记者用了一个类比:“如果10亿人都来玩老鹰捉小鸡,从头到尾可绕地球25圈;如果把10亿人的出生证叠起来,有12个珠穆朗玛峰高。”记者通过用形象化的人和事物来进行类比,将枯燥的数字写活了,读者读后就能通过这个形象化的人和事物,比较清晰地知道中国人口的确是非常多了。

看下面这条新闻片段:

澳82岁老人痴迷飞行 飞行里程相当于绕地球120圈

2014年12月4日 07:06 来源:新华网 记者:乔颖

澳大利亚82岁老人约翰·马丁热爱飞行到了痴迷的程度,连圣诞节都要在飞机上度过。

他在50年里乘澳洲航空公司航班出行,飞行里程累计超过480万公里,相当于绕地球120圈。

……

现在这种“绕地球多少圈”的类比已经比较多了,虽然这种类比不甚新鲜,但容易帮助读者理解那些枯燥、深奥的事实和材料。

三、新闻语言要朴实

朴实,就是质朴无华、实实在在,这是运用新闻语言又一个非常重要的要求。李白有两句诗,“清水出芙蓉,天然去雕饰”,新闻语言要像荷花从清水中出来一样自然天成,没有任何人工修饰。

新闻语言要朴实,就要多用白描式的语言,多用动词,少用形容词,摒弃假大空的官话、套话和废话。

(一)多用白描式语言

白描源自中国传统的绘画技法。画人状物全用黑色线条勾勒,不着颜色,不精雕细刻,线条简练但描摹逼真传神。白描运用在文字写作中,是指用质朴的文字抓住事物的特征,寥寥几笔勾勒出事物的形象的写法。这是一种比较接近于叙述的描写方法。

那么,如何用白描式语言写作新闻报道?在新闻写作中,运用白描式语言写作就是不着颜色、不加修饰、不多修辞。换句话说,就是没有浓烈的色彩,少用或不用形容词、修饰词。鲁迅把它概括为十二个字:“有真意,去粉饰,少做作,勿卖弄。”中国古代文章或文学作品在运用白描式语言描写人和物方面可谓炉火纯青。比如,在《儒林外史》中,吴敬梓只用了粗疏的几笔就勾勒出一个小土豪的形象:

两只红眼边，一副锅铁脸，几根黄胡子，歪戴着瓦楞帽，身上青皮衣服就如油篓一般；手里拿一根赶驴的鞭子，走进门来，和众人拱一拱手，一屁股就坐在上席。

三言两语，几十个字就把一个“骄横”的小土豪勾勒出来了：“红眼边”、“锅铁脸”、稀疏的“几根黄胡子”，形象猥琐；“歪戴着瓦楞帽”，一副无赖相；“衣服”如“油篓”，脏得很，不讲卫生；“一屁股就坐在上席”，妄自尊大，没有当时中国人的谦让。用语不多，活脱脱地刻画出这个小土豪的外貌、神态和品行。除了两个比喻外，没有一个形容词，但土豪的骄横形象表露无遗。

白描除了要求用简洁的文字来表现人和物外，最关键之处，就是要善于抓住事物的特征。没有抓住事物特征的白描，可能就是“白白”地“描”了——这种白描一点价值也没有。

新闻的内在美，就在于抓住核心、抓住焦点、抓住特征，这才是真正的朴实，是朴实的关键元素。否则，再朴实的语言也没有什么意义，没有抓住事物特征的朴实是一杯白开水，淡而无味。请看下面这篇报道：

东欧动物园里的悲剧——社会动荡不安，殃及珍禽异兽

第比利斯动物园里三个月内饿死了大约500头动物，其中有狮子、豹、狼、斑马、黑猩猩、棕熊。动物园观光者最喜爱的那头棕熊饿得发疯了，最后它在栏里沿池兜圈，狂转不已，越转越快，终于摔倒在地，再也爬不起来。

像第比利斯这样的动物悲剧目前在东欧随处可见。

布加勒斯特动物园的公象佳雅已好久不见踪影。饲养员给它拴上铁链，自己出去挣钱去了。

佳雅独处棚屋的头几天整天吼叫，孤寂、饥饿难熬。然后它拼命想挣脱脚上的铁链，链环却更深地卡入皮肉，最后它左右摆动沉重的大鼻子，求人解开它，但无人来帮忙。英国动物保护者救援队赶到时，佳雅已虚弱得站不起来。当它用大鼻子将救援队送来的一捆新鲜干草送进嘴里时，目光里充满了感激之情。

但救援人员都来得太晚了。布加勒斯特动物园母猴喜塔躺在笼子里水泥地上抽搐、翻滚。它没有奶水，饥饿的幼猴把它的乳房吸出了血。小猴死后它紧紧抱着直挺挺的一堆皮不放，用头撞铁栏杆，好像想尽快了此残生。

在对面的猛兽馆里狮子张着大口。它的肺感染上一种病毒，咳出了血。小孩子把上学时带着的一点面包扔进笼里，但它看不见，它已瞎了。

在亚美尼亚首都埃里温，没有水也没有电。去年冬天温度在零度左右。最先冻死的是南方的珍禽。

埃里温的设备全都腐朽了。笼子大都空空。河马纹丝不动坐在池子里，水都干了，动物园管理部门缴不起水费。河马皮干裂得绽开了。

德国动物保护协会向埃里温捐赠了10万马克以减轻那里动物的苦难。动物园副园长阿佩尔说：“但是已有1,000多头动物悲惨地死去了。”（来源：《参考消息》，1994年5月）

作者通过对饿得发疯的棕熊,孤寂、饥饿的公象佳雅,奶水枯干、痛失幼子的母猴喜塔,瞎眼的狮子,干渴得皮开肉绽的河马等动物的白描写真,真切形象地描述了东欧动物园里的悲剧。作者把动物拟人化,这种拟人化的手法,有助于读者设身处地理解动物的悲惨遭遇。读者通过白描式的新闻语言,通过动物的悲惨境遇,深切地感受到了动荡给社会带来的灾难。动物都是如此,人何以堪!东欧动物园里的悲剧,引人联想,发人深思。

(二)多用动词

运动状态的事物总是比静止状态的事物显得有生气,川流不息的江河要比一潭死水更有活力。中国古语云:水流不腐,户枢不蠹,说的都是这个道理。从哲学上说,运动是绝对的,静止是相对的,世界上的万事万物都处在运动过程中。既然如此,我们在写作中就要表现这种运动和变化。运用哪种词性才能更准确、更清楚地表现这种运动、变化呢?首推动词。

动词是表示人的动作、行为、心理活动或事物的生长、变化、消失等所用的词语。动词在语言中是最生动、最活跃的元素。特别是表示动作或行为的动词,它们具备动词的主要语法特征,是典型的动词。多使用动词,特别是多使用行为动词,能准确形象地描写事物和新闻事件,能真实生动地刻画人物,把新闻事件和新闻人物写活。

美国哥伦比亚大学教授麦尔文·曼切尔在他的著作《新闻报道与写作》中,主张把使用动词作为消息写作的十条规则之一。《美联社语法和用词的十条规定》就曾明确规定:"牢记一个句子中至少应有一个实体动词,这个词语应该是句子中最重要的词。"①沃尔特·福克斯说:"在任何句子中,动词都是让句子的其余所有部分流动起来的关键。通过挑选生动的、有表现力的动词,作者使句子获得最高限度的流动感,为所表达的主题造成最强劲的冲击力。"②西方的新闻学者还主张使用动词应多用动态动词、少用静态动词。

看下面两条新闻导语的写法:

A. 今天,数千名东德难民进入西德。

B. 今天,数千名东德难民———欢呼着、欢笑着、哭泣着——涌进了西德。

显然,第二条导语要生动得多。导语用了"欢呼""欢笑""哭泣""涌"这四个动词,将东德难民急切想进入西德的欣喜而复杂的感情表现了出来。第一条导语则干巴巴的,只是对事实进行简单陈述,让读者提不起阅读兴趣。

记者使用动词写作新闻报道,要学会用准确的动词来写作,对不同的动作使用不同的、恰如其分的动词来表现,学会因人、因时、因地、因环境而异,采用不同的动词来描述。

我们来看法新社记者比昂尼克关于周恩来总理逝世的报道:

---

① 郭光华.新闻写作[M].北京:中国传媒大学出版社,2006:93-94.

② 福克斯.新闻写作——报刊记者指南[M].李彬,译.北京:新华出版社,1999:30.

周恩来总理逝世 北京沉浸在悲痛之中

北京电台于今日清晨当地时间5时宣布周恩来总理逝世的消息，但是，大部分中国人还不知道他们的总理已经逝世。

当新华社的电传打字机于当地时间4时过一点儿发出这条消息时，中国几乎所有街道都没有行人。

在法新社所在的那所大楼里，当记者把消息告诉开电梯的姑娘时，她顿时放声痛哭。

在对一位中国口译人员表示慰问时，（记者看到）他眼中含着泪，嘴唇颤抖地说："我们没有料到。我们非常爱戴他。他是一位杰出的革命家。"

中国人民对周恩来极其爱戴，这样说并不夸张，他们感到与周恩来非常接近。

预料全中国都将表现出巨大的悲痛，就像今天清晨听到这个悲伤消息的那位中国少女所表现出的那样。

在这条新闻中，记者写两个人物听到周总理逝世的噩耗后，反应各有不同：开电梯的姑娘听到总理逝世后，"顿时放声痛哭"，口译人员听到周总理逝世的消息时，"眼中含着泪，嘴唇颤抖"。这两个人物的动作反应不能互换。开电梯的姑娘年龄小，又是女性，社会地位也比较低，所以表达感情就非常直接："放声痛哭"。口译人员是个男性，男儿有泪不轻弹；年龄偏大（在当时那个年代，要当口译人员，需要多年的能力的积累）；而且社会地位较高，基于这三个因素，口译人员不便当众大哭，担心失态，所以是"眼中含着泪，嘴唇颤抖"，尽量克制自己的感情。这只是表达感情的方式不同，不能代表两个人对周总理逝世的感情浓淡不同，可以说，两个人对总理的爱戴之情不分伯仲，只是由于年龄、性别和社会地位不同，两个人采用了不同的方式表达感情。这条新闻的动词用得相当好，真实、准确、自然，与两个人的身份、年龄、性别等非常吻合。

（三）少用形容词

形容词往往是空洞而抽象的。读者阅读到这些形容词时，对记者要报道的事实难以有明确而清晰的了解，必须用细节和具体的事实来取代形容词。来看看下面几组写法：

A. 这张桌子太重了，我们抬不动它。

B. 这张桌子有900多斤，我们四个人都没有抬动它。

A. 许姓官员贪财好色，非常腐败。

B. 许姓官员人称许三多，钱多、房子多，女人多，平均每天受贿1万元，曾经一次性受贿8,000万元，在北京、上海有几十套房，有10个异性情人。

A. 这株树历史悠久。

B. 这株树有500多年历史了，是明朝一位僧人栽种的，现在树上都已经长满了青苔。

第一组写法，A说桌子太重，"重"是个形容词，究竟有多重，读者难以理解；B改为说桌子有900多斤，读者就知道非常重了，而且四个人都没有抬动它。

第二组写法，A 说许姓官员腐败、贪财好色，这些都是形容性的，比较抽象笼统；B 将许姓官员有多少女人、多少钱、多少套房子都写得非常清楚。

第三组写法，A 说历史悠久，“悠久”也是个形容词，很模糊；B 说有 500 多年历史，明朝时栽种，树上长满了青苔，这就很清晰、明确。

形容词不仅抽象空洞，而且有时候不够客观，“当你使用形容词的时候，你就是在冒险把自己的观点塞到报道中去”①。有些形容词带有个人判断色彩，记者要注意回避这类形容词。否则，记者可能就在无意识中就把自己的意见和观点渗透到了报道中。比如，你今天的演讲很棒、这个女孩太漂亮了、这个家伙非常讨厌，等等。“棒”“漂亮”“讨厌”这几个形容词明显地表现了记者的倾向性，记者不能轻易用这样的形容词来表达，必须用具体的事实来表达。如果说演讲确实很棒，记者可以这样写：

> 在 1 个多小时的演讲中，听众鼓掌 20 次，有 5 次掌声达 3 分钟之久。演讲一结束，他就被听众包围，要求签名合影的听众排起了约 100 多米的长队。

杰克·海敦警告说，“形容词太多是危险的”，他要求记者“要像挑选宝石和情人那样来选择形容词”，“不能因为某一个形容词具有闪电般的显示力量，就以为十个形容词能使一条新闻增色十倍”。② 马克·吐温更是这样说：“一旦你看到形容词，就消灭它。”马克·吐温的话可能比较绝对、无情，但是，即使记者不把形容词当成敌人，也不要把形容词当成好朋友，保持冷静和合理的距离，少和形容词打交道甚至尽量不与形容词打交道是明智之举。

（四）杜绝新闻腔

在我们的新闻报道中，套话、空话、官话、大话甚至假话依然充斥着时下的报纸版面和新闻网页，诸如“大家一致认为”“深受鼓舞”“雷鸣般的掌声经久不息”等。下面的这个新闻报道模式是网友总结的“重要会议八股标准格式”：

> **【本报讯】**（记者__________）全市__________工作会议昨日召开。市委书记（或其他领导）__________在会上分析了目前我市__________形势，对下一步的__________工作作了部署。
>
> __________指出，自全国__________工作会议召开以来，我市__________工作取得了成效，今年__________月至__________月，全市新增__________（“万”或者“%”），__________万__________人员实现了__________。但__________形势依然严峻，全市各级必须进一步增强做好__________工作的紧迫感和责任感，推进__________体系建设，把__________工作各项任务落到实处。市委副书记、市长__________主持会议并就贯彻落实会议精神提出要求。

---

① 里奇. 新闻写作与报道训练教程[M]. 钟新，主译. 3 版. 北京：中国人民大学出版社，2004：241.

② 海敦. 怎样当好新闻记者[M]. 伍任，译. 北京：新华出版社，1980：190.

市领导＿＿＿＿＿、＿＿＿＿＿、＿＿＿＿＿出席了会议。

＿＿＿＿＿在会议结束时讲话。他强调，＿＿＿＿＿是民生之本。做好＿＿＿＿＿工作，不仅是重大的经济问题、社会问题，也是重大的政治问题。全市各级干部一定要从深入贯彻“三个代表”重要思想的高度，千方百计抓好＿＿＿＿＿工作。

＿＿＿＿＿说，市委、市政府正在研究出台关于＿＿＿＿＿新的政策措施，并将在近期召开专题会议，对当前和以后一个时期全市＿＿＿＿＿工作进行具体部署。各地各部门要结合实际认真贯彻全国、全省(市)＿＿＿＿＿会议精神，对已经出台的政策措施做一次检查，没有落实的，要深入分析原因，督促抓好落实；不适应形势发展要求的，要做认真梳理，尽快予以完善。要把＿＿＿＿＿、＿＿＿＿＿、＿＿＿＿＿的＿＿＿＿＿工作提到重要议事日程，认真研究对策措施。要加强领导，明确责任，强化考核，层层抓落实，真正让＿＿＿＿＿人员、＿＿＿＿＿人员实现＿＿＿＿＿。

这种报道模式在当前的新闻报道中还大量存在，很多语言基本上都是套话、空话，记者要改变这种报道模式，用朴实、新鲜的语言来报道新闻。

杰克·卡彭在《美联社新闻写作指南》中说，在新闻报道中有夸夸其谈、装腔作势的语言，也有平易朴实的语言。杰克·卡彭认为，夸夸其谈、装腔作势的语言就是“新闻腔”。他主张新闻报道采用平易朴实的语言，坚决抛弃那些夸夸其谈、装腔作势的语言。美国著名诗人惠特曼说：“伟大的诗人的优点不在引人注目的文体，而在不增不减地表达思想和事物……他对自己的艺术宣誓：我决不多费唇舌，我决不在写作中使典雅、效果或新奇成了隔开我和别人的帘幕。我决不容许任何障碍，哪怕是最华丽的帘幕。我想说什么，就照它的本来面目说出来。”①

文学写作如此，新闻写作更应如此，要按照客观事物的本来面目来写作，语言文字应该朴实无华，消灭虚张声势、装腔作势的新闻腔，消灭假大空的套话和废话。

四、新闻语言要通俗

新闻语言要通俗，是指记者要用简单、明白、浅显的语言，用绝大多数读者都能看得懂的语言来表达。新闻媒体面对的读者多种多样、形形色色，文化程度有高有低，因此，记者必须用通俗的语言来报道新闻，写出来的新闻才能为大众所接受。

(一)多使用大众语言

人民大众的语言是最通俗的语言，新闻写作语言要通俗，就要多使用人民大众的语言，要尽量采用大众语言中新鲜活泼的语言。大众语言不仅富于表现力，而且它来自人民大众，既为大众喜闻乐见，又给人以亲切感。

下面我们来看一名外国记者写的一篇关于中国的新闻《她做梦都想生个儿子》中的片段：

---

① 《草叶集》序言[M]//刘明华，徐泓，张征．新闻写作教程．北京：中国人民大学出版社，2002：130.

本星期三,《北京日报》发表了一个农村生产队长和一个刚生过孩子的妇女的对话:

生产队长:"你生了个胖小子,还是个'半边天'(出自鼓吹男女平等的口号:妇女能顶半边天)?"

农妇:"你应当问是生了个七分还是生了个十分。你们男人干多干少一天都挣十分,我们妇女干得再多,一天顶多只能挣七分!"①

上面截取的新闻片段中,语言非常通俗,用的是老百姓的语言。生产队长在这里用了指代的方法,将男孩指代为"胖小子",将女孩指代为"半边天",刚生过孩子的妇女反唇相讥,用了借代的方法,将女孩借代为"七分",男孩借代为"十分"。不过,这条新闻的倾向性非常明显,西方记者通过对背景的解释,特别是通过选取农妇的语言,隐含了对中国农村男女不平等、同工不同酬现象的批评。

在新闻报道中,可以适当使用一些读者能够读懂的方言土语。方言土语的使用,可以使新闻语言更加大众化,也可以使新闻报道富于地方特色。看下面这条短新闻《会计伢嫌我的油壶小》:

六月开了门,乡里喜盈门。我们卖了菜籽油,平均每人还分九斤二两油。分油那天,我兴冲冲提着壶赶去,只听会计伢蔡后建在那里左右开弓,嫌李二婶壶小,怪张大妈不抱个大坛来,还说我的油壶是拿来"做得玩"的。我心想,你这伢是"洋人的房子——光是门",就说:"你这伢,去年拿这个壶来,是哪个笑话我'心大壶也大'的?"会计伢忙赔笑说:"二婆,您家把老花镜戴上看看!去年吃的是大锅饭,收的那点油还不够锅吃;今年分社吃饭,干活劲大了,收的油多了,壶就变小了呗!"我这才想转来:是哩!今年分组作业、联产计酬的方法就是好,以后再不吃"大锅饭"的苦头了。(来源:《孝感报》,1980年6月15日,湖北省云梦县义堂公社建合三队王二婆讲,吴学标记)

这条新闻短小精悍,完全是用民众语言来写作的。新闻虽然发表在当地地市级报纸《孝感报》上,但这条新闻的方言土语并不是特别多,比较适度。新闻语言简洁流畅,通俗易懂。不过,这条新闻有两个词语"兴冲冲""左右开弓",可能不一定是一个农村老太婆的语言,是记者对这个老太婆的语言进行了加工,应该还原成普通老太婆的原话。

需要注意的是,使用大众语言要注意控制方言土语的滥用,记者不能在新闻报道中大量地,甚至是毫无节制地使用方言土语,只能选取少量妇孺皆知,即使是外地读者也能看懂的方言土语来报道新闻。现在,世界已经变成了一个地球村,即使是小小县城办的报纸、电视台或网站,只要新闻报道一上网,整个世界的受众都能看到,如果过多使用受众难以看懂的方言土语,势必造成受众的阅读障碍,影响受众对新闻的接受。

(二)写大众看得懂的语言

记者进行新闻写作,要尽量写作大众能够看懂的语言,特别是对于那些学术用语、专业用

① 方延明. 新闻实务方法论[M]. 广州:南方日报出版社,2005:142.

语，记者要学会运用“第二种翻译”。

所谓“第二种翻译”，是指用浅显的文字、生动的比喻或者老百姓熟悉的语言来讲述、表达或说明新闻报道中的内容。①

每一个行业都有一些“行话”、技术语言和专业语言，对于“行话”，以及专业性、技术性较强的语言，记者要尽量进行通俗的解释、说明，不能生硬地写进新闻报道中。

下面是一个记者解释蚊子叮咬人的复杂过程：

> 蚊子之喙看上去像是麦秆，而实际上它完全就是一张嘴，有四组切削器，一个喷吐唾液的注射器，而所有这些玩意都很细很长，能轻而易举刺入皮肤。进入皮肤后，切削器就在人体组织里来回运动，切开一个个小血管。蚊子若不受驱赶，会把其喙刺入拔出人体皮肤五到十次，直到吸足人血，饱餐一顿。许多时候，它会将长嘴折回来刺入自己的身体，这样它就不得不用后腿支撑着身体进食，以便它的嘴能伸展开。如果你让它一直吃饱，它的肚子就会盛满相当于其自身血液四倍的量，那时它看上去就像一盏圣诞树上的红灯，笨拙地飞开去。②

这个例子中使用的语言没有一个专有名词，没有一个专业术语，记者在这里将昆虫学方面的知识用简单、浅显易懂的语言向读者介绍，读者阅读时就没有任何专业、技术障碍。

在新闻写作中，记者除了对学术性、专业性、技术性的行话、用语要进行解释外，那些非学术性、非专业性、非技术性的行话，黑道上的“黑话”、网络语言、青少年的流行语、民间的一些新造词语，等等，记者都要对其进行解释和说明，或者换一种读者更能理解的语言来报道。

威廉·梅茨说，过去，在体育报道的过程中，曾有体育记者们将“球”字在打字机上打了一千多次以后，觉得这个字重复得太多了，于是使用多种代用词来代替“球”字，这些代用词包括马皮、猪皮、眼珠、圆体、樱桃和其他稀奇古怪的词，结果很多读者不知道这些东西是球形的，或指的是球，读者看不懂这些行话。威廉·梅茨批评这些记者自命不凡，显示自己在他的专业范围内是一个多么了不起的专家。因此，即使“球”字在报道中出现了一千次，还是得使用这个字。③ 威廉·梅茨告诉我们，不能过多使用行话，必须将这些行话翻译成大众能够读懂的语言。

网络流行语不可阻挡地出现在我们的生活中，对于老年人、不常上网的人、不爱接触新生事物的人来说，阅读网络流行语比较困难。记者在使用时，应该根据某个网络流行语使用的频度、读者知悉和理解的广度进行权衡，对于那些基本上妇孺皆知的网络流行语，如“打酱油”“山寨”“给力”“秒杀”“蛮拼的”等，记者可以视上下文语境，不进行解释和说明，但对于其中一些流行时间短、流行频度不高、大众理解不够的网络流行语，记者要进行适当解释。比如，“out”（老土、落后）、“沙发”（首发）、“鸭梨”（“压力”的谐音，压力的意思），等等，可能会有一部分读者甚至相当多的读者看不懂，记者应当进行适当的解释。

在日常生活中，大众常常会发明一些新鲜的词语。记者也应根据这个词语的流行程度、被大众的理解程度而进行适当的解释。重庆人比较善于创造新鲜的词语，这些词语如果仅出

① 刘明华，徐泓，张征．新闻写作教程[M]．北京：中国人民大学出版社，2002：77.
② 福克斯．新闻写作——报刊记者指南[M]．李彬，译．北京：新华出版社，1999：74-75.
③ 梅茨．怎样写新闻——从导语到结尾[M]．苏金琥，阮宁，洪天国，选译．北京：新华出版社，1983：113.

现在重庆人生活的区域,记者可以不对它们进行解释,但是,如果记者报道的新闻可能会上网的话,记者就要注意对这些新鲜的词语进行解释和说明。比如,“雄起”,可能重庆以外的读者不一定能懂,记者必须用更易懂的语言来解释。这个词语的意思是:挺胸,昂首,敢于面对挑战、不惧怕任何困难,不惧怕任何势力,等等。这个词语的意思比较宽泛,在不同的语境有不同的用法,记者可以根据具体的语境来解释,只解释与上下文关系密切的那一种含义。

(三)向大众学习语言

人民大众是生活的主人,他们创造了世界,也创造了丰富的语言。民众的语言表现的是实际生活,自然实在而又丰富多彩,通俗易懂而又生动活泼。人民大众的语言是我们取之不尽、用之不竭的源泉。

古今中外的著名作家都非常重视从丰富的民间语言中汲取营养,来创造具有各自个性的语言风格。司马迁青年时代就遍游名山大川,凭吊古迹遗墟,考察风土人情,在同广大下层民众的接触中,体验了他们的生活,学习了他们的语言,这为他以后写《史记》打下了坚实的基础。所以,《史记》的语言精练流畅,生动活泼,接近口语,即使过去了近两千年,我们还可以无须看注释就能基本读懂其中的意思,这是非常难得的。

唐代诗人白居易是向民众学习语言的典范。据惠洪《冷斋夜话》说:“白乐天每作诗,令老妪解之。问曰:‘解否?’妪曰解,则录之;不解,则易之。”在白居易的诗里,很少用深奥的典故、冷僻的辞藻,而是用朴素浅近的民众语言来写作,所以王安石评价白居易的诗时说:“天下俚语被乐天道尽。”

俄罗斯著名作家托尔斯泰在语言上所达到的成就,是与他善于学习民众的语言分不开的。据说,他常常让看院子的、赶马车的和干粗活儿的厨娘们来审查自己的作品,他还利用一切机会同老百姓谈话,不停地把民间词汇、谚语、想法和表达方式记在小本子里,每一天都能发现各种新的字眼和词语。

很多优秀记者都善于学习群众的语言。《人民日报》记者刘衡非常重视向人民大众学习语言。在《用群众语言写稿》一文中,刘衡谈到了自己学习群众语言的经历和体会:

> 我到江苏省江阴县访问养猪模范李仁林。
>
> 我说:“猪为六畜之首,养猪工作太重要了!”
>
> 他说:“养了三年猪,田里旺得不可知。养猪,可以肥田。”“种田不养猪,等于秀才不读书。不养猪,就要荒田。”
>
> 我说:“养猪,饲养问题是第一位的。”
>
> 他说:“养猪,首先要抓饲养。人不给猪吃,猪就不给人吃。”
>
> 我说:“这猪养得真好!又肥又大。”
>
> 他说:“你看这猪,滚瓜溜圆,肚子拖地。看见人走到跟前,都懒得动弹。”
>
> 我说:“那个饲养员的责任心十分薄弱,把猪养得又瘦又小。”
>
> 他说:“他呀,进门一把火,出门一把锁。饥一顿,饱一顿,喂得母猪缺奶,小猪像猴子。肉猪养了十多个月,还是皮包骨头,上不了秤。”
>
> ……

真个是，不比不知道，一比吓一跳！同李仁林一比，我的语言，是何等苍白，何等干巴啊！

群众语言是生动、活泼的，"新闻语言"却成了干巴、枯燥的同义语。

要使我们的新闻通讯生动活泼起来，就要用群众语言写稿。……语言是一切事物、思想的衣服。人民的报纸，只有用人民群众的语言，才能充分而又准确地反映人民的工作、生活、思想、感情、经验和教训。

在向群众学习语言的过程中，刘衡切身体会到了群众语言的生动和丰富，谦虚地批评自己的新闻语言苍白、枯燥干巴。记者刘衡这种向大众学习语言的精神，也值得我们每一个新闻记者和新闻院系的学生学习。

新闻记者要认真学习民众语言，学习民众通俗易懂又形象生动、幽默风趣的语言，改变文人腔、学生腔、机关腔，增强新闻报道的可读性。

第二节　运用新闻语言的艺术

新闻语言的运用要求和运用艺术，本质相同，但各有侧重。运用要求比较具体，运用艺术比较抽象；运用要求比较细微，运用艺术比较宏观；运用要求侧重于对字词的要求，运用艺术侧重于对句子的要求；运用要求是比较基本的要求，运用艺术是相对比较高的要求。

新闻语言的运用艺术有以下几点：

一、语言表达：一句话一个意思

美国著名的新闻教育家威廉·梅茨说："《纽约时报》的'一句话一个意思'的写作原则是可以牢记在心的。"①

梅尔文·门彻引用英国批评家兼作家赫伯特·里德的话说："一个句子只表达一个声音。""如果一个句子包含的思想太多，读者在阅读中就会举步维艰。并且，精选出来的思想应该是很容易把握的，错综复杂的思想应该得到简化。"②也就是说，不能把太多的意思塞进一个句子里，这会造成句子意思不明晰。而一句话一个意思，语言表达清晰，简单明确，读者接受起来也就更快捷、更有效。

清朝贵族：我过上了真正幸福的生活

【美联社(1981年)6月15日电】（记者：维多利亚·格拉汉姆）　参观的人们已纷纷散去，金碧辉煌的紫禁城里只剩下在夕阳的余晖中飞翔的燕子和一位老人——六十年前，这位老人曾经在这里的大理石通道上骑过自行车。

---

① 梅茨. 怎样写新闻——从导语到结尾[M]. 苏金琥，阮宁，洪天国，选译. 北京：新华出版社，1983：25-26.

② 门彻. 新闻报道与写作[M]. 展江，主译. 9版. 北京：华夏出版社，2003：152.

这位白发苍苍、身材瘦小的老人站在昔日的皇家庭院里——就在这里，朝臣们排着整齐的队形，毕恭毕敬地等待着觐见皇帝。

他那苍老的目光穿过眼镜射了出来，他用手指点着紫红色和金色相间的大和殿——金銮宝殿。

“从前，”他说——声音是那样安详，“我曾经是那里的常客。现在，我是清朝皇族最后一名成员。”

他的语调是如此冷静，只有与历史无争的人，才能用这样的语调回忆过去。

如果不是时运逆转，这位老人很可能早就是中国皇帝了。然而，对此，他既无懊恼之意，也无伤感之情。

这位旧地重游的老人，就是75岁的溥杰，他是中国末代皇帝溥仪的兄弟，后者于1967年死于癌症。

现在溥杰住在离故宫不远的一所古朴的院落里，过着深居简出但十分优雅的生活。

他现在致力于清史的研究——清朝是中国满族建立的王朝，从1644年到1911年统治中国。

溥杰说:“过去我是浊流中的一滴污水。而今天，我成了亿万人民中普通的一员。”

“过去，我只考虑个人的利益，朝思暮想的是复辟清朝的统治。而现在，我致力于为人民服务的事业。”

如果日本人打赢了第二次世界大战，征服了中国，那么溥杰很可能早就是君临神州大地的皇帝了。

然而，在苏联的监狱里被关押了五年，接着又在中国住了十年监狱后，溥杰通过再教育，终于成了爱国者。

现在共产党养活他，给他很好的待遇，尽管把他看作一件见了阳光的出土文物。

他的哥哥是中国末代皇帝，即宣统皇帝。

辛亥(1911年)革命后，溥仪逊位，当时，他年仅7岁。

即使不当皇帝了，溥仪和他的家族仍在紫禁城里过着奢侈豪华的生活。

到了30年代，日本人把溥仪扶上了满洲国皇帝的宝座，满洲国是日本人在中国东北扶植的傀儡政权。

溥杰在日本接受了训练，回国后成了满洲国大臣。那时，他忠实地为日本人效劳，认为没有日本人的扶持，中国连一天也生存不下去。

“如果我们真的统治了中国，或者说清朝统治真的复辟了，那么中国就成了日本的殖民地。”他内疚地说。

日本人甚至为溥杰安排了婚姻大事，让他同裕仁天皇的表妹嵯峨浩结了婚。

此外，日本人还修改了皇位继承法，以便有朝一日用溥杰取代他的哥哥溥仪。

1945年日本战败了，溥杰、溥仪两兄弟狼狈逃出皇宫，想在国外找个安身立命之处。在逃亡的途中，他们被苏联军队逮捕了。之后，两兄弟在苏联过了五年铁窗生活。

到了1950年，苏联方面把溥杰、溥仪两兄弟转交给中国共产党人。

这样，他们又经受了长达十年之久的思想改造，或者说再教育。

溥杰回忆说，当他刚被送回来时，他想共产党肯定会枪毙他。

出乎意料的是，一位中国卫兵对他们说："欢迎你们返回祖国。"

在中国，他们同满洲国高级官员一道被关押在监狱里。尽管身份是罪犯，却得到了良好的待遇。

监狱当局允许他们打麻将，甚至还让他们吃海参——中国人认为，这是一种好吃的高级食品。

溥杰说："他们不打人，也不骂人。"

在监狱里，他开始阅读毛泽东著作。

他说："开头时，我的脑袋顽固得像块冰，但过不多久它就开始开窍了。我逐渐认识到，我做了对不起人民的事情。"

共产党认为，满洲末代王朝的遗老们有重要宣传价值，于是组织他们到处参观，让他们亲眼看看新中国发生了怎样伟大的变化。

1960年，溥杰被释放了。从此，他一直受到周恩来总理的关怀。

溥杰说，他第一次晋见总理时，紧张得说不出话来。但是，总理亲切、温厚的态度，以及他的渊博知识，使溥杰为之倾倒。于是，他们在亲如家人的气氛中进行了交谈。

"总理问我：下半辈子你打算怎么过?"溥杰说。

说到这里，这位前清朝贵族放声大笑。他说，他告诉总理，他要加紧学习、改造。他说，除了关于工农兵的宣传材料外，他什么都不打算读。

周先生笑了。他对溥杰说，只读这些远远不够，中国需要天才，越多越好。他亲自批准溥杰专门从事清史研究。

在"文化大革命"（1966年—1976年）期间，又是在周先生的保护下，这位清朝遗老逃脱了红卫兵的扫荡。

不过，有一次红卫兵闯到溥杰家中，把他和日本妻子的结婚纪念照撕掉了。

"噢，他们不过是小娃娃，是小红卫兵。"溥杰说，态度颇为宽容。

溥杰和家人住在一所免收房租的四合院里。

此外，政府还为他配备了一个保姆和一个司机——不过，溥杰外出时经常乘公共汽车，只是有特殊需要时，才乘坐小汽车。

他每周用两个早晨来研究历史，每月领取工资172元。

他经常练习写字，空闲时在花园里修剪花草，或者逗猫儿玩。

他说："我并没有忘记过去。老实说，过去的物质生活比现在好得多。但是，那时我同人民水火不相容，当然我从来没想过要到人民中去。而现在，我成了整个社会的一个成员。"

最近，在阔别紫禁城两年后，溥杰又到这里散步了。

数以千计的游览者在大理石的通道上漫步。在封建时代，只有皇帝才有资格在那上面走。

除了故宫博物院的讲解员外，谁也不认识溥杰。

老人面带微笑，他凭着自己掌握的关于故宫的大量知识，从容不迫地回答人们提出的问题——大家都把他当成了一位既热心又博学的导游员。

他说:“皇帝同正宫娘娘就住在这儿。这儿是御膳房。”他边走边说。兴致越来越高。

小时候,“我们经常在这儿骑自行车。溥仪叫人把门槛全部拆掉,因为他嫌门槛碍事”。

“这件事我记得很清楚……瞧,每天早晨,我从这儿骑马上学。那儿是书房,对,从这座门穿过去就是。瞧见那儿行满文了吗?我不认识满文……噢,课间我们吃点心,好吃极了。”

“太监住的地方在那边……这儿是一间密室,由于害怕李闯王,明代有一群宫女在这儿自杀了。瞧见殿堂上的龙了吗?据说,每天晚上这些龙把脑袋伸下来,喝池子里的水,于是,人们用铁链把它们锁在金色的屋顶上了。”

他还记得,他不能称溥仪为“哥哥”,每次见到溥仪,他都得俯首请安,称他皇上。

他还记得,有一次,他们小哥儿俩玩得正高兴时,当哥哥的突然龙颜大怒。原来,他看到溥杰的衣袖上有一条杏黄色饰线。在那个时候,黄色的服装只有皇帝才有资格穿。

溥杰说,对于这种腐朽的宫廷生活,他在当时是喜欢的。然而,有时他感到孤独、苦闷。他说:“我一出宫门,就非得前呼后拥不可,否则就别想出去。”

最后一位游客也离开了,有人在大理石过道上摆了一张椅子,请老人坐下来。

这位清朝皇族最后一名成员合上双臂,神态满足地微笑着。

“过去的岁月像一场梦。现在,我才过上了真正幸福的生活。”他说。

一般而言,西方消息类的新闻报道往往采用一句话一个意思、一句话一段的方式报道新闻,而特稿类的新闻报道,由于篇幅较长,一般不太过于强求一句话一个意思,更不会强求一句话一段,但这篇人物特稿长达2,600字,其写法就像消息写作一样,基本上是按照一句话一个意思、一句话一段展开报道。这种写法让读者能够更清晰、更愉快地获取新闻信息,也消除了读者阅读长篇报道的疲劳感,减轻了黑压压的长篇文字给读者造成的心理压力,让读者在轻松与自在中接受新闻。

二、语言风格:像说话一样写作

记者进行新闻写作,要尽量写作大众能够看得懂的语言,与之相应的语言风格就是要像说话一样写作。

丹尼尔·笛福说:“如果有人要问我,我认为什么是完美的语言风格,我会回答,它是这样一种风格:一个人对着500名接受能力不等的普通人说话——除了白痴与疯子外,他们中所有人都能听懂——而且说话人有意识地让人理解。”①

新闻语言最完美的风格就是要让读者感到,记者像在和读者说话一样,像在拉家常一样,轻松自如地讲话、写作,就像是在用口语表达,而非用书面语言表达。请看下面这个例子。

① 门彻.新闻报道与写作[M].展江,主译.9版.北京:华夏出版社,2003:195.

妈妈教我放鸭子

我去访问陈惠容啦。她刚满18岁，是全国最小的妇女代表，又是全国最小的“三八”红旗手。我说：“鸭姑娘，你小小的年纪，一年收入五千元，本事真大！”她对我说：哪里，哪里！我一只巴掌拍不响，这五千多元是我们一家5个劳动力合起来挣的。我的荣誉是妈妈转让的。没有妈妈，就没有我的现在。

1979年，我初中毕业，妈妈说：“现在党的政策好，不割‘尾巴’，不消灭‘海（鸭）陆（鸡）空（鸽）’，你跟着我养鸭吧！”我说：“姑娘伢（伢，湖北方言，孩子，意即小姑娘——引者注）跟着鸭屁股转，人家笑话！”妈妈说：“谁会笑话？我8岁就甩鸭篙子了。”我说：“你那是旧社会，‘饿得没法，就去放鸭！’”妈妈叹气了：“咱们家，吃的多，做的少，什么时候才能不吃国家救济啊？”我见妈妈伤心了，赶紧说：“妈，我跟你去，我不怕丑（湖北方言，害羞；怕别人笑话——引者注）了！”

说是不怕丑，走到荒湖野地看见同学来了，赶紧往草堆里躲，蚂蚁咬脸不敢动。时间一长，人们都知道了，我才不躲了。

我们全家搬到离村子四里开外的湖边，搭上棚子。天天（湖北方言，每天——引者注），我手拿一杆金枪，脚踏一叶扁舟，当上了“鸭司令”。早晨，披着星光去；晚上，踏着月色回。一天三餐，由姐姐送来吃。夏天热冬天冷，苦楚是不少的。

妈妈告诉我：“鸭子虽小，浑身是宝，国计民生不可少。”鸭的蹼能制药，毛能做衣服、被子。这些过去我都不懂，只知鸭肉鸭蛋可以吃。

妈妈说：“饿不死的鸡，撑不死的鸭。鸭子是直肠子，消化快，最贪吃了！一年365天，天天要把鸭子赶到老远吃野食，才能省下饲料。”

妈妈说：“矮禾经不起鸭子拖，禾密过不了麻鸭婆。放鸭子，要做到‘四不拖’。就是：禾苗没有稳蔸；田里无水；禾秆倒伏；谷子低头的时候，不能把鸭子放进稻田。还要掌握‘四不踏’，就是：在雨天、雪天、田泥不干、春天盛长期，不能把鸭子放进绿肥田，不然农民要生气骂人。其余的时间，农民都欢迎鸭子进田。因为鸭子进了田，能够松土壤，除野草，吃害虫，施肥料。省工，省药，不污染。”

真想不到，妈妈懂得这样多！妈妈说，养鸭要知鸭性。她还听得懂鸭子说话哩！

有一次，我把鸭子赶回家，它们又推又挤，乱吵乱叫，不肯进窝。妈妈听见了，对我说：“鸭子叫：‘懒姑娘，房里脏！’你有几天不锄粪了？”我回答：“六天。”果然，等我把鸭窝打扫干净，鸭子就排着队，一步一摇地走进去了。

妈妈的眼睛也挺厉害，轻轻一扫，就能看出鸭子是好是坏，是公是母，是老是小，有病没病，肚子里有蛋没蛋。慢慢，我把妈妈的本事也学来了。

原来鸭子有好多地方像人。年轻的鸭子喜欢打扮，穿得五颜六色，花里胡哨；年老的鸭子灰不溜秋，老里老气。公鸭体格魁伟，毛色鲜艳；母鸭小巧玲珑，十分朴素。有蛋的鸭子像人怀了肚子，尾部拖下来，走得慢；没蛋的一身轻松，走得快。有病的鸭子不想吃食不想动，没病的东咧咧、西咧咧，嘴巴不肯歇一歇。

鸭子不看表都知道钟点。到了钟点不给食，就围着我闹。有时把脖子伸得老长，怄气，装死相，动也不动一下。喂了食，就高兴了，一蹦几尺高，有时还能飞三丈远。

鸭子知道害怕,碰到陡坡,只要超过四十五度,不敢上,也不敢下,连忙弯路走。

鸭子还知道害臊,从来白天不在野地下蛋,都是夜里在窝里下。它们知道人们为它们辛苦一天,不愿人们捡蛋麻烦,都是一个一个地轮流下在一个固定的地方。只有极个别的"懒婆娘"才就地下散蛋。

我到北京、到武汉开妇女会,一些姐姐、阿姨、奶奶都爱围着我问:"你一个人在野外,不害怕吗?不寂寞吗?"我回答她们:"我像鸭子一样,爱上了湖中水,石头打来也不飞!""我怎么会寂寞、害怕呢?我又不是光杆司令,我有一千多名鸭兵!我爱它们,它们也拥护我。"①

这条新闻采用第一人称自述的手法,就像人物在当面和读者说话一样,娓娓道来,轻松随意。通篇几乎全部采用老百姓口语化的语言,是一篇比较典型的像说话一样写作的新闻,"口语入文"的语言特色使新闻报道淳朴自然。大量的地方方言使新闻表现出浓郁的地方特色,大量通俗的民谚、民谣使比较深奥、枯燥的专业知识变得通俗易懂而又妙趣横生。美中不足的是,新闻个别地方存在斧凿痕迹。比如,有的地方富有韵律节奏感:"鸭子虽小,浑身是宝,国计民生不可少。"在口语表达中,即使是一个诗人,一般也不会刻意追求押韵,而且也很难让语言这样富有音韵美的,更何况是一个没有多少文化的农村小姑娘;有的地方追求字句的工整对仗:"手拿一杆金枪,脚踏一叶扁舟","早晨,披着星光去;晚上,踏着月色回"。这种语言过于文学化了。这种写法,是与像说话一样写作的语言风格不相协调的。不过,总的说来,瑕不掩瑜,这篇新闻语言质朴自然,文字清新明晰,不失为一篇比较优秀的新闻报道。

时下,媒体上充斥着专业术语过多、时髦的学术语言泛滥的新闻报道,让普通受众读起来非常费解,尤其表现在一些经济新闻报道、法制新闻报道以及更多的工程技术、医药、生物等自然科学方面信息的新闻报道中,这些新闻写得艰深晦涩,甚至佶屈聱牙,让人读不懂,如堕五里雾中。这种语言风格违背了新闻报道的基本原理,必须匡正。

三、句子结构:主—谓—宾结构

新闻语言的基本结构应该是主语—谓语—宾语,即主—谓—宾结构。以主语开始,然后是一个行为动词,紧接着是宾语。

主—谓—宾句子结构接近于人们日常的讲话方式。前文要求新闻语言的风格要"像说话一样",这种风格不仅要求记者在运用语言时尽量用通俗易懂的口语表达,少用文绉绉的书面语言,而且要求记者采用最简单的句子结构写作新闻。主—谓结构和主—谓—宾结构是最简单的句子结构。

日本投降了。

时隔七百年后,马可·波罗又回来了。

① 刘衡.妈妈教我放鸭子[N].人民日报,1983-12-12.

这是两条新闻的导语,这两个导语都是典型的主—谓结构的句子。

第一个导语:主语——日本;谓语——投降。

第二个导语:主语——马可·波罗;谓语——回来。

这种结构的句子在日常生活的口头语言中运用得比较多,在书面语言中运用得比较少。虽然主—谓结构的句子简单,但是这种结构有时候表达的意思不一定很完整。所以,在书面语言中,多数句子都是比较完整的主—谓—宾结构。

【路透社(1964年)10月16日电】 今天格林尼治时间7时,中国爆炸了一枚原子弹,从而闯进了核俱乐部。

【法新社开罗(1981年)5月20日电】 数以千计的饥肠辘辘的老鼠侵入尼罗河谷,眼下已抵达首都开罗大门。

【本报9月2日电】 (发电地点:东京湾 美国"密苏里"号战舰上) 今天上午9时5分,日本外相重光葵在无条件投降书上签字。日本终于为它在珍珠港投下的赌注付出了代价,失去了其世界强国的地位。

上面是三条新闻的导语,这三个导语的句子结构采用的都是主—谓—宾结构。

第一个导语:主语——中国;谓语——爆炸;宾语——原子弹;
主语——中国(省略);谓语——闯进;宾语——核俱乐部。

第二个导语:主语——老鼠;谓语——侵入;宾语——尼罗河谷;
主语——老鼠(省略);谓语——抵达;宾语——开罗大门。

第三个导语:主语——重光葵;谓语——签字;
主语——日本;谓语——付出;宾语——代价;
主语——日本(省略);谓语——失去;宾语——地位。

这种主—谓—宾结构非常干脆利落,也非常明晰,是读者接受新闻信息最方便、最快捷、最有效的结构方式。从句子顺序来看,这种主—谓—宾结构容易被人理解。

新闻导语"寸土寸金",记者可以尽量采用主—谓结构和主—谓—宾结构,既可以节省文字,又能让读者高效地接受信息。在新闻主体中,记者也应该多采用主—谓结构和主—谓—宾结构,以使新闻报道更简练、更快速有效地传递信息。

知识链接

作家亨利·詹姆斯向年轻记者建议道:"一盎司实例比得上一吨概括。"①

描写具体细节时,要使用生动的名词和动词,但要避免使用修饰语。当你使用形容词的时候,你就是在冒险把自己的观点塞到报道中去。②

① 门彻.新闻报道与写作[M].展江,主译.9版.北京:华夏出版社,2003:176.

② 里奇.新闻写作与报道训练教程[M].钟新,主译.3版.北京:中国人民大学出版社,2004:241.

马克·吐温建议："一旦你看到形容词，就消灭它。"关于写作，有这样一句被大量不知名的资料引用的话："形容词是名词的天敌。"①

思考与练习题

一、思考题

1. 新闻语言适用于什么语体风格？为什么？

2. 运用新闻语言有些什么要求？

3. 谈谈新闻语言的运用艺术。

二、练习题

1. 试分析下面这篇新闻的语言特色。

"人畜不宜"——寒流袭击美国东北部

人们鼻涕稀拉。汽车不能发动。狗狂叫着不肯出门。在纽约州的一个地方，天冷得简直连冰都冻不成。

两个星期前，在摄氏16度的温度里穿着T恤衫打高尔夫球的美国东北部的人们，本周一开始就受到了严酷现实的考验。

冬天，这个曾几何时成为人们遥远记忆的季节，又杀了回来。天气预报人员说，寒冷天气已经来到美国，并将一直逗留到本星期末。在波士顿、普罗维登斯和罗德岛，气温将达到创纪录的最低点。

连设在纽约普拉西德湖的奥林匹克地区发展局都不得不停止浇制冰橇比赛1.6公里赛道的工作，因为天冷，活简直没法干。

"水浇到地上都成了一条条冰线，我们没法把整个跑道浇湿，"发展局的通信部主任散迪·卡里格尔抱怨说。

离普里拉西德湖不远的怀特菲斯山山顶的一个滑雪场上，气温达到零下36度，寒风刮起来时温度能达到零下73度。（原文如此）

大风迫使他们将滑雪场11个缆车中的6个关闭，但卡里格尔发现还是有512人上了山。

在纽约的阿尔巴尼，原定纪念马丁·路德·金的游行被迫取消，而那些硬撑着到场的人也不得不跑到帝国大厦的地下层暖和一下。

在托灵顿，星期一的寒风使气温降到零下45度。波拉加油站经理霍斯特说，人们索性加点油凑合着走就行。

霍斯特说："我发现平时加满油箱的人今天扔下几个美元就走，他们实在不能在车外待太长时间。"

在纽约的锡拉丘兹，求援小组不得不派工作人员到大街上把那些无家可归的人带到救援中心。到中午，这个中心的67张床已经满了65张，这里的官员说准备再增加90张床。

中心的发言人拉默说："我们很忙，我们的目标是确保没有人冻着。"

国家气象中心发布了大风警报，北缅因州和纽约州东南的一些组织也劝告人们尽量不要将皮肤裸露在外，以免冻伤，并保证孩子和老人加上足够的衣服。

零度以下的温度在马萨诸塞、佛蒙特、康涅狄格、新罕布什尔、缅因和纽约很常见。纽约的萨兰纳克星期一最低温度达到了零下20摄氏度。

讨厌的天气星期一也袭击了美国中西部，厚到5厘米的大雪和雨夹雪造成了交通事故和航班晚点。但交通不便给一些旅店带来了好生意。

---

① 门彻. 新闻报道与写作[M]. 展江，主译. 9版. 北京：华夏出版社，2003：211.

在巴尔的摩——华盛顿国际机场，星期六气温还是15度，星期一下午突然降到零下2度。在马里兰州的劳伦公园，人们一致投票决定取消当日的7场赛马活动，因为按照该赛事的发言人泰勒的话说，天气对“人畜不宜”。

“在这种天气骑在马上蹦跶，”泰勒说，“就像乘一辆没有挡风玻璃的敞篷汽车兜风。”“穿着几乎像内衣一样的比赛服装，以每小时60多公里的速度在马背上飞奔，你可以想象是一个什么样的感觉。”（来源：美联社，2000年1月28日）

2. 阅读下面这条新闻，请分析这条新闻的新闻语言运用艺术。

娜地娅仍然是奥运会的宠儿

【美联社莫斯科（1980年）7月18日电】 娜地娅·科马内奇仍然是奥运会上最招人喜爱的角色。

她今年18岁，个儿长高了，也丰满了，但仍然不失为一个苗条的少女。这位引人注目的罗马尼亚运动员，是唯一能够走到奥林匹克村大门外就能造成交通阻塞的人。

事情发生在昨天。

快到中午的时候，娜地娅和她的身穿绿色运动衫的队友们——她们看起来很像白雪公主和七个矮人故事中逃亡的仙女——在国际厅外的台阶上找了个地方坐了下来。

参加比赛的各国选手聚集在那里，有的在晒太阳，有的在畅叙友情。

她们在那里安静地坐了一会儿，过往的人们一开始谁也没留心她们是谁。

有个摄影记者注意到她们了，“咔嚓，咔嚓”给她们照开了相。又有一个摄影记者赶了过来。最后，她们被一群记者、摄影记者和运动员彻底包围起来了，运动员们伸长了脖子，想看一眼科马内奇，或请她签名留念。

很快，国际厅外热闹起来了。

他们都记得，1976年，在蒙特利尔奥运会上，14岁的小姑娘娜地娅·科马内奇令人眼花缭乱地夺得了三枚金牌、一枚银牌和一枚铜牌。她是有史以来第一个获得满分十分的体操运动员，并且七次获得满分。

娜地娅是个安详、和善的姑娘，她尽量愉快地回敬人们对她的注意。她用法国语回答了几个问题。然后，她和她的队友——都是些还不到她肩膀高的小娃娃——一起站了起来，朝着附近的体操房走去。

钦羡她的人们又推又挤地跟在她的后面走。当她回来时，这样的情景又重复了几次。

古巴重量级拳击冠军梯奥菲罗·斯蒂文森在一堵矮墙上坐了下来。世界著名的长跑家、坦桑尼亚的费尔波特·拜伊尔走进了一个露天咖啡馆。其他运动员——有的单独行动，有的成群结队，还有的冠军身穿运动服——走过这里，但是谁也没有引起大家的注意。

然而，人们都把注意力集中到娜地娅身上。

一个矮小的印度男人走近娜地娅，送给她一个印度娃娃。他解释说：“这是一个克拉拉的舞蹈者。”

娜地娅亲切地抱着娃娃，高兴地微笑了。

当罗马尼亚运动员推开众人走进奥林匹克村时，有人用英语问娜地娅，她能否再夺金牌。

她伸出大拇指，表示“第一”的意思，接着，她就消失了。

女子体操规定动作比赛将于下星期一举行，她是否能再夺冠军，到那时才可见分晓。①

3. 下面这篇文章是新闻专业本科生刚开始学习新闻采写时写的一条寒假见闻。请分析这篇寒假见闻的语言表达，指出其中的错误之处。

寒假记闻

2015年某月某天的某时某刻，某人伴随着咒骂被他的损友推下了雪山，某人伴随着强烈的好奇被他的损友忽悠着换了高难度的雪鞋。某人在好友的逼迫下体验到了生命飞驰的快感。

---

① 程道才. 中外新闻作品赏析[M]. 北京：中国广播电视出版社，1996：116-117.

这件事说起来还要回到2015年高考后的某天。那天我们把酒言欢，尽谈人生未了的愿望，于是在举杯共饮后就有了雪山之巅的那一幕。在经历四个小时的颠簸后，我们到达某狭小又拥挤的滑雪场。在异常激动的心情下我们登上雪山，看着雪山上的一片狼藉，我有些犹豫，然而就在这电光火石之间，我被朋友推下了雪山。瞬间绷紧的心弦断裂，只有风在耳旁呼啸划过。“嗯，这感觉其实还不错！”这是当时唯一的想法。于是膨胀的我被朋友忽悠去挑战更高难度的单板滑行，于是，在某滑雪场，来了一场艺术体操与摔跤相扑的极限表演，只见我先背部着地后一个360度托马斯全旋再双脚腾空180度后落地。之后便是长达五分钟的静默，再之后就是一天的卧床休息。

于是我的假期就在疼痛中度过了。但我感谢他们的一推，让我突破了心中的恐惧，让我日复一日的生活变得不同，让我有勇气去做我渴望的新鲜事物，他们的一推，没有让我坠入万丈深渊，而是让我在黑暗中开辟新天地。

这让我明白，原来真的朋友，不是在你陷入窘境时把你拉上山坡，而是给你力量，让你去突破自己，甚至在必要时刻轻轻一推。人总是画地为牢，在一日复一日的生活中磨灭了激情与勇气。

4. 下面这条新闻是一位辅修新闻专业的本科生写的一篇新闻。请对这条新闻的语言表达进行分析，看哪些地方有问题。

北外西语系教授、博士生导师郑书九来我校讲座

【××在线11月24日消息】 11月24日晚18点30分，北京外国语大学西葡语系教授、博士生导师郑书九在我校西区教学楼C栋报告厅举行了一场面向全校的讲座。讲座的主题是关于“拉丁美洲文学爆炸及相关研究”。

18点整，教学楼响起了下课铃，当所有学生收拾书包，在寒风中裹紧外衣，三五结伴急匆匆从西区教学楼朝食堂方向走去的时候，一群西语系的学生逆着人流往教学楼里挤去。18点15分，平常看起来十分宽敞，约能容纳两百多人的C报告厅此时看起来拥挤不堪：许多学生走来走去试图找一个靠前的好位置，有的人手里还拿着面包和晚饭，有的人一路跑进来气都来不及喘顺畅了就着急地寻找帮忙占座同学的身影。不知道是不是冬天大家都穿的太厚实了，整个报告厅里黑压压的人头攒动，空气都比门外热上好几度。18点25分，整个报告厅基本都坐满了，后排还有很多没有找到座位的学生，只能一个挨一个直挺挺地挤在一起站着，远远望去显得“气势汹汹”。

一个看起来书生气很浓的老教授在西葡语系系主任罗应珍的带领下朝台上走去，罗主任调试了下话筒，刚刚还显得十分热闹的报告厅瞬间就安静了下去，讲座要开始了。

在罗主任的介绍下，西班牙语语言文学博士、北外教授、博士生导师、现任中国西葡拉美文学研究会会长、中国西葡语教学研究会会长这样一连串金光闪闪的头衔让大家对今天远道而来的发言人有了一个基本的认识。底下的学生们一个个伸长了脖子，都迫不及待想看清台上那位老教授的模样，还有人交头接耳连声说“天啊这可是拥有百度百科词条的男人”。当话筒递到今晚三个小时讲座主讲人的手上，所有人的目光都齐刷刷地投向了讲台。

“大家晚上好，我是一名普通的教书匠，执教四十一年了。今年我已经65岁了，刚刚办理了退休。”郑教授的声音里有着北方人浑然天成的端正口音，却不显得粗犷，清清爽爽，自然大方。与介绍时的一大串头衔反差很大，郑教授看上去更像一个他口中的匠人，温和有力，就像是平日里课上的一位老师，站在三尺讲台上，离学生很近。他欠了欠身，用一句蹩脚的重庆话打起了招呼，逗笑了底下的同学们。整个报告厅的气氛都轻松了起来。下一句话，他直接说起了西语，优雅的发音一下抓住了所有人的耳朵，在座的同学们惊喜地互相望着彼此，好像都没有想到一位退了休的老教授能有这样丝毫听不出年龄的完美发音。

郑教授从“拉美文学大爆炸”这样一个对西语系学生来说十分熟悉的名词为切入口，从上个世纪七八十年代拉美各国的发展状况和整个世界的国际形势开始分析，慢慢延展到文学创作的领域。他借用拉丁美洲著名文学批评家安赫尔·拉马的论断“较之欧洲文学和美国文学，就文学的多样性和复杂性而言，没有比拉丁美洲文学更难了解和理解的”，从“文学爆炸”的酝酿期、发展期和顶峰期的时间顺序进行了扩展论述。穿插着对所谓“文学爆炸”如何做出时间界定的判断、学术界对这个概念的提出等等小问题的解答。

在拉美文学发展的每个时期，郑教授都列举了相对应的文人代表，分析了他们每个人的写作风格和代表作品。其中着重评述了现代公认的“拉美文学爆炸”的四位代表作家的著名作品。结合着郑教授本人从博士就读期间就研究的拉美文学课题，和他个人阅读原文书籍的心得体会，给我校西语系的同学们打开了一扇通往拉美的文学之门。特别是对于中国学生来说比较熟悉的哥伦比亚作家，加西亚·马尔克斯的作品进行了重点阐述。从加西亚·

马尔克斯早年的练笔习作讲起，到他“现实”与“魔幻”的写作世界，最后落脚到其不朽著作《百年孤独》。从一个学院派和学术界的角度，给学生们介绍了研究加西亚·马尔克斯文学作品的前沿观点，并为同学们之后对他作品的阅读提供了多样的角度和建议。最后，在对2010年获得诺贝尔文学奖的拉美作家马里奥·巴尔加斯·略萨的政治和文学生涯的评述中，结束了今天长达两个半小时的讲座。

虽然在上个世纪，欧美文学一直对拉美文学爆发的潮流不以为然，但之后拉美文学渐渐渗透到西方并对其文学创作产生深远影响，甚至拉美作家不断获得国际认可都证明了拉美文学是世界文学大军中的一支中坚力量。

之后的互动提问环节，来自大一、大二、大三、大四和外系同学不同角度，针对不同学习阶段阅读拉美文学的提问，郑教授都给出了相应的答复，至此本次的讲座就结束了。山城初冬的夜里，报告厅里学识渊博的老教师和年轻学子的思想碰撞和一次又一次自发的掌声驱散了些许料峭的寒风。

第十七章 新闻报道原则

▶**本章要点：**

新闻报道的准确性高于一切。

记者只能写自己看到、听到和五官感知到的事实。新闻写作不能进行合理想象，也不能进行逻辑推理。既不能夸大事实，也不能隐瞒事实，更不能虚构事实。

平衡是一种道德责任，记者必须有正义感。

对于冲突事件、有争议的事件、批评和指控，要报道当事双方的陈述和意见。

对于一个事实，要写出多方面的信息，不能只写出单方面的信息。

正面和负面报道都要适度，不要把一个事件写得一好百好，一坏百坏。

记者要忠实地叙述事实，秉笔直书，不隐恶，不扬善；公正地报道事实，不倾斜于新闻事件中的任何一方；客观地陈述事实，不能用主观意见代替事实，不能将感情色彩渗透在新闻中。

事实与意见要分开。新闻报道中只叙述事实，不表达观点和看法。

写新闻报道前要想清楚要表达的内容，想得清楚，才能写得明白，从而才能简洁表达。

准确把握新闻事件的特征、抓住新闻事件的重点，是使新闻报道简洁的最佳方法。

一事一报，既能使新闻报道简洁，又能使重要信息清楚明白地呈现给读者。

连续滚动报道新闻，既符合新闻事件发展的阶段性和连续性，又能使新闻报道简洁明快。

要锤炼语言，挤掉水分，删削多余的词句，使文字洗练明快。

为了更好地维护和体现公平正义，也为了更好地体现新闻的特点，新闻报道必须遵循一些最基本的原则。新闻报道必须遵循以下最基本的原则：准确、平衡、客观、简洁，等等。

第一节 准确

新闻报道首先必须准确，这是新闻报道的第一原则。

美国著名新闻人普利策给他的采编人员立下一条最重要的规则，并再三强调这个规则："准确、准确、准确。"①

① 门彻.新闻报道与写作[M].展江，主译.9版.北京：华夏出版社，2003：45.

杰克·海敦在《怎样当好新闻记者》一书中引用了普利策的这个新闻报道的最高原则:“准确! 准确!! 准确!!!”[①]将这个原则作为题首语来注释他的观点:准确性高于一切。

新闻报道若不准确,一切便都毫无意义。准确是所有新闻报道原则的基础,也是所有新闻报道原则的核心,更是所有新闻报道原则的先决条件。

一、采访时要搞清楚事实

准确,首先是事实的准确,即事实要真实。新闻报道的真实,要求记者在采访中一定要把材料弄清楚,把事实弄清楚。

新闻要素是采访时首先要调查清楚的问题。新闻要素主要是指时间、地点、人物、事件、原因、结果这六要素。这六要素缺一不可。但是,很多初学者往往对这六个要素调查得不扎实,因而造成新闻失实。

一次,重庆三峡库区某地举行长江大桥通车仪式,邀请新闻媒体去采访报道。重庆一家报社第二天把新闻报道出来后,重庆市人大办公厅给这家报社打来电话说,你们的记者写文章不踏实,我们的主任王云龙昨天没有去参加这个通车仪式,而你们的记者却说王云龙参加了通车仪式。

原来,王云龙本来计划是要去参加通车仪式的,可是后来临时有事,就变更了议程。巧而又巧的是,刚好这次有一个叫王耘农的市领导去参加了通车仪式。不过,此王耘农非彼王云龙,此王耘农当时是重庆市政府副秘书长,重庆人边音和鼻音分不清,“农”和“龙”读成一个音。记者去采访时,只是听主持人念了一下名字,没有去找到相关人士核实,就回报社草率发稿,因而造成了新闻失实。

《重庆商报》一位记者有一次把一个小偷和受害者刚好弄颠倒了,把受害者写成了小偷,而把小偷写成了受害者,造成了对受害人的极大伤害。

当年,中国足球队参加世界杯十强赛,抵达阿曼首都。当天北京发行量很大的一家报纸在显著的版面刊登了“本报记者”发回的一条消息,报道国足抵达阿曼进入下榻宾馆的情况。记者写道,从这里可以眺望地中海的景色,波光粼粼,如何优美,等等。而实际上,阿曼在西亚南部,位于阿拉伯半岛东南部,东北濒阿曼湾,东南临阿拉伯海,扼波斯湾通往印度洋的门户,与地中海相隔几千公里,何从看到地中海的景色? 只有西亚北部的国家比如土耳其、叙利亚等国才濒临地中海。

上述案例,把最基本的新闻事实要素都弄错了,新闻报道的准确性无从谈起。

2014年1月31日,南派猴王六龄童去世,享年90岁。2月16日,六龄童追悼会在绍兴举行,不少民众前往送别。新浪娱乐的报道标题是《六龄童追悼会在绍兴举行 亲属大打出手》。

【新浪娱乐讯】 2014年2月16日上午,六小龄童之父六龄童章宗义追悼会举行,众多人赶往现场参加悼念。追悼会开始前,因家庭纠纷,数名亲属大打出手,一男子面部被打伤,几个花圈被推倒。在众人的劝说下,事态终于平息。(2014年2月16日14:34)

---

① 海敦. 怎样当好新闻记者[M]. 伍任,译. 北京:新华出版社,1980:34.

时隔2小时后，六小龄童很快通过微博澄清追悼会打架事件，凤凰娱乐综合发出报道《六小龄童回应父亲追悼会"亲属互殴"：是朋友打架》。

2月16日上午，六小龄童之父六龄童章宗义追悼会举行，众多人赶往现场参加悼念。追悼会开始前，被曝数名男子因家庭纠纷大打出手，一男子面部被打伤，几个花圈被推倒。在众人的劝说下，事态终于平息。

16日18时左右，六小龄童通过微博澄清追悼会打架一幕非家庭纠纷，"现场我的个别（演）艺界朋友因为琐事发生了一些争执，经过劝说矛盾已化解"，并谢谢所有人对父亲的关心。（2014年2月16日 18:38）

亲属打架和朋友打架，是非常重要的细节，记者没有对此进行认真调查，误将"朋友打架"写成"亲属打架"，导致新闻失实。新闻的重要细节不能出错，一旦出错，新闻的主要内容也就失实了。

要求重要细节不能出错，并不是说不重要的细节就可以出错，不重要的细节也不能出错，新闻的所有事实都必须是准确、真实的，不能有丝毫的失实，只不过对待重要的细节必须加倍小心。

二、写作时不要合理想象

新闻和文学的区别之一是，文学可以有想象，而且必须想象丰富，但是新闻不能有一丝想象，哪怕是合理的想象也不行。记者只能写自己看到、听到的事实。

20世纪50年代，一篇新闻报道《马特洛索夫式的英雄黄继光》对黄继光在上甘岭战斗中英勇献身的过程做了完整而细致的报道，我们来看下面这两段：

一阵阵的冷雨落在黄继光的脖子上，敌人的机枪仍然嘶叫着，他从极度的痛苦中醒来了。他每一次轻微的呼吸都会引起胸膛剧烈的疼痛，他四肢无力地瘫痪在地上，他挣扎着用负伤的左臂半支起身体，然后用最后的力气举起左臂，把手雷向火力点扔过去。

黄继光又醒来了，这不是敌人的机枪把他吵醒的，而是为了胜利而战斗的强烈意志把他唤醒了……后面坑道里参谋长在望着他，战友们在望着他，祖国人民在望着他，他的母亲也在望着他，马特洛索夫式的英雄行为鼓舞着他，他像一支离弦的箭，向着火力点猛扑过去……

黄继光已经牺牲了，记者如何能够获得这些材料？记者怎么知道黄继光"每一次轻微的呼吸都会引起胸膛剧烈的疼痛"？怎么知道"不是敌人的机枪把他吵醒的，而是为了胜利而战斗的强烈意志把他唤醒"的？怎么知道"战友们在望着他，祖国人民在望着他，他的母亲也在望着他，马特洛索夫式的英雄行为鼓舞着他"？黄继光临死前究竟想到的是什么？黄继光已经牺牲了，他想了什么，记者根本无从知晓，记者在这里显然进行了合理想象。

当时，新闻界曾对这种合理想象展开过讨论，最后由新华社著名记者华山做了总结：《文学不能代替新闻》。华山指出："文学可以丰富新闻的表现能力，却不能代替新闻"，"《马特洛夫式的英雄黄继光》的某些细节之所以会引起不真实的感觉，就是作者忘记了新闻的根本特点，错误地以艺术创作代替报道事实的结果”。

新闻不是文学作品，人物的每个细节、动作都必须是事实，任何凭“合理想象”的写法都是不允许的。

苏联著名记者波列伏依多次谈到自己的一个教训。有一次，他到莫斯科一家工厂采写了一篇反映一位成绩显著的老工人的新闻报道，报道登出两天后，这位老工人气鼓鼓地找到波列伏依，指着报上一段话说，您给我胡说些什么玩意儿呀？

那段文字是这样写的：

他早早地起来了，穿上了节日的盛装，刮了刮脸，仔细地梳了梳头发。

波列伏依当初采访时，这位老工人戴着帽子。现在，老工人当场摘下帽子，波列伏依看见，这位老工人头上一根头发都没有。这位老工人还说，现在厂里的小伙子们都取笑他，要他讲一讲他是怎么梳头的，有一个小伙子还当众送给他一把梳子。这位老工人的话让波列伏依十分尴尬与内疚。按照常理，这种一根头发都没有的情况非常少见，但是记者就偏偏遇到了。可见，记者只能写自己看到、听到的事实，没有看到、没有听到的事实，不能有一丝一毫的推测和想象，否则就会出错。

三、新闻不能进行逻辑推理

记者写作新闻报道，不能进行合理想象，也不能进行逻辑推理。很多事实难以令人相信，但如果是事实，我们也应该相信、必须相信，不能依照常理来推断，不能以严密的逻辑推理来报道新闻。如果记者认为自己掌握到的材料不可思议，不可能发生这样的事情，事情有可能是假的，那记者就应该进行深入调查，弄清楚这件不可思议的事情，而不能仅凭主观判断就下结论。

2005 年 1 月 7 日，中共武汉市委机关报《长江日报》报道：中南财经政法大学一名家庭贫困的女大学生刘维（化名）经常到学校食堂捡别人吃剩的馒头，而且一捡就是近两年。记者之所以如此报道，是因为记者看到了这名女生的饭卡消费明细，屏幕上显示的资料是：整个 2004 年，她才花了 8.35 元！然后记者又发现，这名女生每个星期要到学校的开水房花 0.15 元打上一瓶开水。这个材料无疑是一个非常有意义、有报道价值的材料，这一年，这名女生究竟是靠什么果腹的值得记者深入挖掘。记者首先应该采访的是该同学本人，然后再采访这名女生的室友和同学，采访相关的学生干部、辅导员及学校学生管理部门，揭开谜团。但是，记者并没有进行深入调查，而是运用了简单的逻辑推理：这名女生的饭卡上一年消费只有 8.35 元——显然没有在学校食堂打饭——如何填饱肚子？只有在垃圾桶里捡剩饭剩菜度日！

2015 年 1 月 14 日，中南财经政法大学有关负责人发表讲话，澄清事实：该同学系独生女，其父母是江苏无锡市某厂的在岗工人。她是困难学生，但不是特困生。该同学 2003 年 9 月考入中南财经政法大学，交清了一年级学费，并有银行存款，当年获得学校核发的三等专项困难补助，标准是 100 元/月。2004 年该同学继续获三等专项困难补助，标准提高到 140 元/月。同年，经学校审核，该同学享受国家专门为贫困生设定的二等奖学金，该奖学金免除其当年学费,另加4,000元现金奖励。经统计,该同学两学年累计共获国家和学校资助1万多元,其中6,400元直接为生活费用补助。根据武汉地区生活水平测算,该同学的学习和生活经济来源能得到基本保障——至少不至于近两年时间靠捡剩馒头充饥!①

记者根本就没有对当事人进行调查,也没有调查与当事人相关的部门和人士,而是运用逻辑推理来完成新闻报道,新闻失实就无法避免了。

2006年4月4日,《兰州晨报》报道了一条惊人的消息:两条煮熟的儿童胳膊及碎肉、骨头掺杂着生姜、朝天椒等调料惊现兰州市城关区阳洼沟垃圾场!《兰州晨报》的报道如下:4月3日,兰州市公安局、城关公安分局及辖区派出所的百余名公安民警全面介入调查,并在东岗、雁滩、和平一带展开重点排查工作。记者获知这一消息后迅速赶到事发现场。在垃圾场一名蓝姓工作人员的指引下,记者来到垃圾场西北侧的一堆垃圾旁,在一个白色塑料袋旁,放着两条小孩胳膊,塑料袋里装有碎肉、骨头,以及生姜、朝天椒等调料,现场没有发现小孩躯体的其他部位。办案人员从现场情况分析,这是一起杀人碎尸案,小孩被杀害后被肢解煮熟,被害人年龄在5岁—8岁之间,性别难以确定。

《兰州晨报》的报道见报后,次日(4月5日)下午4点,兰州警方举行新闻发布会,兰州市公安局副局长胡义就警方的调查经过及结果进行了详细介绍。兰州警方经广泛走访调查,最终核实:两截人体上臂及碎片组织,系甘肃中医学院基础学实验室标本制作室于当年3月31日在制作人体标本时所切除的碎片,属于正常教学尸体标本。有关人员将其装入塑料袋中,放在标本实验室门口,准备次日入库。4月1日早晨,学院清洁工清扫卫生时,误将此袋当作生活垃圾清理,送到前来运送生活垃圾、医用垃圾的清洁车上,拉到阳洼沟垃圾场倾倒,直到4月3日被拾垃圾的群众发现报警。

这篇报道之所以严重失实,关键就在于记者在采访时没有进行深入调查,而是主观猜测、联想、推理。看到残肢,就联想到肢体被煮熟,并由此推断这是一起杀人碎尸案。为了使“肢体被煮熟”能够自圆其说,记者竟然虚构出现场有“生姜”“朝天椒”。而同属于甘肃日报报业集团的《西部商报》的同题材报道,只报道了记者看到的事实:垃圾堆里发现两只小孩手臂,但既没有断言被煮熟,也没有推断是杀人碎尸,更没有发现所谓的生姜、朝天椒,而是客观报道说:“就孩子的具体死因,警方正在进一步的调查中。”②

新闻报道不是侦探小说,不能进行推理与臆测,记者更不能做福尔摩斯,根据一点蛛丝马迹就推断出什么。记者的铁限是:事实!除了事实,记者不能恣意妄为,不能像逻辑学家一样进行严密的推理。

四、既不夸大也不缩小事实

夸大和缩小事实,都会造成新闻失实。新闻报道中常见的是夸大事实,特别表现在对人物的报道上。

2002年2月6日,“杂交水稻之父”袁隆平在武汉市硚口区与中小学生交流时,一个中学生敬佩地说,他看过一篇报道,报道说袁隆平院士累倒在稻田里还不放弃研究。袁隆平澄清

---

① 陈斌,贾亦凡. 2005:中国十大假新闻[J]. 新闻记者,2006(1).

② 贾亦凡,陈斌. 2006年十大假新闻[J]. 新闻记者,2007(1).

说:“你们不要被媒体误导,累倒还工作不值得提倡,身体才是最重要的。另外,我也从来没有累倒在田里,那是耍笔杆子的人杜撰的。”(见2002年2月20日《中国青年报》的报道《为什么不宣传袁隆平爱惜身体》)

为了使人物事迹更加典型,记者常常对人物进行“加工”“提炼”,滥用修饰词,夸大其事,随意拔高。全国劳动模范、大连造船厂工程师陈火金对媒体对他的先进事迹的夸大非常生气,并为此向有关单位写信说:

> 讲我们在水库旁边搞爆炸切割,飞出的金属片把高压线碰断了,落在地上,地上的草被烧着了,我们去拉电闸,宣传人员把这当作了不起的大事,大加宣传,其实电闸开关本来就是让人拉的,这有什么危险?唬外行还行,内行一看就知道是小题大做。再说,那次作业是在运输不便的不得已的情况下进行的,离高压线近了,引起山火,严格地说是违章作业,把错误的东西当作正确的东西来宣传。我生病吐血,报道为“大口大口的鲜血直往外喷”,哪有这样的事?有的宣传说我们的爆炸加工已经达到世界先进水平,自吹自擂。……我只不过是一个中专毕业生,却称我是“爆炸大王”,让人反感。①

记者不尊重事实,任意地夸大事实,将导致新闻失实。这种对人物随意拔高的报道在媒体上屡见不鲜。

2008年9月11日,《武汉晚报》报道了一条新闻:《高速列车3秒钟可跨越长江》。主要内容如下:

> **【本报讯】**　(记者:左洋,通讯员:吏林山、杨学军)　3秒钟!一趟高速列车就可跨越长江。昨日,天兴洲长江大桥钢梁全部合龙,建成通车后,可允许列车时速达250公里。
>
> 据了解,天兴洲大桥正桥全长4,657米,其中正线钢梁跨越长江1,092米,两侧采用高架延伸,下线进入武汉火车站不与公路相接,因此,高速列车过桥不用踩刹车,继续保持高时速,还突破了厄勒海峡大桥160公里/小时,刷新了世界纪录,也是世界上列车跑得最快的大桥。

四川新闻网第二天刊发题为《“时速5,588公里的火车”让媒体蒙羞》的文章,为读者演算了这道数学题:

> 一个小时有3,600秒,3秒钟过一次,就是说这列火车能以这种速度一个小时过1,200次。简单的乘法,4.657×1,200=5,588,因此这列火车的速度是5,588公里/小时。这是什么概念?上海的磁悬浮列车的速度是400多公里/小时,世界上最快的列车速度也才550公里/小时,而超音速飞机的速度也不过1,065公里/小时,也就是说这列火车的速度达到了超音速飞机的5倍多,可谓空前绝后的“超超音速火车”了!

---

① 刘保全.新闻精品是这样采写成的[M].北京:新华出版社,2009:142.

其实,按照文中的数据很简单地就可以得出高速列车的过桥时间:桥的长度除以火车的时速250公里/小时,得到的结果大约是68秒,也就是一分多钟。

11月5日,《武汉晚报》以《时速200公里! 火车两分钟跨越长江》为题作了后续报道:

> 昨日,看了武钢,50名市民代表搭乘读者大巴,又来到建设之中的天兴洲公铁两用桥。建设指挥部相关负责人向大家介绍:不用两分钟! 一趟高速列车就可跨越长江。[①]

媒体不愿承认错误,但在公众舆论强大的压力下,又不得不正视错误,只有采取这种另类"更正"的方式更正自己的错误。

这种假新闻,犯了看起来小学生都能正确演算的简单的算术错误,实质上还是记者一贯喜欢夸大事实、好大喜功的思想和新闻理念在作祟,在这种思想理念的指导下得出错误的结论,犯下了这样的低级错误。

有的记者为了个人利益或某个团体的利益,会缩小事实,甚至隐瞒事实,这也会导致新闻不准确,导致新闻失实,值得引起记者的注意。

重庆一家报纸报道房地产开发商和广告公司的矛盾,报道的内容是一块广告牌立在房地产开发商开发的一幢房子上面,房地产开发商要撤掉这个广告牌,而广告公司却不同意撤掉。这块广告牌大约有16米宽,但记者站在广告公司的一边,将这个事实缩小了10倍,写成1.6米宽,房地产开发商一怒而将媒体告上法庭,要求澄清事实,赔礼道歉,并赔偿损失。这场诉讼后来庭外和解了,但记者缩小事实的行为是极端错误的。

五、名利熏心会导致新闻失实

新闻失实的一个重要原因是利益驱动。有的记者为了名和利,不惜捏造事实,蓄意造假。

2007年7月8日,北京电视台《透明度》栏目以"纸做的包子"为题,播出了记者訾北佳暗访北京市朝阳区一个无照加工点使用废纸箱为馅制作小笼包出售的节目。

节目播出后,北京市政府领导高度重视,时任市长王岐山批示:"如属实要严办,如属虚假,要公开澄清事实!"7月15日,北京市公安局刑侦总队成立专案组对此进行立案侦查,之后案情大白:2007年6月初,訾北佳在《透明度》栏目组选题会上提出,曾接到过群众电话反映"包子有掺碎纸"的问题,引起栏目制片人的兴趣,遂被确定为报道专题。此后,訾北佳先后在北京四环路一带进行调查,但始终没有发现包子的质量问题。由于选题已上报,訾北佳压力很大,加之刚到北京电视台,既想出名又想挣钱,栏目主编又催促其抓紧拍摄专题节目。于是,訾北佳化名"胡月",以为民工购买早点的名义,要求来自陕西省华阴市的卫全峰、赵晓彦、赵江波、杨春玲等人为其制作包子。6月底的一天,訾北佳携带秘密拍摄设备,邀请其朋友、无业人员张沄江假扮工地老板,在朝阳区康家沟市场购买了肉馅、面粉等物后要求卫全峰等四人做包子。拍摄过程中,訾北佳要求卫全峰等人将其捡来的纸箱经水浸泡剁碎后掺入肉馅中,制成包子喂狗。因效果不佳,訾北佳便随机找到一名农民工,授意其编造了有关"肉和纸比例关系"的谎话,并编造使用火碱的台词,以增加视觉、听觉效果。

---

① 贾亦凡,陈斌.2008年十大假新闻[J].新闻记者,2009(1).

2007 年 8 月 12 日,制造"纸箱馅包子"新闻的北京电视台临时人员訾北佳,以损害商品声誉罪被北京市第二中级人民法院判处有期徒刑 1 年,并处罚金 1,000 元。① 记者訾北佳为了名、为了做出惊人的成绩而蓄意造假,落得了可耻的下场。

俗话说,吃了人家的嘴软,拿了人家的手软,个别记者得了人家的好处,不惜编造假新闻。有些虚假新闻是企业出于经济目的特意提供的,而后随着红包、礼品及宴请等种种好处,交给记者和编辑发表。20 世纪 90 年代初对于深圳的"豪门宴"的报道即为一例。有关这次宴会的消息说,内地一家集团公司宴请香港客商,请客 5 席,每席不包括酒水,标价为 188,888 元港币,共耗资近百万元。事实是,每桌费用 14,050 港币,不到报道所列费用的十分之一。此次宴会是在大酒楼正式开业之前举办的,是以记者招待会的名义,由大酒楼的港方经理组织的。因此,夸大事实不是记者的疏忽。深圳有关部门查明,其真实用意是想以此引起轰动效应,扩大知名度,招徕顾客,吸引财源。②

市场经济的大潮冲击着每一个中国人,一些新闻记者的发财梦想也渗透进了新闻采访和新闻稿件中。一些记者热衷于拿企业的红包,然后就罔顾事实,为企业大吹特吹,不惜夸大事实,甚至虚构事实,只为向大众推广企业,为企业获取更高的利润鼓与呼。2016 年 5 月,轰动全国的魏则西事件引爆了福建莆田一些江湖游医,或是甚至根本对医术一窍不通的江湖骗子承包了国内很多医院的问题。这其中,不乏一些记者拿了莆田系医院的红包,然后夸大事实,乱吹这些承包医院的某些医疗设施的"神奇功效",乱写这些承包医院的某些庸医的"高超医术",欺骗善良、忠厚的国人。莆田系医院的"军功章"有大医院相关领导的一半,也有一些无良记者的一半。

新闻院系的学生们应该谨记新闻记者的职业道德准则,牢记新闻报道真实准确、客观公正的原则,不为"名利"遮望眼,对每一个事实都要严肃认真地采访报道,确保新闻事实的真实和准确。

知识链接

帕特里夏·史密斯是《波士顿环球》前任专栏作家,她也曾被提名普利策奖。在被报社发现她在专栏文章中编造消息源和引语后,她不得不辞职。在她的最后一期专栏里,她向公众道歉并解释了她为何编造引语和消息源。

"我可以给他们起名字,甚至可以给他们虚构一个职位,但是我却不能给他们最需要的东西——跳动的心脏。任何接触过报纸的人都应该知道,新闻记者有一条永远不得违背的铁律:严禁虚构。没有任何例外,没有任何借口。"③

① 贾亦凡,陈斌. 2007 年十大假新闻[J]. 新闻记者,2008(1).

② 吴海民. 金元新闻[M]. 北京:华艺出版社,1995:231.

③ 里奇. 新闻写作与报道训练教程[M]. 钟新,王春枝,主译. 6 版. 北京:中国人民大学出版社,2012:80.

第二节 平衡

要保持新闻报道的客观公正,就必须在报道中实行平衡报道。平衡是保证报道客观公正得以实现的重要途径。

一、什么是平衡报道

梅尔文·门彻说:“有的记者主张,平衡并不是指他们必须让自己站在争论的正中央的位置。假如候选人A今天做了一个重要演讲,这个演讲值得上头版。而在同一天,反对者B只是重复了昨天的话或说了一些废话,报纸或广播电视台就没有必要在言之有物和言之无物之间保持平衡。一个绝对平衡的新闻界等于没有新闻界。平衡是一种道德责任,不能够用秒表或直尺来衡量。”①

梅尔文·门彻是从道德责任上来讨论新闻平衡的,只要记者的公正出自内心、发自肺腑,哪怕对当事人A的报道文字多一些,而对当事人B的报道文字少一些,也是平衡的,因为新闻报道文字的多少,是由新闻价值决定的。有报道价值,就可以多报道;新闻价值不大,就可以少报道,但是必须报道。只有对A和B双方当事人都进行报道,才能保持平衡。

美联社关于平衡的方针是:“我们尽可能努力去获得与我们正在报道的新闻有利害关系的人的观点——尤其是,如果那个人是一次攻击或指控的目标……假如有人拒绝评论,我们会说明:他拒绝评论。假如我们得不到某个人的观点,而这个人的观点在报道中是必不可少的,那我们将在文章中说明我们为了获得这种观点而采取的措施……无论何时,我们还应该核实我们的文件,看看那个人是否过去说过与这些指责有关的内容,如果有的话。将过去的观点写进报道或许可以提供所需要的平衡和内容。”②

在这里,美联社更多的是从技术层面讨论新闻平衡。美联社要求记者在报道技术、报道行为上必须平衡,要求记者对当事双方的采访、写作必须到位,即使难以采访到新闻当事人或者难以获得当事人的说法,也要将记者为了获得当事人的说法而采取的种种措施和努力告诉受众。无论如何,新闻不能只有一方的采访与报道,而无另一方的采访与报道。

平衡报道有广义和狭义之分。广义的平衡报道包括下面这几个方面的内容:新闻采访平衡、新闻写作平衡、新闻编辑平衡。狭义的平衡报道,主要是指新闻写作平衡。

所谓平衡报道,是指对一个事实或信息做全面、客观、公正的报道,不遗漏任何重要的信息。对于冲突双方来说,不倾向任何一方,对双方或多方的信息都要进行报道。

二、如何进行平衡报道

(一)冲突事件,要报道双方的陈述和意见

当记者采访报道的事件是一个冲突事件时,记者要注意报道两个方面的信息:一是要报

①② 门彻.新闻报道与写作[M].展江,主译.9版.北京:华夏出版社,2003:62.

道事件双方当事人对事实的陈述,二是要报道事件双方当事人对事实的意见。一个冲突事件发生后,双方当事人对事实的描述有可能不尽一致,甚至大相径庭,记者必须将双方当事人的陈述客观地呈现出来。同时,双方当事人对事件也可能会有各自不同的评价,记者也应该将当事双方对事件的态度、观点呈现出来。如果当事双方对冲突事件的陈述和意见一致,记者也应该将这种一致的陈述和意见分别呈现给受众。

中国人民大学教授高钢认为,在新闻报道中,只要遇到冲突,遇到矛盾,遇到人们有不同看法、不同观点的地方,就一定要倾听双方的意见,报道双方的真实态度与观点,给冲突、对立的双方以表达自己看法的平等的机会。即使是一方以"无可奉告"之类的言辞推托,也要把他们的这种说法与态度表现出来。①

韩国向黄海东部海域派遣舰艇　朝鲜表示谴责

【新华社平壤(2004年)3月11日电】 朝鲜人民军海军司令部发言人11日表示,韩国向黄海东部接近朝鲜领海的海域派遣舰艇等武装力量是对朝鲜的挑衅行为,朝鲜对此予以谴责。

这位发言人在回答朝中社记者的提问时说,韩国方面不久前把海军和海洋警察厅的舰艇派往所谓的"渔场界线"以北地区,还派遣舰艇与直升机在延坪岛南端海域举行军警联合训练。上述海域是始终蕴含武装冲突危险的海域,向该海域增派武力并举行联合训练,无疑是对朝鲜的挑衅。发言人说,今年初以来韩国舰艇入侵朝鲜海域已达40多次,由于朝鲜保持高度克制与忍耐,才没有发生不愉快事件。发言人认为韩方这些军事动向难保不会演变成一场新的"海上交战"。

朝韩海军1999年和2002年曾在黄海东部朝韩争议海域发生交战。

这条新闻报道的是一个冲突事件,但是新闻只报道了朝鲜一方对这个事件的陈述和观点,韩国一方对这个事件的陈述和观点,新闻中没有只言片语。也许,韩国方面对事实的陈述和观点与朝鲜方面的陈述和观点存在不一致的地方,当然,也可能与朝鲜方面一致,无论是否一致,从平衡报道的新闻理念出发,记者应该报道当事双方对事实的陈述和观点。

上面这条新闻只报道了朝鲜一方的信息而没有报道韩国一方的信息,下面这条新闻则只报道了韩国一方的信息而没有报道朝鲜一方的信息。我们来看下面这篇报道:

朝韩外长四年来首次会晤

【美联社雅加达(2004年)7月1日电】 朝鲜和韩国外长今天同意为朝鲜核危机寻找和平解决方法。

① 高钢.新闻采访写作[M].北京:高等教育出版社,2012:70.

韩国外交通商部长官潘基文和朝鲜外务相白南舜在雅加达举行会晤。这是两国外长四年来的首次会晤。

潘基文说:"最重要的议题是如何通过和平方式和对话解决朝鲜核问题。"

潘基文说,双方一致认为,26 日刚刚在北京结束的朝核问题最新一轮会谈取得了进展。六方会谈的目标就是要消除朝鲜的核计划,而朝鲜提出以获得能源援助和安全保证为交换条件。

潘基文说:"我们还就合作问题进行了讨论。"(载《参考消息》2004 年 7 月 2 日头版)

这条新闻与上面一条新闻刚好相反,整个新闻自始至终只援引韩国外长说的话,只报道了韩国外长对朝核问题的观点和态度。而朝鲜外长对这次会晤是如何描述的,朝鲜外长对这次会晤的看法和观点,新闻中没有只言片语。

这篇新闻虽然报道的不是一个冲突事件,但是,两个国家一直存在着矛盾,有不同的国家观念和价值观念。即使报道的不是冲突事件,但对于涉及双方国家利益的事件,双方往往都会从各自国家的利益出发来思考、决策和展开行动,那么,双方当事国对于一个事件可能会有各自不同的陈述和意见。因此,记者必须将双方当事国的陈述和意见报道出来,而不能只报道一方的陈述和意见,显然,上面这篇新闻报道不够平衡,有失客观公正。

(二)一个事实,要写出多方面的信息

平衡报道要求对一个事实不仅只写出一个方面的信息,还要写出其他方面的信息,要对多方面的信息进行客观、公正的报道。

《纽约时报》爆出猛料 八冠王百米蝶泳作弊?

《纽约时报》21 日报道,奥运会八冠王菲尔普斯的 100 米蝶泳冠军结果具有操作嫌疑。根据这个新闻,奥运会使用的时间测量仪器的制造商、菲尔普斯的赞助商——欧米茄拒绝公开水中的摄像记录,令嫌疑增大。

16 日举行的 100 米蝶泳决赛上,菲尔普斯压倒塞尔维亚的查维奇,夺得冠军。但是他们之间的速度差异只有 0.01 秒,便有人指出应该公开水中摄像记录。欧米茄在比赛当天决定公开记录,但之后又改变了立场。

《纽约时报》引用体育专家的话批评道:"欧米茄做太多不必要的争辩了。""这个问题对菲尔普斯和欧米茄以及美国来说都是很大的打击。若再细心地思考一下,跟着基本逻辑走,就可以避开嫌疑了,"《纽约时报》又表示焦虑。

但是欧米茄方面解释道,他们立场的改变是遵照国际游泳联合会(FINA)的决定。"这不是我们可以决定的案子。"欧米茄表示照片是否公开的决定权在于国际游泳联合会。

国际游泳联合会和国际奥运会组织委员会（IOC）也站出来帮欧米茄。17 日，FINA 的执行主任考纳尔在《纽约时报》的采访中表示不公开比赛照片是联盟的方针，并坚持菲尔普斯是名副其实的冠军："塞尔维亚方面已经看过照片并撤回一切有关判定的抗议。"

IOC 发言人吉赛尔·戴维斯也表示："比赛结果确实跟联盟宣布的一样，在这里 IOC 也没有提出怀疑的理由。"

驻东北大学美国游泳队教练彼得·罗比（Peter Roby）也表示没有怀疑欧米茄的理由："奥运会开始后，是由奥运官方来启动和管理时间计算仪器的，而不是欧米茄。"

但是身为测量选手们成绩的仪器的制造者，又去当游泳选手的赞助商，这本身就是一个利益关系冲突的问题，《纽约时报》如此指出。（来源：《重庆晨报》，2008 年 8 月 24 日，第 10 版）

上面这条新闻既报道了菲尔普斯的赞助商，也是奥运会使用的时间测量仪器的制造商欧米茄的解释，又报道了国际游泳联合会（FINA）和国际奥运会组织委员会（IOC）的说法，还报道了驻东北大学美国游泳队教练彼得·罗比的看法，这就使一条受到质疑的信息得到了尽可能平衡的报道，为受众正确认识和评估这条信息提供了多方面的信息来源。

首次超越香港　上海成中国最具竞争力城市

今年中发布的"2013 中国省区、直辖市综合竞争力排行榜"，将香港的竞争力降至全国第五位，受尽港人质疑之后，中国城市竞争力研究会昨日再次发布最新的"2013 中国城市综合竞争力排行榜"，曾蝉联 11 年冠军的香港，首次被上海超越。

中国城市竞争力研究会昨日在香港公布各项中国城市竞争力排名，会长桂强芳于记者会上指出，虽然沪、港评分差距微少，但香港增长空间有限，未来北京、广州、天津及重庆等地，都可能超越香港。

该研究会连续 12 年进行相关研究，评价指标包括经济、社会、环境、文化资源等。

报告指出，上海设立首个自贸区等综合因素，令其综合城市竞争力首次超越香港。

桂强芳认为："香港今年首季经济增长只有 2.9%，但其他城市均接近 10%；香港今年财政收入增长只有 1%，远低于内地其他城市。"

他也称，内地城市逐渐减少对香港作为转口贸易平台的倚赖，因此，如果北京将自贸区推行至全国，将对香港优势构成压力。

香港在其他方面仍占优势

不过，香港在制度及人才等方面仍有长期积累的优势，特别是金融领域，内地城市短期内还无法超越。

报告显示，香港今年在中国最安全城市排行榜中，重返首位，而上海则未进首十位。

另外，根据城市规模指数、国际影响指数、对外开放指数等排列"中国城市世界级大都市"的名列，香港以 92.03 分列榜首，比上海多约 0.9 分。

至于“中国国际化城市”排行方面,香港同样以0.6分之微险胜上海,取得冠军,得分为92.01。

中国城市竞争力研究会自1998年成立以来,根据其自主创立的GN评估体系,组织逾百名专家、学者,每年对中国内地及港、澳、台地区共296个城市的综合竞争力和成长竞争进行研究比较。

今年6月,在该研究会发布的“2013中国省区、直辖市综合竞争力排行榜”中,香港排在广东、江苏、山东及浙江之后。

早前,中国全国人大常委会委员长张德江以该会报告的数据,提醒香港要注意竞争优势弱化的趋势;港澳办主任王光亚也指出,香港在“四小龙”中的优势下滑;中联办主任张晓明更批评香港缺乏创新竞争力。

不过,香港有线电视新闻台在《新闻刺针》节目中,“踢爆”该研究会的研究方法及学术水平备受质疑,而桂强芳的学历同样令人怀疑。

香港经济学者关焯照也向传媒指出,该会的GN评估体系,以各城市去年的经济增长率按年乘下去,以此推算这些城市GDP何时超越香港,计算方法受到怀疑,因计法假设了各地的经济增长率未来数年均不变,学术上难以令人接受。

澳门无缘上榜表不满

澳门也不满中国城市竞争力研究会连续多年发布的“中国十大宜居城市”排行榜,澳门多年无缘上榜,认为所谓的研究排名,因选取的比较因素不同,就出现不同结果,不能完全反映城市的宜居程度。

澳门经济建设协进会理事长杨道匡昨日表示,预料未来数年当地经济可保持单高位数至低双位数增长。

他称,现在至2016年,六家博企在路氹金光大道的赌场酒店相继动工,估计每家投资近200亿元(澳门币,下同,31亿新元);加上政府基建配套如轻轨、隧道和口岸建设等陆续动工,公共投资和私人投资预料逾2,000亿元,未来四至五年足以带动经济增长。

另外,中银青协研发的澳门经济预测模型解读显示,预计2014年澳门整体经济增长约9.43%,博彩毛收入将上升13.2%,通胀率为5.05%,中银青协理事彭咏怡认为,外围环境对澳门经济影响不算太大。(来源:《联合早报》,2013年12月11日,香港特派员:易锐民)

上面这条新闻,报道中国城市竞争力研究会发布最新的“2013中国城市综合竞争力排行榜”,上海首次超越蝉联11年冠军的香港,成为中国最具竞争力的城市。然后,新闻又从多个方面对与之相关的信息进行报道。报道称,尽管上海成为中国最具竞争力的城市,但“香港在制度及人才等方面仍有长期积累的优势,特别是金融领域,内地城市短期内还无法超越”。不仅如此,新闻还报道了香港媒体及经济学者对该研究会的研究方法、计算方法及学术水平的质疑,甚至对研究会的领军人物桂强芳的学历也提出怀疑。新闻还报道了澳门也对中国城市竞争力研究会连续多年发布的“中国十大宜居城市”排行榜不满,认为所谓的研究排名,“因选取的比较因素不同,就出现不同结果,不能完全反映城市的宜居程度”。对于一个事实信息,这条新闻从多个方面报道了相关各方的说法和态度,这使受众能够从多个方面全面、客观接受这个事实信息。

(三)正面和负面报道都要有分寸

对于正面报道和负面报道,记者在新闻写作时,要注意把握好度,要适度、留有余地,不要把一个事件说得一好百好、一坏百坏。

一般而言,无论是正面报道还是负面报道,都要写出其A面和B面乃至多面,避免无节制地只写一面。

1. 正面报道

金无足赤,人无完人。人都是有缺点的,没有毫无缺点的完人。但是,很多记者在报道好人好事时,常常把一个人物和一件事情写得十全十美,没有半点瑕疵,这显然是不对的。

在20世纪80年代,有一个气功大师被媒体吹嘘得神乎其神:冬天发功,听众在大讲堂里不觉得冷;夏天发功,听众在大讲堂里不觉得热。报刊报道气功师讲气功时所做的表演从头到尾都在渲染"灵、灵、灵",成千听众都被气功师的手势动作弄得前仰后合,读后令人感到不可思议。但西方的报道讲究平衡,一位西方记者在报道同一表演时,也以很多篇幅报道现场的神奇效果,但他不忘写上几句:一些人对此并无什么反应,有的听众还怀疑是否心理作用所致等。西方记者的报道虽对气功称奇,但亦表明了其并非无可疑之处。①

正面报道常常对好人好事进行夸大和极端化表达。我们来看下面这句话:

> 黎明20年如一日,吃在山上,住在山上。有一次,他的孩子得了重病,家里几次捎信,他都没有回家,直到小孩病危也没顾得上看一眼,不愧是敬业乐业的"造林迷"。

"20年如一日,吃在山上,住在山上",这只能是一个修辞手法,不能作为一个事实来报道。难道20年内就没有下一次山吗?孩子"病危也没顾得上看一眼",是不是太不通人性了?这种没有起码人性的人,是不是太残酷了?类似这样的报道在新闻媒体中并不鲜见。

我们在正面报道方面有些经验教训值得引起注意。媒体往往对一个人或一个现象或好的事物有过多的溢美之词,只报道优点,不报道缺点,但是,过了一段时间,这个人或这件事情却变坏了,甚至成了一个反面典型,这往往使我们的媒体感到很尴尬。如果媒体当初报道的时候,不忘在报道中冷静地点出一些小问题、一些不足之处,就会使公众正确对待这些好人好事,这对媒体自身也是有好处的。

当然,平衡手法用于报道先进人物和先进事迹,并不是要求把一个人或一件事的优点和缺点写得半斤八两,优点和缺点各有一半。而是说,可以用较少的文字点出一些该点出的不足之处,达到一种平衡的效果。

2. 负面报道

在负面报道中,并不是只能写负面,不能写正面。如果只写负面,不写正面,新闻就难以做到平衡报道,实际上也不真实。因为人物都是多种性格的复合体,事物也是多样化的、复杂

---

① 孙旭培.新闻学新论[M].北京:当代中国出版社,1994:236-237.

的统一体。只有写出了多种性格的人和多样化、复杂的事物,新闻才更平衡,也才更真实。

重庆市沙坪坝区井口镇二塘村人周克华,在江苏南京、湖南长沙和重庆制造了 6 起持枪抢劫杀人案,曾因贩卖枪支服刑。有些做长篇深度报道的记者把周克华写成一个十恶不赦的罪犯,除了罪大恶极还是罪大恶极,人物的其他方面,记者根本就不报道。这种报道显然太极端化,不符合平衡报道的原则。而有几位做长篇深度报道的记者在对这个罪大恶极的人物进行报道时,也写出了这个人物的另一面,虽然身为罪犯,但是他也有人性的一面:冒着被捕的危险为父亲送葬;前妻在医院生病,他也是冒着被捕的危险到医院伺候前妻。虽然人性的一面并不能抵消他的死罪,但是,记者写出了人物的多个侧面,把一个人物写得更丰满了,也更真实了,新闻报道也更平衡。

对有问题的人和事,媒体应该批评,不能姑息迁就。但是,批评报道不能采取一棍子打死的方式,应该看到不对、不好的系列事实中,也可能存在着个别比较好、比较合理的事实。

20 世纪曾经发生过某报批评南京博物院院长姚迁的事情,由于媒体批评报道给姚迁带来压力,姚迁后来自缢身亡。姚迁的确应该受到批评,他没有参与写稿,没有付出足够的劳动,却很多次与其他人一起在别人写的论文上署名,这显然应该受到舆论监督和批评。但是,媒体在报道时平衡的手法用得不太好,没有写出姚迁的另外的情况:姚迁虽然参与署名,但从来不领稿费;姚迁在博物馆工作的几十年中,是很有成绩的;姚迁也已认识到自己有缺点、有错误。①

《中国青年报》记者 1988 年 3 月曾报道"武威收报事件",对武威地委书记杨作林进行了批评,但在后续报道中,又对事件责任者杨作林说了一些好话。报道借用两位干部的话说:"杨作林同志平时民主作风还比较好,也善于团结人,工作也扎实,总的来说是个好同志。但这次收报事件不管他主观上怎么想,事实上压制了不同意见。"这段报道使杨作林感动不已,认为报纸既批评了他的错误,又肯定了杨作林的人格和工作。他登门感谢记者,感谢报社,而且很快公开检讨了自己的错误。这种报道就是比较好的平衡报道。②

即使是纯属虚构的艺术真实,也讲究艺术辩证法。

艺术可以对生活中的事实进行集中、典型、夸张的叙述、描写,但是不能把一件事物写得好则无半点问题,恶则坏透了顶,无一是处,这反而失去了艺术的真实,因此,艺术真实也要讲究艺术的辩证法。

凡读过《红楼梦》的人,都知道贾母跟前有个叫鸳鸯的使唤丫鬟。由于她长得漂亮,聪明伶俐,不仅博得贾母的欢心,而且被老色鬼贾赦看中,要强迫她做妾。但鸳鸯蔑视权贵,宁为玉碎,不为瓦全。对于这样一个作者歌颂的人物,曹雪芹是这样描写的:

> 只见他穿着半新的藕色绫袄,青缎掐牙坎肩儿③,下面水绿裙子;蜂腰削背,鸭蛋脸,乌油头发,高高的鼻子,两边腮上微微的几点雀斑。

---

①② 孙旭培. 新闻学新论[M]. 北京:当代中国出版社,1994:243.

③ 背心。见《红楼梦》第 46 回《尴尬人难免尴尬事 鸳鸯女誓绝鸳鸯偶》,中华书局 2005 年版,第 339 页。

这段肖像描写的文字，在一般人看来，好像是从背后审视一个美丽少女的倩影，突然她转过身来，露出了她那与身段不相称的脸面：腮上有雀斑。然而，脂砚斋却不这样看，他在评点中指出："可笑近之野史中，满纸'羞花闭月'，'莺啼燕语'，殊不知真正美人方有一陋处。"这是深谙艺术辩证法的。曹雪芹没有用"恶则无往不恶，美则无一不美"的形而上学的方法去刻画人物，这正是《红楼梦》获得不朽艺术生命的一大奥秘。所以鲁迅在《中国小说的历史变迁》中高度评价说："《红楼梦》……敢于如实描写，并无讳饰，和从前的小说叙好人完全是好的，坏人完全是坏的，大不相同，所以其中所叙的人物，都是真的人物。"

法国艺术理论家狄德罗提出了"瘢点"论。在谈到艺术真实时，他认为如果画一个美女，不要去画脸孔最完美最罕见的、从人间找不到蓝本的形象。他说：

> ……画家应该使我看到她额上露出一点轻微的裂痕，鬓边现出一个小瘢点，下唇现出一个小得看不见的伤口才好，这样就会使这幅画马上从一种理想变成一幅画像了。眼角或鼻梁旁边如果有点天花疹的痕迹，这女人面貌就不是爱神维纳斯的面貌，这幅画就是我的邻居中一个女子的画像了。

对英雄的刻画，不能弄成"江天一色无纤尘"。高明的作家、艺术家从来不把自己心中的英雄写成一个神，而是按照生活本来的复杂面貌去描写，不忌讳他的"陋处"和"瘢点"。老舍在《人物的描写》中说过："把一个人写成天使一般，一点都看不出他是由猴子变来的，便过于骗人了。"①

善于集中、夸张、典型化，可以虚构而且必须虚构的文学艺术在运用艺术真实描写人物时，尚且还要写出人物的"陋处"和"瘢点"，何况视真实为生命的新闻报道，更应该真实地写出人物的不足和缺点、事件的多侧面和多维度，这样的报道才更真实，也才更平衡。

知识链接

《纽约时报》主编 A. M. 罗森塔尔给他的编辑人员写了一份备忘录，……他在备忘录中写道：

报纸的特性基于以下的信念：

虽然要做到完全客观是不可能的，因为每一篇稿件都是由人写的，但是每个记者和编辑的任务是在人所能及的范围内争取做到尽量客观。

记者在感情上不管怎样受到约束，在坐下来写稿的时候要尽量摆脱这种约束。

把问题的双方都摆出来不是搞平衡，而是负责任的新闻报道的本质。

这些是崇高的标准和理想。大多数新闻工作者为此而奋斗。有时候他们没有做到，如同所有的人都犯错误一样。但是，他们是仰望那些星星的。②

---

① 龙协涛. 艺苑趣谈录[M]. 北京：北京大学出版社，1984：222-223.

② 海敦. 怎样当好新闻记者[M]. 伍任，译. 北京：新华出版社，1980：320.

第三节　客观

新闻报道必须秉持客观公正的原则，客观公正地报道事实，不倾斜于新闻事件中的任何一方，实事求是地报道新闻；秉笔直书，忠实地记录事实，不能用主观意见代替客观事实。

一、客观性原则的内容

新闻报道应该客观地报道事实，不偏不倚、公正地再现事实，给受众提供独立判断的材料。新闻只陈述事实，不评论事实，让受众自己评价事实，而不是代替受众评价事实。

（一）忠实地叙述事实

忠实地叙述事实，要求记者在报道事实的过程中不能有主观色彩，应该实实在在地陈述事实。

我们来看《中国海洋报》1999 年 8 月 3 日刊登的一条新闻：

海上对话

下面是一份真实的海上无线电通信的副本，记录了 1995 年 10 月 10 日，在加拿大纽芬兰岛附近海域，一艘美国军舰和加拿大人的对话。

美方：为了避免相撞，请将你们的航向向北调整 15 度。完毕。

加方：为了避免相撞，我们要求你们将航向向南调整 15 度。完毕。

美方：这是一艘美国战舰的舰长在和你们通话。我再说一遍，请你们调整航向！

加方：重复，请你们调整航向。完毕。

美方：这里是航空母舰“林肯”号，美国大西洋舰队的第二大舰只。另有 3 艘巡洋舰、3 艘驱逐舰和若干支援舰艇护航。请你们将航向向北调整 15 度，重复，是向北调整 15 度，否则我们将采取必要的手段，以保证“林肯”号的安全！

加方：这里是一座灯塔。完毕。

这篇新闻极具讽刺性，令人捧腹。新闻从头至尾笔法客观，语言表达冷静、不动声色、不露痕迹。新闻非常简短，语言朴实自然，没有一句评论，但美国舰长霸道、傲慢、有恃无恐的性格特征客观而又鲜明地呈现在读者面前。

忠实地叙述事实，要求记者在报道新闻时不隐恶、不扬善。今日的新闻是明日的历史，记者要将真实的历史事实再现给受众，呈现给后代。

1945 年 8 月，毛泽东到重庆和蒋介石谈判，著名记者彭子冈写了《毛泽东先生到重庆》的新闻。毛泽东下飞机到重庆后，乘汽车进入张治中将军寓所“桂园”，对此文中有这样两段情节描写：

"很感谢",他几乎是用陕北口音说这三个字,当记者与他握手时,他仍在重复这三个字,他的手指被香烟烧得焦黄。当他大踏步走下扶梯的时候,我看到他的鞋底还是新的。无疑是他的新装。

……

记者像追着看新嫁娘似的追进张公馆,郭沫若夫妇到了。毛先生敞了外衣,又露出里面的簇新白绸衬衫。他打碎了一只盖碗茶杯,广漆地板的客厅里的一切,显然对于他很生疏。他完全像一位来自乡野的书生。

毛泽东是从陕北黄土高原来,延安的窑洞比起重庆桂园自然艰苦多了。所以,陕北的苦寒、毛泽东的朴素,是这两段文字的主基调。毛泽东的陕北口音,在重庆人听来可能会觉得有点乡土气。因为重庆是大城市,是陪都,陕北是山旮旯,是偏僻的地方;毛泽东脚上穿的是新鞋,上身里面穿的是簇新的白绸衬衫,这应该不是平时的穿着,是走亲戚时才穿的衣服。按照一般乡村的规矩,因为贫穷,新衣服只能在走亲戚、遇大事时才穿,平时则穿旧衣服;毛泽东显然不适应张公馆豪华的装修、高雅的生活习惯,所以不小心把盖碗茶杯打碎了。在记者的笔下,毛泽东"完全像一位来自乡野的书生"。记者彭子冈没有把毛泽东神化、美化,而是忠实地叙述事实,将毛泽东并不十分光鲜的一面呈现给当时的读者,从而使新闻更真实、更客观。毛泽东的"乡土气"正好和当时国民党上层官僚的洋气相对应,抗战结束,一些国民党大员将汉奸的房子、金子、车子、票子、女子也接收下来,称为"五子登科",过着纸醉金迷的生活,与这个"乡野的书生"形成极大的反差。

忠实地叙述事实,要求记者在报道新闻时,头脑要冷静、理性,即使是报道带有强烈感情色彩的内容,也要保持克制,避免表现出明显的倾向性。

2014 年 3 月 8 日,马来西亚航空公司 MH370 航班失联,飞机上有一百多名中国乘客。微博号为"@ TJTV 郭睿"的网友在微博上转发美联社朋友的话说,一位中国记者把我们(美国)的直播内容转播以后,用我们的设备和卫星向自己国家(中国)的观众连线报道了:飞机坠海,无一生还。摄像机一关,他蹲地失声痛哭。这种巨大的不幸事件,记者可以在新闻报道中适当地表达情感倾向,但是,记者克制住了,尽量在新闻报道中冷静客观地告知受众事实。然而,人非草木,孰能无情,记者关掉摄像机后,实在忍受不了这种灾难的折磨,抑制不住自己内心的情感,以至于蹲在地上失声痛哭。作为一个记者,他尽量做到了冷静、客观;作为一个有血有肉的人,他在履行职业职责、工作完毕后,本能地表达了情感。

我们再来看下面这条新闻的片段:

后来,儿女长大各自成家,官邸内只剩两老彼此扶持。蒋方良的日子寂寞、孤独,但总还有个老伴可依靠。而这唯一的依靠,也随着蒋经国和三个儿子相继去世,逐渐消失得无影无踪。

谁也没想到,蒋方良儿女成群,老来竟会饱尝孤寂和凄凉。1988 年蒋经国去世后,短短 8 年内,蒋方良的三个儿子一个接着一个病逝,这是她生命中的椎心之痛。

大儿子蒋孝文在蒋经国走后第二年,因鼻咽癌过世,这是蒋方良首尝白发人送黑发人的哀戚。本被外放新加坡的二儿子蒋孝武挂念年迈母亲孤苦无依,在父逝后积极请调回台,未料在新职就任前夕,突然病逝荣总。这个打击,让蒋方良崩溃,她再怎么坚强,也无法抑制情绪,在众人面前掩面而泣。

1996年底,她仅存的小儿子蒋孝勇也因食道癌在荣总过世。蒋孝勇生前曾说过,蒋方良最怕走的一段路,就是从大直官邸到荣总医院。她的三个儿子都是在荣总去世,每一通来自荣总的电话铃声,都是催促她再赶一趟伤心路程。

本来就已经没有声音的日子,随着孩子不断离世,更加寂静。蒋方良变得不言不语也不再哭泣。据这几年到过蒋家的人说,蒋方良经常一个人痴痴地凝望着蒋经国和四个孩子的照片,一看就是大半天,那脸上无助的神情,看了令人心酸。(《蒋经国夫人一生坎坷晚年丧夫丧子孤独凄凉》,来源:《重庆晨报》,2004年12月16日)

这条新闻写蒋经国夫人蒋方良晚年丧夫丧子孤独凄凉的悲惨生活,但是语言表达没有大悲大痛,而是冷静、朴实地陈述,客观地表达。

(二)事实与意见分开

记者在新闻报道中应该只叙述事实,不进行议论,不直接表达观点、看法和意见,从而避免使事实受到歪曲而误导受众。换句话说,新闻报道只报道事实,不表达意见。如果要表达意见,只能通过新闻评论来表达,而不能在新闻报道中表达。

买东西在苏联是一门重要学问

【法新社莫斯科(1979年)10月2日电】 买东西在苏联是一门重要的学问。购物者在找寻一件想买的东西时必须具有直觉和运气,找到这件东西后,他必须有足够的耐性去排队。有时,为了买一块肥皂,购物者往往要排三次队。

有一次,我们到一家商店看看——这里正在出售毛线。家庭主妇们发现此事之后,立即展开了一场激烈的争夺战。失败者的孩子只好冬天不穿毛衣。

在苏联,只有卖面包的地方才没有人排长队。除此以外,在任何地方苏联人都要排长队等候购买供应紧缺的商品。

发工资的日子,在和平大街一家鞋店的外面,你可以看见五六百人挤在那里买鞋。在莫斯科,这种现象是司空见惯的。

在大商店的一堆堆货物前,主妇们排成一行行长队,就像跟随着母鸡寻食的小鸡。外国人看到这现象感到惊讶,而苏联人则早已习以为常。在苏联,第一个生存法则是身边要带着钱,以便见到东西后立即抢购。

有些东西并非急需。例如,记者见到过一位年轻的小伙子排队买婴儿上装。他说,他还没有结婚,但是,打算用婴儿上装来向一个女售货员换一双冰鞋。

有人拼命排队买东西,是因为他们认为有些东西现在用不上,但将来用得上。

当时,苏联经济接近崩溃,尤其是民众日常消费品奇缺。买一块肥皂“往往要排三次队”、抢不到毛线的家庭主妇,其孩子“只好冬天不穿毛衣”,在极度寒冷的苏联,冬天不穿毛衣令人难以想象。除了卖面包的地方以外,“在任何地方苏联人都要排长队等候购买供应紧缺的商品”,苏联人甚至排队购买现在用不上,但将来用得上的东西,以应对今后的急需。新闻只是报道事实,没有表达任何意见。但是,读者可以从报道中自己得出结论:苏联人民的生活非常清苦,连基本的日常生活用品都无法保障,看来,苏联经济出现了巨大的问题。

三岁娃娃将被征入伍

【合众国际社纽约(1946 年)1 月 2 日电】 谁也搞不清楚这是怎么一回事儿——本周星期五,居住在纽约市约克城高地的 3 岁小女孩皮丽·夏普洛收到了应征入伍通知书。

昨天,她像平时那样吃早餐,边吃边看一张华盛顿征兵处寄来的通知单。根据这张通知单,她必须在“从 18 岁生日那天起 30 日内报到入伍”。

尽管小皮丽仍有许多年时间考虑这件事,但她已明确表示:“我不去!”

小女孩只有 3 岁,离 18 岁应征入伍还早得很,却收到了应征入伍通知书。记者没有在新闻中直接表达观点和意见,而是让读者从中体会、分析,得出自己的看法:才 3 岁的小女孩就收到了应征入伍通知书,可见美国征兵制度的荒唐可笑。

2000 年 4 月 18 日,新华社播发了美国再次发生恶性枪击案件的新闻,我们来看看:

【新华社华盛顿(2000 年)4 月 18 日电】 美国继上个月连续发生数起恶性枪击事件后,18 日又在密歇根州发生一起恶性枪击事件,两名妇女死于非命,另一名妇女身受重伤。

枪击事件发生在底特律市郊林肯帕克镇的一幢 14 层老年公寓内。当天上午,公寓管理人员将一名男住户叫到办公室谈话,告诉他楼内的其他居民抱怨其污言秽语。不料这名男子听后勃然大怒,立即返回自己的住所拿出一支自动步枪,冲进办公室扫射,当场打死两名妇女,打伤另一名妇女。歹徒行凶后逃进楼内躲藏,后被当地警方抓获。

美国枪支泛滥,枪击事件接连不断。据美国司法部统计,美国现有 2.35 亿支自动步枪,几乎人均一支。每年发生枪击事件 100 多万起。在口口声声保护人权的美国,公民的安全受到严重威胁。

这条新闻几乎通篇都是客观笔法,冷静陈述事实,但是新闻最后的“在口口声声保护人权的美国,公民的安全受到严重威胁”这一句议论成为“蛇足”。新闻已经说得非常清楚,受众自有看法,用不着记者在这里发表议论。

新闻报道应该只陈述事实,记者不要在新闻中发表个人的见解和看法。如果需要表达个人意见,记者可以单独撰写新闻评论,通过新闻评论来表达意见。

(三)公正地陈述事实

记者在新闻报道中必须公正地报道事实,不倾斜于新闻事件中的任何一方,不偏不倚,将新闻事件中双方、多方当事人的信息平衡地呈现出来。①

二、客观报道的方法

(一)通过事实表达观点

客观笔法并不是绝对的客观,世界上也没有绝对的客观,客观是相对的。记者不能在新闻中表达观点和意见,新闻与意见必须分开,但记者可以通过巧妙地运用事实,通过对事实材料的选择、组合,来隐含自己的意见。西方国家的记者很善于巧妙地运用事实、通过事实来表达记者的意见。

非洲即景

【美联社肯尼亚内罗毕(1978年)5月4日电】 下面是东非日常生活中的几个场面:

一位美国主妇抱怨没有烫好她的外衣,于是便到内罗毕那家干洗店提意见。几分钟以后,她到里间自己动手干了起来,又是拉电闸,又是按电钮,还拉开蒸汽机的把手,干得有板有眼,就像风琴师演奏巴赫的赋格曲。

非洲男人站在那里目瞪口呆,对这位妇女的不随俗惊叹不已。许多非洲人仍把白人妇女称为"默莎西伯"("女主人"的意思),这是从殖民地时代传来的一个敬称。眼下在非洲的外国妇女都有仆人替她们操持家务,她们用打网球和学法文消磨时光。外国妇女当然也有当教师或秘书的,但绝不会进工厂工作。

这位年轻的金发碧眼女郎终于把外衣烫好了,非洲男人称赞不已:"她可真是个了不起的太太。"

干洗店老板想留她干活,她摇头拒绝。来非洲之前,她在俄亥俄州一家干洗店工作,现在她当然不会放弃这来之不易的清闲。

在乌干达的坎帕拉,有个男人撬开在大街上的一辆汽车偷东西,结果被一群人痛打一顿。正在这时,汽车主人回来了,他设法稳定了人们的情绪,犯罪分子这才没有被人踢死——在东非,群众打死小偷和贼是合法的。

但这群人仍不放过这个贼——他们脱光他的衣服,侮辱他,才把他放走。人行道上终于安静下来了。

这时来了一个警察,抓住这人的胳膊把他带走。没有走多远,警察就把他枪毙了。

车主——一个美国人——大吃一惊,问道:"你干吗要杀掉他?"

警察说:"我们得教训一下这伙人。"

当坦桑尼亚人感到有必要嘲笑生活中的尔虞我诈时,他们就讲下面这个故事:

一只大蝎子求鳄鱼背着它游过河。鳄鱼答道:"干吗我要背你呢?我下水后你会蜇我的。"

---

① 本章第二节"平衡"对此已有详细的阐述,在此不再赘述。

蝎子说："我决不蜇你。要是我蜇了你，你固然会被蜇死，可我也得淹死。"
这一对开始渡河了。游到河中间时，蝎子狠蜇鳄鱼几下。
鳄鱼大怒，问道："你为什么蜇我？"正在被淹死的蝎子想了一想答道——
"因为我们俩在非洲。"①

三条短新闻组成了一组报道，这组报道只是客观、冷静地陈述事实，记者没有直接表达任何观点和看法。虽然记者没有直接在新闻中表达观点，但不能认为新闻没有表达观点。任何阅读这组报道的读者，都能很明确地从中得出一些观点和意见。记者将这些意见和观点隐藏在事实之中，巧妙地通过事实表现出来。这组报道中的第一条新闻隐含的观点是：美国白人做事专业、认真，反衬非洲人做事情不认真、不敬业；第二条新闻隐含的观点是：非洲国家不依法行事，非洲人没有基本的法制观念，群众打死小偷和贼合法，警察更是可以随便枪杀小偷；第三条新闻隐含的观点是：非洲人尔虞我诈，互不信任，背信弃义。这些观点和意见，表面上是读者自己分析出来的，其实记者就希望读者得出这样的观点和意见，所以，实际上，这些观点和意见是记者表达出来的，只是没有直接表达而已。

（二）借"代言人"说话

记者不能直接在新闻中发表意见，但新闻中的人物可以在新闻中直接发表意见。新闻中的人物往往都是记者的"代言人"。当记者想表达意见的时候，往往是让新闻中的人物——"代言人"来发表意见和看法。新闻是有选择的，记者选择的新闻人物的语言，基本上能够代表记者的意见，而新闻人物的语言本身也是新闻事实，这就使新闻显得更客观、更真实，也更能够为受众所接受。

大寨也不吃大锅饭了

【本报昔阳20日电】 山西省大寨大队（村——引者注）也不吃大锅饭了。今天，他们860亩耕地全部分给130户农民承包，实行大包干责任制。原来集体经营的一个煤窑、一座酱粉坊、3台拖拉机、200亩果园、800亩山林，也全部承包给个人。

上午9时，大队党支部书记贾长锁带领着社员（农民，村民——引者注），从麻黄沟一直走到狼窝掌、康家岭，逐块分责任田。获得了自主权的社员喜悦之情溢于言表。原大寨大队长（村主任——引者注），现任大寨公社（乡镇——引者注）副书记贾承让在接受记者采访时说："我们现在才刚刚起步，过去搞的极'左'那一套不灵了，我们大寨人再不走'大寨路'了。我曾经到河南省兰考县去参观，那里条件比我们差，积极性比我们高，发展速度比我们快。可我们大寨社员往地里一转，干不干两块半，不少好地荒了。大寨的一本经再也不能念下去了。"

……（载《羊城晚报》，1982年12月21日，记者：罗文锦、张琳、骆士正）

① 外国新闻通讯选评：上册[M]. 北京：长征出版社，1984. 转引自王春泉. 实用新闻写作[M]. 西安：西北大学出版社，1995：102-104.

大寨公社副书记贾承让说的话就是记者想要表达的观点:“大寨路”是一条极“左”的路线,不能再走下去了;吃大锅饭,农民没有积极性,必须实行大包干责任制,将集体的土地和资产全部承包给个人,才能调动农民的积极性。记者在这里找到了一个非常具有权威性的人物作为代言人,借此巧妙地表达了自己的意见。

中国爆炸第一枚原子弹

【路透社北京(1964年)10月16日电】 今天格林尼治时间7时中国爆炸了一枚原子弹,从而闯进了核俱乐部。

官方在八小时后发表的声明没有提供这次爆炸的细节,但是保证中国决不首先使用核武器。

它还要求召开一次世界最高级会议,讨论“全面禁止和彻底销毁核武器的问题”。这项宣布中国已成为爆炸了自己的原子弹的第五个国家的声明,是在莫斯科宣布赫鲁晓夫辞职后24小时之内发表的。

观察家说,这是对赫鲁晓夫继承人的一次及时的提醒,即中国已决定通过自己的努力在一切领域取得进展。

观察家说,中国领袖们还希望用这次成功的爆炸加强他们在亚洲和非洲的影响。

今天,记者看到兴高采烈的中国人拿着声明在大街上奔跑。

在这里,观察家的话实际上就是记者要说的话,记者只是把观察家作为一个代言人,观察家的说法暗含了作者的用意。有些新闻中的观察家,不一定是一个具体的人,不排除记者假借观察家来表达自己的意见。如果记者没有采访到观察家,只是假借观察家的名义发表意见,这就违背了新闻的真实性原则。因此,新闻中的人物说话,一般都要写出具体的人,尽量少用或不用模糊、抽象的新闻来源。

(三)注明消息来源

交代消息来源,可以使受众了解新闻事实的来龙去脉,表明新闻报道中的内容有准确可靠的出处,记者没有随意乱写甚至捏造事实,从而会增强新闻报道的真实性和可信度,使新闻更客观。新闻中不交代消息来源,会影响新闻的真实性,会使受众感到新闻不够客观。匿名消息来源更会让受众怀疑记者假借说话人来表达个人意见甚至虚构事实。

美曾为伊提供炭疽病菌

【俄罗斯《消息报》(2002年)10月2日报道】 前几天,美国参议院军事委员会举行了听证会,会上参议员伯德拿出了证明萨达姆制造大规模杀伤性武器时不是没有受到美国帮助的材料。

1985 年至 1986 年，美国当局给伊拉克原子能委员会寄去了几个带有炭疽菌、肉毒素，甚至热病病毒的试管。从前率领过联合国核查人员小组的塔克尔说："虽然不能说美国政府为伊拉克提供了用于制造生物武器的足够原料，但是如果以为巴格达会把这些材料用作和平目的，那就太天真了。"

伯德向美国的现国防部长、鹰派主要人物拉姆斯菲尔德提醒他同萨达姆的会见。1983 年 12 月 20 日，拉姆斯菲尔德作为里根总统的中东特使曾在巴格达同伊拉克总统握手。他还提到美国人曾为伊拉克军队提供过有关伊朗军队的情报，为萨达姆供应过坦克和其他军事装备。他说："是我们自己培养出了像萨达姆这样的怪人。"①

上面这些说法，全部都有出处。美国曾为伊拉克提供炭疽菌、肉毒素，甚至热病病毒的试管，这是率领过联合国核查人员小组的塔克尔说的；国防部长同伊拉克总统萨达姆握手，美国人为伊拉克军队提供伊朗军队的情报、为萨达姆供应坦克和军事装备，这是美国参议员伯德说的。这些都不是记者在胡说，而是有确切的消息来源。记者基本上没有自己说一句话，报道的内容皆为消息中的人物提供的信息。这些事实使新闻非常可信、非常客观。

(四)运用第三人称

在叙述事实时，第一人称"我"或"我们"、第二人称"你"或"你们"都或多或少会包含有情感因素，使事实具有或隐或显的情感倾向，从而使新闻报道不够客观、公正。因此，在新闻报道中，记者一般不要采用第一人称"我"或"我们"、第二人称"你"或"你们"来陈述事实，而应以第三人称"他"或"他们"来叙述事实，以免让受众感到新闻报道不客观、不公正。

如果新闻陈述的事实是记者在新闻现场亲眼所见，或是记者个人的亲身经历，可以采用第一人称"我"或"我们"的视角来报道新闻，但这种采用第一人称报道的新闻不应该大量出现在新闻媒体中。

我们来比较下面两种叙述视角：

A. 我们的城市是经过很好的规划的。
B. 重庆市是经过很好的规划的。

A 句采用的是第一人称"我们"的视角，给受众的感觉是，这句话明显地显示出说话人的自豪感。说到自己的城市便感到比较亲切，也隐含有说话人对自己所在城市的城市规划的评价。这样的叙述会降低新闻的真实性、客观性。B 句采用第三人称"他"或"他们"的视角来陈述事实，记者站在中立的角度陈述事实，新闻事实显得比较真实、客观、可信。

① 刘明华，张征. 新闻作品选读[M]. 北京：中国人民大学出版社，2003：18.

知识链接

客观性 = 可信度。①

当记者谈到客观性时,他们的意思是新闻报道不含有记者的观点或感情,它包含的是事实,报道是以一种不偏不倚的、独立自主的观察者的视角写的。如果可以经得起某些记录——演说原文、会议记录、警察局报告、购物凭证、薪水册、失业率数据或重要数字的核实,那么它就是客观的。如果材料有证据作为支撑,那么报道就是客观的。②

优秀报纸的优秀记者总是为新闻挖掘事实,而劣等报纸的劣等记者却总是对新闻有了先入为主的看法,然后再去寻找材料加以证实。③

专业记者不会让自己的观感去妨碍事实。他们受过保持客观公正的训练,他们有保持客观的愿望。他们决心做中立的观察家,竭力在写新闻时保持客观性。许多记者会赞同一位意大利哲学家说的话:"公正是神话,诚实是义务。"④

我认为可以这样说,虽然我对某件事有自己的看法,但我仍能诚实地报道它。——《纽约时报》西摩·赫什⑤

措辞不慎有时也可能造成语意微妙的议论,如"史密斯的汽车撞了琼斯的车子",这就把责任归咎于史密斯了。如果你写明评论的出处,这句话就变得中立了:"警察说,史密斯的汽车撞了琼斯的车子。"你也可以用一种不偏不倚的手法,比如这样写:"史密斯的车子同琼斯的车子相撞了。"

如果要追究责任,"警察说"是很有用的手法。你是在写消息,而不是在审案子,虽然加上"警察说"的字样并不能使你免受诽谤罪的指控,但它至少可以证明你并无恶意。你是从警察那里得到这个材料的。⑥

我们在新闻报道中要避免出现感叹号,如果为了表达某种意义而需要增加感叹号的话,那这则报道写得不会太好。⑦

第四节 简洁

一、新闻报道要简洁

现代社会越来越重视速度和效率,受众越来越青睐简洁的文字。新闻报道简洁,受众的阅读兴趣就大;新闻报道冗长,受众的阅读兴趣就会降低。

新闻报道简洁,新鲜的内容容易突显,受众能够快速地获取信息;长篇新闻则容易埋没新鲜的内容,受众难以用较快的速度获取信息,会影响受众接受信息的速度和效率。

新闻报道简洁,也有助于记者快速地报道新闻。新闻报道写得长,所需要的时间自然就多,新闻报道就不能以最快的速度与受众见面,既会影响受众对信息的快速获取,也会影响新

---

① 门彻. 新闻报道与写作[M]. 展江,主译. 9 版. 北京:华夏出版社,2003:204.
② 门彻. 新闻报道与写作[M]. 展江,主译. 9 版. 北京:华夏出版社,2003:63.
③ 海敦. 怎样当好新闻记者[M]. 伍任,译. 北京:新华出版社,1980:132.
④ 海敦. 怎样当好新闻记者[M]. 伍任,译. 北京:新华出版社,1980:133.
⑤ 海敦. 怎样当好新闻记者[M]. 伍任,译. 北京:新华出版社,1980:134.
⑥ 海敦. 怎样当好新闻记者[M]. 伍任,译. 北京:新华出版社,1980:184.
⑦ 佩普,费瑟斯通. 报纸新闻:从入门到精通[M]. 周黎明,译. 北京:中国人民大学出版社,2010:70.

闻媒体自身的竞争力。

美联社规定："学不会把文字写得简洁有力的人，不必想为美联社写作。"

1976 年 9 月 9 日零时 10 分，中国共产党中央委员会主席毛泽东在北京逝世，下午 4 时，我国新闻媒体对外公布了这一消息。消息公布后的 15 分钟内，世界主要通讯社马上就进行了报道。这些通讯社报道的时间和篇幅如下：

通讯社	发稿字数	发出时间
时事社	5 个字	下午 4 时零 5 分
美联社	5 个字	下午 4 时零 7 分
路透社	20 个字	下午 4 时零 9 分
合众社	50 个字	下午 4 时 10 分
法新社	113 个字	下午 4 时 15 分

上面几家通讯社的报道字数和发稿时间表明，字数越少，发稿越快；字数越多，发稿越慢。虽然不能说发稿慢的唯一原因就是字数太多，但是，字数太多肯定会影响发稿的速度。

新闻报道简洁，受众就容易接受，也喜欢接受。新闻报道长篇大论，受众就不容易接受，也不喜欢接受。

美国各报业协会在做了大量研究之后得出结论：新闻报道要有可读性，即让受众容易接受，也喜欢接受，关键之一是写短句。下表揭示的是英文报道可读性与句子长度的关系：

句子平均长度	可读性
少于 8 个单词	很容易读
11 个单词	容易读
14 个单词	比较容易读
17 个单词	一般
21 个单词	比较难读
25 个单词	难读
29 个单词及以上	非常难读

从上表可知，句子的平均长度越短，新闻越容易让受众接受。如果一个句子的长度超过 17 个单词，新闻就越来越难读，一个句子的长度超过 29 个单词，新闻就变得非常难读。①

美联社为了把新闻写短，请专家对好的新闻作品进行研究，提出了一个"新闻可读性公式"：每篇不超过 500 字，每一句平均 19 个字，每个字平均 1.5 个音节。在这里，"每篇不超过 500 字"具有非常重要的价值。虽然目前还没有心理学家研究读者阅读文章的疲劳指数，从科学上我们还没有研究出读者阅读多少文字后会产生视觉疲劳，但美联社专家提出的"500 字"界限比较契合读者产生阅读疲劳的基本边界。也就是说，一篇新闻作品最好不要超过 500 字。一条新闻一旦超过 500 字，就会使读者产生阅读疲劳，影响阅读效果。中国目前网络

① 门彻. 新闻报道与写作[M]. 展江，主译. 9 版. 北京：华夏出版社，2003：187.

上的很多重大新闻报道往往都超过了500字，但是，为了不让读者产生阅读疲劳，记者和编辑对新闻做了技术上的处理，即在新闻中加上若干个文中小标题，基本上隔500字左右，新闻中就会以小标题切开，让读者可以停歇一下，以减缓读者的视觉疲劳和心理疲劳，这是一种比较实用且高明的做法。

英文句子每句不超过19个单词，应该和中国文字差不多，中国文字每句超过19个字也会让读者觉得比较长，每句在19个汉字以下时，读者阅读起来会感觉比较方便舒适。

强调写短句，并不是完全反对写长句子。一条新闻如果全是短句子，也会显得单调乏味，就像打击乐一样，虽然短促有力，但如果只有一种节奏，也难免使人觉得枯燥单调。比较理想的状态是，以短句子为主，适当插入一些长句子，长短句交叉，新闻中的文句会有起伏、有节奏，抑扬顿挫，就像打击乐和华尔兹交叉表演一样，既张弛有度，又丰富多彩。

二、怎样把新闻写得简洁

（一）抓核心信息

人们在进行口头表达和书面表达时，有些人言语啰唆，洋洋万言却还是没有把要表达的内容说清楚。这其中最重要的原因，是不知道自己想要说什么，没有把事情弄清楚、没有把问题想透彻就开始匆忙表达，如此，演说或文章就难免繁杂冗长。因此，在进行表达之前或表达的过程中，一定要将自己要表达的内容想清楚，想得清楚，才能说得明白，从而才能简洁地表达。新闻写作更是如此。此其一。

其二，记者在报道新闻时，要善于准确把握并抓住新闻事件、客观事物的特征，抓住新闻事件、客观事物的重点，如果不知道特征是什么、重点在哪里，新闻报道是不可能简洁的。大道理人人都懂，作为记者，谁都想将新闻报道写得简短，但是，为什么有些记者事与愿违呢？最主要的原因是记者不明白重点是什么、事件的焦点信息是什么，结果往往是将次要信息进行大篇幅的表达，而将重要信息、焦点信息简单地表达，甚至不陈述重要信息和焦点信息。杰克·海敦说："记者应该努力使文字精练，这不仅仅是考虑字数的多寡。它意味着加强稿件的感染力。它意味着抓住事物的核心。"①

请比较下面两条新闻：

【记者原稿】

北京居民的福音

采用新技术贮存大白菜 将不用再在冬季运菜倒菜

（1）春节期间，首都蔬菜市场运来了一批采用新技术贮存的大白菜。它们叶绿味浓，质量新鲜，深受居民欢迎。这一成果预示着，北京居民今后将不再为冬季搬运、贮藏大白菜而发愁了。

---

① 海敦．怎样当好新闻记者［M］．伍任，译．北京：新华出版社，1980：20．

(2)农历年二十九,记者来到大兴县礼贤乡白菜新法贮藏基地。只见18个长30米、宽4米的砖砌菜窖整齐排列。窖内挖了个长长的暗槽,上面的木板架上大白菜按井字型码成堆,顶头是带有鼓风机的通气窗,风量、温度由微机统一调解控制。看上去真有点现代化菜窖的味道!

(3)北京市农科院蔬菜研究中心科技人员高丽朴介绍说,利用现代技术改变传统白菜贮存方法,是北京市为解决居民冬季吃鲜菜难和避免社会浪费而采取的一项重大措施。中心开发的强制通风贮存法,从窖的设计、菜的码放及外界给风等方面,让菜在恒温通风的条件下保鲜。这种方法省工省时,损耗也小,比传统菜窖每万斤多纯益300余元,而且直到2月底3月初,白菜的味道仍然鲜嫩如初。

(4)蔬菜中心曾做过市场跟踪调查,90%的居民对新法贮存大白菜表示欢迎。许多人希望政府把这项试验坚持下去,以减轻群众的负担。还有人说,自己贮菜方法不当,冬季常常吃的是枯白菜。只要能吃上新鲜白菜,即使多花钱我们也愿意。

(5)据了解,去年北京在小试的基础上,分别在大兴、顺义、通县等地建立了115个新技术试验窖,贮量为2,000万斤。今年将推广贮存白菜1亿斤。

【编辑后的见报稿】

大白菜贮存新技术 为北京冬季吃菜开辟新路

【新华社北京(1991年)2月18日电】 春节期间,首都蔬菜市场出现了一批采用新技术贮存的大白菜,叶绿味浓,质量新鲜。这一成果将使北京居民冬季不再搬运、贮藏大白菜的愿望成为可能。

据北京市农科院蔬菜研究中心科技人员介绍,利用现代技术改变传统白菜贮存方法,是北京市为解决居民冬季吃鲜菜难和避免社会浪费而采取的一项重大措施。这个中心开发的强制通风贮存法,从窖的设计、菜的码放及外界给风等方面,让菜在恒温通风的条件下保鲜。这种方法省工省时,损耗小,而且直到2月底3月初白菜的味道仍然鲜嫩、纤维少。

据了解,去年北京在小试的基础上,分别在大兴、顺义、通县等地建立了115个新技术试验窖,贮量为2,000万斤。今年将推广贮存白菜1亿斤。(发表日期:1991年2月18日)①

上面两条新闻,一篇是原稿,一篇是经过编辑修改后播发的新闻通稿。原稿的最大问题,是新闻的第二自然段和第四自然段没有紧扣新闻核心点(标题就是这条新闻的核心点)写作。第二自然段是对京郊一个新技术试验窖基地的现场描述,对大白菜贮存新技术介绍得太具体,读者不需要也不想知道这些纯技术的信息,因此,第二自然段与新闻的核心点关系不大;第四自然段叙述北京市民对新技术贮存大白菜的态度、愿望和要求,这也基本上是无用的话,北京市民肯定是欢迎的。原稿这两个自然段陈述的信息偏离了新闻核心点,所以编辑删改得非常正确。而第三自然段是对新技术的简单描述,第五自然段是对新技术的推广与应用,皆

---

① 张选国.应该怎样写作[M].北京:新华出版社,1998:75-76.

紧扣新闻核心点写作，写的是北京市民关注的信息，所以编辑保留下来了。原稿对新闻核心点把握不当，因此篇幅比较长，除去标题，原稿包括标点符号在内共535个字。修改后的新闻紧扣新闻核心点写作，在基本保存新闻原意的基础上，删除了与核心点关联度不大的信息，除去标题和电头，包括标点符号在内只有284个字，减少了约47%的文字，使新闻更简洁、更流畅了。

（二）一事一报

大多数新闻事件，往往都只有一个最佳信息值得记者报道，记者只要将这个最佳信息报道出来就可以圆满完成任务。但是，有少数新闻事件有很多个事实值得记者报道，这种事件往往都是重大事件。如果记者将几个事实写在一起，一是会使新闻报道变得很长，新闻不简洁；二是几个事实都想报道，结果往往是几个事实都没有报道清楚，而受众感兴趣的内容也埋没在整条新闻报道中。面对此类事件，记者应该将这个事件拆开，一事一报，分成若干篇报道。一事一报，既能使新闻报道简洁，也使重要信息能够清楚明白地呈现给读者。

九江段4号闸附近决堤30米

【本报江西九江8月7日16时5分电】（记者：贺延光） 今天13时左右，长江九江段4号闸与5号闸之间决堤30米左右。洪水滔滔，局面一时无法控制。现在，洪水正向九江市区漫延。市区内满街都是人。靠近决堤口的市民被迫向楼房转移。

【本报江西九江8月7日16时35分电】（记者：贺延光） 现在大水已漫到九瑞公路。据悉，决堤时，一些居民还在睡午觉。现在在堤坝上被洪水围困的抢险人员大约上千人。

【本报江西九江8月7日17时5分电】（记者：贺延光） 国家防汛总指挥部有关专家正在查看缺口。专家们决定用装满煤炭的船沉底的办法堵缺口。

【本报江西九江8月7日17时15分电】（记者：贺延光） 记者已赶到缺口处。汹涌的江水正从30米宽的缺口涌向市区。南京军区两个团正在国家防总、省防总有关专家的指挥下现场抢险。现在有一条100多米长的船无法靠近缺口，抢险队正在想办法。

【本报江西九江8月7日17时40分电】（记者：贺延光） 专家们拟定了三套抢险方案：1. 将低洼处的市民转移到安全地带。2. 市区内的军队、民兵组成一道防洪线。3. 全力以赴堵住缺口。

现在，一条大船装满煤，正由北向南岸靠近，准备堵缺口。

【本报江西九江8月7日22时5分电】（记者：贺延光） 截至记者21时撤离时，决堤口还没有堵上。一条装满煤的百米长的大船已横在距决堤口20米处，在其两侧，三条60米长的船已先后沉底。数千军民正在沉船附近向江里抛石料。水势稍有缓解。

目前，留在决堤处的抢险人员总计2,000多人，防汛指挥部组织抢险人员正在市区的龙开河垒筑第二道防线。

据悉,市中心距决堤处的直线距离约5公里。市区内目前还未进水。记者赶回市区时看到,一些店铺还在营业。市民们的情绪较下午平稳了一些。

路上,出租车司机告诉记者,市政府已在电视上发出紧急通知,告诫市民,凡家住低于24米水位的住房,要迁到更高的楼上。

【本报江西九江8月8日零时15分电】 (记者:贺延光) 记者刚刚与前线指挥人员通话:现在沉船部位上端水流有所减弱,但船下的漏洞水流仍然很急,缺口处洪水不见缓解。抗洪军民仍在连夜奋战。

【本报江西九江8月8日零时45分电】 (记者:贺延光) 记者刚刚得到消息,从昨天下午4点开始,万余名解放军战士正在龙开河连夜奋战,构筑一道10公里长、5米宽的拦水坝,作为市区的最后防线。至发稿时止,仍有大批军车赶往此地。(原载《中国青年报》,1998年8月8日)

1998年夏秋之交,长江中下游遭遇历史罕见的洪灾,8月7日,九江段突然决口。对这一重大突发事件,《中国青年报》打破常规,采取现场实况"播报"形式,滚动报道受众关注的信息,首开简讯组合报道的先河。由8条简讯组成的一篇报道现场感很强。除了其中一条简讯为249字外,其余简讯都只有80字左右,最短的简讯只有40余字。每一句话都是事实,文字简洁明快。这条新闻使当日出版的《中国青年报》一时"洛阳纸贵",民众蜂拥抢购、争相阅读。

上述新闻报道实际上只是一种形式上的变化,《中国青年报》并没有在新闻报道的当日和次日发行号外,所谓滚动播报更多的只是形式上的新颖独特。但是,这种写法对于当时那种长篇大论式的报道有很重要的影响。

上面这篇组合报道,我们可以将其作为一事一报的典范。这条组合新闻中的每一条简讯报道的都是这个新闻事件的一个侧面,将8个侧面组合成一组报道,可以让读者清晰、明确、快速地知悉新闻事件。第一条简讯报道的主要内容(以下从简)为:长江九江段决堤30米;第二条简讯为:千人抢险;第三条简讯为:专家决定用装满煤炭的船沉底堵缺口;第四条简讯为:汹涌的江水涌向市区;第五条简讯为:专家们拟定三套抢险方案;第六条简讯为:两千多人抢险,垒筑第二道防线,市民情绪稳定;第七条简讯为:缺口处洪水不见缓解;第八条简讯为:万余名解放军战士构筑拦水坝,作为市区的最后防线。8条简讯报道了8个与抢险有关的事实,表达了一个共同的主题:长江九江段决堤抢险,保证城市和市民的安全。

(三)连续滚动报道

客观事物、新闻事件的发展具有阶段性和连续性的特点,新闻事实具有片段性的特点,而新闻报道讲究新鲜、快速、及时,当一个重大事件发生后,记者可以采用连续滚动的方式报道新闻。重大事件发生后,记者必须马上进行报道。当事件有了新的进展,再及时跟踪报道,不要等到最后结果出来才报道新闻。而滚动报道新闻则既能使新闻报道简洁明快,又能让受众快速地获知信息,可谓一举两得。

2015年7月31日,北京获得2022年冬奥会举办权,新浪网在当天17:57第一时间转发央视新闻:《赢了!北京获2022年冬奥会举办权》;紧接着,半小时后,18:34又转发了新华网消息:《北京冬奥申委声明:将全面兑现冬奥会承诺》;随后,又报道了《习近平致信祝贺北京与张家口申冬奥成功》;当天18:58,转发新华社消息《习近平致信国际奥委会主席巴赫》;当天19:30,报道《习近平向申办冬奥会代表团致贺信》;8月1日6:15,转发中新社消息《美国务院祝贺中国获得2022年冬奥会举办权》。下面选取新浪网的三篇新闻报道:

赢了!北京获2022年冬奥会举办权

2015年7月31日　17:57　来源:中央电视台

吉隆坡7月31日消息,国际奥委会主席巴赫刚刚宣布,北京获得2022年冬奥会举办权!北京成为奥运历史上第一个既举办过夏季奥运会,又将举办冬奥会的城市。

在揭晓2022年冬奥会举办城市前,巴赫宣布了2020年冬青奥会的主办城市,瑞士洛桑以71票对10票的绝对优势,击败罗马尼亚的布拉索夫,获得主办权。

北京时间17:55左右,巴赫接过马来西亚羽毛球名宿拉－西德克手中的信封。打开信封后,清晰念出了"北京",并向公众展示了信笺的内容。

据随后公布的投票结果,现场共有84名国际奥委会委员做出了选择,1人弃权,北京以44:40的微弱优势胜出。

北京冬奥申委声明:将全面兑现冬奥会承诺

2015年7月31日　18:34　来源:新华网

【新华社吉隆坡7月31日体育专电】(记者:汪涌、高鹏、林昊)　北京冬奥申委7月31日发表声明,表示很高兴赢得了2022年冬奥会的举办权,将全面兑现2022年冬奥会的承诺。

北京冬奥申委在声明中说:"感谢国际奥委会对我们的信任,感谢国际单项体育组织对我们的指导,感谢境内外媒体对我们的持续关注,感谢全国人民、港澳台同胞、海外侨胞和国际友人对我们的大力支持。"

"借此机会,我们还要特别向我们的竞争对手阿拉木图市表达由衷的敬意,他们对奥林匹克运动的不懈追求令我们尊重和钦佩。"

北京冬奥申委在声明中表示,北京作为一个既举办过夏奥会,又将迎来冬奥会的奥运城市,将全面兑现承诺,在2022年中国的传统节日春节期间,在万里长城脚下,用"纯洁的冰雪",邀约全世界的朋友们共赴一场"激情的约会"。

北京冬奥申委热忱期待2022年与大家欢聚在北京,北京欢迎你!

美国务院祝贺中国获得2022年冬奥会举办权

2015年8月1日　06:15　来源:中国新闻网

【中新社华盛顿7月31日电】(记者:刁海洋)　美国务院发言人马克·托纳7月31日表示,祝贺北京获得2022年冬奥会举办权,并称北京有能力办好冬奥会。

7月31日，在马来西亚吉隆坡举行的国际奥委会第128次全会投票中，北京以44比40的结果击败阿拉木图，成为2022年冬奥会和冬残奥会举办城市。北京将成为首个举办过夏奥会和冬奥会的城市。

美国务院发言人马克·托纳7月31日在例行记者会上表示，祝贺北京成功获得2022年冬奥会的举办权。他表示，北京于2008年成功举办过夏奥会，美方相信北京同样有能力办好冬奥会。

多家美国媒体积极评价了北京成功申办2022年冬奥会一事。美联社称，在奥林匹克运动会120多年的历史上，从没有一座城市举办过夏奥会和冬奥会两大赛事。现在，北京成为第一个"双料"城市，并且仅用了14年时间。

《今日美国》报道称，听到北京获胜的消息，中国人陷入喜悦的庆祝之中。该报称，在国际奥委会主席巴赫宣布北京获胜的几分钟后，这一话题迅速成为中国社交媒体上最热的话题。

哥伦比亚广播公司冰球记者克里斯·彼得斯从中看到了潜在的商机。他撰文称，在每届冬奥会上，冰球项目都是最受观众欢迎的项目之一。如果效力于北美职业冰球联盟(NHL)的球员届时能赴北京参赛，那将是一个在中国推广冰球和NHL的绝佳机会。

北京获得2022年冬奥会举办权是一个非常重大的新闻事件，受众非常关心。记者不能等到很多信息集中在一起后才报道，而应该第一时间将获知的信息告诉受众。此其一。其二，在一篇新闻报道中呈现所有信息，新闻报道会非常冗长，读者看到这样冗长的新闻，阅读兴趣会大减。而一个信息一个信息地滚动报道，既能使新闻报道简洁，又能让受众及时、快速地获取信息。因此，北京获得2022年冬奥会举办权后，新浪网及时跟踪、滚动报道相关信息及社会各界的反应。在网络和新媒体高度发达的今天，滚动播报新闻已经成为家常便饭，只要一出现重大新闻事件，网络与新媒体都是采用这种滚动播报的形式，随时、及时地跟踪报道事件的最新进展和最新发现。

(四)一句话一个意思

一句话一个意思，不仅可以明确、清晰地表达信息，而且能使表达的信息简洁流畅(本书在第十六章"新闻语言"第二节"运用新闻语言的艺术"中专门阐述过这个问题，这里再从简洁的角度略作阐述)。

"一句话一个意思"要求记者在新闻报道中，一句话只表达一种思想、传达一个意思。西方新闻界把这个理念作为新闻写作的座右铭。

俄罗斯作家艾萨克·巴布(Isaac Babel)谈自己如何修改、压缩短篇小说时说：

我反反复复地仔细检查每一个句子。开始，我先删去所有可有可无的词语。你要时刻警惕，因为这些词语是如此狡猾。那些毫无价值的词语都躲藏了起来，你必须把它们挖出来——重复词、同义词，还有毫无意义的词语。

在清除这些垃圾之前,我先把文章分成短句。句号越多越好。我将这定为一条法则。一个句子所表达的不要超过一种思想或一个形象。①

小说作家都如此重视简洁表达,新闻记者更应该将一句话只表达一种思想、传达一个意思作为新闻写作最基本的原则。

欧战结束!德国无条件投降

【美联社法国兰斯(1945 年)5 月 7 日电】 德国于今天法国时间上午 2 时 41 分(即美国星期日东部战争时间下午 8 时 41 分)向西方盟国和苏联无条件投降。

投降仪式在德怀特·D. 艾森豪威尔将军总部所在的一幢红色校舍内举行。

代表盟军总部在受降书上签字的是艾森豪威尔将军的参谋长沃尔特·贝德尔·史密斯中将。

伊万·索斯洛帕罗夫将军代表苏联,弗朗索瓦·塞书茨将军代表法国也在受降书上签了字。

艾森豪威尔将军没有出席签字仪式,但是,这个仪式一结束,这位盟军最高统帅就接见了约德尔将军和另一名德国代表汉斯·格奥尔格·弗里德海军上将。

盟国代表严肃地问德方,他们是否理解德国应遵从的投降条款。

他们答复称是。

德国在投降时请求战胜国对德国人民与军队宽大为怀。德国无情地进攻波兰,从而挑起了这场世界大战,继而不断地进行侵略并建立惨绝人寰的集中营。

约德尔将军在无条件投降书上签字后说,他想讲几句话,当即获准。

他用低沉的德语说:“签字之后,德国人民和军队的福祸吉凶,就由胜利者决定了。”

他说:“在这场延续 5 年多的战争中,他们得到的也许比其他任何国家和人民多,但同时遭到了更多的苦难。”

盟国的官方通告将于星期二上午 9 时颁布,届时杜鲁门总统将在广播电台宣读一项声明,丘吉尔首相将发表“欧洲胜利日”公告,查尔士·戴高乐将军也将同时对法国人民发表讲话。

这条新闻全文共 12 个自然段,13 个句号,除了其中一段外,其他句子都是一句话一段,是典型的一句话一个意思、一句话一段。全文(去除电头)包括标点符号在内共 531 个字,平均每段 44 个字。这篇短新闻基本上都是短语短句,段落也相当简短,最短的段落“他们答复称是。”只有 7 个字。每一段写一个事实,表达一个完整的意思。段落短小,表达明晰,读者阅读起来会感觉非常干净利落,爽快,能迅速、准确地接收信息。

---

① 门彻. 新闻报道与写作[M]. 展江,主译. 9 版. 北京:华夏出版社,2003:187.

（五）锤炼语言

锤炼语言，就是要竭力删削多余的词句，使文字洗练明快，干净利落。写作中拖泥带水，重复啰唆是一种常见的毛病，能够用一个词就可以表达清楚的，却用了两三个词；用一句话就可以说明白的，却用了两三句话来表述，这就是语言中的水分。要使语言简洁，就必须把这个水分挤掉。

鲁迅先生说，文章写完后至少要看两遍，“竭力将可有可无的字、句、段删去，毫不可惜”。

世界上发行量最大的刊物——美国《读者文摘》的创办人德威特·华莱士以文风简练著称，常常对杂志上的文章压缩了又压缩，他认为“没有什么文章不能压缩”。当有人问他死后用什么作墓志铭时，他也是十分简明地回答：“最完美的压缩。”①

俄罗斯有位报纸老编辑叫奥里明斯基，他编辑新闻稿件时，总是把那些多余的水分挤干。因此人们批评他说，经过他修改的文章只剩下标点符号了。有一篇文章这样写道：“在游行的地方，曾来了地方警察，拘捕了八个游行示威的人。”奥里明斯基认为，“地方”二字多余，难道不是当地的吗？“在游行的地方来了”云云，难道警察不来可以拘捕吗？至于“警察”云云，除了警察之外，谁还可以捕人呢？“游行示威的人”也是多余的，不是母牛，也不是行路的人吧。奥里明斯基最后将这个句子改成四个字：“八人被捕”，其余的统统删掉了。② 奥里明斯基这种锤炼语言、精简字句的思想和做法，值得今天的新闻记者和编辑学习。

我们来看看这样两个例子：

A 句原文：在立法机构里设置一个多于4人的会议委员会是不多见的。（26个字）

A 句修改：多于4人的会议委员会是不多见的。（16个字）

B 句原文：政府报告说，8月份消费者在偿付分期付款的债务方面更加迟缓，而8月份在添加新债方面却比今年早些时候更加迅速。（53个字）

B 句修改：政府报告说，与今年早期相比，消费者在8月份借款更快但还债更慢。（31个字）

A 句原文26个字，修改为16个字，减少了38%，句子意思没变，反而更洗练；B 句原文53个字，修改为31个字，减少了41%，不仅没有改变原意，而且更明晰。两段原文都比较晦涩、拗口，修改后变得更容易阅读和理解。

多年前，法国里昂举行了一次关于体育报道的竞赛，内容规定只报道一场足球赛，奖金高达1.5万美元。于是参加这场角逐的职业记者和业余新闻工作者空前踊跃，足有1,100多人。结果，足球赛踢得平淡无味，以0:0告终，报道比赛却峰回路转、奇峰突起，最后，一名21岁的银行职员纽隆捧走了桂冠。纽隆的报道只有几个字：“嘘嘘——0:0。”既准确又意味深长地批评了这场平庸的足球赛。《里昂时报》的一位老资格的记者不得不认输道：“想不到我搞了几十年的体育报道，竟败在这个年轻人手下。看来我们的文风已面临危机。”③

---

① 龙协涛. 艺苑趣谈录[M]. 北京：北京大学出版社，1984：207.

② 陆平煌. 记者的修养与写作[M]. 福州：福建人民出版社，1985：170.

③ 白庆祥，刘乃仲，郑保章. 新闻采访写作编辑案例教程[M]. 北京：新华出版社，2003：314.

上面这个例子说明，没有什么文章是不能简洁的，只要我们下功夫认真思考、锤炼语言，就能使新闻报道更简洁、更明快。

知识链接

所有创造性的工作都是以省略的技巧为基础的。在建筑学里，20世纪建筑的标志是遵循"越简洁越好"的原则。①

简洁是选择的结果——知道该省去什么。记者从收集到的杂乱无章的材料中挑选出重要事实的能力来自经验。

选择还和使用要言不烦的语言有关。②

厄内斯特·海明威的写作简洁明快，但绝非简单化。他把语言剔除得只剩下骨头，但绝不牺牲它的意义，这需要下一番苦功。③

建筑师米斯·凡德罗在建筑学上使用过的一句名言"少些等于多些"也可以用于写作。要努力使用最低限度的手段来达到最高限度的效果。

妨碍文字精练的因素之一是追求优美的变化，这是一种仍然残留着的旧式中学的有害的规定。……

卖弄学问是又一个妨碍文字优美的因素。……④

思考与练习题

一、思考题

1. 谈谈如何使新闻报道更准确。
2. 谈谈客观报道原则的基本内容。
3. 什么是平衡报道？如何进行平衡报道？
4. 简述使新闻报道简洁的方法。

二、练习题

1. 下面的新闻报道是否妥当，为什么？请分析。

2002年7月24日，刘晓庆因涉嫌偷税漏税，经北京市人民检察院第二分院批准被依法逮捕。7月28日，《重庆商报》发表报道《记者乔装探秘刘晓庆捕后生活》称："门卫向记者透露，刘晓庆的待遇要比一般的罪犯高，因为考虑到她是一个名人等种种角度，看守所给她安排了一个人的单独房间，而且房间里可以洗澡，还有空调，一天三顿饭，生活上应该不错。"同一天，《新快报》发表文章《刘晓庆有钱补税交罚款吗?》进一步描述："据值班人员透露，刘晓庆现在单独住一个房间，由专人负责24小时看护。房间内有空调、卫生间、淋浴房，刘晓庆的三餐也很正常，只是看守所没条件专门为她做正宗的川菜。"国内新闻传媒纷纷转载，并冠以类似"刘晓庆关押地点实地探访：有空调有淋浴情绪稳定"的标题。

---

①② 门彻.新闻报道与写作[M].展江，主译.9版.北京：华夏出版社，2003：66.
③ 门彻.新闻报道与写作[M].展江，主译.9版.北京：华夏出版社，2003：181.
④ 海敦.怎样当好新闻记者[M].伍任，译.北京：新华出版社，1980：21.

2. 分析下面这条新闻的客观笔法，文中个别地方议论是否恰当？应该如何处理才能更客观地表达？

西方反华图谋再遭失败

【本报讯】 由美国、丹麦、英国等15个西方国家提出的所谓“中国人权状况”议案，今天在联合国人权委员会第53届会议的审议程序中被否决。这是自1990年以来，西方国家假借人权问题干涉中国内政的图谋第七次遭到失败。

冷战结束之后，以美国为首的西方国家在世界范围内强行推销自己的价值观，并以“人权法官”自居，将联合国人权委员会变为审判发展中国家的“法庭”。他们无视中国改革开放以来取得的巨大成就，竟然连续七次假借人权问题干涉中国内政、诋毁中国的国际形象。在广大发展中国家与中国的一道努力下，西方的反华图谋均以失败告终。

与往年不同的是，今年西方国家的反华议案不是由欧盟，而是由美国、丹麦、英国发起的。这个反华议案遭到法国等西方国家抵制，它们主张在人权问题上与中国进行“建设性对话”。

今天下午，在美国的指使下，丹麦代表西方15国发言，将历年来西方国家诬蔑中国人权状况的陈言又复述了一遍，据此要求对“中国人权状况”进行审议。

中国代表团团长吴建民随即举手发言，义正词严地驳斥了这些西方国家对中国现实的肆意歪曲，揭露了西方妄图主宰中国命运的真实用心，并根据议事规则第65条2款，提出对该议案“不采取行动”（即不予审议表决）动议。

西方国家与发展中国家针对中国提出的动议展开了一场壁垒分明的激烈争论。会议最终对中国提出的动议进行了表决，结果是：27票赞成，17票反对，9票弃权。

赞成这一动议的国家有：中国、阿尔及利亚、安哥拉、孟加拉国、白俄罗斯、贝宁、不丹、佛得角、哥伦比亚、古巴、埃及、埃塞俄比亚、加蓬、几内亚、印度尼西亚、印度、马达加斯加、马来西亚、马里、莫桑比克、尼泊尔、巴基斯坦、斯里兰卡、乌干达、乌克兰、扎伊尔、津巴布韦。

反对这一动议的国家有：奥地利、保加利亚、加拿大、智利、捷克、丹麦、萨尔瓦多、法国、德国、爱尔兰、意大利、日本、荷兰、尼加拉瓜、南非、英国、美国。

投弃权票的国家有：阿根廷、巴西、多米尼加共和国、厄瓜多尔、墨西哥、菲律宾、韩国、俄罗斯、乌拉圭。

当大会主席宣布中国提出的动议获得通过时，场内立即爆发出阵阵掌声。西方国家的第七次反华提案终于胎死腹中。①

3. 下面这条新闻是否遵守了平衡报道原则？请对这条新闻进行分析。

重庆推出文明用餐活动

重庆2011年推出的“米宝宝”文明用餐活动，这些日子再度成为城中话题。这个原先倡议餐馆侍应生主动提醒食客打包剩菜剩饭的文明餐桌礼仪活动，如今更进一步，开始倡议餐馆提醒食客适当点菜、荤素搭配，防止浪费。

一家外资企业黄姓老总受访时告诉本报，最近到餐馆用餐，确实发现服务员开始提醒尽量少点菜。他说：“如果少讲究餐桌排场、适量点菜真的能成为普遍的社会风气，那么中央要求官场节俭的公文就奏效了。”黄老板还直言，今年超过半数的官员回绝了公司的饭局邀请，往年盛行的政企卡拉OK联欢好像被打入了冷宫。

官场降低舌尖上的浪费

据他估算，一场4人的卡拉OK包房、点些洋酒，平均消费至少要2,000元（人民币，下同，约399新元），而今年公司在这方面的开销至少省下1万元。

过去一个多星期，中国媒体报道全国各地方“两会”（政协和人大年会）如何改进会务风气，缩减会餐标准，减少纸质材料打印文件等，激起舆论的广泛关注。官员接下来如何持之以恒严格遵守中央改进工作作风的指示，带头降低舌尖上的浪费来过好春节，也成为今年新春佳节舆论监督的重头戏之一。

---

① 原载1997年4月16日《人民日报》，作者：果永毅。

除了重庆，成都、贵阳的私企老板告诉记者，至少这段时间，官员都回避企业发出的年度联谊聚餐邀请，连简单的致辞也不会答应。

企业领导们认为，倘若官员谢绝企业的"拜年好处"，节后上班照常尽责办事，是乐见其成。不过他们也担心，地方上一刀切的对应上策，从长期来看对服务类民企会有冲击。

一名老板说："有些官员原来要么讲究餐馆档次，注重企业必须点上好酒贵酒、宴席开始后还得一个个敬上三圈；现在要么连吃饭都不能吃，一下子让餐馆难做生意，这么做不但不刺激内需消费，而且到头来受影响的可能还是侍应生的业绩花红。"

贵阳一位主办活动的机构负责人说，正当的宴请其实并无不妥，如果少了酒、饮料和生猛海鲜，五六个人吃1000元左右也并不奢侈，如果官方制定出公务用餐消费标准，让公务叙餐正规化，或许是较可持续的机制。（来源:《联合早报》，2013年2月2日，记者:顾功垒，有改动）

4. 下面是新闻专业的学生写作的一条新闻，这篇习作比较长，全文共有1,600多字，请将这篇习作删改，使其表达简洁。

再努力！国新班同学参观重庆商报收获颇丰

【本报讯】（记者:某某） 9日下午，川外新传15级国新班全体同学在公共关系学老师杨清波教授的带领下参加实践周活动:造访重庆商报社。同学们一致表示，这次报社考察之行极大地增长了大家的见识，同学们将会更加努力以实现自己的新闻梦想。

下午一点，除去个别请假同学，15级新闻学班其余同学在川外山下太阳广场集合，在杨清波老师的带领下乘坐大巴抵达位于重庆市渝北区空港新城的重庆新闻传媒中心。刚一通过传媒中心大门，同学们便被高耸入云的重报集团新大厦所震慑。但是杨老师却安排大家先去游览附近的重庆中央公园。优美、开阔的公园很好地舒缓了同学们造访商报前紧张、激动的心情。

大约下午三时，同学们井然有序地步入重报集团大厦。彬彬有礼的警卫和大气典雅的一层接待大厅令同学们接连发出"哇噻""我去"的赞叹。杨老师随后带领同学们乘坐宽大的电梯来到14层，重庆商报的党委书记、总编陈兵先生就在这里等待着川外客人的到来。陈总能在百忙之中抽出宝贵时间接待一批十几岁的孩子们，令大家深感惊喜与激动。陈总细致、耐心地为同学们讲解重庆商报在新形势下的转型工作的开展进程，即一些在新媒体客户端上拓展的应用项目，并带领同学们实地参观报社编辑部，让同学们零距离感受真正的媒体工作环境。同学们饶有兴趣地在一旁围观，并不时与陈总和其他领导交流感想。宽大洁净的编辑部办公桌上整齐地摆放着一张张最新出版的《重庆商报》以及新配备的台式电脑，优雅舒适的办公环境令一些同学由衷感慨:"将来一定要到这样的地方来上班!"

到了最受大家期待的环节。在大厦16层会议室，一场商报社最高层的领导们与川外老师和学生们之间平等的、面对面的座谈交流会即将展开。商报的领导们并没有把同学们看作外人，他们热情地招呼、安排杨老师与学生们就座，并为老师、同学们递上冰镇的饮用水以解酷暑。在会谈中，杨老师与陈总等领导面对面就座，同学们则环绕一周静心聆听。陈总首先表示了对川外师生一行人的热烈欢迎，然后表示与杨清波老师也是老相识了。对此，杨老师表达由衷感谢。接下来，陈总与各位在场领导相继介绍了重庆商报的发展现状。陈总明确指出，现在正是纸媒发展的新时期，传统媒体行业普遍在转型。这既是机遇，又是挑战。同时陈总也提出了他认为的应对新形势的种种办法。重庆商报将会应对新媒体时代推出各类互联网平台的新型应用项目，并且在人员调整问题上，将更加重视发展全媒体全能型人才以达到精简、高效的目的。在陈总详细介绍完商报的发展状况之后，就是同学们与商报领导的直接对话时间。同学们起初由于陌生，对提问环节还有稍许紧张以至于沉默数秒，但很快，内心对新闻事业的炽热追求、对新闻行业做进一步了解的极度渴望令不大的会场瞬间开锅。同学们争先恐后地发言提问，有的同学之间为抢先提问甚至出现了激烈的竞争。而针对白热化的现场，陈总等领导欣然为同学们一一耐心解答。一位同学问道:为什么偌大的大厦却不见为数众多的记者身影？陈总答道:记者不应该总坐在办公室里。有同学问:纸媒与新媒体相比，它还有什么优势？陈总认为，最大的优势在情怀因素。还有同学问道:重庆商报选拔人才的标准是什么？陈总对此表示，职业技能是他最不会考虑到的因素，因为这些在短期内每个人都能够掌握。重庆商报最看重的，是一个人能否很好地与人打交道，也就是我们常说的情商要高。这是一个慢慢磨炼的过程，值得大学生仔细回味。由于时间限制，相信很多同学还有不少问题想问，但只能怀着些许遗憾就此打住。会谈始终在一种轻松、友好的氛围下进行。

下午五时左右，杨清波老师与川外学子同商报领导们合影留念、一一告别，然后乘车返回川外，结束对重庆商报的实践周考察活动。同学们回去之后纷纷在网络上留言、畅谈感想。同学们普遍认为，这次活动着实让大家极大地开阔了视野，真正零距离接触了新闻工作者，并且切实得到了专业人士的行业介绍和发展指导，这让同学们受益匪浅。同学们最后说道：愿为实现真正的新闻理想而继续努力奋斗！

后　记

这些年来，我断断续续地研读了一些国内外新闻采访与写作方面的著作、教材和文章，研读了一些新闻报道，有一点小小的收获，本书就是这些收获的汇集，也是向读者的工作汇报。

世界已经成为一个地球村，与国际接轨成为社会各界的一个热词。本书尝试尽量做到与国际接轨，力避陈旧、僵化的新闻采访与写作理念、方法。但是本书在与国际接轨上做到了哪个层次，还需要学界专家、实务界的记者编辑和广大读者来检验和鉴定，更需要大家来指导和帮助。

笔者认为，实务方面的书不能太学术化，过于学术化的书往往理论性强，但是不实用，学生看了会感到无所适从。目前有很多学科也包括新闻学科的实务教材往往学术性比较强，理论体系非常完备，学术非常规范，但是实践性不太强，应用性不足。有些教材存在太多正确的"废话"，大而无当，学生无法通过学习其教材内容去从事实务工作，难以做到学以致用。本书在写法上进行了一些改变性、突破性的尝试。无论是在框架结构还是在表达方式、语言的运用等方面，都尽量避免太学术化的安排和表述。在阐述上尽量借用"展现"的方法，通过故事或者故事性强的材料、大量的案例、适度的图片来进行阐述。但也有些心有余而力不足，只能尽力而为。

本书有一些作者个人的一孔之见和方法，如六个 W、泛倒金字塔结构、寻找新闻点的方法、导语的写作方法等，这些提法和方法是否正确，需要在新闻实践中接受检验，也要请学界专家和实务界高手指点赐教。

20 世纪末 21 世纪初，笔者在重庆的报纸媒体做过 10 年的新闻工作。翻读笔者当时采访与写作的新闻报道，现在看起来，离国际国内最前沿、最佳的新闻采访与写作规范相去甚远，颇为汗颜。在要求学生提高新闻采访与写作水平的同时，本书作者自身也需要不断提高新闻采访与写作水平。

知识存在着承传关系。本书采用了大量国际国内专家学者和实务界人士的观点、思想，借用了很多新闻学教师的案例、材料（本书作者在书中都有注释），在此一并感谢这些专家学者和实务界人士，感谢他们给我提供了宝贵的知识财富！

党的二十大报告指出，要建设具有强大凝聚力和引领力的社会主义意识形态，广泛践行社会主义核心价值观，提高全社会文明程度，繁荣发展文化事业和文化产业，增强中华文明传播力影响力，这为新时代新闻宣传和舆论工作指明了方向，也对新时代新闻工作者的能力提出了新的更高要求。

本书坚持以习近平新时代中国特色社会主义思想为指导，深入贯彻落实党的二十大关于社会主义文化建设的要求，全面落实立德树人的根本任务，将马克思主义新闻观融入教材中，服务广大师生，积极为培养政治坚定、业务精湛、作风优良、党和人民放心的新闻舆论工作者尽绵薄之力。

本书的写作,历时10年有余。从2013年开始着手搜集、整理资料,写作书稿,到现在2023年结束,分为两次写作出版。第一次出版的是《新闻写作实务》,于2017年11月出版。随后,我就开始准备新闻采访部分的资料搜集和书稿写作。一直到现在(2023年6月),才将《新闻采访写作实务》这本书呈现给读者诸君。

这本书(尤其是新闻写作部分),我修改了很多遍,力求精益求精,奈何自己才疏学浅,力有不逮,虽努力为之,但可能事与愿违,呈现在读者面前的这本书,可能非常粗糙,错误疏漏之处在所难免,请学界、实务界人士和读者批评指正。我不敢以时间仓促为托词。显然,时间仓促不是理由,我有比较充足的时间修改和完善。我只能从两个方面来检视本书存在的不足和问题:一是个人的能力问题,我需要不断地学习和提升自己;二是我比较疏懒,我需要更勤奋一些。别人十年磨一剑,出鞘必锋芒。我现在十年撰一拙作,粗疏浅陋,羞于示人。

感谢中国传媒大学出版社的欣雯女士、蒋倩女士,她们为本书的出版耗费了很多心血。从选题策划到编辑、出版,都凝聚着她们的智慧、汗水。特别要感谢蒋倩女士为本书的出版做出的主要贡献。

感谢我的妻子卢容女士,她为本书的写作查阅、搜集了大量的资料,并校阅了全书。

感谢我指导的研究生刘冲同学,他为本书绘制了几幅示意图。

感谢为本书的写作和出版提供直接和间接帮助的所有人士。

皮传荣

2023年6月于重庆歌乐山